한국 교육정책의 패러독스

연구와 실제

신현석 외 공저

박영story

PREFACE
머리말

끊임없이 변동하고(volatile), 불확실하며(uncertain), 모호하면서(ambiguous), 복잡한(complex) 것을 특징으로 하는 현대사회에서는 서로 상충되고 모순되는 요소들이 공존하는 현상들이 흔히 나타나고 있다. 세계화와 지방화의 공존을 의미하는 '글로컬라이제이션(glocalization)', 대량생산과 소품종 주문생산의 요구를 모두 충족시키는 '대량주문생산(mass customization)' 등은 서로 모순되고 상충되는 요소들이 현실적인 필요에 의해 공존하고 있다는 것을 보여준다. 이처럼 다양하고 복잡한 사회에서 서로 대립되는 요구와 추구하는 가치의 공존이 불가피한 상황이 빈번하게 나타남에 따라 상식적으로 이해하기 어려운 일들 혹은 예측과 기대에서 벗어난 역설적인 현상들 그리고 서로 모순되는 현상들이 정책이나 제도 장면 곳곳에서 나타나고 있다. 이러한 현상들을 일괄하여 패러독스(paradox)라고 부른다. 집값을 잡기 위해 정부는 강력한 규제와 증세가 동반된 부동산 정책을 내놓고 있지만, 집값이 떨어지기는커녕 새로운 대책이 나올 때마다 오히려 부동산 가격이 상승하는 현상이 발생하는 경우가 그 예이다.

정책과 제도의 실행과정에서 발생하는 패러독스 현상은 불확실한 환경과 변동적인 상황에서 불가피한 면도 있지만, 정책 효과 예측을 어렵게 하는 경향이 있기에 정책추진자와 수혜자 모두를 곤경에 빠뜨리곤 한다. 이러한 현상은 그동안 정책추진의 기반이었던 '합리성' 논리가 현실 속에서는 인간의 인지 능력의 한계와 현실의 복잡성 등으로 인해 온전히 적용되기 어렵다(Simon, 1959; March, 1978; Khaneman 외, 1982)는 반증이기도 하다. 이에 반해, '패러독스'적 접근은 기존의 선형적 관계에 근거한 기계론적 합리성으로 설명하지 못하는 현상들을 정치 해석적 논리를 적용하여 설명할 수 있다는 이점이 있다. 정치적 관점에서 정책결정자, 집행자, 대상자들은 각자 서로 다른 틀(frame)을 가지고 정책과정에 참여하기 때문에, 자신이 처한 상황에 따라 정책을 서로 다르게 해석하고 행동하게 된다. 정책결정자의 입장에서 '비합리적'이라 여겨졌던 행동들은 정책 대상자나 행위자의 입장에서 볼 때 '합리적'일 수 있다. 이처럼 정치해석적 논리는 복잡한 상황에서 기존의 경직된 합리성 논리로 설명하기 힘든 역설적인 현상들을 맥락적으로 이해할 수 있는 유연성과 융통성을 제공한다.

복잡다기한 현실의 맥락 속에서 정책과 제도가 제대로 작동하지 못하고, 정책을 통해 해결하고자 한 문제 상황이 오히려 악화되는 패러독스 현상은 교육정책에서도 빈번하게 발생하고 있다. 특히 교육정책은 이해관계가 얽혀있는 경우가 많아서 합리적 선형모형으로 설명하기 힘든 복잡하고 예외적인 현상이 자주 나타난다. 예를 들어, '수능－EBS연계 정책'은 사교육비 경감 효과가 가장 큰 정책(26.1%)으로 손꼽히고 있지만(임소연 외, 2020), 오히려 공교육 정상화가 저해될 수 있는 역설적인 현상이 발생하기도 한다. 수능－EBS 연계 정책 도입에 따라 EBS 교재가 학교 교육과정의 내용을 결정하고, 내신 시험에도 반영되는 등 'EBS 교재 중심의 입시경쟁 분위기'가 조성되어 선한 정책의 본래 취지를 훼손할 수 있는 패러독스 현상이 발생하고 있는 것으로 나타났다(김태우·안선회, 2015).

교육정책 장면에서 패러독스 현상이 빈번하게 발생하고 있음에도 그간 교육행정학 분야에서 정책연구는 탈맥락적으로 정책문제에 대한 최상의 해결책이 마련될 수 있다는 기술적 합리성에 바탕을 둔 연구 관행에 치우쳐 역설적인 현상을 고려하고 설명하지 못하는 한계를 노정하였다. 이런 점에 착안한 정책 패러독스 관점은 복잡다기한 현실의 교육정책의 장면에서 상호 배타적인 요소들이 공존하는 현상을 이해하고 역설적인 현상의 발생으로 인해 곤경에 처한 정책 문제 해결에 실마리를 제공하여 정책 오차를 발견하고 수정하는 데 도움을 줄 수 있다(염재호, 2006; 윤견수, 2014; Stone, 2012). 이러한 점에서 정부가 탑다운 방식으로 설정한 정책목표가 현실의 상황과 맥락을 고려하지 못하여 발생하는 기획과 실천의 괴리, 서로 다른 의미로 해석되는 정책목표의 가치 혹은 상호 배타적으로 설정된 정책 목표의 공존으로 인해 발생하는 다양한 교육정책 패러독스에 대한 심도깊은 이해를 바탕으로 현장중심적이고 체계적인 연구가 보다 활발하게 수행될 필요가 있는 것이다.

본 저서는 이러한 필요에 의해 저자가 관여하는 교육정책 패러독스 연구공동체의 첫 번째 결과물이다. 이 책이 출간되기까지 6년의 시간이 흘렀다. 2017년 하계 스터디를 통해 석박사과정 학생들과 2년 후에 한국적 상황에 부합하는 교육정책 패러독스 단행본을 발간할 목표로 우선 D. Stone(2012)의 저서인 Policy Paradox(3판)를 번역하기로 하였다. 번역이 완료된 후 먼저 번역 출판을 의뢰했으나 미국 출판사에서 번역판 출판권을 허락하지 않아 2018년부터 본격적으로 자체 연구를 통해 한국형 교육정책 패러독스 연구를 시작하게 되었다. 방학기간 스터디를 통해 원전을 몇 차례 더 읽어 완전한 이해를 도모한 후, 개별 연구집단의 협업을 통해 우리의 교육정책을 대상으로 패러독스 현상을 파악하고 이를 분석하여 연구논문 작업을 진행하였다. 2020년에는 대학원 수업을 통해 일반 정책 및 경영 분야는 물론, 교육정책 패러독스 관련 연구논문들을 패킷으로 구성하여 독서를 하고 수업에서 발표하면서 교육정책 패러독스 관점에 대한 이해를 공고히 하였다. 그동안 대학원 박사과정생 4명이 교육정책 패러독스를 주제로 학위논문을 작성하여 졸업하였고, 지속적인 연구 협업을 통해 교육정책 패러독스 연구팀을 넘어 연구공동체가 형성되었다.

본 저자가 정책 패러독스에 관심을 갖게 된 배경은 기본적으로 나날이 복잡성과 모호성 그리고 변동성이 커지는 정책 환경에서 현실의 다양한 변수들을 통제하지 못하는 인과관계의 선형적 논리, 정책의 기획과 실천 현장의 부정 교합을 야기하는 하향식 정책추진 방식으로 정책 오차와 실패의 가능성이 계속해서 나타나는 현상을 반복하고 있는 정책 현실에 대한 문제의식에서 비롯되었다. 이런 점에서 우리는 정책을 '합리적'이라 쓰고, 결국에는 지극히 '비합리적'인 것으로 인식한다. 이것을 우리는 '합리성의 역설' 혹은 '합리적 행동의 비합리적 측면'이라 부른다. 이러한 현상은 정책의 목표, 문제, 그리고 정책을 해결하는 수단에 이르기까지 정책추진 전 과정에서 나타난다. 정책은 보통 이해집단의 관점에 따라 해석이 달라지는 경우가 많으며, 그러한 관점들은 서로 충돌하여 집단간 정치적 갈등을 수반한다. 대체로 정책의 언어는 불확실한 상황에서 모호하게 유통되는 경우가 많기 때문에 정책분석을 바탕으로 내려지는 결정은 중립적이지 않은 경우가 비일비재하다. 이에 따라 정책이 추진되는 과정에서 참여집단들은 현실에 대한 자기 해석을 강조하며 의지를 관철시키기 위한 수단을 동원하게 된다. 따라서 정책은 시장모형보다는 공동체적 관점에서 정치(혹은 정책) 해석적으로 접근하는 것이 보다 설득력이 있어 보인다. 이러한 인식이 Deborah Stone 저서인 『The Policy Paradox』에서 잘 나타나 있다.

정책과정의 구성주의적 관점에 터한 Stone의 정책 패러독스 아이디어는 정책이 다양한 집단으로 구성된 공동체에서 이루어진다는 점을 강조한다. 이를 위해 Stone은 종래 우리가 알던 정책의 묵직한 단어들과 많은 것을 함축하고 있는 추상적인 명제들 그리고 전문적 아이디어와 판단을 합리적이라 가정하는 정책의 본 모습을 정책이 처한 현실에 관한 면밀한 사례의 발굴과 사례 현상의 조밀한 해석을 비유와 은유 그리고 패러디를 통해 비판적으로 그려낸다. 물론, Stone의 정책에 대한 해석적 접근이 합리적 접근의 경직성과 모순을 드러내어 정책의 실제적인 모습을 이해하는데 우리의 시야를 넓혀주는 것은 사실이지만, 문제 해결을 통해 변화와 발전을 추구하는 정책 본래의 실용적 기능은 취약한 편이다. 즉, Stone의 정책 패러독스는 정책의 성격과 과정을 조망하는 하나의 관점으로 기능할 수 있지만, 정책 대안을 제시하는 처방은 진단에 따른 개선을 위한 숙고와 성찰에 가깝다. 이런 점에서 정책 자체는 사회적 문제 해결을 위한 정부의 권위적인 배분 기제이지만, 합리주의와 구성주의가 가지는 관점의 기본적인 제약으로 인해 해결의 자족성을 제고하기 위해 관점의 상보적 결합이 불가피해 보인다. 이에 본서에서는 Stone의 목차 구성을 따라 각 장을 구성했지만, 우리 교육정책사례를 패러독스 관점에 의거해 정치해석적 이해와 비판을 합리적 분석 틀 속에서 녹여내 분석을 풍부하게 하여 정책적 대안과 시사점을 도출하고자 하였다.

본서에 수록된 각 장은 Stone의 저서에서 제시한 네 가지 파트인 정치(Politics), 정책의 목표(Goals), 문제(Problems), 해결책(Solutions)의 하위 챕터들에 맞추어 우리나라의 대표적인 교육정책에서 발생된(혹은 내장된) 패러독스 현상을 분석하고자 하였다. 그녀는 정책의 전 과정에서 나타나는 패러독스 현상에 대해 접근의 성격에 맞게 매우 장의적인 방식으로 이야기를 풀어갔지만, 이 책에서는 연구논문의 형식을 빌어 교육정책을 패러독스적 관점에서 조망하고 분석하고자 하였다. 각 장은 교육행정학연구, 교육학연구, 교육정치학연구 등 등재학술지에 게재된 연구논문을 단행본 챕터의 성격에 맞게 재구성한 것이다. 지난 5년간 "교육정책 패러독스"라는 새로운 관점을 창조적으로 발전시켜 우리나라 교육정책사례들에 적용하여 분석한 결과들을 전문 학술지에 게재하기까지 쉽지 않은 여정이었다. 교육정책 패러독스 관점의 공인을 위해 연구논문을 심사받는 과정에서 새로운 관점에 의한 정책분석을 호의적인 학습의 눈으로 바라보는 심사결과도 있었지만, 새로운 관점에 관해 이해의 폭을 넓히려는 노력보다는 기존의 관점을 고수하면서 근거가 빈약한 비판을 위한 비판을 제기하는 심사들도 있었다. 그렇게 '전문성'의 정의는 무엇인지에 대한 의구심과 또한 어떻게 해석되는 것이 바람직한지 상고할 기회도 갖게 해주었다.

본서의 각 장을 집필한 저자들은 고려대학교 대학원 교육학과에서 수학하거나 같이 연구한 전문연구자들이다. 교육정책 학습을 전문적으로 수행하는 학문공동체의 일원으로서 시종일관 학구적인 자세를 견지하며 매번 방학 기간에 다양한 스터디그룹에 참여하여 열심히 공부하고, 공부한 결과들을 연구논문으로 승화시키려는 노력은 많은 희생을 담보하고 있다는 것을 나는 잘 알고 있다. 그것을 자랑스럽고 귀하게 여길 줄 알아야 참 연구자로서의 아카데미즘에 가까이 갈 수 있다고 강조해왔다. 이 책은 바로 그러한 노력의 한 결실이다. 향후 정책 패러독스라는 아이디어 수준의 관점이 교육정책의 패러독스 현상을 좀 더 '합리적 구성'이라는 창의적 관점으로 조망하고 분석할 수 있는 구체적 실체화 단계를 넘어 하나의 이론으로 정립되기를 소망해본다. 그 단계에 이르기까지 우리 교육정책 패러독스 학습공동체는 패러독스 관련 원서의 번역과 연구논문 작업 그리고 단행본 발간을 지속적으로 수행하고자 한다.

끝으로, 본서가 발간되기까지 이 지난한 작업을 함께한 공저자들께 감사를 드린다. 교육정책 패러독스 연구 시리즈의 첫 작품인 이 책은 그들의 공부에 대한 열정과 학구적인 노력이 없었으면 가능하지 않았을 것이다. 아울러 출판업 불황기에 교육정책 패러독스 시리즈를 출간하는 데 기꺼이 동행하기로 한 박영스토리 임직원들에게 감사의 말씀을 꼭 전달하고 싶다. 특별히 이 책의 교정과 편집 그리고 참고문헌 정리에 이예슬 박사, 박사과정 선애경 선생과 석사과정의 남다희·윤소정·신유진·조성빈 선생이 수고스럽게도 많은 도움을 주었다.

저자들을 대표하여 신현석 씀

CONTENTS

차 례

PART 02 정책 목표와 패러독스

CHAPTER 02 자유와 평등: 사교육비 경감정책의 패러독스

CHAPTER 03 효율성: 농산어촌 소규모학교 통폐합 정책의 패러독스

CHAPTER 04 교육복지: 초등돌봄교실 정책의 패러독스

결장 교육정책 패러독스의 탐구 가능성과 과제

서장: 교육정책 패러독스의 탐구 관점

서장에서는 복잡다기한 현대사회에 교육정책 패러독스가 발생하고 있음에 주목하여, 교육정책 패러독스에 대한 개념과 현상에 대한 이해를 바탕으로 연구 동향을 알아보고 탐구 모형을 제시하고자 하였다. 이를 위하여 패러독스와 정책 패러독스에 대한 개념을 고찰하고, 정책학, 조직학 및 교육학 분야에서 패러독스 현상에 관한 선행연구들을 분석하여 그 결과들을 토대로 정책 패러독스가 발생하는 조건과 유형을 알아보았다. 또한, 선행연구 분석을 통해 정책 패러독스의 발생 원인과 그 결과를 추출하여 정책의 형성과정과 집행과정에서의 인과모형을 하나의 종합적인 탐구 모형으로 제시하여 정책 패러독스 현상의 이해를 돕고자 하였다.

주제어 **패러독스, 정책 패러독스, 교육정책, 정책형성, 정책집행**

1 정책 패러독스의 개념 고찰

패러독스는 우리말로 흔히 '역설(逆說)'로 번역된다. 역설이란, '어떤 주의나 주제에 반대되는 이론이나 말 또는 모순을 야기하지 아니하나 특정한 경우에 논리적 모순을 일으키는 논증으로, 그 속에는 중요한 진리가 함축되어 있다고 간주되는 것'으로 정의된다(표준국어대사전, 2021. 1. 23. 인출). 패러독스의 어원은 Paradoxos로 '기대와 반대되다(contrary to expectation)'라는 의미를 지니고 있다. Paradox는 희랍어 'para(反하다)'와 'doxa(의견, 통설)'의 결합어로 통설, 통상적인 의견에 맞지 않는다는 뜻으로, 일상의 상식(common sense)에 맞지 않는다는 의미를 지니고 있다고도 볼 수 있다(김정래, 2019). 논리학에서 패러독스는 보통 '상식에는 어긋나지만 사실상 옳은 명제', 혹은 '분명하게 자기 모순적인 명제나 진술'을 의미하며(정명호, 1997: 62), 전제나 추론의 과정에 무리가 없음에도 불구하고 양립할 수 없는 결론들이 도출되는 경우를 일컫는다(엄정식, 1984).

엄밀한 논리학에 비해 사회과학 분야에서 패러독스는 일반적으로 상황에 따라 그 의미를 약간씩 달리하는 느슨한 개념으로 활용된다(소영진, 1994; 이광모, 2003). 논리적 패러독스는 문제 자체에 내재하지만, 사회적 패러독스의 경우 시간과 공간에 따른 상황적 제약 속에서 존재한다(Van de ven & Poole, 1989). 이에 따라, 같은 문제일지라도 상황에 따라 패러독스로 혹은 패러독스가 아닌 것으로 상황에 따라 다르게 해석될 수 있다. 이에 Van de Ven & Poole(1988)은 패러독스를 '동일하게 타당한 가정이나 결론들 상호 간에 존재하거나 인식되는 모순'으로 정의하였다. 이로 미루어 보아 패러독스는 '객관적'으로 존재하는 현상이라기보다는 행위자에 의해 '인지되는 정신적 산물'이라 볼 수 있다(Cameron & Quinn, 1988: 4). 이러한 견해에 동조하여 Ford & Backoff(1988: 89)는 패러독스를 '서로 반대되는 경향이 성찰(reflection)이나 상호작용(interaction)에 의해 인지 가능한 범위 내 들어올 때 사람들이 정신적으로 만들어 내는 현상'이라 보았다.

한편, 조직론이나 경영학 분야에서는 패러독스를 '상호 모순되거나 배타적인 요소들이 동시에 존재하거나 활동하는 현상'(Cameron & Quinn, 1988: 2)으로 정의한다. Cameron(1983)은 패러독스가 성공적인 조직의 주요 특성이라 보고, '변화 vs. 안정', '경쟁 vs. 협동'과 같이 모순적인 요소들이 조직에 내재하고 있으며 이 중 어느 한 쪽이 없으면 조직의 존속이 어렵다는 점에서 이를 '조직 패러독스'라 규정하였다(이광모, 2003). 조직에서 발생하는 패러독스에 관심을 두고 연구한 Lewis(2000)는 패러독스를 '상호 모순적이면서도 연관성을 지닌 요소들이 공존하거나 시간이 지남에도 지속되는 현상'으로, '각각의 요소를 분리하여 보면 논리적으로 타당해 보이지만, 동시에 고려될 때 비합리적이며 다소 어색하고 일관성이 없어 보이는 것'으로 규정하였다. 이와 유사하게 경영학 분야에서도 '집중화 전략 vs. 다각화 전략', '집권적 조직구조 vs. 분권적 조직구조', '자율적 인사관리 vs. 통제적 인사관리' 등과 같이 상호 배타적이고 모순적인 요소들을 동시에 추구하는 것을 '경영 패러독스' 또는 '패러독스 경영'이라 칭한다(이광모, 2003).

다양한 분야에서 활용되고 있는 개념 고찰을 통해, 패러독스는 본질적으로 '상호 배타적이고 모순적인 요소들이 동시에 존재하는 것'을 핵심으로 하는 개념임을 알 수 있다. 따라서 사회과학 분야의 연구분야로서 교육정책 패러독스를 논할 때, 패러독스 개념은 **'상호 모순되거나 배타적인 요소들이 맥락에 따라 공존하는 현상'**으로 정의할 수 있다.

패러독스가 독자적인 연구주제로서 확립되기 위해서는 실제에서 나타나는 현상이 중요한 의미를 지니고 있어야 하고, 관찰 및 탐구 가능성과 분석 관점의 타당성 확보가 요구된다. 따라서 패러독스 개념이 독자적으로 이에 부합하는 현상으로 실제에서 확인되기 위해서는 유사 개념들인 딜레마(dilemma), 모순(contradiction), 갈등(conflict), 변증법(dialectic), 양가성(ambivalence)과 구별할 필요가 있다. 물론 개념의 추상성과 연결된 현상의 복합성 때문에 이들 개념과 패러독스의 차이를 명확하게 구분하는 것은 어렵지만, 개념적 이해를 돕기 위해 이들 개념과 패러독스의 용법상 차이를 중심으로 살펴보면 다음과 같다.

첫째, 딜레마는 '이럴 수도 저럴 수도 없는 상황'을 뜻한다(사득환, 박상진, 2013). 이종범(1994)은 딜레마를 '두 개의 상충된 대안 중에서 어느 하나를 선택해야 하지만, 하나를 선택하면 다른 대안을 포기하는 데서 오는 기회손실이 너무 크기 때문에 어느 쪽도 선택하기 어려운 상황'이라 정의하였다. 윤견수(2006)는 '두 개의 대안이 존재할 때, 두 개의 대안을 동시에 선택할 수 없으며, 그중 하나를 선택하기 어려움에도 불구하고 제한된 시간 내 선택을 내려야 하는 상황'을 딜레마라 하였다. 소영진(1994)은 딜레마를 패러독스의 특수한 형태로 보고, 딜레마를 패러독스하에서 한쪽으로의 선택을 요구받는 상황이라 보았다. 즉 상충성이 선택의 문제로 표면화되기 이전을 패러독스, 선택의 문제로 표면화된 상황을 딜레마로 본 것이다. 이로 미루어 보아, 딜레마는 '선택의 불가피성', '기회손실', '각 대안이 가져올 결과의 상호 비교가능성' 등을 특징으로 하는 개념임을 알 수 있다. 이들의 견해를 종합해 볼 때, 딜레마는 상충되는 대안들 가운데 어느 하나를 선택해야 하는 상황으로, 선택에 따른 기회비용이 크기 때문에 선택하기 어려운 상황으로 정의할 수 있다. 딜레마는 선택을 전제로 하며, 이에 따른 기회손실이 필연적이라는 점에서, 선택을 하지 않아도 됨에 따라 기회손실의 개념을 반드시 동반하지는 않는 패러독스와 구별된다.

둘째, 모순은 '반대되고 대립되는 요소' 또는 '어떤 사실의 앞뒤, 또는 두 사실이 이치상 어긋나서 서로 맞지 않는 상황'을 일컫는다. '모순'은 중국 초나라 상인이 창과 방패를 같이 판매하면서, '창'을 어떤 방패로도 막지 못하는 것이라 하고, '방패'를 어떤 창으로도 뚫지 못하는 것이라 하여, 앞뒤가 맞지 않는 말을 하였다는 데에서 유래한 표현이다. 이와 같이 '모순'은 '낮과 밤', '물과 불'과 같이 극명하게 대립적인 요소들의 공존에 의해 발생하는 반면, '패러독스'는 보다 넓은 범위에서 갈등적인 요소들이 동시에 존재하는 경우 또한 포함한다는 점에서 차이가 있다(정명호, 1997: 63). 또 다른 관점에서 모순은 "말이 안 된다"에 가까운 반면, 패러독스는 "말이 안되는 것 같지만 되기도 한다"는 의미가 내포되어 있다는 점(한기봉, 2020.06.30.)에서 그 차이를 발견할 수 있다.

셋째, 갈등은 두 가지 요소가 서로 충돌하는 경우를 지칭한다. ‘갈등’은 칡과 등나무가 서로 얽혀있는 것과 같이 개인이나 집단 사이의 목표나 이해관계가 달라 서로 적대시하거나 충돌하는 상황(표준국어대사전, 2020)이라 볼 수 있다. 이종범(1994)은 갈등을 둘 이상의 집단이 이해관계, 가치, 사실 인식 또는 논리적 주장 등의 불일치를 둘러싼 상호작용의 한 형태로 보고, ‘갈등’ 연구의 분석단위가 ‘집단’에 있다고 보았다. 이처럼, ‘갈등’에 관한 연구들은 대부분 ‘집단’을 전제로 하며, 상호 배타적인 요소의 ‘충돌’이 표면화되어 있다는 점에서 ‘패러독스’와 구분된다.

넷째, 변증법은 서로 대립되는 요소들의 통합을 통해 긴장을 해소해가는 과정이다. [그림 1]에서 볼 수 있듯이, 변증법은 서로 대립되는 A와 B라는 요소의 결합을 통해 C를 탄생시킴으로써 긴장을 해소한다. 이처럼 ‘변증법’은 모순 또는 대립을 근본 원리로 하여 사물의 운동을 설명하려는 논리로, 상반된 요소들의 ‘결합’과 ‘절충’을 통해 상호 배타적인 요소들이 공존하는 상태를 해결하려고 한다. 물론, 패러독스 상황에서도 두 요소 간의 ‘절충’과 ‘결합’을 통해 긴장이 해소될 수도 있지만, 이는 하나의 방법일 뿐, 그 외에도 현 상태에 머물러 버리고 결정을 ‘기피’하거나 ‘지연’하는 방법으로 패러독스 상황에 대응할 수 있다는 점에서 ‘변증법’과 ‘패러독스’는 구분되는 개념이라 볼 수 있다.

다섯째, 양가성은 동일 대상에 대한 상반된 태도가 동시에 존재하는 성질을 의미한다(고려대 한국어 사전, 2021. 1. 23. 인출). 양가성의 개념은 니체(F. W. Nietzsche)에 의해 태동되어 프로이드(S. Freud)에 의해 정립된 개념으로(김병찬, 2017; 김석, 2010; 안상식 외, 2012), 행정학에서는 양가성을 ‘한 사회 내에서 상반되는 가치가 병존하는 현상’이라 정의한다(행정학용어표준화연구회, 2010). Lewis(2000)는 ‘양가성’을 패러독스적 상황에서의 긴장 상태에서 행위자가 취할 수 있는 방어적 태도의 하나로 보았다. 패러독스적 상황에 접하게 되면 행위자들은 그들의 인지적, 사회적 약점이 인지되는 것을 피하기 위해 과거의 이해에 고착되어 있거나 방어적인 태도를 보이게 되는데, ‘양가성’이 바로 방어적 태도의 한 사례가 될 수 있다는 것이다(Lewis, 2000). 이러한 관점에서 ‘양가성’은 변화에 대한 저항을 의미한다기보다는 패러독스적 상황에 놓인 사람이 긴장을 완화시키기 위해 취할 수 있는 ‘태도’나 ‘행동양식’의 하나로 볼 수 있다(Kuna, 2017).

정리하자면, 패러독스는 ‘상호 모순되거나 배타적인 요소들이 맥락에 따라 공존하는 현상’으로 정의됨에 따라, ‘선택’을 필수로 하지 않는다는 점에서 ‘딜레마’와 구분되며, 상호 대립되는 요소뿐만 아니라 갈등적인 요소를 포함하고 있다는 점에서 ‘모순’과도 차별화된다. 또한, 패러독스가 상호 배타적인 요소들의 ‘상생’과 ‘공존’을 추구한다는 점에서 ‘갈등’과도 차이가 있으며, 상호 배타적인 요소의 통합과 절충을 추구하지 않는다는 점에서 ‘변증법’과도 구분된다. 그리고 양가성은 ‘패러독스적 긴장 상황에서 행위자가 취할 수 있는 방어적 행동 양식의 하나’로 규정할 수 있다는 점에서 패러독스와 구별된다.

1980년대 후반부터 정책 장면에서 발생하는 비합리적 현상으로서 패러독스에 관심을 가져온 Deborah A. Stone은 저서 「Policy Paradox: The Art of Political Decision Making」에서 ‘정책 패러독스’라는 개념을 처음 체계적으로 제시한 바 있다. Stone(2012)에 따르면 정책은 근본적으로

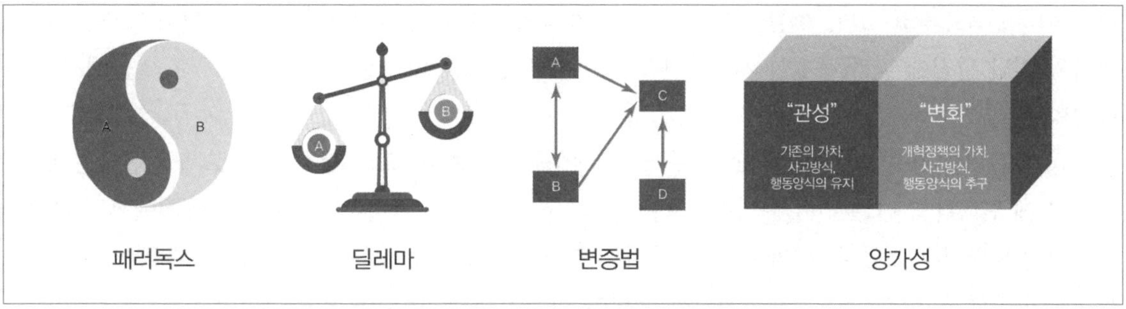

[그림 1] **패러독스, 딜레마, 변증법, 양가성의 개념**

출처: Smith & Lewis(2011), 임종헌(2016)을 참고하여 비교·제시한 이예슬(2020).

'정치적 논리'에 의해 형성되는 것이기 때문에 '모순'을 내포하고 있고, 이에 따라 합리성의 논리가 아니라 '정치적 논리'에 의해 이해되어야 한다고 보았다. Stone(2012)은 상기 저서에서 정책과정을 '정책목표', '정책문제', '정책문제의 해결', 세 가지 측면으로 구분하여, 정책 패러독스 관점에서 정책과정을 이해해야 할 필요성에 대해 다음과 같이 제시하였다.

첫째, 일반적으로 합리적 접근에서는 정책목표를 주어진 것으로 이해하지만, Stone은 불명확한 기준 때문에 정책목표가 정책과정에서 끊임없이 재해석되고 재구성되는 개념으로 이해할 필요가 있다고 보았다(염재호, 2006). 공평(equity), 효율(efficiency), 안전(security), 자유(liberty)라는 정책목표는 '모호'하기 때문에 무엇을 기준으로 하느냐에 따라 그 의미가 다르게 부여될 수 있으며, 정책목표들 가운데 어느 것을 우선적으로 고려할 것인가에 따라 다르게 해석될 수 있다. 이처럼 정책목표는 주어진 것이라기보다는 모호하고, 서로 상충되며, 복합적이기 때문에 객관적 기준으로 이해하기보다는 정치적 과정의 산물로 패러독스의 관점에서 이해할 필요가 있다.

둘째, '정책문제'는 외부에서 주어지는 것이 아니라, 정책과정에서 정책문제를 규정하는 요소들인 상징(symbols), 숫자(numbers), 원인(causes), 이해(interests), 결정(decisions) 등에 의해 해석되는 것이라 볼 수 있다. 정책 현상은 모호한 경우가 많기에 정책 담당자는 자신의 이해에 근거하여 현상을 파악할 수밖에 없으며, 이 과정에서 정책 현상에 대한 '상징적 해석'이 주요한 정책 수단으로 사용될 수 있다고 보았다. 또한 '이해(interests)'의 문제에 있어서도 정책 정에서 대상이 되는 문제가 누구의 이해인가가 분명하지 않기 때문에 국회위원 등이 자신의 이해를 국민의 이해로 지환하여 해석하게 될 가능성이 농후하다. 결과적으로 정책 대상자의 이해와 무관하게 정책 담당자의 해석에 의해 정책문제가 결정되는 역설적인 현상이 나타나게 된다.

셋째, '정책문제 해결'은 정책문제를 해소하기 위한 수단이라기보다는 정책 수단을 선택하고 집행하는 끊임없는 정치적 과정의 산물로, 하나의 의식적 행위에 불과한 것으로 이해될 수 있다. 정책문제를 해결하기 위한 수단인 '유인(inducements)', '법칙(rules)', '사실(facts)의 제공', '권리(rights)', '권력(powers)'은 합리성을 전제로 객관적으로 적용되는 것이라기보다는 오히려 정치적 게임의 과정에서 재해석되고 재구성되어 적용되고 있다. 예를 들어, '사실'은 해석의 프리즘을 통해 여과되어 전달되기 때문에, 언론사가 지닌 관점에 따라 동일한 사실임에도 불구하고 상이한 의미가 전달되는 경우를 일상에서 흔히 발견할 수 있다.

이러한 논의를 바탕으로 Stone(2012)은 두 개의 해석이 존재하고 그것들이 서로 모순된다면 두 개가 동시에 진리라고 하는 것이 논리적으로는 불가능하지만, 우리가 살고 있는 현실 세계에서는 이러한 현상이 보편적이라 보았다. 이와 같은 맥락에서 Thomas(1989: 566)는 '두 개 이상의 현실이 존재하고 이것들이 충돌하며, 그 어느 것도 진실이 아니라 말하기 힘든 상황'을 정책 패러독스라 정의한 바 있다. 소영진(1994)도 정책 패러독스를 '동일한 강도나 정당성을 지닌 상충된 요구 또는 정책 전제(premise)가 동시에 존재하는 현상'이라 정의하였다. 한편, 코로나19 대응 정책의 패러독스 현상을 분석한 신현석 외(2020a)는 패러독스를 '사람들의 인식을 통해 발견된 상호 모순적, 배타적인 요소들의 공존'으로 정의한 바 있다. 이로 미루어 보아, 정책 패러독스 또한 패러독스와 마찬가지로, 두 개 이상의 '상호 배타적이고 모순적인 요소들이 상황에 따라 공존'하는 것을 핵심으로 하는 개념임을 알 수 있다. 따라서 교육정책의 패러독스는 **'교육정책 장면에서 상호 모순적이고 배타적인 요소들이 맥락에 따라 공존하는 현상'**으로 정의할 수 있다.

2 정책 패러독스의 탐구 동향

최근 교육 분야에서 정책 패러독스 연구에 관심을 갖게 된 것은 교육정책에서 패러독스 현상이 비일비재하고, 패러독스의 지속으로 인한 정책의 합리적 예측 효과의 오차와 디커플링 현상의 발생으로 인한 정책 실패의 가능성에 대한 반향으로부터 비롯되었다. 주로 Stone의 아이디어를 교육정책 사례에 적용하여 패러독스 현상을 분석한 연구들이 주를 이루고 있으나, 교육정책의 독자적인 모형 설정에 초점을 두고 있다(이인수, 2017; 신현석 외, 2020a, 2020b, 이예슬 외, 2021). 이러한 연구들은 교육정책의 집행과정에서 나타나는 패러독스 현상을 개념 모형에 입각한 분석 틀을 바탕으로 전개 양상에 대한 맥락적 해석을 통해 현상의 특성을 규명하고 이에 대한 문제와 개선방안을 제언하는 연구 경향을 보여준다(이인수, 2017; 신현석 외, 2020a, 2020b, 이예슬, 2020; 이예슬 외, 2021).

행정학과 조직론 및 경영학 분야에서는 '상호 배타적인 요소들이 공존하는 상황'을 패러독스로 규정하고, 정책 결정과정 혹은 조직 경영의 과정에서 충돌하는 요소들을 연구해왔다. 먼저, 행정학 분야에서 국내 연구들은 주로 정책형성 및 결정과정에서 발생하는 서로 상충적이고 복합적인 요구가 동시에 존재하는 패러독스 상황을 분석하여, 정책 제언을 제시하는 경향을 보여주고 있다. 김종길(2001)은 동강댐 건설을 둘러싼 논의를 중심으로, '개발'과 '보전'의 불가피한 대립 관계를 극복할 수 있는 방안으로 '패러독스 정치'의 가능성을 탐색한 바 있다. 이 연구에서 '패러독스 정치'는 상충되는 요소를 동시에 추구하여 시너지 효과를 이끌어낼 수 있는 새로운 관점이자 사고방식으로 제시되는데, 양자택일식의 정치를 지양하고 모순되는 요소를 함께 추구하여 역설적인 요소를 공존시키는 쌍방향 정치로 정의된다(김종길, 2001). 그는 이 연구에서 패러독스 정치를 바탕으로, 상호 배타적인 요소들이 공존하는 현대사회에서 뒤집어 생각하는 '역발상', 동시적 공존이 가능한지 숙고한 후 조화를 모색하는 '공존 사고의 학습', 부분보다는 전체의 관점에서 부분들을 역동적으로 파악하고자 하는 '시스템적 사고'의 중요성에 대해 제언하였다.

사득환, 박보식(2013)은 4대강 사업을 둘러싸고 진행된 정치·사회적 논쟁을 패러독스로 규정하고, 이러한 논쟁 속에서 '개발'과 '보존'이라는 정책 가치가 충돌하고 있는 상황을 분석하였다. 이와 더불어, 사득환, 박상진(2013)은 국민기초생활보장제도를 중심으로 양적인 수치 등을 활용하여, 복지정책에 내재되어 있는 패러독스에 대해 연구하였다. 그들은 국민기초생활보장제도에 대상자의 최저생계보장과 자립 및 자활 등의 가치, 탈수급 기피, 사회적 배제 등과 같이 상호 모순되거나 배타적인 상충된 요구가 동시에 공존하는 패러독스가 내재되어 있음을 밝혀낸 바 있다.

사득환(2018)은 우리나라가 다문화사회에 진입함에 따라 바람직한 '합법이민'과 희망하지 않는 '불법이민' 사이의 패러독스에 직면해 있다고 보고, '이민정책의 패러독스'를 연구하였다. 이민정책을 둘러싼 담론에서 공식적으로는 모든 이민자들에게 '자유주의'를 내세우지만, 실제로는 결혼이민자에게는 '동화정책'을, 이주노동자에게는 '제한주의적/배타주의적 정책'을 집행함으로써 수많은 불법 이민자가 양산되고 있음을 양적인 데이터를 활용하여 밝혀냈다. 또한, Arcarazo & Freler(2015: 679-696)이 제시한 세 가지 정책 간극[1]에 기반하여, 이민정책 과정에서 발생하는 패러독스를 입증하였으며, 이를 바탕으로 상호 문화주의 확립과 정부 기구 및 기관 개편 등 이민정책 패러독스를 해결하기 위한 방안을 제시하였다.

이와 더불어, Lindqvist(2019: 63)와 Kuna(2017: 192)는 정책 집행과정에서 정책의 본래 의도와 상반된 결과가 도출되는 것을 패러독스로 보고, 각각 지역 박물관 교육정책의 집행과정에서 그리고 신공공관리론에 입각한 개혁의 진행 과정에서 발생한 패러독스를 면담 등을 활용한 질적연구를 하였다. 이 연구들은 그간 행정학 분야에서 수행된 국내 연구들과 달리 정책 집행과정에서 정책이 '의도한 효과'와 '의도하지 않은 결과'라는 상호 모순되는 배타적인 요소들이 공존하는 가운데, 후자로 인해 정책의 본래 취지가 훼손될 수 있는 상황을 패러독스라 규정하고 있음을 알 수 있다.

조직론 및 경영학 분야에서는 조직 유지 및 경영 등을 위해 요구되는 상충적인 요소들을 중심으로 패러

1 첫째, '숙의적 간극(discursive gaps)'으로, 공식적인 담론에서 제시된 '정책 목표'와 실제 법이나 정책과 같은 '정책 성과' 간의 불일치이다. 둘째, '집행적 간극(implementation gaps)'으로 '공식적 입법'과 정책 및 그것의 '집행' 간의 불일치이다. 셋째, '효과성 간극(efficacy gaps)'으로, '정책 목표'와 정책이 실제로 가져오는 '정책 결과' 간의 차이를 의미한다.

독스에 대해 연구한다(Cameron & Quinn, 1988; Lewis, 2000; Smith & Lewis, 2011, 2012). Cameron & Quinn(1988)은 패러독스를 '상호 모순되거나 배타적인 요소들이 동시에 존재하거나 활동하는 현상'으로 정의하였다. Lewis(2000)는 '상호 모순적이면서도 연관성을 지닌 요소들이 공존하거나 시간이 지남에도 지속되는 현상'을 패러독스로 보았고, 조직화의 패러독스 등을 밝혀낸 바 있다. Smith & Lewis(2012)는 패러독스적인 긴장 상황을 타개해 나아가기 위해 리더가 복잡성을 인지하고, 자신감, 갈등 관리 능력과 의사소통 능력을 갖춰야 한다고 보았다. 이러한 연구들을 근거로 백기복(2019)은 4차 산업혁명 시대에 리더가 수행해야 할 역할을 중심으로 7가지 '리더십 패러독스[2]'를 규명하였다.

한편, 교육정책 분야에서, 이인수(2017)는 Stone(2012)의 정책 패러독스에 의거하여, 일반고에서 진로진학정책을 집행하는 과정에서 발생하는 패러독스 현상에 관한 질적 연구를 수행한 바 있다. 그는 ① 진로진학상담교사제 집행과정에서는 '반쪽짜리 전문성 vs. 온전한 전문성', '진로교육 vs. 입시교육'이라는 패러독스 현상이, ② 진로집중교육과정 정책의 집행과정에서 '대학 진학 vs. 진로 탐색', '학생 요구 vs. 교원 수급'이라는 패러독스 현상이, ③ 학생부 종합전형정책 집행과정에서는 '학교교육 정상화 vs. 입시도구', '빛 vs. 그림자', '밥값 vs. 책임회피'라는 상호 배타적인 요구들이 공존하는 패러독스 현상이 발생하고 있음을 밝혔다. 그의 연구는 교육정책 집행과정에서 발생하는 패러독스 현상에 관심을 두고 우리나라 교육행정학 분야에서 최초로 '정책 패러독스' 현상에 관해 연구하였다는 점에서 의의가 있다.

박대권 외(2018)는 자율형 사립고등학교(이하 자사고) 정책을 둘러싼 교육부와 시·도교육청 사이의 정책 갈등을 Stone(2012)의 정책 패러독스 관점에서 분석하였다. 그들은 자사고를 둘러싼 교육부와 서울시교육청 사이의 갈등에는 '자유 vs. 형평'이라는 정책 목표의 갈등, '학교선택권 vs, 고교평준화'라는 정책 수단의 갈등이 내재되어 있음을 밝혔다. 또한, 정책 이해관계자의 측면에서 '서울시교육청 vs. 학부모 및 자사고'의 갈등, 교육정책의 일관성 측면에서 '서울시교육청 vs. 타 시·도교육청'의 갈등 혹은 서울시교육청 내부의 갈등이 패러독스 양상으로 나타난다고 해석하였다.

신현석 외(2020a)는 정책 수단인 '사실(facts)'이 제공되는 과정에서 나타나는 설득의 양면성(계몽 vs. 세뇌)을 패러독스 현상으로 보고, 코로나19 대응정책의 집행과정에서 정책 형성자(교육부)와 정책 집행자(고등학교 교사) 간 인식의 차이를 분석하였다. 그들은 행위자로서 교사의 인식 측면에서 '교육부 지원 vs. 교사 혼자', '안전한 학교 vs. 위험한 학교', '방역 우선 vs. 교육 우선'이라는 패러독스가 발생하고 있다고 하였다. 또한, 학교 조직과 교육정책에 대한 인식의 측면에서 '유연한 휴가 vs. 엄격한 복무', 'Top-down vs. Bottom-up', '신속한 발표 vs. 철저한 준비'의 패러독스 현상이 발생

2 백기복(2019)은 리더십에 담겨있는 일곱가지 패러독스, 1) 과업초점 vs. 인간초점, 2) 관리지향 vs. 전략지향, 3) 리더중심 vs. 부하중심, 4) 공식역할 vs. 비공식역할, 5) 단면관계 vs. 다면관계, 6) 혁신지향 vs. 거래지향, 7) 원칙중시 vs. 적응중시를 밝혀낸 바 있다.

하고 있음을 밝혔다. 신현석 외(2020a)의 연구는 정책 과정에서 '사실'이 객관적인 정보를 제공하기보다는 '해석의 렌즈'를 통해 여과되어 전달되기 때문에, 정책 입안자들이 설득의 과정에서 '사실'을 전략적으로 활용하고 있다고 본 Stone(2012)의 주장을 실제 우리나라 교육정책 집행 사례를 통해 입증하였다.

Stone(2012)은 인센티브의 의미를 제공자의 의도가 아닌 대상자의 기대에 의해 결정된다고 보았다. 이에 인센티브는 행위자로 하여금 보상이 주어지지 않는 행동에 대해서 '처벌'로 인식하게 할 가능성이 있기에, '보상'과 '처벌'의 양면성을 지니고 있다고 보았다. 이러한 점에서 착안하여 신현석 외(2020b)는 교원의 동기를 유발하기 위한 인센티브로써 교원성과급 정책 과정에서 발생하는 정책 패러독스 현상과 그 원인을 문헌고찰 연구를 통해 분석하였다. 그들은 교원성과급 정책의 패러독스 현상이 ① 교원성과급에 대한 교육부와 교원 간 해석의 충돌 발생, ② 보수체계를 구성하는 하위 체계인 근속급과 성과급의 충돌, ③ 정책과정에서 정책 설계자와 정책 집행자, 정책 대상자와의 간극으로 발생했다고 밝혔다. 또한, 정책 패러독스 현상의 발생 원인이 ① 일방적으로 목표가 주어지는 하향식 정책 추진과정, ② 보상과 처벌의 양면성을 지닌 '인센티브'의 속성, ③ 정책 설계자, 집행자, 대상자의 전략적 행위에 의한 것으로 밝혀졌다. 그들의 연구는 패러독스 현상이 발생하는 그 이면의 원인까지 드러내려고 하였다는 점에서 의의가 있다.

한편, 혁신학교 정책 집행과정을 연구한 이예슬(2020)은 혁신학교 정책 확산과정에서 교사들의 혁신철학에 대한 이해 부족, 구성원들의 성향 및 기존학교 문화, 교직 사회를 지배해오던 기존의 제도들, 정치·사회적인 영향 등으로 인해 혁신학교 정책이 의도한 바와 더불어 의도하지 않은 결과까지 초래되고 있다는 패러독스 현상을 밝혀냈다. 이로 인해 부분적으로 정책의 본래 의도가 훼손될 위험까지 나타나고 있음을 확인하였다. 이 연구는 교육정책 패러독스 현상이 다차원의 원인 요소들이 복합적으로 결합되어 발생하고 있다는 것을 밝혀냈다. 이로 인해 야기된 정책의 문제와 개선을 위한 정책적 제언까지 제시하여 교육정책 패러독스의 원인-양상-결과-개선에 이르는 패러독스 현상의 탐구 개념망을 종합적으로 탐구했다는 점에서 그 의의를 찾을 수 있다.

최근에, 이예슬 외(2021)는 Stone(2012)과 Thomas(1989)의 패러독스에 대한 정의에 의거하여 코로나19 상황에서 교사들이 경험하는 패러독스 현상을 연구참여자의 면담 등을 바탕으로 연구하였다. 그들은 '현실에 대한 두 가지 이상의 상호 배타적인 해석이 존재하며, 이것들이 서로 충돌하며 그 어느 것도 진실이 아니라 말하기 힘든 현상'을 패러독스로 정의하고, 수도권 소재의 초등 교원들을 대상으로 질적인 연구를 수행하여 코로나19로 인한 학교의 변화 과정에서 교원들의 패러독스 경험을 분석하였다.

초·중등교육분야뿐만 아니라, 고등교육 분야에서도 정책 패러독스에 관한 연구들이 수행되고 있다. 신현석 외(2021a)는 Stone(2012)이 정책목표 중 하나로 제시했던 '자유' 개념에 초점을 두어, 대학구조개혁 정책(목표, 평가지표 및 운영 방식, 컨설팅 지원)을 둘러싼 패러독스를 분석한 바 있다. 이와 유사한 맥락에서 신현석 외(2021b)는 최근 들어 코로나19로 인해 촉발된 대학등록금 반환갈등에 주목하여, 대학

등록금 정책의 변동과정에서 나타난 패러독스 현상을 분석한 바 있다. 이 연구는 분석 과정에서 주로 신문기사를 분석하고, 텍스트 네트워크 분석(TNA)을 부분적으로 활용하였다는 점에서 방법론적 측면에서 기존 연구와 차별된다.

지금까지 살펴본 내용을 토대로 교육정책 패러독스의 연구 동향을 정리하면 다음과 같다. 첫째, Stone(2012)의 정책 패러독스에 대한 논의를 바탕으로, 현실 정책의 장면에서 패러독스 현상이 어떻게 발생하는지를 탐색하는 데 주된 초점을 두었다. 국내에서 이루어진 '교육정책 패러독스'에 관한 대부분의 연구는 Stone(2012)의 정책 패러독스에 대한 논의를 바탕으로 전개되었다. 예를 들어, 신현석 외(2020a)는 정책 수단으로서 '사실'을, 신현석 외(2020b)는 '인센티브'에, 신현석 외(2021a)는 정책목표 중 '자유'에, 신현석 외(2021b)는 '의사결정'에 초점을 두고, 정책 패러독스가 우리나라 교육정책 장면에서 어떻게 나타나고 있는지를 연구하였다. 다만, 대부분의 연구가 개별 정책을 대상으로 개별적인 모형 수준에서 정책 패러독스가 나타나는 장면을 탐색하는 데 중점을 두고 있어, 연구결과 집적을 통해 '이론화'하거나 '지식화'하려는 노력이 필요함을 알 수 있다.

둘째, 연구방법 측면에서 주로 질적연구방법 혹은 문헌연구의 방법을 활용하여 교육정책의 과정에서 나타나는 역설적인 현상과 문제를 밝혀내는 데 중점을 두었다. 대부분의 연구가 면담을 통한 질적 연구방법(신현석 외, 2020a; 이예슬, 2020; 이예슬 외, 2021; 이인수, 2017) 또는 문헌고찰을 통한 귀납적 추론에 의존하는 문헌연구방법(강민수 외, 2020; 박대권 외, 2018; 신현석 외, 2020b, 2021a, 2021b, 이인수, 2019)을 활용하여 정책을 둘러싼 패러독스 현상을 연구하였다. 이에 반해 정책 패러독스를 실증적으로 입증하려는 연구, 즉 정책 패러독스의 원인, 과정, 결과 간의 영향 및 인과관계를 경험과학적 탐구를 통해 엄밀하게 분석한 연구가 수행되지 못했다. 이는 맥락에 따른 정치해석적 논리에 의거하여 현상을 이해하고자 하는 패러독스적 접근이 내포하고 있는 선천적인 한계일 수 있으나, 연구자가 발견한 패러독스 '현상'과 '원인', '결과' 요인 간의 관계 설정의 타당성을 입증하지 못했다는 점은 '교육정책 패러독스'가 하나의 이론으로 정립되는 데 장애요인으로 작용할 수 있다.

셋째, 실용적 관점에서 교육정책 패러독스 '연구'가 '실제' 정책 개선에 어떠한 역할을 할 수 있는지, 그리고 '연구'가 '실제' 정책 개선으로 어떻게 이어졌는지를 탐색한 연구가 적다. 그간의 정책 패러독스 연구는 '패러독스 현상'을 이해하는 데 주로 초점을 두었을 뿐, 실제 정책 개선에 어떻게 활용될 수 있는지 등 정책 및 현장 문제개선에 대한 실천적 기여를 모색하는 데 부족함이 있었다. 일부 연구(이예슬, 2020; 신현석 외, 2020a, 2020b, 2021a, 2021b)의 결론 등에서 정책 개선을 위한 시사점을 부분적으로 제시한 바 있으나, 패러독스로 발견된 정책오차의 수정 혹은 변경을 통한 정책 개선과 현장 문제해결 방안을 체계적으로 제시하는 연구는 찾아보기 쉽지 않다.

위와 같은 동향 분석을 통해 향후 교육정책 패러독스 연구가 지향해야 할 방향을 살펴보면 다음과 같다. 먼저, 교육정책 패러독스 연구는 교육 현상을 바라보는 하나의 '관점'에서 더 나아가 교육정책을 둘러싼 패러독스 현상을 적실하게 기술, 설명, 예측할 수 있는 '이론'을 정립할 필요가 있다. 그리고

'연구방법' 측면에서 맥락을 고려한 양적연구방법의 활용과 근거이론적 접근의 적용을 통한 원인과 결과 등 개념 간의 영향 및 인과관계를 검증하려는 연구방법론의 다각화가 필요하다. 마지막으로, 교육정책 패러독스 연구의 실천지향성이 제고될 수 있도록 실제 정책추진 개선에 어떻게 기여할 수 있는지, 현장 문제를 개선하는데 유효한 대안 마련을 위한 정합적 실용 연구가 수행될 필요가 있다.

3 정책 패러독스의 조건과 유형

가. 정책 패러독스의 발생 조건

패러독스 현상이 정책 장면에서 구체적인 탐구 대상으로 성립하려면 현상의 발생 조건 혹은 그 조건의 특성을 특정할 수 있어야 한다(김종길, 2001; 사득환, 박상진, 2013; 소영진, 1994; 이광모, 2003; 이인수, 2017). 소영진(1994)은 두 개의 정책 요구 및 논리가 존재하며, 이러한 각각의 요구 또는 논리가 정당하고, 두 가지 요구가 상충성을 보일 때 '정책 패러독스'가 발생한다고 보았다. 김종길(2001)의 경우에는 패러독스의 핵심을 두 개의 대립적인 요소가 상호배타적(mutual exclusivity)이고, 두 개의 대립적이고 배타적인 요소가 동시에 존재하는 것(simultaneity)으로 보았다. 이와 유사하게 이광모(2003)는 두 개의 대립적인 요소가 상호 배타적이라는 것(mutual exclusivity), 둘 혹은 그 이상의 모순되는 대안으로부터 하나를 선택하는 것이 아니라 모순되는 두 요소가 동시에 존재하고 수용되며 작용하는 것을 패러독스로 보았다. 한편, 김정래(2019)는 패러독스가 상호배타적이고 대립적인 요소들이 이상한 연결고리(strange loop)[3]에 의해 연결되어 있기 때문에 발생한다고 보았다.

이로 미루어 보아, 정책 패러독스는 '두 개 이상의 상충되면서도 타당한 정책 요구 및 논리가 동시에 존재'할 때 발생한다는 사실을 알 수 있다. 선행연구들(김종길, 2001; 사득환, 박상진, 2013; 소영진, 1994; 이인수, 2017; 이종범 외, 1994)을 종합하여, 정책 패러독스가 발생하는 상황적 조건의 특성을 정리해보면 다음과 같다.

첫째, 두 개의 정책 요구 또는 정책 논리가 존재한다. 현실적으로 대부분의 정책에 대한 견해나 논리들은 서로 일치되지 않는 것이 일반적이며, 이들은 '개발'과 '보존', '효율'과 '형평' 같이 크게 두 개의 상이한 범주로 환원시킬 수 있는 경우가 상당수이다. 더군다나 대부분의 정책이 그로 인한 수혜자와 피해자 집단을 만들어 내기에, 하나의 정책을 둘러싸고 각각 상이한 요구가 제기될 가능성이 높다.

둘째, 각각의 요구 또는 논리는 정당하다. 보통 정책을 둘러싼 경쟁적인 요구들은 나름대로 정당성을 갖추고 있으며, 근거는 상호 비교 불가능한 차원을 지니고 있어 어느 하나를 '참'으로, 다른 하나를 '거짓'으로 구분하기 어렵다. 예를 들어, 사학정책을 둘러싸고 '공공성'과 '자율성' 측면에서의 요구와

3 상호 간 범주가 다르거나 비교할 수 없는 성질이 연결되어 있는 경우를 지칭(김정래, 2019)한다.

논리는 정당하다. 또한, 교육행정 조직 운영 측면에서 각각의 상황에 따라 '분권화'와 '집권화' 모두가 필요하기 때문에 각각의 요구와 논리가 정당하다고 볼 수 있다.

셋째, 두 개의 정책 요구와 논리가 상충성과 모순성을 보인다. 일반적으로, 두 개의 주장이 각각 정당하지만 양자가 충돌하는 경우가 많은데, 이는 정책 논리 자체에서보다 그러한 논리가 연역된 구체적인 요구에서 나타나는 경우가 많다(소영진, 1994). '환경보호'와 '경제성장' 모두 타당한 주장이지만, 환경보호를 위해 에너지에 고율의 세금을 부과하는 정책에 대해서는 두 주장이 서로 상충될 가능성이 높다. 또한, 조직 운영 측면에서 '분권화'와 '집권화' 그리고 정책 목표로서 '효율성'과 '형평성' 모두 상충성을 보이지만, 각각의 요구와 논리가 모두 정당하다고 볼 수 있다. 뿐만 아니라, 좋은 규칙에 요구되는 '유연성'과 '정확성'은 논리적으로 보면 양립할 수 없다는 점에서 '모순성'을 지니고 있다고 볼 수 있다.

나. 정책 패러독스의 유형

'상호 모순되거나 배타적인 요소들이 맥락에 따라 공존하는 정책 현상'으로서 정책 패러독스는 합리적 접근의 비합리적 현상에 대한 맥락적 해석에 근거하기 때문에 상황에 따라 다양한 현상으로 나타난다. 이에 연구자들은 정책 패러독스의 유형을 구분하려 시도하였다(사득환, 박보식, 2013; 사득환, 박상진, 2013; 윤견수, 2014; 이예슬, 2020). 윤견수(2014)는 Stone(2012)의 『Policy Paradox』에서 제시된 정책 패러독스를 해석의 충돌 양상에 따라 네 가지로 구분하여 제시하였다.

첫째, 한 가지 개념과 그것의 반대 개념이 공존하는 방식이다. '공평'한 상황이 보장되기 위해서는 누군가는 차별을 받는 '공평하지 못한' 상황이 발생하기 마련이다(Stone, 2012). 예를 들어, 학생들에게 케이크를 공평하게 나누어준다고 할 때, 모든 학생에게 똑같은 크기로 나눠주는 것이 공평한 것일 수 있지만, 간식을 먹었거나 식사를 이미 한 학생들에게는 작은 조각을 주고 배가 고픈 학생들에게 큰 조각을 주는 것이 공평한 것일 수 있다. 이처럼 공평의 기준을 무엇으로 정하느냐에 따라 '공평'하게 나누어 주는 것이 오히려 '불공평'한 상황을 야기할 수 있다는 점에서 역설적이다.

둘째, 하나의 개념에 대한 해석이 다른 개념에 대한 해석과 충돌하는 경우이다. 예를 들어, '안전'이라는 개념에 대한 해석은 경우에 따라 '자유'라는 개념에 대한 해석과 서로 충돌하기 마련이다. 개인의 '안전'을 보장하기 위해 '법률'과 '규칙'이 필요하며, '법률'과 '규칙'에 의해 불가피하게 개인의 권리에 통제가 가해져 개인의 '자유'를 침해할 수 있다. 하지만 현실 세계에서 어느 정도 '안전'이 보장된 상태에서 개인이 '자유'를 발휘할 수 있다는 점에서 현실 세계에서 이 두 개념이 역설적으로 공존해야 함을 알 수 있다.

셋째, 한 개념을 구성하는 하위 요소들이 서로 충돌하는 경우이다. '좋은 규칙'이란 정확하면서도 이와 동시에 변화하는 상황에 따라 유연하게 적용될 수 있어야 한다. 논리적으로 보면 좋은 규칙을 구성하는 하위 요소인 '정확성'과 '유연성'은 서로 충돌하고 있다고 볼 수 있다. 그럼에도 불구하고 현실 세계에서는 '정확성'과 '유연성'이라는 두 가지 상충되는 요소들이 동시에 요구되고 있다(Stone, 2012).

넷째, 한 개념이 적용되는 맥락(조건)들이 충돌하는 경우이다. 이는 앞선 세 가지를 모두 포괄하는 최상위 조건으로, 개인의 '자유'와 이에 대한 '규제'가 공존한다고 할 때 개인의 '자유'를 허용하는 맥락과 '규제'를 통해 이를 금지하는 맥락은 현실에서 분리되어 있지 않다(윤견수, 2014). 또한, 정책의 효과를 정의할 때에도 이를 지지하는 상황과 반대하는 상황은 근본적으로 분리된 별개의 상황이 아니라, 하나의 개념이 적용되는 맥락(조건)이 서로 충돌하면서 발생하는 현상이라 볼 수 있다.

패러독스 '발생 원인'을 중심으로 사득환, 박보식(2013)은 환경정책에서, 사득환, 박상진(2013)은 복지정책 추진 과정에서 발생하는 패러독스를 세 가지 유형으로 제시한 바 있다. 첫 번째 유형은 '내장된 패러독스(built-in-paradox)'로서, 정책에 본질적으로 내재되어 있는 모순에 의해 필연적으로 나타나게 되는 패러독스 현상이다. 예를 들어, 복지정책의 경우, 지속적인 경제성장을 기반으로 유지되는데, 경제성장이 둔화될 경우 부 창출의 위기가 발생하여 세금 수입은 감소하는 반면, 새로운 복지에 대한 수요는 증가하여 패러독스가 발생할 수 있다. 복지정책의 경우 비용을 부담하는 층과 수혜를 받는 층이 다르기 때문에 본질적으로 패러독스 현상이 발생할 수밖에 없다. 이와 같은 맥락에서, 자본주의 경제는 지속적인 경제성장을 도모하는 경향 때문에 반환경적일 수밖에 없으며, 이에 따라 자본주의 경제하에서 '환경정책' 또한 본질적으로 역설적인 속성을 내포하고 있다고 볼 수 있다.

교육정책에서도 인간의 무의식에 숨겨진 욕망 등에 의해 '내장된 패러독스'가 발생하기도 한다. 예를 들어, 역대 정부에 걸쳐 다양한 사교육 경감 정책이 발표되고 있지만, 국민은 사교육이 경감되기는커녕 오히려 사교육 시장이 더욱 팽창하고 있다. 실제 2019년 초중고 사교육비 조사 결과를 살펴보면 사교육비 총액은 약 21조원으로, 전년도(2018년) 대비 7.8%가 증가한 것으로 드러났다(교육부, 2019.03.11.). EBS-수능 연계 정책, 대입전형 단순화, 선행학습 금지정책, 방과후 학교 운영 등을 통한 사교육비 경감 정책이 지속적으로 추진되고 있음에도 불구하고, 학업 및 지위 경쟁에서 보다 우위를 선점하기 위한 '경쟁 전략'의 일환으로 학생·학부모가 사교육을 선택할 가능성이 높기 때문에 사교육비가 꾸준히 증가하는 현상으로 이어지고 있다. 최근 KEDI에서 발표한 '2020년 교육여론조사(KEDI POLL)' 결과에 따르면, 학부모가 사교육을 시키는 가장 큰 이유는 '남들이 하니까 심리적으로 불안해서(26.4%)', 그리고 '남들보다 앞서 나가게 하기 위해서(25.4%)'인 것으로 밝혀졌다(뉴시스, 2021.01.29.). 이렇게 볼 때 아무리 강력한 사교육 경감 대책이 발표되더라도 대학 서열, 학벌주의 등 사회 전반의 의식이 크게 변화하지 않는 한 '인간의 욕망'이 결집되는 교육열에 의한 사교육은 지속될 수밖에 없을 것이다.

두 번째 유형은 정치적 타협 등에 의해 제도가 잘못 설계되어 발생하는 '정치적 패러독스(political paradox)'이다. 예를 들어, 복지정책과 관련하여 기초생활보장 수급자의 공적 이전소득이 높아짐에 따라, 차상위계층과 역전되는 현상이 발생할 수 있다. 그리고 수급자들이 다양한 복지혜택으로 인해 수급상태에서 졸업하지 않으려는 역설적인 현상 또한 잘못된 제도 설계에 의해 발생하는 '정치적 패러독스'라 볼 수 있다.

교육정책 장면에서, 「공교육 정상화 촉진 및 선행교육 규제에 관한 특별법(이하 선행교육규제법)」은 '정치적 패러독스'가 나타나는 사례 중 하나로 볼 수 있다. 「선행교육규제법」은 과도한 입시경쟁으로 인한 선행학습을 규제해 사교육비를 줄이고 공교육을 정상화하고자 하는 취지에서 제정되었다. 하지만 「선행교육규제법」 시행 이후 오히려 사교육비는 물론 학생들의 사교육 참여율 또한 더욱 증가한 것으로 나타났다(이덕난, 2020). 이러한 현상이 나타나게 된 원인 중 하나로 「선행교육규제법」이 공교육에만 적용되어 학원 등 사교육기관의 선행교육을 직접적으로 규제하지 못하는 '제도상 설계의 문제'를 들 수 있다. 「선행교육규제법」은 정부 밖 외부 집단인 '사교육걱정없는세상'의 주도의 「선행교육 규제에 관한 특별법안(이하 선행교육금지법)」과 대통령 후보의 공약에 의한 정부 주도의 「공교육 정상화 촉진에 관한 특별법안(이하 공교육촉진법)」이 병합되어 제정된 법안이다. 두 법안이 하나의 최종안으로 합의되는 정치적 타협의 과정에서 최종 법안은 정부 주도의 공교육촉진법의 내용이 더 많이 수용되고, 외부주도형 선행교육금지법의 내용이 배제된 형태로 형성되었다(이경옥, 2015). 이를 두고 입법 당시 지방선거를 앞둔 정치권이 학원업계의 눈치를 보며 '학원 봐주기 법'을 만들었다는 주장이 제기되기도 하였다(뉴데일리, 2021.01.25.). 이러한 제도 설계상의 문제로 인해 「선행교육규제법」은 공교육에서 선행교육을 규제하는 효과는 가져왔지만, 사교육의 선행교육을 규제하지 못해 선행교육에 대한 수요를 사교육 기관으로 집중시켰다. 이로 인해 오히려 학생들의 사교육 참여율과 사교육비가 증가하는 역설적인 결과를 야기하였다.

세 번째 유형은 정책 집행과정에서 나타나는 문제로 인한 '운용의 패러독스(operational paradox)'이다. 주로 전달체계상 중앙부처 간, 중앙과 지방 간, 지방과 민간 간, 주민과 환경단체 간 파트너십 등이 제대로 작동하지 않아 발생하는 비효율, 중복 등의 문제로 운용 패러독스가 야기된다. 이광석, 함영진(2013)은 복지사업 운용 과정에서 '복지정책 간 연계·조정 결여' 등으로 인해 나타나는 정책목표와 집행과정에서의 괴리를 '복지모순'으로 보고, '돌봄서비스 복지사업', '취약계층 자녀 교육비 지원 복지사업' 등에서 나타나는 정책 운용상의 패러독스에 대해 연구한 바 있다. 복지사업들은 개별적으로는 합리성을 지닐지 몰라도 집합적 관점에서 보면 부처 간 협력 부족, 제도 간 연계 부족 등의 문제로 유사한 사업들 간의 '비효율성' 문제가 발생할 수 있으며, 부처별로 개별적인 전달체계 구축으로 특정 대상에게는 복지혜택이 제공되지 못하는 등의 사각지대가 발생할 수 있다(이광석, 함영진, 2013).

한편, 정책 패러독스는 정책 형성, 결정, 집행 및 평가 등 정책의 모든 단계에서 발생할 수 있다(사득환, 박보식, 2013). 이러한 점에서 정책과정에 따라 정책 패러독스의 유형을 '정책 결정과정에서의 패러독스', '정책 집행과정에서의 패러독스'로 구분할 수 있다. 국내 행정학 분야에서 정책 패러독스를 다룬 선행연구들(김종길, 2001; 사득환, 박상진, 2013; 사득환, 박보식, 2013)은 대부분 '정책 결정' 과정에서 상호 배타적인 요소들이 상충되는 정책 패러독스 사례에 관심을 두었다. 이러한 연구들을 바탕으로 '정책 결정과정에서의 패러독스'는 '둘 이상의 대립되는 요구가 각각 정당성을 갖고 동시에 존재하여 상충되는 상황으로, 겉보기에는 모순적이지만 그 속에 정당한 가치가 함축되어 있는 현상'으로 정의할 수 있다.

[표 1] 정책 패러독스 유형

기준	해석의 충돌 양상	패러독스 발생 원인	정책과정
유형	① 한 개념과 반대 개념의 공존 ② 한 개념과 다른 개념 간의 충돌 ③ 한 개념을 구성하고 있는 하위 요소 간의 충돌 ④ 한 개념을 둘러싸고 있는 맥락(조건)들 간의 충돌	① 내장된 패러독스 ② 정치적 패러독스 ③ 운용의 패러독스	① 정책 결정과정에서의 패러독스 ② 정책 집행과정에서의 패러독스

출처: 윤견수(2014), 사득환, 박보식(2013)을 참고하여 정리하였음.

복잡한 현대사회에서 정책 결정은 불확실한 상황에서 이루어지기 때문에 정책 성과에 대한 예측이 쉽지 않고, 정책목표나 내용을 명확하게 제시하는 것 또한 어려워졌다(Elmore & McLaughlin, 1984). 특히 이해관계가 복잡하게 얽혀있는 경우, 정책 결정과정에서 다수의 지지를 얻기 위해 정책목표는 모호해질 수밖에 없다. 이에 하나의 정책 안에 '상호 모순되고 배타적인 요소'들이 동시에 공존하는 현상 또한 더욱 증가하게 되었으며, 이로 인해 정책 집행과정에서 정책의 의도와 다른 미처 예상치 못한 결과 등이 초래됨에 따라, 최근 '정책 집행과정'에서 발생하는 패러독스 현상에 관한 관심이 증대되고 있다. 선행연구들은 정책 집행과정에서의 패러독스를 '정책 의도와 집행 결과의 명백한 차이'로 보고 있다(김종기, 김상희, 2015; 이예슬, 2020; Kuna, 2017; Lindqvist, 2019, Nudzor, 2013; Sitkin & Bies, 1993; Stone, 2002). 따라서 '정책 집행과정에서의 패러독스'는 '정책이 의도한 효과뿐만 아니라 의도하지 않은 결과까지 초래되는 현상으로, 이로 인해 정책의 본래 취지를 훼손하거나 오히려 정책을 통해 해결하고자 했던 문제 상황을 악화시킬 수도 있는 현상'으로 정의할 수 있다.

정리하자면, 정책 패러독스는 '해석의 충돌 양상'(윤견수, 2014), '패러독스 발생 원인'(사득환, 박보식, 2013), 그리고, '정책과정'에 따라 그 유형을 [표 1]과 같이 구분할 수 있다.

4 교육정책 패러독스의 원인과 결과

교육정책 패러독스의 추상적 개념과 현상을 연결하여 하나의 탐구 대상으로 확립하기 위한 구체적인 노력이 발생 조건과 현상을 유형화하려는 것이라면, 원인과 결과를 확인하려는 노력은 개념과 개념 간의 영향 및 인과관계를 실제 현상을 통해 분석하고 확인하여 탐구의 한 관점으로 정립하는 데 필수적으로 요구된다.

가. 정책 패러독스의 원인

정책 패러독스 현상이 발생하는 원인은 특정한 정책의 조건이나 맥락에서 발생하는 특징이 있기 때문에 일률적으로 보편화하여 제시하기가 쉽지 않다. Stone(2012)도 이에 정책의 목표, 문제, 해결책이 서로 연결되는 관계가 폴리스의 다양한 맥락에서 해석적인 관점에 따라 복잡하게 나타난다는 것을 인정하였다. 지금까지 선행연구들에서 밝혀진 정책 패러독스 발생 원인을 살펴보면 다음과 같다(신현석 외, 2020b; 이예슬, 2020; 이혁우, 2009; 이인수, 2017; Stone, 2012; Kuna, 2017; Lindqvist, 2019).

교원성과급 정책의 패러독스에 대해 분석한 신현석 외(2020b)에서는 정책 패러독스 발생 원인을 다음과 같이 세 가지로 제시하고 있다. 첫째, 정책 설계자의 영향력이 강하게 작용하는 하향식(top-down) 접근의 정책 추진과정에 의해 패러독스 현상이 발생한다. 교원성과급 정책은 성과급 폐지를 지속적으로 주장하는 교원단체 등의 반발에도 불구하고, 정부 차원에서 타 공무원과의 형평성에 대한 고려 등을 이유로 유지되고 있으며, 교원성과급의 차등지급률이 시행 초기보다 증가하는 방향으로 진행되었다. 이로 인해 교원들의 반발, 성과급 나눠먹기식의 균등 분배 현상(조선일보, 2020.07.24.), 교사 본연의 업무인 수업과 연구에 집중했던 교사들이 그렇지 못한 교사에 비해 낮은 성과급을 받는 현상(에듀인뉴스, 2019.04.15.) 등 정책이 의도하지 않은 결과가 발생하는 패러독스 현상이 나타났다.

둘째, 인센티브가 '보상'과 '처벌'의 의미를 모두 지닌다는 점에서 패러독스가 발생한다. 교원성과급은 교원들의 동기를 유발할 수도 있지만, 하위 등급인 B를 받은 30%의 교원들에게는 '처벌'의 의미를 가질 수 있다. 이와 같은 인센티브의 이중적 속성이 교직사회에서 교원들의 사기 진작이라는 의도한 결과뿐만 아니라, 교원들의 사기저하 및 자존감 훼손이라는 의도치 않은 결과를 동시에 초래하는 패러독스 현상의 원인으로 작용하였다.

셋째, 정책 설계자, 정책 집행자, 정책 대상자의 전략적 행위에 따라 정책 패러독스 현상이 발생한다. 정책 설계자인 '교육부', 정책 집행자인 단위학교의 '학교장', 정책 대상자인 '교원'들이 각자가 처한 맥락적 상황을 고려하여 최선의 결과를 도출하고자 전략적으로 행동하는 과정에서 정책의 의도와 집행 결과의 간극이 확대되는 정책 패러독스가 발생하게 된다. 일례로, 교원들은 정책 대상자임과 동시에 다면 평가자로서 동료 교원을 평가하는 정책 집행자의 역할을 수행해야 한다. 이 상황에서 교사는 동료 교원의 능력과 성과를 평가하지 않아, 심리적 저항이 비교적 낮은 업무량과 업무 곤란도를 평가 기준으로 선정하게 된다(곽경련·이쌍철, 2014). 이로 인해, 결과적으로 교원의 성과급은 '직무급'에 따라 배분되며, 교사의 동기를 유발하여 교육의 질을 높이고자 했던 본래 정책의 목적에서는 다소 멀어지는 의도치 않은 결과가 나타나게 된다.

이예슬(2020)은 '혁신학교 정책'의 확산과정에서 정책이 의도한 효과와 더불어 의도하지 않은 결과가 동시에 초래되는 패러독스 현상의 발생 원인을 '행위자(교사) 차원', '조직적 차원', '정책적·제도적 차원', '구조적 차원(사회·정치의 영향)'으로 구분하여 제시한 바 있다. 먼저, '교사(행위자) 차원'에서는 '혁신

교육 철학에 대한 이해 부족'으로 교사들의 자발성을 충분히 이끌어내지 못했기 때문에, 기존의 것에 대한 '관성'이 작용할 수밖에 없었고, 이로 인한 관성적 행태가 패러독스 현상을 유발하였다. '조직적 차원'에서는 관리자와 구성원의 성향과 조합, 대체로 변화에 보수적이며 현실 순응적인 교직 문화 등이, '정책적·제도적 차원'에서는 학교 사회를 지배해오던 기존 제도들(교원승진제도, 교원성과급 등)이 혁신학교 정책이 추구하는 방향과 상충됨에 따라 패러독스 현상이 발생하고 있었다. 마지막으로, '정치·사회 등 구조적 차원'에서는 정책 추진과정에서 '정치적 목적'이 개입되어 빠르게 확산이 이루어지고 있다는 점, 그리고 우리 사회의 고질적인 문제인 '입시 위주의 교육 풍토' 등이 패러독스 현상을 야기하는 요인으로 작용하고 있었다.

한편, 이인수(2017)는 '진로진학정책 집행과정에서 발생하는 패러독스 현상'의 발생 원인을 다음과 같이 밝히고 있다. 첫째, 교사의 대응 전략으로 교사가 자신의 생존을 위해 교육정책을 선택적으로 수용하기 때문에 '패러독스 현상'이 발생한다고 보았다. 둘째, 정책집행과 관련된 '환경적 맥락'에 의해 패러독스 현상이 발생한다고 보았다. 예를 들어, 진로교육보다 진학지도를 우선시하는 학교의 내재적 맥락, 입시를 무시할 수 없는 현실 등에 의해 진로진학정책 집행과정에서 패러독스 현상[4]이 나타나고 있다고 보았다.

이외에 Kuna(2017: 192)와 Lindqvist(2019: 63)는 정책 의도와 상반된 집행 결과가 도출되는 정책 집행과정에서의 패러독스 현상은 정책 형성과정에서 '서로 충돌되는 정책목표'에 의한 것일 가능성이 높다고 하였다. 그리고 이혁우(2009)는 정책 집행과정에서 예기치 못한 결과가 나타나는 이유를 '불확실성', 인간의 '제한된 합리성'과 더불어 정책이 이해당사자의 '유인구조'에 부합하지 않기 때문이라 보았다. 이에 따라 예기치 못한 결과를 '정책'이라는 수단을 통해 교정하는 것 자체가 불가능한 것일 수 있으며, 문제를 해결하기 위한 '정책' 자체가 역설적으로 오히려 또 다른 '문제'가 될 수 있다고 보았다.

위와 같은 선행연구 고찰 결과를 바탕으로 정책 패러독스의 발생 원인은 [표 2]와 같이 크게 네 가지 차원(행위자, 정책적, 제도적, 구조적)으로 정리해볼 수 있다.

첫째, 행위자 차원에서 정책 집행자와 대상자의 '정책에 대한 이해 및 수용 정도'에 따라 패러독스가 발생할 수 있다. 교육제도와 정책이 바뀌더라도, 학교구성원들이 변화의 목표나 내용을 인정하지 않으면 정책이 의도한 효과를 거두기 어렵다. 학교구성원들은 변화를 강요하는 정책에 대해 겉으로는 변화를 수용하는 것처럼 보이지만, 실제로는 자신의 관점과 기준, 그리고 현실적 여건에 따라 변화를 재해석하고 특유의 논리에 따라 정책을 수용하는 과정에서 변용, 왜곡, 저항 등 다양한 양상이 나타나기 마련이다(오영재, 2009: 15; 이인수, 2017). 또한, 정책은 언어로 되어 있기 때문에 애매하고 추상적인 특성을 지닐 수밖에 없어 입장에 따라 다양한 해석이 가능하다. 게다가 정책 수단 제공자와 수용자가 문

4 이인수(2017)는 정책 패러독스를 '둘 이상의 대립되는 요구가 각각 정당성을 갖고 동시에 존재하며 상충되는 상황으로, 겉보기에는 모순적이지만 그 속에 정당한 가치가 함축되어 있는 현상'으로 정의하였다.

[표 2] **패러독스 현상 발생 원인**

구분(차원)	패러독스 발생 원인
행위자	• 정책 집행자 및 대상자의 정책에 대한 이해 및 수용 정도 • 불확실성 및 제한된 합리성 속에서 정책 설계자, 집행자, 대상자의 전략적 행위
정책적	• 정책 자체요인: 상충되는 정책 목표와 내용 • 정책 집행방식: 하향식 접근
제도적	• 기존 제도와 정책들과의 충돌 • 조직 문화
구조적	• 사회·경제적 환경의 변화 • 정치적 영향력

제 상황을 인식할 때 서로 다른 프레임을 가지고 정책 과정에 참여하기 때문에 정책 수단에 대해 서로 다른 해석을 할 수 있다(Nudzor, 2009). 정책과정에서 목표와 문제가 재구성되고 해석된다는 Stone(2012)의 견해와 일치한다. 이에 따라, 정책 대상자와 집행자가 정책을 어떻게 해석하여 이해하는가에 따라 정책 패러독스 현상이 발생할 수 있다.

행위자 차원에서 정책 설계자, 집행자, 대상자 등 행위자의 전략적 행위에 의해서도 패러독스가 발생한다. 합리성을 전제로 하는 전략적 행위는 불확실하고 복잡한 상황에서 온전히 발현되기 힘들다. 이인수(2017)는 교사가 외부로부터 내려진 교육정책을 선택적으로 수용한다고 보았고, 이러한 행위에 의해 패러독스 현상이 발생한다고 보았다. 또한 이예슬(2020)의 연구를 통해서도 '능동적 행위자'로서 교사들이 학교가 놓인 맥락적 상황 등을 고려하여 학교의 변화를 도모하는 과정에서 혁신학교 정책의 본래 의도와 상충되는 결과가 초래되기도 한다는 점이 밝혀진 바 있다. 신현석 외(2020b)에서도 정책 설계자인 '교육부', 단위학교 정책 집행자인 '학교장', 정책 대상자인 '교사'가 각자의 위치에서 최선의 방식으로 정책에 대응하는 과정에서 정책 설계자와 정책 대상자 간의 간극이 확대되어 패러독스 현상이 발생하게 된다는 점이 밝혀졌다.

둘째, 정책적 차원에서 정책 자체에 상충되는 목표나 내용이 내재되어 있을 경우 패러독스가 발생한다. 앞서 언급한 바와 같이 복잡 사회에서 이해관계가 복잡하게 얽혀있는 경우, 정책 결정과정에서 다수의 지지를 얻기 위해 정책목표가 모호해질 수밖에 없으며, 하나의 정책 안에 '상호 모순되고 배타적인 요소'들이 동시에 포함된 채로 형성되기 마련이다(Stone, 2012). Lindqvist(2019)와 Kuna(2017)는 정책 형성과정에서 미처 해결되지 못한 '서로 충돌되는 정책 목표의 공존'에 의해 정책 집행과정에서 패러독스가 발생한다고 보았다. 이에 따라 정책 내 상호 배타적인 목표와 내용이 동시에 포함되어 있을 때, 정책 패러독스가 발생하게 된다.

한편, 정책적 차원에서 정책이 추진되는 방식에 따라서도 패러독스가 발생할 수 있다. 이인수(2017)

와 신현석 외(2020b)는 정책이 정책 대상자나 집행자의 참여와 의지에 의해서가 아니라, 정책 설계자의 독단적인 영향력 아래 하향식(top-down)으로 집행될 경우 정책 집행과정에서 패러독스가 발생할 수 있음을 밝힌 바 있다. 정책이 하향식으로 추진되더라도 정책을 둘러싼 이해관계자로부터 '지지'를 받을 경우 정책이 효과적으로 집행될 수 있으나(Sabatier & Mazmanian, 1979), 그렇지 않을 경우 정책의 본래 의도에서 벗어난 결과들이 초래될 수 있는 것이다.

셋째, 제도적 차원에서 먼저, 새로운 정책이 추구하는 바가 기존 제도와 충돌하는 경우에 패러독스 현상이 초래된다. 이인수(2017)의 '진로집중교육과정' 정책 집행과정에 대한 연구에서 기존 교원수급정책에 의해 교과목 개설 등에 제한이 발생할 수밖에 없고, 이로 인해 패러독스 현상이 발생할 수 있음이 밝혀졌다. 이예슬(2020)의 연구에서도 기존 교원 승진 및 전보 제도와의 충돌로 혁신학교 정책의 집행과정에서 의도하지 않은 현상들이 발생하고, 이로 인해 패러독스 현상이 나타날 수 있음을 밝혔다.

한편, 제도적 차원에서 정책 대상 조직의 '문화' 등도 정책이 집행되는 과정에 영향을 주어 패러독스 현상을 유발하는 요인으로 작용한다. 이예슬(2020)은 변화에 대해 보수적인 성향과 현실 순응적인 교직 문화, 행정업무 우선의 교직 문화, 수업과 학급 운영에 있어서 개인주의와 상호 불간섭주의 등의 교직 문화가 혁신학교 정책이 의도한 효과를 온전하게 거두는 데 방해 요인으로 작용할 수 있음을 밝힌 바 있다. 또한, 코로나19에 따른 학교의 변화 과정에서 교원들의 '함께 가기(튀지 않기)' 문화가 학교의 변화를 제약하는 요인 혹은 촉진하는 요인으로 동시에 작용할 수 있다는 점에서 패러독스 현상을 야기할 수 있음이 밝혀졌다(이예슬 외, 2021). 결과적으로, 정책이 집행되는 혹은 정책 대상이 되는 조직의 '문화'가 정책 집행과정에서 패러독스 현상을 유발하는 요인으로 작용할 수 있음을 알 수 있다.

넷째, '구조적' 차원의 요인에 의해서도 패러독스 현상이 발생한다. 정책을 둘러싼 사회적 환경의 변화와 거시 정치적인 영향력 등이 정책 추진과정에 영향을 주게 되면서 정책 패러독스 현상이 발생하게 된다. 예를 들어, 4차 산업혁명 시대의 조류에 발맞추어 정부가 전격적으로 발표한 미래 교육정책 방안들은 마음의 준비가 안 된 학교의 현실에 또 다른 부담을 안겨 실행과 성과가 기획 의도와 어긋나는 현상을 초래한다. 또한, 혁신학교 정책 추진과정에서 진보 교육감들의 '정치적 목적성'이 개입되어 학교 현장의 준비와 무관하게 성급한 확산을 도모하게 되고, 정책 성과를 홍보하기 위한 전략적 수단화의 대상이 되면서 정책의 본질로부터 이탈되는 현상이 초래될 수 있다(이예슬, 2020).

나. 정책 패러독스 결과

정책 패러독스의 결과는 패러독스가 야기되는 현상의 종속적인 상태를 의미한다. 선행연구들은 정책 패러독스 현상이 발생할 시에 초래되는 결과를 다음과 같이 정리하고 있다(김종길, 2001; 사득환, 박보식, 2013; 이인수, 2017; 신현석 외, 2020a, 2020b; 이예슬, 2020; 이예슬 외, 2021).

먼저, '정책 형성 및 결정 과정'에서 정책 패러독스가 발생해서 좋지 않은 결과가 야기될 것으로 우려될 때 정부가 대응하는 방식에 대해 김종길(2001)과 사득환, 박보식(2013)은 다음과 같이 제시한다.

첫째, 정보 비공개, 시간끌기 등과 같은 방법을 활용하여 실제 정책 선택을 하지 않고 의사결정을 지연하는 것이다. 둘째, 전략적으로 문제를 재규정하여 문제의 성격이나 요구 간의 관계를 전략적으로 바꾸는 방법이다. 예를 들어, '개발'과 '보존'의 문제에 관한 패러독스 상황에서 '개발은 보전을 위해 불가피한 선택이다'라는 설득이 유의하게 적용한다면 패러독스는 해소된다. 셋째, 정부가 정책 선택을 하는 것이 아니라, 외부 단체에 정책 결정권을 이양하는 방식을 취한다. 2018년 교육계의 뜨거운 이슈였던 '대입제도 개편'을 두고 교육부는 국가교육회의에, 국가교육회의는 '대입제도개편 공론화위원회'에 위임한 한 바 있다. 넷째, 대안 간 절충의 방법을 사용하거나, 전략적으로 대응하며 왔다갔다하는 양가성으로 패러독스 상황에 대응할 수 있다.

이와 같은 방식으로 정책 결정 상황에서 패러독스에 대응하게 될 경우, 패러독스가 근본적으로 해소되지 못한 채 하나의 정책 안에 상호 배타적인 요소들이 동시에 공존하는 상태로 정책이 결정됨에 따라, 정책 집행과정에서도 패러독스가 나타나는 체인 현상(chain reaction)이 발생하게 된다. 이와 더불어, 정책이 집행되는 현장에서 행위자, 제도, 구조적 차원의 상황과 맥락이 제약요인으로 작용하여 정책이 의도한 효과가 온전하게 나타나기 힘들 뿐 아니라 부분적으로 정책의 의도와 상반된 결과까지 나타나 '상호 모순적이고 배타적인 요소들이 공존'하는 패러독스 현상이 발생하게 된다. '정책 집행과정'에서 패러독스가 발생할 경우 초래되는 결과를 살펴보면 다음과 같다.

첫째, 행위자 차원에서 정책 집행과정에서 상호 배타적이고 모순적인 요소들의 공존으로 인해 그 어느 것도 진실이 아니라고 말할 수 없는 현실은 정책 대상자 및 집행자들에게 혼란을 줄 수 있다(신현석 외, 2020a; 이예슬 외, 2021). 이러한 혼란은 구성원들로 하여금 시의적절한 정책적 대응을 못하게 하여, 정책 집행과정에서 구성원들의 어려움을 가중시킬 수 있다. 또한, 학교 현장을 지원하기 위한 교육정책에 대한 회의감을 야기하여 '개입의 역설'을 초래하는 등(이예슬, 2020)의 교육정책에 대한 피로감을 가중시킬 수 있다.

[표 3] 패러독스 현상 발생의 결과

구분	패러독스 발생 결과
정책 결정과정	• 상호 모순적이고 배타적이 요구들의 긴장 상태가 해소되지 못한 채 하나의 정책 안에 상호 배타적인 요소들이 공존 →정책 집행과정에서의 패러독스를 야기
정책 집행과정	〈행위자 측면〉 1) 혼란, 시행 착오 등 어려움 초래 →개입의 역설 등 교육정책에 대한 피로감 가중 2) 행위자의 정책에 대한 대응 역량 강화→정책 결과를 예측하기 어렵게 만드는 요인으로 작용 〈정책적 측면〉 1) 정책의 본래 의도한 효과를 반감시킬 수 있음 → 최악의 경우, 정책 실패를 초래할 가능성 2) 패러독스에 대한 모니터링→정책 개선→정책의 효과성 배가

한편, 상호 모순적이고 배타적인 요소들이 맥락에 따라 공존하는 패러독스 상황을 타개하기 위한 과정에서 행위자들의 '대응 역량'이 향상될 수 있다. 정책 설계자들이 미처 해결하지 못했거나 또는 예상하지 못했던 정책 패러독스 상황에서, 행위자들은 당면한 문제 상황을 해결하기 위해 적극적으로 '주체성'을 발휘하게 된다(이예슬, 2020). 이처럼 정책 패러독스는 행위자의 주체성 및 대응 역량 강화라는 의도치 않은 긍정적인 결과를 가져올 수 있다. 하지만, 이러한 점들은 패러독스 상황에서 정책의 성과나 결과를 예측하기 어렵게 만드는 요인으로도 작용하기도 한다.

둘째, 정책적 측면에서 정책의 본래 의도한 효과를 저해할 수 있다. 정책 집행과정에서 정책이 의도한 효과와 더불어 의도하지 않은 결과가 동시에 초래됨에 따라, 이예슬(2020)의 연구에서 밝혀진 바와 같이, 정책의 본래 의도한 효과가 반감될 수 있다. 앞서 언급한 바와 같이, 정책 집행과정에서 발생하는 패러독스 현상은 정책이 현실적 맥락 속에서 상호작용하며 구현되는 과정에서 필연적으로 발생할 수밖에 없는 현상이다. 하지만 정책의 의도와 멀어지는 상반된 결과가 나타날 경우, 정책의 효과가 반감될 수밖에 없으며 최악의 경우에는 '정책 실패'를 유발할 수 있다는 점에서 정책 집행과정에서 발생하는 패러독스 현상은 일종의 정책 성패의 경고 징후로서 주의를 기울일 필요가 있다.

또 다른 한편으로, 정책 패러독스는 정책 설계자들이 정책 설계 과정에서 미처 고려하지 못한 요소들을 드러내주어 '정책 개선'에 기여할 수 있다. 정책 집행과정에 대한 모니터링을 바탕으로, 패러독스 발생 원인에 대한 철저한 분석과 이에 따른 해결 방안 모색은 향후 정책 개선을 가져와 정책의 효과를 배가시키는 요인으로 작용할 수 있다.

5 교육정책 패러독스의 종합 모형

복잡다기한 현대사회의 정책과정에 다양한 이해관계자가 참여하게 됨에 따라, 상호 모순적이고 배타적인 요소들이 동시에 공존하는 '패러독스' 현상이 빈번하게 나타나게 된다. 이러한 현상에 관한 연구가 활발하게 수행되기 위해서는 기존 선행연구들을 토대로 교육정책 패러독스를 연구하기 위한 방향타로서 기능할 모형을 정립할 필요가 있다. 이 모형은 향후 교육정책 패러독스 현상을 이해하고 분석할 수 있는 하나의 준거 틀을 제시해준다는 점에서 후속 연구를 진작시키는 데 도움이 될 수 있다. 이에 그간 수행된 정책의 패러독스에 관한 연구들(김종길, 2001; 박대권 외, 2018; 사득환, 박보식, 2013; 사득환, 박상진, 2013; 신현석 외, 2020a, 2020b; 이예슬 2020; 이예슬 외, 2021; 이인수, 2017)을 종합적으로 고찰하여, 교육정책의 패러독스 현상을 탐구하기 위한 모형[5]을 세 가지로 유형화하여 제시하면 다음과 같다.

---

5 모형은 현상 탐구를 위한 개념과 개념 간의 관계를 실증적 혹은 해석적인 방법을 통해 확증된 개념 틀로서 복잡한 실제 상황을 기술하고(describe), 설명하며(explain), 예측할 수 있도록(predict) 해준다는 점에서 후속 연구의 아이디어 확대와 연구 발전을 위한 기준 혹은 좌표의 역할을 한다.

첫째, 정책 형성 및 결정 과정에서 상호 배타적인 요소들이 공존하는 패러독스 현상을 연구하기 위한 모형([그림 2])이 제시될 수 있다. 이러한 유형의 모형은 주로 행정학 분야에서 수행된 연구(김종길, 2001; 사득환, 박보식, 2013; 사득환, 박상진, 2013 등)에서 발견할 수 있다. 김종길(2001)의 연구에서는 동강댐 건설과 관련된 정부의 정책 결정 과정에서, 그리고 사득환, 박보식(2013)은 4대강 사업에 관한 정책 결정 과정에서 '개발'과 '보존'의 가치가 대립하고 있음을 보여준 바 있다.

둘째, 정책 집행과정에서 하나의 현상에 대한 상호 배타적인 해석들이 공존하는 현상을 이해하기 위한 연구 모형([그림 3])이 도출될 수 있다. 앞서 살펴본 바와 같이 신현석 외(2020a)는 코로나19에 대응하는 교육정책 집행과정에서 교육부와 일선 학교 현장의 교사들의 동일한 사실(fact)에 대한 해석이 어떻게 달라질 수 있는지에 대해 제시한 바 있다. 이와 마찬가지로, 이인수(2017)는 진로진학정책의 집행과정에서, 이예슬 외(2021)의 경우 코로나19에 따른 학교의 변화 과정에서 관점에 따라 상호 배타적인 해석들이 공존하는 패러독스 상황을 연구한 바 있다. 한편, 신현석 외(2021a)는 표면적으로는 '학령인구 감소에 따른 대학 입학 정원감축 및 교육의 질 제고'라는 정당성을 지닌 대학구조개혁 정책 이면에 내재해 있는 상충된 가치와 해석을 '정책목표', '평가지표 및 운영 방식' 등을 중심으로 분석하였다.

셋째, 정책 집행과정에서 발생하는 패러독스 현상과 그 원인 및 결과를 종합적으로 연구하기 위한 모형([그림 4])이 있다. 신현석 외(2020b)는 교원성과급 정책을 둘러싼 패러독스 현상과 그 원인을, 이예슬(2020)은 혁신학교 정책 확산과정에서 드러나는 패러독스 현상의 '양상'과 그 '원인'을 규명한 바 있다. 선행연구를 바탕으로 앞서 본 연구에서도 교육정책 패러독스의 발생 원인을 '행위자', '정책적', '제도적', '구조적' 차원으로, 결과를 '행위자', '정책적' 측면으로 나누어 규명한 바 있다. 이에 선행연구(신현석 외, 2020b; 이예슬, 2020) 분석 결과를 바탕으로, 교육정책 패러독스의 현상과 발생 원인 및 결과를 도식화하여 종합적인 모형으로 제시하면 [그림 4]와 같다.

종합하면, 현재까지의 교육정책 패러독스 현상을 연구하기 위한 모형들은 정책과정에서 충돌하고 있는 요소들을 드러내거나, 맥락에 대한 이해를 바탕으로 패러독스 현상을 유발한 것으로 추정되는 요인들을 도출하여 도식화하는 수준에 머물고 있다. 복잡한 현실에서 발생하는 교육정책 패러독스를 다각적인 관점에서 보다 심도있게 이해하고 분석하기 위해서는 정책과정에서 나타나는 패러독스 현상의 양상, 원인, 결과 등을 보다 적확하게 기술·설명할 수 있는 다양한 연구 모형을 개발하려는 노력이 필요하다. 이러한 노력이 지속될 때, 정합성 있는 연구가 수행될 수 있으며, '연구'가 '실제'의 정책 개선에 기여할 수 있을 것이다.

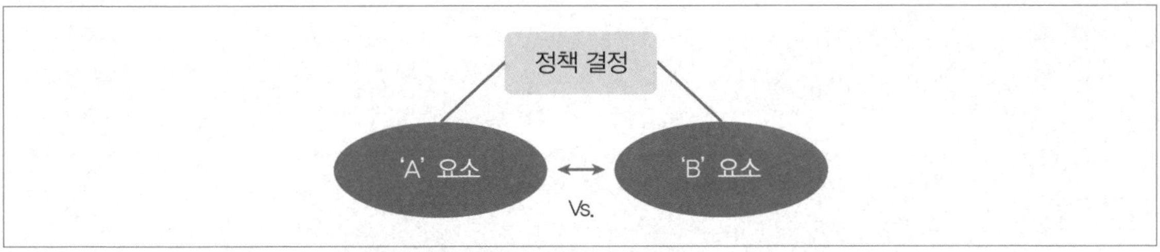

[그림 2] **교육정책 결정과정에서의 패러독스 현상 연구 모형**

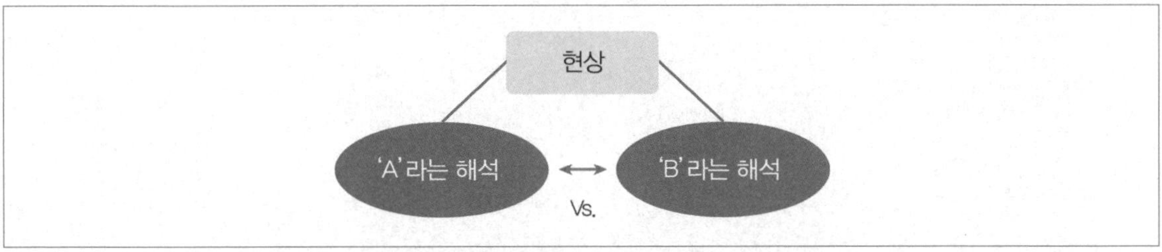

[그림 3] **교육정책 집행과정에서의 패러독스 현상 연구 모형**

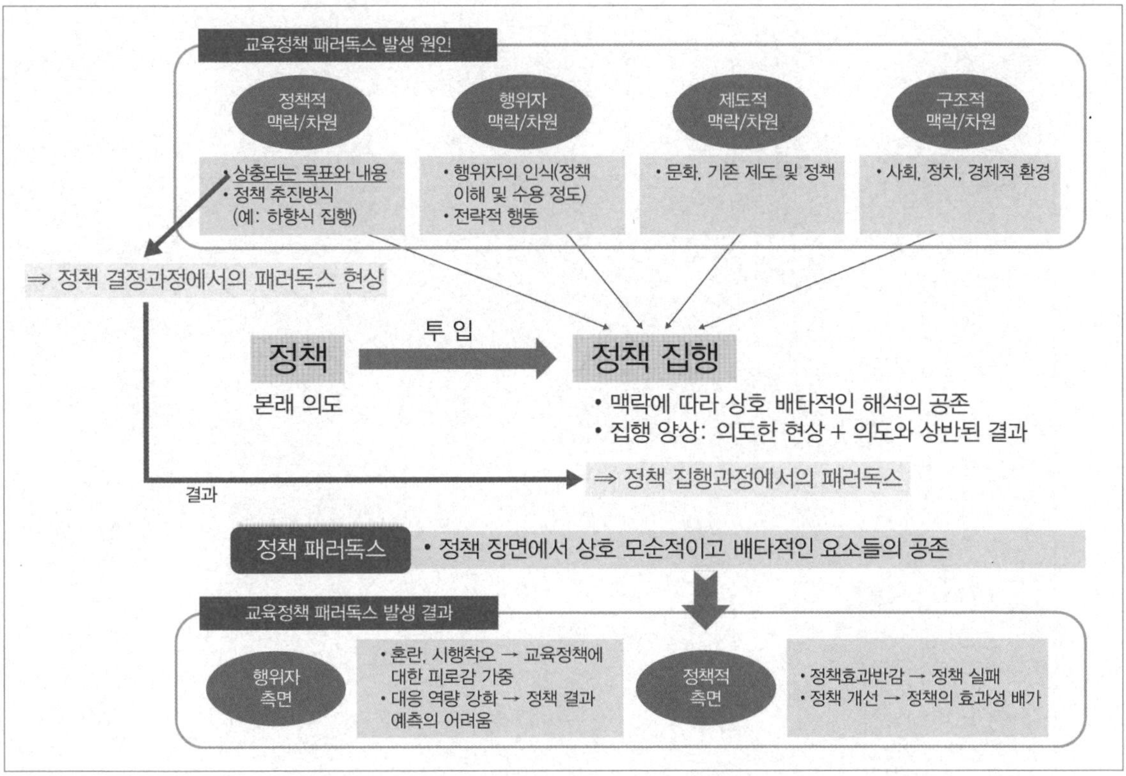

[그림 4] **교육정책 패러독스 현상의 종합 모형**

한국 교육정책의 패러독스: 연구와 실제

EDUCATION POLICY PARADOX IN KOREA:
RESEARCH AND PRACTICE

PART

01

정치와 정책 패러독스

CHAPTER 01

국가, 시장 그리고 폴리스: 5·31 교육개혁의 정책 패러독스

1. 5·31 교육개혁의 새로운 해석
2. 정책 패러독스와 신자유주의 교육개혁
3. 5·31 교육개혁의 패러독스
4. 교육개혁의 새로운 방향

대한민국 출범 이후 시행된 여러 번의 교육개혁 중 가장 근본적이고 광범위한 교육의 변화를 시도한 것은 문민정부에 의한 5·31 교육개혁이다. 5·31 교육개혁이 가졌던 '자율성'과 '공공성'의 개념은 이전에 터했던 권위주의적 전통과 익숙했던 교육 국가주의에서 벗어나기 위한 시도를 당초 의도했던 폴리스적 개념이 아닌 시장의 개념으로 해석하게 되는 자율성의 성격에 대한 생경함과 오해로 인하여 신자유주의적 시장의 영역으로 여겨지는 패러독스가 발생하였다. 이에 본 장에서는 정책 패러독스의 시각으로 5·31 교육개혁에 접근하여 '자율성'과 '공공성'이 가진 양가적 모습을 조망하고 국가와 시장의 대립이 아닌 폴리스에서의 정치를 통한 공교육 개혁의 시도를 밝히려고 하였다. 그 결과 5·31 교육개혁은 신자유주의적인 시장 모델에 기반한 개혁이 아닌 민주화와 세계화의 흐름 속에서 폴리스의 개념에 기초한 개혁이었다는 점을 발견하였다.

주제어 폴리스, 시장, 국가, 교육개혁, 정책 패러독스

1 5·31 교육개혁의 새로운 해석

그간 우리 교육을 지배해왔던 패러다임의 두 축은 '자율성'과 '공공성'으로 대표되는 '시장'과 '국가'의 대립으로 볼 수 있다. 이후 우리 교육의 수많은 현안 중 교육영역을 넘어 정치·사회적 쟁점화 된 대부분의 논쟁은 이 대립의 연장선에 있다고 봐도 과언이 아닐 것이다. 이처럼 오랜 세월 동안 지속된 두 중요한 가치의 대립 이유를 이해하고 새로운 방향성에 대한 발전적 탐색을 위해서는 현재 우리 사회를 지배하고 있는 그 패러다임에 대하여 종합적으로 분석하는 것이 필수적이다.

교육 분야에서 '시장'과 '국가'의 대립적인 구도를 설정하게 된 가장 중요한 계기가 바로 1995년 문민정부에서 시행한 '5·31 교육개혁'이라고 할 수 있다. 물론 그 이후의 역대 정권들 역시 수많은 교육개혁을 추진해왔지만, 문민정부 이후의 개혁들은 이념적 양극화의 심화와 이로 인한 대립 격화로 인해 사회적·정치적 합의가 어려웠던 탓에 대부분이 미시적·부분적 개혁에 그칠 수밖에 없었기 때문에(안병영, 하연섭, 2015), 이후 정권에서도 5·31 교육개혁의 큰 틀에서 벗어나기는 어려웠다.

5·31 교육개혁에 대한 평가는 바라보는 시각에 따라 극명하게 나뉘고 있다. 대한민국의 전체 교육체계의 구조적 개혁을 시도한 성공적인 교육개혁이라는 평가와 함께 한국 교육의 병폐와 문제점을 근본적으로 해결하기 위한 방향이 아닌 자유시장 원리(경쟁과 효율성)와 소비자 주권론에 근거하고 있는 신자유주의적 교육개혁(한만중, 2003)이라는 비판을 동시에 받고 있다. 5·31 교육개혁안은 발표 당시에는 언론과 현장에서 모두 높은 평가를 받았다. 실제로 1995년 6월 16일 전교조에서 전국 초·중·고 교사를 대상으로 5·31 교육개혁안에 대한 평가를 조사한 결과 63.1%가 긍정적으로 평가하고 있다고 발표하기도 하였다(연합뉴스, 1995.06.16.). 개혁안 발표 당시 몇몇 개별정책을 둘러싼 찬반논의는 존재하였지만 당시에는 신자유주의적 방향성에 대한 문제 제기는 이루어지지 않았다.

그런데 IMF 외환위기 사태를 계기로 5·31 교육개혁의 신자유주의적 성격에 대한 문제 제기가 점차 확산되기 시작했다. 5·31 교육개혁 20주년이 되었을 때에는 5·31 교육개혁에 대한 강력한 지지를 표명했던 사람들조차 어느 정도 문제를 인식하고 방향의 전환이 필요하다는 지적을 인정하는 분위기가 지배적이었다(김용, 박대권, 2018). 그리고 그 비판의 초점은 5·31 교육개혁이 신자유주의에 기반하고 있으며 시장주의적 '자율성' 추구로 인해 교육의 '공공성'이 훼손되고 있다는 것에 맞춰져 있었다.

5·31 교육개혁에 대한 이러한 평가의 흐름은 이후의 교육개혁 정책 전반에 대하여 국가 또는 시장에 대한 이분법적인 선택을 강요하게 되는 경향성이 나타난다. 신자유주의는 시장에 대한 국가의 과도한 개입을 문제로 상정하며, 시장의 자율적 메커니즘을 통한 해결을 강조하고 있다. 따라서 5·31 교육개혁을 '신자유주의에 경도된 개혁'이라고 파악한다면 5·31 교육개혁에 포함된 대부분의 내용이 시장을 중심에 둔 것으로 이해될 수밖에 없다. 이는 이후 우리나라 교육 전반을 둘러싼 이념적 대립을 격화하고 양자 간의 갈등을 심화시키는 결과로 나타났다. 특히 5·31 교육개혁의 신자유주의적 성격을 강조하게 되면서 '자율성'과 '공공성'의 의미 역시 각각 시장과 국가를 대변하는 것으로 인식되어 온 것

이 사실이다.

그러나 5·31 교육개혁이 마련되었던 당시는 민주화에 대한 사회적 열망에 따른 내부적 압력과 신자유주의적 세계화에 대한 외부적 압력이 복합적으로 공존하던 상황이었다. 이러한 시대적 배경 속에서 5·31 교육개혁의 패러독스(paradox)적 성격이 나타났다고 볼 수 있다. 5·31 교육개혁의 기틀을 마련한 정기오(2015)는 당시의 특수한 상황 속에서 진보와 보수라는 양측에서의 핵심 공통과제로 도출된 것이 '자율화'였다고 설명한다. 교육시스템으로서의 민주화와 자율화를 추구하는 세력이든 세계화, 정보화 흐름에서의 자율화를 추구하는 세력이든 양자 모두 '자율화'에 대한 의미의 불투명성을 내재한 채 본의 아닌 절충과 타협으로 공통적인 합의안이 도출되었다는 것이다. 김종엽(2009) 역시 87년 체제와 동형적인 교육 87년 체제가 수립되는 과정을 설명하면서, 개혁이 진행되는 방향성 자체가 민주화와 신자유주의화로 분화되었으며, 각각의 방향성이 교육영역 내에서의 민주파와 보수파에 연계되었다고 설명한다. 이처럼 5·31 교육개혁 당시의 '자율화'가 근거하고 있는 '자율성'은 후대에 해석되었던 것처럼 시장주의에 기반을 둔 신자유주의적 의미와 함께 국가주의적 독재에서 벗어나 민주주의를 완성한다는 의미를 동시에 가지고 있었다고 보아야 할 것이다.

마찬가지 맥락에서 '공공성'에 대한 논의도 현실에서 복합적인 문제를 제기했다. 5·31 교육개혁이 '신자유주의적'이라고 비판하는 입장에서는 국가가 교육에 대한 책임을 민간에게 떠넘기고 교육 분야에 시장원리를 도입하려는 시도를 교육의 '공공성'을 약화시키는 일로 보아 비판한다(김천기, 1998; 김용일, 2000; 이병환, 2002). 그러나 이러한 논리는 교육의 '공공성'의 의미를 국가 주도의 교육으로 협소하게 정의 내리게 만들 뿐만 아니라 권위주의 시대를 거치며 공고화된 국가의 교육독점에 대한 타파와 교육 민주화 추구라는 기존의 주장들과 충돌하는 결과가 되어버린 측면이 있다.

이처럼 민주화와 군부독재의 종식이라는 국내적 변화와 세계화·정보화라는 '문명사적 전환'을 동시에 겪어야 했던 당시의 상황에 대한 충분한 고려가 이루어지지 않은 채 5·31 교육개혁의 지향했던 바를 신자유주의가 상정하고 있는 '시장주의'로 단순히 치부해버리는 흐름은 우리 교육의 모든 측면에서 '자율성'과 '공공성'을 단순히 서로 상충되는 이분법적 개념인 것으로 치부해왔다. 이제라도 5·31 교육개혁이 가지고 있는 패러독스적 성격에 대한 재검토가 시급히 이루어져야 할 필요성이 있다. 이러한 재검토를 통해서 5·31 교육개혁 이후 '국가 대 시장'의 이분법적 분열을 넘어선 새로운 시각으로 교육개혁에 대한 새로운 접근이 가능할 것이기 때문이다.

2 정책 패러독스와 신자유주의 교육개혁

가. 정책 패러독스: 국가, 시장, 그리고 폴리스

패러독스는 우리말로 보통 역설(逆說)이라고 번역하는데, 그 어원은 paradoxos로서 '기대와 반대되다(contrary to expectation)'라는 의미를 가지고 있다. 논리학에서는 '상식에는 어긋나지만 사실상 옳은 명제', 혹은 '분명하게 자기모순적인 명제나 진술'을 의미한다. 가장 근본적인 패러독스의 요점은 크게 두 가지로 볼 수 있다. 두 개의 상충되는 요소가 서로 배타적이라는 것(mutual exclusivity), 그러면서 두 가지 요소가 동시에 존재한다는 것(simultaneity)이다. 이렇게 본다면 패러독스는 모순보다는 그 의미나 쓰임새가 좀 더 한정적이고 복잡한 개념이라고 볼 수 있다(Pascale, 1990; 정명호, 1997).

패러독스는 딜레마를 포함하는 개념이지만 양자는 차이가 있다. 딜레마의 특징은 패러독스의 두 가지 상충되는 요소 중 어느 한쪽을 반드시 선택해야 한다는 것(선택의 불가피성), 그리고 그 행위로 인해 필연적으로 다른 한쪽의 손실을 초래한다는 것(기회손실)이다. 즉, 딜레마 상황에서는 각 대안의 상호 비교가 가능하며 어떤 선택의 결과를 예측할 수 있다는 점이 전제되어 있다. 딜레마를 패러독스 상황 하에서 한쪽의 선택을 강요받는 것으로 이해한다면 딜레마는 패러독스의 한 특수한 형태라고 볼 수 있다(소영진, 1994). 그러므로 패러독스가 반드시 선택을 해야만 하는 상황으로 변화하게 되면 딜레마가 된다.

이처럼 '패러독스'는 상호 배타적이고 모순적이면서도 연관성을 지닌 요소의 '상생'을 추구하는 개념이라 볼 수 있다. 형식논리나 합리적인 사고에 기반한 전통적인 상황적합성 이론(contingency theory)과 달리, 패러독스는 행위자들이 긴장을 수용하고 함께 살아가는 것을 전제로 하며 전체적이고 역동적인 의사결정, 즉 역설적인 사고방식을 통해 두 가지 요소를 함께(Both And) 추구한다. 전통적인 상황적합성 이론에서는 '어떠한 상황에서 A 또는 B를 선택할 것인가'라는 조건에 따른 양자택일이 중요한 문제였다면, 패러독스의 경우에는 '어떻게 하면 A와 B를 동시에 추구할 수 있을 것인가'를 중요한 문제로 삼는다. 이를 정리하면 패러독스는 상호 배타적이고 모순적이지만 연관성을 지닌 두 요소의 궁극적인 '상생'을 추구한다(이예슬, 2020).

패러독스와 정책을 연관지어 Stone(2012)은 '정책 패러독스'라는 개념을 제시하며, 정책이라는 것이 정치적 과정의 산물임을 주장하였다. 하나의 정책을 둘러싸고 서로 모순되는 두 개의 해석이 동시에 참이라고 하는 것이 논리적으로 볼 때는 모순이지만, 현실 세계에서는 일견 모순적으로 보이는 이러한 상황이 오히려 보편적이라는 것이다. 정책 패러독스(policy paradox)란 '상호 모순되거나 배타적인 상충된 요구 또는 정책 전제들이 동시에 존재하거나 작용하는 상태'로 정의할 수 있고, 이런 점에서 이 개념은 단순한 정책 차이(policy difference)나 정책갈등(policy conflict), 정책모순(policy contradiction)의 차원을 넘어선 복합개념이자 딜레마(dilemma) 개념을 포괄하는 또 다른 차원의 개념이라 할 수 있다(사득환, 박상진, 2013).

Stone(2002, 2012)은 정책이 충돌하는 상황에 대한 유형을 다음의 네 가지로 제시하였다. 이는 일종의 정책 패러독스 양상에 해당한다. 정책 행위자들의 입장과 견지가 정치적 과정을 통해 전략적인 결정을 내리게 되는 해석적 관점을 도입한 것이다. 정책 패러독스 양상에 해당하는 정책 간 충돌 유형을 정리하면 아래와 같다.

먼저, 한 가지 개념과 그것의 반대 개념이 공존하는 방식으로, 예를 들어 평등한 상황을 보장받기 위해서는 늘 누군가가 차별을 받는 불평등한 상황이 존재해야 한다. 최대한의 자유를 보장받기 위해서는 질서와 안전이 필요하고, 자유를 위해서는 개인의 자유를 제한할 필요가 있는 것이다(Stone, 2002).

둘째는 안전과 효율성처럼 하나의 개념에 대한 해석이 다른 개념에 대한 해석과 충돌하는 경우이다. Stone은 상당히 생산적인 성격을 가지고 있는 행정의 영역에서는 양자가 공존할 수 있다고 본다.

셋째는 특정한 정책개념을 구성하고 있는 하위 요소들 간 충돌이 발생하는 경우이다. 예를 들어 어떤 상황에 따른 규칙을 만들 때 누구나 그 규칙의 내용을 정확하게 이해하고 적용할 수 있도록 정확성을 지녀야 한다. 그러나 급변하는 사회에 적응하기 위해서는 사회 변화에 맞추어 유연성도 함께 갖추어야 한다. 이처럼 행정영역에서 고정성과 신축성은 논리적으로 동시에 존재하기 힘들지만, 현실 상황에서는 늘 두 가지 가치가 동시에 작용하고 있다.

넷째 유형은 특정 개념을 둘러싸고 있는 상황들이 서로 충돌하는 경우이다. 이것은 앞의 설명 세 가지 경우를 모두 포함하는 최상위 조건이라고 볼 수 있다. 예컨대 개인의 자유와 공동체적 가치에 근거한 제제가 공존한다고 할 때 개인의 자유를 인정하는 상황적 조건과 금지하는 상황적 조건이 현실 세계에 공존한다는 뜻이다. 자유와 평등이 충돌하는 경우도 두 개념이 직접 충돌하는 것이 아니라 자유를 보장하는 상황과 평등을 이루는 상황이 대립한다고 봐야 한다(윤견수, 2014).

한편, 정책결정과 관련한 패러독스 상황을 정리하면 다음과 같다(이종범, 안문석, 염재호, 박통희 외, 1994; 소영진, 1994; 정명호, 1997; 김종길, 2001; 사득환, 박상진, 2013).

첫째, 두 개의 정책요구 또는 정책논리가 동시에 존재한다. 현실에서 정책의 우선순위를 결정할 때 나타나는 다양한 견해나 논리들은 일치하거나 부합하지 않는 것이 보통이다. 특히 정책은 그 정책이 시행됨으로 인해 혜택을 받는 집단과 피해자 집단을 만들어 내는 경우가 많은데 이들이 그 정책을 둘러싸고 본인의 이해관계에 따른 요구를 제시할 가능성이 높다.

둘째, 각각의 요구 또는 논리는 정당하다. 보통 정책의 영역에서 충돌하는 요구는 나름대로 정당화할 수 있는 논리적 근거가 있으며, 그 근거는 서로 다른 차원에서 그 정당성을 가지고 있으므로 일방이 전면적으로 옳고, 다른 한쪽은 전면적으로 그르다는 결론을 내기 어렵다. 만약 정당화 할 수 있는 논리적 근거가 없거나 매우 빈약한 경우 그 요구는 애초에 진지한 논의의 장에 올라오지 못할 것이기 때문이다. 따라서 일단 서로 다른 요구가 충돌하는 경우에 각각의 요구는 나름대로의 논리적인 정당성을 갖고 있는 경우가 많다.

셋째, 이해관계 집단의 요구가 상충되는 경우가 많다. 두 집단의 주장이 각각은 정당하지만 서로 추구하는 가치나 이해관계에 따라 충돌되는 경우가 많다. 이러한 상황은 정책에 깔려있는 논리 자체에서 기인한다기보다 그러한 논리로 출발해 현실에서 구체적인 요구로 연결되었을 때 나타나는 경우가 많다. 예를 들어, '환경정책이 우선이다'는 주장과 '경제성장이 우선이다'는 주장은 나름대로 모두 정당성을 갖는다. 그러나 현실에서 사회복지를 확대하기 위해 기업의 부담과 사회적 책임을 높여야 한다는 주장에 대해서는 상반된 입장을 띨 수 있다.

Stone(2012)은 합리성에 근거한 '시장(Market) 모형'의 한계를 지적하고 정치적 특성이 가미된 새로운 대안적인 모델인 '폴리스(Polis) 모형'을 제시하면서 정책 패러독스가 전제하고 있는 세계관, 즉 정책 패러다임을 제시하고 있다. 국가(State)와 대립하는 시장(Market)에서 양자택일을 한 것이 아니라 폴리스를 찾아낸 것이다.

폴리스는 개인과 집단, 공익과 사익, 협력과 경쟁이 동시에 이루어지는 공간이다. 시장 모델의 개인은 자신의 사익을 극대화하는 목표와 의도만을 가지고 행동한다고 가정하지만, 폴리스 모델은 집단적 의지와 집단적 노력이 가능하다는 전제를 가지고 있다. 따라서 사익을 추구하는 존재로서의 개인을 긍정하면서도 공동체 관점에서 이타주의와 공공이익(Public Interest) 개념을 가질 수 있는 존재라는 점 역시 강조한다. 따라서 폴리스의 공간에서는 경쟁만큼이나 협력이 중요하다는 것을 이해하며, '물질의 법칙'뿐만 아니라 '열정의 법칙(the laws of passion)'의 영향력이 강하게 작용한다(Stone, 2012).

이는 Dahl(1961)이 주장한 시민적 인간(Homo Civicus)의 개념과도 일맥상통한다. Dahl은 정치적 인간(Homo Politicus)과 경제적 인간 (Homo Economicus)의 극단에 머물지 않은 새로운 모습을 제시했다. 두 가지 모습을 다 가지고 있기에 제3의 해결책을 찾는 모습이다(박대권, 2014).

Stone(2012)은 폴리스(Polis) 모형에 기반한 세계관이 현실 정책을 이해하는데 더 적합한 이유를 다음과 같이 설명하고 있다(윤견수, 2014). 첫째, 정책은 명확하게 증명될 수 있는 과학의 영역에 존재하지 않으며, 정책이 필요로 하게 된 배경, 그에 따른 정책 목표, 목표를 달성하기 위한 문제해결 수단은 미리 주어지지 않고 '사회적으로 구성'된다고 보았다. 이에 따라, 관점에 따라 서로 다른 해석들이 존재하며, 이러한 해석들이 상충하는 '패러독스'적인 상황이 일상적으로 나타나게 되는 것이다.

둘째, 정책의 언어는 애매하기 때문에 이를 기반으로 이루어지는 의사결정 역시 과학적인 방법으로 접근하기에는 한계가 있다. 의사결정 과정은 원인과 결과의 인과관계 혹은 목적과 수단의 순차적인 관계가 아니며, 오히려 이해관계자들이 다양한 해석적 도구를 동원하여 자신의 아이디어를 납득시키는 과정이라 볼 수 있다. 이에 따라 정책 역시 가치중립적이고 과학적이라기보다는 정책 행위자들이 본인의 가치관과 판단에 따라 적극적으로 각종 기술을 동원하는 행위라 볼 수 있는 것이다.

셋째, 현실 세계에서는 한 개인의 사익보다 공동체를 위한 공익이 더 가치 있게 다루어지기도 하고 상황과 맥락에 따라 이익에 관한 규정 자체가 달라지기도 한다. 이와 같이 현실의 정책은 개인이 가진 합리성에 근거한 분석적 판단보다는 공동체적 시각에 근거하여 정치적 판단을 하는 경우가 많으며, 이러한 정치적 판단에 대한 분석이 현실세계를 더욱 정확히 이해할 수 있는 단초를 제공한다. 이에 따라, 정책 패러독스 역시 개인의 이익과 선호를 기반으로 한 기존의 '합리적 모델'에서 벗어나 정치적 추론에 바탕을 둔 '폴리스(Polis)' 모형에 기반하여 사회 구성적 관점에서 이해될 필요가 있다. 이를 정리하면 [표 1.1]과 같이 요약해 볼 수 있다.

시장 모델을 강조하는 입장에서는 사적인 영역으로 개인의 이익을 이루는 공간으로서의 시장

(Market)을 명확히 설정한다. 따라서 공적 영역으로서의 국가와 사적 영역으로서의 시장이 이분법적으로 나뉘게 된다. 이를 교육 문제에 적용해보면 이런 시각에서 볼 때 학교는 공공재로서 공공영역에 속해있다고 단정하며, 시장에 교육이 편입된다는 것은 곧 공공성의 상실로 간주되게 된다. 따라서 시장이 교육 영역에 개입하는 것을 강력히 거부하고 국가가 주도적으로 보호와 지원을 할 것을 요구하며, 이렇게 해야만 교육의 공공성이 유지될 수 있는 길이라고 주장한다.

그러나 폴리스 모델에서는 공적 영역과 사적 영역이 시장 모델에서처럼 완벽히 이분법적으로 나눌 수 있는 것이 아니다. 오히려 공적 영역에 대한 새로운 이해가 필요하며 "사적 영역과 이분법적으로 이해되는 공공영역, 국가와 시민사회에 존재하는 것으로 이해되는 공공영역"을 폐기해야 한다. "공공영역이라는 것은 당초부터 사회적 구성에 따르는 투쟁의 장소이자 헤게모니의 장소"이기 때문이다. 따라서 "공공 영역과 사적 영역의 경계선은 존재하지 않는다. … 다만 지배적 기능의 성격에 따라 분류되면서 그 안에는 기능적 집합적 배치의 이질성에 따라 공공영역 내 사적 선분들이 가로지르기도 하고 사적 영역 내 공적 선분들이 가로지르기도 한다"(고길섶, 2000)는 접근법을 가진다.

[표 1.1] **시장(Market)모형과 폴리스(Polis) 모형의 비교**

	시장 모형	폴리스
사회의 출발점(분석단위)	개인(개인의 이익과 선호)	공동체(집단의 이익과 충성)
사회 구성방식	이익에 기반한 자발적 거래와 교환관계	결속적, 멤버십(구성원의 자격)
사회문제의 원인	사익과 다른 사익들 간의 충돌	사익과 공익이 조율되지 않음
목표	분명한 단일 목표가 존재 목표는 고착되어 있음	모호한 복합적 목표가 감추어져 있음 목표가 변화함
문제해결 모형	생산 모형(순차적·인과적)	아이디어 경쟁 모형(병렬적·갈등적)
문제해결 방식	분석(계산과 비교)	설득(비교와 유추)
대안의 특성	대안이 가져올 결과가 분명함 (누가 어떻게 전달하건 그 의미는 변화하지 않고 정확함) 대안의 비용과 편익 산출이 가능함	복합적인 대안과 수사적 정치를 사용함(해석적이고 애매하며 전략적으로 통제될 수 있음) 대안의 비용과 편익산출이 불확정적임
정책 조직	일관되고 합리적인 의사결정이 가능한 단일의 실체 조직이 존재함	내외적인 갈등이 존재하는 집합적 실체의 조직이 존재함
보상	보상이 제공되며, 바람직한 방향으로 이끔	연합(공모, 결탁)이 이루어짐
처벌	처벌제도가 바람직한 행동변화에 도움이 되며 위협적임	갈등과 숨은 자의 저항, 사보타주(sabotage)가 있음.

출처 : Stone(2012), 사득환, 박상진(2013), 윤견수(2014)를 재구성함.

Stone(2002)은 정책과정을 '목표(Goals)', '문제(Problems)', '해결책(Solutions)'의 세 가지 측면에서 분석하였다. 목표는 주어진 것이 아니라 재구성되는 것이고, 정책문제도 정책과정에서 해석되는 것이며, 해결책도 실제로 정책문제를 푸는 것이 아니라 하나의 의식적인 행위에 지나지 않는다고 보았다(염재호, 2006). 즉, 정책결정이 선형적이고 합리적인 단계를 거쳐 문제가 해결되는 일련의 과정이 아니라 끊임없는 갈등의 산물로 규정해야 한다는 것이다(염재호, 2006).

나. 신자유주의와 교육개혁

신자유주의(Neo Liberalism)는 경쟁 이데올로기에 근거한 정치·경제적 정책방향이다. 신자유주의는 그 내용과 방향에서 본래의 자유주의와 기본적으로 동일한 것으로 고전적 자유주의와 대비시켜 사용되는 개념인데, 결국 신자유주의는 자본의 자유로운 활동성에 대한 제약을 제거하여 자본운동의 유연성을 극대화하는 한편 자본 축적의 무제한적인 자유를 마련하려는 흐름으로 나타난다(이병환, 2002).

신자유주의는 기본적으로 다음 세 가지로 특정 지을 수 있다. 첫째, 자원의 배분 기제로서 시장의 효율성에 대한 절대적인 믿음이다. 둘째, 모든 경제주체가 활동하는 영역에서 시장원리의 확대가 요청된다. 자유무역 및 금융 자본의 자유로운 이동이 가능하도록 자유화와 적극적인 대외개방, 최소한의 규제가 요청되며 이에 따라 공적 영역에서도 시장논리 및 경쟁원리가 강조된다. 셋째, 경제정책에서 균형재정을 지향하는 긴축 위주의 재정통화정책, 소득재분배보다는 자본 축적을 위한 감세 위주의 조세 정책이 강조된다(김천기, 2012).

Brown은 2015년의 저서인 『Undoing Democracy』를 통해 신자유주의가 새롭게 규정한 통치성은 개인은 물론 전 사회 영역을 총체적으로 경제적인 룰이 최우선이 되게 만들며 민주주의가 강조하는 숙의를 무의미하게 만들어 공공성 자체가 형해화되는 결과를 가져온다고 지적한다. 신자유주의의 경제적 효과뿐만 아니라 "이성의 규범적 질서" 또는 "경제적 가치, 실천 그리고 특정도구들로 이루어진 특정한 공식을 인간 삶의 모든 영역으로 확장시키려는 통치 합리성"으로 신자유주의적 통치성을 보고 있다(Brown, 2015). 이런 시각에서 보면 신자유주의적 접근은 단순히 경제적 논리나 문제에 그치지 않고 신자유주의가 상정하는 시장 모델이 경제와 전혀 관련이 없는 영역에까지 개입하고 간섭하면서, 모든 인간들이 자발적으로 시장적 경쟁에 몰두하며 시장 행위자로 스스로의 정체성을 규정하는 효과가 나타나게 된다. 공공의 의지가 형성되는 자율적이며 독립적 공간으로서의 정치적 의사결성 영역은 물론 종국적으로는 국정 운영 전반, 사법 영역, 교육과 문화 분야에 전반적으로 퍼져있는 신자유주의적 이성은 그 자체 독특한 정치적 성격을 지니는 것이 되고, 민주적 공공성을 경제적 합리성에 종속시키는 결과를 초래한다는 것이다(이문수, 2020).

이러한 시각에서는 국가가 시장을 정당화 시키는 것이 아니라 시장이 국가를 정당화시키는 역할을 하게 된다. 신자유주의가 중요하게 생각하는 문제는 국가와 시장과의 관계에서 시장의 자유를 어느 정도 인정할 것인가에 있지 않다. 오히려 시장의 감시가 어떻게 국가의 전체적인 영역에 미쳐서 국가 자체를 “시장국가(market state)”로 전환시킬 수 있는가이다. 국가는 시장이 가지고 있는 합리성과 효율성이 사회 전반으로 확장되는 것을 방해하는 존재로 인식된다. 따라서 신자유주의자들은 국가 자체의 운영을 가급적 빨리 시장 논리에 종속시켜야 한다고 주장한다(이문수, 2020).

그러나 현실 세계에서 신자유주의로의 이행은 시대별로, 국가별로 다양하게 나타나고 있기 때문에 신자유주의 여부를 정태적으로 판단해서는 안된다(윤상우, 2009). 특히 1990년대 중반에 접어들어 위와 같은 국가후퇴적 단계의 신자유주의가 제도적·정치적 한계에 직면하면서 신자유주의는 심층적·공격적 단계로 전환되게 된다(김천기, 2012). 이 단계의 신자유주의는 더욱 적극적이고 혁신적인 국가개입을 진행하며, 신자유주의의 지배적인 경제논리를 전면적으로 적용하기보다 사회정책과 같은 훨씬 대중적인 정치프로그램 속에서 다양한 이해관계와 사회세력을 흡수하여 신자유주의적 구조조정에 지속가능성을 부여하고, 그로부터 정치적 승인을 획득하고자 한다.

교육영역에 적용되는 신자유주의 역시 핵심은 효율적이고 합리적인 시장 논리의 확장이다. 이것은 교육이 공공의 영역이 아니라 사적인 이익추구의 영역이라는 전제하에서 나온다. 따라서 신자유주의적 교육개혁정책은 주로 국가 역할을 어떻게 축소할 것인가에 초점을 맞춘다. 세계화와 지식정보화사회로 급격히 전환하는 과정에서 국가경쟁력을 강화하기 위해서는 비효율적인 국가의 영역에 있는 교육이 사적 영역으로 전환되어야 한다는 것이다. 사적 영역에 있는 교육에 경영논리의 도입을 통하여 효율성을 제고하는 것이 주된 목적이 된다. 아울러, 불확실성이 증가하는 급변하는 행정환경에서 관료제적 규제와 경직적인 업무수행 방식은 비효율성을 심화시켰기에 행정관리에 있어서 자율성과 신축성의 부여가 불가피하다는 것이다(신현석 외, 2013). 과도한 국가의 개입으로 인해 초래된 정책실패가 국가위기의 주된 원인으로 치부되면서, 정부의 규제를 완화하고 국가 운영 전반에 시장원리를 도입하는 과정에서 자연스럽게 정부 역할의 축소를 유도함으로써 무한 경쟁시대에서 경쟁력 제고에 필수적이라는 담론을 자연스럽게 형성하는 것이다.

성열관, 심연미(2008)는 교육 분야에서의 신자유주의 특징을 다음과 같이 정리했다. ① 사유재산에 대한 소유권리 차원에서 교육의 선택권을 강조한다. ② 경제적 자유를 보장하는 시장 체제에 기반한 교육 제도를 창출한다. ③ 관료제(지방교육자치+교원조합)를 대체하는 교육 시장에서 학교선택을 신장한다. ④ 정부실패를 극복하기 위해서는 학부모의 선택에 따라 해당 학교에 바우처를 제공한다. ⑤ 교육의 공급을 국가가 할 필요가 없고, 시장이 맡는다.

이처럼 신자유주의적 정부 개혁 시도에서 교육개혁도 예외가 될 수 없다고 인식되어 온 것은 교육이라는 것 자체가 정부가 제공하는 대표적인 행정 서비스였기 때문이다. ‘경쟁원리’와 ‘고객주의’라는 시장주의, 신자유주의의 기본 원리는 1990년대 중반 이래 우리나라의 교육개혁 과정에서도 매우 중요하게 다루어졌다(양희준, 2015).

3 5·31 교육개혁의 패러독스

가. 5·31 교육개혁의 시대적 배경

5·31 교육개혁의 내용을 정확히 이해하기 위해서는 문민정부가 등장하게 된 당시의 국내외적인 상황과 역사적 흐름에 대해서 먼저 파악할 필요가 있다.

1) 세계화와 민주화

문민정부의 등장과 함께 5·31 교육개혁안이 등장했던 1990년대 한국 사회는 물론 전 세계가 맞이했던 변화의 진폭과 심도는 전례를 찾아보기 힘들 정도의 것이었다. 무엇보다도 1989년 소련 및 동구 사회주의의 몰락으로 냉전의 역사가 종언을 고하고, 급격하게 밀어닥친 세계화의 격류는 '국민국가'의 존재 의의 자체에 대한 의문을 제기하고 있었다.

세계화에 따른 개방화와 통합화의 물결은 국가 간의 상호의존도를 높이고 동시에 이들 간의 무한경쟁을 야기했다. 자본의 무한 팽창 욕구, 첨단정보통신 및 교통의 발달은 점차 세계를 하나의 생활권으로, 이른바 '지구촌'으로 전환시키는 과정에 있었던 것이다(신현석, 2015). 이처럼 경제적으로는 산업사회에서 이른바 세계화와 '정보화 사회'로의 전환이 가속화되고 있었다.

세계화는 단순히 시장 추동적인 현상만은 아니며, 정치적·이념적 함의를 함께 지니게 된다. 세계화는 초국가적 이데올로기로서 신자유주의를 확산시켰고, 국민국가 및 노동의 상대적 약화를 초래하며 소득의 불평등과 사회적 양극화를 야기할 위험성이 높아졌다. 무엇보다 세계화는 전 지구적인 시각에서 볼 때 선진 자본주의 국가에게 유리한 방식으로 불평등하게 진행되었기 때문에 세계화의 흐름에 편승하지 못한 국가나 경제 주체들은 자칫 나락으로 떨어질 수 있다는 우려를 강박관념처럼 공유하고 있었다(안병영, 1998).

이처럼 세계화의 흐름 속에서 1990년대 들어 OECD와 같은 국제기구 역시 전세계적 차원에서 교육정책에 중심 역할을 하게 되었다. OECD는 세계화에 대한 경제적 적응과 국가간 비교 통계 및 연구를 제공하는 방식으로 각국의 교육정책에 영향을 끼쳤다(Mundy & Ghali, 2009). 이는 한 국가가 전적으로 교육정책을 수립, 집행, 평가하는 것이 아니라 국가 밖에 있는 다양한 정책 주체가 지구적 차원에서 교육정책과정에 개입하는 전지구적 교육 거버넌스(Global Education Governance)가 구축되고, 교육정책은 그 안에서 작동하고 있는(손준종, 2014), 현재의 흐름을 만들어 낸 하나의 사건이라고 볼 수 있다.

당시 OECD가 강조하던 행정 개혁의 상징은 바로 '권한 이양(devolution)'이었다. 정부의 업무를 최대한 민간에 위탁하고, 정부 규제를 축소하고, 정부의 역할이 줄어든 그 영역에 소비자가 선택할 수 있는 시장이 주도적인 역할을 할 수 있도록 하여 공급자들 간의 경쟁을 촉진하며, 정부는 다만 평가를 통하여 공급자들의 질을 관리하고 소비자들의 만족을 극대화시키는 것이 강조되었다. 즉, 정부 권한을 최대한 축소하고 시장이 그 역할을 대체하여 경쟁을 가능하도록 하는 것이 행정 개혁의 방향이었다

(Whitty, Power, and Halpin, 1998).

정치적으로 보면 세계 곳곳에서 이른바 '제3차 민주화 물결'이 진행되고 있었다. 이러한 흐름 속에 우리나라 역시 자유로울 수 없었다. 1990년 당시 한국은 민주화의 거대한 물결 속에 있었다. 역사상 최초로 탄생한 민주 정부에 대한 국민들의 관심과 호응은 곧 민주적 개혁정치를 통한 권위주의 질서의 타파에 대한 요구로 이어졌으며, 교육개혁 역시 이러한 요구에서 자유로울 수 없었다.

90년대 들어서 나타나기 시작한 교육환경의 변화 역시 정치적으로 교육개혁을 선택하게 하는 요인이 되었다. 우리나라의 경우 초·중등교육은 대학진학을 위한 입시교육의 성격을 지니고 있으며, 따라서 대학교육의 환경변화는 교육의 틀을 좌우하는 중심적인 요인이 된다. 이런 점에서 교육인구의 자연감소나 UR, OECD 등을 통한 교육시장의 개방 압력은 국가로 하여금 종래의 교육 운영 방식의 변화를 요청하게 되는 주요한 요인이 되었다. 독점적으로 교육을 관리·운영함으로써 왜곡된 교육을 야기한 원인 제공자라는 비난을 피하고 시장의 자율적 기능을 통하여 교육의 공급구조를 조정하고자 하는 것이다(손종준, 1996).

교육제도를 민주적으로 통제한다는 것, 교육을 민주화한다는 것을 거시적으로 보면 결국 교육제도에 대한 국가의 통제권을 다양한 주체들로 분산하는 것이다. 따라서 이는 필연적으로 '국가로부터의 자율화' 개념을 내포할 수밖에 없다. 국가는 공교육을 통해 국가의 틀을 형성하고 통일된 국민적 인식을 확보함과 동시에 국가의 통제를 정당화하려고 한다. 따라서 교육제도 운영 및 관리에 대한 통제권을 강하게 행사하려고 한다. 반면 개개인의 입장에서는 교육이 개인들의 인생과 삶의 질을 결정하는데 지대한 역할을 한다고 생각하기에, 공교육에 대한 관리나 운영에 대하여 다양한 방식으로 영향력을 미치려고 든다. 따라서 국가와 개인은 서로 교육에 대한 통제권을 놓고 갈등을 일으킬 수 있다(김성열, 2007).

한국 사회는 학교교육에 대한 국가적 관리 및 통제를 강조하는 정부주도형 교육체제를 오랜 시간 동안 유지해왔으며, 관료주의적 제도와 운영은 한국 전통교육의 중요한 특징이다. 한국의 전통사회에서 국가는 과거제도를 교육, 특히 공교육과 연계시킴으로써 교육을 통해 국가의 지배이념을 보존하고 교육의 내용을 통제해 왔다(이돈희, 2004). 근대적 교육제도의 탄생에도 불구하고, 교육, 특히 학교교육은 국가의 주관사항이었으며, 선교사와 민족지도자들에 의해 설립된 사립학교는 제도적 관학에 대한 대안이었을지언정 국가에 대응하는 교육적 세력은 아니었다(이성호, 2013).

권위주의적 발전국가체제 하에서 교육시스템은 국가에 종속되고 동원되는 기제였지만 한편으로는 국민들의 지위 상승을 위한 해결책을 제공하는 기능을 담당했다. 과거 권위주의 정권은 통치의 정당성을 확보하고 유지하기 위해 교육을 국가의 통제 하에 두고 정치적으로 억압하는 동시에 동원하고자 했다. 그리고 이데올로기적·경제적으로 관련해서는 대중의 욕구에 수동적으로 부응하는 정책을 취했다(김종엽, 2009).

교육영역에 국가가 개입하는 최선의 길은 국가가 자신의 관할권 아래 있는 국·공립학교의 공급을 늘리며, 그런 학교에 대해서만 공식적 학력을 인정하는 것이라고 할 수 있지만, 그때까지 국가는 그런 능력을 가지고 있지 않았고, 이는 국가 차원의 사립학교 증설 권장으로 나타난다(송기창, 1999). 사립학교가 국가의 정치적·이데올로기적 지배에 순응하는 한, 국가가 법인의 학교 내부 지배를 확보해주는 타협이 이루어지고 국공립에 대한 직접적 지배와 함께 사립학교에 대한 통제가 권위주의 통치제 하의 교육체제의 근간을 이루어왔다(김종엽, 2009).

교육자치제도와 관련해서도 미군정기 시절 일시적인 교육자치제도가 시도된 바 있었고, 대한민국 정부수립 이후 교육법 제정을 통해 교육자치제에 대한 법적 기반을 형성하였다. 그러나 1960년 제2공화국에서 시행된 교육자치제는 비능률적이고 재원 낭비에 대한 비판과 함께 자취를 감추게 되었으며, 그 후 제3공화국부터 유신정권, 전두환, 노태우 정권까지 관주도적 교육행정체제는 지속되었으며, 교육자치제가 시작된 1991년부터 교육에 대한 권한이 중앙정부에서 지방자치단체로 꾸준히 이양되었음에도 불구하고, 기득권을 고수하려는 관의 속성 때문인지 정부주도라는 성격은 본질적으로 변화되지 않고 있다(이성호, 2011).

교육을 둘러싼 이러한 시대적·사회적 배경에 대한 문제의식을 바탕으로 '권위 관계'에 기초한 기존의 중앙집권적, 위계적 교육체제를 자치와 자율에 바탕을 둔 민주적 교육질서로 전환하고, 교육과정과 교육방식을 민주적으로 바꾸기 위한 노력이 5·31 교육개혁에 반영되게 되었다(안병영, 하연섭, 2015).

2) 87년 체제론과 5·31 교육개혁

87년 민주화는 분명 우리 사회의 구조적 전환점이 되는 계기가 되었다. 민주화 이행을 계기로 국가-은행-대자본을 중심으로 하면서 민중 부문을 배제하는 권위주의적 발전국가체제 자체가 붕괴하였기 때문이다. 그로 인해 민주화 이후 독점재벌과 민중 부문은 모두 국가의 억압적 지배로부터 풀려나왔다. 하지만 권위주의 체제 이후의 사회가 어떤 방향으로 나아갈지는 아직 확실치 않았다(김종엽, 2009).

따라서 87년 민주화 이후 이른바 87년 체제의 정치·사회적 구조를 분석해봄으로써 앞서 살펴본 전세계적 차원에서 진행된 세계화와 민주화가 우리 국내정치에 어떠한 형태로 반영이 되었고, 이것이 5·31 교육개혁에 어떤 영향력을 행사하였는지를 밝히는 것은 중요하다. 이에 대한 이해가 선행되지 않으면 5·31 교육개혁이 가지고 있는 패러독스적인 성격을 이해하기 쉽지 않고, 단순히 '신자유주의적인 개혁'으로 치부되는 경향성이 그로부터 비롯된다고 생각하기 때문이다.

87년 민주화 운동 자체는 민중 부문의 힘으로 이루어졌지만, 그 후 실제적인 민주적 시스템을 안착시키는 과정에서는 구체제 세력과의 타협에 의해 이루어졌다. 기존의 기득권을 유지할 세력을 보존하고 있던 기득권 세력은 민주화 이후 체제 이행의 방향을 신자유주의화로 설정하였다. 반면 민중 부문은 민주화 이후 빠른 속도로 조직적 역량을 강화했으며, 국가의 민주화를 강화하고 사회문화 영역과 경제영역으로 민주화를 확산하는 것을 자신의 프로젝트로 삼았다(김종엽, 2009). 이처럼 민주화 이후 체제의 성격을 결정할 기획이 신자유주의화와 민주화로 이중화되었다는 것은 87년 체제의 중요한 특징으로 자리잡게 된다.

김종엽(2009)은 이와 매우 유사한 구도가 교육체제 안에서 반복되었다고 지적한다. 과도한 이데올로기적 동원을 일삼은 국가주의적 교육, 시민사회의 자율성을 인정하지 않으며 부패 커넥션으로 얼룩진 교육으로부터 벗어나기 위한 개혁이 민주화 이행과 더불어 의제로 떠오르자 곧장 개혁 프로젝트는 민주화와 신자유주의화로 이중화되었으며, 두 프로젝트는 각각 교육체제 내의 민주파와 보수파에 연계되었다. 그리고 이 두 세력의 틈새에서 교육 관료들이 두 프로젝트를 모두 자신의 것으로 수용하면서 개혁의 헤게모니를 잡고자 했다.

당시 교육개혁위원회를 구성했던 인물 중 핵심적인 영향력을 행사했던 사람들은 그들이 문명사적 전환으로 파악한 지구화와 정보화에 대응할 수 있는 교육제도의 재편을 개혁의 방향으로 설정했다. 창의력, 수요자 중심 교육, 평생교육, 교육 정보화 등이 키워드 역할을 했는데, 그중에서도 수요자 중심 교육은 그들의 구상의 핵심이 1990년대 초반에 강력하게 지구문화로 부상한 신자유주의와 공명하는 교육체제였음을 보여준다(김종엽, 2009).

그러나 위원회 안에서 영향력을 강하게 가지고 있었던 핵심인물인 박세일의 세계화를 바라보는 시각을 살펴보면 당시 그들이 가지고 있던 세계화, 그리고 신자유주의에 대한 시각을 읽을 수 있다. 실제 박세일(2010)은 세계화가 지닌 빛과 그림자를 인식하고 "세계화의 이익을 극대화하고 그 위험을 최소화하는..... 그리고 세계화가 소수를 위한 세계화가 아니라 다수를 위한 세계화가 되게" 하는 것에 초점을 맞추고 있었다. 그의 세계화는 국경을 넘어선 글로벌 시장의 확대라는 신자유주의적 전형이라기보다 한국이 추격자들과 선진국 사이에서 살아남기 위한 세계의 글로벌 스탠다드(global standard)에 맞춰야 한다는 인식에 바탕을 두고 있다(안병영, 하연섭, 2015).

이러한 맥락에서 박세일이 주창한 자유주의적 공동체주의 이념은 국가의 통제를 벗어나 개인들에게 주권을 부여함과 함께 그 주권을 바탕으로 시민 개개인이 자신의 책임과 역할을 충실히 수행하는 시민정신을 의무로써 강조하게 된다. 따라서 자유주의적 공동체주의는 개인주의와 공동체주의 간의 대립, 자유주의와 국가주의의 대립과 같이 이중적 성격을 지닌 상황에서 새로운 학교교육의 이념으로 등장하게 된 것이다.

민주화 이후에도 여전히 남아있던 정부주도형 교육 시스템과 관행은 교육관료가 민주화와 신자유주의화라는 이데올로기적 배치 속에서 헤게모니를 지닐 수 있게 하였고, 그들은 민주화와 신자유주의 프로젝트 모두를 가동해 교육적 구체제를 개혁대상으로 구성하고, 교육 민주화 세력의 요구를 신자유주의적 프로젝트로 제어하고 마찬가지로 보수파의 신자유주의적 요구 또한 일정한 범위 안에 가둘 수 있었다(김종엽, 2009).

나. 5·31 교육개혁에서 '자율성'과 '공공성'의 의미

5·31 교육개혁이 추구하는 목적을 집약한 용어는 바로 '자율'과 '다양성'이라고 할 수 있다. 30년 동

안 경험한 군사정권 하의 교육은 "붕어빵 기계로 붕어 찍어내는 교육"이라는 자조의 대상이 되었다. 이 은유는 '타율'과 '획일'을 문제로 지적하는 것이었으며, 그 대척점에 '자율'과 '다양성'을 제시하였다(김용, 박대권, 2018).

OECD가 제안한 개혁 방향은 정부 역할을 축소하고 교육 당사자의 자율을 신장하는 것으로 귀결되는 면이 있었다. 규제 완화는 학교와 교사, 학부모와 학생의 권한의 확대를 의미하는 것이었다. '권한 이양'이 '자율'과 비슷한 의미를 지닐 수 있는 것이다. 이런 점에서 '자율'은 교육계의 전통적 아이디어와 OECD의 신자유주의 개혁안을 접속할 수 있는 가교가 되었다(김용, 2012).

그러나 김용, 박대권(2018)은 교육계의 개념인 '자율'과 OECD의 '권한 이양'은 그 의미에 차이가 있다고 지적한다. OECD의 '권한 이양'은 교육 공급자가 독점하던 권한을 교육 수요자에게 이양하여야 한다는 의미로 정부 관료는 물론이고 교사 역시 교육 공급자에 속하며, 새롭게 권한을 행사할 주체는 학부모와 학생이 된다. 이런 맥락에서 학부모의 학교선택, 교사에 대한 평가 등 정책이 제안되었다. 반면, 교육계에서 주창한 자율은 국가 또는 정부 관료가 독점해 온 권한을 교육자들에게 이양하라는 뜻을 담고 있었다. 이는 교육 민주화와 관련한 주요 주장과도 맥이 닿아있는 것으로, 명백히 OECD의 개혁 논리와 교육계의 주장은 차이가 있다. 그런데, 이 상황에서 OECD가 규제개혁이나 권한 이양이라는 말 대신 '자율'이라는 개념을 활용하면서, 둘 간의 차이가 흐릿해진 채로 결합하게 되었다는 것이다.

교육 공공성과 관련하여 우리나라에서 5·31 교육개혁이 내포하고 있는 그 의미에 대해 본격적인 공론화가 시작된 것은 1998년 한국교육연구소가 '신자유주의 정책과 한국교육의 과제'라는 주제로 개최한 여름수련회에서였다고 할 수 있다(이종태, 2006). 이 자리에서 천세영은 "신자유주의와 교육의 공공성 문제"라는 제목의 발제를 통해, 교육에 관한 국가의 독점권을 약화시키고, 교육에 대한 수요자의 권리를 선택과 자유경쟁을 통해 보장해야 한다고 주장하였다. 이에 대해 토론자였던 김천기는 천세영의 입장은 신자유주의와 다르지 않다고 반박하였다. 학교가 공공영역에 속한다는 것은 시장이 아닌 국가의 울타리 안에 깊숙이 있어야 함을 의미한다는 것이다(박청미, 2007).

이는 국가적 차원에서 공교육의 윤곽을 그린 프랑스 혁명기의 콩도르세와 르플르티에의 논쟁을 되새겨보게 한다. 이 논쟁은 국민에 대한 교육이 공적인 사안으로서 국가라는 중립적 기구의 주된 역할임을 공히 인정하고, 교육의 결과가 사회·경제적으로 국가의 미래에 거대한 영향력을 가진다는 인식을 공유하고 있었다는 점에서 현대의 공교육 개념 논의에 중요한 단초를 제공하고 있다.

콩도르세는 교육은 모든 국민이 보편적으로 추구하는 자유, 권리, 평등 이념에 기초한다는 전제를 가지고 있었다. 모든 개인이 타인의 권위나 편견, 미신 등으로부터 벗어나 자신의 판단에 의거하여 주체적으로 참여하는 사회를 구상한 것이다. 콩도르세는 혁명이전 교회가 하던 이데올로기적 역할을 국가가 대체할 것을 우려하였고, 이를 경계하기 위해 계몽된 지식인들이 자율적이고 전문적인 결정에 의해 운용하는 교육체제를 구상했다. 즉 국가의 교육에 대한 이데올로기적 개입이 최소화되면서도 모든 인간이 국가의 지원으로 계몽되는 체제를 기대했고, 대중의 계몽을 통해 지적 불평등으로 인한 각종 문제들이 해소될 것을 확신했다(이윤미, 2014).

따라서 콩도르세는 국가가 주도하는 공교육 체제에 반대한 반면, 르플르티에는 공교육을 입안하고 관리, 감독하는 권리와 의무는 국가에 있다는 주장을 고수했다. 르플르티에는 교육은 국가 및 사회적 발전의 원동력이기에 특정 집단 및 계급의 독점물이 아닌 공공의 사안이 되어야 한다는 입장을 고수했다. 콩도르세의 교육 개혁안이 다분히 자유주의적 교육개혁안의 성격을 지녔다면, 르플르티에는 당시 혁명정부의 정치적 의도에 맞게 강력한 국가통제의 의무교육시스템을 주창하였다(박종배 외, 2014).

이상의 논의를 정리해보면 교육의 세계화 및 민주화의 흐름과 자율성·공공성에 대한 합의되지 않은 개념적 혼란이 5·31 교육개혁안에 대한 입장을 둘러싸고 혼재되어 있음을 알 수 있다. 이종태(2006)는 이러한 혼란이 5·31 교육개혁안을 신자유주의적으로 공격했던 주도 세력이 대체로 교육 민주화 담론을 이끈 세력과 일치함으로써 자기모순을 드러내게 되었다고 지적한다. 이들은 오랫동안 국가의 독점적 사무로 여겨져 온 교육에 대해 저항을 해온 세력임에도 불구하고, 자신들이 주장해온 교육 민주화의 내용을 '자율, 다양성, 선택, 참여'라는 신자유주의 정책의 주요 내용과 구분짓지 못함으로써, 국가주의로 회귀하는 오류를 범하게 된 것이다.

결국, 5·31 교육개혁안에서 공공성과 자율성의 의미는 두 정치적 기획을 추구하는 정치세력들과 교육 관료와의 정치적 타협과 갈등의 담론적 형태로서 구성되었다고 보는 것이 옳을 것이다. 결과적으로 자연스럽게 민주화 세력이 추구하던 것과 신자유주의 세력이 추구하던 것이 혼재될 수밖에 없었으며, 그들이 각기 주창하던 '공공성'과 '자율성'의 의미 역시 각자의 영향력이 조금씩 뒤섞인 채 나타날 수밖에 없었다.

이러한 시각에서 5·31 교육개혁을 평가한 김종엽(2009)의 연구를 수용하여 5·31 교육개혁의 주요 내용별 Polis의 영역에 있는 것으로 평가될 수 있는 정책과 순수하게 Market의 영역에 있는 것으로 평가될 수 있는 정책을 구분해보면 [표 1.2]와 같다.

김종엽(2009)은 5·31 교육개혁의 주요 정책들을 민주화와 신자유주의라는 두 축 위에 재배열하고, 민주화나 신자유주의 양쪽 어디에 속하기보다는 체제의 합리성이나 효율성, 그리고 제도 정비에 속하는 것을 중간에 배열했다. 물론 정책이 어떤 이데올로기적 스펙트럼을 가지는가에 대한 판단은 논쟁적인 문제이며, 이 표의 작성방식에 대해 여러 가지 이의제기가 있을 수 있지만, 5·31 교육개혁안이 가진 성격을 직관적으로 파악할 수 있는 이점이 있다.

[표 1.2]는 김종엽(2009)의 연구결과를 바탕으로 민주화 영역과 제도정비 영역에 포함되어 있다고 평가할 수 있는 정책과 순수하게 '자유화' 영역, 즉 시장의 영역에만 포함되어 있는 정책을 구분해본 것이다. 이렇게 구분해보면 5·31 교육개혁을 구성하는 다양한 영역의 정책들 중 순수하게 시장 영역에 포함되었다고 평가할 수 있는 정책은 고등교육 중 대학설립준칙주의와 대학정원 자율화 정책, 그리고 교육지원체제 중 교원정책에 국한되어있으며, '민주화+제도정비'의 영역과 '자유화'의 영역에 모두 ○ 표시가 되어있는 것은 폴리스(Polis)의 영역에 있는 정책이라고 보아야 할 것이다.

[표 1.2] 5·31 교육개혁 주요 정책의 성격

		민주화+제도정비	자유화
초·중등교육	유아교육의 공교육	○	
	사교육비 경감	○	
	대입제도 개선	○	○
	교육과정 개선	○	○
	학교 운영의 자율성과 책무성 강화	○	○
	고교유형의 다양화와 특성화	○	○
고등교육	전문대학원 제도 도입	○	○
	대학 평가와 연계한 품질제고 정책	○	○
	대학의 다양화, 특성화, 자율화 정책	○	○
	대학설립준칙주의 도입		○
	대학정원 자율화 정책		○
평생학습 및 직업교육	평생교육체제의 구축	○	
	신직업교육체제의 구축	○	
	학점은행제 도입	○	
교육지원체제	교육재정 확충	○	
	교육지방자치제도 개혁	○	
	교육여건 개선	○	
	교육 정보화	○	
	교육공급자에 대한 평가와 정보	○	○
	교원정책		○

이처럼 5·31 교육개혁 전체가 신자유주의적 성격을 가졌느냐는 엄밀하게 다루어져야 한다. 만약 절반 이상의 내용이 신자유주의적 내용을 담는다면 그렇게 부를 수 있겠지만 10%가 신자유주의적이라고 한다면 과연 그 전체를 신자유주의적이라고 부를 수 있는지에 대해서는 생각해 볼 여지가 있기 때문이다. 5·31 교육개혁을 신자유주의에 경도되었다고 보는 입장에서 보면 국가가 모든 교육을 책임져야만 '공공성'이 확보된다고 확대해석할 수 있고, 이로 인해 자연발생하는 경쟁 그 자체도 신자유주의라고 부르는 왜곡을 가져올 수 있기 때문이다.

1994년 11월 17일 김영삼 대통령은 호주 시드니에서 발표한 '세계화 선언'에서 교육개혁이 그의 세계화 국가전략의 주요 고리임을 내비쳤다. 이 흐름을 담아 1995년 4월 27일 김영삼 대통령은 교육개혁의 방향과 과제를 체계적으로 정리한 '대통령의 신교육 구상'을 발표하며 한국 교육의 패러다임 전환을 천명하였다. 즉, ① 획일적 교육에서 다양성의 교육으로, ② 공급자 중심의 교육에서 수요자 중심의 교육으로, ③ 규제 위주에서 자율교육으로, ④ 수월성과 보편성의 조화, ⑤ 교육제도와 그 운영의 정보화가 그것이다.

아울러 다음과 같은 10가지 교육개혁 과제를 제시했는데, 이 과제들은 이후 발표된 많은 개혁방안들을 관통하는 가장 핵심적인 항목들이다. ① 열린교육사회, 평생학습사회의 구축, ② 대학의 다양화와 특성화, ③ 초·중등교육 운영의 민주성과 자율성 강화, ④ 인성 및 창의성을 함양하는 교육과정, ⑤ 국민의 고통을 덜어주는 입학제도의 강구, ⑥ 정보화 시대에 걸맞은 직업기술교육 체계의 구축, ⑦ 교육 수요자들이 참여하는 교육평가 및 지원 체계, ⑧ 품위 있고 유능한 교사의 양성, ⑨ 정보화시대에 부응하는 교육기반의 구축, ⑩ 교육행정 및 재정제도의 과감한 혁신이다.

[표 1.3]은 교육개혁위원회가 앞에서 언급한 정책 목표에 부합하도록 대통령에게 보고한 내용이다. 한국 교육의 패러다임 전환을 겨냥한 5·31 교육개혁의 정신과 핵심 과제가 가장 집약적으로 담겨 있다. 국가는 지원(교육재정확보)하고 교육의 각 주체의 참여와 역할을 강조하는 것이 골자이다. 시장을 최우선시하는 신자유주의와는 거리가 멀다. 그동안 교육의 거의 전부를 도맡아 하던 국가의 역할을 줄이는 것이지 의무를 줄이는 것은 아니었다. 각 주체의 역할과 책임을 강조하여 스스로 행동하는 것은 교육을 법적, 행정적 영역에서 공공성을 중요시하는 정치적 영역으로 전환하는 것이었다.

다음 [표 1.1]의 시장과 폴리스를 대비한 표에 기반하여 4차에 걸친 문민정부의 교육개혁의 내용을 살펴보면 그 성격이 더 분명해진다. 사회의 출발점은 개인이 아닌 공동체였고, 따라서 사회구성 방식에 대한 인식도 이익에 기반한 자발적 거래와 교환관계가 아닌 결속적이고 구성원의 자격을 중요시하는 폴리스적이었다. 특히 개혁의 어젠다들은 폴리스에서 사회 문제의 원인으로 생각하는 '조율되지 않은 사익과 공익'의 성격이 강했다. 따라서 공익을 추구하기 위해서 사익을 조정하려는 성격이 강했다.

4차 개혁안에 포함된 '유아교육의 공교육 체제 확립'이나 '과외대책을 통한 사교육비 경감방안' 등은 오히려 사적 영역에서 이루어지던 교육 서비스에 대한 통제를 추구하였다는 점에서 반시장적이라고 볼 수 있다. 국가의 역할은 줄이지만 정치적 시민의 참여를 통한 공익을 추구하는 지극히 폴리스적인 접근이라고 해석할 수 있는 부분이다.

[표 1.3] **교육개혁방안의 주요 내용**

	주요 내용
제1차 교육개혁방안 (1995.5.31.)	열린교육사회, 평생학습사회의 구축 대학의 다양화, 특성화 초·중등교육의 자율적 운영을 위한 학교 공동체 구축 인성 및 창의성을 함양하는 교육과정 국민의 고통을 덜어주는 대학입학제도 학습자의 다양한 개성을 존중하는 초·중등교육 운영 교육공급자에 대한 평가 및 지원체제 구축 품위 있고 유능한 교원 육성 교육재정 GNP 5% 확보(1998년까지)
제2차 교육개혁방안 (1996.2.9.)	신직업교육체제 구축 초·중등학교 교육과정 개혁 전문대학원 제도의 도입 교육관련 법령 체제 개편
제3차 교육개혁방안 (1996.8.20.)	지방교육자치제도의 개혁 교직사회 활성화를 위한 교원정책의 개혁 사학의 자율과 책임의 제도 교육정보화의 청사진과 개혁방안 열린 학습사회를 위한 사학교육 개혁방안
제4차 교육개혁방안 (1997.8.2.)	민주시민교육을 위한 개혁 초·중등교육의 혁신과 고등교육 체제의 개선 정보화 사회 적응력 함양을 위한 교육의 강화 유아교육의 공교육 체제 확립 과외 대책을 통한 사교육비 경감 방안

출처: 안병영, 하연섭(2015). 5·31 교육개혁 그리고 20년.

4 교육개혁의 새로운 방향

경제개발이 본격화되면서 교육이 국가사회의 발전에 기여할 수 있으며 또 기여해야 한다는 발전교육론 담론이 큰 힘을 얻으면서 사회 전체의 이익을 위해서는 개인의 희생이 정당화될 수도 있다는 국가주의적 성격이 교육부문에까지 그 영향력을 행사하게 되었다. 이는 교육에 있어서 국가와 사회가 분리되지 않는 영역으로 인식하게 만드는 계기로 작용하였다. 교육을 국가발전과 분리해서 생각하는 것이 아니라 국가 체제의 하위체제로 이해함으로써 교육과 국가의 관계를 부분과 전체로 인식하게 되었던 것이다. 이러한 발전교육론은 국가 전체의 발전을 통한 교육부문의 성장을 정당화함으로써 국가가 공교육에 대한 결정을 하고, 관료 제도를 통해서 전국적으로 동일하게 시행되는 전체성이 당연시되게 되었다(신진욱, 2007).

이처럼 한국에 있어서 국가의 발전을 통한 공익의 추구라는 인식은 국가사회의 존립에 필수 불가결한 요소이면서도, 오랜 권위주의 정권의 존속은 공익관념에 권위주의적 함의를 강화시켰다. 그 이전의 왕조나 식민지 경험과의 연장선상에 있기도 하다. 위로부터 그리고 밖으로부터 근대화 과정을 걸어온 한국사회는 '공' 개념에 내포된 공공성의 측면과 다수 국민의 이익을 중요시하는 시민성(civility)의 측면을 배제한 채 오로지 국가권력에만 '공'으로서의 무게를 실어 주었다. 이에 따라 권력의 부패를 견제할 수 있는 시민의 목소리는 '공'에서 사라져버리고, 국가의 행위자체, 즉 관(관(官))이 공(공(公))적인 것을 담지해주는 것으로 인식하도록 만들었다(신현석 외, 2013).

그러나 1990년대 들어 지식정보화사회, 포스트모던 사회를 배경으로 다양성, 복잡성, 불확실성이 가중되면서 사회문제를 해결하기 위해서 전문지식, 정보 그리고 기술을 정부나 시민단체 등 어떤 사회구성 단위도 독점하지 못하게 되었다. 다양한 사회구성원들에게 존재하는 차이를 인식하는 개방성, 다양한 사회구성원과의 대화에 대한 적극성, 그리고 다양한 사회구성원들로부터 사회문제 해결에 필요한 지식이나 정보를 습득 공유하려는 적극성 등이 교육문제 해결을 위한 조건이 되었다(Kooiman, 2003).

이러한 시대적 도전에 대응하기 위한 노력의 일환이었던 5·31 교육개혁안은 당시 전 세계를 휩쓸었던 거대한 변화의 흐름, 즉 세계화·민주화라는 파도 속에서 한국 교육이 처해있던 현실을 냉철하게 평가하였고 교육의 공공성과 자율성에 대한 새로운 정의를 내리기 위한 시도였다고 보아야 할 것이다. 5·31 교육개혁이 추구하고 있는 교육의 공공성은 더 이상 국가중심의 단편적이고 획일적인 의미가 아니라 공공가치(public value)를 추구하는 시민, 시장 등 다양한 구성원들 사이의 협상 등을 뜻하는 정치적인 것을 의미한다고 보아야 한다. 즉, 교육에 있어서의 국가의 책무성을 시장논리에 기반하여 제거하는 신자유주의적 접근이 아닌 시민성에 기초한 자율성의 확립에 가까웠다.

이렇게 본다면 교육의 공공성 개념과 맞닿아 있는 교육의 자율성은 국가주의·권위주의적 국가가 모든 권력을 독점하던 체제에서 벗어나 단위 학교 등 교육의 하위체제를 포괄하는 교육영역 그 자체에 대해 일정한 범위와 원칙을 바탕으로 자율적인 결정을 내릴 수 있는 권한과 책임을 함께 부여한다는 것을 의미한다고 볼 수 있을 것이다. 이는 Stone이 제시한 폴리스의 개념과도 일맥상통한다. 폴리스에서는 여러 공동체를 상정하고 서로 영향력과 강요를 주고 받으며, 이타주의와 자기 이익 모두에 동기부여를 받는다. 또한, 공공의 이익을 전제하는 만큼 협력을 강조하지만, 그에 못지않게 경쟁의 중요성 역시 간과하지 않는다. 이처럼 5·31 교육개혁의 폴리스적인 성격을 이해한다면, 공공성과 자율성의 개념은 서로 상충되는 딜레마적인 개념이 아닌, 어렵지만 서로 동시에 존재할 수 있고 함께 추구할 수 있는 패러독스적인 개념이라고 볼 수 있을 것이다.

5·31 교육개혁으로 도입된 공공성과 자율성의 개념은 과거 학교를 국가(state)의 지배 상태에서 폴리스에서의 정치로 운영의 방법을 전환하려는 노력이었다. 즉, 교육을 국가의 법적·행정적 행위에서 시민들과 단위 기관이 참여하는 정치적 행위로 바꾸려는 노력이었다. 그러나, 공공성과 자율성이 가진

패러독스적 성격에 대한 이해와 그 파급력에 대한 예측이 개혁의 기획자들 사이에서도 충분하지 않았던 결과로 자연스러운 경쟁마저도 신자유주의로 해석되는 오류가 발생하게 된 것이다. 폴리스의 공공성과 시민성 속으로의 자리매김이 필요하다.

한국 교육정책의 패러독스: 연구와 실제

EDUCATION POLICY PARADOX IN KOREA:
RESEARCH AND PRACTICE

PART

02

정책 목표와 패러독스

CHAPTER 02

자유와 평등: 사교육비 경감정책의 패러독스

1. 사교육비 경감정책의 새로운 해석
2. 사교육비 경감정책과 패러독스
3. 분석을 위한 틀
4. 사교육비 경감정책의 패러독스 현상
5. 향후 사교육비 경감정책의 개선

2장에서는 Stone의 정책 패러독스 개념을 바탕으로 지금까지 추진되어온 사교육비 경감정책에 존재하는 정책 패러독스를 규명하여 사교육비 경감정책이 충분한 효과를 달성하지 못한 원인을 분석하고 정책적 시사점을 도출하고자 한다. 이를 위해 사교육비 경감정책을 사교육 대응정책, 공교육 경쟁력 강화정책, 입시정책으로 구분하여 정책 패러독스를 분석하였으며, 각각의 정책 패러독스가 갖는 역동성과 계속성을 패러독스의 이상한 고리와 시스템다이내믹스의 인과지도를 활용하여 도식화하였다. 분석결과, 사교육비 경감정책에서는 사교육 허용과 억제 정책, 공교육의 개별화와 보편화 정책, 입시제도의 다양화와 간소화 정책 사이에서 자유와 평등의 정책 패러독스가 발생하였다. 정책 패러독스의 발생 원인으로는 사교육 문제를 둘러싼 교육구성원 간의 다양한 권리의 충돌과 정부의 사교육 및 공교육의 특성과 정책 패러독스에 대한 이해의 부재, 체계적인 정책철학의 부재 등이 도출되었다. 분석결과를 바탕으로 정책 패러독스 상황에서 정책대응은 문제의 해결이 아니라 지속적인 관리에 목표를 두어야 하며, 정책에 대한 국민의 신뢰확보가 필수적임을 제안하였다.

주제어 사교육비 경감정책, 정책 패러독스, 시스템 사고, 이상한 고리, 인과지도

1 사교육비 경감정책의 새로운 해석

2019년 초중고 사교육비 총액은 21조원으로 전년 대비 7.8% 증가했으며, 사교육 참여율은 74.8%로 국민의 사교육 의존도가 여전히 높은 것으로 드러났다(통계청, 2020). 또한, 2015년 609만 명이던 초중고 학생 수가 2019년 545만 명으로 감소하였음에도 불구하고 2015년 17.8조원이던 사교육비 총액이 2019년 21조원으로 지속적으로 상승한 것은 대한민국의 사교육비 문제가 여전히 현재진행형임을 알려주는 방증이다.[1] 또한, 2020년에는 코로나19로 인해 학원수강이 제한되는 특수한 상황하에서 1인당 사교육비 및 사교육 참여율이 각각 10.1%, 7.9% 감소하였음에도 불구하고, 참여 학생의 사교육비, 특히 중, 고등학교 학생의 1인당 사교육비가 각각 2.5%, 5.2% 증가하여 사교육비 문제가 지속되고 있음을 확인하였다.

사교육비가 가장 폭발적으로 증가한 시기는 2000년의 '학원의 설립운영에 관한 법률' 위헌 판결(헌법재판소, 2000. 4. 27)로 인해 정부가 학원에 대한 직접적인 통제력을 상실한 이후이다. 사교육비 급증으로 인해 가계부담이 가중되고 계층 간 위화감이 심화되자, 정부는 사교육비 문제 해결을 요구하는 국민적 요청에 직면하면서도 '학원의 설립운영에 관한 법률' 위헌 판결로 인해 사교육을 받을 권리를 허용해야 하는 딜레마에 빠지게 되었다(강태중, 강충서, 2013; 김순남, 이병환, 2014; 김영화, 2004; 신수현, 고정민, 2011; 이원준, 2018; 한신일, 박진은, 김현철, 2011). 결국, 정부는 사교육에 대한 직접적인 통제를 포기하고, 공교육의 경쟁력을 강화하여 사교육 대항마로 내세우고, 입시난이도를 완화하거나 사교육의 대체재를 제공하는 등의 우회적이고 간접적인 접근방법을 시도하였다(김정근, 2020; 황규성, 2013). 그중 가장 대표적인 것은 공교육 경쟁력 강화정책으로, 국민의 정부부터 문재인 정부에 이르기까지 공교육 내실화, 공교육 정상화 등으로 명칭을 변경해가며 꾸준히 실시되어 왔다(황규성, 2013). 그러나 계속된 공교육 경쟁력 강화정책이 충분한 실효를 거두지 못하자, 정부는 오히려 공교육에 대해 정상화가 필요한 '비정상적인' 상태로 규정하거나 사교육보다 '부실한' 것으로 문제시하게 되었다(김순남, 이병환, 2014; 박균열, 2006). 20여 년이 지난 지금까지도 정부는 사교육비 문제의 원인이 공교육 부실에 있다고 지목하던 초기의 정책 인식에서 여전히 탈피하지 못하고 있는 것으로 보인다(김순남, 이병환, 2014; 김영화, 2004; 김정근, 2019; 안선회, 2010).

사교육 대체재로서의 공교육 경쟁력 강화에 주력했던 정부의 기능주의적인 정책접근[2]이 한계에 이르렀음에도 정부가 입장을 꾸준히 견지한 이유는 정책성과 달성에만 치중하느라 정책목표 설정 과정에서 사교

---

1 전체 사교육비뿐만 아니라 학생 1인당 월평균 사교육비도 전체 학생 32만 1천원, 참여 학생 42만 9천원으로 전년 대비 각각 10.4%, 7.5% 증가하여 2019년 소비자물가 상승률 0.4%보다 높은 비율로 증가하였다.

2 지금까지의 정부의 정책 목표에 내재된 "공교육의 부실을 사교육 팽창의 원인으로 지목하며, 공교육을 강화하면 사교육비 문제가 해결된다.", "시험제도를 공정하게 변화시키면 사교육비 문제가 해결된다.", "사교육에 대한 수요를 교육을 공교육에서 제공하면 사교육비 문제가 해결된다."는 가정들은 "~을 하면 ~을 해결할 수 있다"는 기능주의적 사고에 기반하고 있는 것으로 분석된다.

육과 공교육에 내재된 자유와 평등의 패러독스를 충분히 인지하지 못하였기 때문이다(권기헌, 2010; 김정근, 2019; 이광모, 2003). 사교육비 경감정책과 관련된 선행연구들도 대체로 정부의 대책과 그 효과를 평가하는 일원론적, 기능주의적 연구가 주를 이루고 있어, 근본적으로 자유와 평등 등 정책에 내재한 가치의 상충으로 야기되는 사교육비 경감의 역설적 현상을 포괄적으로 다룰 수 있는 새로운 접근이 요구된다.

Stone의 정책 패러독스(policy paradox) 개념은 기존의 연구 관점을 재해석하여 서로 모순되는 가치들을 동시에 수용하고 조화시키는 변증법적 해결을 가능케 하며, 정책가치의 모순적 측면을 '해석'과 '재구성'을 통해 정치적으로 재개념화할 수 있어 가치 일원론적, 기능주의적 접근의 한계를 보완할 수 있다는 장점을 가진다(염재호, 1993; 이광모, 2003; Stone, 2012). 정책 패러독스 개념은 사교육비 경감정책과 같이 자유와 평등 등 여러 가치가 충돌하는 정책 상황에서 나타나는 정책의 왜곡 혹은 역설적 현상을 분석하는 데 특히 유용하다. 기존의 정책 패러독스 관련 선행연구들은 주로 정책과정에서 나타나는 패러독스 현상을 포착하고 왜 이런 현상이 발생하는지에 대한 문제의 원인을 추론하는 데 집중해왔다(신현석, 정수영, 이영선, 이재선, 2020; 이예슬, 2020; 이예슬, 정양순, 신범철, 2021; 이인수, 2017). 그러나 정책 패러독스의 원인 요인들이 단선적이 아니라 복잡하게 얽혀있는 경우 근본적 원인 형성과정에 대한 파악이 힘들고, 패러독스가 지속되는 과정에서 나타나는 역동성과 그 피드백에 대한 시스템적 사고에 의한 연구가 부족한 상황이다(신현석, 윤지희, 2020).

사교육비 경감정책과 같이 중심 현상으로서 사교육비 발생 및 경감의 원인이 다양하고 복잡하며 다수준에서 중층적으로 발생하는 경우 우선 복잡한 원인들 간의 역동적인 관계를 구조적으로 체계화하여 밝혀내는 것이 필요하다. 시스템 사고(system thinking)는 기존의 정보와 지식을 새롭게 조직화하여 시스템에 관한 지식을 체계화시켜 주는 사고방식으로, 시스템은 변수와 변수 간의 관계로 구성되며, 변수 간 관계가 서로 고리를 맺으며 시스템의 전체 구조를 형성한다(신현석, 윤지희, 2020). 시스템 사고에서는 어떠한 문제가 발생했을 때, 문제를 유발시키는 원인이 이 시스템에 있다고 보고, 시스템의 작동메커니즘을 파악하여 해결 전략을 도출하고자 한다(김동환, 2011). 그러나 여러 변수 간의 인과관계가 내재된 시스템의 작동 메커니즘을 파악하기란 쉽지 않기 때문에 시스템 사고에서는 여러 인과관계를 도식화한 인과지도로 시스템을 조망하도록 한다(김동환, 2011). 시스템 사고에서 인과지도를 구축하는 근본적인 목적은 다양한 인과관계들이 하나의 폐쇄된 원을 형성하는 피드백 루프의 존재와 그 루프의 극성(양 혹은 음)을 확인하는 데 있다(김도훈 외, 2001). 따라서 사교육비 경감정책의 패러독스 원인 규명에 있어서 피드백 루프는 패러독스의 발생구조와 역동성을 설명할 수 있는 개념이며, 다차원적인 순환 피드백 고리라는 점에서 시스템다이내믹스(system dynamics)와 깊은 유사성을 갖는다.

시스템다이내믹스는 시스템 사고를 바탕으로 체제내 정책 현상 간의 피드백을 바탕으로 인과관계를 규명하는 연구방법이다. 인과지도는 양적 데이터와 질적 경험을 모두 활용할 수 있는 기법으로써 다양한 학문 분야에서 활용되고 있다(김도훈 외, 2001). 정책 패러독스의 피드백 루프인 '이상한 고리(strange loops)'와 시스템다이내믹스의 인과지도를 상호보완적으로 활용하면 가치일원론 혹은 합리적 관점에서의 기능론적·선형적 사고를 극복하고, 체제 내에서 가치의 충돌로 인한 피드백의 역동성을 이해하는 데 많은 도움을 줄 수 있다. 우선 시스템다이내믹스의 인과지도를 활용하면 정책 패러독스 관련 연구에서 이루어져야 할 체제 내에서의 패러독스의 발생구조와 피드백을 시각적으로 구조화할 수 있다. 그리고 정책 패러독스의 이념－목적－목표로 이어지는 가치·신념체계를 시스템다이내믹스의 인과지도에 포함시킴으로써 정책행위자들의 행동 경향성과 그 원인을 체계화하여 보여줄 수 있다. 이에 본 장에서는 정책 패러독스의 '이상한 고리'와 시스템다이내믹스의 인과지도를 활용하여 사교육비 경감정책에서 나타나는 사교육과 공교육에서의 '자유와 평등'의 패러독스 양상과 이상한 고리의 역동적 피드백 구조를 탐색하고, 이를 구조화하여 정책 패러독스의 발생 원인과 대처방안에 대한 정책적 시사점을 탐색하고자 한다.

2 사교육비 경감정책과 패러독스

가. 사교육비 경감정책

1) 사교육비 경감정책의 변천과정

입시경쟁으로 인한 사교육비 문제의 연원은 일제 강점기에서부터 시작되었다(강태중, 강충서 외, 2013). 중학교 입학시험은 해방 이후의 일제 강점기의 제도를 답습한 것이었으며, 이후 입시교육 경쟁의 과열로 인한 부작용을 해소하기 위해 '중학교 무시험 입학제도'와 '고등학교 평준화 제도'가 실시되었다(강일국, 2004). 그러나 입시제도의 개혁에도 불구하고 사교육 문제가 개선되지 않자, 전두환 정부에서는 역대 가장 강력했던 사교육비 대책인 '7.30 교육개혁'을 통해 과외 전면금지정책을 실시하였다. 하지만 과외 금지정책 이후 오히려 불법 과외 교습이 횡행하였는데, 과외가 고등학생들에게는 부족한 학력을 보충할 기회였으며, 대학생들에게는 학비조달의 수단으로 기능하였기 때문이다(강태중, 강충서, 2013). 정부의 강력한 금지정책에도 불구하고 대졸 근로자와 고졸 근로자 간의 임금 격차가 계속 확대되었고, 명문대 임금 프리미엄이 존재하는 사회경제적 구조하에서 입시 결과가 사회적 성공으로 이어진다는 믿음은 지속적으로 강화되어, 사교육 수요와 더불어 규제 완화에 대한 정책요구는 커져만 갔다(강일국, 2004; 김우영, 2008). 급기야 과외 허용을 요구하는 헌법소원이 제기되었다.

2000년 4월 27일, 과외 교습을 원천적으로 금지하던 '학원의 설립운영에 관한 법률' 시행령 제3조와 22조 1항 1호에 대해 위헌 판결이 내려졌다. 당시 판례에서 부각된 쟁점은 헌법 제31조 제1항에서 도출된 교육기회의 평등과 사교육에 대한 부모의 자녀교육권 및 사유재산권의 충돌, 사교육 과열과 고액과외 교습으로 인한 일반 국민의 상대적 박탈감, 지나친 교육기회의 불균등과 사유재산권, 부모의 자녀교육권에 대한 해석 등 다양한 의견으로 표출되었다. 위헌 판결 결과 사교육에 대한 정부의 영향력은 전면 축소되었고, 사교육은 이때부터 폭발적으로 증가하였다(이재정, 2011). 사교육에 대한 전면적인 개입을 포기한 정부는 우회적으로 정책 기조를 선회하였는데, 학교가 국민의 교육 욕구를 충분히 충족시키지 못해서 발생한 불신에서 사교육이 비롯된다는 정책논리를 앞세워 공교육제도의 개혁을 통해 사교육을 견제하고자 하였고, 이는 '공교육 내실화'를 위한 정책으로 대두되었다(강태중, 강충서, 2013).

2000년 이후 사교육비 경감을 목표로 공교육 경쟁력을 강화하기 위한 정부의 노력은 다음과 같다. 국민의 정부는 2000년 '과열과외 예방 및 공교육 내실화 방안'과 2002년 '내실화 대책'을 발표하였다. 참여정부는 2004년 2월에 '공교육 정상화를 통한 사교육비 경감대책'을, 같은 해 10월에 '대입제도 개선안'을 발표했으며, 2007년 '사교육 의존도 완화방안'을 발표했다. 또한, 이명박 정부는 2008년 '학원비 경감방안', 2009년 '공교육 경쟁력 향상을 통한 사교육비 경감대책', 2011년 '공교육 강화－사교육 경감 선순환 방안', 2012년 '사교육비 경감대책'을 발표하였다. 박근혜 정부는 2014년 12월 '공교육 정상화 촉진 및 선행교육 규제에 대한 특별법'을 제정하였고, 이어 '사교육 경감 및 공교육 정상화 대책'을 발표했다. 이처럼 역대 정부는 사교육비 경감을 위해 공교육 경쟁력 강화를 위한 다양한 법적·제도적 방안들을 조치했으나 사교육비 문제를 해결하려는 이와 같은 기능주의적, 일원론적인 접근 방법은 이후 많은 문제점을 노정하였다.

우선 교육체계의 이론적, 철학적 근간이 충분히 정비되지 못한 상태에서 헌법 제31조 제1항 '능력에 따른 균등한 교육'의 의미에 대한 해석이 분분하여 개별화교육과 보편교육이 동시에 추구되면서 동일한 혹은 차별화된 교육을 동시에 추구하는 상황이 발생하였다. 교육문제 해결을 위한 사회적 요구를 반영하여 평준화 정책과 자사고·특목고 정책이 나타났지만 가치와 이념이 서로 모순되는 정책들이 난립하였다(김동훈 외, 2020). 또한, 공교육의 경쟁력과 사교육비 간의 명확한 연관성이나 인과관계가 증명되지 않은 채로 공교육을 사교육비 문제에 대한 해결책으로 삼은 정부의 정책 인식은 이후 계속되는 사교육비 경감정책의 실패 원인을 공교육 부실 혹은 비정상으로 지목하게 되는 오류로 이어졌으며, 결과적으로 사교육비 문제를 해결하지 못한 채 공교육에 대한 국민적 신뢰만 꾸준히 하락시키는 주된 원인이 되었다(김순남, 이병환, 2014; 김정근, 2019).[3]

문재인 정부에서는 사교육비 문제해결을 위한 구체적인 정책을 직접적으로 천명하지 않고 있으며, 사교육비 조사결과 발표 시 대응방안을 함께 제시하는 형태로 이전 정부에 비해 소극적인 대응을 이어오고 있다. 이는 국민의 정부부터 박근혜 정부까지 사교육비 경감정책이 오랜 기간 꾸준히 실시되었음에도 불구하고 충분한 목표를 달성하지 못했음을 인지하고 정책실패 시 발생할 정치적 부담을 회피하기 위한 것으로 판단되며, 동시에 지금까지의 사교육비 경감정책이 일종의 공교육 개혁정책으로 변화된 것을 방증하는 것이기도 하다.[4]

---

3 국민들이 과도한 사교육비를 지출하는 이유는 학력에 따른 임금 격차와 명문대 임금 프리미엄이 존재하기 때문이며, 대입결과에 따라 장차 투자한 금액 이상의 이익을 획득할 것으로 기대하기 때문이다(고은미, 2011; 김우영, 2008).

4 사교육비 경감정책을 여러 차례 시행했던 이명박 정부에서는 2008년 실시한 '사교육 없는 학교' 사업이 성공적이었다는 평가를 받기도 하였다. 하지만 '사교육 없는 학교' 사업의 모범학교 사례로 제시되는 학교는 '사교육 업체'와 유사한 방식으로 운영되고 있었다. 우수 학생은 수준별 수업이나 실력 부진 학생 별도 지도, 통합논술·심층면접팀 운영을 통한 '맞춤형 지도' 등 과거라면 공교육의 사명을 버리고 '학원화'되었다고 격렬한 비판을 받을 만한 학교를 모범 사례로 선정한 것이다(강태중, 강충서, 2013). 방과후학교 정책도 이와 마찬가지로 학교는 장소만을 제공하고,

[표 2.1] 2000년도 이후 사교육비 경감정책의 역대 주요 정책 목표의 가치지향성

국민의 정부	자유	평등
가. 교육여건 개선: 학교 신설 및 교사 증원		○
나. 대학입학제도 개선: 대학 자율성 확대	○	
다. 우수교원 확보		○
라. 과외수요 흡수를 위한 교육기회 확대(EBS 등 ICT 활성화)		○
마. 고액과외 규제		○
참여정부		
가. EBS-TV와 인터넷망을 이용한 E-Learning 체제 구축		○
나. 방과후 교실 운영 활성화		○
다. 교원 평가제 및 우수교원 확보		○
라. 특성화, 자율화를 통한 고교평준화제도 보완	○	
마. 대입제도 개선(입학사정관제 활성화)	○	
바. 기초학력 책임 지도제 강화		○
이명박 정부		
가. 학원비 조사 및 투명성 제고를 위한 시스템 개선		○
나. 공교육개선: 고교다양화, 자율화, 교과교실제(수준별 이동수업)	○	
다. 방과후학교 참여율 확대/EBS 수능 강의 수준 발전		○
라. 학원 운영 투명성 제고		○
마. 공교육 중심 입시제도 구축		○
박근혜 정부		
가. 사교육 수요 높은 교과 집중 대응(영어, 수학)		○
나. 학교급별 맞춤형 사교육 정책대응		○
다. 학원비 인상 억제 및 선행교육 풍토 근절		○
라. 방과후학교 참여율 및 만족도 제고		○
문재인 정부		
가. 공교육 내실화(고교 서열화 해소, 기초학력 지원 내실화)		○
나. 사교육수요 감축(온종일 돌봄체계 구축)		○
다. 대입제도 개선(학생부·자소서 개선, 논술, 특기자 전형 폐지)		○
라. 사교육 대응 관리·점검 체계 강화		○

출처: 김혜자 외(2020)의 내용을 중심으로 재구성함.

실제 강의는 외부 학원을 겸임하는 강사들이 운영하는 '학교 안의 또 다른 학원'과 다름없이 운영되지만, 사교육비 통계에서는 배제시켜 사교육비가 경감된 것처럼 보이도록 하고 있다.

지금까지 사교육비 경감정책은 접근방법에 따라 구분하면 크게 사교육에 대한 '직접적인 대응정책'과 입시제도를 포함한 공교육제도의 개혁을 통한 '간접적 억제 정책'으로 대별된다. 그리고 다시 다수의 학자들은 공교육제도의 개혁을 '공교육 경쟁력 강화'와 '입시제도 개선'으로 구분하고 있다(김정근, 2020; 황규성, 2013). 한편, 정책가치를 기준으로 사교육비 경감정책을 분류하면, 사교육 견제를 위해 무상이나 저가로 대체재를 제공한 방과후학교나 EBS 수능강의 등의 정책은 보다 '평등한 교육기회 실현'을, 공교육제도나 입시정책에서 선택의 자유를 확대하는 자사고·특목고, 학생부 종합전형 등의 정책은 더 '자유로운 경쟁기회의 제공'을 추구한다. 그리고 고교평준화, EBS-수능연계정책 등 보편적인 교육의 질을 향상시키려는 정책은 평등을 추구하는 정책으로 해석할 수 있다(김동훈 외, 2020). 따라서 선택의 자유를 확대시키는 정책은 '자유의 가치'로, 보편적 교육기회 평등의 실현을 확대시키는 정책은 '평등의 가치'로 분류할 수 있다(김혜자 외, 2020). 구체적으로, 각 정부별 주요 사교육비 경감 정책목표의 가치지향성을 분류하면 [표 2.1]과 같이 정리할 수 있다.

문제는 정부가 사교육비 경감정책에 존재하는 자유와 평등의 패러독스를 인지하지 못한 채 일원론적, 기능론적인 정책판단 하에서 개별 정책 목표들을 분절적으로 추진하면서 발생하였다는 것이다. 자유와 평등 중 어느 한쪽의 가치를 추구하였던 위의 정책들은 언제나 반대 가치를 옹호하는 이익집단의 저항에 부딪히면서 결국 정책 목표를 달성하지 못하게 되었고, 사교육비 문제는 계속해서 정부의 해묵은 골칫거리로 남게 되었다.

2) 사교육비 경감정책 연구동향

지금까지 사교육비 경감정책에 관한 선행연구는 문제를 인식하고 이를 해결하기 위해 필요한 정책방안에 대해 탐색하거나 그 효과성을 검증하는 연구가 주를 이루었다. 구체적으로, 신현석과 윤지희(2020)는 최근 10년간 사교육비 경감정책에 관한 연구 경향을 ① 실태분석에 근거한 대책 마련 연구(김현철, 2020; 박성호 외, 2015), ② 경감정책의 효과성 검증 연구(박채형, 2018; 주동범, 이원석, 이현철, 김광석, 2018), ③ 경감정책의 논리와 작동 메커니즘에 관한 연구(백우정, 최종덕, 2011; 황규성, 2013) 등 세 가지 유형으로 대별하였다.

사교육비 경감정책 혹은 대책의 효과와 관련하여 긍정적 영향을 보고한 연구로 고형일(2002)은 사교육비 경감을 위해 학교교육의 기능을 되살려야 한다고 주장하였고, 안선회, 정일환, 주동범(2009)과 조규판, 오성배, 주희진(2012)은 입학사정관제를 합리적이고 효율적으로 운영하여 사교육비를 경감할 수 있다고 하였다. 심은석, 박균달, 김현진(2013)과 최준렬(2010)은 방과후학교가 사교육비 경감에 일부 효과가 있음을 보고하였으며, 이광현(2013)과 장지윤, 박인우, 장재홍(2017)은 EBS 방송 시청이 사교육비 경감에 일부 효과가 있다고 주장하였다. 반대로 사교육비 경감정책의 효과성을 부정하는 연구로, 김정근(2020)은 공교육 정상화 정책이 사교육비를 경감한다는 주장의 타당성이 부족함을 지적하였으며, 권진수(2016)도 공교육 내실화가 사교육비 경감을 위한 하위수단이 아닌 궁극적 목표로서 간주되어야 함을 주장하였다. 박소영(2008)과 임종헌, 김병찬(2014)도 EBS 수능강의가 사교육비 경감에 효과가 없었으며, 오히려 부정적인 영향을 미쳤다고 분석하였다.

선행 사교육비 경감정책 관련 연구를 종합해보면, 선행 사교육비 경감정책 관련 연구들은 일반적으로 행동주의적 접근방법에 기반하여 사교육비 경감정책의 효과 유무를 분석하려는 일원론 혹은 선형적인 사고방식에 기반을 두고 있어 다양한 가치와 관점을 동시에 포괄하지 못하는 한계가 있음을 알 수 있다. 이에 본 연구에서는 사교육비 경감대책 혹은 정책의 효과 검증보다는 근본적으로 경감정책의 작동 메커니즘에 초점을 맞춰 사교육비 발생의 원인 현상과 정책논리 사이의 복잡성과 모순을 밝혀 현상과 논리 그리고 방안 추진 간에 정합성 확보를 위한 시사점을 도출하고자 한다. 사교육비 문제와 같이 복잡한 문제를 분석하기 위해서는 그 원인을 복잡한 상황에서 체계적이고, 종합적으로 밝히려는 노력이 필요하다(하정윤, 나민주, 2014:81). 이에 부합하는 연구로 이재정(2011)은 사교육의 본질에 대해 분석하여 사교육이 민주주의의 근본에 해악을 미치지만, 오히려 민주주의에 의해 보호되는 '역설적 이중성' 관계에 있다고 하였다. 그리고 신현석, 윤지희(2020)는 복잡하게 얽혀있는 사교육비 경감정책의 문제와 그 원인을 종합적으로 조망하기 위해 시스템 사고를 적용하여 근본적인 원인을 파악하고자 하였다. 아직 이재정(2011)의 연구 이외에 사교육비 경감정책을 정책의 역설과 논리적 모순을 근본적으로 밝히는 패러독스 관점으로 연구한 선행연구는 찾아보기 어렵다. 하지만 그의 연구 역시 사교육비 문제의 패러독스가 존재한다는 것 외에 복잡한 현상의 원인과 정책논리의 모순을 심도있게 연결하여 분석하지는 못하였다.

나. 정책 패러독스

1) 정책 패러독스의 의미

패러독스는 자기모순적인 또는 서로 상반되거나 배타적인 명제나 해석이 동시에 존재하는 상태를 의미한다(박대권 외, 2018; 윤견수, 2014; 이광모, 2003; 정명호, 1997; Stone, 2012). 원래 패러독스는 인간이 진리와 실재를 탐구하는 과정에서 발생하는 일종의 이론적 난제를 의미하였다. 이후 패러독스는 이성과 합리성의 한계와 모순을 드러내는 명백한 방증으로 기능함과 동시에 학자들에게는 끊임없는 탐구와 극복의 대상이 되었다(김정래, 2019).[5] 최근 패러독스 관점은 인간 이성의 합리성을 추구하는 기존의 일원론적, 기능주의적 관점이 가진 한계를 극복하고, 복잡한 사회에서 모순적 특성을 가진 정책문제를 이해하는 새로운 관점과 해결방안을 제시하는 중요한 열쇠로서, 정책학 등 다양한 학문 분야에서 활용되고 있다(백기복, 2019; 사득환, 박상진, 2013; 염재호, 1993; 이광모, 2003).

---

5 키에르케고르는 이와 관련하여 인간을 시간과 영원의 패러독스, 보편과 개별의 패러독스, 존재와 비존재의 패러독스를 통해 설명하고 있는데, 영원과 한정된 시간에 동시에 존재하며, 개개인의 특성과 집단으로의 특성을 동시에 가지며, 가능성과 현실성을 동시에 가지는 인간은 항상 모순적인 특성을 한 몸에 가지고 살아간다(심승환, 2016).

정책 패러독스는 두 가지의 정책요구나 정책논리가 모두 정당하면서도 서로 상충되는 상황을 의미하며, 정책분석의 합리성을 추구하려는 노력(rationality project)의 한계를 극복하기 위한 개념이다(김종길, 2001; 사득환, 박보식, 2013; 윤견수, 2014; Rein, 1997). 정책 패러독스는 논리·수학적 개념이나 이론에서의 모순이 아닌, 정책가치, 목표, 수단 등에 대한 해석의 정치적 충돌을 의미한다는 점에서 논리적 패러독스와 구분된다(사득환, 박보식, 2013; Stone, 2012). Stone(2012)은 정책 패러독스의 정치적 속성을 설명하기 위해 시장(market)과 대비되는 정치적 공동체로서 폴리스(polis) 모델을 활용하였다.

시장과 폴리스의 가장 큰 차별점은 가치체계에 있다(Stone, 2012). 시장의 개인들이 경제적 가치를 중심으로 움직이는 것과는 달리, 폴리스의 개인들은 시대, 사회, 문화의 영향을 받는 자신만의 가치관에 따라 개별적으로 행동한다. 또한, 개인적 가치와 공동체적 가치가 수시로 충돌하며, 이해관계에 따라 이익집단을 형성하거나 해체하는 이합집산을 거듭한다. 따라서 폴리스 내부에서는 정치·문화적 갈등과 공익(公益)과 사익(私益) 간의 대립이 일어나며, 이타주의와 이기주의가 혼재된 상태로 이익집단들이 상호간 영향력을 행사하여 정치적 사안에 대한 경쟁과 협력이 교차로 이루어진다. 각 이익집단과 개인들의 정책논리가 각각 타당한 논리적 근거를 가지고 있으면서도 동시에 서로 상충되는 경우, 문제의 해결을 위한 정책결정은 정치적으로 이루어진다. Stone(2012)은 폴리스에서의 정책해석을 '금 긋기'로 은유적으로 표현하였는데, 이는 행위자들이 정책가치나 문제, 대안을 개념화 및 범주화하는 과정에서 포함시킬 대상과 배제할 대상을 선택할 수 있고, 이해관계자들을 '설득'함으로써 정치적 동맹을 형성하거나 반대집단의 힘을 약화시킬 수 있음을 의미한다(윤견수, 2014).

패러독스 현상은 다양한 정책 장면에서 발견된다. Stone(2012)은 정책 패러독스를 정책가치(goals),[6] 정책문제(problems), 정책대안(solution)으로 범주화하여 분류하였다. 정책가치는 그동안 정책과정에서 갖는 역할의 중요성으로 인해 정책 패러독스 연구의 핵심주제로 논의되어 왔으며, 그중에서도 Stone이 주목한 것은 형평성(equity), 효율성(efficiency), 복지(welfare), 안전(security), 자유(liberty)의 정책목표에 내재된 정책가치의 패러독스였다(김종길, 2001; 박대권 외, 2018; 염재호, 1993; 윤견수, 2014). 특히 Stone(2012)이 분석한 가치 중 '자유'와 '형평성(평등)'[7]은 자유민주주의 이념에 근원을 둔 헌법상

6 여기서 기존의 연구에서 종종 정책목표로 번역되는 'goals'는 Stone도 직접 언급하였듯이, 특정의 정책목표가 아닌 공동체의 삶과 관련된 개별정책들에 논란을 발생시키는 형평, 효율, 복지, 자유, 안전 등의 장기적인 '가치'들을 의미하므로 본 연구에서는 '정책들이 궁극적 목표로 추구하는' 정책가치로 번역하였다(Stone, 2012: 14).

7 형평성은 개인차로 인해 천편일률적인 평등이 실질적 평등을 보장하지 못하므로, 불평등을 완화하고 평등을 추구하려는 노력을 의미한다는 점에서 평등의 가치와 궤를 같이 한다. "헌법 제34조 제1항은 모든 국민은 인간다운 생활을 할 권리를 가진다, 제5항은 신체장애자 및 질병·노령 기타의 사유로 생활 능력이 없는 국민은 법률이 정하는 바에 의하여 국가의 보호를 받는다고 규정하여 사회국가 원리를 수용하고 있어, 결국 우리 헌법은 자유 시장경제 질서를 기본으로 하면서 사회국가 원리를 수용하여 실질적인 자유와 평등을 아울러 달성하려는 것을 근본이념으로 하고 있다"(헌법재판소, 1998. 5. 28, 2001. 2. 22). 헌재의 판결이 평등의 의미를 '실질적 평등'에 두고 있다는 점에서 헌법적 평등은 곧 형평성의 실현을 의미한다.

의 가치로써 사교육비 경감정책을 비롯한 국가정책 전반에 핵심적인 영향력을 행사하고 있다.

민주주의의 기본 원리인 자유와 평등은 보편타당한 가치로 여겨지지만, 자유는 사회적 이질성(heterogeneity)에, 평등은 사회적 동질성(homogeneity)에 각각 기본 토대를 두고 있어 서로 패러독스 관계에 있으며 두 가치가 동시에 추구될 경우 이질성과 동질성이 충돌하는 정책 패러독스가 발생한다(이동수, 2013; 정진화, 2018; 조한상, 2014). 예로 동시에 실시되고 있는 고교평준화정책과 고교다양화 정책의 경우, 두 정책 모두 사교육비 경감을 목적으로 둔다는 점에서 공통점을 가진다.[8] 그러나 입학경쟁을 완화하기 위해 학교선택권을 제한하여 균등한 수준의 교육을 보장하려는 고교평준화정책에서의 평등의 가치와, 공교육 경쟁력 제고를 위해 학생들의 능력과 소질에 적합한 자유로운 학교선택권을 보장하려는 고교다양화 정책에서의 자유의 가치는 학교선택권에 대한 상충된 해석으로 인해 정책 패러독스 관계에 있다(강원택, 2005).

정책 패러독스는 자유와 평등 각각의 가치 내부에서도 발생한다. 평준화 정책의 경우 근거리 배정 원칙을 바탕으로 통학거리의 평등만을 달성할 수 있을 뿐, 지역별 인프라와 학력, 경제력의 평등을 달성하지 못하고 있어 평가 기준에 따라 평등의 실현 유무가 달라지는 패러독스가 나타난다.[9] 또한, 평준화 정책하에서 형평성의 실현을 위해 교육환경이 열악한 소규모 학교에 교육지원을 확대할 경우 도시지역의 학생들에 비해 1인당 교육비가 상대적으로 높아져 역차별이 발생하는데, 이는 평등의 실현을 위해 오히려 불균등한 분배가 요구되는 패러독스에 해당된다. 한편, 고교다양화 정책의 경우 학생들이 원하는 학교가 편중될 경우 경쟁이나 추첨을 통해 선발하면서 합격자와 불합격자를 구분하게 되는데, 이것은 더 많은 이들의 자유를 추구하기 위해 역으로 자유의 제한이 요구되는 자유의 패러독스이다.

윤견수(2014)는 이처럼 다양하게 발생하는 정책 패러독스의 양상을 Stone의 이론을 바탕으로 ① 개념과 반대 개념 간의 공존, ② 상이한 개념에 대한 해석의 충돌, ③ 개념 내부의 하위요소 간의 충돌, ④ 개념이 적용되는 맥락의 충돌의 네 가지 유형으로 분류하였다. 개념과 반대 개념 간의 공존은 한 정책에서 평등과 불평등의 공존, 자유와 자유 제한의 공존과 같이 상반되는 개념들이 동시에 공존함을 의미한다. 상이한 개념에 대한 해석 간의 충돌은 자유와 평등의 충돌, 효율성과 평등의 충돌, 상징의 충돌 등을 의미하며, 개념 내부의 하위요소 간의 충돌은 자유에 대한 해석 중 부정적 자유와 긍정적 자유 간의 충돌이나, 설득의 종류 중 합리적 설득과 의식화 설득 간의 충돌 등을 의미한다. 그리고 개념이 적용되는 맥락에서의 충돌은 효율성이 요구되는 추상적 맥락과 현실저 맥락 간의 충돌이니, 특징 가치나 개념에 대한 시장과 공동체, 또는 개인과 공동체 각각의 맥락에서 비롯되는 해석 간의 차이를

---

8 고교평준화 정책은 고입선발시험을 폐지함으로써 입시경쟁을 완화시키고 사교육비를 경감하려는 목적으로, 고교다양화 정책은 보다 다양한 학교선택권을 부여함으로써 사교육에 대한 공교육의 경쟁력을 강화시켜 사교육비 경감을 이루려는 목적으로 각각 추진되었다.

9 교육기회의 평등은 오히려 실력주의를 강화시켜 경제적 불평등을 심화시킬 수 있다(김동훈 외, 2020).

의미한다.

정책 패러독스의 유형이 이처럼 다양한 이유는 정책의 이념과 철학, 정책개념과 논리의 추상성과 모호성으로 인해 해석의 충돌이 다양한 형태로 발생하기 때문이다(윤견수, 2014; Stone, 2012). 따라서 교육정책은 규범적 특성으로 인해 정책 목표의 추상성과 모호성이 높으며 여러 학자들의 정책이론과 국민의 정책요구가 비체계적으로 혼재되어 있다는 점에서 정책 패러독스 관점에서의 분석이 불가피한 측면이 있는 분야이기도 하다.

2) 교육정책 목표에서 나타나는 자유와 평등 패러독스

교육정책은 교육과 관련된 문제를 해결하고, 미래지향적 교육목표를 추구하기 위한 정부의 강제적, 권위적인 교육계획, 법령, 지침을 의미한다(정일환, 2000). 교육정책의 추진과정에서 정책이념과 목적, 목표는 정책가치를 중심으로 교육정책의 성패에 큰 영향력을 행사한다. 구체적으로, 정책이념은 '교육정책에 대한 가치판단과 신념체계에 관한 원리적 사고의 틀'로써, 국정기조의 정치적 방향성을 드러내고, 이념－목적－목표로 이어지는 구체화 과정에서 논리적 정합성을 가진 목표체계를 구성하며, 정책 추진 방향을 제시함으로써 교육정책에 큰 영향력을 행사한다(신현석, 2005). 그리고 교육정책의 목표는 정부가 선택한 정책의제로서 교육정책을 실현함으로써 도달할 수 있는 바람직한 미래상을 의미하며, 정책가치는 정책목표가 추구해야 할 철학적, 인식론적 가치이면서 동시에 정책목표를 평가할 수 있는 가치 기준(value criterion)으로 기능한다(이해영, 2010; 조혜진, 2018; Stone, 2012). 예를 들면, 사교육비 경감정책 중 교육기회의 불평등을 완화하는 것을 목표로 하는 EBS 수능강의 정책의 경우 평등의 가치를 추구하는 정책이므로 교육기회의 평등을 얼마나 실현하였는지가 정책목표 달성의 평가 기준으로 활용된다.

정부는 정책목표가 국민에게 일반적으로 추구되어야 할 선한 목적이 있는 것으로 여겨지는 가치들을 많이 추구할수록 더 많은 지지를 획득할 것으로 기대하므로, 정책목표를 정당화할 명분을 강화하기 위해 국민에게 설득력 있고 바람직한 것으로 받아들여지는 다양한 정책가치들을 동시에 정책 목표로 추진한다(심상택 외, 2018; 윤견수, 2014; 이해영, 2010; 정정길, 최종원, 이시원, 정준금, 정광호, 2014; 조혜진, 2018; Kraft, 2018). 그러나 폴리스에서 각각의 이념과 가치는 다양한 이익집단과 결부되어 있으므로, 자유와 평등 및 다수의 정책가치가 정책 목표로 취합 및 추진되는 과정에서 발생하는 정책 패러독스는 정책목표의 구체적 의미를 모호하게 하며, 정책의 합리성에 대한 국민의 신뢰를 하락시킨다(권기헌, 2010; 노화준, 2012; 이종재, 이차영, 김용, 송경오, 2015; Stone, 2012).[10]

우리나라에서 자유와 평등의 정책 패러독스를 특히 심화시키는 주된 원인은 보수와 진보로 양분된

---

10 특히 정책목표 결정과정에서 패러독스 관계에 있는 가치들이 이익집단들의 정책논리로 채택되어 구체적인 정책요구로 발전할 때 정책 패러독스와 딜레마가 더욱 빈번하게 발생한다(사득환, 박보식, 2013).

정치구조이다(홍성걸, 2012).[11] 보수정당과 진보정당의 이념적 기반이 되는 자본주의 지향성과 사회주의 지향성은 각각 자유와 평등의 가치를 핵심으로 삼는 정치경제체제의 구축을 목표로 한다(류재성, 2013). 이때 자유의 이질성(異質性)은 자본주의가 지향하는 자유 시장경제 체제 내에서의 경쟁과 차등분배를 정당화하며, 평등의 동질성(同質性)은 사회주의가 지향하는 사회적 평등과 형평성의 실현을 위한 복지 정책을 정당화한다(황윤원, 신중호, 박희봉, 2012). 그런데 자본주의 경제체제에서는 능력주의로 대변되는 경쟁과 차등적 보상이 생산의욕을 고취시키지만, 이와 동시에 소득격차로 인한 사회적 불평등이 갈등을 발생시킨다.[12] 반면, 사회주의 지향 경제체제에서는 평등과 형평성을 추구하는 분배정책을 추진하여 소득격차에 대한 사회적 불만을 완화시키지만, 이로 인해 생산량에 대한 개별 보상도 축소되어 노동의욕과 생산력이 저하된다. 이렇듯 양자는 상반된 가치를 내세우며 대립 구도를 형성하지만, 생산과 분배 기준에 대한 각각의 장단점이 명확하여 서로를 자극시키면서도 동시에 보완하며 동시에 발전하는 패러독스적 상생관계를 구축해 왔다(강원택, 2005). Boswell & Chase-Dunn(2000:132)은 자본주의와 사회주의가 지향하는 체제형성과정에서 서로를 성장시키며 발전하는 과정이 나선형(spiral)으로 이루어졌다고 주장하면서, 그 이유는 노동자에 대한 자본가의 착취와 같은 자본주의의 그늘은 오히려 사회주의적 지향성이 성장하는 동력이 되었고, 자본주의는 사회주의적 지향과의 체제경쟁에서 우월성을 증명하기 위해 기술혁신과 정치체제의 변화를 거듭하며 성장해왔기 때문이라고 하였다.

우리나라와 같은 자유민주주의 정치체제에서는 자본주의적 지향과 사회주의적 지향의 충돌이 정당의 형태로 공존하는 과정에서 Schumpeter(2011)가 주장한 창조적 파괴(creative destruction)를 계속 해나가고 있다(김시진, 엄기형, 2017).[13] 자본주의적 지향성과 사회주의적 지향성, 자유와 평등의 가치는 자본가와 노동자를 포함한 공동체의 모든 구성원을 대표하는 가치로써 공존하고 있는데, 구성원들의

---

11 정책기조의 복잡성은 정권변동이 있을 때마다 계속해서 높아져 왔다. 진보정당과 보수정당은 각자의 이념적 가치를 바탕으로 상대 정당이 도입한 정책을 개혁하면서 국민의 지지를 획득하기 위해 노력하며, 공정한 보상으로 근로의욕을 고취하기 위해, 또는 불평등으로 인한 사회적 불만을 완화시키기 위해 노력한다. 그러나 각각의 정권, 정당들이 반대편이 추진하던 기존의 정책들을 변경, 축소, 폐지하려고 노력할 때마다, 관련 이익집단들의 이해관계가 충돌하면서 반발에 부딪혀 폐지되지 못한 이전의 정책과 새로운 정책 간의 모순이 공존하는 정책 패러독스가 발생한다. 예로 보수정권인 이명박 정부에서 추진하였던 자사고 정책을 진보정권인 문재인 정부에서 축소, 폐지하고자 하는 것이 대표적인 사례이며, 이것은 자유와 평등의 가치가 충돌하는 정책 패러독스의 대표적인 사례이다.

12 자유와 평등의 개념에 대해서는 학자마다, 학파마다 수많은 정의가 존재하지만, 여기서는 자본주의와 사회주의에서 주장하는 자유와 평등 간의 패러독스를 중심으로 논지를 전개하고자 한다.

13 Schumpeter(2011)는 창조적 파괴가 자본주의를 발전시키는 원동력이라고 주장하였으나, 이는 자본주의에 국한된 것이 아닌 모든 정치·경제체제에 적용 가능한 원리이다. 최근 기술발전과 사회구조의 급격한 변화로 계속해서 정치·경제 체제를 포함한 모든 분야에서 지속적인 혁신이 필수적으로 요구되기 때문이다. 특히 정보통신 등 기술의 발전은 창조적 파괴를 가속화시키는데, 온라인 사교육 시장의 출현이나, EBS 교육강좌의 무상, 무제한 교육콘텐츠 제공은 모두 정보통신 기술의 발전에 의해 가능해졌기 때문이다. 정보통신기술의 발전은 사교육시장과 및 공교육제도의 변화에 큰 영향을 미쳤으며 기술의 발전은 혁신적인 정책의 출현을 계속 요구한다.

이질성으로 인해 자유와 평등 중의 어느 한 가치만으로는 사회체제의 균형을 유지할 수 없기 때문이다. 하지만 지금까지의 역사를 반추해볼 때, 자유와 평등의 가치가 실현되는 방식과 정도에 대한 정당 간의 사회적 합의는 언제나 요원한 일이었으며, 정치적 상황에 따라 보수와 진보정당이 번갈아 집권하는 형태로 한시적 합의가 이루어져 왔을 뿐이었다. 갈등적 긴장 관계 속에서 지속적으로 탐색되는 자유와 평등의 한시적 합의 아래, 개인과 공동체의 이해관계는 지속적인 조화를 추구해 왔다(조한상, 2014).

교육정책에서는 교육의 공공성과 사교육비 경감에 대한 문제의식에 동의하는 등 보수와 진보 양 정당 간의 이해관계가 때로 일치하며 모든 정책의제에 대해 대립 구도를 형성하지는 않았지만, 일부 특정한 정책을 중심으로 갈등을 빚거나, 서로 다른 정책에서 각자가 추구하는 이념을 강조하며 스스로를 차별화하는 전략을 활용하였다(김시진, 엄기형, 2017; 김영태, 2009). 그런데 교육정책은 부의 재분배, 공정성, 소득 불평등, 능력주의 등과 관련되어 있어 대체로 범국민적 관심을 받고 있으며, 특히 입시와 관련된 정책은 많은 학생 및 학부모의 주된 관심을 받고 있어 개별정책마다 그 영향력과 사회적 반향이 지대하다(김시진, 엄기형, 2020). 사교육비 경감정책에서도 정당들이 헤게모니 획득을 위해 경쟁하는 과정에서 가치 대립이 일어났으며 특히 입시정책, 학교선택권 등을 둘러싼 정책 패러독스가 발생하였다.

교육정책에 대한 국민의 신뢰를 유지하기 위해서는 자유와 평등의 가치 중 어느 한쪽에도 치우치지 않는 균형 잡힌 정책집행이 필요하다.[14] 그러나 교육정책은 교육이 가진 특성으로 인해 정책의 결과가 즉시 나타나지 않고, 규범적인 교육의 속성으로 인해 양 진영의 정책이념이 신념의 형태로 경직성을 갖게 되어 갈등이 쉽게 해결되지 않고 있다(신현석, 2010; 홍성걸, 2012). 특히 지난 20년간의 사교육비 경감정책은 부모의 경제적 능력의 차이가 사교육을 통해 자녀들의 입시 결과에 지나친 영향력을 발휘하면서 발생하는 불평등에 대한 문제의식에서 출발했지만, 부모의 자녀교육권과 사유재산권, 학생의 행복추구권과 교육권, 사회적 불평등과 공동체의 이익 등 다양한 주체들의 권리가 얽혀있어 명확한 법적, 철학적, 교육적, 정치적인 결론을 내지 못한 채 지속적인 논란을 발생시키고 있다. 전술한 과외 금지정책 위헌판결의 판결문에서도 헌법재판관마다 자유와 평등의 가치에 대한 해석의 차이로 인한 정책 패러독스가 발생하였으며, 결론적으로 의견의 일치가 이루어지지 못하였다. 그 이유는 자유와 평등의 패러독스가 긴장과 갈등을 발생시키기도 하지만, 양자는 사회가 어느 한쪽으로 치우치지 않게 하는 균형 추의 역할도 수행하고 있기 때문이다(이동수, 2013).

사교육비 문제를 둘러싼 정책 패러독스가 계속해서 정책갈등을 발생시키는 이유는 자유와 평등 등 다양한 이념적 가치가 결부되었음에도 불구하고 정책가치의 체계가 철학적으로 충분히 정립되지 못하여 정부가 '이념의 과잉, 철학의 빈곤' 상황에 처하게 되었기 때문이다(신현석, 2005; 신현석 외, 2014). 따

14 교육정책은 정치적 결정의 결과물이며 교육정책의 추진 방향에 따라 교육예산이 누진적 또는 역진적으로 배분되기 때문에 계층 간 갈등의 소지가 항상 존재하지만, 동시에 교육정책은 자본주의와 사회주의 간의 갈등을 완화시킬 수 있는 수단이기도 하다(김동훈 외, 2020).

라서 정책 패러독스 상황에서 혼란을 해결하기 위해서는 풍부한 철학적 논의와 비판적 분석을 바탕으로 이념－목적－목표로 구체화되는 교육정책의 가치체계를 정립하여 정책논리의 정합성을 확보할 필요성이 제기된다.

다. 패러독스의 '이상한 고리'와 시스템다이내믹스

보수와 진보 이념 진영 간의 대립은 세계적으로도 오랜 역사를 가지고 있으며, 앞으로도 쉽게 사라지지 않을 것으로 보인다. 그리고 시대가 바뀌어도 이념 갈등의 산물인 자유와 평등의 정책 패러독스 상황은 쳇바퀴 돌듯 반복적으로 계속 나타날 것으로 보인다. 패러독스의 '이상한 고리'는 이러한 정책 패러독스가 반복적으로 생성되는 구조를 설명하는 개념이다.

1931년 괴델은 불완전성 정리를 통해 인간의 이성적, 추론적 사고의 한계로 인한 패러독스를 수학적 증명의 형식으로 드러냈다(이치형, 2019).[15] 그리고 Hofstadter(1979)는 괴델의 정리에서 착안한 '이상한 고리' 개념을 활용하여 괴델의 정리나 애셔의 그림,[16] 바흐의 캐논 변주곡에서 나타나는, 다차원을 거쳐 제자리로 돌아오는 패러독스적 다층 피드백 순환구조(paradoxical level－crossing feedback loop)를 설명했다(Hofstadter, 1979, 2007). '이상한 고리'는 물질세계와 추상세계 사이의 경계를 넘나드는 인간의 의식적 사고의 논리적 흐름이 의식의 다양한 계층(hierarchy)을 넘나들다가 결국 원래의 자리로 돌아오는 과정을 무한히 반복하는, 일종의 순환 피드백 구조를 의미한다(Hofstadter, 2007). '이상한 고리'의 생성원인은 인간의 의식에서 형성되는 동적 기호의 복잡성이 괴델의 정리에서 나타나는 것과 같은 패러독스적 자기언급(self－reference)에 빠지는 데서 기인한다.

김정래(2019)는 논리적으로 패러독스가 발생하는 원인이 '이상한 고리' 구조에 있다고 보았으며, 이것이 논리적으로 입증되지 않은 '상식'을 만들어내고 고착화된다고 하였다.[17] 명제나 개념의 진술과 해석에 있어 사실과 추상, 개인과 공동체 등의 서로 다른 차원을 동일한 차원으로 착각하거나, 시간과 공간 등 비교할 수 없는 성질을 가진 개념들이 대등하게 연결된 경우가 '이상한 고리'가 형성된 예이며, 이것은 패러독스의 발생 원인이 된다.

정책 패러독스의 '이상한 고리'는 자유와 평등의 추상적인 의미와 구체적 실현 사이에서, 인권·능력·의무와 권리 등의 개념에 대한 이해의 충돌에서, 당위적인 목표와 현실적 한계 간의 괴리에서, 개인과 공동체의 모호한 경계에서, 조직 내부와 외부의 이해관계 차이에서 등 다양한 정책 장면에서 생

---

15 괴델의 불완전성 정리는 아인슈타인의 상대성 이론, 하이젠베르크의 불확정성 원리 등과 함께 근대 과학이 신봉하던 절대적 객관성에 의문을 제기하였으며 중요한 이론적 전환점이 되었다.

16 M.C. Escher의 그림은 동시에 서로를 그리는 손 그림, 바닥이 천장이 되는 계단, 상승 또는 하강만을 반복하는 폐쇄된 계단 구조, 무한히 떨어지는 폭포 등 자기순환적이고, 패러독스적인 특징으로 유명하다.

17 김정래(2019)는 '이상한 고리'의 유형을 언어끼리의 연결, 규칙 간의 연결, 자기언급(self－reference)이 무한히 반복되는 구조, 전칭판단 및 보편판단 간의 연결, 개념 내부, 서로 다른 인과율 간의 연결의 여섯 가지로 구분하였다.

성된다. 이처럼 정책 패러독스에서 수많은 '이상한 고리'가 형성되는 이유는 역설적 긴장(paradoxical tensions) 때문인데, 역설적 긴장이란 상충되는 진리들이 동시에 존재함을 지각하기 어렵게 하는 인지적 혹은 사회적으로 구성된 양극성을 의미한다(Lewis, 2000:761). Lewis(2000)는 패러독스를 해소하기 위한 정책적 노력은 변화를 억제하거나, 역으로 변화의 방아쇠 역할을 하는 양날의 검(double-edged sword)으로 작용한다고 주장하였다. 정책이 바뀔 때마다 변화에 대한 구성원들의 불안과 두려움이 방어기제를 촉발시키게 되어 불안정한 상황을 안정시키기 위한 다양한 정책이나 행동을 촉구하기 때문이다. 그리고 정책문제를 해결하려는 일련의 노력은 정책 방향을 바꿀 때마다 저항을 발생시키고 그 저항의 저항이 꼬리를 물고 발생하여 계속 상반된 방향으로의 정책을 거듭 추진하게 되는, '이상한 고리'를 생성한다고 하였다.[18] 이것은 이질적인(자유) 구성원들이 동등한(평등) 정치적 권리를 가지면서 아전인수 격으로 문제를 해석하기 때문이다.

패러독스의 역설적 긴장이 장기화되면서 시간의 흐름은 정책 패러독스의 '이상한 고리'에 계속성과 역동성을 부여한다. 시간의 흐름에 따라 과거, 현재, 미래의 의미가 끊임없이 변화하기 때문이다. 정책결정자의 정책선택 여부 및 결정 방향과는 무관하게 시간은 계속 경과하며, 특정한 시점에 정부가 어떠한 정책결정을 내리더라도 학생 간 학습능력의 격차(이질성)가 존재하는 한 개별화교육(자유)과 보편교육(평등) 양자에 대한 정책적 요구는 여전히 계속된다. 따라서 정책결정자는 과거에 이루어진 사교육비 경감정책의 결과를 계속 현안으로 당면하면서, 개별화교육(자유)과 보편교육(평등)의 상반되는 정책요구들 가운데 새로운 선택을 내려야 하는 압력(역설적 긴장)과 각각의 선택에 따른 긍정·부정적 효과에 대한 정치적 부담을 끊임없이 느끼게 된다. 마치 뫼비우스의 띠처럼 어떠한 선택을 내리더라도 문제가 완전히 해결되지 않으며, 시간이 지나도 계속해서 선택의 기로에 놓이게 되는, 언제나 원점으로 되돌아오는 순환구조(closed-feedback loop)가 바로 정책 패러독스의 계속성과 역동성을 형상화한 '이상한 고리'이다.

[그림 2.1]은 자유와 평등의 정책 패러독스의 '이상한 고리'가 시간의 흐름에 따라 형성되는 모습을 시각적으로 구조화한 것이다.

---

18 역설적 긴장의 개념은 무더운 여름날 교실 내의 에어컨을 이용하여 온도를 조절하는 비유로 설명할 수 있다. 더위와 추위는 상대적 개념이며, '온도를 올린다'와 '온도를 내린다'는 패러독스 관계에 있다. 그런데 학생마다 학습에 적절하다고 느끼는 온도는 다 다르기 때문에 교실 내에서 온도를 내리려는 학생들과 온도를 올리려는 학생들이 계속 존재하며, 양쪽의 주장이 모두 정당하기 때문에(모두가 학생이기 때문에) 어느 한쪽 학생들의 주장에 따라 온도를 내리거나 올리게 되면 반대 쪽 학생들의 불만이 상승한다. 결국, 리모컨을 조작하는 결정권을 가진 사람은 계속해서 양쪽으로부터의 압력을 받게 되고, 이것이 역설적 긴장의 일례이다. 이러한 사례는 다양한 개성과 이질성을 가진 공동체의 구성원이 정치적으로 동등한 권리를 부여받는 자유민주주의에서 자주 나타나는 현상이며, 각각의 구성원들을 대표할 수 있는 다양한 정책가치들 간의 충돌은 정책 패러독스의 발생 원인이 된다.

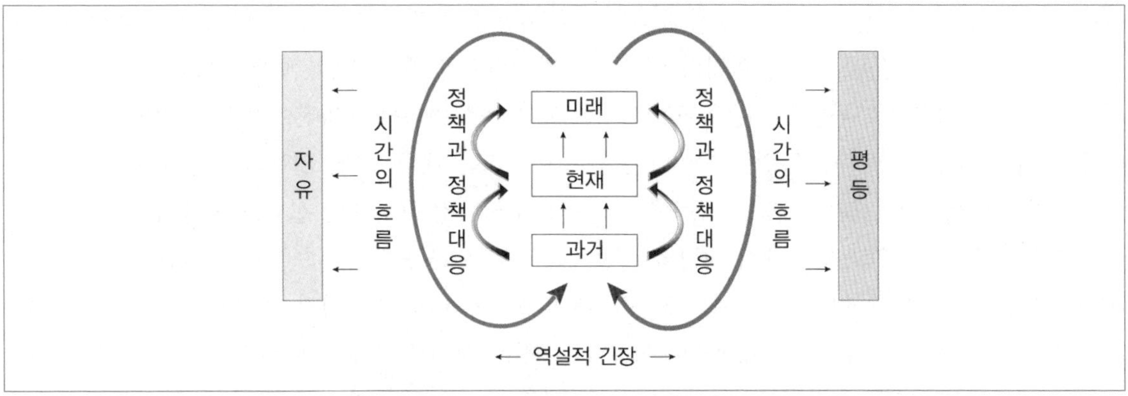

[그림 2.1] **시간의 흐름에 의해 발생하는 정책 패러독스의 '이상한 고리' 구조**

[그림 2.1]의 '이상한 고리'의 역동성을 사교육비 경감정책의 자유와 평등의 패러독스를 통해 설명하면 다음과 같다. 정부가 공익을 위해 자유와 평등 중 하나의 가치를 추구하는 사교육비 경감정책을 추진하게 되면 역설적 긴장으로 인해 반대되는 가치를 원하는 구성원(개인)들의 정책요구나 사익을 추구하는 정책대응이 강화된다.[19] 가령 정부가 공교육제도를 개혁하여 모든 학생에게 질 높은 수업을 동등하게(평등) 제공하더라도 학습능력의 격차는 근본적으로 해결할 수 없으며, 획일화된 교육에 대한 불만으로 인해 개별화 교육(자유)에의 요구가 증가하며 사교육 의존도가 심화된다. 그러나 반대로 개별화 교육(자유)에의 정책요구에 따라 수준별로 학교나 학급을 운영하면 서열화 논란이 발생하여 서열화의 폐지(평등)에 대한 정책요구가 증가하며, 동시에 선발 경쟁이 발생하여 사교육 의존도가 높아진다. 정책 패러독스의 해결을 위한 정부의 정책적 노력은 일시적으로 문제를 완화시키는 것처럼 보일 수 있다. 그러나 대학입시경쟁의 결과가 곧 성공으로 직결된다는 사회적 믿음이 지속되는 한, 그리고 학습능력 격차로 인한 구성원들의 이질성과 빈부격차로 인한 학부모 간 경제력 격차가 존재하는 한 사교육비 경감정책에서의 자유와 평등의 패러독스는 계속된다. 결과적으로, 해소되지 못한 자유와 평등의 정책 패러독스 아래 정부의 정책 방향은 역설적 긴장 속에서 계속 횡보에 횡보를 거듭하며 제자리를 맴돌게 된다.

사교육비 경감정책에서 자유와 평등의 패러독스는 변화하는 시간의 흐름 속에서 계속 존재해왔고, 앞으로도 존재할 것으로 보인다. 그리고 정책 패러독스가 형성하는 역설적 긴장으로 인해 정부의 정책 운영은 공동체와 개인 차원, 폴리스와 시장의 차원을 넘나들며 언제나 선택의 기로로 회귀하는 순환을

19 [그림 2.1]에서 정책과 정책대응을 다른 색으로 표시하였는데, 자유(푸른색)의 가치를 추구하는 정책에는 평등(회색)의 가치를 추구하는 구성원들의 반발과 정책적 요구가 발생하며, 이에 따라 평등(회색)의 가치를 추구할 때 다시 자유(푸른색)의 가치를 추구하는 구성원들의 반발과 정책적 요구가 발생한다. 이는 패러독스의 역설적 긴장으로 인하여 어떤 정책을 추구하더라도 이를 되돌리려는 반발과 요구가 계속되기 때문이다.

계속할 것으로 판단된다. 그러므로 정책 패러독스의 '이상한 고리'의 역동성과 계속성을 고려하면 정책 패러독스는 해소의 대상이 아닌, 관리의 대상으로 간주되어야 한다(사득환, 박상진, 2013). 주목할 점은 피드백을 거쳐 제자리로 돌아오는 순환과정이나 특정 지점을 왕복하는 과정이 아무런 의미가 없는, 정책추진 이전의 상황으로 원상복귀를 의미하는 것이 아니라는 데에 있다. 일련의 순환과정에서 각각의 정책가치의 수혜대상이 되는 다양한 공동체 구성원들의 국가정책에 대한 신뢰를 높일 수 있기 때문이다. 그런데 역동적 순환과정 속에서 형성되는 정치적 신뢰는 공동체의 결속을 더욱 단단하게 할 수 있지만, 반대로 불신을 강화시킬 경우에는 공동체 내의 갈등을 더욱 심화시킬 수 있어 주의가 필요하다.

정책 패러독스의 '이상한 고리' 개념으로 이해할 수 있는 계속적, 역동적인 피드백 순환과정(feedback loop)은 시스템적 사고[20]에서 강조하는 순환-환류 구조(closed-loop)와 높은 유사성을 가진다. 시스템다이내믹스는 시스템 사고를 통해 체제 내에서의 피드백 과정을 통한 인과 및 역학관계를 규명하는 것을 목적으로 하며, 기능주의 관점의 일원론적, 선형적 사고의 단점을 극복하려는 점에서 정책 패러독스와 맥락을 같이한다. 초기의 시스템다이내믹스 연구는 실증적 분석을 추구하였으나 정책문제에 대한 설명력의 한계와 피드백 루프의 모호성에 대한 비판에 직면한 후, 주관적·직관적 관점을 포함시키는 변증법적 발전을 거쳐 물질적 흐름과 더불어 갈등이나 모순, 이데올로기 등의 정신적 흐름을 동시에 설명할 수 있는 연구방법으로 점차 변화하였다(박헌준, 김상준, 2005). 이러한 시스템 사고를 바탕으로 강화(reinforcement) 또는 균형(balance)의 피드백 구조를 가진 인과지도가 사회체제의 구조를 파악하고 정책적 시사점을 도출하기 위해 활용되었다.

'이상한 고리'와 인과지도(causal loop)에서 나타나는 순환구조(loop)의 유사성은 정책 패러독스와 시스템다이내믹스가 가진 각각의 단점을 상호보완하기 위한 융합을 가능하게 한다. 지금까지의 정책 패러독스를 분석한 연구들에서는 대부분 정책추진 과정에서 발생하는 패러독스 현상과 그 원인 규명에 주력하느라 정책 패러독스의 역동성에 대한 연구가 충분히 이루어지지 못하였다. 정책 패러독스의 구조적 역동성을 설명하기 위해서는 패러독스를 시스템다이내믹스의 인과순환지도로 표현하는 것이 유용할 것으로 판단된다(김도훈 외, 2001; 김종길, 2001; 신현석, 이예슬, 2021). 또한, 시스템다이내믹스의 인과지도는 연구자가 추상적인 개념들을 활용하여 주관적으로 작성하므로 객관적 타당성이 부족하다는 비판적 시각이 존재한다. 그런데 정책 패러독스에서 연구되는 자유와 평등 등의 정책가치와 역설적 긴장은 인간의 행동을 결정하는 데 큰 영향을 미치는 이념과 가치, 신념체계에 기반하고 있으므로, 이를 인과지도에 표현하면 정책 현상의 발생 원인에 대한 이론적 근거를 확보할 수 있게 되어 분석의 타당도를 높일 수 있을 것으로 판단된다. 그리고 시스템다이내믹스는 체제 내에서의 역학관계를 다루고 있

20 시스템 사고란 시간의 흐름에 따른 문제의 변화가능성을 인지하는 동태적 사고와 순환-환류 구조적인 사고(closed-loop thinking), 그리고 체제의 실질적, 구체적인 운영원리에 대한 사고능력을 의미한다(김도훈 외, 2001).

지만, 정책 상황의 변화에 따라 발생하는 체제 내 역학관계의 변동을 표현하기 위해서는 인과지도를 끊임없이 변화시켜야만 한다. 이때 정책 패러독스의 '이상한 고리'는 체제 내의 역학관계가 일어나는 근본 원리를 규명함으로써 정책구성원들의 다양한 정책시도의 방향성 및 경향성을 이해하는 데 핵심적인 역할을 할 것으로 보인다. 따라서 정책 패러독스와 시스템다이내믹스의 조화, 그리고 '이상한 고리'와 인과지도[21]의 탐색은 정책과정의 역동적 순환구조를 체계화함으로써 유의미한 정책적 시사점을 발견하는 데 기여할 것으로 판단된다.

3 분석을 위한 틀

사교육비 경감정책의 패러독스는 자유와 평등의 가치를 중심으로 발생하며, 사교육 시장과 공교육 제도가 가진 시장과 폴리스의 속성으로 인해 다양하고 복잡한 양상으로 전개된다. 사교육비 경감정책의 패러독스를 윤견수(2014)의 분류에 적용하여 구분하면 다음과 같다. 먼저 사교육에 대한 대응정책을 형성하는 과정에서 사교육을 받을 자유와 불평등의 완화를 위한 자유의 제한이 공존한다는 점에서 개념과 반대 개념 간의 공존 형태의 패러독스가 발생한다(① 유형). 그리고 공교육 경쟁력 강화 측면에서는 개별화 교육을 위한 선택의 자유와 보편교육의 확대를 위한 평등이 충돌하는, 상이한 개념에 대한 해석의 충돌 형태의 패러독스가 발생한다(② 유형). 즉, 불평등의 완화(평등의 추구)를 위해서는 자유의 제한이 필요하며, 자유롭게 교육받을 권리를 실현하기 위해서는 보편(평등한)교육의 원리와 상반되는 개별화 교육(자유로운 선택권)이 요구된다. 또한, 공교육제도 내 평등의 실현과정에서 학생마다 능력과 소질이 상이하여 판단 기준에 따라 평등의 의미에 대한 맥락적 해석이 달라지는, 개념적용 맥락상의 충돌로 패러독스가 발생한다(④ 유형). 한편, 입시제도 개선의 측면에서는 자유로운 경쟁을 위한 평가 범위 및 입시전형을 확대하려는 정책과 수업내용의 균일화 및 평가 범위의 축소를 통한 평등한 교육기회를 제공하려는 정책이 충돌하는, 개념과 반대 개념 간의 공존으로 패러독스가 발생한다(① 유형). 마지막으로, 정부의 정책 인식에서는 부정적 자유인 '고액' 사교육과 긍정적 자유인 '부모가 자녀를 교육할 권리'로서의 사교육의 경계가 명확히 구분되지 않아 사교육을 받을 자유의 의미에 해석상 충돌이 일어나며, 공교육제도 내의 평등의 해석과 관련하여 기회의 평등과 과정의 평등, 결과의 평등의 의미가 각각 충돌하는 등 자유와 평등 각각의 가치 내부의 하위요소 간의 패러독스가 발생한다(③ 유형).[22] 결국, 사교육비 경감정책은 총체적인 패러독스의 발생이 불가피하고, 그 현상은 구체적으로 자

21 이상한 고리, 인과지도 모두 영어로는 Loop를 사용하므로, 이를 합쳐서 이상한 인과고리(strange-causal loop)로 합성하여 사용하는 것도 가능할 것이다.

22 헌법적 평등은 결과에 평등을 의미하지만, 현실적으로는 조건의 평등 이상을 실현하기에도 많은 사회·경제적 제약이 존재한다. 입시경쟁과 관련하여 기회의 평등은 능력이 뛰어난 학생과 학부모에게 유리한 경쟁 조건을 형성하며,

유와 평등의 패러독스의 연장선상에 있는 것으로 해석된다. 따라서 본 연구에서는 자유와 평등의 패러독스에 초점을 맞추고, 이러한 정책가치의 지향점인 개별화교육과 보편교육의 논리 간의 충돌을 중점적으로 분석하고자 하였다.

다양한 종류의 정책 패러독스가 여러 정책 장면에서 공존하는 사교육비 경감정책의 패러독스는 정책이해관계자들의 적극적인 정책대응으로 인해 더욱 역동적인 양상으로 변화한다. 예를 들어, 입시전형의 확대에 대한 대응으로 컨설팅 사교육비가 급격히 증가한 사례나 과외 금지정책 및 EBS 수능연계정책에 대한 헌법소원과 같은 적극적인 정책대응은 정부의 정책결정을 촉구하는 촉매제로 작용하였다. 이처럼 사교육비 경감정책에서 발생하는 패러독스의 복잡성과 역동성으로 인해 기존 정부의 정책인식과 같이 구조를 선형적으로 또는 일원론적으로 해석하려는 노력은 오히려 정책문제의 해결을 더욱 요원하게 만드는 원인이 된다. 따라서 본 연구에서는 사교육비 경감정책 패러독스의 구조를 입체적으로 분석하기 위해 시스템 사고의 인과지도를 활용하였는데, 패러독스의 '이상한 고리'와 역설적 긴장을 역동적인 정책변화 구조의 분석 틀에 [그림 2.2]와 같이 도식화할 수 있다.[23]

아래 모형의 구조를 설명하면 다음과 같다. 먼저 패러독스 관계에 있는 자유와 평등의 이념적 가치는 역설적 긴장을 형성하며, 한쪽의 가치를 더욱 강하게 추구할수록 반대쪽 가치를 내세운 정책저항이 더욱 거세지므로 이를 양극단으로 가까이 갈수록 더욱 진해지는 서로 다른 색채로 표현하였다. 또한, 좌상에서 우하로 진행되는 긴 화살표는 시간의 흐름을 의미하며, 이것이 자유와 평등의 가치를 양분

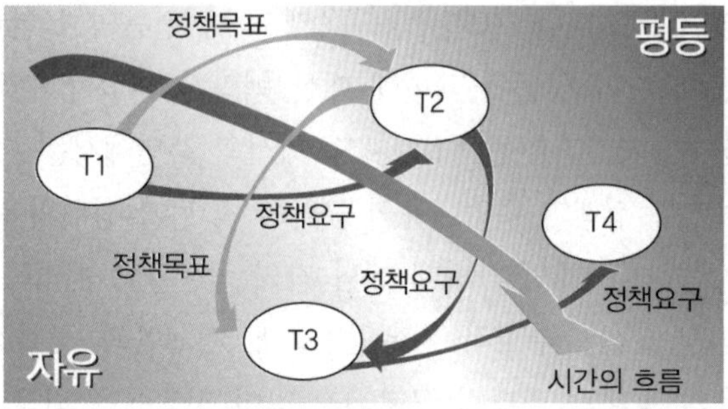

[그림 2.2] **정책패러독스의 이상한 고리-인과모형**

과정의 평등은 능력 격차를 좁히기 어려운 환경을, 결과의 평등은 역차별의 소지가 있는 환경을 형성하므로 평등의 의미 내부에서 해석의 충돌이 발생한다.

23 정책 패러독스를 2차원 평면 위에 표현하려는 선행연구로는 Quinn & Rohrbaugh(1983)의 연구가 있다. 이들은 조직분석 과정에서 효과성을 둘러싸고 서로 경쟁하는 가치들을 평면 공간에 배치하여 경쟁 가치들 간의 패러독스를 경험적으로 시각화한 공간적 모형을 구성하였으며, 이는 조직이 역설적 기준을 계속적으로 동시에 추구해야 하는 근거를 제시한다(Quinn & Cameron, 1988).

하는 이유는 시간의 변화가 진행되는 과정에서 자유와 평등의 패러독스가 계속 존재하기 때문이다.[24] 정책맥락의 변화를 표현하기 위해서는 T1에서 T4까지 연속되는 시점을 원으로 표시하여 각각의 시점에서 정책가치가 실현되는 정도를 표현하였다. 그리고 회전하는 화살표들은 각각 공익과 사익을 추구하는 정책적 노력을 의미하는데, 시간 축을 중심으로 위쪽에 위치하는 화살표에는 정부가 공익을 추구하기 위해 실시하는 정책들을 표시하였고, 시간 축 아래쪽의 화살표에는 정책에 대한 개인들의 방어기제인 정책요구와 정책대응을 표시하였다. 가령 사교육비에 대한 사회적 문제 인식이 심화되어 불평등 해소에 대한 정책요구가 높아지는 것을 T1에서 T2로의 아래 화살표로 표현하였으며, 이로 인해 방과후학교나 EBS 수능강의 등 평등의 가치를 추구하는 정책 목표가 실현되는 것을 T1에서 T2로의 위쪽 화살표로 표현하였다.[25]

[그림 2.3]은 [그림 2.2]를 특정 시점 기준으로 자른 종단면으로 분석한 것이다. 자유와 평등의 패러독스 하의 역설적 긴장으로 인해 횡보를 거듭하는 정부의 정책과 국민들의 정책요구 간의 패러독스는 결과적으로 무한대 기호(∞)와 같은 패러독스의 '이상한 고리'-인과구조를 형성한다. 예를 들어, 자사고와 같이 자유를 추구하는 정책을 추진하면 평등을 저해한다는 정책 불만이 발생하며, 평준화제도와 같이 평등을 추구하는 정책을 추진하면 선택의 자유 확대에 대한 정책요구가 강화되기 때문에, 정부의 정책 방향은 자유와 평등 사이에서 횡보를 거듭한다(강원택, 2005).

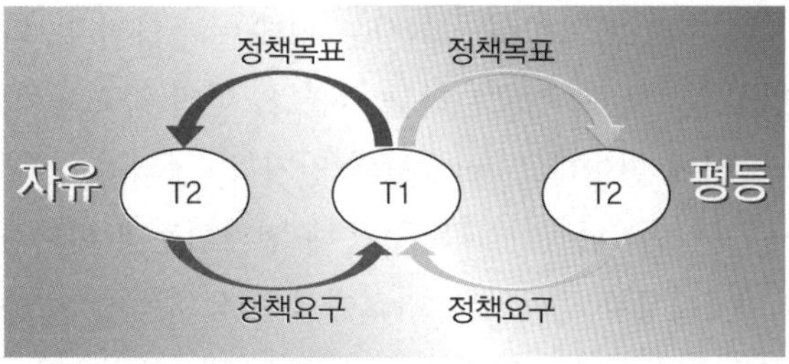

[그림 2.3] **특정 시기의 정책패러독스 이상한 고리-인과모형(단면)**

24 [그림 2.2]에서는 기존의 시스템다이내믹스의 인과지도 표현방법과는 다소 상이한 표현방법을 사용하였다. 그 이유는 정부의 정책선택에 따라 자유 또는 평등의 가치가 실현되는 정도가 달라지는 점과 정책변수가 고정되어 있지 않고 시간의 경과에 따라 계속 새로운 정책 목표가 추진되며 이에 대한 정책대응이 매번 달라지는 점을 고려하여 시간 축을 중심으로 하는 3차원 구조를 형성하는 것으로 보았기 때문이다.

25 화살표에서는 +, -기호들로 표현할 수 있는 정보의 범위가 제한적이기 때문에 시스템다이내믹스의 인과지도에서 사용되는 +, -기호를 사용하지 않았다. 그리고 정부가 동시에 다양한 가치에 기반한 여러 정책을 동시에 추진할 경우, 화살표는 여러 갈래로 분화될 수 있으며 이는 정책 패러독스의 구조를 복잡하게 하는 원인이 된다.

이상의 모형을 바탕으로, 사교육비 경감정책의 패러독스를 분석하기 위한 본 연구의 분석대상 자료로 정부의 교육정책공약과 교육부의 보도자료, 각종 관련 법령, 선행연구 자료, 통계자료, 언론 매체의 보도자료 등을 활용하였다. 정부의 교육정책공약과 보도자료, 법령 등은 위쪽의 정책목표의 화살표를 구성하는 데에 활용하였으며, 선행연구 자료와 언론매체의 보도자료를 분석하고 학계와 국민들의 정책적 요구와 정책대응을 해석하여 아래쪽의 화살표로 표현하였다. T1부터 시작되는 원은 특정 시점에서 중요 정책 목표가 추진되거나 구성원들의 정책대응이 발생하여 정책적 맥락이 변화한 정도를 표현하였으며, 여러 정책이 복합적으로 얽힌 패러독스를 설명할 때에는 긴 형태의 도형으로 표시하였다. 그리고 T1부터 시작되는 각각의 시기별로 종단면 모형을 구성한 뒤, 이를 시간의 흐름에 따라 순서대로 길게 연결하여 입체적으로 도식화하여 [그림 2.2]와 같은 형태의 입체모형을 도출하였다.

4 사교육비 경감정책의 패러독스 현상

가. 정책 패러독스의 발생구조

정부가 사교육비 문제의 해결을 위해 공교육 경쟁력 강화정책을 추진하게 되면서 오히려 사교육 문제는 시장의 문제에서 시장과 폴리스가 같이 얽힌 문제로 더욱 복잡하게 변화하였고, 정책 패러독스가 발생할 수 있는 환경이 조성되었다. 시장원리에 따라 작동하는 사교육은 사익을 위한 개인 간의 경쟁을 위해 경제적 대가와 입시에 필요한 지식을 교환하는 형태로 운영되고, 의사결정의 기준은 효율성으로, 활용되는 자원과 운영방식은 자본과 경제논리를 따른다. 반면 공교육제도는 공익과 사익이 동시에 추구되면서 경쟁과 협력이 동시에 일어나고, 학생들의 인지적, 정의적, 신체적 성장과 발전을 위한 의사결정이 이루어지며, 지식, 가치관, 신념이 교육을 통해 전파되는데 이때 공교육의 성공을 위해 가장 필요한 것은 국민의 신뢰이다. 시장과 공동체의 비교에서 가장 주목할 점은 문제의 해결방식이다. 시장의 문제는 분석을 통해 효율적인 방향을 탐색하여 해결되지만, 폴리스에서는 설득의 과정을 거쳐 각자의 정책논리를 변경하거나 더욱 강화함으로써 정치적으로 문제를 해결한다(Stone, 2012).

공교육제도의 폴리스 내에서 정책 패러독스가 발생한 원인은 우리나라 정치제도에서의 자유와 평등의 이념적 가치의 충돌이다. 이는 우리나라의 정치경제 체제의 발전과정에서 발생한 구조적 모순인 자본주의와 사회주의적 지향성, 자유와 평등의 패러독스로부터 시작되었다(강원택, 2005). 자본주의가 경쟁결과에 따른 보상의 차등으로 생산 동기를 고취시키듯, 입시 결과에 따른 사회·경제적 지위 상승은 학부모와 학생들의 학습의욕을 높이는 결과를 가져왔다. 그러나 사교육에의 기회가 부모의 경제력에 따라 좌우되는 상황에서 지나친 경쟁 구도에 대한 국민의 불안감과 사회적 불평등으로 인한 계층 간 위화감이 심화되었고, 사교육비 문제 해결을 위한 정책적 요구가 강해졌다. 하지만 동시에 보편교육이 천편일률적임을 지적하며 교육에서의 자유로운 선택권을 요구하는 정책논리도 등장하였는데, 이는 사

[표 2.2] **시장(사교육)과 공동체(공교육 제도) 비교**

구분	사교육 시장	시장(Market)	공동체(Polis)	공교육제도
분석 단위	개인	개인	공동체	국민 전체
동기	이기심 (입시경쟁 성공)	이기심	이타심 이기심	의무교육 교육을 받을 권리
공익의 의미	개인 이익의 합		공동체의 유익	
정책문제 원인	사익 간의 충돌(경쟁)		사익과 공익의 충돌	
행위의 본질	경쟁		협력과 경쟁	
문제 해결방식	분석(계산과 비교)		설득(비유와 유추)	
의사결정 기준	입시경쟁에서의 효율성	효율성(최대이익, 최소비용)	공익과 사익의 증진	교육 경쟁력 (입시+전인교육)
운영방식	경제논리	물질의 법칙 (쓸수록 줄어듬)	열정의 법칙 (전파할수록 확장됨)	지식, 가치, 신념의 전파
필요 자원	자본	시장 교환 개인 이익 극대화	정치적 자원 (아이디어, 설득 등)	교육예산, 국민적 신뢰

출처: Stone(2012: 35), 윤견수(2014: 512)를 중심으로 재구성.

교육의 필요성을 정당화하는 근거가 되었다. 시장모형과 폴리스 모형을 비교한 Stone(2012:35)과 윤견수(2014:512)의 내용을 토대로 사교육시장과 공교육제도의 속성을 비교·정리하면 [표 2.2]와 같다.

자유와 평등의 이념·가치의 패러독스는 사교육비 경감을 위해 추진된 사교육 대응정책과 공교육 경쟁력 강화정책, 입시정책의 정책 목표들 사이에서 능력 수준에 맞게 개별화된 교육을 선택할 자유를 요구하는 정책논리와 보편적인 평등교육을 추구하는 정책논리 간의 패러독스를 발생시켰다. 자유와 평등의 가치가 혼재된 사교육비 경감정책 패러독스의 발생구조를 이념적 가치－정책목적－정책 목표의 순서에 따라 도식화하면 다음의 [그림 2.4]와 같다.

[그림 2.4] **사교육비 경감정책의 패러독스 구조**

나. 자유-평등 패러독스의 역동적 연속구조

정책 패러독스 구조의 역동성과 계속성을 구조를 본 연구의 모형에 적용하기 위해서는 먼저 분절된 특정 시점마다 국민의 정책요구와 정부의 정책추진 양상을 구조화한 다음, 이를 종합모형으로 연결하여야 한다. 시기별로 살펴보면, 공교육제도에서는 공익과 평등의 실현을 위해 광복 이후 문맹퇴치운동, 의무교육, 평준화정책 등의 보편교육에 힘써왔다(오혁진, 허준, 2011). 이후 문맹률은 급격히 줄어들었고, 의무교육이 실시되면서 교육여건의 불평등이 상당히 해소되었다(김경미, 2001; 김우영, 2002). 그러나 비평준화된 중학교 및 고등학교의 입학시험이 실시되었으며, 사회경제적으로도 학력에 따른 임금 격차가 심화되었고, 같은 학교 학급 내에서도 학생 간의 수준차가 존재하여 경쟁우위 획득과 실력 보충을 위한 개별화된 교육에의 요구가 증대되었다(강태중, 강충서, 2013). 이는 결국 사교육 수요의 증가로 나타났는데, 학급당 학생 수를 고려할 때 공교육제도 내에서 모든 학생에게 개별화된 수업을 제공하는 것이 사실상 불가능하였기 때문이다. 교육기회의 '평등'을 위한 정책요구와 '자유'로운 경쟁을 위한 역설적 긴장으로 인한 정책적 요구가 상충하는 가운데, 사교육은 자유의 가치 아래 사익(私益)의 극대화를 추구하면서 스스로를 공교육과 차별화하였으며, 입시경쟁을 위한 개별화된 교육에 초점을 두었다(황규성, 2013). 그러나 입시경쟁과 사교육의 지나친 과열로 사회적 문제가 심각해지자 정부는 과열경쟁을 해소하고 사회적 불평등을 완화하기 위해 1969년의 중학교 무시험 전형과 1974년의 고교평준화 정책을 통해 입시제도를 개혁하였다. 지금까지의 과정을 T0-T2 시기로 설정하여 패러독스 구조의 단면을 도식화하면 [그림 2.5]와 같다.

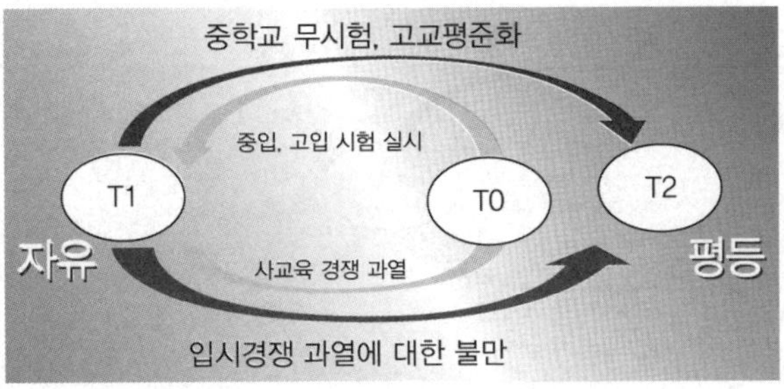

[그림 2.5] **T1 - T2 시점의 패러독스의 이상한 고리 - 인과모형**

입시제도 개혁이 이루어진 이후에도 입시교육에서의 과열경쟁과 사교육비 문제는 해결되지 못하였는데, 중학교와 고등학교를 평준화하여도 대학입시의 결과를 바탕으로 사회적 지위와 임금이 결정되는 능력주의 기반의 자본주의적 사회경제구조는 그대로였기 때문이다(김우영, 2008; 백우정, 최종덕, 2011; 이종재, 장효민, 2008). 입시경쟁은 점차 격화되어 월 수십에서 수백만 원에 이르는, 특히 입시 직전에는 월 천만원대의 고액의 족집게 과외가 횡행하였다(헌법재판소, 2000. 4. 27). 당시의 급여 수준을 고려할 때 사교육비 문제의 가계부담은 심각한 수준이었으며, 사교육비 문제는 사회적 문제로 격화되었다. 여기에 암기 위주, 입시 위주의 사교육이 인기를 끌면서 전인교육을 표방하던 공교육에서 사교육과의 경쟁을 위해 대입준비 위주의 파행된 교육을 실시하게 되면서 정책문제에 대한 국민의 불만과 정책요구는 높아져만 갔다(강태중, 강충서, 2013). 결국, 1980년 전두환 정부는 7·30 교육개혁에서 과외금지 정책이라는 극단적인 선택을 내리게 되었다(T4). 이를 T2-T4 시점으로 하여 도식화하면 [그림 2.6]과 같다.

T2-T3의 시기에는 국민의 정책대응 간의 정책 패러독스도 발생하였다. 평준화된 공교육 내에서 개별화된 교육에의 요구 증대로 사교육이 확대되었으며, 동시에 과도한 고액과외로 인해 발생하는 불평등을 문제시하는 국민적 공감대가 형성되었기 때문이다(이종재, 장효민, 2008). 결국, 극단적인 평등의 실현을 위한 과외금지 정책이 실시되었지만, 오히려 일부 부유층의 음성화된 불법 과외는 계속되었으

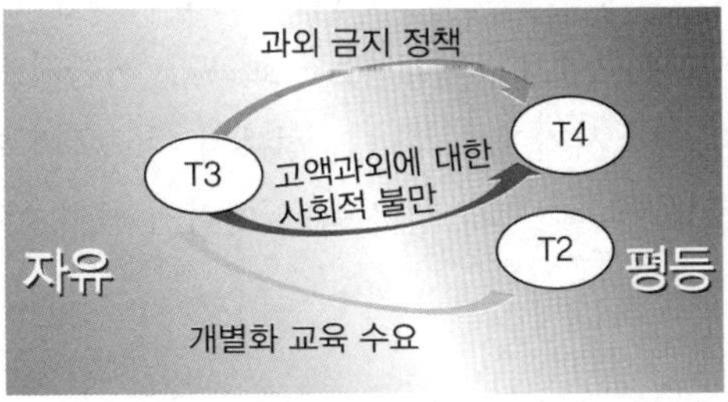

[그림 2.6] **T2 - T4 시점의 패러독스의 이상한 고리 - 인과모형**

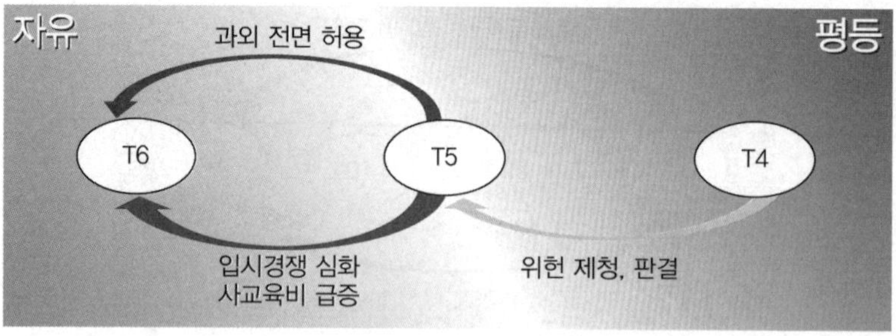

[그림 2.7] T4-T6 시점의 패러독스의 이상한 고리-인과모형

며, 동시에 고등학생들의 학력보충, 대학생들의 학비조달 등을 위해 과외를 자유롭게 허용하자는 주장이 꾸준히 힘을 얻게 되었다(강태중, 강충서, 2013). 마침내 2000년 헌법재판소에서 '학원의 설립·운영에 관한 법률' 제3조, 제22조 제1항 제1호는 위헌판결을 받게 되었고, 정부가 과외를 전면 허용하면서 입시경쟁은 더욱 본격화되었으며, 사교육 시장은 급격히 성장하여 사교육비가 급증하였다(헌법재판소, 2000. 4. 27). 이를 T4-T6시점으로 하여 도식화하면 [그림 2.7]과 같다.

과외 금지정책의 위헌판결 이후, 사교육에 대한 직접적인 통제가 어렵다고 판단한 정부는 공교육 경쟁력을 강화하여 국민들의 신뢰를 회복하기 위한 노력을 경주하는 한편, 사교육의 대체재를 꾸준히 제공하여 사교육비 경감을 추구하려고 노력하였다(이종재, 장효민, 2008). 여기서 한 가지 문제가 발생했는데, 급증하는 사교육비에 대한 위기감을 느낀 정부가 고액과외와 과열된 사교육에 대해 가지던 문제의식을 사교육 전체로 확대시키게 된 것이다. 이후의 사교육비 통계에서는 고액의 입시 사교육과는 무관한, 학생들의 적성계발과 취미활동을 위한 사교육이나 일반인도 쉽게 받을 수 있는 사교육까지도 전체 사교육통계에 포함되었다. 2019년 하반기 기준 일반 교습학원을 포함한 교육 서비스업(사교육) 종사자는 약 54만 5천명이며, 이들의 연간급여 6조 696억 원을 바탕으로 평균 연간급여를 계산하면 약 1,113만 원이다(통계청, 2019). 그러나 음성적으로 이루어지는 과외에 대한 정확한 통계는 확보하지도 못한 채, 과연 교육서비스업과 종사자 전체를 억제하고 경감해야 할 '고액 사교육'의 사회적 문제요인으로 규정해야 할지에 대해서는 상당한 의문이 제기된다. 이러한 정책 인식의 문제가 발생한 이유는 사교육비의 '고액' 기준이 부재하며, 허용되어야 할 사교육과 제한되어야 할 사교육의 범위가 명확히 규명되지 못하였기 때문이다. 이 시기에 이루어진 정부의 사교육비 개념설정에서의 모호성은 이후에 실시된 사교육비 경감정책들의 정확한 효과성 산출을 어렵게 하여 이후에 발생한 정책 혼란의 원인이 되었다(이정인, 유재봉, 2018).

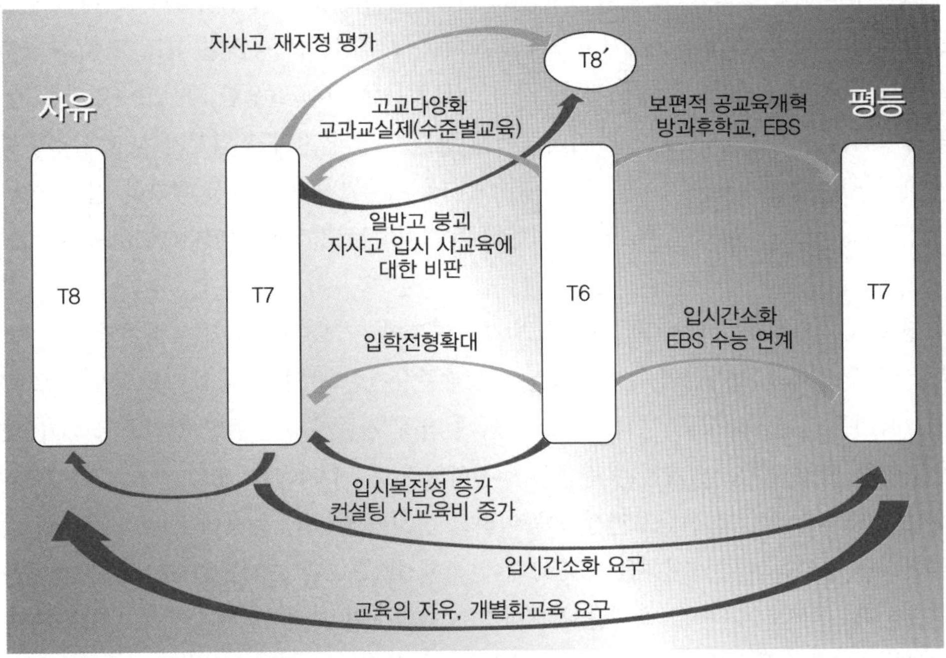

[그림 2.8] T6 - T8(T8′) 시점의 패러독스의 이상한 고리 - 인과모형

[그림 2.8]의 T6은 사교육 전면 허용으로 사교육비가 급증한 2000년도를 의미한다. 이때부터 사교육비 경감을 위해 수많은 정책이 추진되었으며, 각각의 정책들이 도입되고 추진되며 세부적으로 변동된 시기는 복잡하게 얽혀있어 하나의 그림으로 표현하기에는 한계가 존재하므로, [그림 2.8]에서는 서로 정책 패러독스 관계에 있는 교육개혁정책과 입시정책, 사교육 대응정책만을 중점적으로 분석하였다. 먼저 2006년의 방과후학교와 2004년 EBS 인터넷 수능강좌 등의 보편적인 공교육개혁은 경제적 격차로 인한 교육기회의 불평등을 해소하고 사교육비를 경감하는 데 기여하였다(심은석 외, 2013; 장지윤 외, 2017).[26] 그러나 EBS강좌와 방과후 수업만으로 사교육이 담당했던 개별화 교육에의 수요를 모두 해결하는 것은 불가능했으며, 개별화 교육을 위한 사교육 수요는 여전히 유지되었다.

평등의 가치를 추구하는 공교육개혁과 더불어 자유의 가치를 추구하는 교육제도의 개혁도 이루어졌다. 2009년 도입된 교과교실제와 고교다양화·자율화는 학생들에게 공교육제도 내에서 선택의 자유를

26 방과후학교의 경우, 학교 교실을 빌린 형태의 사교육이라는 비판도 존재하지만 방과후 강좌의 학습비를 학교가 통제함으로써 저가에 사교육 대체재를 제공한다는 측면에서의 사교육비 경감을 달성했다고 할 수 있다. 다만, 사교육비 통계에서 방과후학교 수강료가 제외되는 측면에서는 논란이 발생할 여지가 존재한다. 방과후학교를 완전히 공교육이라고 규정하기에는 강사의 수급과 교육과정에 대한 통제력, 교육예산의 지원이 너무나 부족하기 때문이다.

보장하여 이전에 비해 개별화된 교육을 실시함으로써 경쟁력 제고를 추구하였다. 그러나 엄밀히 말해 교과교실제 내의 수준별 수업이나 자사고에서 실시하는 입시선발은 능력별 학교 편성을 금지하는 고교평준화 제도의 취지와 정면으로 상반된다. 자사고 도입으로 인해 발생한 자사고-일반고 간 수업 태도와 학습동기의 격차가 일반고 붕괴로 이어졌다는 정책 주장과 자사고 입시가 사교육비의 증가 요인이라는 주장이 꾸준히 제시되었고(T8), 결국 2019년 정부는 자사고 재지정 평가를 실시하여 전국 24개교 중 11곳의 자사고를 재지정 취소하여 일반고로 전환하는 결정을 하였다(T8')(김정근, 2020; 장귀덕, 2021).

자유와 평등의 패러독스는 입시정책에서도 발생하였는데, 입시에 요구되는 평가영역을 축소시키는 EBS-수능 연계 정책과 평가영역을 확대하는 학생부종합전형 간의 정책 패러독스가 바로 그것이다. 정부는 사교육비를 경감시키고 학생들을 학교수업에 더욱 집중시키기 위한 방안으로 2018학년도 수능문제의 70%를 EBS교재와 연계하는 정책을 추진하였다(교육과정평가원, 2021. 7. 5.). EBS연계 정책은 평가 범위를 축소함으로써 교육의 보편성을 높이려고 실시되었지만, 동시에 교육의 전문성 아래 다양하게 이루어지는 공교육의 수업내용을 EBS교재에 국한시킴으로써 교사들의 교육권과 학생들의 자유로운 인격발현권, 학부모의 자녀교육권을 침해한다는 헌법소원이 제기되었다가 기각되는 사례가 발생하였다. 헌재는 판결문에서 EBS-수능연계정책의 결과 학생들의 학교수업 의존도가 향상되고, 저학력 학생들에게 도움이 되면서 지역별, 학교별 학력 편차를 줄일 수 있음을 판시하였지만, 결국 2022년도 수능에서 EBS-수능연계 비율은 70%에서 50%로 축소되었고, 영어교과는 직접연계에서 간접연계로 변경되었다(헌법재판소, 2018. 2. 22). 학생들이 EBS교재 지문을 암기하는 등 공교육의 자유를 제한하는 방식으로 정책이 변질되었기 때문이다. 평등의 가치를 추구한 수능연계정책과는 반대로, 입학사정관제도[27]는 대학과 학생들에게 다양한 선발전형 선택의 자유를 부여하기 위해 추진된 정책이다(임진택, 김은혜, 2012). 그러나 대입전형이 지나치게 복잡해짐에 따라 학생과 학부모들의 대입준비 부담이 증가하여 사교육 의존도가 높아지고 컨설팅 사교육에 대한 수요가 증가하여, 대입제도 간소화에 대한 정책요구가 대두되었다.[28]

---

27 이후 학생부종합전형으로 명칭이 변경되었다.

28 2014년 기준 대학 전형방법의 수는 1454개에 달했으며, 2015년 897개, 2016년 871개, 2017년 867개로 여전히 복잡하게 운영되었고, 결국 교육부는 2015년 "대입제도 간소화 및 대입제도 발전방안(시안)" 발표를 통해 대학별 전형의 수를 6개로 제한하는 원칙을 수립하였다(교육부, 2013).

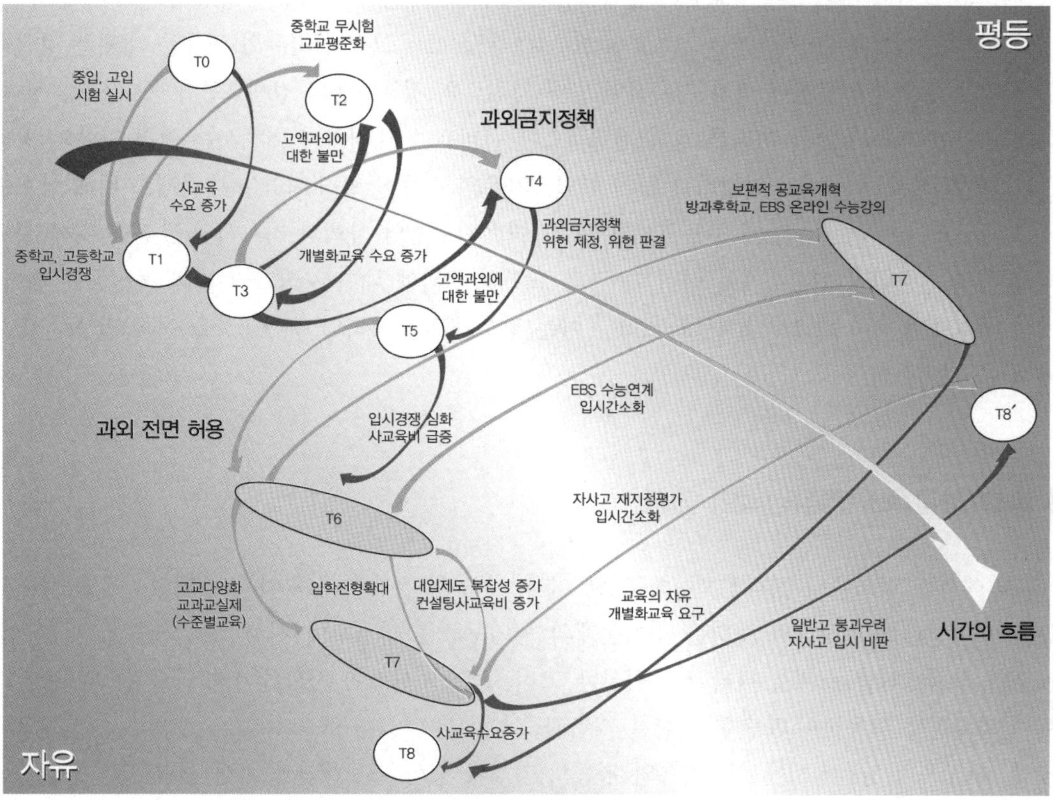

[그림 2.9] **사교육비 경감정책의 패러독스의 이상한 고리 - 인과모형**

[그림 2.9]는 T0시점부터 T8(T8')까지의 사교육비 경감정책이 갖는 패러독스의 이상한 연결고리(strange loop)의 인과모형을 종합한 것이다. [그림 2.9]에 따르면, 그동안 실시된 사교육비 경감정책은 자본주의와 사회주의의 가치인 자유와 평등의 패러독스가 형성하는 역설적 긴장(paradoxical tensions)으로 인해 어느 한쪽으로 기울어질 때마다 불안, 두려움을 강화시켜 국민의 방어기제를 자극하여 반대 방향으로의 정책요구를 촉발시켰다(강태중, 강충서, 2013; 황규성, 2013). 그리고 과외금지정책의 위헌판결로 허용된 과외를 동시에 억제해야 하는 패러독스에 직면한 정부는 자유와 평등의 가치를 동시에 추구하였지만, 정책 목표들 사이에서 더욱 복잡한 정책 패러독스를 발생시켰다(강일국, 2010). 그 사례로 고교다양화, 수준별 교육정책과 평준화된 공교육제도 내에서의 보편적 개혁의 패러독스, 입학전형을 확대하면서 동시에 간소화하는 정책 목표 간의 패러독스 등을 들 수 있다.

[그림 2.9]의 인과모형을 통해 알 수 있는 사교육비 경감정책에서 발생하는 자유와 평등의 패러독스의 근본적인 원인은 우선 우리나라 국민의 사회경제적·지적 능력이 상이하며, 동시에 정치적으로 동등한 권리를 가지기 때문에, 자유민주주의하에서 보수와 진보로 대표되는 두 정당이 각각의 국민의 이

익을 대변하고 이에 부합하는 사교육비 경감 정책안을 제시하면서 끊임없이 공공성의 의미에 대한 재해석이 이루어지기 때문이다(김시진, 엄기형, 2020; 채장수, 2009). 그러나 자유와 평등을 내세운 정책들이 모든 국민을 포용하지 못함에 따라 지속적인 반대 가치로의 정책대응과 정책요구가 이어졌고, 정책 패러독스 상황이 계속되었다. 이러한 정책 패러독스에 올바르게 대처하기 위해서는 먼저 자유와 평등의 가치가 개별적으로 추구되며 대립하는 것이 아닌, '자유의 평등한 보장'이라는 대전제를 위해 상호보완적으로 추구되어야 한다는 점에 주목하여야 한다. 자유민주주의 사회의 지속적인 발전을 위해서는 생산과 분배의 선순환이 이루어져야 하며, 능력과 노력의 결과에 대한 보상과 선천적 불평등에 대한 공동체의 배려가 동시에 필요하다(박영도, 2016). 이는 정부가 교육정책의 수혜대상을 전 국민으로 해석하여야 함을 의미한다.

5 향후 사교육비 경감정책의 개선

본 장에서는 사교육비 경감정책이 도입된 이래, 수많은 정책적 노력이 경주되었음에도 불구하고 충분한 정책성과를 달성하지 못하는 정책문제의 원인구조를 파악하여 시사점을 도출하고자 하였다. Stone의 정책 패러독스에서 나타나는 이상한 고리 구조를 시스템 사고에서의 인과지도와 융합하여 만든 인과모형을 활용하여 도출한 결론은 다음과 같다.

첫째, 사교육비 경감정책에서는 자유와 평등의 가치를 중심으로 개념과 반대 개념 간의 공존, 상이한 개념에 대한 해석의 충돌, 개념 내부의 하위요소 간의 충돌, 개념이 적용되는 맥락의 충돌의 네 가지의 정책 패러독스가 모두 나타났다(윤견수, 2014). 다양한 종류의 정책 패러독스가 발생한 이유는 정부가 자녀교육권과 사유재산권, 행복추구권 등의 다양한 교육구성원 간 권리의 충돌과 공·사익 간 충돌을 발생시키는 자유와 평등의 패러독스를 인지하지 못한 채 단편적인 가치들을 추구하는 정책들만을 반복, 번복하였기 때문이다. 계속된 정책적 노력에도 불구하고 만족할만한 정책 성과를 달성하지 못한 정부는 사교육 대응정책, 공교육 강화정책, 입시제도 개선정책 등 다양한 정책 분야로 정책의 범위를 확대하였지만, 오히려 기존 정책과 변경 혹은 신설되는 정책의 정책논리 간의 충돌이 더욱 빈번하게 발생하면서 정책적 혼란이 심화되어 정책 패러독스의 구조는 점차 복잡해졌다.

둘째, 사교육과 공교육은 Stone이 개념화한 시장과 폴리스의 속성을 가지고 있으며, 정부의 인식에 따라 시장의 속성을 갖던 사교육비 문제에 폴리스의 속성이 더해지면서 정책대안은 직접적 해결 대신 정치적 설득을 추구하는 것으로 전환되었고, 이는 정책문제 해결을 어렵게 하는 원인이 되었다. 정치적 이해관계와 맞물린 자유와 평등의 역설적 긴장 하에서, 보수와 진보 양당으로 구분된 정치구도는 각 당의 정치이념에 따라 국민들을 분열시켰고 국민들의 방어기제를 지속적으로 촉발시켰다(김시진, 엄기형, 2020). 그리고 사교육비 문제를 해결하려는 정부의 노력은 항상 반대 가치를 앞세운 정당과 이익집단의 정책저항에 부딪혔으며 그때마다 정책목표의 방향성은 혼란스럽게 흔들렸다.

셋째, 정책 패러독스에 대한 이해의 부재는 정책문제 범위설정, 정책목표설정과 정책실패 원인분석의 오류로 연결되었다. 사교육에는 입시교육 이외에도 자아실현과 행복추구를 위한 다양한 교육이 공존한다. 그러나 고액과외 문제를 해결하려던 정부의 정책 인식이 사교육비 전체를 문제시하는 것으로 확대되면서 정책목표가 국민이 사비를 들여 교육을 받을 자유 자체를 제한하여야 하는 정책오류가 발생하였다. 정부는 정책실패의 원인이 된 정책문제 인식의 오류를 인지 혹은 인정하지도 못한 채 '공교육의 무능과 비정상'에 책임을 전가하였다(김정근, 2020). 그리고 계속된 공교육과 입시제도에 대한 잦은 개혁과 변경은 오히려 공교육제도에 대한 국민들의 신뢰를 저하시켜 역으로 사교육 의존도를 증가시키는 역설적 결과를 초래하였다.

넷째, 사교육비 경감정책의 패러독스는 역동적인 구조를 형성하면서 지속되고 있다. 그 이유는 정부의 경감정책 특유의 패러독스 현상에 대한 부족한 이해와 인식을 포함한 체계적인 정책철학이 부재하였기 때문이다. 정부가 항상 하나의 가치를 추구하는 정책을 추진할 때마다 반대 가치로의 정책요구와 정책대응을 촉발시키는 역설적 긴장 양상이 반복되었음에도 정부는 이를 인식하지 못하였으며, 새로운 정책을 시행하면서 발생할 수 있는 정책저항을 고려하지 못한 채 국민의 정책요구를 일시적으로 해소하기 위한 방편으로만 사교육비 경감정책을 추진해왔다(백우정, 최종덕, 2011; 이종재, 장효민, 2008). 그 결과 정책의 수혜대상과 소외대상은 매번 뒤바뀌었고, 국민의 정책 불안과 정부에 대한 불신만 점차 강화되어 정부는 점차 강해지는 역설적 긴장의 압력을 받게 되었다.

이상의 결론을 바탕으로 사교육비 경감정책 개선을 위한 시사점을 제언하면 다음과 같다. 첫째, 정책의 도입, 추진, 결과 평가 등의 모든 정책과정에서 나타나는 정책 패러독스 현상을 탐색하려는 적극적인 노력이 필요하다. 단편적인 정책이해를 바탕으로 한 정책의 맹목적 추진은 오히려 이익집단의 정책저항을 더욱 강화시키고 사교육 문제를 심화시켰으며, 그때마다 번복되는 정책 방향은 국민들이 교육정책을 불신하게 되는 계기가 되었다(백우정, 최종덕, 2011; 황규성, 2013). 이러한 문제를 예방하기 위해서는 새롭게 도입되는 정책과 기존 정책 간의 정합성을 고려하여 정책 혼란을 최소화할 필요가 있다.

둘째, 정부는 향후 정책이념－목적－정책 목표로 이어지는 정책추진 과정에서 자유와 평등의 패러독스를 인식하고, 양자를 조화시키기 위해 노력하여야 한다. 자유와 평등, 사익과 공익, 개인과 공동체 간에는 심각한 갈등이 존재하지만, 정책의 실현과정에서는 양자가 화해할 수 있는 영역이 존재한다(미우라 히로키, 2010). 시장과 폴리스의 특성에 따라 사익과 공익의 의미 및 문제의 해결방법이 완전히 달라지므로 정책 대상의 특징에 따른 적합한 정책해석과 접근방법을 활용할 필요가 있다. 그리고 다양한 이념적 성향을 가진 국민의 정책만족도를 높이기 위해서는 특정 가치를 추구하는 교육정책을 추진할 때 반대 가치가 제한됨으로써 발생하는 정책저항을 최소화할 수 있도록 사전에 보완책을 강구하여 자유와 평등의 조화를 추구하는 것이 바람직하다.

셋째, 정책문제 분석과정에서 사교육 시장과 공교육제도의 시장과 폴리스로서의 특성에 대한 충분한 이해를 바탕으로 사교육비 경감정책을 추진할 필요가 있다. 먼저 사교육비에 대한 명확한 문제 인식을 바탕으로 경감해야 할 사교육의 구체적인 종류와 범위를 특정하여 사교육 전체를 문제시함으로써 발생하는 혼란을 방지하여야 한다. 또한, 더 이상 공교육을 사교육비 문제를 해결할 도구로 간주하며 입시경쟁력만을 바탕으로 공교육의 정상·비정상을 판단하는 행태에서 벗어나, 국민들의 교육권을 보장하고 국가공동체를 유지·발전시키기 위한, 공교육의 본질적 목표의 달성 여부를 기준으로 공교육 제도를 평가하여야 한다. 공교육에 대한 국민들의 신뢰 없이 사교육비 경감은 불가능하다. 공익을 위한 대중교통과 사익을 위한 자가용이 각각의 목적에 따라 구분되듯이 공교육은 공익의 실현 정도를, 사교육은 사익의 달성을 평가기준으로 삼아야 하는 것이 온당하며, 이때 공익의 의미는 공동체 구성원들의 사익을 '균형 있게', '최대한으로' 보장하는 것으로 이해되어야 한다. 여기서 자유와 평등의 정책가치는 공익의 확대를 위해 상호보완적으로 조화롭게 추구되면서 구성원들의 신뢰를 획득할 수 있는 설득의 수단으로 기능할 수 있다.

넷째, 체계적인 정책철학에 기반을 둔 장기적 관점에서의 자유와 평등의 정책 패러독스 관리를 위한 폴리스적 교육정책의 확립이 필요하다. 사교육비 문제에는 부모의 경제력 격차가 사교육을 통해 자녀에게 불평등한 교육여건을 제공하는 행위의 정당성에 대한 해석을 둘러싸고 자녀교육권, 사유재산권, 평등권, 자아실현권 등 수많은 헌법적 권리가 충돌하고 있다. 서로 충돌하는 정책가치들 간의 체계를 정립하여 다양한 교육 주체들의 권리를 보장하기 위해서는 풍부한 헌법적·교육철학적·정책적 논의가 선행되어야 한다(미우라 히로키, 2010). 그러나 정책적 혼란 속에서 기존의 정당과 정권들은 일방적인 정책들을 제시하며 마치 자신들만이 사교육비 문제를 해결할 수 있을 것처럼 공약을 제시하면서 헤게모니를 장악해왔다(김시진, 엄기형, 2020; 김영수, 2013). 그러나 이는 결과적으로 사교육비 경감을 둘러싼 정책갈등과 혼란을 지속시키는 원인이 되었다. 정책 수혜대상의 차별로 국민을 이익집단화하여 자신의 지지기반을 강화하는 사적인 정치적 이익추구 행태는 공동체의 유익을 추구하는 폴리스적 공익 차원에서 배격되어야 할 것이다.

CHAPTER 03

효율성: 농산어촌 소규모학교 통폐합 정책의 패러독스

1. 소규모학교 통폐합 정책의 재해석
2. 소규모학교 통폐합 정책과 패러독스
3. 농산어촌 소규모학교 통폐합 정책의 '효율성' 패러독스
4. 농산어촌 소규모학교 통폐합 정책의 패러독스 현상 분석
5. 소규모학교 통폐합 정책 개선을 위한 제언

3장에서는 농산어촌 소규모학교 통폐합 정책에서 나타난 정책 패러독스 현상을 Stone(2012)이 정책 목표 중 하나로 제시한 '효율성(efficiency)' 개념을 중심으로 농산어촌 소규모학교 통폐합 정책 패러독스 양상과 그 원인을 분석하였다. 농산어촌 소규모학교 통폐합 정책을 둘러싼 효율성 패러독스 현상을 밝히기 위해 시장모형과 폴리스모형의 특징을 비교하고, 정책 패러독스의 양상과 원인을 선행연구를 통해 고찰하였다. 그 결과, 농산어촌 소규모학교 통폐합 정책변동 과정에서 (1) 정책의 목표인 효율성과 국가 균형발전 정책의 목표인 형평성(평등) 간의 충돌로 인한 패러독스, (2) 효율성 개념을 두고 경제적 비용과 편익에 대한 해석 충돌로 인한 패러독스, (3) 정책의 효율성 기준인 '적정규모' 기준 설정 관련 해석 충돌로 인한 패러독스 현상이 나타났다. 이러한 분석 결과를 바탕으로 농산어촌의 소규모학교 통폐합 정책은 (1) 효율성과 형평성 간 거래적 관점에서 논리적으로 접근, (2) 효율성 목표를 둘러싼 이해 당사자 간 하위 요소 해석의 모호성을 적극 활용, (3) 적정규모 해석의 패러독스에서 정치적 과정을 통한 유연한 전환 모색이 필요함을 제언하였다.

주제어 효율성, 적정규모, 소규모학교 통폐합 정책, 정책 패러독스

1 소규모학교 통폐합 정책의 재해석

저출산에 따른 학령인구 감소는 교육계는 물론 우리 사회 전반에 총체적인 문제점을 던져주고 있다. 전국 단위로 초·중·고 입학생이 급감하면서 문을 닫는 학교가 늘고 있는 것은 어제 오늘만의 일이 아니다. 이러한 학령인구 감소 현상은 갈수록 국가적으로도 심각한 상황을 초래할 것이라는 우려감도 커지고 있다(전북중앙신문, 2021.07.15.). 2021년 5월 1일 기준 전국에서 폐교한 초, 중, 고는 모두 3,855개에 달한다(지방교육재정알리미, 검색일 2021.07.23.). 소규모학교 통폐합 정책은 1982년부터 '국가교육재정의 효율적 운영'과 '교육과정의 정상화 차원'에서 교육부 주관으로 추진되어 왔다. 통폐합의 세부 기준은 학생 수 기준으로 1982년 180명, 1993년 100명, 2006년 60명으로 각 기간별로 변화가 있어 왔다. 2016년 이후 2021년 기준 면단위 지역은 60명 이하, 도시 지역은 면 단위 지역보다 5배 더 큰 300명 이하로 그 기준이 수정되었다(엄문영, 2017). 전국 농산어촌은 학령기 인구의 급감, 인구 구조의 변화, 탈 농촌화 등의 현상으로 인하여 소규모학교의 비중이 지속적으로 증가하고 있는 추세이다(성열관 외, 2019). 소규모학교라는 용어는 "적정 학교(학급) 규모"의 개념과 "적정수준 미달 학교(학급) 규모"의 개념이 혼동되어 사용되고 있다. 양극적인 개념의 폭 사이에서 소규모학교는 적용되는 준거 및 기준에 따라 다양하게 개념화될 수 있다(장재은, 2018). 만약, 소규모학교가 이상적인 학교 규모에 미달하는 경우를 지칭한다면, 여기에는 전체 학생 수, 전체 학급 수, 학년당 학급 수, 학급당 학생 수 및 경우에 따라서는 교직원 수까지 포함하는 다각적이며 포괄적인 개념의 접근 체제가 요구된다.

국민의 정부 때는 당시 정부의 100대 과제 중 하나로 '농산어촌 통폐합 정책'이 정부의 강력한 의지에 의해 주도적으로 추진되면서 지역 내에서 많은 마찰을 겪었으며, 이로 인해 2006년에는 교육인적자원부의 '농산어촌 소규모학교 통폐합 계획과 적정규모 학교 육성 계획'을 발표하기에 이르렀다. 이를 계기로 농산어촌 소규모학교 통폐합 정책은 주민의 의사를 반영하는 등 유연한 정책으로 전환하였다. 또한, 2011년에는 적정규모 학교 육성 방안을 마련해 재정 인센티브를 주기도 하였다. 이후 2012년 통폐합 기준이 시·도교육감에게 이양되었고, 2015년에는 적정규모 학교 육성 분교장 개편 권고기준 강화를 통해 2016년부터는 분교장을 개편하거나 새롭게 대체하여 설립하는 경우에는 '학생 수'를 기준으로 차등으로 인센티브를 제공하는 등 다양한 정책 노력들이 시도되었다(성열관 외, 2019).

정부의 농어촌 교육정책을 살펴보면 크게 두 가지로 나눠볼 수 있는데, 그것은 교육복지와 적정규모 학교 육성 강화정책에 관한 것이다(교육부, 2017; 양희준 외, 2018). 교육부는 그동안 해마다 적정규모 학교 육성이라는 목적으로 구도심 및 농산어촌 소규모학교의 낙후된 교육 여건을 개선하기 위해 소규모 학교 통폐합을 추진해왔다. 또한, 농어촌의 교육복지 정책은 교육격차를 줄이기 위해 학교 규모를 키우기 위한 정책, 예컨대 '통폐합 지원금 증액', '유·초·중·고 통합운영학교 운영, 탄력적 학구제 등의 정책과 교육과정 지원정책을 그 내용으로 하고 있다. 이러한 농산어촌의 소규모학교 통폐합 정책 및 교육복지 정책은 처음 의도했던 효과뿐만 아니라 서로 충돌하는 현상도 함께 발생하고 있다(양병찬 외,

2012). 또한, 소규모학교 통폐합 정책의 근본 목적이라고 할 수 있는 교육재정 효율화는 학교 통폐합으로 인해 줄어드는 비용과 대조적으로 신설학교 설립 등에서 소요되는 비용이 적지 않다는 점에서 재검토가 필요하다.

이처럼 농산어촌 소규모학교 통폐합 정책의 집행과정에서 나타난 일련의 현상들은 패러독스 현상으로 볼 수 있다. 여기서 말하는 패러독스 현상은 교육정책의 집행과정에서 나타나는 '예상치 못한 현상' 혹은 '각각 정당한 논리를 갖고 있지만 서로 배타적인 요소들로 인해 상충되는 해석이 공존하는 현상'을 일컫는 말이다. 이는 최근 교육 분야에서 이루어진 정책 패러독스 관련 선행 연구들(박대권, 최상훈, 2021; 박대권 외 2018; 신현석 외, 2020a; 신현석 외, 2020b; 신현석 외, 2021a; 신현석 외, 2021b; 신현석, 선애경, 2021; 이예슬, 2020; 이예슬 외, 2021; 이인수, 2017)에서도 확인되고 있다.

Stone(2012)의 정책 패러독스에서 '효율성(efficiency)'은 정책 목표[1] 중 하나로 소개되고 있다. 이는 최소한으로 최대 효과를 내는 것 또는 최소비용으로 목표를 달성한다는 단순한 아이디어의 멋진 표현이다. 하지만, 정치학자인 Aaron Wildavsky가 언급하고 있듯이, 효율성은 어디로 가야 할지 알려주는 것이 아니라, 단지 가능한 한 노력을 덜 들이고 거기에 도착해야 한다는 의미일 뿐이다. 그것은 일을 하는 다양한 방법 중 최선의 방법을 선택하는 것이다. 엄밀히 말하면, 효율성은 그 자체로 목표가 아니다. 그럼에도 불구하고, 효율성은 공공정책을 논의하고 평가하는 매우 중요한 방법이기 때문에 목표에 포함될 수 있다.

이에 본 장에서는 Stone(2012)이 제시하는 정책 목표인 '효율성' 개념을 중심으로 농산어촌 소규모학교 통폐합 정책에서 나타난 패러독스 현상을 심층적으로 분석하였다. 즉 소규모학교 통폐합 정책의 성과와 한계에 대해 패러독스 관점이라는 새로운 접근방법을 통해 기존에 추진해 온 정책 과정에 대해 재해석하고, 그에 따른 정책적 시사점을 도출하였다.

2 소규모학교 통폐합 정책과 패러독스

가. 소규모학교 통폐합 정책

1982년 이후 지금까지 교육부는 소규모학교 통폐합 정책에서 지속적으로 학생 수를 기준으로 삼아 왔다. 그동안 소규모학교 통폐합 정책은 수차례 변화되어 왔으며, 바뀔 때마다 통폐합의 기준, 그리고

---

1 Stone(2012)은 'Policy Paradox'에서 차례대로 정책 목표와 정책문제, 그리고 해결방안에 관해 기술하고 있다. Stone(2012)이 제시한 정책 목표에는 2장 형평성(equity)과 3장 효율성(efficiency), 4장 복지(welfare), 5장 안전(security), 6장 자유(liberty)가 있다. 또한, 정책문제를 나타낼 전략에는 7장 상징(symbol), 8장 숫자(numbers), 9장 원인(causes), 10장 이해(interests), 11장 의사결정(decisions) 등이 제시되었다. 마지막으로 정책문제 해결의 수단으로 12장 유인(inducement), 13장 규칙(rules), 14장 사실(facts), 15장 권리(rights), 16장 권력(powers)이 제시되고 있다(신현석 외, 2020a 재인용).

[표 3.1] **농산어촌 소규모학교 통폐합 정책 추진 과정(1982~2021)**

단계	정책 추진 기준	정책 세부 내용
1단계 (1982년~1998년)	• 1981년 180명 기준 • 1993년 100명 기준	• 시·도교육청 자체 추진 • 1997년 사학의 해산 특례 조항
2단계 (1999년)	• 1998년 초·중등 기준 • 본교 100명 이하, 분교장 20명 이하 • 1면 1교 원칙(본교)	• 정부 총 2,577억 원 지원 • 폐지 및 통합 운영: 5억 원 지원 • 분교장 폐지: 2억 원 지원 • 분교장 개편: 2천만 원 지원
3단계 (2000년~2005년)	2단계와 동일함	• 교육부 기준 제시 • 시·도교육청 차원 자율 추진 • 과거에 비해 통폐합 성과가 미흡함.
4단계 (2006년~2011년)	• 국정현안조정회의 통폐합 추진 결정(2005년) • 2006년 60명 기준 제시 • 제외 학교: 도서, 벽지 지역, 반대 심한 지역, 학생 수 증가 예상 지역, 대안교육 특성화 학교	• 교육부 차원 통폐합 재추진 • 본교 폐지 및 통합 운영: 10억 원 지원 • 분교장 폐지: 3억 원 지원 • 분교장 개편: 2천만 원 지원
5단계 (2012년~2015년)	• 시·도 교육감에 권한 이양(통폐합 기준 설정 가능) • 면, 도서, 벽지, 읍 지역: 60명 이하 • 도시지역: 200명 이하	• 통폐합 지원금 이전보다 확대 • 본교 폐지: 초등학교－시 지역(60억 원), 기타지역(30억 원), 중·고교(100억 원) • 분교장 폐지: 10억 원 지원 • 분교장 개편: 1억 원 지원 • 신설 및 대체이전: 초등학교 30억 원, 중·고교 50억 원 지원 • 통학 운영: 시설폐쇄 시 20억 원, 미 폐쇄 시 10억 원 지원
6단계 (2016년~현재)	• 면, 도서, 벽지지역: 초·중등학교 60명 이하 • 읍 지역: 초등학교 120명 이하, 중등학교 180명 이하 • 도시지역: 초등학교 240명 이하, 중등학교 300명 이하 • 분교장 개편 권고기준 신설(3가지) －복식학급 운영 학교 －최근 3개년 간 신입생 없는 학교 －교직원 수 〉 학생 수 학교	• 통폐합 지원금 확대 및 세분화 • 기준: 지역→학교규모(학생 수) • 본교 폐지: 초등학교－60명 이하(40억 원), 61－120명(50억 원), 120명 초과(60억 원), 중·고－60명 이하(90억 원), 61－120명(100억 원), 120명 초과(110억 원) • 분교장 개편(5억 원), 폐지: 20명 이하(20억 원), 21－40명(30억 원), 40명 초과(40억 원) • 신설, 대체이전: 초등학교－60명 이하(30억 원), 61－120명(40억 원), 120명 초과(50억 원), 중등학교－60명 이하(60억 원), 61－120명(70억 원), 120명 초과(80억 원) • 통학 운영: 시설 폐쇄 시(30억 원), 미 폐쇄 시(10억 원)

출처: 교육부(2016.06), 엄문영(2017: 13－14), 성열관 외(2019: 19－20), 조금주(2019: 103)를 참고하여 수정함.

추진의 주체, 기타 지원상의 내용이 변경되었다. [표 3.1]에서 알 수 있듯이 학교당 학생 수 기준에 따라 1981년 180명, 1993년 100명, 1998년 초등학교와 중등학교 모두 본교 100명 이하, 분교장 20명 이하, 1면 1본교 원칙을 유지하였다. 그러다 2005년 국정현안조정회의 통폐합 추진 결정에 따라 2006년부터 다시 60명으로 기준이 변경되었고, 2016년에 와서는 면, 도서, 벽지지역 초·중등 60명 이하로 변경되어 현재에 이르고 있다(엄문영, 2017). 특히, 2016년에는 면 지역 60명 이하, 도시지역 300명 이하로 지역에 따라 학생 수에 차이가 나게 되었다. 이러한 과정을 통해 그동안 합리적 기준 없이 통폐합 정책이 추진되어 왔음을 알 수 있다(조금주, 2019).

한편, 농산어촌 학생 수 감소 현상은 자연적 감소와 사회학적 감소로 나누어 생각해볼 수 있는데, 이 중 자연적 감소는 '저출산'과 연관되고, 사회학적 감소는 '도시로의 이동'을 나타낸다(성열관 외, 2019). 따라서 농산어촌 학생 수 감소 현상은 자연적 감소와 사회학적 감소 요인이 복합적으로 작용한 결과라고 볼 수 있다.

[표 3.2]는 2016년 지역별 초·중·고 소규모학교 분포 현황을 나타내고 있다. 시·도별 현황을 보면, 2016년 당시 초·중·고 전체학교 대비 소규모학교 비율은 강원(36.8%)이 가장 높게 나타나고 있으며, 그 뒤를 전북(35.9%), 전남(35.2%), 경북(33.4%) 순으로 분포하고 있다.

[표 3.3]에서 60명 이하인 소규모학교 비율은 읍 지역 10.5%, 면, 도서, 벽지 지역 54.7%로 나타났다. 이에 따라 도서, 벽지 지역은 폐교 위험이 높음을 알 수 있다(성열관 외, 2019).

[표 3.3]에서 읍 지역 소재지 학교와 면, 도서, 벽지의 학교 폐교 위험은 무엇보다 최근 우리 사회의

[표 3.2] **2016년 지역별 초·중·고 소규모학교 분포 현황**

지역	초	중	고	계	초·중·고 전체학교(2016)	소규모학교 비율(%)
경기	76	19	1	96	2316	4.2
강원	156	64	12	232	630	36.8
충북	97	33	1	131	471	27.8
충남	149	45	1	195	707	27.6
전북	183	80	9	272	758	35.9
전남	178	104	7	289	820	35.2
경북	188	112	11	311	932	33.4
경남	143	49	7	119	956	20.8
제주	20	7		27	187	14.4

출처: 교육부(2016); 홍은광(2018); 성열관 외(2019). p.16에서 재인용.

[표 3.3] 학교의 지역유형별 학생 수의 일정단위 분포 현황

구분	지역 유형별	60명 이하		60명 이상~ 120명 이하		121명 이상~ 180명 이하		181명 이상~ 240명 이하		241명 이상~ 300명 이하		301명 이상		계
		학교수	백분율 (%)	학교수	백분율 (%)	학교수	백분율 (%)	학교수	백분율 (%)	학교수	백분율 (%)	학교수	백분율 (%)	
계	면·도서·벽지	1,823	54.7	730	21.9	239	7.2	138	4.1	101	3.0	302	9.1	3,333
	읍지역	142	10.5	158	11.7	98	7.2	100	7.4	99	7.3	759	56.0	1,356
	시지역	77	1.1	152	2.1	139	2.0	174	2.5	238	3.4	6,321	89.0	7,101
	계	2,042	17.3	1,040	8.8	476	4.0	412	3.5	438	3.7	7,382	62.6	11,790

출처: 교육부(2016); 홍은광(2018); 성열관 외(2019). p.17에서 재인용.

급격한 학령인구 감소에서 그 원인을 찾아볼 수 있다. 즉 학령인구 감소는 농산어촌 소규모학교의 통폐합, 통학거리에 따른 불균형, 학군조정 등 지역의 학교교육 전반에 영향을 미치고 있다.

나. 정책 패러독스와 효율성

1) 패러독스와 정책

패러독스(paradox)의 개념을 국립국어원의 표준국어대사전에서 온라인으로 검색해보면(검색일: 2021. 7.27.), 이는『철학』분야의 용어이며, '일반적으로는 모순을 야기하지 아니하나 특정한 경우에 논리적 모순을 일으키는 논증' 혹은 '모순을 일으키기는 하지만 그 속에 중요한 진리가 함축되어 있는 것으로 간주한다.'라고 나온다. 그리고 이 용어는 한자어로 '역설(逆說)'이라고 표현되어 있다. 한편, 좀 더 깊이 개념을 알아보기 위해 패러독스의 어원을 살펴보면, '넘어섬'이라는 의미의 그리스어인 'para'와 '견해'라는 의미의 그리스어인 'doxa'가 합친 것임을 알 수 있다. 이처럼 어원적 접근을 통해 패러독스의 의미를 이해해보면, 패러독스란 일반적인 견해를 넘어선 어떤 것으로 이해할 수 있다. 또한, 패러독스는 다양한 학자들에 의해 정의되고 있는데, 예컨대, Cameron & Quinn(1988)에 따르면, 패러독스란 서로 동시에 존재하면서 모순되거나 배타적인 요소들이 나타나는 현상이라고 하였으며, Vande Ven & Poole(1988)은 패러독스란 비슷한 정도의 타당성을 갖고 있는 가정이나 결론이 실제로 존재하지만 분명하게 모순되는 현상이라고 언급하였다. Lewis(2000)는 패러독스란 상호 모순되면서도 연관성 있는 요소들이 공존 또는 오랫동안 지속되는 현상이라고 보았다. 그리고 그는 각 요소들이 따로 분리되면 논리적으로 타당해 보이지만, 그 요소들을 동시에 놓고 볼 때에는 비합리적이어서 일관성이 없어 보인다고 하였다.

그런데, 이처럼 학자별로 다양하게 정의되는 패러독스를 정책과 연결하기 위해서는 일반론 수준에서보다 정책학 이론에서 의사결정과정 중에 소개되는 '합리성(rationality)'의 논리에 유의할 필요가 있

다. 왜냐하면, 이러한 견해는 학계에서 지배적인 패러다임으로 상당기간 동안 확고한 자리를 차지해 왔기 때문이다(정정길 외, 2010). 하지만 합리적 선택 이론에서 말하는 합리성의 전제조건은 경험적으로 검증 가능한 대상이어야 하며(Hill, 2013), 의사결정과정에서 사익은 언제나 충돌하고, 주변 환경은 변화무쌍하므로 완전한 수준의 합리성을 추구하는 것이 현실 세계에서는 실현될 수 없다는 점이 한계였다. 이처럼 제약된 조건하에서 충족되는 합리성을 '제한된 합리성(bounded rationality)'이라 한다(Simon, 1957). 이러한 제한된 합리성에 대한 언급은 Stone(2012)에게서도 발견되는데, 정책의 의사결정에서 합리성을 전제로 한 시장모형의 한계를 지적하고 정치적 특성을 추가한 대안으로서 폴리스(Polis) 모형을 소개하고 있다. 다시 말해, Stone(2012)은 정부와 대립되는 시장과 둘 중 하나를 택하도록 한 것이 아니라 폴리스에서 정책 패러독스를 찾아내었다(박대권, 최상훈, 2021).

한편, Stone(2012)은 해석적 관점을 취하여 사회적 구성주의를 근거로 현실 세계를 분석하였으며, 이를 통해 정책 현상을 이해하고자 시도하였다(신현석, 선애경, 2021). 이와 유사한 사례로 강민수 외(2020)에 따르면, 교육적 역설을 정의할 때 정책 과정에서 '예기치 못한 결과(unexpected consequences)'와 연관된다고 보았다. 즉 정책을 설계하면서 기대한 것과 상이하게 결과가 나타나는 상황을 말한다. 이는 정책 효과가 정책이 기대한 수준과 비교하여 불일치하거나 정책이 미리 의도한 바와 완전히 다른 양상으로 나타나게 된 경우이다(이혁우, 2009). 다시 말해, 이러한 경우는 정부의 개입이 오히려 예상치 못한 문제를 초래할 수 있음을 지적하면서 정부의 정책이 비록 정교하고 세밀하게 계획되었더라도 그 정책의 결과는 예상하지 못한 방향으로 도출될 수 있음을 의미한다.

2) 정책목표로서의 효율성

Stone(2012)은 5가지[2] 정책목표를 제시했지만 이와 같은 정책목표는 각 나라가 처한 역사적 조건과 현재의 상황에 따라 달라진다. Stone(2012)은 효율성 개념을 모두가 동의하는 하나의 해석만으로 나타내는 것은 가능하지 않으며, 이에 대한 새로운 접근이 필요하다고 보았다. 다시 말해, 이러한 개념을 둘러싸고 다양한 토론과 논쟁이 필요하다고 보았다.

'효율성'의 개념은 국립국어원 표준국어대사전에서 검색한 결과(검색일: 2021.07.28.), '들인 노력과 얻은 결과의 비율이 높은 특성'이라고 정의하고 있었다. 하지만, 이 개념만으로는 정책 패러독스를 정확하게 이해하기가 어려워 정책학 분야 최근 연구에서 효율성을 어떻게 정의하고 있는지 관련 선행연구들을 고찰하였다. 유미년 외(2008) 연구에 따르면, 효율성(efficiency)은 최소비용 대비 최대 효과를 산출하는 것이며, 이는 일정한 목적 달성에 필요한 자원을 최소화하는 것이라고 정의하였다. 다시 말해, 효율성은 산출(output)보다 투입(input)에 주된 관심이 있으며 이를 줄이기 위한 것이다. 그렇기 때문에 선행연구들에서는 효율성 개념을 조작적으로 정의할 때 투입 자원이 얼마나 절감되는지를 기준으로

---

2 Stone(2012)은 그녀의 저서 'Policy Paradox'에서 (1) 형평성(equity), (2) 효율성(efficiency), (3) 복지(welfare), (4) 안전(security), (5) 자유(liberty)를 각각 정책 목표로 제시하였다.

측정한다고 보았다. 한편, 효율성이 공공서비스와 연계될 때는 투입되는 자원이 얼마나 줄어드는 지에 관심을 둔다. 예컨대, O'Toole & Meier(2004)는 교육서비스의 효율성을 비용 측면에서 인건비, 시설 운영비로 측정하고 있고, 황혜신(2005)도 공공의료 서비스의 효율성을 비용 측면에서 예산 절감 정도로 측정하고 있다.

배영임(2014)은 중소기업을 대상으로 R&D 지원사업의 성과를 측정하고자 효율성과 효과성을 중심으로 살펴보았다. 그 결과, 효율성을 기업의 단기적인 지속성을 의미한다고 보았으며, R&D 활동의 비용으로 나타낼 수 있고(Weelwright & Clark, 1992), 이는 최소 노력과 비용으로 최대 산출물을 도출할 수 있는 정도를 의미한다. 반면, 효과성은 기업의 장기적인 지속가능성을 의미하며, 궁극적으로는 조직의 목표달성에 기여했는지를 본다고 하였다(Fink et al., 1983).

이상에서 살펴본 '효율성' 개념은 산출(output) 대비 투입(input)에 주된 관심을 두고 단기적으로 지속성을 나타내는 성과지표이다. 이는 공공서비스와 관련해서 투입 자원의 절감 정도로 측정할 수 있다. 일반적으로 시장모형에서는 거래가 일정한 조건을 충족하면 항상 효율성으로 이어진다고 가정한다. 하지만, 현대 정책 논의에서는 보다 신중한 접근이 필요하다. 왜냐하면, 시장모형의 숨은 가정들이 현실 세계에서도 그대로 적용된다고 보기 어렵기 때문이다.

[표 3.4] **시장모형 vs 폴리스 모형**

구분	시장모형	폴리스 모형
분석 대상	개인(이익과 선호)	공동체(이익과 충성)
구성원의 특징	자발적 거래와 교환관계	결속적, 멤버십(구성원의 자격)
문제의 원인	사익과 다른 사익들 간의 충돌	사익과 공익이 조율되지 않음
목표의 성격	분명한 단일 목표가 존재 (목표 불변)	모호한 복합적 목표가 감추어져 있음 (목표 변화)
분석모형의 특징	생산 모형(순차적, 인과적)	아이디어 경쟁 모형(병렬적, 갈등적)
문제해결 수단	분석(계산과 비교)	설득(비교와 유추)
대안의 비교	대안이 가져올 결과가 분명함, 대안의 비용과 편익 산출 가능	복합적인 대안과 수사적 정치를 사용, 대안의 비용과 편익산출이 불확정적임
분석 결과	효용의 극대화	권력을 가진 구성원이 소수에게 피해를 줌
조직의 성격	일관되고 합리적인 의사결정이 가능한 단일의 실체 조직이 존재	갈등이 안팎으로 존재하는 집합적 실체 조직이 존재
보상	보상 제공, 바람직한 방향으로 유도	공모와 결탁을 통한 연합이 이루어짐
처벌	처벌제도가 바람직한 행동 변화에 도움이 되며 위협적임	갈등과 숨은 자의 저항, 사보타주(sabotage)가 있음

출처: Stone(2012), 윤견수(2014), 박대권, 최상훈(2021)의 표를 재구성함.

Stone(2012)은 현실 세계의 정책을 이해하기 위한 폴리스(Polis) 모형을 설정하여 다음 [표 3.4]와 같이 제시하고 있다(윤견수, 2014; 박대권, 최상훈, 2021:61 재인용).

다. 분석을 위한 틀

본 장에서는 농산어촌 소규모학교 통폐합 정책에 대해서 D. Stone의 정책 패러독스의 정책 목표 중 하나인 효율성 패러독스 개념을 통해 분석하고자 하였다. 시장모형에서 거래가 일정한 조건을 충족하면 항상 효율성으로 이어지게 된다. 사람들은 효율성 개념을 사용할 때 무언가로부터 최대를 끌어낸다는 일반적인 아이디어를 지지하지만, 그러한 모호한 슬로건을 뛰어넘고 구체적인 정책 선택에 효율성 개념을 적용하려면 누가 무엇을 중요하게 생각하는지에 대한 가정을 해야 한다. 이에 대한 답은 시장모형의 합리성이 아닌 폴리스 모형의 정치 과정에서 찾아야 한다.

Stone(2012)은 시장모형에 해당하는 효율성 개념의 기본 가정으로 ① 합리성, ② 완전한 정보, ③ 자발성, ④ 외부성, ⑤ 공공재, ⑥ 경쟁을 각각 폴리스 모형의 관점에서 논리적으로 반박하고 있다. 본 연구의 농산어촌 소규모학교 통폐합 정책도 '효율성'이라는 정책 목표에 도달하고자 하는 폴리스 모형에 해당하므로, 시장모형의 효율성 개념에 대한 여섯 가지 기본 가정에 대해 폴리스 모형을 준거로 하여 다음 [표 3.5]와 같이 논리적 반박을 제시하였다.

[표 3.5] 효율성 개념에 대한 폴리스 모형에서의 논리적 반박

구분	시장모형의 효율성 개념	폴리스 모형에서의 논리적 반박
합리성	생산자와 소비자는 모두 합리적이다.	인간은 비합리적이다. 인간은 감정적이고, 도덕적이며, 사회를 인식하는 존재이다.
완전한 정보	생산자와 소비자는 완전한 정보를 갖고 자신의 행위에 대해 판단한다.	인간은 자신의 정보를 전략적으로 사용한다. 즉 자신의 정보를 공개할 수도 감출 수도 있다.
자발성	생산자와 소비자는 양측 모두 자발적인 거래를 한다.	생산자와 소비자는 불평등한 관계에 있기도 하므로, 이때 약자는 강압적으로 거래에 참여할 수 밖에 없다.
외부성	생산자와 소비자간 거래는 제3자에게 해로운 영향(외부성)을 주지 않는다.	거의 모든 거래는 제3자에게 악영향을 미친다.
공공재	시장모형에서는 개개인에게 비용을 부과하지 못하므로 공공재 공급이 늘 부족하다.	개인의 입장에서는 무임승차를 하는 것이 가장 효율적인 선택이 되는 모순이 발생한다. 따라서 정부의 개입을 통해 공공재를 효율적으로 제공해야 한다.
경쟁	시장모형은 경쟁을 통해 모두에게 바람직한 방향으로 효율적인 생산을 한다.	경쟁을 통해 모두의 만족도를 향상시킬 수는 없다.

출처: Stone(2012).

[표 3.6] Stone(2012)의 효율성 정책 패러독스 양상과 예시

구분	정책 패러독스 양상	예시
유형 1	한 개념 vs 반대 개념: 공존	평등 vs 불평등한 상황, 평등 vs 불평등한 대우의 공존
유형 2	한 개념 vs 다른 개념: 충돌	• 효율성과 평등(equality) 간의 패러독스 • 효율성과 안전(security)의 패러독스
유형 3	한 개념 vs 하위 요소: 충돌	효율성을 구성하는 개념인 투입과 산출, 혹은 비용과 편익의 해석에 대한 상충적인 해석
유형 4	한 개념 vs 맥락(조건)들: 충돌	효율성이 작동되기 위한 추상적 맥락(조건)과 현실적 맥락(조건) 간의 충돌

출처: 윤견수(2014: 515), 이인수(2017: 61), 신현석 외(2021b: 122)의 표를 재구성함.

한편, Stone(2012)은 'Policy Paradox'라는 저작에서 다양한 예시를 들어가며 정책 상황별로 나타날 수 있는 정책 패러독스의 유형을 설명하였다. 이는 정책 패러독스의 특징에 따라 다음 [표 3.6]과 같이 네 가지 유형으로 구분(윤견수, 2014; 이인수, 2017; 신현석 외, 2021b)할 수 있다.

[표 3.6]에서 농산어촌 소규모학교 통폐합 정책에서 포착되는 효율성 개념을 중심으로 살펴보면 다음의 세 가지 정책 패러독스 현상을 발견할 수 있었다. 첫째, 교육부 또는 시·도교육청의 상호 모순되는 농산어촌 교육정책들 간의 동시적 시행으로 인해 발생하는 효율성과 형평성(평등) 간의 충돌이다. 이는 개별 정책으로 봤을 때는 타당하지만, 여러 개별 정책을 동시에 실시해야 하는 현실 세계에서는 각 개별 정책의 목표가 상충하는 패러독스 현상이다. 농산어촌 소규모학교 통폐합 정책은 한 개념과 다른 개념의 충돌로 인한 정책 패러독스 양상이 발생하였다. 이는 [표 3.6]에서 유형 2에 해당한다.

둘째, 교육부 또는 시·도교육청의 농산어촌 소규모학교 통폐합 정책은 경제적 비용과 편익 개념에 대한 해석 및 이해당사자 간 편익에 대한 해석의 충돌로 인해 패러독스 현상이 발생하였다. 교육부 또는 시·도교육청은 농산어촌 소규모학교가 통폐합되어 재정의 투입을 줄였다고 하지만, 그 영향으로 학생 수가 증가한 도시 지역에서는 학교 신설 비용이 필요한 상황이 발생하였다. 또한, 소규모학교 통폐합 정책을 둘러싸고 경제적 비용과 편익으로 접근하는 정부의 관점과 소규모학교의 특성으로 인한 학생 개개인의 창의성, 다양성, 특수성 존중 등 교육적 편익으로 접근하는 학생 혹은 학부모의 관점이 상충하는 것을 알 수 있다. 즉 한 개념과 그 개념을 구성하는 하위 요소 간의 충돌로 인한 패러독스 현상이 발생하였다. 이는 [표 3.6]에서 유형 3에 해당한다.

셋째, 농산어촌 소규모학교 통폐합 정책에서 '적정규모' 기준 설정 관련하여 해석이 충돌하여 정책 패러독스 현상이 발생하였다. 적정규모는 학령인구의 감소에 따른 농산어촌 소규모학교 통폐합에 있어 효율성을 판단할 수 있는 기준인데, 이 기준 설정에 대해서 중앙정부 부처 간, 그리고 학교공동체 구성원 간 입장 차이가 존재하였다. 이처럼 이해당사자 간 '적정규모'에 대한 해석 충돌은 현실 세계에

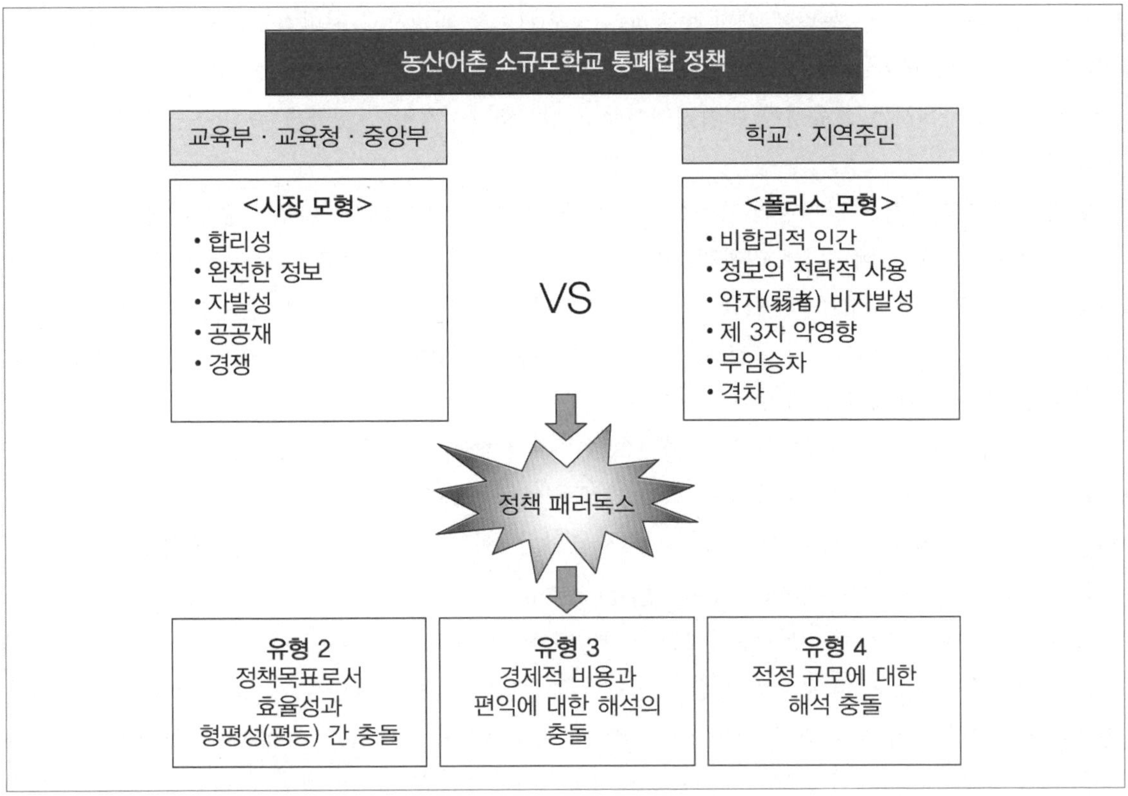

[그림 3.1] **분석 틀**

서 각 이해당사자별 자신이 처한 맥락(조건)에 따른 최선의 선택으로 볼 수 있다. 이는 [표 3.6]에서 유형 4에 해당한다.

이상의 내용을 바탕으로 농산어촌 소규모학교 통폐합 정책의 패러독스 현상을 분석하기 위한 분석 틀을 제시하면 다음 [그림 3.1]과 같다. [그림 3.1]은 [표 3.5]의 폴리스모형과 [표 3.6]의 Stone(2012)의 정책 패러독스 양상을 바탕으로 도식화한 것이다.

3 농산어촌 소규모학교 통폐합 정책의 '효율성' 패러독스

가. 시장모형 vs 폴리스 모형

Stone(2012)은 시장모형에서 교환을 기본 가정으로 정의하고, 시장이 사회 조직의 가장 효율적인 방식이라고 주장한다. 그 근거는 다음 두 가지에서 찾고 있다. 첫째, 교환이 자발적이어야 한다는 것과 둘째, 사람들이 교환에 사용할 수 있는 모든 대안의 가격과 품질에 대한 객관적인 정보(완전한 정보)

와 자신의 필요, 욕구 및 능력에 대한 주관적인 정보(선호)를 바탕으로 자발적 교환이 이루어진다는 것이다. 이러한 시장모형에서는 효율성을 단순히 투입대비 최대의 결과를 얻는 것이라고 정의한다. 하지만, 폴리스 모형에서는 효율성이 복합적이어서 시장모형에서처럼 단순하게 측정하는 것은 아니라고 본다.

현대 정책 논의에서 시장모형의 효율성 개념을 중심으로 살펴보고자 할 때 신중하게 접근할 필요가 있다. 왜냐하면, 모든 이론이 그러하겠지만, 시장모형에서 시장이 효율적인 결과를 도출하고 사회 복지를 극대화한다는 신자유주의 이론은 다음 여섯 가지 주요 가정에 달려있기 때문이다. 여기서는 시장모형과 폴리스 모형의 비교에서 발견되는 효율성 패러독스를 이해하기 위해 Stone(2012)이 제시한 여섯 가지 주요 가정에 대해 차례대로 살펴보고자 한다.

첫째, 합리성이다. 시장모형에서는 기본 전제조건으로 합리적인 인간을 상정한다. 합리적인 인간은 목표를 갖고, 그 목표를 달성하기 위한 가장 적합한 방법에 대한 정보를 수집하며, 어떤 선택이 자신의 이익을 극대화할 것인지를 판단 기준으로 삼아 최종 의사결정을 한다. 하지만 폴리스 모형에서는 사람들이 거의 독립적으로 목표를 세우지 않는다(Stone, 2012).

농산어촌 교육 전문가 및 지역 관계자들은 다양한 법률 속에 농산어촌 교육 관련 내용이 각 법률에 부분적으로 존재하는 것은 문제의 본질에 접근하지 못한다고 보았다(전광수, 2016). 이에 중앙과 지방정부에서 추진한 여러 정책 연구(이혜영 외, 2005; 임연기 외, 2008; 양병찬 외, 2012)에서도 농산어촌 교육발전을 위한 전략으로써 특별법 제정을 제안하고 있다. 이들 대부분의 연구에서는 정부가 소규모학교 통폐합 정책을 경제적 논리로 접근하고 있다고 비판하고 있다. 그들은 농어촌 교육 문제는 단순히 교육문제로서만 다룰 것이 아니라 지역 경제 활성화, 문화와 복지시설의 확충 등과 같이 종합적으로 접근할 필요가 있음을 주장한다(정민석, 2012). 하지만 이들 연구에서 제안한 특별 법안은 제대로 실현되지 못했다(전광수, 2016).

행동 경제학에서는 기존의 시장모형에서 강조한 합리성에 대해 문제의식을 갖고 경제이론과 현실에서 사람들이 실제로 정보를 처리하고 의사결정하는 행동 사이의 불일치를 강조한다(Stone, 2012). 예컨대, 사람들은 건강하기를 원하지만, 담배를 피우고, 그들이 죽거나 다른 사람을 죽이고 싶지는 않지만 운전 중 문자를 보내기도 한다. 심지어는 투표하기 전 후보자에 대한 정보를 찾아보려는 노력조차 하지 않는다. 이는 현실 세계에서 인간 행위의 합리성을 추구하기가 쉽지 않음을 말하고 있다. Simon (1959)은 개인 간의 이익은 의사결정과정에서 서로 충돌되고, 주변 환경은 늘 변하며, 인지적 한계를 벗어나기가 어렵기 때문에 완전한 의미의 합리성 추구는 쉽지 않다고 하였다.

둘째, 완전한 정보이다. 시장모형에서는 모든 사람에게 최상의 상황을 만들어내는 교환이 이루어지기 위해서는 구매자와 판매자가 사용 가능한 대안에 대한 완전하고 정확한 정보를 가지고 있어야 한다. 그러나 완전한 정보는 현실 세계에서 거의 불가능하다(Stone, 2012). 구매자는 기술적인 정보를 이해하거나 심지어 올바른 질문을 위한 배경지식이 부족한 경우가 많다. 소규모학교 통폐합 정책에서 교육부가 사용했던 교육적 논리는 실제 도·농간 학력 격차를 통폐합 논리로 사용하고 있다(양병찬 외, 2012). 하지만 이러한 정책 논리에는 심각한 문제가 있는데, 다름 아닌 도·농간 학력 격차가 학교 격차인지에 대한 데이터 기반 분석이 없으며, 실제 통폐합되면 면 소재 학교에서 읍 소재학교로 이동하게 되는데 이를 실증할 읍면 격차 분석은 없고, 진취성이나 협동성에 관한 논리도 실증적 근거가 없다. 또한, 이농에 따른 학령인구 감소로 인한 통폐합 정책 논리에는 그 정책으로 인해 발생되는 거주 지역 학교에서 읍 지역 학교로의 '예비적 전출' 등에 대한 분석 등에 대한 고려가 전혀 없다는 것은 시장모형의 주요 가정 중 하나인 완전한 정보에 위배된다.

시장모형에서는 완전한 정보에 위배되는 문제를 해결하기 위해 의사 면허 또는 소비자 제품 테스트와 같은 전문적인 품질 평가로 해결할 수 있다(Stone, 2012). 그러나 폴리스 모형에서는 완전한 정보에 훨씬 더 큰 장애물이 있다. 사람들은 전략적으로 정보를 사용하고 경쟁 전략의 일환으로 비밀을 사용한다. 일부 시장 옹호론자들은 고의적인 은폐 문제가 정부 규제(예시: 가격 공개, 식품 내용 표시 및 위험 경고 등 요구)를 통해 해결될 수 있다고 생각한다. 그러나 폴리스 모형에서는 비즈니스 전략에 정보를 숨기고 가리는 것이 필수적이므로 규제가 이를 없앨 수는 없다.

셋째, 자발성이다. 시장모형에서는 사람들이 자발적으로 교환에 종사한다고 가정한다. 하지만 폴리스 모형에서는 자발성과 강요 사이의 경계가 모호하다(Stone, 2012). 이론적으로 근로자는 그들의 노동을 사전 동의한 가격으로 고용주와 계약하지만 실제로 대부분의 사람들은 자신의 생계를 위해 일해야 하므로 고용 관계는 강압적인 요소가 있기 마련이다.

시장모형에 따르면, 사람들은 자발적으로 거래를 해야 하지만, 거래를 끝내는 것에 대해서는 아무 이야기도 하지 않는다(Stone, 2012). 장기적인 관점에서 강한 자가 갑자기 거래를 끝내면, 약자(弱者)는 강요당하는 것으로 느낄 수 있다. 이는 현실 세계를 다루고 있는 폴리스 모형에서 '회사의 정리 해고' 상황을 떠올려보면 쉽게 이해할 수 있을 것이다.

농산어촌 소규모학교 통폐합의 문제를 '학생 수'라는 획일적 기준과 '효율성'이라는 경제적 관점을 근간으로 소규모학교를 무조건적으로 통폐합한다면 오히려 농산어촌 학생들의 학습권을 침해할 수 있고, 농촌을 더욱 황폐화시킬 수 있다(성열관 외, 2019). 이러한 점에서 1993년 경기 가평군 '두밀분교 살리기 운동'을 기점으로 작은 학교 살리기 운동이 시작되었다. 한편, 교육부와 교육청, 농산어촌 관련 중앙부처에서는 학교 통폐합을 교육재정 효율성, 수월성 등이 이유로 추진해왔으나, 추진과정에서 일관성의 결여가 있었고, 통폐합 학교에 대한 일회성 시설투자로 인한 비판 또한 일각에서 제기되어 왔다.

넷째, 외부성이다. 거래 밖의 사람들에게 미치는 영향을 외부성이라 한다. 시장모형에서 시장이 사회 복지를 극대화시키기 위해서는 구매자와 판매자 간의 거래가 교환의 대상이 아닌 사람들의 복지에 영향을 주어서는 안 된다(Stone, 2012). 이 조건이 없으면 앞서 소개한 주요 가정들, 즉 구매자와 판매자가 충분한 정보를 얻고 자발적으로 행동하더라도 이러한 거래가 모든 사람의 삶을 발전시킬 수 없다. 시장모형에서 외부성은 사람들이 어떤 거래에 참여할 때 사회적 비용과 다른 사람들에 대한 해로운 영향을 고려하도록 강요함으로써 교정될 수 있다.

교육부는 농산어촌 학교 소규모화에 따른 문제점을 해결하고자 2011년부터 적정규모 학교 육성 방안을 수립하여 소규모학교 통폐합을 추진하고 있으며, 특히 적정규모 학교 육성을 위해 보조지원금이라는 유인장치를 통해 농산어촌 소규모학교의 통폐합을 진행하고 있다. 그러나 정부 차원의 지속적인 노력에도 불구하고, 소규모학교의 통폐합 정책은 오히려 농촌 교육을 악화 또는 소멸시키고 있다는 비판을 받고 있다(조창희, 이화룡, 2015). 예컨대, 통폐합 이후 통학 환경에 대한 분석결과, 통폐합한 초등학교에서 학생들의 통학거리가 평균 2.81km로 나타났는데, 이는 적정수준의 통학거리인 800m보다 3.5배 더 큰 수치로 나타나 오히려 통학 환경이 더 악화된 것으로 보인다.

다섯째, 공공재이다. 이는 한 사람의 사용으로 다른 사람에게 보급이 줄어들지 않는 특성을 가진 재화를 공공재라 한다. 교과서에서 자주 소개되었던 등대와 국방은 흔한 예시이며, 학교, 병원, 국립공원은 지역사회의 사회 안전망, 공공 시스템 또는 정부와 마찬가지로 좋은 예이다(Stone, 2012). 개인에 있어서 합리적이고 가장 효율적인 행동 방침은 '가장 적은 것을 최대한으로', 즉 무임승차를 가능하게 만드는 것이다. 폴리스 모형에서는 '공동체'가 가장 중요한 공공재이다. 하지만, 시장모형에서 시장은 본질적으로 경쟁적이고 분열을 만들기 때문에 공동체를 만들어 낼 수 없다.

시장모형을 옹호하는 관점에서는 시장을 사적인 영역이면서 사익을 이루는 공간이라고 가정한다(박대권, 최상훈, 2021). 이런 관점에서 보면, 정부와 시장은 각각 공(公)·사(私)적 영역을 나타내는 공간으로서 이분법적으로 나뉘게 된다. 이처럼 정부와 시장이라는 두 영역이 서로 충돌하는 상황을 Stone(2012)은 정부와 시장의 대립이라는 관점에서 크게 정치 논리와 경제논리의 대립, 현실 세계와 추상적인 세계의 갈등, 집단과 개인의 상충으로 바라보았다. Stone(2012)의 관점에서는 이와 같은 상황에 대해 정책분석가들이 정책 패러다임이나 메타포(metaphor)의 상충이라고 본다고 하였다(윤견수, 2014).

여섯째, 경쟁이다. 시장모형에서는 생산자와 판매자가 효율성을 향상시키고 모든 사람들을 더 나아지는 방법으로 경쟁할 것이라고 가정한다. 그러나 경쟁할 수 있는 방식은 여러 가지이며 일부는 다른 사람들보다 지역사회에 더 도움이 된다(Stone, 2012). 최근 우리 사회가 세계화와 지식정보화 사회로 급격히 전환되는 과정에서 국가경쟁력 강화라는 미명 하에 사적 영역에 있는 교육에 경영논리 도입을 통해 효율성을 제고하고자 한 것은 신자유주의적 무한경쟁의 한 단면이라고 볼 수 있다(박대권, 최상훈, 2021).

차별화된 경쟁 전략은 어떤 사람들에게 이득을 주고 다른 사람들에게는 피해를 끼친다. 경쟁만으로 모든 사람의 삶이 개선되는 것은 아니다(Stone, 2012). 소규모학교 통폐합 정책은 인접 학교 간 통폐합을 추진하여 경제 효율성 및 경쟁력 확보를 목표로 1982년부터 추진되어 왔으며, 교육에 있어 규모화 논리를 적용하고 학생이 적어 운영이 어려운 소규모학교를 통폐합함으로써 경쟁력을 제고하겠다는 측면에서 추진한 정책이다(양병찬 외, 2012). 하지만 이는 폐교 이후의 농촌 재생을 위해 추가적으로 드는 경비의 산정까지도 고려해야 한다. 기획재정부 차원에서 교육부의 학교 통폐합에 따른 이익과 농림수

산식품부의 지역재생사업(농촌발전종합계획, 귀농·귀촌지원사업, 도시민농촌유치지원사업, 농업인턴사업, 농산촌유학지원사업 등)에 추가적으로 지출되는 것을 통합적으로 고려할 필요가 있다. 참고로 농촌발전종합계획은 몇 개 마을에 5년 동안 40~70억 정도의 포괄사업을 지원하고 있다.

나. 효율성 패러독스 양상

본 장에서는 합리성을 전제로 한 시장모형에 대한 대안으로서 정치적 과정이 포함된 폴리스 모형을 전제로 정책 패러독스 현상을 효율성 개념을 중심으로 분석하였다. 이는 앞서 나온 [표 3.6]의 정책 패러독스 표현방식 중 다음과 같이 세 가지 유형으로 나타나고 있었다.

첫째, '유형 2'에 해당하는 한 개념 vs 다른 개념 간의 충돌이다. 이는 Stone(2012)의 정책 목표인 효율성과 형평성(평등) 간 정책 패러독스이다. 교육부 또는 시·도교육청에서는 농산어촌의 학교들을 대상으로 경제적 측면의 효율성을 근거로 한 소규모학교 통폐합 정책을 꾸준히 추진해왔다. 하지만, 이혜영 외(2010)는 소규모학교 통폐합 정책 개선방안 탐색의 일환으로 통폐합 본교와 과소 규모 학교의 교장, 교사, 학부모 그리고 지역 주민을 대상으로 소규모학교 통폐합 여부를 정하는데 있어서 고려해야 할 요소가 무엇인지를 조사한 결과, 학교의 교직원과 학생, 학부모 혹은 지역 주민들은 "교육재정 운영의 효율성"이라는 요소가 상대적으로 중요성이 낮다고 보고 있었다. 반면에 학교 구성원들은 이해 당사자로서 "학생과 학부모의 의사"를, 지역 주민은 "지역의 특수성과 통학 여건"을 가장 중요한 요소로 보고 있었다.

정부는 농산어촌 교육을 지원하기 위해 1967년 '도서·벽지 교육진흥법'을 제정하고 도서, 벽지 등에 한정하여 교원의 수당 보전과 승진에서의 인센티브를 부여하는 등의 교육 여건 개선 사항을 담았다. 이처럼 도서·벽지 등 특정 지역에 대하여 법을 만들어 교육여건을 개선하고 있는 것은 도시 지역에 비해 열악한 교육환경에 있는 지역의 학교를 특별히 보호하려는 취지에서 '형평성(평등)'에 해당한다고 볼 수 있다. 또한, 정부는 농어촌의 교육 여건과 교육의 질 개선을 위해 '농산어촌 우수고 육성 사업', '통합운영학교 육성사업', '기숙형 공립고 사업', '농산어촌 전원학교 사업', '연중 돌봄학교 육성 사업' 등 다양한 정책을 추진해왔는데, 이러한 노력들은 모두 국가의 균형발전을 목적으로 한다는 점에서 '형평성(평등)'에 해당한다고 볼 수 있다.

현재까지 '도서·벽지 교육진흥법(일부개정 2013.03.23.)'은 그동안의 시대 변화와 교통·통신의 발달 등으로 인해 교육 여건이 급격하게 변화해왔음에도 그 변화를 제대로 담고 있지는 못한 실정이다(전광수, 2016). '도서벽지교육진흥법'에 나오는 도서·벽지 개념은 산업화 시기인 1960년대에 적용하던 것으로 2021년까지 시대의 변화를 반영하지 못한 채 그대로 적용하는 것은 문제가 있다(양병찬 외, 2012). 왜냐하면 50여 년 전 '도서·벽지'의 개념으로 현재를 이해하기에는 개념의 모호성이 있기 때문이다.

둘째, '유형 3'에 해당하는 한 개념 vs 하위 요소 간의 충돌이다. 즉 효율성을 구성하는 개념인 투입과 산출, 혹은 비용과 편익의 해석에 대한 상충으로 인한 정책 패러독스 현상이다. 교육부는 농산어촌 소규모학교가 통폐합되어 재정의 투입을 줄였다고 하지만, 그 영향으로 도시 지역에 늘어난 학생을 수용하기 위해 학교를 신설하게 되어 한쪽에서 아끼면 다른 한쪽에서는 새로운 교육투자 소요가 나타나는 상황이 발생하고 있다는 연구(양병찬 외, 2012)결과도 참고해볼 만하다.

강봉수(2012)는 서귀포시교육청 재정분석 결과를 통해 소규모학교를 통폐합할 경우에 20명 기준으로 한 학교가 폐교되면, 2억 원 정도가 절감되고, 60명을 기준으로 할 경우에는 8억 원 정도가 절감[3] 된다고 하였다. 이 같은 재정분석은 오로지 운영비와 인건비만을 대상으로 하고 있다는 점에서 경제적 비용과 편익에 대한 해석을 두고 충돌할 수 있다. 다시 말해, 소규모학교가 통폐합되더라도 교직원은 마음대로 해고할 수 없기에 인건비 절감은 거의 없고, 운영비 몇 푼을 줄이는 경제논리로 교육 효과를 재단해도 되는지 근본적인 의문이 든다(강봉수, 2012). 교육 효과는 단순 수치로 환산할 수 없는 장기적인 것이기 때문이다. 한국교육개발원의 관련 보고서는 이러한 고충을 담고 있다(이혜영 외, 2010).

셋째, '유형 4'에 해당하는 한 개념 vs 맥락(조건)들 간의 충돌이다. 효율성 개념이 작동되기 위해서는 추상적인 맥락(조건)과 현실적인 맥락(조건)들이 상충할 수 있다는 것이다. 소규모학교 통폐합에서 '적정규모' 기준 설정 관련하여 해석이 충돌하고 있음을 발견하였다. 학령인구의 감소에 따른 농산어촌 소규모학교 통폐합에 있어 효율성을 판단할 수 있는 기준은 '적정규모'이다. 우선 교육부는 학생 수 감소를 교육복지 확대와 교육의 질 강화의 계기로 삼자고 주장하는 한편 기획재정부는 학령인구 감소에 따라 교육재정의 감축을 요구하고 있었다. 또한, 학교공동체 구성원(교사, 학생, 학부모) 중에는 학교 재편론 입장에서 중, 소도시를 중심으로 지역의 소규모학교를 통폐합하여 학교를 재편하자는 요구가 있었고, 지방소멸 방지론 입장에서 소규모학교의 교육적 기능을 강화하여 농산어촌의 정주 여건을 개선하여 지방소멸을 막자는 입장이 있었다(성열관 외, 2019).

통상적으로 학교 규모에 관한 기존의 연구들은 학교 규모와 교육비용 간의 관계를 규명하는 것과 학교 규모와 학업성취도 간의 관계를 규명하는 연구로 구분되는데, 본 장에서 다루고자 하는 소규모학교 통폐합의 이론적 근거는 학교 규모의 경제와 관련되어 있다(이혜영 외, 2010). 소규모학교 통폐합에서 '적정규모' 기준 설정 관련하여 해석이 충돌되는 부분은 바로 '적정'의 개념이다. 엄문영 외(2013)에 따르면, 미국의 교육비 논의 중 적정교육비(cost of adequacy)란 일정한 학업성취도나 교육성과 기준과 관련하여 '적정'의 의미를 충분한(adequate)으로 보고 있다. 한편, 사회학에서 '적정'은 공정(fair)을 의

---

3 서귀포시교육청의 재정분석 결과, 학생 수 20명 이하 분교장일 경우 1인당 교육비는 도내 1인당 평균교육비(650만 원)보다 90%가 증가(1,236만원)한다. 학생 수 60명 이하 본교일 경우 1인당 교육비는 도내 1인당 평균교육비보다 112%가 증가(1,378만 원)한다. 그리고 학생 수가 100명일 경우는 1인당 교육비가 1,060만 원이 들어가고, 500명 이상일 경우는 375만 원으로 1인당 평균교육비보다 42%가 감소(375만 원)한다는 것이다. 그리하여 소규모학교를 통폐합할 경우에 20명 기준으로 한 학교가 폐교될 경우 2억 원 정도가 절감되고, 60명을 기준으로 할 경우에는 8억 원 정도가 절감된다고 한다(출처: 헤드라인제주(http://www.headlinejeju.co.kr), 2012.11.05. 소규모 학교 통폐합, 과연 재정적 효과가 있는가?).

미한다. 이는 사회적 지위에 맞는 적정한 업무를 부여받았다고 할 때 '적정'의 의미가 '공정'을 의미하는 것으로 이해될 수 있다. 특히, '적정규모'에서 '적정'의 개념은 논의되는 맥락에 따라 그 의미와 수준이 상대적으로 변화될 수 있다. 왜냐하면, 적정 개념이 갖는 '모호성(ambiguity)' 때문이라고 할 수 있다.

4 농산어촌 소규모학교 통폐합 정책의 패러독스 현상 분석

가. 정책목표로서 효율성과 형평성의 충돌

소규모학교 통폐합의 효과는 다양한 측면에서 측정할 수 있으나, 가장 주된 효과 중 하나는 교육재정의 효율성 증대이다. 소규모학교는 보통 규모의 학교에 비해 학생 1인당 교육비가 과다하게 높기 때문에 소규모학교의 수를 계속 유지하거나 증가시키는 것은 국가적 차원에서 교육재정에 부담으로 작용하게 된다(이혜영 외, 2010). 우리 교육계는 OECD 회원 국가들의 기준인 학급당 학생 수를 적용하여 우리 교육을 개선해야 한다는 논의가 존재하고 있다. 왜냐하면 교육정책의 목표 준거로서 여전히 학급당 학생 수가 활용되고 있기 때문이다. 이러한 측면에서 볼 때 농산어촌 소규모학교 통폐합 정책의 목표는 효율성이라고 할 수 있다. 그러나 학교 적정규모 정책은 소규모학교를 통폐합하여 최근 우리 사회의 학령인구 감소와 소규모학교의 증가, 구도심 및 농산어촌 소규모학교의 교육여건 악화 등의 부작용을 최소화하고자 한다(엄문영, 2017).

전광수(2016)는 최근 국회에 상정된 총 11개의 농산어촌 교육 관련 법안들이 공통적으로 강조하고 있는 '국가의 국민에 대한 학습권 보장'을 농산어촌 교육 지원의 주요 목적으로 설정해야 한다고 보았다. 그에 따르면, 그동안 정부가 진행해 온 지역 실정을 고려하지 않고 추진하는 일방적, 획일적인 교육정책은 농산어촌 지역의 교육을 살리는 데 역할을 제대로 하지 못했다고 본 것이다. 우리나라 경제성장에서 나타난 '도시 중심의 지역개발'과 '소규모학교 통폐합' 교육정책으로 인해 농산어촌 지역은 점차 소멸해가고 있으며, 도·농간 격차가 갈수록 커져서 국가 균형발전 목표에 크게 미달하고 있다고 볼 수 있다(전광수, 2016).

Stone(2012)은 패러독스의 개념에서 역설 혹은 딜레마를 엄밀하게 구분하지 않았고 각 개념에서 상호배타적인 해석이 공존하고 있다면 두 개념은 비슷하다고 보았다. 이를 농산어촌 소규모학교 통폐합 정책에 적용해보면, 무엇을 위한 효율성인가 하는 개념에서 경제적 측면에서 '규모의 경제'는 시장의 논리인 합리성을 강조한 것이라면 도·농간 지역격차 해소를 위해 균형발전의 측면에서 '교육의 질 제고'는 형평성의 측면에서 농산어촌 교육의 학업성취 효과를 강조한 것으로 볼 수 있다. 적정규모의 학교가 규모의 경제를 위한 효율성이라면, 소규모학교 통폐합은 도·농간 지역격차 해소를 위한 형평성으로 볼 수 있을 것이다. 이들은 각각 정당성을 갖지만 동시에 추구하기가 어려운 정책으로 앞서 이론적 배경에서 살펴본 바와 같이 정책 패러독스 상황이라고 할 수 있다. 이 같은 패러독스 상황에서 정책결정권자가 취할 수 있는 최선의 전략은 이를 딜레마로 전환되지 않도록 하기 위해서는 먼저 정책결정권자가 패러독스 상황을 정확히 인식하고, 상충되는 요구에 적절한 자원과 관심을 주어야 한다는 것이다.

나. 경제적 비용과 편익에 대한 해석의 충돌

농산어촌의 소규모학교 통폐합은 농산어촌의 교육환경을 둘러싼 내, 외적 요인을 찾아내어 진단한 다음 경제적 편익을 고려하는 것이 교육투자의 효율적 측면에 충실하게 되는 것이다. 이는 농산어촌의 소규모학교 통폐합에 따른 기대이익과 도시 과밀에 따른 학교 증설의 비용 증가가 따른다는 점에서 교육재정 투자의 양면성을 잊어서는 안 된다. 당시 교육부 통계분석에 따르면, 1999년부터 2002년까지 2,055개교가 통폐합됨으로써 4,486억 원의 인건비가 절감되었고, 1,126억 원의 운영비가 절감되었으며, 236억 원의 폐교 임대 수입이 발생하여 총 5,548억 원의 교육재정 상의 절감효과를 가져왔다고 보고 있다(장재은, 2018).

한정된 자원을 효과적이며 효율적으로 이용해야 하는 것은 교육정책 결정자들의 주요한 관심사이며, 교육의 혜택을 받는 학생이나 주민들에게 간주할 수 없는 요인일 것이다. 정부의 관점은 그동안 교육재정의 효율성 측면에서 경제적 비용과 편익을 강조해왔다고 볼 수 있다. 서울대학교 교육연구소(1995)는 교육재정의 개념을 국가와 사회의 공익적 활동 중 하나인 교육활동을 지원하기 위하여 국가 또는 지방공공단체가 필요 경비를 지원하고 그 경비를 관리 및 사용하는 것으로 보았다. 이러한 교육재정은 교육활동의 지원을 목적으로 하고 있기 때문에 ① 공공성, ② 수단성, ③ 강제성, ④ 비긴요성(非緊要性), ⑤ 비생산성 등의 특성을 갖고 있다.

소규모학교 통폐합과 관련하여 투입된 지원액만 살펴보면 '82~'98, '00~'05 사이 두 경우만 제외하고는 모든 연도에 지원액이 투입되었다. 또한, 지원액의 규모는 '99년부터 '12년까지 꾸준히 증액되다가 '13년부터 '17년까지는 지원액에 변화가 없이 동일하게 유지되었다. 즉, 2017년 현재 본교 폐지는 시 지역 초등학교는 60억이고, 중등학교는 100억이며, 분교장 폐지는 10억, 분교장 개편은 1억으로 보통 교부금에서 지원되고 있다. 하지만 한 농어촌 지역의 소규모학교 통폐합을 경험한 지역주민들은 '규모의 경제'라는 관점에서 교육재정의 효율성을 추구했던 교육부와 시·도교육청의 하향식(top-down) 통폐합 정책에 당혹감과 더불어 혼란을 경험했다고 하였다(이동성 외, 2018). 왜냐하면, 당시 학교는 중앙정부의 통폐합 권고기준에 따라 일정 학생 수 이하의 학교를 분교장으로 격하시키거나 폐지하였기 때문이다. 이 과정에서 지역교육청은 지역 주민들과 학교 통폐합 문제의 접점을 찾기 위해 많은 노력을 했으나, 지역 주민들의 다양한 입장과 목소리를 전부 수용하는 데에는 한계가 있었다.

농산어촌 소규모학교 통폐합 정책에서는 교육재정의 경제적 비용 및 편익 이외의 부수적인 효과에 대해서도 유의할 필요가 있다. 폐교 수가 1개 증가할수록 시·군지역의 초·중·고등학교 학생 수는 79명에서 130명이 줄었고, 학부모 인구수도 111명 줄었다는 연구결과가 제시된 바 있으며(이혜영 외, 2010),

이러한 소규모학교 통폐합 정책은 지역소멸, 학습침해 등 더 많은 사회적 비용이 발생한다는 연구결과에 비춰보면, 미래지향적 선순환 구조로의 전환의 필요성이 제기되고 있다(전제상 외, 2020).

농산어촌 소규모학교 통폐합 정책의 경제적 비용과 편익에 대한 해석은 Stone(2012)의 정책 패러독스 유형 중 한 개념 vs 하위 요소 간의 충돌로 볼 수 있다. 즉 소규모학교 통폐합이라는 한 개념을 둘러싸고 경제적 비용과 편익으로 접근하는 정부의 관점에서는 소규모학교 급증으로 인한 교육의 질 저하와 교육재정의 효율성 개선에 주목하고 있는 반면, 소규모학교의 특성으로 인한 학생 개개인의 창의성, 다양성, 특수성 존중으로 인한 교육과정 목표에 부합이라는 상반된 결론은 학생 혹은 학부모의 관점이라는 것을 알 수 있다. 현실 세계에서는 소규모학교 증가로 인한 교육의 질에 대한 논의가 순수한 한 형태로 존재하지 않고 이해 당사자의 관점에 따라 그 경계선이 애매한 상황으로 존재할 수 있다는 Stone(2012)의 주장과 일치한다고 볼 수 있다. 이는 교육부가 학교 통폐합 정책과 관련하여 2006년부터 작은 학교 살리기에 관심을 표출한 바 있지만, 그럼에도 불구하고 한편으로는 학교 통폐합의 권고 기준을 '학생 수'에 두고 있다는 점에서 확인 가능하다(조금주, 2019).

다. '적정규모'에 대한 해석 충돌

적정규모에 대한 논의는 Conant(1959)가 발표한 대입준비 교육과정은 최소한 100명이 되어야 효과적이라는 연구결과에서 출발했다(양병찬 외, 2012). Conant(1959)는 자신의 연구에서 소규모 고등학교 통폐합은 비용 효과성, 교육 효과성을 낳을 것이라고 주장하면서 이후 학교 통폐합 연구가 가속화되는 계기가 되었다. 한편, 교육재정의 효율성을 강조하는 입장에서는 적정규모의 학교가 소규모나 대규모 학교에 비해 보다 효율적이라고 보고 있다(박삼철, 2012; 박세훈, 이승일, 2015). 이러한 주장은 농산어촌 소규모학교 통폐합 정책 추진의 동력이 되고 있다(박삼철, 2012:104). 다시 말해, 교육부는 교육재정의 효율성이라는 대명제 아래 농산어촌뿐만 아니라 최근 구도심에서도 소규모학교의 경우 통폐합 정책을 펼치고 있다는 사실에서 그 이유를 찾아볼 수 있다(오세희, 김대영, 2017). 그러나 교육은 이처럼 단순히 경제적 효율성만 가지고 논할 수 없다. 단순한 경제적 가치보다는 교육 공급자인 국가, 교육을 현장에서 실시하는 교사, 그리고 교육을 받는 학생 모두가 각자 자신의 역할에 대해 충분히 이해하고, 그 역할을 충실히 할 때 교육적 효과가 극대화될 수 있다.

이러한 적정 학교의 규모 논의에서는 적절한 교육과정, 합리적인 교육과정 운영 등에 대한 가치가 포함되지 않았기 때문에 단순한 경제적 논리로서 적정규모의 학교를 규정하는 데에는 한계가 있다(김은효, 이용환, 2013). 학교의 적정규모는 교육의 질을 결정하는데 주된 요소로 작용할 수 있다(박삼철, 2012). 왜냐하면, 통상적으로 소규모학교의 장점으로 교수-학습의 질이 학생 수 대비 더욱 높아질 수 있으며, 학생의 숫자가 작기 때문에 학생과 교사는 매우 친근한 관계가 형성되어 학교 인성교육에 기여할 것이며, 이는 결국 학교공동체에 크게 기여할 수 있다(이동성, 2016; Cotton, 2001; Darling & Hammond, 2002; Duke, 2006; Nathan Thao, 2007).

적정규모 학교의 활성화를 위한 정책의 집행에서 소규모학교의 통폐합 권고기준은 학교당 학생 수에 지역의 기준과 학교급의 기준을 추가하면서 여러 차례 변화해왔다. 예컨대, 1982년의 학교당 180명에서 60명까지 하한선이 내려갔다가, 최근 해당 지역과 학교급에 따라 300명 규모의 학교까지도 소규모학교의 범위에 포함하게 되었다. 이러한 과정에서 소규모학교 통폐합의 기준은 합리적 기준에 의한 것이라기보다는 통폐합의 대상이 되는 범위 학교 수를 결정한 상태에서 자의적으로 결정된다고 보여진다(엄문영, 2017). 이와 관련하여 강은주(2014)는 소규모학교의 통폐합 기준에 대해 학교 관련 이해당사자, 즉 교사, 학생, 학부모, 지역주민들 입장에서는 생존 문제가 걸린 핵심 사안이지만, 학교 통폐합이 진행되는 과정에서는 그 기준이 자의적으로 자주 변경되어 왔다고 주장한다.

Stone(2012)은 효율성이 그럴듯한 의미를 가진 것과 달리 하나의 사회 제도가 '집단적 자원을 고려할 때 가장 큰 이익'을 가져다 줄 가능성을 의심해보아야 한다고 말한다. 효율성이 유연한 개념이라면, 사회복지는 훨씬 더 그렇다고 보았다. 왜냐하면 시장모형에서 사람들은 사회복지를 수학 공식처럼 모든 사회 구성원들의 복지를 합한 것과 같다고 보지만, 폴리스 모형에서는 사회복지를 실현하고자 할 때 이 같은 공식을 무의미하게 보기 때문이다. 예컨대, 소비자는 저렴한 가격으로 혜택을 누릴 수 있지만, 최저 가격을 제공하는 시스템은 우리에게 저임금을 제공하고, 고된 일을 하게 하며, 건강 및 연금 계획을 삭감하고, 품질 및 안전을 줄임으로써 근로자이자 가족 구성원인 우리를 위협할 수 있다.

교육부는 적정규모의 학교를 지원하고자 교육 재정상의 유인책을 통해 농산어촌 소규모학교의 통폐합을 진행하고 있다. Stone(2012)은 이 같은 정책 추진과정을 폴리스 모형으로 적용하여 사회복지와 연계해보면, 통폐합 학교나 학생, 지역주민에게 일정한 긍정적인 영향을 주겠지만, 한편으로 우리나라 농산어촌 지역의 근본적인 정주 여건을 악화시켜 이촌향도 현상을 더욱더 심화할 수도 있다(김익현, 1998; 이혜영 외, 2010; 박삼철, 2012; 양병찬 외, 2012). 이는 한 연구의 현장 조사결과, 전남과 경남 등에서도 확인해볼 수 있다. 다시 말해, 두 지역에서는 이러한 농산어촌 지역의 이촌향도 문제점으로 인해 전국교직원연합회와 지역주민들이 천막 농성 등을 통해 통폐합에 반대한 것으로 드러났다(조창희, 이화룡, 2015).

5 소규모학교 통폐합 정책 개선을 위한 제언

본 장에서는 농산어촌 소규모학교의 통폐합 정책에 대해 Stone(2012)의 '효율성' 패러독스를 중심으로 살펴보았다. 이를 위해 Stone(2012)이 제시한 정책 목표로서 효율성의 주요 가정에 대해 각각 살펴본 후 농산어촌 소규모학교 통폐합 정책을 시장모형과 폴리스 모형으로 비교하여 다음과 같이 패러독스 현상을 분석하였다.

첫째, 농산어촌 소규모학교 통폐합 정책의 목표인 효율성과 국가 균형발전 정책의 목표인 형평성(평등) 간의 충돌로 인한 패러독스이다. 교육부 또는 시·도교육청이 추진해 온 적정규모 학교의 활성화 정책은 소규모학교를 통폐합하여 학령인구 감소와 소규모학교의 증가, 구도심과 농산어촌 소규모학교의 교육 여건 악화 등의 부작용을 최소화하고자 한다(엄문영, 2017). 이는 정책 목표로서 '효율성'을 말하는 것이다. 하지만 무엇을 위한 효율성인가 하는 측면에서 좀 더 자세히 들여다보면, 경제적 측면에서 효율성의 주된 근거인 '규모의 경제'는 시장의 논리인 합리성을 강조한 것이라면 도·농간 지역격차 해소를 위해 균형발전의 측면에서 형평성의 주된 근거인 '교육의 질 제고'는 농산어촌 교육의 학업성취 효과를 강조한 것으로 볼 수 있다.

요컨대, 농산어촌 소규모학교 통폐합 정책을 적정규모의 학교 활성화라는 관점에서 보면 규모의 경제를 위한 효율성이 정책 목표가 되지만, 도·농간 지역격차 해소라는 관점에서 보면 국가 균형발전을 위한 형평성이 정책 목표가 되기도 하는 것이다. 그런데 농산어촌 지역에서는 도시 중심의 지역개발 정책과 소규모학교 통폐합 정책 두 가지로 인해 예상하지 못한 결과가 나타나고 있다. 즉 농산어촌은 이미 소멸 상태에 이르고 있으며, 도·농간 격차가 해소되기는커녕 오히려 심화되어 국가의 균형발전이라는 목표에도 도달하지 못하고 있는 실정이다(전광수, 2016). 이는 정책 목표로서 '효율성'과 '형평성'의 간 충돌로 인해 예상치 못한 문제가 나타나는 패러독스 현상으로 볼 수 있다. 이들은 각각 정당성을 갖지만 동시에 추구하기가 어려운 정책으로 앞서 이론적 배경에서 살펴본 바와 같이 정책 패러독스 상황이라고 할 수 있다.

둘째, 농산어촌 소규모학교 통폐합 정책의 추진 근거인 효율성 개념을 두고 하위 요소인 경제적 비용과 편익에 대한 이해 당사자 간 해석의 충돌로 인한 패러독스이다. 농산어촌 소규모학교 통폐합은 소규모학교에서 높아진 학생 1인당 교육비를 정상 규모로 낮추어 인력과 재정을 효율적으로 운영하여 교육투자의 효율성을 높일 수 있다는 데에 그 목적이 있다(장재은, 2018). 왜냐하면 농산어촌 학령아동의 급격한 감소에 따른 소규모학교의 급증은 교육의 질을 저하시키고, 농산촌의 정주여건을 저해하는 요인이 되기 때문이다. 하지만 또 다른 연구에 따르면, 일반적으로 조직의 규모가 커질수록 경쟁적이고 통합력이 약하고 내부적 논쟁이 많아지면서 구성원의 만족도가 떨어지며(Steiner, 1972; Weelan, 2009; 김은효, 이용환, 2013; 이창길, 정락현, 2009:112-113), 대규모 조직의 경우 상호간의 커뮤니케이션이 줄어들고 의견불일치가 많아서 상호 경계심이 증가하는 경향이 있다고 분석되었나(Gibb, 1951).

요컨대, 농산어촌 소규모학교 통폐합 정책을 두고 정책의 추진 근거인 효율성 개념의 하위 요소인 경제적 비용과 편익에 대한 해석이 정책의 목표와 달리 이해 당사자의 관점에 따라 다양하게 발생하였다. 이는 현실 세계에서는 소규모학교 증가로 인한 교육의 질에 대한 논의가 순수한 한 형태로 존재하지 않고 이해 당사자의 관점에 따라 그 경계선이 애매한 상황으로 존재할 수 있다는 Stone(2012)의 주장과 일치한다고 볼 수 있다.

셋째, 농산어촌 소규모학교 통폐합 정책의 효율성 기준인 '적정규모'에 대한 해석이 충돌하여 발생하는 패러독스이다. 적정규모 학교 활성화 정책의 집행에서 소규모학교의 통폐합 권고기준은 학교당 학생 수를 기준이다. 이는 그동안 통폐합 권고기준의 변화에서 지역과 학교 급의 기준을 추가해온 것을 말해준다. 이러한 과정에서 소규모학교 통폐합의 기준 혹은 적정규모 학교의 기준이 일정한 합리적 기준에 의한 것이라기보다는 오히려 통폐합의 대상이 되는 범위 학교 수를 결정한 상태에서 자의적으로 결정된 것으로 오해할 수 있다(엄문영, 2017). 이와 관련하여 강은주(2014)는 소규모학교의 통폐합 기준은 학교와 학생, 지역주민 입장에서는 존폐가 걸린 중요한 문제임에도 불구하고, 실제 학교 통폐합이 진행되는 과정에서는 그 기준이 자의적으로 자주 변경되어왔다고 지적하였다.

요컨대, 농산어촌 소규모학교 통폐합 정책에서 '적정규모' 기준 설정 관련하여 해석이 충돌되는 부분은 바로 '적정'의 개념이다. 그런데 이 기준이 일정한 합리적 기준에 의한 것이라기보다는 오히려 통폐합의 대상이 되는 범위 학교 수를 결정한 상태에서 정부가 자의적으로 결정되어 온 측면이 있다. 이는 농산어촌 소규모학교 통폐합 정책의 '적정규모'가 모호성을 갖는 데서 각 이해 당사자의 다양한 해석이 가능하기 때문에 발생한 정책 패러독스 현상으로 볼 수 있다.

이상의 결론을 바탕으로 농산어촌의 소규모학교 통폐합 정책에 대한 제언을 다음과 제시하고자 한다. 첫째, 농산어촌의 소규모학교 통폐합 정책의 목표인 효율성과 국가 균형발전 정책의 목표인 형평성(평등)을 거래적 관점에서 논리적으로 접근해 볼 수 있다. 거래적 관점을 적용한 대표적인 교육정책의 사례로는 거래적 리더십이 있다. 거래적 리더십은 리더가 원하는 것(예 성과, 목표달성)과 부하가 원하는 것(예 보상)의 교환관계에 초점을 두면서 부하를 관리하는 리더십으로 볼 수 있다(Judge & Piccolo, 2004). 농산어촌 소규모학교 통폐합 정책에서 거래적 관점은 거래적 리더십의 요소[4] 중 하나인 상황적 보상(contingentreward)으로 접근해볼 수 있다. 상황적 보상은 자원의 교환에 초점을 둔 행동으로서 리더는 부하에게 기대하는 성과를 명확히 제시하고 기대를 충족시킨 부하에게 보상을 제공하는 행동을 의미한다(Bass, 1985, 1990, 1999; Judge & Piccolo, 2004).

한편, 정책목표로서 효율성과 형평성(평등)은 근본적으로 양립할 수 없다. 하나를 포기하지 않고서는 더 많은 것을 가질 수 없기 때문이다. 하지만, 효율성과 형평성(평등) 간 거래적 관점을 취하면 둘 간의 거래는 불가피해진다(Stone, 2012). 예컨대, 개발도상국에서 정책목표로서 형평성(평등)을 내세우게 되면 실제로는 경제성장을 촉진시키고 극단적인 불평등을 지연시키는 효과를 얻을 수 있다. 이

---

4 거래적 리더십은 이성적, 경제적 수단을 통해 부하들을 감독하고 통제하는 리더십을 의미하며 상황적 보상(contingentreward), 예외관리(management by exception), 그리고 자유방임(laissez-faire)으로 구분된다(Bono & Judge, 2004). 상황적 보상은 자원의 교환에 초점을 둔 행동으로서 리더는 부하에게 기대하는 성과를 명확히 제시하고 기대를 충족시킨 부하에게 보상을 제공하는 행동을 의미한다(Bass, 1985, 1990, 1999; Judge & Piccolo, 2004). 예외관리는 리더의 개입 시기에 따라 적극적(active) 예외관리와 소극적(passive) 예외관리로 구분된다(Howell & Avolio, 1993).

경우 정책 목표로서 효율성과 형평성(평등)이라는 두 마리의 토끼를 다 잡을 수 있게 된다. 이 두 가지 정책 목표의 균형은 폴리스 모형에서 이해 당사자 간 합의에 의한 정치적인 선택에 달려있다고 할 수 있다.

둘째, 농산어촌 소규모학교 통폐합 정책에서 효율성 목표를 둘러싼 하위 요소 해석의 모호성을 적극 활용할 필요가 있다. 농산어촌 소규모학교 통폐합 정책의 추진 근거인 효율성 개념의 하위 요소인 경제적 비용과 편익에 대한 해석이 이해 당사자의 관점에 따라 다양하게 발생하였다. 이는 이해 당사자의 관점에 따라 경제적 비용과 편익에 대한 경계선이 애매한 것에서 그 원인을 찾아볼 수 있었다. 효율성 개념의 하위 요소에서 나타난 모호성은 미래교육정책에서 나타난 상징의 모호성(신현석, 선애경, 2021)에서도 유사한 점을 발견할 수 있다. 미래교육정책에서 나타난 모호성은 현재의 농산어촌 소규모학교 통폐합 정책에서와 마찬가지로 하향식(top-down) 정책추진에 대한 반성적 시사점을 제기한다. 즉 두 교육정책에서 공통적으로 나타나는 모호성은 이를 적극 활용하면 오히려 자율성 확대라는 긍정적 패러독스 현상으로 변화시킬 수 있을 것이다.

한편, 농산어촌 소규모학교 통폐합 정책에서 나타난 모호성은 복잡계 이론의 자기조직화와 공진화라는 개념과도 연결해서 생각해볼 수 있다. 즉 정책 패러독스로 인한 모호성이 오히려 현장의 실천적인 자구책을 모색하는 자기조직화를 발생시켜 현장의 보편적인 동향으로 확산시킬 뿐만 아니라 현장 중심의 자발적인 변화의 흐름이 상향적으로 다시 교육행정조직 중 상급기관에 영향을 미치며 서로 함께 공진화해 나가는 계기를 마련해줄 수 있다(신현석, 선애경, 2021). 그러므로 농산어촌 소규모학교 통폐합 정책에서 나타난 모호성을 적극 활용하여 현장의 자기조직화와 더불어 공진화가 이루어질 수 있도록 정책추진의 변혁을 모색하는 적극적인 자세가 필요하다.

끝으로, 농산어촌 소규모학교 통폐합 정책의 효율성 기준인 '적정규모'의 해석을 둘러싼 정책 패러독스는 폴리스 모형의 정치적 과정을 통해 유연한 전환을 모색해야 함을 시사한다. 여기에 최근 우리의 일상을 뒤흔든 코로나19 팬데믹이 소규모학교에 대한 패러다임을 변화시킨 점도 고려해야 할 것이다. 그동안 수도권을 중심으로 한 '대도시'가 '중소도시'에 비해 교육 여건이 더 우수하며, 보다 첨단화되어 있다는 인식이 팽배했다. 즉 우리는 그동안 '대규모' 혹은 '적정규모' 학교를 '강자(强者)'로 그리고 '소규모학교'는 '약자(弱者)'로 인식해왔다. 하지만 코로나19 팬데믹 상황에서는 기존 패러다임이 완전히 뒤바뀌게 되었다(이예슬 외, 2021). 인구가 밀집되어 있는 수도권보다 지방에 소재한 학교들이 코로나19로부터 좀 더 자유롭게 학사 운영을 할 수 있었기 때문이다. 소규모학교의 경우 학교 사정에 따라 매일 등교를 실시하는 등 '소규모' 학교조직이 '대규모' 학교조직보다 위기에 더 잘 대처하는 모습으로 나타난 것이다. 이 같은 코로나19 팬데믹 상황은 그동안 시장모형 중심의 '규모의 경제'와 '효율성' 패러다임에 의문을 던지게 되었으며, 이제는 폴리스 모형 중심의 정치적 과정을 통한 유연한 전환을 모색해야 함을 일깨워 주었다.

한편, 농산어촌 소규모학교 통폐합 정책의 효율성 기준인 '적정규모'가 갖는 패러독스는 최근 우리

사회가 당면한 학령인구 감소와 4차 산업혁명 등 새로운 패러다임 변화에 순기능을 발휘할 수 있을 것으로 기대된다. 왜냐하면 정책 패러독스 현상은 교육정책이 추진되는 현장의 맥락에 따라 정책 설계자가 예상하지 못한 다양한 양상으로 나타날 수 있어서 그 맥락을 세밀하게 분석하고 해석적 의미를 부여하면 오히려 이러한 현상의 발견이 현재의 정책들을 보다 긍정적인 방향으로 개선해갈 수 있기 때문이다.

CHAPTER 04

교육복지: 초등돌봄교실 정책의 패러독스

1. 초등돌봄교실 정책의 새로운 이해
2. 초등돌봄교실 정책과 패러독스
3. 자료의 수집 및 분석
4. 초등돌봄교실 정책 패러독스 현상 분석
5. 정책적 시사점

4장에서는 Stone의 복지 패러독스 관점에서 초등돌봄교실 정책 패러독스의 현상 및 원인, 패러독스의 지속 또는 해소 여부에 따른 변화 양상을 분석하였다. 이를 위해 초등돌봄교실 정책의 운영목적, 운영 주체, 운영내용의 면에서 패러독스 현상을 탐색하고, 초등돌봄교실 운영 관련자들과의 심층면담을 통해 보다 심도 있게 분석하고자 하였다. 분석결과, 초등돌봄교실 정책에서의 패러독스 현상은 정책 목표의 가치와 현장에서의 운영 간 괴리에 의해 발생하였다. 그리고 정책의 운영 주체 간 패러독스 현상은 운영 주체의 불일치 및 정책에 대한 상이한 해석 차이에서 기인하였다. 또한, 정책 운영내용에 있어 나타나는 패러독스 현상은 양적 성과를 강조함으로써 가중되었다. 이러한 결과를 바탕으로 초등돌봄교실 정책의 시사점은 다음과 같다. 첫째, 정책의 운영과정에 나타난 패러독스 현상과 그 원인에 대해 운영주체 간 관점을 공유해야 한다. 둘째, 정책에 나타나는 패러독스 현상을 인식하고 정책 추진 과정에서 패러독스를 해소하기 위한 노력이 필요하다. 셋째, 정책에 관한 지속적인 평가와 피드백을 통해 패러독스 현상을 체계적으로 관리할 필요가 있다.

주제어 **패러독스, Stone, 교육복지, 초등돌봄교실 정책**

1 초등돌봄교실 정책의 새로운 이해

교육복지란 교육 취약 계층의 편익과 삶의 질을 중시하여 그들에게 최소한의 교육기회를 제공하고, 교육기획·과정·결과의 과정에서 교육 불평등을 해소함으로써 실질적인 교육 평등을 구현하는 것이다(김수홍, 2017:62; 문아람, 이윤환, 2018:335; 이수지 외, 2021:307-308). 교육의 정의론 관점에서 교육복지는 모든 학생을 대상으로 질 높은 교육을 제공하는 기본적인 복지적 동기로서의 교육을 의미한다(이돈희, 1992:329; 강명원, 2021:318-319). 이와 같은 교육복지의 개념을 실현하는 교육복지정책은 교육을 받는 학생들에게 기본적인 복지를 제공하는 교육정책으로서 교육소외 현상이 나타나지 않도록 하기 위한 사회적 불평등 해소를 기저에 두고 있다. 교육복지우선지원사업, 초등돌봄교실, 방과후교육, 교육격차 해소 등은 모두 사회적 불평등을 해소하고 모든 학생들에게 기본적인 복지를 제공하기 위한 교육복지 정책의 일환이다. 특히 코로나19로 인해 발생한 학교교육의 부재로 증가하고 있는 학력격차는 학교 및 공교육의 필요성을 사회적으로 재인식시키는 계기가 되었고, 나아가 교육복지의 패러다임을 '학습복지'의 차원까지 확장시키며 교육복지를 공교육제도의 일환으로서 인식시켰다(이희현 외, 2019:28).

그러나 교육복지정책을 실현함에 있어 집단 간 인식 차이, 경제적 효율성 및 복지 대상 선정의 문제, 복지 대상에 대한 배려, 복지정책 실현 내용의 질적 제고 등의 갈등과 정책실패 및 혼동이 야기되어 왔다(오성재, 주병기, 2017; 김민, 이영란, 2020; 이광현, 2021). 교육복지정책에 나타나는 갈등 및 혼동에 관한 다수의 연구 및 언론에서는 이를 패러독스의 문제로 인식할 수 있다. 패러독스(paradox)는 '일반적으로 모순을 야기하지 아니하나 특정한 경우에 논리적 모순을 일으키는 논증'을 의미한다(표준국어대사전, 2022). Stone(2012)의 복지에 관한 패러독스 관점에 따르면, 정책입안자들은 공공복지 프로그램이 필요하다는 것에 동의하지만 사회 복지에 대한 공공 책임의 범위를 규정해야 한다는 입장을 취한다. 즉 공공복지 제공에 동의하는 점에서는 패러독스가 발생하지 않지만, 공공복지의 책임 범위에 대해서는 패러독스가 발생할 수 있다는 것이다. 구체적으로 사회가 개인을 도와야 한다고 여기면서 개인이 필요로 하는 것을 어떻게 구분할 것인지에 대한 갈등이 나타나 패러독스가 발생한다. Stone은 이에 대해 모든 이들에게 공통적으로 제공되는 복지는 매력적이지만, 정치적으로 문제가 많다고 언급하였다. 교육복지정책에서도 교육을 우선할 것인지, 복지를 우선할 것인지에 따라 정책적 갈등과 혼란이 발생하여 패러독스 현상이 나타날 수 있다. 교육복지에 관한 패러독스는 교육복지를 실행하기 위한 목적 면에서 나타나기도 하고, 교육복지 관련 주체 간의 필요성에 따라 발생하기도 한다.

교육복지정책의 대표적인 정책인 초등돌봄교실 정책은 2004년 실시된 이후 정책집행에 따른 다양한 관점들이 혼재되어왔다. 초등돌봄교실 정책은 맞벌이 부부의 증가에 따른 단순 학생 돌봄의 차원을 넘어 학력과 급식, 정서적 돌봄까지 초등학교 저학년 학생의 발달단계에 적합한 공교육적 돌봄을 제공해야 하는 복지 차원에서 인식되고 있다. 특히 2020년 코로나19 상황에서는 긴급돌봄이라는 새로운 유형이 집행되면서 초등돌봄교실에 관련된 각 집단에 새로운 혼란이 나타났다. 초등돌봄교실과 관련한 기존의 연구들은 주로 초등돌봄교실 운영목적, 운영 주체 면에서의 연구였지만(서영숙 외, 2012; 김창복 외, 2018; 백순근 외 2019; 김창복 외 2020), 정책이 진행되면서 운영내용에 관한 논의들도 나타났고, 코로나19 상황에 따라 이와 같은 논의들이 가중되었다(양윤이, 2016; 장지은, 2021). 한편 선행연구들에서는 초등돌봄교실의 실태 또는 만족도(김종호 외, 2015; 김창의, 2017), 운영 주체에 따른 인식(서영숙 외, 2012; 오시영 외, 2018; 백순근 외 2019) 등을 중심으로 연구가 진행되어 초등돌봄교실 운영 시 발생하는 정책적 혼란 상황들을 현상보다는 초등돌봄교실 정책 자체의 내재적인 관점에서 접근해야 할 필요성이 나타났다.

본 장에서는 Stone의 복지 패러독스 관점에서 초등돌봄교실 정책을 중심으로 교육복지정책에 나타나는 패러독스 현상을 살펴보고 패러독스의 발생 원인을 분석하여, 패러독스가 지속되거나 해소되는 등 패러독스 변화 양상을 탐색하였다. 초등돌봄교실 운영 시 발생하는 정책적 혼란은 돌봄서비스 제공이나 돌봄전담사의 요구 등 실태 및 관점에 따른 것이기보다는 돌봄서비스를 제공하고자 하는 본질적인 운영목적, 이를 실현하는 운영 주체, 돌봄서비스의 구체적 운영내용 등의 정책 패러독스의 관점에서 가장 잘 설명할 수 있다. 초등돌봄교실 정책의 운영에 따라 교육을 추구하는 학교 현장에서 교육보다 보육이라는 새로운 개념이 강조되었고, 이로 인해 의도하지 않았던 예산 집행이나 책임 소재의 문제 등이 나타났다는 점을 떠올린다면, 패러독스 관점은 초등돌봄교실 정책을 분석하는 데 효과적일 것으로 보여진다.

2 초등돌봄교실 정책과 패러독스

가. 초등돌봄교실 정책

초등돌봄교실 정책은 핵가족화가 심화되고 여성 경제활동 인구가 증가하는 등 양육 환경 변화에 따라 증가하는 초등돌봄 공백을 해소하고 돌봄 수요를 반영하고자 시행된 대표적인 교육복지정책이다(교육인적자원부, 2004; 교육부, 2020; 교육부, 2021). 2020년 9월 기준, 초등돌봄교실은 총 1,581개의 교실이 운영 중이며 참가 학생 수는 267,168명이고 돌봄전담사 수는 11,918명으로 나타났다(교육부, 2021). 2004년 '공교육 정상화를 통한 사교육비 경감대책'으로 초등 저학년을 대상으로 하는 '방과후 교실' 도입 정책 발표에 따라 시행된 것을 기점으로 지속적으로 확대되고 있다. 2021년 범정부 온종일돌봄 수요조사 결과에 따르면 돌봄 필요 인원은 47.4만 명으로 집계되었고, 2022년 초등돌봄 이용 수요는 53만 명으로 추정되는 등 매년 그 수요도 증가하는 추세이다(교육부, 2020).

초등돌봄교실은 1996년 초등보육교실로 시작하여 2003년까지 복지부 정책으로 시행되었다가, 2004년 사교육비 경감방안에 포함됨으로써 교육부 정책으로 운영되기 시작하였다(교육인적자원부, 2004). 엄마품돌봄교실, 온종일돌봄교실, 아침돌봄 등 다양한 형태로 운영되던 돌봄서비스는 2010년 '초등돌봄교실'로 정책명칭을 변경하고 초등돌봄서비스의 양적 및 질적 제고를 하기에 이른다. 이때에도 저소득층 및 맞벌이 가정 부모들이 안심하고 생업에 종사하도록 초등돌봄서비스를 제공하고자 하는 정책 목표는 일관되게 나타났다. 구체적으로 초등돌봄교실 정책의 목표는 아동들이 방과 후에 안전하게 보호받고 학력을 향상하여 건강하게 성장할 수 있도록 돕고, 사교육비를 경감하며, 교육기회 균등을 실현하는 것이다(양윤이, 이태연, 2016; 김창희, 양윤이, 2017; 백순근 외, 2019). 초등돌봄교실 운영목적에 따르면 정규 수업 이후에 초등학교에서 이루어지는 교육 및 보육활동으로 교육복지의 관점뿐만 아니라 공교육기관에서 사교육을 대체하는 역할까지 제시되었다(교육인적자원부, 2014). 이에 따라 돌봄서비스 제공에 따른 책임소재는 어떻게 할 것인지, 예산이나 운영 주체에 따라 초등돌봄교실 정책 실행에 있어 발생한 정책적 쟁점들도 나타났고, 직접적으로 실무를 집행하는 돌봄전담사 관련 쟁점도 나타났다(서영숙 외, 2012; 오시영, 전주성; 2018).

정책의 양적 성장과 질적 향상에 관한 운영내용은 정책의 지속 및 성장을 위한 피드백 관점에서 매우 중요하다. 초등돌봄교실 정책의 양적 및 질적 성장을 위해 2015년 교육부는 초등돌봄교실 운영 효율성을 평가하기 위한 지표를 제시하였다. 즉, 운영방식, 예산, 환경 및 시설, 대상 학생, 프로그램, 참여 인력, 안전관리, 지역사회 자원 연계, 질 관리의 아홉 가지 지표를 바탕으로 초등돌봄교실의 기능 및 역할을 평가하도록 하였다(교육부, 2015). 교육부의 개별 지표 간 연관성을 고려하여 초등돌봄교실 운영 영역별로 지표를 제시한 경우 운영비용이나 시설, 체계 면에 주안을 둔 운영 관리 영역, 대상 및 프로그램의 운영 프로그램 영역, 인력 관리 영역, 지역사회 연계 및 초등돌봄교실의 질 관리를 위한 운영 지원 영역의 네 가지 지표로 구분할 수도 있다(양윤이, 이태연, 2016:215-216).

이상의 내용을 종합하면 초등돌봄교실 정책 관련 연구들은 운영목적 면에서의 연구 및 운영내용 면에서의 연구, 그리고 인력이나 예산 또는 운영 관리 영역에 따른 운영주체 면에서의 연구로 분류할 수 있다. 그러나 기존의 연구들이 주로 초등돌봄교실 운영실태 및 만족도를 중심으로 이루어졌기 때문에 초등돌봄교실의 운영에 따라 발생하는 각종 문제 상황 및 원인을 분석하기에는 한계가 있었다(김종호, 심영미, 2015; 김선숙, 임세희, 2020; 김창복 외, 2020; 장지은, 이성희, 2021).

나. 교육복지정책의 패러독스

Paradoxos를 어원으로 하는 패러독스는 "기대와 반대되다(contrary to expectation)"라는 의미를 지니고 있다(사득환, 박보식, 2013). 정책과정은 사회적 구성(social construction)의 과정(Stone, 2012)으로서 다양한 이해관계자들이 상호작용하고 그들의 기대와 요구가 충돌하는 정책과정에서 패러독스는 필연적이다. 따라서 관점에 따라 서로 다른 해석이 상충하는 '역설(paradox)'적 상황을 이해함으로써 현실 정책을 제대로 이해할 수 있다(윤견수, 2014:507). 정책 패러독스(policy paradox)는 '상호 모순되거나 배타적인 요소들이 동시에 존재하거나 활동하는 현상(Cameron & Quinn, 1988:2)'으로 정의된다. 또는 '동일하게 타당한 가정이나 결론들 상호 간에 존재하거나 인식되는 모순(Ven & Poole, 1988:22)'으로 정의되기도 한다. 이러한 개념적 정의들은 패러독스가 객관적 현상이라기보다는 정신적 산물(mental construct)로서 정책과정에 관련된 행위자들에 의한 인지적 현상(Cameron & Quinn, 1988:4)임을 나타낸다.

Stone(2012)에 의하면, 정책 패러독스는 크게 네 가지 유형으로 나타난다(윤견수, 2014). 첫째, 한 가지 개념과 그것의 반대 개념이 공존하는 것이다. 개인의 자유를 보장하기 위해서는 질서와 안전의 유지가 필요하고, 이를 위해서는 개인의 자유를 제한해야 하는 상황이 발생하는 것(Stone, 2012:108-109)을 예로 들 수 있다. 둘째, 하나의 개념에 대한 해석과 다른 개념에 대한 해석이 서로 충돌하는 것이다. 예를 들어, 복지는 수혜자들의 도덕적 해이를 일으키고 생산성을 저하한다고 여겨지기 때문에, 복지와 효율성은 양립할 수 없는 것으로 보인다. 그러나 Stone(2012:104)은 도움의 가능성이 오히려 나태함이나 부주의를 감소시키고 전체 공동체를 강화함으로써 두 개념의 균형이 가능하다고 보았다. 셋째, 한 개념을 구성하고 있는 하위요소들 간의 충돌이다. 예를 들어, 설득은 사실(fact)을 어떻게 해석하고 활용하는지에 따라 '계몽으로서의 설득'과 '세뇌로서의 설득'이라는 충돌하는 두 하위개념으로 나뉘어 패러독스를 발생시킨다(Stone, 2012:311-330). 넷째, 한 개념이 적용되는 맥락(조건)들이 서로 충돌하는 것이다. 예를 들어, 사람들은 동일한 정책에 대해 자신의 이해관계에 따라 지지 또는 반대 입장으로 나뉘어 서로 다른 관점에서 정책 효과를 해석하는 패러독스를 보인다(Stone, 2012:238-243).

정책은 언제나 다양한 가치 요구를 수반하지만, 실제 정책과정에서 모든 가치를 동시에 실현하는 것은 불가능한 일이다(김종길, 2001:91). 특히, 정책과정에서 선택을 요구하는 가치들이 서로 상이하거나 모순적 측면을 지니는 경우 그러한 어려움은 더욱 커지게 된다. Stone(2012)은 복지정책을 둘러싼 요구와 가치의 대립을 [표 4.1]과 같이 여섯 가지 차원으로 설명하였다. 각각의 차원에서 제시된 가치 요구는 복지정책 과정에서 서로 대립하여 경쟁적인 정치적 주장과 갈등을 발생시킴으로써 정책 패러독스를 야기하게 된다(Stone, 2012:85-106).

복지정책은 '사람들의 기본적인 욕구를 해결하고 삶의 질을 향상시키려는 목적으로 정부가 개입하는 활동'(사득환, 박상진, 2013:3)으로, 소득, 건강, 주택, 개별 사회서비스 등을 비롯하여 교육 또한 복지정

[표 4.1] **복지의 욕구 차원**

구분	내용
1. 물질적 vs 상징적	자원은 복지에서 물질적 가치만큼이나 중요한 상징적 의미를 가지고 있을 수 있다.
2. 내재적 vs 도구적	자원은 즉각적이고 직접적으로 필요를 만족시키는 데 중요하지만 보다 큰 목표를 달성하게 한다.
3. 변동성 vs 안정성	복지는 충분한 자원을 가지게 하는 것뿐만 아니라 동시에 미래에도 충분한 자원을 가질 수 있다고 신뢰하게 한다.
4. 양 vs 질	복지는 측정하기 어려운 무형의 요소에 부분적으로 의존한다.
5. 개인적 vs 관계적	복지는 소속감을 느낄 수 있도록 하고, 타인을 돌보고 도움을 주고받을 수 있도록 하는 데 달려 있다.
6. 절대적 vs 상대적	주관적 복지는 개인의 절대적 경제 수준만큼이나 다른 사람들과의 비교에 의해 결정된다.

출처: Stone(2012: 98).

책의 주요 영역이다(이상오, 2000; 한만길 외, 2000). 교육복지는 교육과 복지의 합성 개념으로, '교육적 가치'와 '삶의 질'에 대한 의미를 모두 포함한다(정영수, 2009:34-38)는 점에서 복합적이다. 교육복지정책은 교육에 대한 보편적인 요구와 교육기회 평등의 원리를 충족하면서도 교육이 갖는 특수성에 따라 개별 학습자에 알맞은 유의미한 교육기회를 제공할 수 있어야 한다는 실천 원리를 갖는다. 뿐만 아니라 교육복지정책에서 교육자원은 효율적으로 사용되는 동시에 배분의 형평성이 보장되어야 하고, 개인의 필요에 적합하게 제공되어야 한다(김인희, 2006). 교육복지의 복합적 성격은 교육복지정책 과정에서 상이한 가치들을 동시에 고려할 것을 요구한다.

또한, 교육복지를 요구하는 다양한 개인과 정책행위자들은 각기 다른 복지 욕구를 지니고 경쟁적으로 자신의 필요를 주장함으로써 정치적 갈등을 빚는다. 교육복지정책은 개인들의 필요로부터 발생하지만, 정치적 과정을 거쳐 공적 필요로 채택되기 때문에 그 과정에서 상이한 욕구들이 경쟁적으로 주장된다. 개인의 요구가 공적 필요로 채택되어 교육복지정책으로 반영되는 경우에도 교육복지에 대한 개인의 주관적 기대와 실현된 정책의 객관적 규정 간에는 불일치가 발생할 수 있다(Stone, 2012). 교육복지정책의 이러한 특성은 정책과정에서 패러독스 상황을 발생시키게 된다.

3 자료의 수집 및 분석

교육복지정책의 패러독스 관점에서 초등돌봄교실 정책은 개인들의 필요와 공적 필요가 복합적으로 나타나는 운영목적을 지니고 있으며, 실행 면에서 정책 입안 주체와 실행 주체 간 관점 차이, 정책 수혜자인 학생 및 학부모 관점에서의 운영 주체 및 운영내용 상의 기대점 등에서 패러독스가 발생할 수 있다. 이에 본 연구에서는 선행연구 분석에서 나타난 초등돌봄교실 정책의 운영목적, 운영 주체, 운영내용을 통해 초등돌봄교실의 패러독스 현상을 도출하고 Stone의 복지 패러독스 여섯 가지 관점에 비추어 살펴보고자 하였다. 이에 선행연구에서 나타난 운영실태조사 및 운영 영역에 따른 분석 준거(교육부, 2015; 양윤이 외, 2016)들을 분류하여 정책을 운영하기 위한 목적 및 정책집행 주체, 정책의 운영내용의 세 가지 준거를 제시하였다. 그리고 이를 1차 분석준거로 하여 초등돌봄교실 정책의 전반적인 내용을 파악하고 패러독스 현상을 도출하였다. 그리고 Stone의 복지 패러독스에 나타나는 여섯 가지 복지 욕구 차원을 2차 분석준거로 활용하여 초등돌봄교실 정책에 나타나는 교육복지정책의 특징 및 패러독스를 분석하였다. 이상의 분석준거들은 자료수집을 위한 면담지 구성에도 적용하였다.

가. 자료수집

본 장에서는 방법론적으로 문헌분석과 질적 면담 기법을 병행하여 초등돌봄교실 정책의 패러독스 현상에 대한 다양한 형태의 자료를 수집하였다. 먼저 문헌분석과 관련해서 교육부와 시·도교육청의 문서 자료, 언론 보도자료, 정책보고서, 선행연구 자료 등 다양한 자료들을 체계적으로 수집하였다.

[표 4.2] 면담 참여자 구성 및 기본 정보

참여자	성별	구분	돌봄 업무 경력	돌봄교실 규모
A	여	돌봄전담사	12.1	4개 교실 80명
B	여	돌봄전담사	8.1	4개 교실 80명
C	여	돌봄전담사	8.1	4개 교실 80명
D	여	돌봄전담사	2	4개 교실 80명
E	남	담당교사	2	4개 교실 80명
F	여	담당교사	1	4개 교실 80명
G	여	돌봄전담사	8	4개 교실 100명
H	여	담당교사	0.5	4개 교실 100명
I	여	담당교사	0.5	4개 교실 100명

그리고 문서만으로는 파악할 수 없는 단위학교 맥락과 상황에 대한 이해를 높이기 위해 현장에서 돌봄 업무를 직접 관리하고 담당하고 있는 초등돌봄교실 운영 관계자들을 대상으로 질적 면담을 수행하였다. 그중에서도 돌봄 담당교사와 돌봄전담사를 면담 대상으로 선정하였는데, 이는 비록 그들이 초등돌봄교실 운영 관계자로서 함께 일하고 있지만 각자 다른 역할을 수행하고 있는 만큼 관점 역시 서로 다르게 나타나기 때문이다(김창복, 양애경, 양윤이, 2020). 연구 참여자 선정 시, 지역적인 근접성과 면담자와 피면담자의 라포 관계를 고려하여 의도적 표집(purposeful sampling)을 하였다. 구체적으로, 연구자들이 초등교사로 근무하는 수도권 소재의 초등학교 2곳에 재직하고 있는 9명의 초등돌봄교실 관계자들을 총 2차에 걸쳐 선정하였다. 특히 초등돌봄교실 정책 관련 경험을 토대로 풍부한 정보를 제공해 줄 수 있는 관계자들을 대상으로 하여 면담을 수행하였다. 이러한 요인들을 고려하여 최종적으로 선정된 면담 참여자들의 기본 정보는 [표 4.2]와 같다.

연구자들은 먼저 초등돌봄교실 관련 선행연구를 분석한 결과와 연구진 간 협의 내용을 바탕으로 하여 면담 질문지 초안을 작성하였으며, 면담을 진행하는 과정에서 수시로 내용을 보완하였다. 면담 주요 질문은 크게 (1) 연구 참여자 인적 사항, (2) 초등돌봄교실 현황, (3) 초등돌봄교실 정책에 대한 인식, (4) 초등돌봄교실 정책을 둘러싼 가치 요구로 구분될 수 있다. 이 중 초등돌봄교실 정책에 대한 인식과 관련해선 '초등돌봄교실 정책의 운영목적, 운영 주체, 운영내용'에 대해 집중적으로 질문함으로써 현장의 관계자들이 인식하는 초등돌봄교실 정책을 생생히 드러내고자 하였다. 그리고 Stone(2002)의 '복지에 대한 욕구의 차원' 틀을 활용하여 초등돌봄교실 정책을 둘러싼 가치 요구에 대한 인식을 질문하고자 하였다. 이러한 면담 주요 질문 구성을 토대로 반구조화된 면담(semi-structured interview)을 진행하였다.

[표 4.3] 면담 주요 질문 구성

구분	영역	주요 질문사항
1	연구 참여자 인적 사항	성별, 근무지, 돌봄 업무 경력 등
2	초등돌봄교실 현황	규모, 학생 특성, 프로그램 등
3	초등돌봄교실 정책에 대한 인식	운영목적(정책 형성 및 확대 이유, 초등돌봄교실과 사적 돌봄의 차이, 돌봄의 기능, 대상 학생 기준 등), 운영 주체(예산 부담, 실질적 운영 기관, 돌봄 업무와 책임 소재 등), 운영내용(초등돌봄교실의 양적·질적 성장, 돌봄전담사의 자격과 처우, 학부모 만족도 등)
4	초등돌봄교실정책을 둘러싼 가치 요구	물질적 욕구 vs 상징적 욕구, 내재적 가치 vs 도구적 가치, 변동성 vs 상징성, 양 vs 질, 개인적 필요 vs 관계적 필요, 절대적 복지 vs 상대적 복지

면담을 통한 자료수집은 2021년 3월부터 2022년 2월까지 이루어졌다. 면담은 익명성 보장이 철저하게 약속된 일대일 개별 면담 형태로 진행되었으며, 한 사람당 대략 30~50분 정도의 시간이 소요되었다. 면담 내용은 연구 참여자의 동의를 얻은 후 녹취하여 전사하였고, 면담 이후 전사 자료와 성찰일지를 공동연구자 간 서로 공유하였다. 1차 면담 이후 연구자들은 이론적 포화(theoretical saturation)에 도달하기 위해 추가 면담이 필요하다고 판단하였기에, 연구 주제에 대한 설명을 발전시키는 데 필요한 정보를 제공해줄 수 있을 것으로 판단되는 참여자를 대상으로 2차 면담을 진행하였다. 면담 후에 추가적인 질문이 있는 경우 개인 SNS를 통해 답변을 받았다.

나. 자료 분석

본 연구는 문헌 수집과 질적 면담 등 자료의 다원화 기법(triangulation)을 적용하여 분석의 신뢰도와 타당도를 높이고자 하였다. 이에 교육부와 시·도교육청의 문서 자료, 언론 보도자료, 정책보고서, 선행연구 자료, 초등돌봄교실 관계자들과의 면담 자료를 종합하여 자료를 통합적으로 분석하였다. 먼저 초등돌봄교실 정책의 패러독스 현상을 분석하기 위해 정성적 데이터를 분석할 때 일반적으로 활용되는 표준적 분석 절차를 활용하였다(Ber &, Lune, 2012). 즉, 연구자들은 다양한 자료들을 반복해서 비교·분석하며 코드를 추출하고 이를 범주화하여 의미있는 패턴을 파악하고 해석하는 작업을 거쳤다. 그리고 패러독스 현상의 원인을 분석하는 데 있어 복지정책을 둘러싼 가치 충돌 현상의 본질을 잘 포착한 Stone(2002)의 '복지에 대한 욕구의 차원'을 원인의 분석틀로 활용하되, 각각의 패러독스 현상을 분석한 결과로서 원인을 귀납적으로 도출하였다. 마지막으로 현재 각각의 정책 패러독스가 아직까지 지속되고 있는지, 후속적 조치나 정책적 보완에 따라 해소되고 있는지에 관해 논의하였다.

4 초등돌봄교실 정책 패러독스 현상 분석

가. 운영목적의 패러독스

1) 패러독스 현상

초등돌봄교실 정책을 입안할 당시 사회적으로는 맞벌이 부부 증가에 따른 자녀 양육의 문제점 등이 나타나고 있었고, 교육의 공공성 차원에서 사교육을 경감하고 공교육을 활성화하고자 하는 의도가 있었다. 2004년 교육인적자원부는 교육정책에서 교육복지를 강조하며 기존의 공교육에서 수용하지 못하는 교육적 요구를 사교육에서 감당하며 사교육이 확대되고 있다고 보았다(교육인적자원부, 2004). 그리고 기존의 특기적성교육을 방과후학교를 운영하는 동시에 사회적으로 증가하고 있는 맞벌이 부부의 보육에 대한 수요를 해소하기 위해 초등돌봄교실을 운영하기에 이른다(교육부, 2021). 그러나 사교육 대체제로서 초등돌봄교실을 인식하는 관점에서는 초등돌봄교실의 질적 측면의 향상을 희망하고 단순 보육의 차원을 넘어 교육을 진행해주길 바라는 요구들이 나타났다. 초등돌봄교실 시행 초기 정책 목적에는 '사교육비 경감을 위해 본 정책을 시행한다'라는 내용이 담겨 있다(백순근 외, 2019:56). 초등돌봄교실이 돌봄 기능과 더불어 사교육 대체제로서의 기능도 포함하고 있음을 나타내고 학부모들에게 국가에서 제공하는 돌봄서비스에서 사교육 대체제 역할이 가능하다는 면을 알리는 내용이었다(교육인적자원부, 2004). 그러나 초등돌봄교실의 돌봄서비스가 보육의 면에 가깝다는 것을 인지하였고, 돌봄 프로그램의 교육적인 면에서의 질적 개선 요구가 나타났다. 학교에서는 기존의 교육에 더불어 보육까지 담당하는 교육적 책무성이 강화되어 공교육으로서의 초등교육이 교육을 위한 것인가, 아니면 보육을 위한 것인가 하는 정책적 패러독스가 가중되었다.

또한, 초등돌봄교실 자체가 교육인지 보육인지에 관한 관점을 구분하는 것이 해당 정책을 실현하는 초등학교에서는 중요한 사항이었지만, 정책의 수혜자인 학부모와 정책입안자인 국가에서는 정책을 실현하는 것이 중요한 사항이었고 누가 실행하는지는 그 다음의 문제였다. 학부모들은 초등학교에서 운영하므로 학생의 안전성이 확보되었다고 여겼고, 그와 같은 관점이 정책이 진행되는 동안 지속적으로 반영되어 현재에 이르렀다.

> 아무래도 학원 같은 경우는 정해진 시간에 어떤 것을 습득하는 위주이기 때문에 아이들이 그곳에 가야 하고 또 비용이 발생하잖아요. 돌봄 같은 경우는 자유롭게 이용할 수 있고 처음 입반하셨을 때 비용이 없다고 하면 학부모님들이 놀라시는 부분도 있고 그런 부분에서 더 만족도가 높은 것 같아요. 학원처럼 하시는 줄 알고 비용이 안 든다 하시면서 좋아하시더라고요. (돌봄전담사B)

> 신뢰도의 차이가 가장 클 것 같은데요. 학부모님들은 초등돌봄이 공적인 기관이라고 생각하시고 실제적으로 공적인 기관이고, 그리고 아이들이 낯설어하지 않는 학교와 연계되어서 이루어지기 때문에 그런 면에서 학부모님들이 좀 더 아이들을 맡기는 걸 지원 희망하시고 원하시는 게 많은 것 같고요. 공부방 같은 경우에는 경험상 학습을 하기 위한 측면도 있고 아이의 특성이나 가정 환경상 돌봄을 지원했는데

들어가지 못했을 경우에 들어가는 경우가 많고 학원도 그와 비슷하다고 생각합니다. (담당교사E)

초등돌봄교실은 다양한 방과후도 있고 돌봄 프로그램도 되고 너무 좋은 것 같아요. 진짜 학교에서 나라에서 이렇게 해주는 것은 정말 꼭 필요한 것 같아요. 그리고 어머님들이 학교에서 운영하니까 되게 선호도가 좋아요. 지역사회에 있는 것보다 학교 안에 있는 것을 어머님들은 학교의 연계고 생각하시고 너무너무 좋아하시거든요. 아이들도 안전하고 학교에 있을 때 안전한 것 같아요. (돌봄전담사 D)

오늘 긴급돌봄에 대해 민원을 받은 게 있는데요, 그런 게 쌓여서 선생님들이 보육은 우리의 일이 아니다라는 이야기를 하는 게 아닐까 하는 생각이 들었어요. 긴급돌봄 명단에 이름이 있어 급식 바우처를 지원받지 못했다는 민원이었는데, 이건 행정적인 부분 같은데 업무적, 행정적인 부분까지 저한테 오는 느낌. 돌봄교실 업무 담당교사가 아예 없으면 안 될 것 같다는 생각이 들지만 과하긴 해요, 교사한테. (담당교사 I)

돌봄서비스를 누구에게 제공할 것인가 하는 패러독스도 발생하였다. 정치적 패러독스(political paradox)가 발생한 경우로 돌봄 기회를 균등하게 제공하였을 때에는 소외계층에게 돌봄서비스를 제공하지 못하는 현상이 발생할 수 있다는 것이다(사득환, 박상진, 2013:9). 초등돌봄교실 정책은 교육복지적 차원에서 시행되었다. 따라서 해당 정책이 운영되는 초기에는 돌봄서비스를 누구에게 제공하는가에 따른 문제가 발생하였다.

저는 소외계층부터 시작해서 맞벌이 그 다음에... 그 순서로 가야 된다고 생각하거든요. 소외계층이 먼저, 균등보다는 돌봄의 취지는 물론 모든 이들이 교육을 받았으면 좋겠지만 소외계층부터 더 이렇게 집중해서 그 서비스를 이용하는 게 더 좋다고 생각해요. 왜냐하면 일단 조손 가정이나 한부모 가정은 보육이 안 되고 있는 상태이기 때문에 그 아이들을 무조건 우선적으로 해야 된다고 생각하고 있어요. (돌봄전담사 C)

전에는 한부모 가정과 다자녀 가정, 지금도 그런 환경을 1순위로 두는 것 같아요. 저의 학교는 100명까지 수요가 가능하니까 괜찮은데 맞벌이.. 맞벌이 위주가 아닌가, 어떻게 보면 이제 다 포함된 것 같은데요. 소외계층은 당연히 수용해야 하고, 그런 애들이 어디 가 있을 데가 없잖아요. 우리가 볼 때에도 여기 와 있는 것이 안전하니까 둘 다 수용되어야 할 것 같아요. (돌봄전담사 D)

한편, 초등돌봄교실에 참여하는 아동들의 발달이 부모의 돌봄권과 아동의 돌봄 받을 권리가 상충하는 패러독스 현상도 나타났다. 부모가 일과 가정을 양립하는 사회적 구조의 변화에 따라 자녀 돌봄 부담을 감소하고자 하는 정책의 목적적 접근과 아동 개인적 측면에서 자기결정의 자유를 침해하고 아동 발달적인 요소가 소외되는 현상이 나타난 것이다.

저학년 담임으로서 이것에 대해 좀 생각을 안 해볼 수가 없는데요. 10년 전에 교직에 들어왔을 때에는 당연히 모든 가정교육에서 모든 것이 이루어져야 되고 학교에서는 사회화라든가 가정에서 못해주는 것을 해야 된다고 생각했어요. 그런데 학부모님들이 너무 바쁘시고 직장에서의 전문성이 더 요구되는 등에너지가 고갈되었다고 할까요. 그리고 아이들 인권에 대한 것도 본인들의 어릴 적 환경과 너무 다르다 보니까 어떻게 가정교육을 하셔야 되는지 본인 자체도 철학도 없으시고, 저희 어렸을 때처럼 이게 옳든 그르든 이것이다라고 정의를 못 내리시는 분이 많아요. 그래서 가정교육의 많은 부분을 학교가 가져오게 되고 있다고 보고 있어요. (담당교사 I)

아이가 돌봄을 받아야 된다는 것이 우선되어야 한다고 생각하고요, 사회적인 분위기로 현재 우리나라는 부모의 돌봄이 가장 좋기는 한데 실질적으로 맞벌이 가정에서 회사 측에서 부모 돌봄을 제공해주지 않기 때문에 사회적인 돌봄 시스템이 갖추어지고 있다라고 생각하지만, 개인적인 입장에서는 결코 좋지 못하다고 생각합니다. 부모의 돌봄이 아이에게 제공되는 게 가장 좋고 부모의 의무와 아이의 권리를 따지자면 저는 아이가 돌봄을 받아야 되는 것이 더 높다고 생각합니다. (담당교사 E)

즉, 돌봄서비스를 이용하는 이용 자격에 대해 저소득층, 한부모 가정 등 소외계층에 우선적으로 혜택을 제공할 것인지, 아니면 맞벌이 부부의 증가에 따른 운영목적에 따라 맞벌이 부부에 해당하면 누구든지 돌봄 기회를 균등하게 제공할 것인지 등의 운영목적에 따라 실행할 때에 정책의 대상이 누구여야 하는지에 관한 패러독스가 발생하였다.

2) Stone의 관점에서 본 원인

Stone(2012)은 "필요는 절대적일 뿐만 아니라 상대적이다"라고 하였다. Stone의 관점에서 정부는 인간에게 부족한 것이나 필요한 것을 제공해야 한다. 이때 무엇을 제공해야 하는지에 대해 논쟁이 일어나고 정치적 경쟁이 되며, 패러독스가 발생하는 것이다. 맞벌이 학부모의 필요에 따른 돌봄서비스의 부족을 공교육 차원에서 정책적으로 해결하기 위해 시행된 초등돌봄교실 정책은 Stone의 복지에 대한 관점 및 복지 패러독스 현상에 부합한다. 초등돌봄교실 운영목적에 따르면 초등돌봄교실이 보육을 위한 것인지 사교육 대체제인지의 패러독스와 초등돌봄교실 참여대상이 소외계층의 학생이 우선인지 모든 학생에게 균등하게 기회가 제공되어야 할 것인지에 관한 패러독스가 나타났다. 또한, 참여하는 학생들의 아동 발달에 관한 권리와 부모의 돌봄권 간의 패러독스도 나타났다.

이와 같이 초등돌봄교실 정책의 운영목적에 따른 패러독스가 발생하는 원인으로는 정책 목표와 초등돌봄교실 현장에서 정책 실행에서의 주안점 및 가치의 차이가 나타났기 때문인 것으로 분석된다. 정책 목표의 경우 정책상 국가에서 교육복지서비스를 제공한다는 상징적 의미와 도구적 가치, 그리고 정책의 안정성을 유지하고자 하는 경향이 강하다. 정책이 실현되는 초등돌봄교실 현장에서는 정책의 의미와 가치보다는 돌봄서비스의 양적 공급 및 질적 요소, 학생들에게 방과후 돌봄이라는 보육뿐만 아니라 사회적 관계성 형성의 장(場)을 마련하고자 하는 관계적인 측면, 돌봄의 수혜자인 학생과 학부모에게 직접적으로 전해지는 돌봄서비스의 상대성이 더 큰 영향을 준다. 가치 중심의 정책목표와 현장 중심의 정책운영 사이의 괴리를 좁혀가는 과정을 '정책목표를 기반으로 정책을 실행하는 것'이라고 할 때, 초등돌봄교실 정책은 이와 같은 과정에서 패러독스 현상이 발생했고, 정책 유지 과정에서 패러독스가 지속되거나 해소되는 경향을 보였다.

3) 정책 유지 과정에서 패러독스의 지속 또는 해소

사교육 대체제로서의 기능에 대한 초등돌봄교실 정책 운영목적에 관한 패러독스는 정책 입안 초기부터 제시되어 온 문제이다. 정책이 진행되면서 각종 수정사항을 반영하였으나 해당 정책의 운영장소가 초등학교인 점은 기본적인 골격에서 벗어나지 않았다. 여러 연구자들과 담당자, 학부모들의 의견대로 초등학교에서 본 정책을 실행할 때 나타나는 위치적 안정성, 기관의 신뢰도 등의 장점들을 고려한 것으로 보여진다. 특히 코로나19에 따른 학력격차 및 돌봄격차 등을 고려한다면, 초등학교가 과연 단순히 교육 또는 보육을 제공하는 기관으로서의 의미가 있는가 하는 문제가 발생한다. 코로나19로 인한 학교의 부재는 역설적이게도 학교가 단순한 교육 공간이 아니었음을 보여주었다. 사회와 학부모들은 학교가 학생들에게 어떤 서비스를 제공하고 어떤 역할을 하는지, 왜 필요한 곳인지를 다시금 생각하게 하였다.

> 국가에서 돌봄을 책임지려고 하는 것 같다고 생각하는데 기본적인 돌봄 시스템은 갖추어졌고, 지속적으로 좀 더 잘 제공되고 있다고 생각합니다. 초등돌봄의 입장에서 유치원이나 사교육, 사교육을 포함한 돌봄시스템과 비교하면 어떤 가격 대비 제공하는 프로그램이나 돌봄의 질은 별 차이가 없다고 생각하거든요. 그래서 사회적인 돌봄이 이루어져야 한다면 사적인 돌봄보다는 공적인 돌봄이 좀 더 확대되는 게 좋을 것 같고 공적인 돌봄이 학교에서 이루어지는 것은 양극단성이 좀 있는 것 같아요. (담당교사E)

> 처음에는 돌봐줄 사람이 없으니까 교육의 기능도 컸고, 그러다 보니 사교육에 못 보내는 학생들 얘기를 할 정도였는데. 솔직히 돌봄이 앞으로 과연 계속 보육의 기능을 더 강화해야 할지 사교육의 대체제로서의 역할을 해야 될지는 초등돌봄교실정책 초기에 나왔어야 하는 질문이 아닌가 싶어요. 현재는 예산이 많이 내려오고 안정적으로 프로그램이 운영되어 방과후학교처럼 경쟁 시스템을 가지고 있고 강사 분들의 풀도 넓은 데다가 전문성을 가진 분들이 많으세요. 지금은 많이 확대되어서 이미 두 역할을 다하고 있어요. (담당교사 F)

정책 대상에 관한 패러독스는 비단 초등돌봄교실 정책에서만 나타나는 것이 아니다. 그러나 본 연구에서 초등돌봄교실 정책의 실질적 수혜자인 정책 대상에 관한 패러독스를 쟁점화한 것은 해당 대상이 국가적, 사회적 차원에서 보호되어야 하는 아동이라는 점에 있다. 소외계층의 가정 학생이든 돌봄 기회 균등의 차원에서의 모든 학생이든지 해당 정책의 대상은 아동이고, 본 정책은 교육복지의 관점에서 실행되는 정책이라는 점이다.

> 시작은 돌봄 수요에서 했지만 지금은 기준에 따라 움직이고 있는 것 같아요. 어떤 절차라던가 기준에 따라 움직이고 계속 그렇게 변형되고 있는 것 같아요. 기준을 만들어 놓고 기준에 맞는 아이들을 수용하고 예산이나 책임도 기준에 맞춰서 생활하는 것 같아요. (돌봄교사 C)

처음에는 돌봄을 소외계층한테 제공한다는 측면이 맞다라고 생각했는데요. 지금 가면 갈수록 사회적 분위기가 어떤 맞벌이 그다음에 여성의 사회활동이 권장되고 늘어나고 있는 추세이기 때문에 모든 사람에게 이런 돌봄 시스템이 제공되어야 된다고 생각합니다. (담당교사 E)

이처럼 초등돌봄교실 정책의 운영목적에 따라 분석한 패러독스 현상들에 대한 의견들을 살펴보면, 관련 패러독스들은 상징적 의미나 도구적 가치에 따른 정책 목적과 운영 사이의 괴리를 넘어서 정책의 안정성을 기반으로 사회적 변화의 흐름에 맞추어 변화하고 있는 것으로 나타났다.

나. 운영 주체의 패러독스

1) 패러독스 현상

2004년 교육인적자원부 주관의 초등돌봄교실을 공식적으로 도입하여 운영한 이후 여러 시범사업을 거친 끝에 교육부는 2014년 '학교 내 돌봄 강화' 정책의 일환으로 방과후 돌봄 확대 및 관련 기관 간 연계 강화와 운영 내실화를 내세운다(교육부, 2014). 교육부는 초등돌봄교실 이용 대상을 저소득층 및 한부모 가정 학생에서 희망 학생 전체로 확대하고, 더 나아가 대상 학년에 대해선 2014년 1~2학년, 2015년 1~4학년, 2016년에 1~6학년으로 점차 확대할 계획이었으나 정부 부담 예산 6천 600억 원이 전액 삭감됨에 따라 시행 계획이 백지화되었다(김종호, 심영미, 2015). 그 이후에도 정부는 재원과 운영 규정이 명확히 정비되지 않은 상황에서 초등돌봄교실 확대 운영을 무분별하게 추진해왔고, 그로 인해 현장에 여러 문제를 야기시켰다. 이는 정책을 기획하고 홍보하는 주체는 중앙정부이고, 정책 실행을 위해 예산을 마련하는 주체는 지방정부인 이원적 시스템에 기인한 문제라고 볼 수 있다. 이로 인해 예산 부담 문제를 둘러싸고 중앙정부와 지방정부 간에 논쟁이 있어 왔으며, 그 안에서도 교육부와 보건복지부, 교육청과 시청 등 하위조직 간의 갈등이 존재했다.

사실 지방정부가 예산 부담의 주체가 되는 것은 장점과 단점이 모두 존재한다. 먼저 장점은 실제 초등돌봄교실을 운영하는 주체가 자체적으로 예산을 편성하고 집행함으로써 예산 활용의 효율성을 높일 수 있다는 것이다. 또한, 지방정부의 예산 운영은 오늘날의 지방자치 및 지방교육자치 흐름과 일치하는 것으로, 지방정부의 자율성을 인정하는 체제라 볼 수 있다. 이에 운영비와 인건비 등 초등돌봄교실 관련 예산은 각 시·도교육청별로 상이하게 책정되었다. 일례로, 아동 1인당 투입되는 대략적인 예산은 서울시 195만 원, 인천시 286만 원, 광주시 181만 원, 대전시 284만 원, 울산시 239만 원, 세종시 128만 원, 강원도 283만 원, 충청북도 266만 원, 충청남도 174만 원, 전라북도 173만 원, 전라남도 217만 원, 경상남도 217만 원으로, 지역별 차이가 존재한다(신동인, 2022:76). 그런데 이러한 지역 간 차이가 또 다른 불평등을 야기하는 기제로 작용할 수 있다는 점은 단점이 된다. 소외계층과 맞벌이 가정 등 양육 취약 가정 아동의 돌봄을 책임지고 교육 기회 불평등 해소에 기여하고자 하는(심정미, 채현탁, 2015) 초등돌봄교실 정책이 지역 간 격차를 야기하는 시스템을 가지고 있다는 것은 분명 모순적이다. 다시 말해, 현재의 지방정부 예산 시스템은 자율성과 효율성, 다양성의 가치를 표방하지만, 이는 형평성과 충돌을 야기할 수 있다는 점에서 패러독스의 양상을 보인다.

이러한 맥락에서 돌봄관계자들로부터 국가 주도로 예산을 균등하게 분배해야 한다는 의견이 제기되었는데, 이는 형평성을 보다 강조하는 입장이라고 볼 수 있다. 국가가 예산을 일괄 지급한다는 점은 국가가 돌봄을 책임진다는 상징성을 심화시키는 의의도 존재한다. 그러나 국가가 예산을 일괄 지급하는 것은 지방정부의 경우와 반대로 예산 사용의 비효율을 초래할 수 있고, 교육청과 학교의 자율적 운영을 저해할 수 있는 위험이 있다. 현재도 돌봄관계자들은 돌봄교실 예산이 과도하게 책정되어 낭비되는 측면이 있음을 지적하고 있는데, 만일 국가가 전국의 초등돌봄교실 예산을 관장한다면 예산 활용의 적절성과 융통성이 보다 떨어질 것으로 예상할 수 있다. 이에 학생들이 지역적 차이에 따라 불공평한 돌봄서비스를 제공받지 않도록 국가가 예산 편성 및 활용의 기준을 마련하고 지방정부의 상황에 따라 예산을 필요한 곳에 분배해야 한다는 의견이 돌봄관계자들 사이에서 제기되기도 하였다.

> 저는 예산을, 돌봄 교실 담당을 지자체에서 하면 너무 지역별 편차가 있지 않을까 생각해요. 강남 구청의 예산과 광진구청의 예산이 차이가 나서 시설적인 면이 다르듯이… 그러니까 전체를 관장할 수 있는 교육부나 보건복지부에서 예산이 오는 것이 맞다고 생각하는데 운영을 생각하면… 지자체에서 운영을 하는데 예산은 또 다른 곳에서 온다면… 그것도 또 문제가 있을 거라고 생각되네요. (담당교사I)

> 이게 보니까 지방마다 조금 서비스 체계가 달라서 좀 불평등 같은 게 좀 있더라고요. 그러니까 그렇게 하지 말고 국가가 지원을 한다는 것보다는 그 기준, 길라잡이라도 만들어서 똑같이 지원되게끔, 돈은 인천시에서 들어오지만 그 내용은 기준을 만들어서 좀 이렇게 운영됐으면 좋겠어요. (돌봄전담사C)

> 예산은 진짜 너무 많이 남아서... 그거를 안 쓰면 또 예산이 줄어들 수 있으니까 항상 지자체에서도 맨날 도로 갈아엎는다는 말이 나오는 것처럼 저희도 그냥 쓰라 하니까 예산이 내려오니까 사실은 불필요한 것들도 이제 필요하다고 하겠지만 정말 아이들을 위해서 아니면 뭔가 그 환경을 위해서 이렇게 쓰는 것보다 형식적으로 쓰여지는 예산이 좀 낭비가 좀 있다는 게... (돌봄전담사G)

요약하면, 예산을 지방정부가 관장하는 것이 자율성 확보의 의미가 있다면 예산을 중앙정부가 관장하는 것은 형평성 확보의 의의가 있다고 볼 수 있다. 문제는 이 두 가치가 충돌한다는 점에 있다. 예산 편성과 관련하여 명확하게 표준화된 규정이 부재했기에 지방정부의 자율적인 운영은 지역 간 불평등을 초래할 위험이 존재했다. 그러나 각 지역과 학교의 맥락을 고려하지 않은 채 국가가 획일적으로 예산을 지급하는 것은 초등돌봄교실 운영 전반의 자율성을 제한하는 조치일 수 있다. 이처럼 예산 부담 주체를 둘러싼 자율성과 형평성의 가치 대립은 많은 이해관계자들의 논쟁을 일으켰다.

초등돌봄교실 운영 주체를 둘러싼 또 다른 패러독스 현상은 돌봄 운영기관(주체)과 관련된 것이다. 그동안 초등돌봄교실 운영기관을 둘러싼 이해관계자들 간의 갈등이 심화되어 왔다. 2020년 초등돌봄교실이 학교가 아닌 지방자치단체 주축으로 운영되는 '온종일 돌봄체계 운영·지원에 관한 특별법안'(온종일돌봄특별법) 제정이 추진되자, 학부모와 돌봄전담사들은 '돌봄교실의 지자체 이관은 민간위탁으로 이어져 공적 돌봄을 위협할 것'이라며 반대한 반면, 교원단체들은 '교사들이 안정적으로 교육활동에 집중할 수 있게 될 것'이라며 돌봄교실의 지자체 이관에 찬성하였다(경향신문, 2020.09.17.). 이처럼 한 정책을 둘러싸고 입장 차이가 나타난 것은 각 이해관계자들이 처한 맥락이 다르기 때문이다.

교원들이 지자체 이관을 적극 찬성하는 입장을 갖게 된 가장 결정적인 이유는 돌봄 행정업무 때문이다. 전교조가 초등교사 1,644명을 대상으로 '교사에게서 우선 배제해야 할 업무'를 조사한 결과에 따르면, 돌봄교실 업무(57.8%)는 방과후학교 운영(71.5%) 다음으로 교사들이 최우선으로 배제해야 한다고 인식하는 업무이다(교육희망, 2021.09.02.). 교원들은 돌봄 계획서 작성과 돌봄 프로그램 강사 섭외, 돌봄 강사비와 급식비 처리, 돌봄 급식업체 선정, 심지어 돌봄교실 수업 진행 등으로 어려움을 호소하고 있다. 이에 교원들은 돌봄 관련 행정업무를 담당하는 것이 '교원의 행정업무 경감'이라는 교육부 정책과 상충하는 것으로 보았다. 이처럼 교원들은 초등돌봄교실이 학교 전반의 업무와 책임을 과중하게 했으며, 더 나아가 학교 교육의 정상적인 운영에 차질을 빚었기 때문에 돌봄교실의 지자체 이관을 강력하게 요구하였다. 초등돌봄교실이 학교 공간에 있어야 한다고 인식하는 일부 교원들의 경우에도 지자체 소속의 돌봄 자체적인 시스템을 구축해야 한다고 주장하였다. 또한, 담당교사의 역할은 학교와 돌봄교실의 연결고리일 뿐, 돌봄 행정업무와 돌봄교실에서 일어난 일은 돌봄전담사가 모두 책임지는 것이 맞다고 보았다. 정리하면, 교원들은 돌봄체계를 일원화하는 것이 초등돌봄교실과 학교 교육이 모두 안정화되는 길로 보았다.

> 저는 아예 지자체로 이관해야 한다고 생각하고, 제가 봤을 때는, 공공분야는 딱히 학교라서 더 좋다기보다 다 비슷할 것 같거든요. 지자체로 돌봄이 이관된다고 그분들에게 어떤 영향이 있을 것 같진 않아요. 교감선생님께서 말씀해 주신 건데, 이 돌봄전담사 분들은 돌봄을 하려고 계신 분들이기 때문에, 돌봄 업무를 이 분들이 전담해서 하는 것이 맞다. 교사가 이 업무를 아예 안하는 것이 맞다고… (담당교사H)

> 전에는 모든 책임 저희 학교가 다 지고 교사가 다 지셨어요. 이제는 다 가져가시는 게 맞으시죠. 그분들이 직접 하시니까 담당해야 된다 그런 거죠. (담당교사F)

> 일은 확실히 돌봄전담사한테 가고, 대신 확실히 대우해주고, 징검다리 역할만 업무 교사가 해야 한다고 생각해요. (...) 공간이 학교니까 학교 소관이긴 한데, 업무 교사는 아무런 책임이 없죠. 어떠한 일이 벌어진 것을 보고 아는 사람이 전담사인데, 어디 뭐 밖에 기관에서 그랬으면 밖에서 하는데, 학교 내부에서 했으면 학교 시설과 관련된 긴 책임을 지고 그 시간에 대한 관리나 처지는 그 시간을 담당했던 돌봄 담당 선생님께서 맡으시는 게 맞다고 생각해요. (담당교사I)

> 저는 궁극적으로는 초등돌봄 자체가 각 학교에서 운영이 되지만 운영 주체가 학교랑 교사가 개입을 해서는 안 된다고 저는 생각을 하거든요. 특히 중간 관리자가 교사가 되면서 전문성도 떨어지고 관리하기도 좀 어려운 측면이 있다라고 생각을 해서 그에 대해서는 조금 더 시스템이 구축이 되어서 돌봄 자체적으로 이렇게 좀 관리하고 운영할 수 있는 그런 시스템이 구축이 되어야 한다라고 생각을 하고요 가장 좋은 거는 공간은 학교를 활용을 하지만 조직 자체는 따로 지방 조직 지방 행정부에 속하는 그런 조직으로

운영이 되는 게 가장 바람직하다라고 생각합니다. (담당교사E)

반면, 돌봄전담사들은 지자체의 운영 시스템이 안정적이지 못하고 체계성이 떨어지는 것으로 보아 지자체 이관이 돌봄의 일관된 질 보장을 어렵게 할 것이라고 주장하였다. 무엇보다 지자체의 재정 문제에 따라 돌봄전담사의 고용불안을 초래할 것이라는 우려가 지자체 이관을 반대하는 근거로 작용했다. 또한, 그들은 지자체 이관이 학생들의 안전에 부정적인 영향을 미칠 수 있어 학부모의 불안감과 불만을 초래할 것이라고 보았다. 그들은 초등돌봄교실이 학교라는 대표적인 공적 기관에서 운영되는 것이 학생과 학부모로 하여금 심리적이고 신체적인 안정감을 확보하는 요소라고 주장하였다.

부모님들이 조금 그래도 개별로 하는 것보다는 안심하시는 것 같아요. 왜냐하면 그래도 국가기관이니까 공정한 것 같고 또 비리니 이런 거는 안 하니까 그런 거에 대해서는 부모님들이 또 안심하게 보내는 것 같기도 하고 그리고 학교에서 바로 돌봄교실로 와야 되니까 이동이 없고 그냥 여기 있다가 집에 가는 길이 학원 가고 하니까 아마 그런 안전함이 제일 부모님들한테는 좋은 것 같아요. (돌봄전담사A)

부모님 입장에서는 뭔가 좀 불안하실 경향이 있으시니까 학교라는 믿음에 대한 부분도 있기 때문에 더 신뢰도가 높을 것 같아요. (...) 학교에서 이제 주도적으로 안 하고 지자체로 넘어간다는 거는 좀 이미지상 좀 약간 빠지는 느낌이 들어서 (돌봄전담사B)

거리가 멀고 또 이제 이동 간에 이런 문제도 있고 학교에서 바로 내려올 수 있는 돌봄 교실 같은 경우는 안전에 대해서 전혀 문제가 되지 않는 공간이니까 학교에서 돌봄교실로 있다가 집으로 귀가하는 그 시스템이 아이들한테도 최고의 서비스라고 생각하고 있어요. (돌봄전담사C)

공적 돌봄이라고 해가지고 진짜 학교에 이렇게 나라에서 이렇게 해 주는 거는 정말 그게 꼭 필요한 것 같아요. 어머님들이 학교에서 운영하니까 되게 선호도가 좋아요. 지역사회에 있는 것보다 이렇게 학교 안에 있는 것을 어머님들은 학교의 연계 그걸로 생각하시고 너무너무 좋아하시거든요. 아이들도 안전하고 학교에 있을 때 안전한 것 같고 밖으로 나가면 아무도 자유롭고 그런 것으로 생각이 되는 것 같아요. (돌봄전담사D)

(지자체 이관이) 될 경우는 아무래도 서비스 저하가 좀 될 것 같아서 저희들도 이제 그걸 계속 반대하고 있었고, 아무래도 학교에서 이걸 운영 주체가 되어야 모든 서비스가 제대로 된 서비스가 될 것 같기는 해요. 제가 지역아동센터에서 잠깐 이렇게 한 적이 있었거든요. 지역아동센터 같은 경우는 이제 주체가 어쨌거나 저기 구청 소속에서 하는 거거든요. 그래서 아무래도 결속력이라든지 시스템이라든지 이런 게좀 산만한 부분들이 조금 있더라고요 그래서 학교에서 하는 건 되게 체계적으로 지금 하고 있는 거거든요. 그런 데서 아이들도 만족도도 더 높다고 생각합니다. (돌봄전담사C)

이처럼 담당교사와 돌봄전담사가 처한 맥락과 경험 등이 다르기 때문에 돌봄 운영기관을 둘러싸고 상반되는 입장 차이가 나타나게 되었다. 이러한 각 이해관계자의 갈등과 대립은 초등돌봄교실의 정상적인 운영을 저해할 위험이 있다.

2) Stone의 관점에서 본 원인

초등돌봄교실 운영 주체를 둘러싼 패러독스 현상이 발생한 원인은 Stone(2002)이 제시한 복지 욕구의 차원에 입각하여 '물질적 욕구와 상징적 욕구 해소 주체의 불일치', '이익집단 간 정책 안정성에 대한 상이한 해석'으로 분석할 수 있다. 먼저 '물질적 욕구와 상징적 욕구 해소 주체의 불일치' 차원에서 살펴보면, 초등돌봄교실에서 제공하는 돌봄이라는 자원은 물질적 가치로 바라볼 수도 있으며 동시에 상징적 의미로도 바라볼 수 있다. 전자의 경우 돌봄 대상 아동들이 받는 돌봄서비스 그 자체를 의미한다면, 후자의 경우는 사적 돌봄과 비교하여 공적 돌봄이 갖는 상징성을 의미할 것이다. 학부모들은 자녀에게 양질의 돌봄서비스를 제공하길 원하는 동시에 국가가 주도하고 책임지는 공적 돌봄을 수혜받길 원한다. 그런데 문제는 학부모의 물질적 욕구를 해소하는 주체와 상징적 욕구를 해소하는 주체가 일치하지 않는다는 점에 있다. 정책을 형성하며 공적 돌봄의 이미지를 만드는 주체는 교육부이지만, 돌봄서비스를 제공하기 위해 예산을 마련하는 주체는 각 시·도교육청인 것이다. 이에 따라 실제 현장에서 초등돌봄교실 정책이 실현되는 양상에 지역별 차이가 발생하게 되었고, 예산 부담을 둘러싸고 많은 이해관계자 간의 논쟁을 초래하였다.

이어서 '이익집단 간 정책 안정성에 대한 상이한 해석' 차원에서 초등돌봄교실 정책의 패러독스 원인을 살펴볼 수 있다. 정책은 안정성을 필요로 하며 복지정책은 정책적 안정성이 요구된다. 그런데 복지정책의 안정성을 둘러싸고 초등돌봄교실을 운영하는 이익집단의 해석과 요구가 상이하여 갈등이 발생하였다. 교원은 체제 일원화의 관점에서 안정성을 바라보며, 교사에게서 돌봄 업무를 배제시키고 지자체 관찰의 운영을 통해 돌봄서비스와 정책의 안정화를 꾀해야 한다고 주장한다. 반면에 돌봄전담사들은 안정성을 심리적·신체적·물질적 안정감으로 바라보며, 학교와 교육청의 관할 하에 확보할 수 있는 학생과 학부모, 그리고 돌봄전담사의 안정감을 위해 돌봄교실이 운영되어야 한다고 주장하고 있다. 이처럼 초등돌봄교실 정책의 안정성을 둘러싼 상이한 해석에서 비롯된 각 이해관계자의 상충된 요구로 인해 돌봄 운영기관을 둘러싼 갈등이 심화되고 있다.

3) 정책 유지 과정에서 패러독스의 지속 또는 해소

교육부가 2021년 8월에 제시한 '초등돌봄교실 운영 개선방안'은 초등돌봄교실 운영 주체 간의 갈등을 해소하려는 노력으로 보인다. 기본적으로 시·도교육청과 학교 여건을 고려하여 초등돌봄교실 운영의 사율성을 인정하는 기조를 보이는 동시에, 교육부의 개선방안을 반영한 2022년 초등돌봄교실 운영 길라잡이를 개정하여 제공한다는 점, 국가시책 특별교부금 사업을 추진하고 초등돌봄교실 시설 확충을 위해 예산 지원을 지속한다는 점은 지역 간 불평등을 해소하고 형평성을 확보하기 위한 노력으로 보인다. 다시 말하면, 교육부가 초등돌봄교실의 기본적인 틀을 형성하고 각 시·도교육청에 재정적인 지원을 제공함으로써 학부모의 물질적 욕구와 상징적 욕구를 모두 충족할 수 있도록 개선방안을 제시한 것으로 볼 수 있다. 또한, 교육부는 돌봄전담사의 업무시간을 확보하고, 전담사 주도의 돌봄 업무

수행 여건을 조성하는 방안을 제시하며, 교육청 주도의 거점형 돌봄 운영으로 교원의 돌봄 관련 업무 부담경감 모델을 제시하기도 하였다. 이러한 시도들은 행정업무를 둘러싼 담당교사와 돌봄전담사 간의 갈등을 해소하려는 노력으로 볼 수 있다. 이러한 방안들은 수혜자들의 물질적 욕구와 상징적 욕구를 모두 충족하기 위한 조치로 보이며, 정책 안정성에 대한 각 이익집단의 해석을 모두 존중하는 방안을 모색함으로써 정책 패러독스를 해소하려는 노력으로 비쳐진다. 다만, 교육부의 '초등돌봄교실 운영 개선방안'은 현재 이슈화되는 초등돌봄교실의 지자체 이관에 관한 내용을 다루지 않고 있으며, 여전히 지자체 이관을 둘러싼 운영 주체 간의 논쟁이 계속되고 있다는 점에서 갈등은 계속될 것으로 예상된다.

다. 운영내용의 패러독스

1) 패러독스 현상

초등돌봄교실의 성공적인 운영은 수요자인 학부모와 학생의 필요에 따른 돌봄교실의 양적 측면과 돌봄교실 운영의 목적 달성과 관련된 질적 측면에 달려 있다(김창복 외, 2020). 초등돌봄교실 운영내용의 양적 측면을 돌봄교실 수, 참여 학생 수, 돌봄 참여 학년, 돌봄 운영시간, 돌봄 인력 등의 요소와 관련된 것이라고 본다면, 질적 측면은 돌봄교실이 본래 목적에 충실하게 기여하고 있는가, 돌봄서비스가 학부모와 학생들에게 실질적으로 도움을 제공하는가 등에 대한 요소로 살펴볼 수 있다.

먼저, 양적 측면을 살펴보면 초등돌봄교실 공급은 최근 10년간 해를 거듭하여 급속도로 팽창해왔다. 구체적으로, 돌봄교실 수는 2010년 6,200실에서 2020년 14,278실로 2배 이상 증가하였다(교육부, 2021). 이에 따라 참여 학생 수도 대규모로 증가하여 2010년 104,396명에서 2020년 256,213명으로 2배 이상 확대되었다(교육부, 2021). 또한, 시행 초기 초등학교 저학년 대상의 일부 보육 사업으로 운영된 초등돌봄교실의 돌봄 참여대상은 고학년까지 확대되었다. 돌봄 운영시간 역시 확대되어 현재 초등돌봄교실은 아침돌봄, 오후돌봄(방과후연계형 포함), 오후연장형 및 저녁돌봄 등으로 구분되어 시간대별 돌봄서비스를 제공하고 있다. 초등돌봄교실이 다방면에서 확대되어온 만큼 이를 담당할 돌봄 인력 역시 확충되어 왔다.

그러나 돌봄의 급속한 양적 팽창 이면에는 현실적인 문제가 자리했다. 기본적으로 돌봄은 별도 공간을 활용하여 제공되는 특성상 공간 확보가 핵심이지만, 지역별·학교별 여건 등에 따라 학교 내 가용 공간 확보 여건이 상이한 만큼 학교 내 추가 공간 확보는 상당히 제한적이었다(교육부, 2021). 이에 교육청과 학교 현장은 교내 추가 공간을 확보하는 과정에서 어려움을 겪어야만 했다. 일례로, 확대 운영에 대한 부분이 차년도 예산에 제대로 반영되지 않아 안정된 재원을 확보하지 못해 오히려 서비스 질의 악화를 초래하는 경우도 있었으며(심정미, 채현탁, 2015), 교실 증설로 인한 운영비 부족을 이유로 프로그램 운영비를 축소하는 경우도 있었다(경기지역 초등돌봄교실 사례, 2014). 교내 유휴교실이 없어 돌봄 전용교실을 마련할 수 없는 학교의 경우에는 정규 수업이 끝난 오후 시간에 일반교실이나 도서실을 사용하는 돌봄겸용교실을 활용하였는데, 2020년 기준으로 돌봄겸용교실의 비율은 21.7%에 이르고 있다(교육부, 2021). 주로 저학년을 맡은 저경력 교사가 돌봄겸용교실을 사용하였는데, 해당 교사들은 돌봄겸용교실 사용이 교사의 복지를 저해하는 것은 물론, 수업 준비에 차질을 초래한다며 불만을 호소하였다. 교실을 빌려 써야 하는 돌봄전담사의 입장 역시 불편하긴 마찬가지였다. 이에 돌봄겸용교실을 운영하는 학교의 경우 돌봄전담사 지원자가 부족한 문제가 발생하기도 하였다. 이러한 이유들로 일부 학교의 경우는 돌봄겸용교실을 사용하는 대신 특별실을 돌봄전용교실로 개조하여 사용하기도 하였지만, 특별실이 학생 교육활동의 질을 높이기 위해 존재한다는 점을 고려하면, 돌봄의 확대가 학교 교육활동에 지장을 가하는 것은 마찬가지였다. 즉, 돌봄교실의 확대가 돌봄 보육과 학교 교육, 양측 모두의 질적 하락을 초래할 수 있다는 위험성이 제기되었다.

> 원래도 교사들은 돌봄 업무가 교사한테 오기 때문에 좋아하지 않는데, 저희 학교처럼 여유 교실이 전혀 없는 상황에서 겸용교실까지 사용하게 되면 좀… 굉장히 부정적이죠. 정말 하루 종일 아침에 와서 부터 퇴근할 때까지 한순간도 쉬지 않고 교사가 업무하는 공간에서 학생들의 소리가 끊이지 않는다는 건 정말 겪어보지 않으면 모를 정도로 극심한 스트레스에 시달리는 거거든요. 정말 교사의 복지를 전혀 고려하지 않는거고... (담당교사H)

> 선생님들도 담임 선생님들도 많이 힘드시겠지만 저희도 겸용교실을 쓰면 어쨌든 지금 저희 학교 같은 경우에는 유휴 교실이 없어서 자리에 다니는 분이 항상 계셔요. 네, 그러니까 저희는 항상 공개 수업을 하는 마음으로. 그래서 저희 학교는 지원자가 없습니다. (돌봄전담사G)

학년 진급에 따라 학생들이 초등돌봄교실을 이탈하고 있는 것 역시 돌봄교실의 질적 성장과는 괴리가 있는 것으로 보인다. 2020년 초등돌봄교실을 이용하고 있는 256,213명의 아동 중 1~2학년 학생이 차지하는 비율은 약 86%에 육박하며 5~6학년의 경우는 3.4%에 지나지 않을 만큼 고학년들의 참여율은 저조하다. 교육부는 2014년부터 초등돌봄교실 이용 대상의 확대를 추진해왔지만 여전히 답보상태에 있다. 초등돌봄교실 이탈 문제를 다룬 황인규(2021)는 학부모들이 자녀의 학년 진급에 따라 변화한 자녀 돌봄 및 교육에 대한 그들의 요구를 초등돌봄교실이 충족시켜주지 못하기 때문에 이탈하게 된다고 보았다. 결국, 초등돌봄교실은 학생의 진급에 따른 교육서비스를 제공받기를 원하는 학부모의 요구에 대응하지 못하는 '정체된 조직'이자, '교육이 빠진 조직'이라는 의미를 형성하게 된다(황인규, 2021). 이러한 내용은 돌봄관계자들이 현재의 초등돌봄교실이 교육이 아닌 보육에 지나지 않으며, 시간 때우기와 안전한 공간 제공 그 이상의 역할을 수행하지 못하는 질적 고착상태에 있다고 보았다는 점도 같은 맥락에서 바라볼 수 있다.

> 돌봄이 사실 그래요. 아이들의 양적 질적 훌륭한 교육을 위해 쓰이기보다는 잠시 맡아줄 공간, 시간을 때우는 역할만 하고 있다고 생각해요. (담당교사I)

마지막은 돌봄 인력의 문제로 초등돌봄교실의 확대에 따라 돌봄 인력이 확충되어 왔지만, 전국적으로 표준화된 규정의 미비로 인해 돌봄 전담사의 근무환경과 전문성 확보의 문제는 크게 개선되지 않았다. 시간제 근무, 지역별 근로시간과 임금규정 등의 차이에 따라 발생하는 돌봄전담사의 처우 문제는 이미 여러 연구에서 꾸준히 제기된 바 있다(김창복 외, 2018; 오시영, 전주성, 2018). 또한, 급격하게 늘어난 돌봄전담사 수요를 단기간에 충당하는 과정에서 인성이나 실력 면에서 검증되지 않은 돌봄전담사가 채용되는 경우도 존재했다. 채용된 돌봄전담사를 대상으로 한 역량 강화 교육도 미흡하게 이루어져 개인이나 집단 단위로 이루어지는 자율연수에 의존하는 경우가 대부분인 것으로 나타났다. 이상의 돌봄전담사 처우 문제와 역량 강화 문제는 초등돌봄의 질을 담보하지 못하게 만드는 주요 요소로 작용하게 되었다.

> 아무래도 그게 양적으로만 솔직히 좀 늘어나다 보니까 사실은 그게 일자리 창출하고 또 맞물려 가지고, 경력 단절된 저희 같은 어쨌든 주부들한테 이런 어떤 돌봄이라는 취지하고 처음에 이제 그런 게 맞아떨어지면서 일자리는 많이 확대가 된 건 맞아요. 그런데 사실은 그게 양적으로만 늘어났지, 질적인 거에까지 신경을 쓰지 못하다 보니까 이제 너무 많은 어쨌든 이것도 시험을 보거나 하지 그 면접은 보는데 이제 서류 전형하고 면접을 보기는 해요. 교육 공무원직이라서. 그런데 너무 막 많이 한꺼번에 늘어나다 보니까 정말 그냥 단지 일자리만 좋아서 참여하시는 그런 분들도 사실은 많아요. 그냥 집에서 이제 시간 한 4시간 정도밖에 안 되니까 그냥 아르바이트하듯이 이렇게 그냥 편하게 해서. 어차피 이게 이제 자격 기준이 있어서 보육교사 자격증 그리고 초중고 자격증이 있으면 있는데 보통 이제 예전에는 그런 자격증들을 가지고 거의 장롱 면허처럼 똑같이 사용하지 않다가 이제 그래도 여기 와서는 이제 그 자격증을 이제 쓸 수 있게 되니까 이제 많이들 지원하시고... (돌봄전담사G)

2) Stone의 관점에서 본 원인

초등돌봄교실 정책 운영내용을 둘러싼 패러독스 현상이 발생한 원인은 Stone(2002)이 제시한 복지 욕구의 차원에 입각하여 '정책운영 결과로서 양적 성과의 강조'로 분석할 수 있다. Stone(2002)에 의하면 복지는 객관적으로 측정하기 어렵고 정의하기 어려운 질적 요인, 주관적 요인에 많이 의존한다. 그러나 정부는 복지의 질적 측면보다는 객관적 수치로 내세울 수 있는 양적 측면에 집중하는 태도를 보임으로써 복지 수혜자들의 질적 욕구를 충족하는 데 한계를 보이는 것으로 나타났다.

해마다 초등돌봄교실을 이용하는 학생 수는 증가해왔지만, 그 수치 자체가 돌봄의 질적 성장을 증명하진 못했다. 오히려 단위학교에서 돌봄교실을 마련하기 위해 추가 공간을 무리하게 확보하는 과정에서 예산의 한계로 프로그램이 질적으로 하락하는 경우가 발생했다. 또한, 초등돌봄교실의 주 이용 대상인 저학년 학생들이 학년을 진급함에 따라 초등돌봄교실을 이탈하는 현상을 보였는데, 이는 초등돌봄교실이 복지 수혜자들의 주관적이고 질적인 욕구를 충족하지 못하고 있음을 반증하는 것이기도 하다. 보다 많은 학생을 수용하며 양적 성과를 높이려는 노력이 학생 진급에 따른 맞춤형 교육에 대한 학부모의 요구를 반영하지 못하는 결과를 초래한 것이다. 한편 돌봄교실의 양적 팽창에 따라 돌봄 인력이 확충되었으나, 돌봄전담사의 처우 개선과 역량 강화에 대한 문제를 소홀히 하여 초등돌봄교실 운영이 질적으로 하락할 수도 있는 우려도 있었다. 결국, 가시적인 양적 성과에 집중하려는 노력이 초등돌봄교실의 질적 성장을 저해한 것이다.

물론 초등돌봄교실의 질적 성장이 전혀 없었다고 단정할 수는 없다. 막대한 예산이 투입되는 만큼 각 단위학교는 돌봄 프로그램의 다양화를 추구하며 돌봄서비스의 질 향상을 추구했다. 이에 많은 돌봄 관계자들은 돌봄교실의 질적 성장에 대해 긍정적인 반응을 보였고, 학부모 역시 높은 만족도를 보였다. 2014년 이후 학부모 만족도 전수조사에서 학부모들은 매년 92.5%에서 95.7%의 높은 만족도 수준을 보였다(김창복 외, 2020). 주관적 행복의 개념을 초등돌봄교실이라는 복지를 측정하는 데 활용한다면, 학부모의 높은 만족도는 초등돌봄교실의 질적 성과를 증명한다고 볼 수 있다. 그러나 객관적인 기준의 문제점을 피하고자 활용한 주관적 만족도 측정을 위해 객관적 지표를 활용한다는 것은 또 다른 패러독스를 초래하게 된다. 만족도라는 객관적 수치로 복지 수혜자들의 질적 욕구가 진정으로 충족되었는지 판단하기란 어려운 일이기 때문이다.

3) 정책 유지 과정에서 패러독스의 지속 또는 해소

최근 교육부는 초등돌봄교실 확대 정책 속에서 초등돌봄교실의 질 관리를 제대로 하려는 노력을 기울이며 양적 팽창과 질적 성장을 모두 추구하는 방향으로 정책을 제시하였다. 2021년 8월 발표한 '초등돌봄교실 운영 개선방안'에 따르면, 교육부는 증대되는 돌봄 수요를 충족하기 위해 계획대로 돌봄교실 공급 물량 확충을 추진하여 돌봄 공간을 확보하는 동시에, 시설 개선 등으로 돌봄의 질 제고를 위한 노력을 지속하겠다고 밝혔다. 그리고 방과후·돌봄 통합 프로그램 운영 모델을 제시함으로써 다양한 돌봄 수요를 충족하려는 시도는 돌봄 수요자의 질적, 주관적 요구 충족에 부합할 것으로 보인다. 또한, 돌봄전담사의 적정 근무시간을 확대하라는 교육부의 권고에 따라 각 시·도교육청은 돌봄전담사 상시전일제 전환을 확정했거나 시행할 예정이다(뉴시스, 2022.02.22.). 이와 같은 조치는 돌봄전담사의 처우를 개선하는 동시에 학부모의 수요를 반영한 저녁돌봄이 실질적으로 운영되도록 하여 돌봄의 질을 높일 것으로 기대된다. 더불어 돌봄전담사를 대상으로 한 돌봄교실 운영 실무 콘텐츠를 개발·보급하여 원격연수과정을 운영하고 학교 및 교육(지원)청 단위의 실습 교육 연수를 강화겠다는 교육부의 계획은 돌봄전담사의 역량 강화에 기여할 것으로 보인다. 다만, 상기 정책이 각 교육청과 학교 단위에서 실현될 수 있을지는 미지수이며, 교육부의 '초등돌봄교실 운영 개선방안'에서는 돌봄겸용교실에 대한 문제, 고학년의 돌봄 이탈 등의 문제 해결에 대해선 상세히 다루지 않았다. 이러한 관점에서 초등돌봄교실 운영내용을 둘러싼 갈등이 완전히 해소되긴 어려울 것으로 보인다.

5 정책적 시사점

초등돌봄교실 정책은 대표적인 교육복지정책으로 정책 입안 시기부터 지속적으로 사교육 대체제로서의 초등돌봄교실 운영, 돌봄 수혜대상 범위, 예산 배분의 형평성 및 자율성, 정책 수행 기관의 책무

[표 4.4] 초등돌봄교실 정책의 패러독스 현상과 원인

구분	복지 욕구 차원	패러독스 현상	원인
운영 목적	내재적 vs 도구적 변동성 vs 안정성 개인적 vs 관계적	보육으로서의 돌봄 vs 사교육 대체제로서의 돌봄	정책 목표와 초등돌봄교실 현장에서 정책 실행에서의 주안점 및 가치의 차이
		소외계층 우선 혜택 vs 돌봄 기회 균등	
		부모의 돌봄권 vs 아동의 돌봄수혜권	
운영 기관	물질적 vs 상징적 변동성 vs 안정성	예산 부담: 중앙정부 vs 지방정부	물질적 욕구와 상징적 욕구 해소 주체의 불일치
		초등돌봄교실 운영: 지자체 vs 교육청(학교)	이익집단 간 정책 안정성에 대한 상이한 해석
운영 내용	양 vs 질 절대적 vs 상대적	돌봄교실 공간 확보 vs 프로그램 질 제고	정책운영 결과로서 양적 성과의 강조
		이용자 확대 vs 학생 맞춤형 교육	
		돌봄인력 확충 vs 돌봄전담사 처우 개선·자격 강화	

성, 돌봄교실 운영의 양적 팽창과 질적 성장, 돌봄전담사의 처우 등에 관한 정책에 대한 이슈가 발생하고 패러독스 현상이 나타났다. 초등학생들을 대상으로 하는 돌봄서비스 제공에는 동의하지만, 그 운영목적, 운영주체, 운영내용 상의 패러독스가 나타난 것이다. 분석결과를 토대로 초등돌봄교실 정책의 패러독스 현상 및 원인을 정리하면 [표 4.4]와 같다.

또한 [표 4.4]에서 확인할 수 있는 바와 같이 Stone의 복지 패러독스에 나타나는 복지정책을 실행할 때 발생하는 여섯 가지의 복지 욕구 차원이자 배타적인 가치들이 초등돌봄교실 정책의 패러독스 현상이 발생하는 데에도 작용하였다. 한편 초등돌봄교실 정책 패러독스 현상들은 사회변화와 현장 중심의 정책운영에 따라 정책 수행 기관의 책무성에 관한 패러독스와 같이 지속되거나 돌봄수혜 대상 범위 및 돌봄전담사의 처우에 관한 패러독스와 같이 해소되는 경향이 나타났다. 이상의 연구 결과들을 바탕으로 초등돌봄교실정책의 패러독스 현상에 대해 다음과 같이 결론을 도출하였다.

첫째, 초등돌봄교실 정책에서의 패러독스 현상은 정책목표의 가치와 현장에서의 운영 간 괴리에 의해 발생하였다. 교육부는 맞벌이 부부의 증가와 사교육비 증가라는 사회 문제를 교육복지 정책가치의 적용을 통해 해소하고자 하였다. 즉, '국가에서 제공하는 교육복지서비스'로 '국가'라는 상징적 의미 및 '교육복지서비스 제공'의 도구적 가치 및 정책 안정성을 제공하고자 하였다. 그러나 초등돌봄교실 운영 현장에서 나타나는 양적·질적 서비스 제공의 물질적 가치, 그리고 즉각적이며 직접적인 필요를 만족시키는 보육 및 사교육 대체제로서의 정책목표 실현과 괴리가 나타났으며, 돌봄서비스 수혜대상의 패러독스도 나타났다. 이상의 정책목표에 따른 패러독스 현상은 초등돌봄교실에서는 보육과

교육이 총체적으로 이루어지고 있는 곳이라는 인식과 더불어 초등돌봄의 대상은 소외계층이나 맞벌이 가정 외에도 돌봄이 필요한 모든 학생들로 확대되는 경향이 나타나면서 해소되고 있는 추세로 분석되었다.

둘째, 초등돌봄교실 정책 운영 주체 간 패러독스 현상은 운영 주체의 불일치 및 정책에 대한 상이한 해석 차이에서 기인하였다. 초등돌봄교실은 돌봄서비스 자체로 물질적 가치를 지니고 있으며 동시에 공적 돌봄이라는 상징성을 내포하고 있다. 공적 돌봄을 제공하는 주체는 교육부이지만 돌봄서비스를 제공하는 주체는 각 시·도교육청으로, 지역에 따라 정책 실현 및 예산 부담의 차이가 발생하였다. 이에 대해 예산 규모 면에서의 지역 간 형평성을 확보하기 위한 지속적인 노력이 나타나고 있으나 예산 분배의 시스템을 마련하여 발생할 수 있는 패러독스 현상들을 개선하고자 하였다. 한편, 초등돌봄교실 지자체 이관과 관련하여 운영하는 집단 간 정책 안정성에 대한 해석이 다르게 나타났다. 교사는 지자체 운영으로 돌봄서비스 제공 및 정책 안정화를 주장하는 반면, 돌봄전담사들은 학생·학부모에게 안정적 서비스를 제공하기 위해 학교 및 교육청의 관할에서 돌봄교실이 운영되어야 한다고 보았다.

셋째, 초등돌봄교실 정책 운영내용에 있어 나타나는 패러독스 현상은 양적 성과를 강조함으로써 가중되었다. 초등돌봄교실 정책 시행 이후 정부는 돌봄서비스 제공의 양적 성장에 집중하여 돌봄수혜자들의 질적 욕구를 충족하는 데 한계가 나타났다. 증가하는 수요를 해소하기 위한 돌봄겸용교실 운영 및 무리한 시간 운영에 따라 운영내용의 질적인 면을 보장하지 못하는 경우가 나타났다. 돌봄인력의 양적 증가에 따라 제공되어야 하는 돌봄서비스의 질적 향상을 위한 역량 강화 및 처우 개선의 문제도 돌봄서비스 제공의 양적인 면에 치중하였기 때문인 것으로 분석되었다. 정책 실행에서 나타나는 패러독스 현상은 돌봄전담사의 처우 개선과 역량 강화를 지속적으로 시행하고 있어 패러독스 현상이 부분적으로 해소되고 있으나 돌봄교실의 질 개선을 위해 지속적으로 제고해야 할 것이다.

이상의 내용을 바탕으로 초등돌봄교실 정책의 시사점을 제시하면 다음과 같다. 첫째, 초등돌봄교실 정책의 운영과정에서 나타난 패러독스 현상과 그 원인에 대해 운영주체 간 관점을 공유해야 한다. 초등돌봄교실 정책은 돌봄에 관한 사회적 요구 반영, Top-down 형태의 정책집행, 관련 집단 간의 업무 및 예산분담 등 다양한 사항들이 혼재하며 패러독스 현상이 나타나고 있다. 이와 같은 패러독스 현상 및 그 원인에 대해 운영 주체 간의 관점을 공유하고 이에 대한 이해를 통해 정책이 목표-수행-결과의 선형적 흐름에 부합하지 않는 문제를 해결하고자 할 때 패러독스가 해소될 수 있을 것이다. 둘째, 초등돌봄교실 정책에 나타나는 패러독스 현상을 인식하고 정책 추진과정에서 패러독스를 해소하기 위한 적극적인 노력이 필요하다. 초등돌봄교실의 운영목적과 같이 사회변화에 따라 점진적으로 해소되는 패러독스 현상도 있지만, 관련 집단 간의 합의 및 이해를 통해 해소될 수 있는 패러독스 현상도 있다. 이렇게 정치적인 해석에 따라 나타나는 패러독스를 해결하기 위한 정책추진자의 의향이 거버넌스의 재구조화 등 추진방식의 변화로 구체화될 필요가 있다. 셋째, 정책에 관한 지속적인 평가와 피드백을 통해 패러독스 현상을 체계적으로 관리할 필요가 있다. 패러독스는 정책을 선형적으로 추진하는 과정에서 정치적 해석에 따라 발생할 수밖에 없는 현상이기 때문에 운영을 위한 여러 부분에서 패러독스 해소를 위한 노력이 필요하다. 비록 정책이 안정화 단계에 이르러 패러독스는 점진적으로 해소되는 추세이지만 지속적으로 정책을 평가하고 피드백 결과를 반영하여 안정적인 정책운영을 할 수 있도록 패러독스 현상의 변화과정을 계속해서 주목할 필요가 있다.

CHAPTER 05

자율성: 대학 구조개혁 정책의 패러독스

1. 대학 구조개혁 정책의 새로운 시각
2. 대학 구조개혁 정책과 페러독스
3. 분석 틀과 방법
4. 대학 구조개혁 정책의 패러독스 현상
5. 향후 대학 구조개혁 정책을 위한 제언

5장에서는 대학 구조개혁 정책이 대학의 자유(자율성)와 밀접하게 연관되어 있다는 점에 착안하여, Stone(2002)이 정책 목표 중 하나로 제시했던 자유(자율성)의 개념에 초점을 맞추어 대학 구조개혁 정책을 둘러싼 패러독스 현상을 분석하였다. 대학 구조개혁 정책에 내재된 정책 패러독스를 분석한 결과를 종합하여 도출한 결론은 다음과 같다. 첫째, 대학 구조개혁 정책의 이면에는 자유와 효율, 자유와 형평이라는 정책목표가 상충하고 있으며, 교육부가 효율과 형평의 가치를 더 우선시함에 따라 대학의 자유가 제한되는 결과가 초래되었다. 둘째, 대학 구조개혁 평가지표 및 평가운영 방식을 둘러싸고 자유와 평등이 상충하고 대학의 자유 및 자유의 제한이 공존하는 현상이 나타나고 있으며, 이로 인해 대학의 자율적 선택권은 여전히 제한되고 있었다. 셋째, 대학 구조개혁 정책 내에서 사후 방침이라고 볼 수 있는 컨설팅 지원은 개입주의 패러독스의 모습을 나타내고 있으며, 이로 인해 대학과 교육부 사이의 갈등이 초래되었다. 이러한 결론을 바탕으로 향후 대학 구조개혁 정책이 나아가야 할 방향에 대해 제언하였다.

주제어 **대학 구조개혁 정책, 대학 기본역량 진단, 정책 패러독스, 자율성**

1 대학 구조개혁 정책의 새로운 시각

출생률 저하로 인한 학령인구의 급격한 감소, 대학교육에 대한 혁신 요구 등으로 인해 오늘날 한국의 고등교육은 변혁기를 맞고 있다. 고등교육의 대중화와 더불어 1996년 대학설립준칙주의 도입 이후 대학은 점차 그 숫자가 늘어났지만, 오늘날 저조한 출산율이 사회적 문제로 대두되며 입학자원 감소가 현실화되고 있다. 또 한편으로는 미래 환경 변화에 따라 국가사회가 대학교육에 기대하는 바가 이전과 달라짐에 따라 교육의 질에 대한 관심이 높아지고 있다. 이러한 환경 변화 속에서 변화 상황에 대한 대학의 능동적인 대처가 지지부진함에 따라 정부 주도로 대학을 구조개혁하고자 하는 움직임이 1990년대 후반부터 조금씩 나타났다. 이러한 움직임은 김대중 정부의 1998년 국립대학 구조조정 계획, 2000년 국립대학 발전계획 등에서부터 시작되었다고 할 수 있지만(이용균, 2018), 본격적으로 정부주도의 대대적인 대학 정원감축을 시도한 것은 박근혜 정부부터였다(이기종, 2015).

박근혜 정부와 문재인 정부 교육부에서는 대학교육의 질 제고와 학령인구 감소에 따른 대학 정원감축이라는 대학 구조개혁 목적을 내세워 지난 2015년과 2018년 두 차례에 걸쳐 대학 구조개혁 정책을 실시하였다.[1] 그러나 대학 구조개혁 정책은 미래 환경 변화에 따라 정부주도하에 고등교육 분야에서 선제적으로 변화를 꾀하는 것임에도 불구하고, 여러 문제점이 발생하는 것으로 나타났다(유은혜, 2016; 김종성, 2018; 이기종, 2015; 임은희, 2019; 김성곤, 2019). 특히, 1주기 대학 구조개혁 평가결과를 통해 나타난 문제점을 2주기 대학 기본역량 진단으로의 변화를 통해 개선하고자 하였으나 여전히 이에 대한 비판이 제기되고 있다(김종성, 2018).

대학 구조개혁 정책은 앞서 기술한 바와 같이 표면적으로는 합당한 목적으로 시행되는 것처럼 보이지만, 실제로는 이를 둘러싸고 수많은 쟁점들이 제기되었다(신현석, 2016). 그중에서도 대학 구조개혁 정책의 추진과정에서 다양한 의미와 가치의 해석을 둘러싼 충돌이 지속적으로 나타났는데, 대표적으로 대학의 자율성과 정부의 개입 간 충돌이 발생하는 것을 예로 들 수 있다. 아울러, 이 과정에서 많은 지방대학이 정원감축의 부담을 떠안게 되며 평가의 목적에 대한 비판도 제기되었다(김종성, 2018; 유은혜, 2016). 이는 표면적인 정책의 성과에도 불구하고 정책갈등과 불순응이 상존하고 있음을 확인할 수 있게 해준다. 3주기 대학 기본역량 진단 시행을 앞두고 있는 시점에서 그동안의 대학 구조개혁 정책을 되돌아보고 향후 정책이 나아가야 할 방향에 대해 숙고해 보는 것은 의미가 있으리라 생각된다.

패러독스 관점은 두 개 이상의 대립적이고 배타적인 요소가 동시에 존재하거나 상충하는 상황을 합리적 관점에 비해 보다 잘 포착할 수 있게 해준다(정명호, 1997). 최근에 정책 추진과정이 형성, 결정, 집행 및 평가의 단계를 거치는 동안 발생하는 패러독스를 의미하는 정책 패러독스는 정책이 진행되는 과정에서 발생하는 역설적 현상을 잘 설명해 낼 수 있다는 점에서 최근 새롭게 각광받고 있다(김종길,

---

1 박근혜 정부에서는 전국의 모든 대학들에 대해 대학 구조개혁 평가를 통해, 문재인 정부에서는 대학 기본역량 진단을 통해 평가 및 진단 결과에 따라 입학정원 감축 및 재정지원 제한을 적용하였다.

2001). 특히, 정책 패러독스를 하나의 관점으로 확립한 Stone(2002)은 정책에 대한 해석적 시각의 중요성을 언급하며, 정책 분석의 범주로서 정책목표, 정책문제, 정책도구를 제시한 바 있다(윤견수, 2014: 507-508). 정책 패러독스는 1990년대 이후 합리모형이나 합리적 관점에서 발견되는 '역설'이라는 이름의 한계를 논증하는 분석적 개념 틀 혹은 관점으로 활용되어 왔지만, 교육정책 분야에서의 패러독스 관점의 활용은 아직 생소하다고 할 수 있다(이인수, 2017; 이예슬, 2020; 신현석, 김한솔, 안희진, 2020; 신현석 외, 2020). 특히, 대학 구조개혁 정책처럼 상충하는 가치의 충돌로 인해 발생하는 패러독스 현상을 분석한 연구는 찾아보기 힘들다.

이에 본 장에서는 대학 구조개혁 정책을 둘러싸고 발생하는 가치 충돌 현상을 패러독스 관점에서 분석하고자 한다. 구체적으로, 본 연구는 연구대상으로 삼고 있는 대학 구조개혁 정책이 대학의 자율성을 제한하는 측면이 있다(윤지관, 2014)는 점에서 Stone(2002)이 제시했던 정책목표 중 자유(liberty)의 개념에 초점을 맞추어 대학 구조개혁 정책의 이면에 존재하는 패러독스 현상에 관해 탐구하고자 한다.[2] 이를 위해, 먼저 대학 구조개혁 정책의 추진과정과 결과에 대해 알아보고, Stone(2002)이 대안적 관점으로 제시한 정책 패러독스 및 자유와 관련된 패러독스에 대해 살펴보았다. 다음으로, Stone (2002)이 정책 목표로 제시했던 다른 개념들과 함께 자유의 개념을 중심으로 하여 대학 구조개혁 정책에 내재되어 있는 패러독스 현상을 분석하였다. 마지막으로, 이러한 결과를 바탕으로 대학 구조개혁 정책이 나아가야 할 방향에 대해 제언하였다.

2 대학 구조개혁 정책과 패러독스

가. 대학 구조개혁 정책

1) 추진과정 및 추진계획

우리나라 대학은 1980년대 졸업정원제, 1990년대 대학설립준칙주의 도입 등의 정책으로 인하여 급격하게 양적으로 팽창되었다(김성곤, 2019). 하지만 2000년대 이후 출생아 수는 현저하게 급감하기 시작하였고 일각에서 대학 정원을 축소하여야 한다는 목소리로 표출되었다. 출생아의 감소가 학령인구 감소로 이어지자, 2018년에는 대학입학 정원과 고등학교 졸업자 수 간 역전현상이 발생하고 2020년

---

2 자율성(自律性)은 '자기 스스로의 원칙에 따라 어떤 일을 하거나 자기 스스로 자신을 통제하여 절제하는 성질이나 특성'을, 자유(自由)는 '외부적인 구속이나 무엇에 얽매이지 아니하고 자기 마음대로 할 수 있는 상태'를 의미하는 것으로서(국립국어원 표준국어대사전, 2008.10.9.) 주체적으로 행위할 수 있는 특성이나 상태를 의미한다는 점에서 공통적이다. 실제로 자유(liberty)의 어원인 libertas는 자율성(autonomy)의 의미를 포함하며, Stone (2002) 또한 정책 패러독스를 설명하는 과정에서 개인의 자유와 자율성을 혼용하고 있다. 아울러 대학의 자율성 논의는 고등교육 부문에서의 자유시장적 원칙에 기반을 두고 있다(변기용, 2009). 이에 본 장에서도 이러한 기존 연구의 논의에 따라 자율성과 자유를 혼용하였음을 밝혀둔다.

이후에는 미충원 인원이 급격하게 증가할 것으로 예상되었다(반상진, 2015). 대학에서 학생은 자원이며 학생 수의 감소는 자원의 감소와 결부되는 문제이다. 즉, 입학정원을 확보하지 못하는 대학은 재정 수입에 타격을 받을 수밖에 없다. 이와 같은 실정에 교육부(2014.01.29.)는 교육의 질과 무관하게 지방대학과 전문대학이 그 주를 이룰 것이며, 결국 고등교육 생태계의 황폐화를 초래하게 될 것이라 예측하였다. 이에 따라 고등교육 수급의 불안정이라는 전망에 대한 선제적 대응의 필요성을 느낀 교육부는 고등교육에 있어 양적 규모는 대폭 경감하면서도 교육의 질은 담보하여 대학의 경쟁력을 제고할 수 있는 적극적인 대학 구조개혁 추진방안을 마련하여 정책을 추진하게 되었다.

박근혜 정부 당시 교육부는 고등교육정책의 근간인 '고등교육 종합발전 방안'을 수립하여 대학 구조개혁의 기본 방향을 밝힌 바 있으며, 대학 구조개혁 추진을 위한 방안 연구를 수행하였다(배상훈 외, 2013). 이후 총 15회에 걸친 토론회를 통해 정책연구팀, 교육부, 대학관계자의 의견수렴과 구조개혁 방안에 관한 권역별 토론회 개최, 대학총장 간담회 개최 등 대학 구조개혁의 필요성과 추진방안에 관한 범사회적 공감대를 형성하고자 하였다. 이러한 정책연구와 의견수렴 결과를 바탕으로 박근혜 정부의 대학 구조개혁은 전국의 모든 대학을 대상으로 하는 일제형 평가로 진행하여 평가결과에 따른 정원 감축 및 재정지원 제한, 대학교육의 질 제고를 위한 새로운 대학평가제의 도입, 지속적 구조개혁을 위한 법적·제도적 기반 구축을 기본 방향으로 추진하고자 하였다(교육부, 2014).

교육부 계획에 따르면 2014년 이후 대학에 입학하고자 하는 학생들의 규모와 2025년 이후 학령기 인구 감소를 고려하여 2023학년도까지 16만 명을 감축하는 것을 목표로 한다. 2014~2022년에 걸친 구조개혁 기간 중 1주기를 3년으로 구분지어 2014~2016년, 2017~2019년, 2020~2022년까지 총 3주기 내 모든 대학의 평가를 실시한다. 각 대학은 평가를 받게 되며 최우수 등급을 받지 않은 모든 대학은 정원 감축의 대상이 된다. 다만, 2014학년도 이후 정원을 선제적으로 감축하는 대학에 대해서는 구조개혁 평가에 따른 감축을 인정한다는 방안을 인정함으로써 대학의 자율적 감축을 유도하기로 하였다. 또한, 구조개혁 평가를 주요 재정지원사업[3]과 연계함으로써 자율적 정원감축도 병행하기로 하였다.

대학의 특성화를 고려하여 교육의 질 제고를 도모하는 구조개혁 평가체제 마련을 위해 기존 정량지표 위주의 평가에서 주기적으로 정량평가와 정성평가를 병행 실시하는 맞춤형 대학평가체제로 개편하고자 하였다. 또한, 대학 운영 전반, 교육과정에 포함되는 모든 영역을 평가 대상으로 지정하여 단순하게 대입 정원 경감에 목적을 두기보다 교육의 질 제고도 함께 추구하고자 하였다. 모든 대학을 대상으로 절대평가를 실시하며 결과에 따라 최우수, 우수, 보통, 미흡, 매우 미흡 등으로 구분하고 등급별 페널티를 부과하여 입학정원 감축, 정부 재정지원사업의 참여 제한 등 자발적인 퇴출을 요구하며 2회 연속으로 '매우 미흡' 등급을 받은 경우 퇴출 조치를 단행한다는 의사를 표명하였다. 대학의 특성화를

3 지방 대학 특성화사업(2,031억 원), 수도권 대학 특성화사업(546억 원), 학부교육 선도대학 육성사업(573억 원), LINC(2,388억 원), BK21 플러스(2,973억 원), 특성화 전문대학 육성사업(2,696억 원)

고려한다는 기본 방향에 걸맞게 평가지표의 설정에 있어서도 공통지표와 특성화 지표로 구성을 하였으며, 일반 대학과 전문대학의 평가지표는 별도로 설정을 하였다. 하지만 국·공립대와 사립대학의 평가지표는 동일하게 적용을 하는 등 각 대학의 특수성을 고려하지 않는 측면도 발견할 수 있었다.

마지막으로, 지속적 구조개혁을 위한 법적·제도적 기반 구축을 위해 교육부는 대학구조개혁위원회를 통하여 구조개혁 정책 전반에 관한 사항을 심의하며 평가를 뒷받침할 수 있는 비상설 평가단을 운영하고자 하였다. 또한, 대학구조개혁위원회의 구성, 대학평가의 기본 원칙 등이 명시되어 있는 법률의 제정으로 평가결과에 따른 정원감축의 법적 근거를 마련하고자 하였다.

2) 1주기('14~'16) 대학 구조개혁 평가결과

교육부(2015.08.31.)는 2015년 4월부터 8월까지 5개월에 걸쳐 산업대와 전문대학을 포함한 총 298개교에 대해 고등교육기관으로서 갖추어야 할 요소[4]에 대해 정량, 정성 지표를 활용하여 대학 구조개혁 평가를 진행한 결과를 발표하였다. 또한, 대학 구조개혁 평가 기본계획을 확정하며, 교육의 질과 직접적으로 관련된 영역의 지표를 통해 각 대학의 체계적인 노력에 대해 평가하고자 하였다. 평가결과와 구조개혁 조치방안의 취지로 학령인구 급감에 대비한 선제적 개혁, 평가결과가 낮은 대학에 대한 강도 높은 구조개혁의 추진, 질적 구조개혁을 위한 다양한 지원방안 마련에의 의지를 밝혔다.

평가결과 발표 후 각 대학에 차등적인 정원감축 비율이 권고되었으나 결과 발표 당시 관련 법안[5]이 국회 계류 중인 관계로 강제적 정원감축은 곤란한 상황이었다. 교육부는 이에 교육 수요자 입장에서 양질의 교육을 받을 수 있는 권리가 요구됨을 내세우며 대학 간의 공정한 경쟁 구도가 확립되어야 한다는 입장을 밝혔다. 더불어 평가결과가 감축으로 이어지지 못할 경우 자율적으로 정원을 감축하였던 대학들의 노력이 실적으로 인정받지 못하는 불합리한 상황의 초래, 대학사회 전반의 혼란에 대한 우려를 드러내며 정원감축을 적극적으로 유도하였다.

[표 5.1] **1주기 대학 구조개혁평가 결과**

등급		A등급	B등급	C등급	D등급	E등급	별도조치[6]	평가제외
학교수	일반	34교	56교	36교	26교	6교	5교	29교
	전문	14교	26교	58교	27교	7교	3교	2교
감축 비율	일반	자율감축	4%	7%	10%	15%	-	7%
	전문		3%	5%	7%	10%		5%

출처: 교육부(2015.08.31.). 대학 구조개혁 평가결과 발표 대학 구조개혁 평가결과 발표.

4 교육여건, 학사관리, 학생지원, 교육성과, 중장기 발전계획, 교육과정, 특성화 등
5 대학평가 및 구조개혁에 관한 법률안(2014.4, 김희정 의원 발의)
6 종교계, 예체능계 위주 등 특수성을 기반으로 하는 대학에 대해서는 평균수준의 감축 비율을 권고하며 별도의 조치를 했다.

한편, 정원감축 결과에 대해 교육부(2015.08.31.)는 정원감축이 수도권대학에서 50% 이상을 차지하였기 때문에 수도권대학과 지방대학 간의 불균형적인 부분이 보정되는 결과를 낳았음을 발표하였다. 하지만 이와 같은 결과는 오로지 대학 특성화 지원사업과는 별개인 평가에 따른 추가 감축만을 두고 주장한 것으로 100명 이상의 정원이 감축된 대학 중 83%를 차지하는 72개의 대학은 지방 소재 대학이었다. 즉, 이로 인해 대량 정원감축의 책임은 지방대에만 부여되었다는 것을 알 수 있는 대목이었다(유은혜, 2016). 또한 지방 소재 일반대학의 2013년 입학정원 대비 감축 비율이 전국 평균(6.4%)보다 높은 7.3%로 나타났으며, 지방 전문대 역시 전국 평균(10.35%)보다 높은 11.3%로 집계되었다. 이러한 결과는 1주기 대학 구조개혁 평가의 최대 피해자는 지방대이며, 결국 대학 구조개혁 평가는 지방대학을 죽이는 정책이라는 비판을 받기에 이르렀다(윤지관, 2018).

3) 2주기('17~'19) 대학 기본역량 진단 결과

1주기 평가 이후 결과의 활용과 대학의 지표적용 및 평가 운영에서의 문제점을 반영하고 대학 규모 조정의 불가피성, 지역균형 발전의 필요성, 고등교육 재정 투자의 효율성을 종합적으로 고려하여 교육부는 2주기에서 대학 구조개혁 평가를 대학 기본역량 진단으로 개명하여 시행하였다(교육부, 2017; 윤지관, 2018). 2주기 대학 기본역량 진단에서도 대학 구조개혁의 기본 방향과 비슷하게 교육의 질 제고와 학령인구 감소에 대응하는 합리적 정원감축이 강조되었다. 질 높은 지역대학의 육성을 목적으로 기존의 6등급 평가체계에서 세세한 등급 구분은 사라지고 자율개선대학, 역량강화대학, 재정지원대학이라 명명하여 권역별로 일정 수준 이상의 대학에 대해서는 대학재정지원제도 개편을 통해 일반재정을 지원하고자 하였다. 1주기 대학 구조개혁 평가 당시 제기되었던, 대학의 자율성이 제한된 채 정부 주도하에 단행된 일방적인 정책이라는 비판을 피해가고자 정원감축을 진단에 따른 권고 사항으로 변경하였다. 또한 권역별 정원 감축 비중의 하한을 설정하고 편제정원 1,000명 미만의 소규모 대학들에는 정원감축을 권고하지 않는 등 합리적 수준의 정원감축 정책이라는 점을 내세웠다. 진단 결과는 개별 대학에 제공되어 맞춤형 컨설팅을 지원하는 등 각 대학의 여건과 성과를 파악할 수 있도록 하였다. 특히, 2주기 대학 기본역량 진단에서는 기존에 연계하였던 대학재정지원사업을 재구조화하여 대학혁신지원사업[7]을 신설하고, 모든 자율개선대학과 일부 역량강화대학에 지원하는 방안을 구축하였다.

하지만 이러한 노력에도 불구하고 일반대학 중 자율개선대학의 비율은 수도권이 70.8%를 차지하였으며, 정원감축 대상으로 지정된 대학의 82.5%에 해당하는 33개 대학은 지방권에 위치한 대학이라

---

7 대학재정지원사업 구조를 3개 유형(국립대학, 일반재정지원사업, 특수목적지원사업), 4개 사업(국립대학육성, 대학혁신지원, 산학협력, 연구)으로 재구조화하였다. 대학혁신지원사업에서는 '18년 대학 기본역량 진단과 교원양성기관 역량진단 결과에 따라 자율개선대학에 'Ⅰ유형, 자율협약형', 일부 역량강화대학에 'Ⅱ유형, 역량강화형'으로 지원하였다. 'Ⅰ유형, 자율협약형'은 대학의 기본역량 제고와 총체적인 혁신성장을 도모하였으며, 'Ⅱ유형, 역량강화형'은 적정 규모화 유도, 대학의 특성화 발전을 지원하고자 하였다.

[표 5.2] 2주기 대학기본역량진단 결과

등급			수도권	대·경·강원	부·울·경	충청	호남·제주	합계
일반 대학	자율개선 대학	권역별 선정	36	16	14	19	15	100
		전국 선정	15	–	1	4	–	20
		소계	51	16	15	23	15	120
	역량강화대학		6	6	4	7	7	30
	진단제외대학		27					27
	재정지원 제한대학	유형 I	–	2	1	1	–	4
		유형 II	1	1	2	–	2	6
	합계							187
전문 대학	자율개선 대학	권역별 선정	23	12	11	13	13	72
		전국 선정	1	4	2	5	3	15
		소계	24	16	13	18	16	87
	역량강화대학		16	4	6	5	5	36
	진단제외대학		3					3
	재정지원 제한대학	유형 I	2	1	–	1	1	5
		유형 II	1	1	1	–	2	5
	합계							136

출처: 교육부(2018.09.03). 「2018년 대학 기본역량 진단」 최종 결과 안내. 보도자료.

는 결과를 낳았다(임은희, 2019:48). 진단방식을 변경하였음에도 불구하고 1주기 대학 구조개혁 평가와 동일한 결과를 낳은 2주기 대학 기본역량 진단은 여전히 '지방대 죽이기'라는 평가와 대학의 자율성을 저해하였다는 비판을 받게 되었다(윤지관, 2019; 임은희, 2019).

4) 3주기('20~'22) 대학 기본역량 진단 계획

고령사회로의 진입, 지식·기술 변화 주기의 단축, 4차 산업혁명 도래 등의 사회변화로 인해 대학에 새로운 기능과 역할의 변화가 요구됨에 따라 교육부(2019a)에서는 대학혁신 지원 방안을 발표하였다. 이에 따라 2019년 8월에 발표된 2021년 대학 기본역량 진단 기본계획 시안(교육부, 2019b)에서는 3주기 대학 기본역량 진단은 대학혁신 지원방안에서 제시한 고등교육 정책 방향 내에서 교육의 질 제고와 대학의 적정 규모화를 지원하고자 하는 것에 목적을 둔다. 대학 자체 계획에 따른 신입생·재학생 충원율을 진단에 반영하고, 대학의 특성화 방향에 따른 융합교육 대학혁신지원사업과의 연계를 통한 교육의 질 제고를 통해 지난 1주기, 2주기 평가(진단)에서 대학의 자율성을 저해하였다는 비판을 극복하고자 하였다. 또한, 2주기 진단에서 권역 대 전국의 선정 비율을 5:1로 설정한 것에 반해, 3주기에서는 9:1로 적용하고 각 진단 지표에서 만점기준을 수도권과 비수도권으로 권역별 분리·적용하는 것을 검토하여 지역대학에 대한 배려를 강화하고자 하였다. 그러나 대학 기본역량 진단의 추진은 교육부가 중심이 되어 진단 지표를 개발하고, 그동안 이어져 왔던 일제형 평가방식을 고수하는 정부 견인 모델로 인한 대학의 자율성 훼손이라는 문제는 여전할 것으로 보인다.

나. 정책 패러독스

1) 패러독스의 개념

패러독스는 흔히 우리말로 역설(逆說)이라고 표현된다. 패러독스의 어원은 넘어섬을 뜻하는 그리스어인 'para'와 견해를 의미하는 'doxa'의 결합으로 이루어져 있다. 즉, 패러독스는 일반적인 견해를 넘어선 것을 의미한다. Cameron & Quinn(1988:2)은 '상호 모순되거나 배타적인 요소들이 동시에 존재하는 현상'을 패러독스로 보았으며, Van de Ven & Poole(1988:22)은 '동일하게 타당한 가정이나 결론 간에 존재하는 실제적이거나 명백한 모순'을 패러독스라고 정의하였다. 학자마다 패러독스의 정의를 조금씩 다르게 하고 있지만, 이와 같은 정의에서 패러독스의 공통적인 요소를 두 가지 확인할 수 있다. 첫째는 두 개의 대립적인 요소가 서로 배타적(mutual exclusivity)이어야 한다는 것이며, 둘째는 이러한 대립적인 요소가 동시에 존재해야(simultaneity) 한다는 것이다(Cameron & Quinn, 1988; 사득환, 박상진, 2013; 정명호, 1997).

패러독스가 정책과정에서 나타날 경우 이를 정책 패러독스라고 한다. 정책은 형성, 결정, 집행 및 평가의 과정을 거치게 되는데, 김종길(2001:88)은 이 중 패러독스와 밀접하게 관련되어 있는 단계가 정책결정단계라고 보았다. 정책결정권자는 정책문제와 관련된 여러 대안이나 가치 중 정책 결정을 내리기도 하는데, 이때의 대안이나 가치가 상충할 경우 결정에 어려움을 겪을 수 있기 때문이다. 특히, 각 대안이나 가치가 정당하고 타당하여 우선순위를 매기기 어려운 경우에는 어려움이 더욱 가중될 수 있으며, 이때 정책 패러독스가 발생한다. 정책 패러독스를 다루는 국내 주요 논의들은 대부분 Stone(1988)에 기반을 두고 있다.

Stone(2002)은 그녀의 저서 『Policy Paradox』에서 사례를 통해 정책 상황에서 나타날 수 있는 다양한 정책 패러독스를 소개하고 있다. 윤견수(2014:515)는 정책 패러독스의 특징에 따라 정책 패러독스의 유형을 네 가지로 구분하였으며, 이는 [표 5.3]에 제시된 바와 같다.

[표 5.3] 정책 패러독스의 양상

구분	정책 패러독스 양상	패러독스의 표현 방식
유형1	한 개념과 그것의 반대 개념의 공존	• 평등한 상황과 불평등한 상황의 공존 • 개인의 자유와 자유에 대한 제한의 공존
유형2	한 개념과 다른 개념 간의 충돌	• 효율성(efficiency)과 평등(equality)의 패러독스 • 효율성과 안전(security)의 패러독스 • 안전과 자유(liberty)의 패러독스 • 자유와 평등의 패러독스
유형3	한 개념을 구성하고 있는 하위요소 간의 충돌	• 효율성을 구성하는 개념인 투입과 산출, 비용과 편익에 대한 상충된 해석 • 좋은 규칙이 지닌 특성 간의 충돌(정확한 규칙 vs 모호한 규칙) • 설득에 대한 해석 간의 충돌(사실과 논리에 근거한 합리적 설득 vs 세뇌와 조작에 근거한 의식화 설득)
유형4	한 개념을 둘러싸고 있는 맥락(조건)들 간의 충돌	• 효율성이 작동하기 위한 맥락 간의 충돌(추상적 맥락 vs 현실적 맥락) • 정책효과를 정의할 때 지지하는 상황과 반대하는 상황 간의 해석 충돌 • 유인(incentives)을 제공하는 맥락과 수용하는 맥락 간 유인의 내용과 효과에 대한 해석의 충돌

출처: 윤견수(2014: 515), 이인수(2017: 61)의 표를 재구성함.

먼저, 첫 번째 유형은 한 개념과 그것의 반대 개념이 공존하는 경우로 패러독스의 본래 의미와 가장 가깝다(윤견수, 2014). 예를 들어, 한 사람의 평등을 보장하기 위해 다른 누군가는 불평등한 상황을 감수해야 한다(Stone, 2002:44-45). 또한, 개인의 자유를 보장하기 위해서는 사회의 질서와 안전이 갖추어져야 하고, 이를 위해 결국 개인의 자유를 일부 제한할 수밖에 없는 상황에 맞닥뜨리게 된다(Stone, 2002:108-109).

두 번째 유형은 한 개념과 다른 개념이 충돌하는 경우이다. 평등과 효율성은 양립할 수 없는 것처럼 보이기도 한다. 효율성을 높인다는 것은 곧 생산적이게 된다는 것과 같고, 이를 위해서는 사람들에게 동기부여를 할 필요가 있는데 일반적으로 불평등한 보상이 동기부여의 기제로 많이 쓰이기 때문이다.

세 번째 유형은 한 개념을 구성하고 있는 하위요소 간 충돌이 발생하는 경우이다. 예컨대, 정확성과 모호성은 일견 상충되어 보이지만, 상황에 따라 정확한 규칙과 모호한 규칙은 모두 좋은 규칙이 될 수 있다(Stone, 2002:288-295). 정확한 규칙은 일관적이고, 공정하며, 예측 가능성을 제공한다는 장점을 지닌다. 하지만 때때로 정확한 규칙은 상황에 따른 개인적, 맥락적 차이를 충분히 고려하지 못하기 때문에 문제가 된다. 이와 반대로, 모호한 규칙은 명확하지 않다는 한계점을 지니지만, 상황에 따른 차이에 민감하게 반응할 수 있다는 점에서 한편으로 좋은 규칙이 될 수 있다.

마지막 네 번째 유형은 한 개념을 둘러싸고 있는 맥락(조건)들이 서로 충돌하는 경우이다. 이것은 앞서 설명한 정책 패러독스의 세 가지 유형을 모두 포괄하는 가장 상위의 유형이다(윤견수, 2014). 이 유형의 예로 유인을 제공하는 맥락과 수용하는 맥락에서 유인의 내용과 효과에 대해 상이하게 해석하는 경우를 들 수 있다. 만약 유인 수용자 입장에서 더 큰 보상을 기대할 수 있는 여지가 있다면, 유인 제공자가 보상으로 간주하여 제공한 유인은 처벌로 여겨질 수도 있다(Stone, 2002:271-278).

2) 정책목표로서의 자유

정책목표는 정책을 통해 이루고자 하는 바람직한 상태로(정정길 외, 2004), 정책 현상을 분석하는 핵심적인 범주 중 하나이다. 정책목표는 정책을 정당화하는 동시에 정책을 평가하는 기준이 되는데(윤견수, 2014), Stone(2012)은 이와 관련하여 『Policy Paradox』에서 형평(equity), 효율(efficiency), 복지(welfare), 자유(liberty), 안전(security)의 다섯 가지 정책목표를 제시하였다. 이 중 정책목표로서의 자유는 본 장에서 초점을 맞추고 있는 대학 구조개혁 정책과 밀접한 관련이 있다. 대학 구조개혁은 정부가 교육개혁의 목적을 가지고 대학평가와 재정지원을 연계하여 대학 구조에서의 변화를 꾀하는 것이다(신현석, 2012). 이 과정에서 개별 대학의 자율성은 일정 부분 제한될 수밖에 없다.

자유는 liberty라고도 하고, freedom이라고도 하는데, 어원을 살펴보면 두 단어의 의미가 조금 다름을 알 수 있다. 전자는 '제한받지 않는', '구속에서 해방된' 상태를 의미하는 라틴어 libertas에서 유래한 반면, 후자는 '사랑받는다'는 뜻의 인도-유럽어 friya에 그 뿌리를 두고 있다. 즉, liberty로서의 자유는 독립성, 자율성을 의미하며, freedom으로서의 자유는 관계성, 소속성을 내포하고 있다(Stone, 2012). 이러한 자유의 어원은 자유의 두 가지 개념으로 연결된다. J. S. Mill은 『자유론(On Liberty)』에서 자기 보호의 예외적인 상황을 제외하고는 누구든 타인의 자유에 간섭해서는 안 된다고 이야기하고 있다(Mill, 1982). 이는 자유의 소극적 개념으로 인간이 자발적인 선택과 행위로써 자유를 실현함을 의미한다(Laski, 1948). 즉, 타인에 의한 간섭이 부재한 상태를 '자유'로 정의한 것이다. 그러나 이러한 관점에서의 자유는 '타인으로부터의 위해'를 기준으로 자유를 판단하기에 한계점을 지닌다. 예를 들어, 저소득층 계층이 기본적인 자원이 부족하여 하고 싶은 것을 선택하지 못하고 어쩔 수 없이 필요한 것을 선택했다 할지라도, 이 상황에 타인에 의한 제약이나 간섭이 없었다면 저소득층 계층이 자유의 상태에서 결정을 내렸다고 보는 것이다. 이와 관련하여, Berlin(1969)은 Mill이 제시한 자유의 개념을 '소극적 자유'로 규정하고, 이와는 다른 '적극적 자유'의 개념을 제시하였다. 구체적으로 개인이 이성적인 자기실현을 이루고, 스스로 자신의 주인이 되며, 국가와 사회 등에 대해 공적 참여를 하는 것을 적극적 자유의 요소로 보았다(이창희, 2017). 이를 위해서는 읽고 쓰는 능력, 교육, 의료 서비스, 소득, 신체적 안전 등 기본적인 조건이 필요한데, 이때 타인과 사회의 적극적인 도움이 요구된다(Stone, 2012). 이러한 맥락에서 적극적 자유의 의미는 관계성, 소속성을 내포하고 있는 자유(freedom)와 맞닿아 있다.

자유에 대한 두 관점은 때때로 상충하기도 한다. 이는 자유라는 하나의 개념을 구성하는 하위요소 간에 발생하는 패러독스로 Stone(2002)의 정책 패러독스 중 유형3과 연관이 깊다. 양가성 개념을 적용하여 혁신학교 운영과정을 분석한 유경훈(2014)에 따르면, 혁신학교의 교사들에게는 상당한 자율성과 권한이 부여되었는데, 이것은 이상적인 자율로 발현되기도 하지만 왜곡된 자율로 나타나기도 한다. 구체적으로, 교사들은 자유롭게 의견을 나눌 수 있는 학교의 수평적인 분위기 속에서 주체적인 의식을 가지고 학교의 문제점을 해결하기 위해 자율성을 최대한으로 발휘하고 있었다. 하지만 일부 교사에게서는 교사에게 높은 자율성이 부여되었다는 점을 이용하여 수업 외 업무를 기피하려는 현상이 나타났다. 이는 교사에게 부여된 자율성이 주체에 따라 다르게 해석될 수 있음을 보여준다. 즉, 자율이라는 하나의 개념에 대해서 학교를 위한 자율과 교사 개인만을 위한 자율이라는 상충된 해석이 가능한 것이다. 이와 유사하게 이예슬(2020)의 연구에서도 혁신학교 정책 확산 과정에서 자율성이라는 동일한 개념이 다르게 해석됨을 확인할 수 있다. 한편에서는 교육과정 운영에 있어 교사의 자율성을 보장하고 학급 운영에 관한 일을 학생들이 주체적으로 결정하는 등 혁신학교 정책의 목표가 달성되는 듯한 양상을 보였다. 그러나 다른 한편으로는 교사와 학생에게 부여된 자율성이 왜곡되어 다른 교사 또는 학생의 권리를 침해하는 모습이 나타나기도 하였다.

Stone(2012)은 이 외에도 자유 개념 내에서 발생할 수 있는 패러독스 양상을 제시하고 있는데, 대표적으로 개입주의(paternalism)와 관련된 패러독스를 들 수 있다. 이것은 궁극적으로 한 개인을 위하는 목적에서 그 사람의 자유를 제한하는 것을 의미한다(Thaler & Sunstein, 2003:175). 예를 들어, 정부는 사람들이 미래에 자유로운 선택을 할 수 있도록 이를 방해하는 것으로부터 사람들을 보호한다. 그런데 이 과정에서 개인의 자유가 제한받게 되며, 개입의 주체인 정부가 의도한 대로 개인이 행동하도록 만들 수 있다. 개인의 자유를 제한하는 것이 궁극적으로는 개인의 이익을 위한다는 점에서 이 또한 자유에 관련된 패러독스 현상의 일종이다.

자유를 둘러싸고 발생하는 또 다른 패러독스 현상으로는 자유와 그 반대 개념이 상충하는 것을 생각해 볼 수 있다. Darling et al.(1989)은 고등교육 분야에서의 재정지원과 관련하여 대학의 자율성과 대학에 대한 규제를 다룬 바 있다. 대학은 정부의 재정지원사업을 수주하기 위해 각종 사업을 자율적으로 진행하지만, 한편으로 정부는 재정지원을 통해 대학을 규제하거나 대학의 자율성을 제한할 수 있다는 측면에서 자유와 자유에 대한 제한이 공존하고 있다(송기창, 2010).

이와 달리, 자유와 다른 개념 간의 충돌로 인해 패러독스 현상이 나타나기도 한다. 예컨대 자유와 평등(equality)의 두 가치가 충돌하는 상황이 이에 해당한다(Sabino, 1952; Stone, 2012). 혜택받지 못한 개인의 평등을 보장해주기 위해서는 다른 개인의 자유가 제한될 수밖에 없다. 인간이 가질 수 있는 기본적인 자원이 한정적이기 때문이다. 또 다른 예로, 자유와 형평의 가치도 서로 충돌할 수 있다. 평등과 형평은 일견 비슷해 보이는 개념인 반면, 의미상의 차이가 존재한다. 앞서 언급한 평등은 같음, 동등함, 균등함을 의미하는 것이다(Stone, 2012). 반면, 형평은 공평함을 고려했다는 점에서 평등과 다르다(Stone, 2012). 형평성은 동등한 자를 동등하게, 동등하지 않은 자를 동등하지 않게 취급하는 것을 의미한다. 즉, 불평등해 보이는 상황일지라도 공평성을 고려했다면 형평성을 보장한다고 볼 수 있는 것이다. 자유와 형평 간의 가치 충돌이 일어나는 사례로 공공기관에서 일정 비율 이상을 지역인재로 선발할 것을 권고 또는 의무화하는 방안을 들 수 있다(김동건, 2020). 자유의 가치를 옹호하는 입장에서는 능력에 따른 지원자들의 자유로운 경쟁을 통해 기업이 적합한 인재를 선발해야 한다고 주장할 것이다. 그러나 출신대학이 중시되는 우리 사회에서의 완전한 자유 경쟁은 지방대학 출신 인재들에게 불리하게 작용할 수 있다. 이에 지방대학 출신의 인재를 일정 비율 이상 선발하도록 함으로써 형평성을 추구하고자 하는 노력이 공공기관의 지역인재 선발로 나타나게 되는 것이다(김동건, 2020; 조경호, 김형성, 2017). 교육 분야에서는 박대권, 이인수, 이예슬(2018)이 자율형 사립고 재지정 취소의 문제를 자유와 형평이라는 정책목표 간의 충돌로 분석한 바 있다. 자율형 사립고 재지정을 둘러싼 충돌은 표면적으로는 교육부와 서울시교육청 간의 갈등으로 보이지만, 그 이면에는 학교선택의 자유를 원하는 학생·학부모와 고교평준화를 이루고자 하는 정부 또는 학생·학부모 간의 가치 충돌이 내재해 있는 것이다. 이는 학교 선택권에 있어 자유와 형평이라는 서로 다른 두 가치가 충돌한 상황으로 파악할 수 있다.

3 분석 틀과 방법

가. 분석 틀

대학 구조개혁 정책은 정원감축과 교육의 질 제고라는 각각의 정당한 목적을 지닌 합리적인 정책으로 보이지만, 그 이면을 들여다보면 서로 다른 가치와 해석이 공존하는 여러 가지 패러독스 현상들이 발견된다. 그중에서도, 본 장에서는 Stone(2012)이 제시한 다섯 가지 정책목표 중 자유(liberty)를 중심으로 대학 구조개혁 정책의 표면과 이면을 파악하고자 한다. 대학의 자유는 일반적으로 학문탐구에서의 자유(academic freedom)와 기관의 자율 운영(institutional autonomy)을 의미하는 행정적 측면에서의 자유로 나눌 수 있다(신현석, 김상철, 장아름, 2020; 변기용, 2009; Volkwein & Malik, 1997). 그렇다면 대학 구조개혁 정책의 맥락에서 대학의 자유와 관련된 이슈는 '개별 대학의 자유로운 학문탐구가 가능한가'의 문제와 '개별 대학의 자율적인 기관 운영이 가능한가'의 문제로 대변될 수 있다. 본 연구에서는 이러한 대학의 자유를 둘러싼 패러독스 현상을 집중 탐구한다.

그동안 많은 연구자들은 대학 구조개혁 정책이 가진 다양한 문제점을 제기해 왔는데(강창동, 2015; 김종성, 2018; 김형란, 김석우, 2019; 신현석, 2012, 2016; 유은혜, 2016; 이기종, 2015; 이용균, 2018; 임은희, 2019), 그중 대학의 자유와 관련하여 상충된 가치와 해석이 공존하고 있는 주제로 다음 세 가지를 주목할 수 있다. 첫째, 정책목표 간의 가치 충돌이다. 대학 구조개혁 정책의 정원감축이라는 목표는 개별 대학이 학문탐구의 자유를 온전히 누릴 수 없게 만들며, 대학 간 형평성 보장을 위한 정부주도의 구조개혁은 대학의 자율성을 제한하는 결과를 초래한다. 이는 정책목표에 내재된 자유와 효율, 자유와 형평 등의 가치가 서로 충돌하는 정책 패러독스로 볼 수 있다. 둘째, 평가지표 및 평가운영 방식을 둘러싼 가치

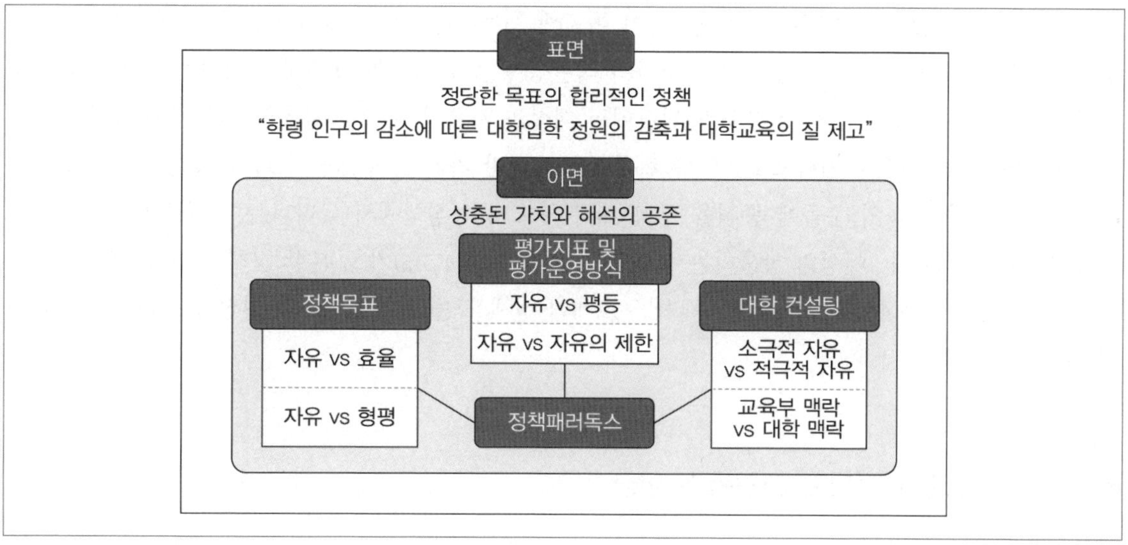

[그림 5.1] **분석 틀**

충돌이다. 평가지표 및 평가 운영방식에서 평등의 가치를 강조하는 것은 개별 대학의 자율적 선택권을 제한하며, 대학의 자율성을 보장하는 방향으로 개선된 3주기 대학 기본역량 진단에서도 여전히 대학의 자율성은 제한된다. 이는 자유와 형평의 가치가 서로 충돌하고, 자유와 자유의 제한이 공존하는 정책 패러독스로 볼 수 있다. 셋째, 대학 컨설팅을 둘러싼 가치 충돌이다. 교육의 질과 대학의 경쟁력 제고라는 명분하에 실시되는 컨설팅이 교육부가 정해놓은 지표에 걸맞은 대학으로서의 개선을 유도함에 따라 오히려 대학의 자율성을 저해하고 있다. 이는 자유의 하위요소인 소극적 자유와 적극적 자유의 충돌이자, 컨설팅을 제공하는 교육부의 맥락과 컨설팅을 제공받는 대학의 맥락 간의 차이로 인해 컨설팅에 대한 해석의 충돌이 발생하는 정책 패러독스로 볼 수 있다. 이를 종합하여 분석 틀을 제시하면 [그림 5.1]과 같다.

나. 분석자료 및 분석방법

본 장에서는 2013년부터 계획된 대학 구조개혁 정책과 관련한 사안을 패러독스의 관점에서 분석하고자 하였다. 본 장에서 주로 사용된 분석자료는 2013년도부터 3주기 평가를 준비하고 있는 2020년까지의 교육부 보도자료, 국회 국정감사 보고서, 연구보고서 등 문헌자료들이다. 이외에도 대학 구조개혁 정책과 관련된 각종 선행연구 자료 등을 활용하여 대학 구조개혁 정책에 내재되어 있는 정책 패러독스를 분석하고자 하였다.

이와 같은 다양한 문헌 자료를 바탕으로, 앞서 제시한 분석 틀에 입각한 문헌고찰을 하였다. 먼저 '정책목표 간의 가치 충돌'에서는 정원 감축(효율성)과 교육의 질 제고(자유), 대학 간 형평성 보장(형평)과

대학의 자율성 보장(자유)이라는 두 정책목표가 어떻게 충돌하는지에 대해 분석한다. 또한 '평가지표 및 평가운영 방식을 둘러싼 가치 충돌'에선 평가의 객관성(평등)과 대학의 자율적 선택권(자유)이 어떻게 충돌하는지, 그리고 3주기 대학 기본역량 진단에서 대학의 자율성 보장과 자율성 제한이 어떻게 공존하는지에 대해 분석한다. 마지막으로, '대학 컨설팅을 둘러싼 가치 충돌'에선 컨설팅 지원에 관한 교육부와 대학 간 맥락 해석의 충돌에 중점을 두고 대학 구조개혁 정책에서 나타나는 개입주의 패러독스의 특징에 대해 분석한다. 이상의 상충하는 요인들이 윤견수(2014:515)가 구분한 정책 패러독스의 네 가지 유형 중에 어디에 속하는지 고찰하여, 대학 구조개혁 정책을 둘러싼 패러독스 현상을 보다 심층적으로 이해하고자 한다.

4 대학 구조개혁 정책의 패러독스 현상

가. 정책목표 간의 가치 충돌

본래 대학 구조개혁 정책은 학령인구 감소에 따른 대학입학 정원의 감축과 대학교육의 질 제고를 정책목표로 출발하였다(교육부, 2014). 현재 대학이 처한 위기를 고려해보면, 이는 일견 합리적인 정책목표로 보인다. 그러나 정책 결정과정은 언제나 가치의 문제와 결부되어 있으며 수많은 가치들을 동시에 실현하기란 불가능하기에, 정책갈등의 야기는 불가피하다(김종길, 2001). 정책목표 역시 가치의 충돌이 발생하는 주요 지점이라고 볼 수 있다. 1, 2주기 대학 구조개혁 정책 추진과정에서는 자유와 효율, 자유와 형평이라는 정책목표가 상충하는 것으로 나타났다.

1) 자유 vs 효율

전술한 바와 같이, 대학 구조개혁 정책은 대학입학 정원의 감축과 교육의 질 제고를 목표로 한다. 두 가지 정책목표 중 대학입학 정원의 감축은 효율의 가치와 관련되며, 교육의 질 제고는 자유의 가치와 연관된다. 먼저 대학입학 정원의 감축 목표를 살펴보면, 교육부(2014)는 반값 등록금 도입 등으로 국민 혈세가 부실대학 연명수단이 되어서는 안 된다는 강력한 사회적 요구를 반영하여 정책을 추진하게 되었음을 밝혔다. 또한, 교육부의 고등교육정책과장은 "정원감축과 함께 효율화를 도모하게 됩니다. 재정지원제한대학 2유형에 대해서는 재정지원을 전면 제한함으로써 강한 효율화를 도모할 예정입니다."라며 효율의 가치를 직접적으로 표명한 바 있다(KTV 국민방송, 2018.09.03). 이를 통해 대학입학 정원을 감축하는 일은 대학재정지원과 연계하여 고등교육 재정 투자의 효율성을 제고하는 것으로 볼 수 있다. 다음으로 교육의 질 제고 목표는 새로운 환경에 대비한 선제적 대응을 함으로써 대학이 보다 질 높은 교육기관으로 발전할 수 있다는 취지에서 설정된 목표이다. 양질의 교육기관으로의 발전은 학문의 발전으로 이어지며, 그 과정에서 대학 구성원들은 학문탐구의 자유를 온전히 누릴 수 있게 된다. 이에 대학 구조개혁 정책은 궁극적으로 대학의 학문탐구의 자유를 보장한다고 볼 수 있다.

그러나 이러한 두 가지 정책목표가 어떠한 체계로 구조화되어 있는지는 분명하지 않다. 대학 구조개혁 정책의 목표체계를 “정원감축 < 대학 교육의 질 제고 < 대학 경쟁력 강화” 형태로 상하 위계화된 것(신현석, 2016:146)으로 볼 수 있는 한편, 두 목표가 각각 별개의 것으로서 병렬적인 체계를 이루는 것으로 볼 수도 있다. 전자의 경우로 본다면, 대학 구조개혁 정책의 목표체계는 일견 개념의 위계 관계를 고려하여 논리적으로 설정된 것으로 보일 수 있다(신현석, 2016). 그러나 대학 정원감축을 통한 부실대학 정리가 교육의 질 제고로 이어질 수 있을지에 대하여 많은 학자들은 의문을 제기해왔다(반상진, 2016; 임재홍, 2016; 신현석, 2016; 김종성, 2018). 한국대학학회는 대학 구조개혁이 학과 통폐합으로, 정원감축 등 구조조정이 평가의 지표 경쟁으로 흐를 가능성이 높으며, 이에 따라 교육과정 조정, 강의시수 상향, 시간강사 대규모 해촉 사태 발생 등으로 인해 대학교육의 질이 오히려 저하될 것이라고 예측하였다(신현석, 2016:146에서 재인용). 또한, 임재홍(2016)도 정책으로 인해 고등교육 황폐화, 기초학문 분야 및 예체능 분야 몰락, 학문 재생산 체계 붕괴를 가져올 것이라고 우려하였다. 후자의 경우로 본다고 하여도, 정원감축의 목표와 교육의 질 제고 목표는 서로 충돌하는 것으로 보인다. 정원감축은 단기적 관점에서 대학의 손해로 나타날 수밖에 없기에, 개별 대학이 재정 수입이 줄어드는 상황에서 우수한 교육을 위해 투자하는 것은 대학의 현실에서 거의 불가능에 가깝기 때문이다. 역으로 대학교육의 질을 높이기 위해선 충분한 투자자금이 필요하므로, 개별 대학은 대학 정원을 줄일 수 없게 된다.

이와 관련하여 눈여겨볼 사항은 계열별 정원감축 규모이다. 대다수의 대학에서 취업률 위주의 평가지표에 큰 기여를 하지 못하는 인문사회계열 중심으로 정원감축을 계획하였기 때문에 결과적으로 기초학문의 심각한 위기를 초래하였다(김종성, 2018). 박홍근 의원의 「2014~2015학년도 대학별 모집단위별 입학정원」의 자료 분석에 의하면 2014학년 대비 2015학년의 입학정원감축 비율은 인문사회계열 56.5%, 예체능계열 17.3%, 공학계열 17.0%, 의학계열 5.9%, 사범계열 3.3%로 나타났다(교수신문, 2015.03.23a). [표 5.4]를 통해 알 수 있듯이, 인문사회계열은 다른 계열에서 줄인 정원을 모두 합친 것보다 많은 정원을 감축한 반면, 자연계열 입학정원은 오히려 증가하였다. 교육부가 대학평가에 취업률을 본격 도입하면서 희생양이 되는 인문·사회, 자연과학 등 기초학문과 예체능계열 학과를 보호하기 위해 특성화 사업을 설계함에 있어 ‘국가지원’ 유형을 따로 뒀음에도 불구하고, 결과적으로는 이들 계열의 학과가 정원감축의 주요 타깃이 되는 역설이 발생하였다(교수신문, 2015.03.23a). 이처럼 규모의 축소와 퇴출 중심의 구조개혁은 학문간 부조화를 심화시켜 결국 학문 후속세대의 기반을 와해시킬 수 있다(반상진, 2015).

[표 5.4] **학문분야별 입학정원 감축 현황**

구분	2014년(명)	2015년(명)	증감인원(명)
인문사회	132,863	127,181	−5,682
자연	52,060	52,648	588
공학	86,290	84,779	−1,711
의학	13,879	13,284	−595
예체능	40,439	38,699	−1,740
사범	17,963	17,629	−334
기타	3,026	3,139	113
전체	346,720	337,359	−9,361

출처: 교수신문(2015.03.23b). 광주지역 가장 많이 줄어 … 91%가 특성화 사업 영향.

이처럼 정원감축을 목표로 한 대학 구조개혁 정책은 개별 대학, 특히 지방대학이 학문 탐구의 자유를 온전히 누릴 수 없게 만든다. 이는 정책목표 간의 충돌로 일컬어지는 정책 패러독스를 시사한다. 효율의 가치와 자유의 가치가 서로 충돌하는 현상은 Stone(2002)이 제시한 [표 5.5]의 정책 패러독스 유형 중 유형 2에 해당한다.

2) 자유 vs 형평

대학 구조개혁 정책이 3주기에 걸쳐 진행되는 과정에서 가장 크게 쟁점화된 이슈는 단연 자율성이다. 교육부는 2주기를 시작하기에 앞서, 1주기 평가에서 발생한 다수의 문제점을 해소하기 위해 현장의 의견을 수렴하였다. 이때 한국대학교육협의회를 중심으로, 교육부 주도의 대학 구조개혁 평가는 대학의 자율성을 훼손하고 서열화를 조장하는 획일적이고 기계적인 평가이며, '대학인증 중심의 구조개혁'을 통해서도 정부가 의도했던 구조개혁 효과를 충분히 거둘 수 있다는 비판이 제기되었다(교수신문, 2017.09.11.). 이와 같은 의견수렴 결과를 바탕으로, 교육부(2017)는 1주기 대학 구조개혁 평가의 중요한 정책목표 중 하나였던 대학 정원감축을 삭제하고, 공공성 강화와 자율성 확대의 목표를 새롭게 제시하였다. 특히 김상곤 사회부총리 겸 교육부 장관이 "양적 정원 조정에 치우친 대학 구조개혁 평가를 대학의 자율적 발전을 지원하기 위한 대학 기본역량 진단으로 개선하겠다"고 밝힌 것(조선에듀, 2017. 11.30.)과 같이, 2주기 대학 기본역량 진단은 자율성 확대에 방점을 두었다.

그런데 대학의 자율성 확보 문제는 국가주의 교육관이 확립되어 있는 우리나라에서 중앙통제적 대학정책에 대한 대학의 항구적인 요구이자 여전히 풀리지 않는 미제이다. 이러한 대학의 자율성 관련 난제는 대학 구조개혁 정책의 맥락에서도 여지없이 발생한다. 대학의 자율성을 중시하는 관점에서 대학 구조개혁은 대학이 자체적으로 구조개혁 취지에 동감하여 자발적으로 정원을 감축하고 교육의 질을 높이려는 노력에서 이루어져야 할 것으로 기대된다. 일례로, 배상훈 외(2013)는 대학 구조개혁 정책 추진전략 중 하나로 '정부가 특별한 조치를 취하지 않고 시장에 맡기는 방안'을 제시하였다. 즉, 시장원리에 기반을 둔 수요자의 선택에 따라 대학의 구조개혁을 진행한다는 것이다. 이에 따르면, 개별 대학은 수요자의 선택을 받기 위해 자율적으로 구조개혁 노력을 하게 된다. 하지만 대학 구조개혁을 시장에 맡길 경우 심각한 지역 불균형이라는 결과가 초래될 수 있다. 배상훈 외(2013) 역시 대학 구조개혁이 시장원리에 온전히 의존한다면, 시장실패의 가능성을 염두에 두어야 함을 지적하였다. 즉, 대학의 실제 교육 역량이나 교육의 질과는 무관하게 대학의 소재지와 기존 명성에 의해 대학 구조개혁이 영향을 받을 수 있다는 것이다. 비슷한 맥락에서 이용균(2018)도 시장원리에 기반을 둔 대학 구조개혁은 수도권대학에 편중된 결과를 낳게 되어 지역 간 균형적 발전을 저해할 수 있음을 지적하였다. 덧붙여 지역균형 발전, 수도권과 지방 간 대학 격차 완화 등 형평의 가치를 고려할 때 정부가 개입하여 대학 구조개혁 정책을 추진하는 것이 적절하다고 언급한 바 있다.

그러나 정부가 주도하는 대학 구조개혁 정책의 대학 간 형평성 보장을 위한 동기는 역설적으로 대학의 자율성을 제한하는 결과를 초래하고, 그러한 동기조차도 정원감축의 지방 편향성이 나타나 소기의 효과를 거두지 못하는 결과를 초래하였다. 1주기 대학 구조개혁 평가는 지방대학의 위기가 지역의 위기, 수도권 대학의 대학원 교육위기, 고등교육의 생태계 황폐화를 초래할 수 있음을 인지하고 이에 대응하는 방향으로 추진되었으나(교육부, 2014), 결과적으로 전체 감축 정원의 약 85.7%가 비수도권 대학에서 추진되며 '지방대학 죽이기'라는 비판을 받게 되었다(유은혜, 2016; 김종성, 2018). 이에 교육부는 2주기에서 대학 기본역량 진단이라고 이름까지 바꾸며, 지역균형의 발전을 도모하기 위해 자율개선대학 선정 시 권역별 균형을 고려해 적정규모의 질 높은 지역대학을 육성하겠다고 밝혔다. 또한, 충원율과 취업률 평가 시 수도권·비수도권, 계열·남여·권역을 구분해 만점 기준을 달리하고, 특정 지역 입학정원이 지나치게 감소하는 것을 막기 위해 권역별 입학정원 비중에 대한 하한선도 설정하겠다고 하였다(교육부, 한국교육개발원, 2017). 하지만 이러한 노력에도 불구하고 일반 대학 중 자율개선대학의 비율은 수도권이 70.8%를 차지하였으며, 정원감축 대상으로 지정된 대학의 82.5%에 해당하는 33개 대학이 지방대라는 결과를 낳게 되었다(임은희, 2019:48). 결국, 대학 구조개혁 평가는 대학의 자율성을 제한하면서까지 형평의 가치를 추구하였지만, 끝내 '지방대학 죽이기' 정책이라는 오명에서 벗어날 수 없었다.

정리하면, 대학 구조개혁 정책을 둘러싸고 자유와 형평이라는 상충된 정책목표가 공존하며, 이에 따라 대학 구조개혁 평가(대학 기본역량 진단)에서 대학의 자율성을 얼마나 허용할 것인지 혹은 정부가 형평성 가치 확보를 위해 개별 대학의 구조개혁에 얼마나 개입할 것인지의 문제가 충돌하고 있다. 이는 Stone(2002)이 제시한 정책 패러독스의 유형 중 유형 2에 해당한다. 그 결과, 대학 구조개혁의 시장적 의존보다는 대학 구조개혁 평가(대학 기본역량 진단)라는 정책 수단의 구성 내용을 점차 대학의 특성을 반영하고 자율지표를 보강하는 등 자율성을 제한적으로 보장하면서 평가결과의 비형평성을 적극적으로 보완하는 방향으로 조금씩 달라졌다(교육부, 2019b). 교육부의 이러한 보완적 접근은 대학 구조개혁 평가를 둘러싼 쟁점 중 하나로 구조개혁의 주체가 시장과 정부 중 어느 쪽이 되어야 할 것인지에 대한 이분법적 문제 제기(이기종, 2015)로부터 진일보한 것이라 할 수 있다. 결과적으로, 극단적 획일주의로 일관한 1주기 대학 구조개혁 평가에서 자율을 희생하여 형평을 강조하는 정책기조가 오히려 지방대에 불리한 결과를 초래하는 패러독스를 낳았고, 이러한 결과는 2주기 대학 기본역량 진단에서도 이어졌다(윤지관, 2019; 임은희, 2019). 3주기 대학 기본역량 진단 계획을 보면 이러한 대학 간 결과적 불평등을 시정하기 위해 대학의 특성적 자율을 부분적으로 보장하면서 보다 적극적으로 결과적 형평을 강화하려는 의도가 담겨 있다. 향후 어떤 결과가 나타나는지에 따라 자유와 형평의 가치 공존으로 인한 패러독스와 정책가치 구현을 위한 의도적 기획에 상위하는 집행 결과의 발현으로 인한 패러독스 등이 나타날지 귀추가 주목된다.

나. 평가지표 및 평가운영 방식을 둘러싼 가치 충돌

대학 구조개혁 정책을 둘러싼 또 다른 패러독스는 평가지표 및 평가운영 방식과 관련해서 발생한다. 사실 평가지표 및 평가운영 방식을 둘러싼 패러독스는 다양한 범주에서 발견된다. 대학 구조개혁 평가(대학 기본역량 진단)의 평가지표는 정량평가 지표와 정성평가 지표로 구성되는데, 이를 두고 평등과 형평, 객관성과 주관성의 가치 대립이 발생한다. 또한 지표별 특성에 따라 지역을 구분하여 적용함으로써 지방대학의 사정을 고려한 대학 맞춤형 평가를 표방함에도 불구하고 여전히 지방대학에 불리한 결과가 초래되었다는 점에서 형평과 비형평의 공존이 나타나기도 한다. 이외에도 대학의 책무에 대한 명확한 개념 정립이 부재한 상황에서 책무성을 확보하는 것이 오히려 책무성 방임을 야기하는 현상이 나타날 수 있다(김형란, 김석우, 2019). 이처럼 평가지표 및 평가운영 방식을 둘러싼 다양한 패러독스 현상을 목도할 수 있으나, 본 연구가 특히 자유에 초점을 두고 있는 만큼 자유와 관련된 패러독스를 중점적으로 살펴보고자 한다. 대표적으로 자유와 평등의 가치가 상충하는 현상과 대학의 자유와 자유의 제한이 공존하는 현상을 발견할 수 있다.

1) 자유 vs 평등

평가지표는 평가의 목적을 상세화하고 구체화한 것으로, 평가 주체의 가치가 개입되거나 평가 주체가 속한 사회집단의 지배적 가치를 반영한다(김형란, 김석우, 2019). 이에 평가지표와 평가지표를 바탕에 둔 평가운영 방식을 둘러싸고 가치의 충돌이 발생하는 것은 자연스러운 현상이다. 그 대표적인 예가 자유와 평등의 가치 충돌이다. 평가지표 및 평가운영 방식을 설계할 때 자유의 가치가 중요시되는 것은 '대학의 자율성이 보장되도록' 평가한다는 것이며, 평등의 가치가 중요시되는 것은 '모든 대학을 객관적이고 평등하게' 평가한다는 것이다.

대학 구조개혁 평가지표에서 평등의 가치는 정량평가 지표를 통해 여실히 드러난다. 평등의 가치를 중시하는 관점에서는 평가지표가 모든 대학에 객관적이고 동일하게 적용되어야 하므로 평가자의 주관이 개입될 여지가 있는 정성지표보다는 그러한 위험성이 덜한 정량지표를 적극적으로 활용해야 한다고 주장한다. 이러한 맥락에서 교사(校舍) 확보율, 신입생·재학생 충원율, 졸업생 취업률 등의 정량지표들이 중요한 비중으로 활용되고 있다. 해당 지표는 모든 대학에 동일하게 적용할 수 있고, 정성지표와 달리 평가자의 주관이 개입되기 어려운 비교적 객관적인 지표이므로 모든 대학을 평등하게 평가할 수 있다는 가정에 기반한다.

한편, 평등에 대한 강조는 평가자에 대한 이슈로도 이어진다. 기존에는 7~9명이 한 팀으로 10개 내외 대학의 모든 지표를 평가했는데, 이러한 방식은 공정성과 신뢰성에 하자가 있다는 비판을 야기했다. 일례로, 한 전문대학 관계자는 "한 평가팀이 평가한 대학들은 높은 점수를 받았지만, 다른 평가팀의 평가를 받은 대학들은 현저하게 낮은 점수를 받았다"며 정부 대학 구조개혁 평가결과를 수용하지 못한다는 입장을 보였다(강원일보, 2015.08.28.). 또 다른 대학관계자는 교직에 있다가 불미스러운 사유로 스스로 사직한 전직 교수가 평가팀장이 되자 공정한 평가를 위해 팀장 교체를 원했지만, 이의 제기를 할 수 있는 길이 전혀 없었다고 밝혔다(세계일보, 2015.09.12.). 정성평가는 정량평가보다 평가위원의 주관성과 평가팀 간 균질성 문제로 평가결과의 신뢰성을 저하할 수 있다는 한계에서 더 자유로울 수 없었다(연합뉴스, 2014.03.21). 이와 같은 의견을 수렴하여, 교육부(2017)는 2주기 진단을 지표별 진단팀이 할당받은 대학의 담당 지표만 집중 진단하는 방식으로 운영하며, 평등성과 더불어 효율성, 전문성을 제고하고자 하였다.

하지만 평가지표 및 평가 운영방식에서 평등의 가치를 강조하는 것은 대학의 자율성이라는 가치와 상충될 수 있다. 모든 대학에 보편적으로 적용되는 평가지표와 평가방식에서 대학이 자율성을 발휘할 수 있는 공간은 거의 없기 때문이다. 대학은 자신에게 적용될 평가지표와 평가내용, 평가기준, 평가방식 등을 선택할 수 없다는 점에서 자율성이 제한된다. 구체적으로 살펴보면 다음과 같다.

첫째, 평가지표와 평가내용 선택의 제한이다. 대학은 교육부가 정한 획일적인 평가지표를 겸허히 수용해야 한다. 물론 1주기 평가에서 공통지표 이외에 특성화지표를 설정하여 각 대학이 가진 강점 분야를 중심으로 평가받을 수 있게 한 것(교육부, 2014)은 대학의 자율성을 일부 보장하는 조치로 보인다. 하지만 그마저도 2주기 진단에서 발전계획 관련 지표와 같이 통합되었고, 배점은 100점 만점에 단 2점에 불과하였다(교육부, 한국교육개발원, 2017).

둘째, 평가기준 선택의 제한이다. 대학은 개별 대학이 처한 상황과 맥락에 따라 평가기준을 선정할 수 없으며, 교육부가 정한 평가기준을 따라야 한다. 지표별 특성에 따라 설립, 지역, 또는 계열이 고려되고, 정성지표의 경우 규모가 고려되긴 하지만(교육부, 한국교육개발원, 2017), 이 또한 교육부의 지침이며 대학의 자율성과는 거리가 멀다.

셋째, 평가방식 선택의 제한이다. 일부 지표를 중심으로 대학 자율평가를 실행하거나, 대학이 공정하고 신뢰로운 평가자를 직접 선발하는 등의 평가방식에 있어 대학의 자율성을 보장할 수 있는 방안을 충분히 고려할 수 있음에도 불구하고, 대학의 평가방식 선택권은 제한된다. 평가방식에 대한 비판을 받아들인 2주기 진단에선 지표별 진단팀이 할당받은 대학의 담당 지표만 집중 진단하는 평가방식으로의 개선이 이루어지며 평등의 가치가 제고되었지만, 여전히 대학의 자율적 선택권이 보장되진 못했다.

이처럼 평가지표 및 평가 운영방식에서 평등을 강조하는 것은 개별 대학의 자율적 선택권을 보장하지 못한다. 역으로 개별 대학의 자율적 선택권이 보장되는 것은 모든 대학을 동등하게 평가하지 못할 가능성이 크기에 평등의 가치와 대립된다. 이처럼 평등과 자유의 가치가 상충하는 현상은 Stone (2002)의 정책 패러독스 유형 2에 해당한다. 교육부는 양자 간의 패러독스 상황에서 평등의 가치에 우선을 두었다.

2) 자유 vs 자유의 제한

그러나 기존의 평가·진단 방식에 대하여 대학의 자율성을 보다 존중하고 평가에 대한 부담을 완화하는 방향으로 개선이 필요하다는 의견이 대학 현장에서 지속적으로 제기되자, 교육부(2019b)는 3주기 대학 기본역량 진단에서 대학의 자율 혁신을 통한 학부교육 개선 및 적정 규모화를 지원하는 방향으로 관련 지표의 비중과 내용을 강화하였다. 평가지표 및 평가 운영방식과 관련하여 대학의 자율 혁신 노력을 요구하는 방안은 다음과 같다(교육부, 2019b). 첫째, 진단지표 중 신입생·재학생 충원율 비중을 대폭 확대[8]하여 정부주도의 획일적 정원감축보다는 대학의 자체 계획에 따른 적정 규모화를 촉진하고자 하였다. 둘째, 발전계획 지표를 유지하여 발전계획과 연계한 학사구조 및 학사제도 개선 노력을 반영하고자 하였다. 셋째, 자율지표를 새롭게 도입하여 다른 진단지표 외에 대학이 추구하는 인재상, 비전 등과 관련된 강점 분야를 자유롭게 기술하도록 하였다. 이는 대학의 학문탐구 자유와 기관의 자율적 운영을 모두 보장하는 방안으로 보인다. 무엇보다 3주기 진단은 대학이 스스로 진단 참여 여부를 선택하도록 하여 대학의 자율성과 선택권을 존중하였다는 점에서 파격적이다.

또한 교육부(2019b)는 대학의 평가부담을 완화하고자, 지표체계를 단순화하고 지표를 간소화하였다. 먼저, 진단의 기능을 일반재정지원 대상 대학 선정과 진단 결과에 대한 컨설팅 지원으로 개선함에 따라 단일 단계로 통합하였다. 그리고 신규지표 추가를 최소화하고, 일부 지표를 삭제하거나 통합하였다. 일례로, 교사 확보율과 장학금 지원 지표가 변별력이 낮거나 별도의 이행 기제가 있다고 판단하여 삭제하였으며, 지표 간 정합성을 고려하여 교육 수요자 만족도 관리, 지역사회 협력 기여 지표를 '발전계획의 성과' 항목에 통합하였다. 더불어 보고서 작성 부담과 직결되는 진단 요소 및 주안점 수를 대폭 축소하여 대학의 평가 부담을 경감하고자 하였다. 이러한 지표 개선은 대학의 자율성을 적극 보장하기 위한 방안으로 사료된다.

그러나 이러한 개선방안이 실질적으로 대학의 자율성을 보장할 수 있을지는 미지수이다. 이는 자율성과 자율성의 제한이 공존하고 있는 패러독스에 기인한다. 다시 말해, 3주기 진단 기본계획에는

8 (2018년 진단) 일반대학 10점, 전문대학 8점→(2021년 진단) 일반 대학, 전문대학 20점.

Stone(2002)의 정책 패러독스 유형 1에서 드러나는 특징들이 부각되고 있었다.

첫째, 대학이 자율적으로 선정한 자율지표를 평가하는 주체가 대학이 아니라는 점에서 패러독스가 발생한다. 대학이 평가지표를 자율적으로 선정하여 작성할 수 있는 자율지표의 도입은 대학의 특성화 교육 실행, 교육의 질 제고, 창의적 기관 운영 측면에서 고무적이다. 그러나 여전히 평가실행의 주체가 교육부라는 사실은 대학의 자율성 보장을 불투명하게 만든다. 특히 자율지표는 정량적 정성평가로 이루어지기에 평가의 공정성과 합리성 문제가 제기될 가능성이 크다. 이를 대비하기 위해, 결국 정성평가 또한 사실상 정량평가와 다를 바 없이 수치로 드러나는 실적 중심으로 평가될 가능성이 농후하다. 평가지표의 선정과 평가실행 주체가 일치하는 자율평가가 이루어지지 않는 한, 자율지표가 대학의 자율성을 온전히 보장하지는 못할 것으로 판단된다.

둘째, 대학 규제 부담 완화와 대학 규제 부담 강화가 동시에 이루어졌다는 점에서 패러독스가 발생한다. 교육부(2019b)는 대학의 평가 부담을 완화하기 위해 지표체계를 단순화하고 지표를 간소화하였으나, 일부 지표의 기준을 이전보다 강화하였고 신규지표도 추가하였다. 구체적으로 전임교원 확보율 배점을 4년제 기준으로 10%에서 15%로 강화했으며, 총 강좌 수, 비전임 교원 담당 학점 대비 강사 담당 학점 비율 지표를 추가하였다. 이는 자율성을 보장하는 조치와 자율성을 제한하는 조치가 공존하는 패러독스로 설명된다. 교육부는 강화된 지표와 신규지표가 교육의 질 제고를 유도할 지표라고 설명했지만, 대학의 입장에선 자율성의 제한으로 다가올 수 있다. 이는 평가자의 맥락과 비평가자의 맥락 간 해석적 충돌로도 보인다(유형 4).

셋째, 진단 참여 여부와 관련하여 대학에게 형식적인 의미의 선택권이 주어졌지만, 재정지원사업과의 연계로 인해 실제적인 의미의 선택권이 존중되지 않았다는 점에서 패러독스가 발생한다. 대학 구조개혁 평가(대학 기본역량 진단)는 재정사업 지원 요건과 연결되어 있어 실질적으로 대학이 법적 구속력을 느끼는 평가라는 성격을 갖는다(김형란·김석우, 2019). 이에 표면적으로는 진단 참여 여부를 각 대학이 선택할 수 있지만, 참여하지 않는 대학은 재정지원을 받을 수 없기 때문에 대다수의 대학 참여가 불가피한 현실이다. 한 대학 총장은 “등록금 동결로 재정이 넉넉하지 않은 대학 입장에서는 평가에 참여할 수밖에 없기 때문에 사실상 대학에 자율성을 줬다고 보기 어렵다”며 해당 조치가 실효성이 없다는 입장을 보였다(전자신문, 2019.08.15.).

넷째, 정원감축 규모와 관련된 대학의 자율성은 ‘유지 충원율’ 지표로 인해 제한되는 패러독스가 발생하였다. 교육부 차관은 “2021년 진단은 대학이 스스로 정원을 결정하라는 의미를 갖는다”고 하였으나(전자신문, 2019.08.15.), 실상은 이와 달랐다. 대학이 정원감축에 소극적으로 나설 것에 대비해 ‘유지 충원율’ 지표가 신설된 것이다(교육부, 2019). 대학은 학생 충원율을 일정 수준 유지해야만 재정지원 자격을 얻을 수 있기 때문에, 정원감축 규모를 고려할 때 유지 충원율을 고려해야만 한다. 이는 대학의 자율성을 제한하는 조치이다. 그런데 또 하나 주목할 점은 유지 충원율 지표가 수도권 대학에는 큰 영향을 미치지 않을 것이라는 점이다. 대학관계자는 “수도권 대학은 이미 충원율이 높기 때문에 신설된 유지 충원율이 수도권 대학의 정원감축에 아무런 영향을 미치지 않을 것"이라고 전망했다(전자신문, 2019.08.15.). 그러나 지방사립대학 학생들은 서울권 대학 또는 지역 국립대로 편입하는 경향이 짙어, 유지 충원율을 평가지표에 반영한다면 지방사립대학만 옥죄는 결과를 초래할 수 있다(머니투데이, 2019.09.23.). 결국, 유지 충원율 개념은 지방사립대학에 한정하여 대학의 자율성을 제한하는 결과를 초래하여 또 한 번의 지방대학 죽이기 양상을 보일 가능성이 크다.

다. 대학 컨설팅을 둘러싼 가치 충돌

Stone(2002)이 제시한 정책 패러독스 중 하나인 개입주의 패러독스는 사람들이 미래에 자유로운 선택을 할 수 있도록 오히려 현재 개인의 자유를 억압하거나 혹은 자유로운 선택을 할 능력이 없는 개인에 대해 간섭하는 것에서 나타나는 패러독스 현상이다. 대학 구조개혁 평가(대학 기본역량 진단) 결과에 따라 대학에 제공되는 컨설팅에서는 이러한 개입주의 패러독스가 나타난다. 이는 Stone(2002)의 정책 패러독스 유형 3과 유형 4에서 드러나는 특징을 모두 포함하는 것으로, 대학 컨설팅을 자유 개념의 하위요소인 적극적 자유와 소극적 자유의 충돌(유형 3)로 바라볼 수 있고 다른 한편으로는 컨설팅 지원에 관한 맥락적 해석의 충돌(유형 4)로 해석할 수도 있다.

박근혜 정부에서 교육부(2015.08.31.)는 대학 구조개혁 평가에서 D, E등급을 받은 대학에 대해 평가 결과를 해당 대학에 공개하고, 대학 컨설팅을 통해 교육의 질 제고 가능성이 발견되는 대학을 적극적으로 발굴하여, 경쟁력을 개선할 수 있도록 지원한다고 명시하였다. 하지만 컨설팅을 지원함에도 불구하고 향후 교육의 질과 경쟁력 제고의 가능성이 낮은 대학에 대해서는 엄격한 조치를 단행하겠다는 의사를 밝히기도 하였다. 문재인 정부에서는 기존 대학 구조개혁 평가에서 D, E등급에 해당한다고 볼 수 있는 역량강화대학과 재정지원제한대학 중 희망 대학에 대해 맞춤형 컨설팅을 지원한다는 계획을 밝혔다(교육부, 2018.09.03.). 그러나 문재인 정부에서도 재정지원제한대학 중 일정 기준에 미달하는 대학에 대해서는 고등교육법 제62조(학교 등의 폐쇄)를 검토하겠다고 밝혀 구조개혁의 강력한 의지를 드러냈다.

이처럼 대학 구조개혁 평가(대학 기본역량 진단)의 후속 조치인 컨설팅은 개입주의 패러독스와 밀접한 연관을 가진다. 교육부는 대학이 자율개선대학으로 거듭나 학문탐구의 자유와 기관운영의 자율성을 누릴 수 있도록 하기 위해 현재 역량강화대학, 재정지원제한대학에 대해 정부 지침에 따른 컨설팅을 제공함으로써 현재의 자유에 간섭하였다. 즉, 대학의 적극적 자유를 보장하기 위해 소극적 자유를 제한하는 패러독스가 발생한 것이다. 교육부(2014)는 현 상황에서 경쟁력이 떨어지는 대학의 경영개선을 유도하고, 대학 전반의 교육수준을 도모할 수 있는 제도적 기반을 마련하기 위해선 대학 구조개혁을 바탕에 둔 대학 컨설팅이 불가피하다고 보았다. Stone(2012)은 무엇이 사람들을 더 잘 살게 하는지에 대해 전문가가 일반인보다 잘 안다면 일반인들은 기꺼이 전문가에게 의사 결정권을 넘겨주어야 한다고 하였다. 이를 적용하여 대학의 경쟁력을 제고하는 방안에 관해 대학보다 교육부가 더 잘 안다면 교육부 주도의 컨설팅 전문가에게 의사 결정권을 넘겨줄 필요가 있다. 그러나 Stone(2012)은 동시에 언제 개입주의가 적절한지를 결정하는 것은 민주적인 위험성으로 가득 차 있다고 밝힌 바 있다. 집단이 자유로운 선택을 할 수 있는지를 평가하는 기준은 결정권자에 의한 해석과 조작에 매우 취약하다는 것이다. 대학 컨설팅 역시 이러한 위험성에 노출되어 있다.

교육부는 대학 구조개혁 평가와 대학 기본역량 진단의 결과를 발표하며 D, E등급의 대학과 역량강화대학, 재정지원제한대학 등 상대적으로 낮은 등급의 하위 그룹 대학들에 대해 맞춤형 컨설팅을 지원한다고 명시하였지만, 이는 결국 대학을 정부의 의도대로 개선하는 것에 목적을 두고 있다는 것을 알 수 있다(이수연, 2015). 대학 특성에 맞는 교육의 질과 경쟁력을 제고하고자 하는 목적으로 컨설팅을 시행하고 있지만, 컨설팅 제도 자체를 정부에서 주도하는 동시에 컨설팅 대상이 일정 평가점수에 미치지 못하는 대학, 즉 구조개혁이 필요한 대학에 우선적으로 시행된다는 점에서 오히려 대학의 자율성을 저해하는 것이라고 볼 수 있다. 이정미 외(2015)는 대학 구조개혁 평가 이후 컨설팅 전략과 관련하여 각 대학이 평가영역별, 평가지표별 강점과 약점을 파악하여 스스로 대학의 질 개선을 위해 노력해야 한다고 하였다. 이는 컨설팅 전략이 대학 구조개혁 정책 내에서 이뤄져야 한다는 것으로 해석될 수도 있고, 실제로 1주기 대학 구조개혁 컨설팅에서 컨설팅의 요지는 저조한 지표를 어떻게 개선해야 하는지에 대한 의도적인 맞춤형 컨설팅으로 진행되었다. 이것은 대학 자체의 질 제고가 단순하게 대학 구조개혁 정책의 평가지표 안에서만 변화되어야 한다는 의미로 해석될 수 있음을 알려 주는 것이다.

대학교육의 질 제고와 경쟁력 제고를 위해 컨설팅을 실시한다는 대학 구조개혁 정책에 대한 교육부의 의도는 더 많은 선택을 위해 대학의 자율성을 저해할 수밖에 없는 개입주의 패러독스에 해당된다. 발전된 대학의 교육을 지향하고 대학의 경쟁력을 높이겠다는 명분하에 실시되는 컨설팅이 교육부가 정해놓은 지표에 걸맞은 대학으로서의 개선을 유도함에 따라 오히려 대학을 정형화된 틀 안에 가두고 대학의 자율성을 저해하고 있다는 패러독스적 상황으로 판단할 수 있다. 이러한 상황은 교육부가 제공하는 컨설팅의 명분인 대학의 질 제고와 경쟁력 제고가 단순히 추상적 맥락에서 운위되고 있는 수사에 불과하고, 실제로는 컨설팅이 교육부가 정해놓은 지표의 개선으로 환원되어 제공되는 현실적 맥락으로 나타나는 동일 개념의 맥락적 해석 패러독스(Stone, 2002)와 깊은 관련이 있다. 이러한 패러독스 현상이 나타난 대학 구조개혁 컨설팅은 작위적이고 구체적이지만 대학 구조개혁의 당위적 목표가 지표 개선으로 축소되는 과정에서 구조개혁과 진단의 방향과 목표가 애곡되는 부작용과 함께 무엇을 위한 구조개혁이고 진단인지 모호해지는 결과를 초래하였다.

5 향후 대학 구조개혁 정책을 위한 제언

지금까지 대학 구조개혁 정책의 이면에 서로 다른 가치와 해석이 공존하여 대학의 자유를 저해하는 패러독스 현상이 내재해 있다는 점에 주목하여, Stone(2002)이 정책목표 중 하나로 제시했던 자유의 개념에 초점을 맞추어 대학 구조개혁 정책을 둘러싼 패러독스 현상을 분석하였다. 대학 구조개혁 정책에 내재된 정책 패러독스를 분석한 결과를 종합하여 도출한 결론은 다음과 같다.

첫째, 대학 구조개혁 정책의 이면에는 자유와 효율, 자유와 형평이라는 정책목표가 상충하고 있으며, 교육부가 효율과 형평의 가치를 더 우선시함에 따라 대학의 자유가 제한되는 결과가 초래되었다. 정원감축에 중점을 둔 정책추진은 기초학문의 심각한 위기와 함께, 대학으로서 마땅히 누려야 할 학문탐구의 자유를 저해하는 결과를 낳았다. 또한, 지역 간 균형적 발전이라는 논리에 입각한 정부의 개입으로 인해 대학 운영의 자율성은 제한되었다. 이처럼 대학 구조개혁 정책 목표 간의 패러독스에 대한 인식은 선행연구에서도 발견된다. 김종성(2018)은 정원감축을 통한 부실대학의 정리나 대학경쟁력 강화는 상호 모순되는 것이며, 지방대학을 육성하기보다는 고사시키는 결과를 낳고 있다고 하였다. 이와 같이 동일한 강도나 정당성을 지닌 가치가 서로 상충하고 있음을 인지하지 못하고 정책설계를 하거나 단순히 양자택일의 입장을 보이는 것은 중요한 정책적 가치의 손실을 야기할 수 있다. 심지어, 대학 구조개혁 평가가 대학의 자율성을 제한하면서까지 형평의 가치를 추구하였지만, 끝내 지방대학 죽이기라는 비판에서 자유로울 수 없었던 것으로 미루어 보아, 정책 패러독스 상황에서의 미흡한 대처로 인해 두 마리 토끼를 모두 놓치게 되는 불상사가 발생할 수도 있다. 이처럼 한 개념과 다른 개념 간의 충돌 유형(유형 2)은 국내 교육정책에서도 드러난 바 있는데, 특히 자유와 형평의 가치 충돌은 학교 선택권(박대권, 이인수, 이예슬, 2018)과 공공기관의 지역인재 선발(조경호, 김형성, 2017; 김동건, 2020)의 맥락에서 나타났다.

둘째, 대학 구조개혁 평가지표 및 평가 운영방식을 둘러싸고 자유와 평등이 상충하고 대학의 자유 및 자유의 제한이 공존하는 현상이 나타나고 있으며, 이로 인해 대학의 자율적 선택권은 여전히 제한되고 있었다. 평가지표 및 평가 운영방식에 있어 대학의 자율적 선택권이 제한되는 것은 일견 타당해 보일 수 있다. 개인의 자유를 보장하기 위해선 사회의 질서와 안전망이 필요하기에 결국 개인의 자유를 일부 제한할 수밖에 없는 상황(Stone, 2002)과 같이, 모든 대학을 동등하고 평등하게 평가하기 위해선 대학의 자율적 선택권이 제한되는 것은 불가피하기 때문이다. 또한, 대학 구조개혁 평가가 재정지원사업과 긴밀히 연계된 만큼, 실질적인 의미의 자율적 선택권이 보장되긴 어렵다. 이처럼 고등교육 분야에서의 재정지원과 관련하여 자유와 자유의 제한이 공존하는 현상은 Darling et al.(1989)과 송기창(2010)의 연구에서도 드러난 바 있다. 그런데 평가지표 및 평가 운영방식에 있어 대학의 자율적 선택권을 제한하는 것은 결국 대학의 자유 제한, 즉 학문탐구의 자유와 기관 운영의 자율성 제한으로 이어질 수 있다는 점에 유념할 필요가 있다. 예를 들어, 모든 대학의 평가지표로 '졸업생 취업률'과 '재학생 충원율'과 같이 대학교육의 질을 실질적으로 반영하지 못하는 정량지표(김종성, 2018; 강창동, 2015; 김형란, 김석우, 2019; 김성곤, 2019)를 강조하는 것은 대학이 본연의 교육과 학문탐구에 소홀해질 수 있게 만든다. 이에 따라 대학이 마땅히 보장받아야 하는 학문탐구의 자유는 제한될 수 있다. 더불어 대학의 특수성을 고려하지 않은 획일적 평가지표를 강제하는 것은 기관 운영과 관련된 대학의 노력이 형식적인 측면에 치중되게 만들고, 결국 진정한 대학 자치, 자율적이고 창의적인 대학 거버넌스 운영을 저해할 수 있다. 이에 정책 패러독스 상황에선 보다 신중한 접근이 필요하다고 볼 수 있다.

셋째, 대학 구조개혁 정책 내에서 사후 방침이라고 볼 수 있는 컨설팅 지원은 개입주의 패러독스의 모습을 나타내고 있으며, 이로 인해 대학과 교육부 사이의 갈등이 초래되었다. 교육부는 대학이 자율개선대학으로 거듭나 적극적 자유를 누릴 수 있도록 하기 위해서 현재 역량강화대학, 재정지원제한대학에 대해 정부의 지침에 따른 컨설팅을 제공함으로써 소극적 자유를 일부 제한하였다. 그러나 기준에 미달되는 대학에 대해서 사후 조치를 취한다는 명분하에 이루어진 교육부의 컨설팅 지원은 어디까지나 정형화된 평가지표만의 개선을 뜻하는 것으로 비춰지기도 한다. 이는 개입의 기준이 결정권자에 의한 해석과 조작에 매우 취약하다는 Stone(2012)의 통찰력과 부합한다. 교육부의 맥락에서 컨설팅은 대학 교육의 질 제고를 도모하기 위한 지원 방안이었지만, 대학의 맥락에서는 “시장을 빙자한 국가의 대학 지배(윤지관, 2014:159)”로 해석되며 맥락 간 충돌이 발생했다. 이는 유인 제공자가 보상으로 간주하여 제공한 유인이 유인 수용자 입장에서 처벌로 여겨질 수도 있다는 개입주의 패러독스와 일맥상통하며(Stone, 2002), 신현석 외(2020)의 연구에서도 교원성과급 정책에 대한 교육부와 교원의 해석 차이로 인해 정책갈등이 발생했음이 밝혀진 바 있다.

이러한 결론을 바탕으로 향후 대학 구조개혁 정책에 대한 제언을 제시하면 다음과 같다. 첫째, 대학 구조개혁 정책의 상충되는 가치의 조화와 공존을 이루려는 노력이 필요하다. 대학 구조개혁 정책과 관련된 기존 선행연구들은 주로 쟁점 분석, 평가지표의 타당성 비판, 정책평가와 개선 방향에 치중되어 있는 반면, 그 이면에 어떠한 갈등들이 숨겨져 있는지에 관해서는 등한시하는 경향을 보인다. 교육학 분야에서 패러독스 관점을 적용한 연구 또한 정책 패러독스의 특정 개념에 초점을 맞추어 현상을 분석한 연구는 찾아보기 어려운 실정이다. 이에 패러독스적 시각을 적용하여 대학 구조개혁 정책에서도 상충하는 입장 중 어느 하나를 선택하려 하기보다 여러 가치가 충돌하는 것을 자연스러운 현상으로 받아들이고 이를 고려하여 정책 목적에 부합하는 구조개혁을 실행할 필요가 있다. 대학 기본역량 진단과 관련한 근거 법률의 제정과 더불어 광범위한 의견수렴을 거친 진단지표의 활용으로 장기적 평가 진행 유도(김종성, 2018), 대학 간 공동 교육과정 운영 등의 노력을 통하여 정원감축에 대해 반발하는 대학 간의 공존과 균형을 유지해야 할 것이다.

둘째, 정책의 목표와 수단이 일치되는 대학 구조개혁 평가지표의 개발이 필요하다. 현재 3주기 대학 기본역량 진단과 관련하여 정부에서 평가 계획을 발표했음에도 불구하고 정책의 목표와 수단이 일치하는 것인지에 관한 논의는 여전하다. 교육의 질 제고와 정원감축이라는 정책 목표를 달성하면서 1주기, 2주기 평가에서 나타났던 ‘지방대학 죽이기’라는 비판을 불식시킬 수 있도록 자율과 형평을 동시에 고려하는 평가지표 개발이 요구된다.

셋째, 대학의 요구와 정부의 의도가 통합될 수 있는 대학 컨설팅의 내실화가 요청된다. 정부가 일정 수준에 미달하는 대학에 컨설팅을 지원한다는 내용을 명시하고 있음에도 불구하고 컨설팅에 대한 대학과 교육부 간의 인식의 간극은 여전하다. 맞춤형 컨설팅에 부합하는 수요자 중심형 컨설팅이 사전에 치밀하게 준비될 필요가 있다. 이와 함께 대학 컨설팅에 관한 연구가 매우 적고 그나마 일반 경영·컨설팅과 관계된 학술 연구에 편중되어 대학교육의 질 제고에 목적을 두기보다 경영의 개선을 통한 살아남기에 주안점을 두고 있는 실정이다. 향후 대학 컨설팅에 관한 지속적인 연구를 통해 하위 등급 대학의 지역적·산업적 환경을 비롯한 각 대학 특성에 적합한 다양한 컨설팅 모형을 개발하여 운용할 필요가 있다.

CHAPTER 06

안전: 코로나19에 따른 학교 교육에서의 패러독스

코로나19로 팬데믹이 초래되자, 사회 전반이 변화하고 있으며 '학교' 또한 변화하고 있다. 다른 무엇보다 학생의 '안전'을 최우선으로 하기에 등교를 미루어야 한다는 입장과 더불어 학교수업을 재개하여 학생의 '학습권'을 보장해야 한다는 상반된 요구 속에서 교육부는 학생의 '안전'을 보호하면서도 '학습권'을 보장하기 위해 사상 초유의 온라인 개학을 실시하였다. 이처럼 코로나19로 인해 학교는 '안전(방역)', '학습', '사회성 함양', '돌봄' 등 다양한 역할을 수행하는 가운데 변화를 일상화하고 있다. 6장에서는 코로나19로 인한 학교 교육의 변화 속에서 교원들이 경험하는 패러독스 현상을 분석하기 위해 수도권 소재 초등학교 교원들을 대상으로 면담을 진행하는 등 질적연구를 수행하였다. 본 연구 결과를 살펴보면 다음과 같다. 첫째, 코로나19 이후 학교 현장에서는 하나의 현실에 대해 '상호 배타적인 해석들이 공존하고, 그 어느 것도 진실이 아니라 말하기 힘든' 패러독스 현상들이 발생하고 있었다. 둘째, 코로나19로 인한 학교 교육에서의 패러독스 현상은 코로나19가 학교 교육의 '위기'임과 동시에 '기회'로 작용할 수 있음을 보여주었다. 이러한 연구 결과를 바탕으로 시대적·사회적 변화에 부응하면서도, 포스트 코로나 시대 학교 교육이 나아가야 할 방향과 이를 지원하기 위한 교육정책에 대한 시사점을 제시하였다.

주제어 코로나19, 패러독스, 학교 변화, 온라인 개학, 원격수업

1 코로나19에 따른 학교 교육의 변화

코로나19로 인해 팬데믹이 초래되자, 사회 전반이 변화하고 있으며 우리 삶 또한 엄청난 변화를 겪고 있다. '비대면', '언텍트(untact)', '온텍트(ontact)'가 우리 사회 전반의 변화를 설명하는 핵심적인 키워드로 자리잡고 있으며, 어느덧 우리의 일상에서 '재택근무'와 '화상회의'가 낯설지 않게 되었다. 이와 같은 사회 전반에 걸친 변화 속에서 '학교' 또한 예외일 수는 없었다. 전쟁 중에도 천막 수업을 했던 학교의 교육활동이 2020년 3월 잠시 중단되었으며, 네 차례에 걸쳐 개학이 연기[1]되었다. 개학 연기를 둘러싼 많은 논란이 있었는데 다른 무엇보다도 특히 학생의 '안전'을 보장하는 것이 중요하기 때문에 등교를 미루어야 한다는 주장과 더불어, 학교 수업을 재개하여 학생의 '학습권'을 보장해야 한다는 상반된 주장이 강하게 대립하였다. 이에 교육부는 학생의 '안전'을 확보하면서도 '학습권'을 보장하고자, 4월 9일 고3 학생을 시작으로 순차적으로 사상 초유의 '온라인 개학'을 실시하였다(교육부, 2020.03.31.).

온라인 개학 초기 공공 플랫폼의 서버 다운 등으로 인한 혼란이 동반되었지만(중앙일보, 2020.04.09.), 이후에는 플랫폼의 안정성보다는 '원격 수업의 질'로 화제가 전환되었다(매일경제, 2020.10.09.). 원격 수업 초기에는 상당수의 교사들이 EBS와 e학습터 콘텐츠, 유튜브 링크 등 '콘텐츠'를 활용하여 원격 수업을 진행함에 따라(계보경 외, 2020), 교사와 학생 간의 상호작용이 줄어드는 등 수업의 질적인 측면에 대한 문제 제기가 있었다. 이후 코로나19가 그 당시 어느 정도 진정세에 접어들자, 5월 20일 고3 학생들을 시작으로 '등교수업'을 시작하였다. 이에 따라, 교육부는 '밀집도 최소화 기준' 등 학사 운영 방침을 발표하였고(교육부, 2020.05.29. 등), 이를 근거로 하여 일선 학교 현장에서는 지난 1년간 초등학교의 경우 학급 내 홀짝 등교, 중·고등학교의 경우 학년별 격주 등교 등 지역과 학교의 상황에 맞게 다양한 방식으로 유연하게 학사를 운영해왔다. 이에 어느덧 학교 현장에서는 온·오프라인 블렌디드 교육이 자연스럽게 자리잡고 있다. 이처럼 코로나19로 인한 학교의 '위기'가 역설적으로 보다 혁신적인 교육 실현의 '기회'로 전환되어, 우리 교육은 미래교육에 한걸음 더 가까이 다가가게 되었다.

그뿐만 아니라, '코로나19'를 계기로 '학교의 역할'이 재조명되고 있다. 먼저, 원격 수업으로 배움의 공간이 '학교'에서 '가정' 등으로 확장됨에 따라 '지식 전달과 습득'이라는 측면에서 학교가 더 이상 필요하지 않다는 의견이 제기되기도 한다. 반면, 학교가 멈추고 일상적인 학교생활이 정상적으로 수행되지 못하자, 그간 공기처럼 당연하게 여겨졌던 학교의 중요성이 부각되고 있다. 학교에서의 '공동체 생활'이 원활하게 이루어지지 못함에 따라 학생들의 사회성 함양, 생활습관 지도 등 인성·전인교육에 대한 우려가 제기되고 있으며, 학생들을 건강한 사회 구성원으로 키우는 배움의 장으로서의 학교의 중요성이 새롭게 조명되고 있다(경향신문, 2020.07.02.).

---

1 코로나19로 인해 교육부는 1차 휴업명령(3.2.~3.6.), 2차 휴업명령(3.9.~3.20.), 3차 휴업명령(3.23.~4.3.), 4차 휴업명령(4.6.~4.8.) 등 네 차례에 걸쳐 개학을 연기한 바 있다.

이와 같은 맥락에서 원격 수업의 장기화로 인해 학생들 간의 '학습 격차'와 '교육 양극화'에 대한 우려, '아동학대' 등이 사회적인 문제로 부각되고 있다. 감염병의 위험으로부터 학생들의 '안전'을 보장하기 위해 학교의 문을 닫았지만, 이로 인해 갈 곳이 없어진 학생들이 오히려 '위험'에 노출되는 역설적인 현상이 나타나고 있다. 또한, 맞벌이 가정이 '新취약계층'으로 떠오르는 등 '돌봄공백'이 또 다른 사회문제로 부각되며(연합뉴스, 2020.09.15.), 그간 학교가 수행해온 '돌봄'의 기능에도 주목하고 있다. 이처럼 역설적으로 우리는 코로나19라는 재난의 위기 속에서 그간 학교가 어떠한 역할을 해왔는지 학교의 역할을 '재발견'하고 있다(경향신문, 2020.07.02.).

이처럼 코로나19는 학교 교육에 있어서 '위기'임과 동시에 '기회'로 작용하고 있다. 그뿐만 아니라, 학교 현장에서는 코로나19에 따른 급박한 변화과정에서 '예상치 못한 현상'이 나타나고 있으며, 정책이 본래 의도한 효과와 더불어, 이와 상충되는 현상까지도 동시에 발생하고 있다. 이러한 문제의식 하에 본 연구에서는 선행연구(박대권 외, 2018; 신현석 외, 2020; 이예슬, 2020; 이인수, 2017)에서의 '패러독스'라는 개념이, 교육정책의 집행과정에서 나타나는 '상호배타적인 요소들과 해석들이 공존하는 현상'을 적확하게 설명할 수 있다는 점에 주목하였다.

'패러독스 현상'이란, '두 개 이상의 현실이 존재하고, 이것들이 서로 충돌하며 그 어느 것도 진실이 아니라고 말하기 힘든 상황'(Thomas, 1989) 또는 '상호배타적인 해석이 공존하는 상황'(Stone, 2002)으로 정의할 수 있다. 이에 본 장에서는 면담을 통해 코로나19에 따른 학교의 변화과정에서 교원들의 경험을 탐색하고, 발견된 내용들을 '패러독스'라는 개념적 렌즈에 의거하여 심층적으로 분석함으로써, 코로나19로 인한 학교의 변화 속에서 학교 구성원들이 경험하는 패러독스 현상을 분석해보고자 한다. 이를 통해 코로나19가 우리 학교 교육에 어떠한 영향을 주고 있으며, 학교 구성원들이 변화를 어떻게 인식하는지를 살펴봄으로써, 포스트 코로나 시대 우리 교육이 나아가야 할 방향성에 대한 유의미한 시사점을 도출해보고자 한다.

2 코로나19의 패러독스

사회가 복잡해지고 모호성이 증대됨에 따라 서로 모순되는 요소들이 공존하는 현상들이 나타나고 있다. 일례로 세계화와 지방화의 공존을 의미하는 '글로컬라이제이션(glocalization)', 대량생산과 소품종 주문생산의 요구를 모두 충족시키는 '대량주문생산(mass customization)' 등 겉보기에 모순되고 상충되는 요소들이 공존하는 현상들이 나타나고 있다. 이처럼 다양성, 복잡성, 서로 대립되는 요소들의 공존을 특징으로 하는 사회가 도래함에 따라, 패러독스적 접근에 관한 관심 또한 증대되고 있다(Smith & Lewis, 2011).

패러독스(paradox)는 우리말로 '역설(逆說)'로 표현되는데, 패러독스란 '일반적으로는 모순을 야기하지 아니하나 특정한 경우에 논리적 모순을 일으키는 논증으로, 그 속에 중요한 진리가 함축되어 있는 것'이라 정의된다(표준국어대사전, 2020). 패러독스의 어원은 'paradoxos'로 '기대와 반대되다(contrary to expectation)'라는 의미를 지니고 있다(사득환, 박상진, 2013). 특히, 논리학에서 패러독스는 '전제나 추론의 과정에 무리가 없음에도 불구하고 양립할 수 없는 결론이 도출되는 경우'를 일컫는데(엄정식, 1984), 보통 '상식에는 어긋나지만 사실상 옳은 명제' 혹은 '분명하게 자기모순적인 명제나 진술'을 의미한다(정명호, 1997:2).

엄밀한 논리학 분야에 비해 일반적으로 사회과학 분야에서 패러독스는 느슨한 개념으로 활용된다(소영진, 1994). 행정학이나 조직론과 같은 사회과학 분야에서 패러독스는 '상호 모순되거나 배타적인 요소들이 동시에 존재하거나 활동하는 현상(Cameron & Quinn, 1988:2)'으로 정의된다. 이와 같은 맥락에서 Lewis(2000)는 패러독스를 '상호 모순적이면서도 연관성을 지닌 요소들이 공존하거나 시간이 지남에도 지속되는 현상'으로, '각각을 분리하여 볼 때에는 논리적으로 타당해 보이지만, 동시에 고려해 볼 때에는 비합리적이며 다소 어색하고 일관성이 없어 보이는 것'이라고 '패러독스'를 정의하였다. 한편, Van de Ven & Poole(1988)은 패러독스를 '동일하게 타당한 가정이나 결론들 상호 간에 존재하거나 인식되는 모순'으로 정의하기도 하였다.

정책 장면에 관심을 둔 Stone(2002)은 두 개의 해석이 존재하고, 그것들이 서로 모순된다면 두 해석이 동시에 진리라고 하는 것이 논리적으로는 불가능하지만, 현실 세계에서는 그러한 상황이 보편적이라 보았으며, 정책을 둘러싸고 발생하는 '상호배타적인 해석의 공존'을 패러독스라 보았다. 이와 같은 맥락에서 Thomas(1989:566)는 '두 개 이상의 현실이 존재하고, 이것들이 서로 충돌하며 그 어느 것도 진실이 아니라고 말하기 힘든 상황'을 패러독스라고 정의하였다.

본 장에서는 국내 행정학 및 교육행정학 분야에서 수행된 패러독스에 대한 연구물들(박대권 외, 2018; 사득환, 박보식, 2013; 사득환, 박상진, 2013; 신현석 외, 2020; 이예슬, 2020; 이인수, 2017)이 Stone(2002)의 정책 패러독스에 기초를 두고 있다는 점에서, 그리고 Thomas(1989)의 정의가 패러독스 현상에 대해 함축적으로 표현하고 있다는 점에서 Stone(2002)과 Thomas(1989)의 정의에 의거하여 패러독스를 정의하고자 한다. 따라서 여기서는 패러독스 현상을 '현실에 대한 두 가지 이상의 상호배타적인 해석이 존재하며, 이것들이 서로 충돌하며 그 어느 것도 진실이 아니라고 말하기 힘든 현상'으로 정의하고자 한다.

최근 '코로나19의 역설'이 전 세계적으로 이슈가 되고 있다. 코로나19로 많은 생명이 목숨을 잃고 인간의 활동이 제약되고 있지만, 그 결과 오히려 지구촌의 공기가 맑아지고 생태계가 복원되는 역설적인 현상이 나타나고 있다는 것이다. 핀란드 헬싱키 소재 에너지 및 청정대기 연구센터에 따르면, 코로나19로 인해 중국의 산업 활동은 최대 40% 감소하였으며(동아사이언스, 2020.4.3.), 봉쇄기간 동안 대기오염 유발 물질이 36% 줄어, 중국 내 호흡기 질환자의 수가 6만명 줄어드는 등 긍정적인 효과 또한 나타난 것으로 밝혀졌다(서울경제, 2020.10.10.). 뉴욕의 경우에도 통행 차량의 대기오염 물질이 50% 줄면서 공기의 질이 좋아졌으며, 스모그로 악명 높은 인도 뉴델리의 경우에도 코로나19로 인한 국가 봉쇄 등으로 밤하늘의 별자리를 선명하게 관찰할 수 있을 정도로 공기가 깨끗해진 것으로 알려졌다(연합뉴스

TV, 2020.04.06.).

아울러, 코로나19로 인해 개인의 안전이 위협받음과 동시에 개인위생 등 생활 방역이 강화됨에 따라, 감기·독감, 식중독 환자가 줄어드는 예상치 못한 긍정적인 효과 또한 발생하고 있다. 국민건강보험공단의 발표에 따르면, '마스크 착용의 일상화'로 감기, 인플루엔자(독감), 폐렴 등이 전년 동 기간 대비 51.9% 감소하였으며, '손 씻기의 생활화'로 식중독의 경우에도 전년도의 동 기간 대비 31.3%가 감소한 것으로 밝혀졌다(뉴스1, 2020.10.28.).

그뿐만 아니라, 코로나19의 세계적 대유행으로 관광업계는 큰 타격을 입고 있지만(이투데이, 2020.8.18.), 다른 한편으로 유럽 주민들의 주거 여건은 개선된 것으로 나타났다. 코로나19 이전 유럽 주요 도시에서는 관광객을 대상으로 한 '에어비앤비'와 같은 단기 임대가 성행함에 따라, 정작 주민들은 살 집을 구하기 어려워지는 현상이 발생했다. 하지만, 코로나19로 국가 간의 이동이 제약되고 감염병에 대한 우려 등으로 이른 시일 내 관광이 활성화되기 어려울 것으로 예상됨에 따라, 포르투갈 리스본시와 스페인 바르셀로나시의 경우 정부가 빈 아파트를 임대해 저렴한 가격으로 재임대하는 방안을 추진하고 있다(한겨레, 2020.10.26.). 아울러, 코로나19로 관광산업이 침체되자, 세계 유명 관광지에 관광객이 과도하게 몰려 지역사회가 몸살을 앓고 귀중한 유적지가 훼손되는 '오버투어리즘(overtourism)'에 대해 성찰해보는 계기가 되고 있다.

또한, 경기침체 등으로 코로나19가 '악재'로 작용할 것으로 예상되었던 것에 반해, 언텍트 관련 산업들의 경우 코로나19가 '호재'로 작용하는 현상 또한 나타났다. 코로나19로 인해 사람들의 외출이 줄어들게 되고, 이른바 '집콕'이 유행하게 됨에 따라 IT 기기에 대한 수요가 증가하여 LCD 패널의 가격이 반등함에 따라 LG 디스플레이 등 언택트 관련 산업들이 수혜를 보게 된 것이다(머니투데이, 2020.10.22.). 그뿐만 아니라, 대중교통 등에서 사람들 간의 접촉을 피하기 위해 자동차를 구매하고자 하는 사람들이 늘어났으며, 경기 부진 등으로 신차 대신 중고차를 선택하는 경우가 늘어 중고차 경매가 호황을 기록하고 있다(조선비즈, 2020.10.13.).

이 외에도 '거리두기의 역설'이 나타나고 있다. 코로나19로 인해 '비대면', '언택트'가 우리의 일상을 지배하게 된 오늘날, 우리는 타인과의 대면을 최소화하고자 한다. 하지만, 미국 MIT 대학의 연구 결과에 따르면, 사회적 거리두기가 장기화될 경우, 전체 인구의 사망률이 최고 29%까지 높아지는 것으로 나타났으며, 사회적 고립으로 인해 스트레스에 취약해질 경우 폭력성이 강해질 뿐만 아니라, 면역력이 떨어져 감염병에 더 잘 걸리게 되는 것으로 나타났다(SBS, 2020.10.09.). 즉, 감염병을 막기 위한 사회적 거리두기가 장기화될 경우 사회적 교류의 감소에 의해 오히려 감염병에 취약해지는 역설적인 현상이 나타나게 된다는 것이다.

이처럼 코로나19로 인해 우리 사회 전반에 걸쳐 '위기'와 '기회'가 공존하는 등 '코로나19'의 역설이 사회적인 이슈가 되고 있다. 여느 분야와 마찬가지로 학교도 코로나19로 인해 '위기'와 '기회'를 동시에 겪고 있다. 하지만, 코로나19로 인해 학교 현장에서 발생하는 패러독스 현상에 관한 연구는 거의 이루어지지 못했다. 더군다나, 선행연구 분석결과[2] 교육정책이 집행되는 과정에서 상호배타적인 요소와 해석이 공존하는 '패러독스 현상'이 발생하고 있음에도 불구하고 이러한 부분에 대한 연구가 활발하게 이루어지지는 못했다. 이에 본 장에서는 그동안의 교육정책이 가정해온 '기계론적 합리성'의 모순과 문제점을 밝히고, 현대 복잡사회에서의 교육정책 집행과정을 이해하는데 적합한 개념적 틀로 '정책 패러독스'에 주목하여, 코로나19에 따른 학교 교육의 변화과정에서 어떠한 '패러독스' 현상이 발생하고 있는지를 살펴보고자 한다.

3 자료수집 및 분석

본 장을 위한 연구로 코로나19에 따른 학교 교육의 변화과정에서의 교원들의 생각과 경험을 이해하고자 '면담'을 중심으로 한 '질적연구'를 수행하였다. 특히, 코로나19 사태에서 인구가 집중되어 있는 수도권이 더욱 취약한 모습을 보였다는 점에서, 수도권에 위치한 학교들이 코로나19로부터 더 많은 영향을 받고, 역동적인 변화를 경험하고 있을 것으로 예상해볼 수 있다. 이에 본 연구에서는 '수도권' 소재의 교원들이 연구 주제에 대해 더욱 풍부한 정보를 제공해줄 수 있을 것으로 보고, 수도권 소재의 교원들을 연구 참여자로 선정하였다. 이와 더불어, 어린 학습자의 특성 등을 고려해보았을 때, '초등학교'가 타 학교급에 비해 더욱 정상적인 학사 운영이 어려웠으며, '돌봄' 등이 사회적인 이슈로 부각된 바 '초등교원'들을 연구 참여자로 설정하였다.

본 연구에서는 의도적(purposeful), 이론적 샘플링(theoretical sampling)을 통해 연구 목적에 적절하며 풍부한 정보를 제공해줄 수 있을 것으로 판단되는 연구 참여자들을 선정하였다(Strauss & Corbin, 1998). 더불어, 연구 참여자와 연구자 간의 래포(rapport) 형성을 중시하였으며, 면담 등을 통해 연구 참여자들의 경험으로부터 풍부한 의미를 도출하여 이론적 포화(theoretical saturation)가 이루어질 수 있도록 최대한 노력하였다. 그뿐만 아니라, 연구자들끼리 분석 결과를 상호 공유하고, 논의한 후 충분한 의미가 발견되었다고 판단되었을 때 면담을 중단하였다. 이후 연구 결과를 연구 참여자 외의 초등교원들과 공유한 후, 중요한 내용들이 누락된 것이 없는지를 검토받았다. 본 연구의 연구 참여자의 수는 6명이며, 다음 [표 6.1]과 같다.

본 연구는 코로나19로 인한 학교의 변화과정에서 교원들의 경험에 대한 정보를 획득하기 위해 2020년 8월부터 12월까지 약 5개월을 연구기간으로 설정하고, 참여관찰과 심층면담을 중심으로 한

---

2 이인수(2017)는 '일반고 진로·진학정책 집행과정에서 발생하는 패러독스 현상'을 연구한 바 있으며, 박대권 외(2018)의 경우 자율형 사립고 정책을 중심으로 '교육부와 시·도교육청 간의 정책갈등에 대한 패러독스'를 분석하였다. 신현석 외(2020)는 정책 수단인 '사실'이 제공되는 과정에서 나타나는 설득의 양면성(계몽 vs. 세뇌)을 '패러독스' 현상으로 보고, 코로나19에 대응하는 교육정책에 대한 정책입안자와 행위자 간 인식의 차이를 연구한 바 있다.

[표 6.1] **연구참여자의 인적 사항**

연구 참여자	학교 규모	교직경력 (2020.9.1.기준)	담당/직위	면담 일시(방법)
교사A	21학급	9.06	윤리인성부장	(1차) 2020.10.24. 16:00-17:00(대면) (2차) 2020.11.4. 20:00-20:30(유선)
교사B	6학급	2.06	과학정보, 학년부장	(1차) 2020.10.29. 19:00-20:00(유선)
교사C	30학급	7.06	방과후 돌봄부장	(1차) 2020.11.14. 19:00-20:30(대면), (2차) 2020.11.20. 15:00-15:20(유선)
교사D	20학급	8.06	학년 교육과정, 방송	(1차) 2020.11.13. 13:00-13:40(대면) (2차) 2020.12.28. 12:30-13:30(대면)
교사E	32학급	14.06	정보부장	(1차) 2020.11.3. 15:30-17:00(대면)
교사F	19학급	4.00	6학년 담당 교사	(1차) 2020.11.28. 10:10-10:50(유선)

질적연구를 실시하였다.[3] 면담은 연구참여자가 편하게 면담에 참여할 수 있는 시간과 장소를 정하여 '대면' 또는 '유선' 면담을 실시하였다. 면담은 1~2회에 걸쳐 각각 40분에서 1시간 정도 실시하였고, 미리 준비한 질문을 바탕으로 '반구조화된 면담'을 진행하였다. 질문지는 수업, 생활지도, 학사 운영, 학교의 의사결정과정, 학교 문화 등 '코로나19로 인한 학교의 변화'를 살펴볼 수 있는 내용을 중심으로 구성하였다. 면담을 진행하다 궁금증이 생기는 부분이나, 잘 이해가 되지 않는 부분에 대해서는 자유롭게 추가적인 질문을 하였다.

자료 분석은 자료수집과 병행하여 연구 과정 내내 지속적으로 이루어졌다. 자료를 수집하면서 잠재적인 분석과정을 거쳤고, 잠재적 분석을 통해 추가 자료를 수집하는 등 반복적이고 순환적인 방법으로 자료를 분석하였다. 면담 내용은 연구 참여자의 동의를 얻어 녹음 후 전사하였으며, 전사한 자료를 반복적으로 읽으면서 의미있는 주제를 찾아 문단 단위로 '코딩'하였다. 경우에 따라서는 연구 참여자의 언어 표현을 그대로 빌려 '체험코드(in vivo code)'를 사용하기도 하였으며, 코딩한 결과물은 엑셀파일에 정리하였다. 이후 코딩한 결과물을 바탕으로 도출된 개념들이 공통적으로 이야기하는 것을 묶어 새로운 범주(category)를 형성하였으며, 범주들을 구조화하여 하위범주(소주제), 상위범주(중주제)와 영역(대주제)을 구성하였다. 이러한 분석과정은 반복적으로 수행되었으며, 면담 횟수가 늘어남에 따라 범주들 또한 조정되었다. 분석결과 290여 개의 코드가 생성되었으며, 소주제는 69개, 중주제의 경우 31개,

3 연구자들은 '교원'으로서 학교의 변화를 직접 목도하였기에, 연구 기간 외에도 2020년 4월 온라인 개학 시부터 학교 현장의 변화를 관찰하고 관련 문헌자료를 수집·분석해왔다.

대주제의 경우 10개가 도출되었다. 이 중 '패러독스'가 드러난 부분을 중심으로 정리하여 연구 결과를 작성하였다.

본 연구는 타당성과 신뢰성을 확보하기 위해 면담뿐만 아니라, 교육부 및 시·도교육청 공문, 가정통신문, 등교방법을 결정하기 위해 활용한 설문지 등 현장 문서자료들, 그리고 본 연구의 주제와 관련된 선행연구들(오세희 외 등, 2020; 박미희, 정용주, 2020; 이정연 외, 2020), 언론보도 자료 등 다양한 자료를 함께 분석하였다. 분석결과에 대해서는 연구자들이 모여 지속적으로 논의하였으며, 연구 참여자들로부터 검토(member check)를 받아 연구자들이 자의적으로 혹은 과다하게 해석하였다고 여겨지는 부분 등에 대한 의견을 수렴하여 수정하였다.

4 코로나19에 따른 학교 교육에서의 패러독스 현상

가. 학교의 역할

1) 학습

가) 학교의 공백을 채우기 위해 도입된 원격 수업 vs. 원격 수업에 의해 지워진 학교의 흔적

교사들은 코로나19로 생긴 가장 큰 변화 중 하나로 학생들에게 '학교의 존재'에 대한 의구심을 품게 한 점을 손꼽았다. 원격수업이 시행됨에 따라 인지적 학습의 측면에서 굳이 학교에 가지 않아도 인터넷으로 수업을 들을 수 있고 출석을 인정받게 됨에 따라, 학생들에게 '학교=굳이 가지 않아도 되는 곳'으로 인식될 가능성이 발생하였다는 점이다. 실제 경기도교육연구원에서 실시한 설문조사에서 '온라인 수업을 하더라도 선생님과 만나는 시간은 반드시 필요하다'라는 질문에 학생의 74.7%만이 긍정 응답을 한 것으로 드러났다(이정연 외, 2020). 이로 미루어보아, 학생 25.3%의 경우 '대면 수업이 필요하지 않다'고 인식하고 있음을 알 수 있으며, 이는 학교의 빈자리를 채우기 위해 도입한 원격수업이 오히려, 학교의 흔적을 지워버리는 역설적인 현상이 발생할 수 있음을 여실히 보여주고 있는 것이다.

> 학생들은 '꼭 학교를 가야하나?'라는 생각을 가질 수 있게 되었어요. 학교에 가지 않아도 EBS로 학습하고 출석 처리해주고, 학년이 올라가게 돼요. 그러면 학생들에게 '학교는 굳이 가지 않아도 된다'라는 인식이 생겼을 수도 있을 것이라 생각해요. (교사A)

그뿐만 아니라, 온라인 개학에 대한 학부모들의 인식에도 상당한 차이가 있었다. 일부 학부모들의 경우 원격 학습을 '이상적인 학습'으로 보고 긍정적인 의미를 부여하였다. 이에 반해, 일부 학부모들은 온라인 학교를 '가짜 학교', '반쪽짜리 학교'라고 인식하였다. 이러한 학부모들의 상반된 인식과 궤를 같이 하면서 대부분의 학생들은 온라인 수업에 성실하게 참여했지만, 일부 학생들의 경우 성실하게 참여하지 않는 경향을 보이기도 하였다. 이처럼 온라인 학교, 원격 수업에 부여하는 의미에 따라 '학교의 위상'이 흔들리는 현상들도 부분적으로 나타나고 있다.

어떤 학부모님들은 e학습터에서의 학습을 굉장히 의미있게 여기시는 반면, 반대쪽에서는 '이거 가짜 학교잖아?'...학생들이 과제 안 올려도 학부모님들이 그것에 대해서... '꼭 해야 하는 것인가?' 그런 인식 있었어요. '뭐야? 이게 공부야?' 그런 입장이세요. 요즘 온라인 상에서 이루어지는 교육은 가짜 학교? 반쪽짜리 학교?로 인식하시는... (교사E)

나) 교육의 기회를 보장하기 위해 도입된 '원격 수업' vs. 원격 수업의 시행으로 인해 공교육에서 마저 동등한 교육 기회를 보장받지 못하게 된 학생들

공교육 제도로서 '학교'의 존재 이유는 가정배경이나 학생 개인의 특성에 따른 학생 간 학습 격차를 최소화하는데 있다. 그간 모든 학생이 '공교육'인 학교 교육에 있어서만큼은 같은 교실에서 교사의 지도 하에 동등한 교육의 기회를 보장받아 왔다. 그러나 코로나19로 원격 수업이 도입되자, '보호자 지원 유무'와 같은 가정의 상황이 공교육의 장에 영향을 미치게 되었고, 이로 인해 공교육에서 마저 학생들이 공평한 교육의 기회를 보장받지 못하게 되는 현상이 발생하였다. 특히, 자기주도적 학습능력이 제대로 갖추어져 있지 못한 초등학생의 경우 '보호자의 지원' 없이는 원격 수업에 참여하는 것이 어려워졌기 때문에 온라인 개학 초기 초등학교 온라인 개학을 두고, '엄마표 개학'이라는 비판이 제기되기도 했다(KBS, 2020.04.20.). 즉, 학생의 학습권 보장을 위해 원격 수업을 도입하였지만, 원격 수업으로 인해 학생들이 공교육에서마저 동등한 교육의 기회를 보장받지 못하게 되는 역설적인 현상이 발생하고 있는 것이다.

초등은 학부모의 관심이 중요하게 작용하다보니, 학부모가 관심을 안 가지면 그만큼 학습 결손이 일어나고... 아무래도 스스로 하기 어려운 나이이다 보니까... 저는 온라인으로 하면 계속해서 격차는 더 커질 수밖에 없다고 생각해요. 학부모의 케어와 사교육을 받는 아이, 그렇지 않은 아이 간의 격차가 당연히 커질 수밖에 없다고 봐요. (교사B)

교사들은 코로나19로 '학습격차'가 발생했을 것이라 보고 있었으며, 가정의 사회·경제적 배경 등에 의해 그 격차가 더욱 심화되었을 것으로 인식하고 있었다. 사회·경제적으로 높은 위치에 있는 가정의 경우, 원격 수업 중에도 자녀의 학습을 잘 지원하였을 것임에 반해 경제적으로 어려운 가정의 경우 자녀의 학습지원 등이 용이하지 않아, 교육 불평등이 더욱 심화되었을 것[4]이라 보고 있었다. 이와 같은 맥락에서 이정연 외(2020)에서 가정의 경제적 수준이 '상'인 집단의 경우 '하'인 집단에 비해 사교육을 받는 시간이 증가한 것으로 드러났다. 이러한 연구결과는 가정의 경제적 여건이 좋은 경우, 온라인 수업으로 인한 학습결손이 적고 사교육에도 더 많이 투자하고 있어 계층 간의 학습 격차가 더욱 심화될 가능성을 시사한다.

---

4 실제 이정연 외(2020)의 연구결과에 따르면, 가정의 사회경제적 수준이 '상'인 집단의 45.3%가 자녀의 온라인 학습/교육활동을 지도하는 것이 어렵다고 응답하였고, '중'인 집단은 57.4%, '하'인 집단의 경우 72.2%가 '그렇다'고 응답하였다.

할까 말까 하는 애들이 없어졌어요. 아예 안 하거나 이때가 기회다 싶어서 선행 쭉쭉 나가거나 학습격차가 교실에서 느껴질 정도로... (교사E)

그간 우리는 유비쿼터스에 기반한 원격교육이 언제, 어디서나, 모두에게 공평한 학습의 기회를 제공할 수 있을 것이라 여기는 등 미래교육의 유토피아를 '원격교육' 활성화에서 찾아왔다. 원격교육은 인적·물적 인프라가 부족한 농어촌 지역은 물론 모두에게 공평한 교육기회를 보장할 수 있으며, 인공지능 등과 결합한 원격교육을 통해 학습자 중심의 맞춤형 교육이 구현될 것이라 여겨왔다. 그러나, 실제 학교 교육에 원격 수업이 전면 도입된 장면에서 원격교육이 모든 학생들에게 실질적으로 공평한 교육의 기회를 보장하는 것은 아니었다. 원격 수업 도입 초기에는 학생 개개인에 따라 스마트기기 보유 여부, 인터넷 접속 환경 등에 있어서 차이가 있었으며, 다른 무엇보다도 부모 등 보호자의 '손길', 지원 여부가 학생들의 학습에 상당한 영향력을 행사하게 되었다. 정부에서 저소득층 학생들에게 스마트 기기 및 통신비 등을 지원하고, 교육용 콘텐츠를 제공하는 등 공평한 교육의 기회를 제공했음에도 불구하고, 이는 형식적인 기회의 평등일 뿐, 실질적으로 모든 학생에게 공평한 교육의 기회를 보장하는 것은 아니었다.

다) 학습의 측면에서 '학교무용론' vs. 학습격차 논란 속에 드러나는 학교 교육의 진가

교사들은 온라인 수업에서는 첫째, 학생과 교사 간 소통이 원활하게 진행되기 어려우며, 둘째, 학생의 이해 정도를 즉각적으로 파악하기 어렵고, 셋째, 학습에 대한 어느 정도의 '강제성'이 부여되지 않기 때문에 학생들 간의 학습 격차가 더욱 심화될 수밖에 없다고 보았다. 교사들은 학교현장에서 '기초학력의 저하'와 '중위권의 몰락'을 체감하고 있었으며, 자기주도적 학습능력을 갖춘 학생과 그렇지 못한 학생 간의 학습 격차가 더욱더 심화되고 있다고 인식하였다.

2학년 2학기이면 곱셈을 할 줄 알아야 하는데, 아직 구구단 2단을 잘 못 외워요. 맞춤법도 엉망이고... 그동안 학교에서 반강제적으로 과제도 하고, 학습하게 되는데, 원격 수업에서는 그러한 강제성이 사라졌으니까 학습이 제대로 못 이뤄진 것이죠. (교사C)

열심히 참여하려는 모습을 보이지만, 모든 학생이 수업에 집중하고 있는지를 확인하기는 어렵다. 화상 수업에서도 여전히 개별 학생의 이해 정도를 파악하고 이에 따른 맞춤형 지도를 하기에는 한계가 있는 것으로 보인다. (화상 원격 수업 참관일지, 2020.12.28.)

한편, 원격 수업 등으로 학생들 간 '학습격차'가 더욱 심화되었다는 것은 그간 학교 현장에서 교사들이 학습 격차 해소를 위해 노력해왔음을 입증하는 것이라고도 볼 수 있다. 앞서 살펴본 바와 같이, 코로나19에 따른 원격 수업으로 인해, 학습의 장이 '학교'에서 '가정'으로 확대됨에 따라, 학습의 측면에서 학교의 입지가 줄어들었고, 학교의 흔적이 지워지는 등, '교육기관'으로서 학교의 의미가 퇴색하고 있다는 주장도 존재한다. 그러나, 다른 한편으로는 학교가 정상적으로 운영되지 못하는 가운데 전반적으로 학생들의 기초학력이 저하되고 학생 간 격차가 심화되었다는 것은 그간 학교가 학생들의 기초학력 보장에 중요한 역할을 수행해왔음을 의미하기도 한다.

> 코로나19로 학교가 멈춘 상황에서 기초 학력이 떨어졌다는 것은 학교가 지금까지 학생들의 기초 학력의 최저선을 어느정도 방어하고 있었다는 것을 의미한다고 생각해요. 이번 기회에 학교가 '학습', '학력'에 있어서도 중요한 역할을 해왔다는 것이 입증이 된 것이죠. (교사C)

이와 더불어, 원격 수업으로 인한 학력 격차 논쟁은 '온라인'으로는 학교의 기능을 온전히 수행하기 어려우며, 사회성 함양은 물론 학습 등에 있어서도 '오프라인' 학교의 필요성을 부각시키는 계기가 되었다. 이처럼 우리는 코로나19로 인해, 그 동안 학교가 학생들의 학습을 위해 어떠한 역할을 해왔고, 학교가 왜 필요한지 깨닫게 되는 계기가 되고 있다. 이처럼 현실에서는 학교의 입지를 두고, '학습의 측면'에서 학교의 입지가 '축소'되고 있다는 주장과 기초학력보장 등 학습에 있어서 학교 역할의 '중요성'을 주장하는 맥락이 서로 충돌하고 있었다.

라) 정상적 교수활동에 대한 제약(악재) vs. 원격교육 등 교육 발전의 계기(호재)

코로나19 감염병 확산에 대한 우려로 한동안 학교의 문이 닫히는 등 학교에서의 교육활동이 정상적으로 수행되지 못했다. 등교 수업이 병행되고 상황에서도 학생들 간의 '거리두기'로 인해 '교사'와 '학생' 간의 일방향적인 교류만 이루어질 뿐, 학생-학생 간 짝활동 및 모둠활동, 신체활동, 예체능 활동에 제약이 발생함에 따라 학교에서의 '전인교육'에 상당한 차질을 빚고 있었다.

> 모둠활동이 안 되고, 학생들끼리 보드 게임도 절대 안 되고, 그런 식으로 쉬는 시간이나 수업 시간에 학생들이 할 수 있는 활동에 대한 제약이 많이 가해졌어요. (중략) 그렇기 때문에 수업이 거의 일방향적인 경우가 많아요. 쌍방향이 잘 안 되고, 교사와 학생, 학생과 교사 정도의 교류만 이루어지는 수준의 수업만 진행되는 경우가 많죠? (교사B)

그럼에도 불구하고, 교사들은 학생들이 가정에서 온라인으로 혼자 학습하는 것보다 제한된 형태로라도 학교에 나와 다양한 활동에 참여하는 것이 학생들에게 좀 더 도움이 될 것이라 인식하고 있었다. 이는 설문에 참여한 경기도 교사들의 96.5%가 대면수업의 필요성에 동의하였다는 이정연 외(2020)의 연구결과와 맥락을 같이 한다.

한편 교사들은 코로나19를 계기로 학교현장에서 '원격교육'이 발전할 수 있게 되었다고 인식하고 있었다. 교사들은 코로나19로 인해 어쩔 수 없이 원격 수업을 경험하게 되었고, 등교·원격수업이 병행됨에 따라 자연스럽게 온·오프라인 블렌디드 교육, 거꾸로 수업 등을 실천하게 되었다는 것이다. 이로 인해 코로나19 종결 이후에도 교사들이 활용할 수 있는 교수-학습 방법 및 도구가 늘어나게 되었으며, 처음 시작이 어려울 뿐 교원들은 앞으로 학교현장에서 스마트기기를 활용한 수업 등이 보다 활성화될 것이라 보았다. 이는 오세희 외(2020)의 연구 결과와 맥락을 같이 하는데, 오세희 외(2020)에 따르면, 설문에 참여한 교사의 55.96%가 원격 수업이 '온·오프라인 융합수업 등 수업 혁신에 기여'했다고 인식하는 것으로 드러났다.

> 의도하든 의도치 않았든 급진적으로 학교가 발전하게 되었어요... 만일 코로나19가 아니었다면, 원격 교육, 온라인 수업 이런 것이 저는 앞으로 10년 후에도 어려웠을 것으로 보거든요? 코로나19로 인해 교육방법 등이 급격하게 발전을 했다... (교사A)

이처럼 코로나19로 인한 '학교 교육'의 위기가 '원격 수업' 등 다양한 교수-학습 방법을 발전시키는 계기가 되었다. 그뿐만 아니라, '에듀테크'와 '인프라' 측면에서도 발전의 계기가 되었다고 보았다. 그간 보안 등을 이유로 학교 내 wifi와 상용 이메일 사용이 불가능했으며, 발달된 IT 강국으로서 이점을 학교 교육에서 충분히 활용하지 못해왔다. 그러나 코로나19로 원격 수업이 일상화됨에 따라 교육부는 2022년까지 모든 교실에 기가급 무선망을 설치할 예정이며, '그린 스마트 미래학교' 설립을 추진할 예정이라는 입장을 밝혔다(교육부, 2020.08.11.). 이러한 점에서 교사들은 코로나19가 '인프라' 측면에서도 중요한 발전의 계기가 되었다고 인식하고 있었다.

2) 돌봄 및 사회성 지도

가) '안전'을 위해 문을 닫는 학교 vs. 학교 밖에서 더 큰 위험에 노출되는 학생들

감염병에 의한 위험으로부터 학생들을 보호하기 위해 네 차례에 걸쳐 개학을 연기하고, 온라인 개학을 시행하는 등 학교의 문을 닫았지만, 이로 인해 갈 곳이 없어진 학생들이 학교 밖을 떠돌게 되거나 방치되어 오히려 위험에 노출되는 역설적인 현상이 나타나게 되었다. 학교가 문을 닫게 되자, 일부 학생들은 학교보다 안전하다고 보장할 수 없는 '학원', '독서실', 'PC방' 등에 머물게 되고, 학원 등에서의 집단 감염(연합뉴스, 2020.11.13.)으로 오히려 위험에 노출되는 상황들이 나타나게 되었다. 더불어, 맞벌이 가정의 경우 원격 수업 등으로 학생 혼자 집에 있게 되는 시간이 증가하게 됨에 따라, 학생들이 위험에 노출될 가능성이 많아졌다.

> 맞벌이 부부가 많은데, 학교에 있으면 안전성이 보장되잖아요. 근데 원격 수업 때에는 집에 있으니까 애들이 뭘하는지도 모르겠고 방치되기 쉽잖아요? 그런 것에 대한 불안감이 있으시고... 방과후와 돌봄을 많이 했기 때문에 애들이 4시 반까지 집에 안 갔단 말이죠? 그때까지 애들을 봐주는 학교가 없어지니까... 그게 힘드셨던 것 같아요. (교사B)

그뿐만 아니라, 충남 천안과 경남 창녕 등에서 '아동학대'가 발생하였으며, 인천에서는 보호자가 부재한 상황에서 두 형제가 라면을 끓여먹으려다가 화재가 발생하는 등 학생들의 안전이 보장되지 못하는 안타까운 사건들이 발생하고 있다. 뿐만 아니라, 학생들이 장시간 사이버 세계에 노출됨에 따라, 사이버 중독에 빠지는 등 새로운 위험 요소들이 학생들의 안전을 위협하기 시작했다. 언론보도에 따르면, 코로나19 이후 학생들이 온라인에 접속하는 시간이 증가함에 따라, 아동과 청소년을 대상으로 한 온라인 그루밍(길들이기) 범죄가 증가하고 있는 것으로 나타났다(뉴시스, 2020.10.06.).

> 상담할 때 부모님들께서 많이 하시는 말씀이 '애들이 컴퓨터, 인터넷 게임을 너무 많이 한다... 온라인 수업을 하면서 그 사용빈도가 너무 많이 늘었다' 이런 말들을... (교사B)

이처럼 감염병으로부터 학생들을 보호하기 위해 학교의 문을 닫았지만, 학교가 문을 닫는 기간이 길어지면서, 학생들이 안전하게 일상을 보낼 수 있는 공간이 더욱 줄고, 위험한 순간을 언제든 맞이할 수 있는 상황들이 발생하고 있다. 이처럼 코로나19는 학교가 우리사회의 최소한의 사회적 안전망으로서 학생들을 지켜주고 있었음을 환기시켜주고 있다.

나) 학교의 주된 역할: '학습' vs. '돌봄'

우리는 흔히 학교를 '학생에게 교육을 실시하는 기관(표준국어대사전, 2020.12.4. 인출)'으로 여겨왔다. 하지만, 코로나19로 인해 학교가 '학습'뿐만 아니라, 학생 '돌봄' 등에 있어서 중요한 역할을 수행해왔다는 점이 밝혀졌다. 학교가 문을 닫자 학생들을 돌보고 학생들에게 정서적 안정감을 줄 수 있는 곳이 부재하게 되었으며(YTN, 2020.11.30.), 온라인 개학, 주 1~2회 등교로 인해 학생들의 일상에 변화가 생기게 되자, 일부 학생들은 생활 패턴이 망가지게 되었다.

> 8시 50분까지 학교에 안오는 애들도 있어요. 그래서 모닝콜해주는 학생도 있고... 부모님은 맞벌이 하러 나가시고 애들은 습관이 되어서 늦게 일어나 9시 30분에 겨우 학교에 오고... 그러면 이틀은 또 잘 나와... 그러다 다음주 되면 또 다시 안 오고... (교사D)

이와 같이 코로나19는 학교의 중요성에 대해 깨닫게 되는 계기가 되고 있다. 경상남도교육청에서 실시한 설문조사 결과에 따르면 상당수의 학부모가 코로나19로 인해 '학교의 중요성 인식(26.6%)'을 깨닫게 되었다고 응답한 것으로 드러났다(브릿지경제, 2020.10.29.). 이처럼 코로나19로 인한 학교의 공백은 '돌봄의 공백'으로 이어지며, 학교의 중요성이 부각되고 있다. 하지만 코로나19로 인해 학교가 '교육·학습'이라는 본연의 기능보다 '돌봄'의 기능에서는 높은 평가를 받고 있다는 점에서 다소 역설적이라 볼 수 있다.

> 코로나로 인해 학부모님들이 학교의 중요성을 더 인지하게 된 것 같아요. 근데... 그게 교육기관으로가 아니라, 보육의 기관으로 인지를 한 것 같아서... 보육의 역할이 교사에게 조금 강조되는 것 같아서 그게 조금 안타까운 상황이라고 생각합니다... (교사B)

다) 어깨동무(사회성 함양) vs. 거리두기(방역)

코로나19로 원격수업이 진행되고, 학생들 간의 '거리두기'를 강조하게 됨에 따라, 학생들은 또래와 부딪힐 수 있는 기회가 줄어들게 되었다. 이에 따라, 학교가 학생들을 건강한 사회 구성원으로 키워내는 '사회화'의 기능이 제대로 수행되기 어려울 것이라는 우려가 존재한다. 최근 국가교육회의에서 교사·학부모 2만 5,000명을 대상으로 실시한 여론조사 결과에 따르면, 교사의 열에 아홉은 '원격수업으로 인해 학생들의 사회성 함양이 어렵다'고 응답했다(이데일리, 2020.11.10.). 실제 지난 1학기 동안 수도권 소재의 상당수 초등학교의 경우 학급내 밀집도를 낮추기 위해 '홀수반', '짝수반'으로 분반하여 수업을 진행했다. 이에 따라, 학생들은 누가 우리반 친구인지는 물론 마스크로 가려진 친구의 얼굴과 이름을 잘 알지 못하는 현상이 나타나고 있었다. 고학년 학생들의 경우에는 전년도에 같은 반이었던 친구들을 중심으로 교우관계를 지속해나가는 등 같은 반 학생들 간의 래포(rapport) 형성 또한 쉽지 않았다.

> 며칠 전에 처음 알았는데... 애들이 서로 이름을 몰라요. 그래서 이름으로 빙고를 몇 번 했어요. 워낙 학교를 안 나오기도 했고... 같이 모여 앉아서 이야기도 해보고 모둠활동이라도 해 봐야 아 얘는 누구구나 하고 알텐데, 와서 그냥 앞만 보고 있으니까... (교사E)

그간 우리는 학생들에게 친구들과 사이좋게 지낼 것을 지도해왔다. 이에 반해, 코로나19로 인해 오늘날 학교에서는 학생들에게 친구들과 사이좋게 지내라고 지도하기보다는 감염병으로부터 자신을 지키기 위해 타인과 '거리'를 둘 것을 지도하고 있다. 코로나19 감염을 막기 위해, 친구들과의 대화가 불가능하고, 일정한 거리를 두어야 하는 현 상황에서 학교는 학생들에게 '사회성 함양'을 지도하기가 어렵다. 이처럼 오늘날 학교는 '방역(거리두기)'과 '사회화(어깨동무)'라는 상충된 역할을 동시에 수행할 것을 요구받고 있었다.

다른 한편으로, 코로나19로 인해 친구들을 가까이 할 수 없게 되자, 학생들은 친구의 소중함을 느끼게 되었으며, 학생들 간의 갈등이 줄어들었다고 한다. 경기도 학생들을 대상으로 설문조사를 실시한 이정연 외(2020)의 연구에 따르면, 초등 저학년 학생들은 코로나19이후 학교생활 중에 가장 힘든 부분의 1순위로 '친구관계'를 꼽았다. 코로나19로 인해 그 동안 공기처럼 당연했던 학교의 일상이 흔들리는 가운데 학생들은 '친구'와 '학교'의 소중함을 느끼고 있는 것이다.

> 학생들이 농담으로는 '학교 오기 싫어요'라고 이야기하면, 저도 농담으로 '그러면 너는 혼자 집에서 EBS 보고 학습 꾸러미할래?'라고 하죠. 그러면 애들이 '싫어요, 학교 올래요'라고 해요. 비록 제약은 있지만, 애들도 학교에서 다른 친구들과 함께 공부하는 것이 더 좋은 것이죠. 친구들이랑 손 잡고 이야기 할 수는 없지만, 거리를 두고 서라도 친구랑 '같이 있을 수 있다는 것' 자체가 학생들은 좋은 것이에요. (교사C)

나. 학교공동체

1) 교원문화

가) 변화를 '제약' vs. '촉진'하는 교원들의 '함께 가기' 문화

코로나19로 인한 변화 과정에서 서로 다름을 허용하지 않는 교원들의 기존의 '함께 가기' 문화는 학교의 변화를 제약하기도 하고, 때로는 학교의 변화를 촉진하는 힘으로 작용하였다. 면담에 참여한 교사 중 한 명은 원격 수업 초기 '실시간 쌍방향' 수업을 운영하고 싶었으나, 교원들 사이의 '튀지 않기' 문화로 인해 동료 교사들을 설득하는 데 어려움을 겪었다. 원격 수업 초기 당시에는 얼굴 노출에 대한 두려움, 가보지 않은 길에 대한 막연한 두려움 등으로 교사들은 실시간 쌍방향 수업에 대한 부담감을 가지고 있었기 때문이다.

> 초기에 쌍방향 수업을 하고 싶었어요. 근데, 주변교사들이 '다 그렇게까지 해야 하냐, 왜 너만 잘난 척 하냐'라고 보시는 분들도 있었어요. 심지어 제가 정보부장이기에 3월 초에 연수까지 다 해드렸거든요. (중략) 그럼 저라도 하겠다 그랬더니, '왜 너만 안 해도 될 것을 해서 그런 식으로 주변 동료들 곤란하게 하냐' 이런 식으로 나오시더라구요. (교사E)

이러한 상황에서 교사E는 동료교사들에게 실시간 쌍방향 수업의 이점, 원격수업 플랫폼 이용방법, 수업운영 방법 등에 대해 안내하고, 필요한 장비를 모두 구입해주는 등 동료교사들을 설득하기 위해 지속적으로 노력했다. 그 결과 '개인'이 시작한 변화가 '동학년'으로, 그리고 '다른 학년'으로 확산되면서, 현재는 모든 학년의 교사들이 부분적으로 실시간 쌍방향 수업을 운영하고 있다고 한다. 이처럼 교원들 사이에 흔한 '함께 가기', '튀지 않기' 문화는 학교의 변화를 제약하는 요인으로, 그리고 경우에 따라서는 촉진하는 요인으로 작용하고 있었다.

나) '팀티칭'의 활성화 vs. '각자도생'의 심화

담임교사가 대부분의 교과를 지도하고 있는 초등의 경우 원격 수업 준비과정에서 교사 개인이 모든 콘텐츠를 제작하기가 쉽지 않기 때문에, 동학년 교사들 간의 과목을 나눠서 콘텐츠를 제작하는 등 '팀티칭'이 활발하게 이루어졌다. 하나의 콘텐츠를 동학년이 함께 사용하다보니 학급 간의 진도를 맞춰야 하는 상황이었다. 이에 수업 자료 등의 제작 과정에 있어서, 교사들 간의 사전 협의가 활발하게 이루어지는 등 교사들 간의 소통이 늘어난 것으로 보였다.

> 제 경험상으로는 학년 선생님들 간의 논의가 더 많아졌다고 생각해요. 진도도 맞춰야 하니까...(학년에서) 하나의 콘텐츠를 만드니까 상의를 많이 했구요. 그리고 이러한 상황에서도 '프로젝트' 학습을 하기 위해 동학년 교사들 간 논의를 많이 했어요. (교사F)

하지만, 일각에서는 원격 수업 운영과정에서 표면적으로 교사들 간의 '팀티칭'이 확대된 것으로 보이지만, 그 이면에는 교사들의 '각자도생'이 더욱 심화된 측면 또한 존재한다는 이견이 제기되기도 하였다. 각 학교와 학년마다 상황이 다르겠지만, 일각에서는 교사들은 자신이 맡은 과목의 콘텐츠를 성실하게 제작하여 올릴 뿐, 학습 내용을 어떤 방법으로 가르치는 것이 보다 효과적일지 등에 대한 교사들 간 상호 협의는 이전보다 활발하게 이루어지지 못했다는 것이다.

상투적으로 나누고 가상 공간에 자기가 맡은 부분만 제작해서 올리면 돼요. 수학을 맡았으면 e학습터에 수학 콘텐츠만 만들어 올리면 끝이에요. 교류나 논의나 협업이 필요없어요. 내가 만든 것만 올리면 되는 것이라 각자도생이 더 심해지는 것 같아요. (교사E)

원격 수업 플랫폼에 탑재된 콘텐츠를 살펴본 결과, 각 과목 담당 교사에 따라 탑재된 콘텐츠에 상당한 질적인 차이가 존재하였다. 이로 미루어 보아, 콘텐츠 제작 과정 등에서 교사들의 이른바 '각자도생'이 심화된 측면 또한 존재함을 확인할 수 있었다. 그뿐만 아니라, 콘텐츠의 질적인 수준 차이로 인해, 교육 수요자인 학생, 학부모의 불만은 물론 동학년 교사들 간에도 갈등이 유발될 가능성 또한 발견할 수 있었다.

다) 자연스러운 공개 수업의 일상화, 역량 강화의 계기 vs. 민낯이 드러나게 되는 계기

원격 수업으로 교사는 언제든지 자신의 수업이 학생 이외의 제3자에게 공개될 수 있다는 부담감을 갖게 되었다. 그 동안 교사의 수업은 '교실'이라는 제한된 공간 내에서만 수행되었고, 동료교사나 학부모들을 대상으로 일년에 한번 정도 준비된 수업을 공개해왔을 뿐이다. 하지만, 코로나19로 인해 수업의 공간이 '교실'에서 '가정', 그리고 '오프라인'에서 '온라인'으로 확대됨에 따라, 교사의 수업을 학생은 물론 학부모, 동료교사들도 언제든지 볼 수 있는 여건이 조성되었다. 이를 두고, 면담에 참여한 한 교사는 코로나19로 인해 그 동안 열리지 않은 '판도라의 상자'를 열게 되어, '학교의 민낯'이 드러나게 되는 계기가 되었다고 평가하기도 했다. 지역·계층·학교별, 그리고 교사 간의 격차는 '코로나19'로 인해 새롭게 등장한 문제라기보다는 이전부터 지속적으로 제기되어 왔던 문제이며, '원격 수업'을 계기로 그 격차가 더욱 부각되고 있다는 것이다.

학부모도 같이 보는 공간이다보니 신경을 좀 많이 쓰게 되더라고요... 동영상도 제가 다 만들고... 수업하는 것을 동영상으로 찍어서 올리기도 하고... 수업자료를 만드는데 힘을 좀 많이 들였어요. (중략) 수업 준비시간은 등교수업 때 보다 길었던 것 같아요. (교사B)

특히, 원격 수업 초기 '준비'가 제대로 이루어지지 못함에 따라, 교사들이 보유하고 있는 기기, 또는 스마트 기기를 다룰 줄 아는 능력 등이 '수업'에 영향을 주게 되었다. 사교육 시장에서는 이미 '동영상' 강의 등이 활성화되어 있는 상황이었고, 자연스럽게 교사들이 제작한 콘텐츠가 EBS는 물론 여건이 잘 갖춰진 사교육 기관에서 만든 콘텐츠 등과 비교될 수밖에 없는 상황은 교사들에게 큰 부담으로 작용하였다. 이에 교사들은 수업의 '내용'에 집중하기보다는 내용 전달을 위한 수단인 '콘텐츠' 제작 등에 더 많은 시간을 소요하게 되었고, 이는 교사들의 업무량에 대한 부담은 물론 심적인 부담으로까지 이어지기도 하였다.

한편, 원격 수업 운영과정에서 교사들은 학생들의 학습 동기를 유발하고, 집중도와 참여도를 향상시키기 위해 목소리를 크게 하고, 수업에 '흥미' 요소를 가미시키는 등 노력할 수밖에 없었다. 그뿐만 아니라, 온·오프라인 수업이 병행되는 상황에서도 어떻게 하면 학생들이 보다 효과적으로 학습목표에

도달할 수 있을지에 대해 고민하고, 동료교사들과의 논의하여 다양한 교수-학습 방법을 도입하는 등 교사들 스스로 수업 역량을 강화하려는 노력이 이루어지고 있었다.

그럼에도 불구하고 '원격 수업'이 전면화됨에 따라, 급박하게 요구된 교사의 스마트기기 사용 역량은 수업에 영향을 줄 수밖에 없었다. 이는 그간 교직사회에서 중시되고 존중되어 왔던 '교직경력'이 갖는 의미에 물음표를 던지게 만드는 등 교원들의 사기를 저하시키는 요인으로 작용하기도 하였다. 이로 인해 일부 학교와 교사는 원격 수업에 대한 학부모 민원 등으로 어려움을 겪고 있었으며, 이는 교원의 사기 저하로 이어져 교직 문화에 부정적인 영향을 주기도 하였다.

> ○○지역에서 학부모가 교육청에 민원을 넣은 적이 있어요. 줌(ZOOM) 수업한 것 녹화해서... 교사 수업 수준이 이 정도 밖에 안 된다... 학부모의 요구사항이 높은데, 연세가 있으신 선생님은 원격 수업을 하실 준비가 안 되어 있으시고... 어려움이 크죠... 어떻게 보면, 그 분 입장에서는 ZOOM 수업 자체가 용기있는 새로운 도전일 수 있는 것인데... (교사A)

이에 따라, 원로교사들이 원격 수업 등 교직 환경 변화에 대응하는데 어려움을 겪어 교직을 많이 떠날 것으로 예상되었다. 그러나 이러한 예측과 달리 실제 교사들의 '명예퇴직' 건수는 작년에 비해 11% 가량 줄은 것으로 드러났다(한국일보, 2020.11.21.). 이는 원로교사들이 원격 수업에 잘 적응했음을 의미하기도 하며, 후배 교사들이 원로교사들로 하여금 잘 적응할 수 있게 지원해주었음을 의미하기도 한다. 다른 한편으로 그간 교사들을 어렵고 힘들게 만드는 것은 '수업'이라기보다는 '학생 생활지도'와 '교권침해' 등이었음을 유추해볼 수 있다.

이와 같이 학교 현장에서는 수업 공개가 일상화됨에 따라, 교사들의 수업 역량을 강화하는 계기가 되기도 하였으며 다른 한편으로는 학교의 '민낯'이 드러나는 계기가 되었다. 즉, 하나의 현상에 대해 상호배타적인 해석이 존재하고, 그 어느 것도 진실이 아니라 말하기 어려운 패러독스 현상이 발생하고 있는 것이다.

2) 학교 민주주의

가) 학교 민주주의의 진전 vs. 절차의 과잉, 내용의 빈곤(제한된 선택지 속에서 허용된 자율)

학교는 사상 초유의 팬데믹 상황 속에서 등교 방식 등 학교 운영방식을 결정하기 위해 수많은 회의를 진행하는 등 구성원들의 의견을 활발하게 수렴해왔다. 등교 방식을 결정함에 있어서 그간 의사결정에 중심이 되었던 교장, 교감, 부장교사들 뿐만 아니라, '일반교원'과 '학부모'의 의견까지 수렴하여 종합적으로 검토한 후 결정하였다는 점에서 학교 민주주의 발전에 어느 정도 진전이 있었다고 볼 수 있다. 이와 같은 맥락에서 한 연구 참여자의 학교의 경우, 화상 매체를 통한 교사 모임을 시도하는 등 코로나19에도 교사들 간의 소통을 활발히 하고, 민주적인 학교 운영 체제를 구축하기 위한 노력을 지속하고 있었다.

단계와 지침 바뀔 때마다 회의를 했던 것 같아요. 학부모 설문을 먼저하고, 그걸 바탕으로 교사들이 이야기해서 결정이 많이 된 것 같아요. 학부모님 의견도 많이 반영이 된 것 같아요. (교사F)

그러나 일각에서는 표면적으로는 학교 민주주의가 발전한 것처럼 보일지라도, 현실적으로 감염병에 대한 우려 등으로 상당수의 학교의 경우 전체 교직원이 한자리에 모여 회의를 진행하기가 어려웠다는 점에서 이전보다 학교 운영과정이 민주적일 수는 없었다는 인식 또한 존재한다. 소규모 학교를 제외한 상당수의 학교에서는 학년 교사들의 의견을 수렴한 후, 이를 바탕으로 부장교사들 간의 회의에서 방안이 결정되고, 이후 학교운영위원회의 최종적인 승인을 거쳐 의사결정이 이루어졌다. 절차적으로는 민주적인 과정을 거친 것이지만, 일반 교사들 입장에서는 학교 민주주의가 향상되었다고 느끼기는 어려운 측면 또한 존재할 수밖에 없었다.

또한, 코로나19 이전에는 교사들과 관리자 간의 비공식적 모임 등 또 다른 경로를 통해 교사들의 의견이 전달될 수 있었으나, 코로나19로 인해 '회식', '모임' 등이 불가능해진 상황에서 교사들의 의견이 전달되고 수렴될 수 있는 통로는 더욱 좁아질 수밖에 없는 것이다. 뿐만 아니라, 세부적인 등교방식을 결정함에 있어서 교육부와 교육청이 '지역'과 '학교'에 자율성을 부여하였지만, 이는 제한된 선택지 속에서 허용된 자율에 불과하며, 학교가 실질적으로 자율성을 행사하는 데 있어서 일정 부분 한계가 있을 수밖에 없는 아쉬움이 남았다.

의사결정과정이 이전보다 '민주적일 수는 없었다'고 생각해요. 왜냐? 전체가 모일 수 없었거든요. 가급적 모이지 말라는 지침도 있었고, 모이기를 다들 꺼려해요... 그리고 기본적으로 정해 내려오는 것들이 있어요. '밀집도'라던지... 이건 어떻게 할 수 없이 따라야 하는 측면이 있고... 이미 거기에서부터 '민주적'인 것은 애당초 어려운 측면이 있다고 생각합니다. (교사A)

한편 코로나19로 인한 학사 운영과정에서 학부모 대상 의견수렴이 활발하게 이루어졌지만, 이것이 '구색맞추기'에 불과하다는 시각 또한 존재한다(박미희, 정용주, 2020). 학부모 의견수렴은 학생들을 1주일에 몇 회 등교할 것인지, 등교방식(홀수/짝수, 오전/오후 등교) 등 주어진 선택지에 한하여 이루어졌을 뿐이다. 뿐만 아니라, 학부모의 의견은 '참고사항'이 될 뿐, 최종적인 의사결정은 현실적 여건 등을 고려하여 학교 주도하에 이루어질 수밖에 없다는 것이다.

형식적으로 학부모 설문은 돌리지만, 학부모에게 의결권은 없어요. 요일이라던지, 몇 회 등교라던지 수준에서만... 의사결정에 참여할 수 있을 뿐... (교사E)

이처럼 코로나19로 인한 학교의 의사결정과정에서 구성원들을 대상으로 한 의견수렴이 자주 그리고 활발하게 이루어지는 등 학교의 민주주의가 향상된 측면도 존재한다. 하지만, 구체적인 실상을 자세히 들여다보면 긴급한 상황이라는 제한된 상황 속에서 절차적 민주주의만 향상되었을 뿐, 구성원들의 목소리는 제한적으로 반영될 수밖에 없는 측면 또한 존재하였다.

나) 학교의 '주인'인 학생 vs. 어디에도 반영되지 않은 학교의 주인인 학생의 목소리

그동안 우리는 학생들에게 학교의 '주인'으로서 주인의식을 갖고 행동하도록 지도해왔다. 이와 같은 맥락에서 최근 '학생회의 법제화' 등 학교 의사결정과정에서 학생 참여를 보장하기 위한 움직임이 있었다. 그러나 이러한 움직임은 코로나19라는 위기 상황에서 묻혀, 코로나19에 따른 학사운영 방식 등을 결정하는 과정에서 학생의 목소리는 그 어느 곳에도 반영되지 않았다. 학생들의 경우 어리기 때문에 의사결정에 어려움이 있을 것이라 보고, 학부모의 의견을 수렴하는 것으로 대체해왔다. 그뿐만 아니라, 코로나19로 인해 공동체 생활에 제약이 발생하자 상당수의 학교에서 '학생회'는 물론 '학급 임원'을 선출하지 않았다. 이처럼 코로나19로 인해 '학생 자치활동'은 거의 이루어지지 못했으며, 이로 인해 학교 민주주의, 학생 자치가 퇴보할 수 있음을 시사하기도 한다.

> 학생회도 안 만들었지, 학급 임원조차도 안 뽑았지. 기초 조직도 안 갖춰진 것이죠. 학생들의 의견은 등교 일수 조정, 요일, 오전반/오후반 정할 때 그 어디에도 반영되지 않았어요. 학교의 주인이라고 떠들던 '학생'은 어디에도 없어요. 의견을 물은 사례가 없고. (교사E)

다. 구조

1) 교육 당국과의 거버넌스

가) 단위학교의 자율성 '존중' vs. 자율성에 대한 '부담'

교사들은 한 치 앞을 내다볼 수 없는 불확실한 상황 속에서 개학 일정 등에 관한 사항들을 언론을 통해 접하게 되자 '소외'되었다는 감정을 느꼈다는 반응이 많았다. 교사보다 먼저 보도자료를 보고 연락하신 학부모님을 통해 '개학 일정' 등을 듣게 되는 상황이 반복되자 교사들의 사기가 저하되었으며, 교육 당국의 학교현장과의 소통방식에 대한 아쉬움을 표출하기도 하였다.

> 한 치 앞을 내다보기 어려운 상황이었잖아요…? 이런 상황에서 언제 개학을 하는지? 교사들한테 먼저 알려줘야지… 기사로 접했잖아요. 저는 그게 좀 제일 그랬어요… (교사B)

코로나19로 인한 학교 운영방식을 결정함에 있어서, 교육 당국은 일선 학교에 자율성을 부여하였으나, 일선 학교에서는 부여된 '자율성'에 부담을 느끼기도 하였다. 이에 따라, 일각에서는 코로나19와 같은 위기 상황에서는 학교에 자율을 주는 것보다 오히려 보다 구체적인 '지침'을 신속하게 제공해주는 것이 더 낫다고 인식하는 것으로 드러났다(노컷뉴스, 2020.5.13.; 이정연 외, 2020). 이처럼 긴급한 위기 상황에서 일부 교원들은 '권위주의'로의 회귀를 희망하는 측면을 보이기도 하였다. 단위학교의 입장에서는 모든 구성원들을 만족시킬 수 있는 의사결정을 내리는 것이 불가능한 상황에서, 학사 운영의 어려움과 더불어 결정 사항에 대한 '민원'까지 감당해야 하는 상황이 어려움을 더욱 가중시키는 요인으로 작용하고 있었다.

지역 특색, 학교규모가 다르기 때문에 지역마다 가이드라인을 다 주기에는 어려운 일이라 생각해요. 하지만, 학교 입장에서는 교육부나 교육청에서 아예 처음부터 세세한 방침까지 주는 것이 더 좋다는 입장도 있었죠. 학교도 어렵게 정한 것인데... 학교에서 수업, 학교 운영의 어려움과 더불어 그러한 결정에 대한 민원까지 감당해야 하는... (교사A)

그뿐만 아니라, 교원들은 등교 방식 등을 결정함에 있어서 '학교'와 '교육청' 각자가 코로나 상황에 맞닥뜨려 긴박하게 돌아가는 가운데 서로에 대한 배려가 다소 부족하여, 단위학교에서 자율성이 제대로 구현되기 어려운 측면 또한 존재한다고 인식하고 있었다. 이러한 현상은 초기에 특히 부각되었는데, 학사 운영에 관한 교육부의 보도자료를 바탕으로 학교 구성원들 간의 협의를 통해 등교 방식을 결정하면, 그 후 교육청에서 '권장 사항'처럼 등교 방식이 안내되고, 일선 학교의 입장에서는 교육청에서 제시한 세부적인 지침에 따라 등교 방식을 또다시 변경할 수밖에 없는 상황이 연출되기도 하였다는 것[5]이다. 그간 우리는 '교육자치', '학교자치'를 위해 노력해왔지만, 학교자치의 역량에 대한 신뢰가 부족하고 학교자치가 단단히 뿌리내리지 못한 상황에서 학교 현장에 부여된 '자율성'은 제대로 발휘되기 어려웠으며, 경우에 따라 오히려 학교에 어려움을 더욱 가중시키는 요인으로 작용했을 가능성 또한 나타났다.

교육청과 학교의 '소통'과 '신뢰'의 부족이 문제이었다고 생각합니다. 학교에 자율을 주었지만, 완전한 형태의 자율은 아니었어요. 구성원들이 협의를 해서 등교 방식을 정해요. 그러면 학교를 신뢰해줘야 하는데... 이후에 '권장 사항'처럼 등교 방법 등에 대한 사례, 예시 등 또 안내가 와요. 그러면 학교는 다시 그 방식에 맞춰서 학사 운영 방식을 변경하고... (교사C)

긴박한 상황에서 갑작스럽게 주어진 자율성에 대해 교사들은 '자율성'을 발휘해도 되는 것인지 의구심을 품기도 한 것으로 보인다. 그뿐만 아니라, 자율성이 주어진다고 하더라도 일선 학교 현장에서는 '민원'과 '징계' 등에 대한 우려로 인해 자율성을 발휘하기 어려운 측면 또한 존재한다고 인식하고 있었다. 이에 따라, 교원들은 교원들이 자율성을 발휘할 수 있도록 적극행정 징계면책제도의 일환으로 교원들에 대한 보호장치가 마련될 필요가 있다고 인식하고 있었다.

---

5 이러한 현상은 온라인 개학 초기에 나타났던 현상으로, 교육부의 보도 자료보다 일선 학교로의 공문을 통한 안내는 좀 더 늦게 이루어졌다. 이러한 현상은 교사들의 문제 제기로 점진적으로 개선되었다.

내용	교육부 보도자료 배포일	A교육청 안내 공문 배포일
코로나19에 따른 교육분야 학사운영 및 지원방안 발표	'20.3.2.	'20.3.4.
2학기 학사운영 관련 학교밀집도 시행방안	'20.7.31.	'20.8.5., '20.8.10., '20.8.14.
사회적 거리두기 완화 이후 학사 운영방안	'20.9.15.	'20.9.16., '20.9.17.
추석 연휴 이후 학사운영 방안	'20.10.11.	'20.10.8., '20.10.13.

어떻게 해야 하지? 혼란의 시기이니까 서로 불안한 것 같아요. 학교에 자율권을 주면 잘 할까? 이런 생각이 있는 것 같고... 교사들도 자율권을 준다는 데 진짜 그렇게 해도 되나? (중략) 이런 생각도 들고... 불확실하고 불안정하니까 그런 것이 아닐까 싶어요. (교사F)

이와 더불어, 다른 무엇보다도 교원들을 교육의 '전문가'로 존중하고 신뢰하는 것이 우선될 필요가 있다고 보았다. 교사들의 입장에서는 학교 현장에 자율성을 부여한다고 했지만, 또 다른 한편으로는 '실시간 쌍방향 수업 확대' 등과 같이 교사의 수업에 대한 정책적 개입마저 함께 이루어지고 있는 상황이기 때문에 '신뢰'받지 못하고 있다고 인식할 가능성 또한 나타났다. '실시간 쌍방향 수업 확대'의 필요성에 대해서는 공감할지라도, 수업에 대한 정책적인 개입은 교사에 대한 신뢰 부족으로 교사의 수업 전문성을 침해하는 것으로 오인될 가능성 또한 존재하는 것이다(뉴스1, 2020.09.15.). 이에 따라, 면담에 참여한 일부 교원들은 학교 현장에 자율성을 부여하는 것도 중요하지만, 다른 무엇보다 교사들을 신뢰하고, 전문가로 존중하는 것이 선행되어야 학교현장에서 진정한 의미의 자율성이 발휘될 수 있을 것이라 보았다.

나) 자율성(다양성) vs. 동형화, 자율성에 대한 '부담'으로 결국엔 인근 학교와 '동형화'

앞서 언급한 바와 같이 등교방법 등을 결정하는 데 있어서 단위학교에 자율성이 부여되었지만, 학교는 인근 학교 등으로부터 자유로울 수 없었다. 학교의 입장에서는 지역사회에 있는 인근 학교와의 형평성 등을 고려할 수밖에 없었고, 이에 일부 학교에서의 의사결정은 인근 학교로부터 상당한 영향을 받았다. '함께하기', '튀지 않기'라는 교사들 간의 불문율이 학교 간에도 적용되고 있었으며, 이로 인해 각 학교의 등교 방식은 비슷해지는 '동형화' 현상이 나타났다.

등교 방식은 교사들, 학부모의 의견을 수렴하기는 했지만, ○○ 교장협의회에서 공유되는 다른 학교의 등교 방식 등을 다들 참고해서 결정된 것으로 알고 있어요. (교사D)

이처럼 우리는 그동안 '교육자치', '학교자치', '권한 이양'을 요구해왔지만, 준비가 되지 않은 상태에서 학교에 주어진 자율성은 구성원들에게 부담으로 작용하기도 하였다. 그뿐만 아니라, 준비되지 않은 상태에서 학교에 주어진 제한된 자율성은 결국 주변 학교와의 형평성 등에 대한 고려로 제대로 발휘되지 못하는 현상 또한 나타나고 있었다.

2) 패러다임

가) 기존 패러다임(규모의 경제, 효율성)에 대한 의구심 vs. 기존 패러다임(관료제)을 고수하려는 모습

그동안 우리는 수도권을 중심으로 한 '대도시'가 '중소도시'에 비해 교육여건이 더 우수하며, 보다 선진화되어 있다고 인식해왔다. 이와 같은 맥락에서 '소규모' 학교를 '약자'로 인식해왔다. 하지만, 금번 코로나19 사태에서의 '강자'는 '대도시', '대규모' 학교가 아닌, 지방의 '중소도시'와 '소규모' 학교인 것으로 밝혀졌다. 인구가 밀집되어 있는 수도권보다 '지방'에 소재한 학교들이 코로나19로부터 좀 더 자유롭게 학사 운영을 할 수 있었다. 일례로 대규모 학교의 경우 밀집도 최소화 조치에 따라 초등학교의 경우 주 1회 홀짝 등교의 방식으로 학사운영을 해왔던 것에 반해, 소규모학교의 경우 학교사정에 따라 매일 등교를 실시하는 등 '소규모' 조직이 '대규모' 조직보다 위기에 잘 대처하는 모습을 보여왔다. 외부 환경에 보다 민첩하게 실시간으로 반응할 수 있는 강소조직의 이점이 이번 코로나19라는 위기 상황에서 소규모학교를 통해 증명된 것이다. 즉, 코로나19로 인해 기존의 '규모의 경제'와 '효율성' 패러다임에 의문을 던지게 된 것이다.

> 전통적으로 강자이었던 수도권은 굉장히 조직이 방대하다보니 의사소통도 오래걸리고 결정하는 데에도 많은 시간이 소요됨에 반해 ○○ 같은 경우는 소규모학교가 많다 보니 오히려 더 빨리 정상화가 되고... 자유로웠거든요? 규모의 경제가 과연 옳은가? (교사E)

하지만, 다른 한편으로는 학교 사회가 여전히 기존 '관료제' 패러다임에 의해 운영되고 있음이 드러나기도 하였다. 코로나19로 인해 학교에는 '열화상 카메라' 구입 등 '방역'이라는 새로운 업무가 등장하게 되었다. 이로 인해 학교 현장에서는 새로운 업무를 누가 담당할 것인지를 두고 교무실과 행정실 간에, 교무실 내에서 부서 및 업무 담당자들 간에 갈등이 발생하고 있었다.

> 코로나19로 인해 중간에 걸쳐져 있는... 업무 갈등을 일으키는 새로운 영역이 등장하기 시작했어요. 서로 '우리 것 아니다'라고 하고... 업무 조정이 안 되어 갈등이... (교사E)

앞서 살펴본 바와 같이, 소규모 조직이 대규모 조직에 비해 코로나19에 잘 대응해옴에 따라, 기존에 우리 사회를 관통해왔던 '효율성'과 '규모의 경제'라는 패러다임에 의문이 제기되어왔음에도 불구하고, 교직사회에는 여전히 기존 '관료제' 패러다임에 입각하여 업무분장을 명확히 구분하고자 하는 경향이 남아 있는 것이다. 이로 인해 일부 학교에서는 갈등이 발생하는 등 학교 변화과정에서 어려움을 겪고 있었다.

5 정책적 시사점

본 장에서는 코로나19에 따른 학교의 변화과정에서 교원들이 경험하는 패러독스 현상을 분석하기 위해 수도권 소재의 초등학교 교원들을 대상으로 면담을 진행하는 등 질적연구를 수행하였다. 본 연구의 결론을 살펴보면 다음과 같다.

첫째, 코로나19 이후 학교 현장에서는 하나의 현실에 대해 '상호배타적인 해석들이 공존하고, 그 어느 것도 진실이 아니라 말하기 힘든' 패러독스 현상들이 발생하고 있었다. 본 연구 결과 학교 현장은 코로나19에 따른 긴박한 상황 속에서 변화를 경험하는 가운데 예상치 못한 혹은 의도하지 않은 현상들이 나타나고 있었다. 예를 들어, 감염병에 대한 위험으로부터 학생들을 보호하기 위해 '학교의 문'을 닫았고, 이로 인해 학생들이 아동학대, 사이버 폭력 등 또 다른 위험에 노출되는 현상들이 나타났다. 그뿐만 아니라, 학사 운영방법 등을 결정함에 있어 학교 현장에 '자율성'을 부여하였지만, 학교 현장에서는 오히려 갑작스럽게 부여된 자율성을 부담스러워하며, 권위주의로 회귀하는 양상을 보이기도 하였다. 이처럼 코로나19에 따른 학교 교육의 변화과정에서 학교는 상호배타적인 요소와 해석이 공존하는 패러독스 현상을 경험하고 있었다.

둘째, 코로나19로 인한 학교 현장에서의 패러독스 현상은 코로나19가 학교 교육에 '위기'임과 동시에 '기회'로 작용할 수 있음을 보여준다. 코로나19로 등교수업이 축소되면서 교사들의 원격 수업 역량을 함양되는 등 '원격교육'이 발전할 수 있는 계기가 되었다. 또한, 원격 수업에 따른 '학력 격차'를 둘러싼 논쟁 속에서 그간 학교가 학생들의 학습격차 완화를 위해 노력해왔음이 밝혀졌으며, 학교의 공백 속에서 학생들을 '안전'하게 보호해주고 돌봐주는 기관으로서 '학교'의 가치가 더욱 빛나게 되었다. 코로나19로 인한 학교의 변화 과정에서 나타난 패러독스 현상은 공기처럼 당연하게 여겨왔던 '학교'의 가치를 깨닫고, 학교 교육이 보완해야 할 점을 고민하는 등 학교교육 재구조화의 비전 및 내용을 모색하는 계기가 되고 있다.

위와 같은 연구 결과를 바탕으로 코로나19에 따른 학교의 변화과정에서 나타난 패러독스 현상의 교육행정학적 의미를 규명하면 다음과 같다.

첫째, '패러독스'라는 개념은 현대 복잡사회에서의 교육정책 집행 양상을 적실하게 설명해줄 수 있다. 일반적으로 학교 현장에 변화를 동반하는 교육정책의 경우, 어느 정도의 진통을 겪기 마련이다. 본 연구결과 '패러독스'는 변화과정에서 발생하는 과도기적 양상으로, 코로나19로 인해 학교 현장에 '변화'가 도입됨에 따라 상호배타적인 요소들이 공존하게 되고, 이러한 요소들이 맞물려 작용하는 과정에서 하나의 현실에 대한 상호배타적인 해석들이 존재하고, 그 어느 것도 진실이 아니라 말하기 힘든 '패러독스 현상'이 발생하고 있었다. 그뿐만 아니라, 부분적으로 정책의 본래 목적과는 상충되는 결과 또한 초래되고 있었다. 이러한 현상을 단순히 '정책실패'로 규정할 것이 아니라, '패러독스 현상'으로 규정하여 변화과정에서 자연스럽게 나타나는 '과도기적 양상'으로 바라보고, 다각적이고 복합적인 관점에서 현상을 이해한다면 교육정책의 집행 양상을 보다 심층적으로 이해할 수 있을 것이다.

그간 교육행정학에서는 '패러독스 현상'에 대한 관심이 부족했다. 선행연구에서 학교 현상에서 교육정책이 수용되는 양상을 연구함에 있어서, 두 개의 가치의 충돌이 표면화되는 현상을 '갈등'으로(예 윤정, 김병찬, 2016), 대립되는 두 개의 가치 중 반드시 하나를 선택해야 하는 '딜레마' 현상으로(예 한상윤, 전제상, 2012), 대립 가치가 병존하고 있는 현상을 '양가성'으로(예 유경훈, 2014; 임종헌, 2016) 연구해왔다. 패러독스 현상은 앞서 언급한 기존 개념들로는 설명되지 않는 학교 현장의 또 다른 면을 설명할 수 있는 개념으로, '현실에 대해 상호배타적인 해석이 존재하며, 그 어느 것도 진실이 아니라 말하기 어려운 상황' 또는 '정책의 본래 취지와 상충되는 의도치 않은 현상이 동시에 나타나는 현상' 등을 설명하기에 적합한 개념 틀이라는 것이 선행연구(신현석 외, 2020; 이예슬, 2020; 이인수, 2017)에 이어 본 장을 통해서도 입증되었다.

둘째, 패러독스 현상은 기존의 '합리성'과 '기계론적' 패러다임에서 벗어나, 복잡계와 같이 비선형적이고, 비평형성을 전제한 패러다임에 근거하여 학교조직을 이해해야 할 필요성을 부각시킨다. 연구 결과, 학교의 공백을 채우고자 도입된 원격 수업에 의해 학교의 흔적이 사라지기도 하였으며, 학생들의 학습권을 보장하기 위한 원격 수업에 의해 오히려, 공교육에서조차 학생들이 공평한 학습의 기회를 보장받지 못하는 역설적인 현상들이 나타났다. 이는 교육정책이 집행되는 학교 현장에 다양한 행위자와 제도가 맞물려 복합적으로 작용하고 있기 때문에 발생하는 '예기치 못한 현상' 또는 '의도치 않은 결과'에 의한 것이라 볼 수 있다. 이로 미루어 보아, 여러 가지 정책과 제도, 행위자들이 맞물려 작용하고 있는 복잡다기한 학교 현장에서의 정책 집행과정을 이해하기 위해서는 기존의 '기계론적 합리성' 패러다임에서 벗어나, 비선형성·비평형성을 전제한 패러다임에 근거하여 현상을 이해하고 연구할 필요가 있다.

셋째, 패러독스 현상은 정책 집행과정에 대한 교육행정가들의 관심을 요구한다. 본 연구결과 코로나19에 따른 학교 교육의 변화과정에서 어느 하나의 측면에서의 '위기'가 다른 측면에서는 '기회'로 작용하고 있었으며, 보는 관점에 따라 하나의 장면에 대해 '상호배타적인 해석'이 공존할 수 있음이 밝혀졌다. 이에 따라, 교육행정가들은 다각적인 측면에서 교육정책이 집행되는 양상들을 모니터링하고, 패러독스 현상이 발생하는 '원인'에 대한 심층적인 이해를 바탕으로, 발생 가능한 패러독스 현상을 사전에 고려하여 정책을 형성하고 집행할 필요가 있다. 이와 같은 노력이 동반될 때, 정책의 효과가 더욱 배가 될 수 있을 것이다.

앞서 살펴본 바와 같이, 코로나19에 따라 학교 현장이 변화하고 있으며, 이러한 시대적·사회적 변화에 부응하여, 학교의 역할에 대한 재개념화가 필요하다. 이에 본 연구 결과를 바탕으로, 포스트 코로나 시대 학교 교육이 나아가야 할 방향, 이를 지원하기 위한 교육정책에 대한 시사점을 살펴보면 다음과 같다.

첫째, 학교의 '교육복지' 기능이 강화되어야 한다. 학생들의 학습을 관리하고, 사회성 함양 등은 물론 학생들을 정서적으로 돌보아주는 광의의 개념에서의 '돌봄'이 강조될 필요가 있다. 본 연구결과에서도 드러난 바 있듯이, 금번 코로나19로 인해 학생들 간의 '학습 격차'가 심화되었다. 이와 더불어, 학생들이 혼자 있는 시간이 증가하게 됨에 따라 정서적인 어려움(예 '코로나 블루', '코로나 레드' 등)을 겪고 있는 학생 또한 증가하고 있다(YTN, 2020.11.30). 대구광역시교육청에서 실시한 설문조사 결과에 따르면, 코로나19 이후 학생들은 '특히 견디기 힘든 스트레스 영역'으로 '비정상적인 경험(57.1%)'과 '감염에 대한 두려움(45.8%)'을 1, 2순위로 손꼽았다. 이로 미루어보아 향후 학생들의 정서 회복을 위해 학교가 보다 노력할 필요가 있을 것으로 보인다. 이에 따라, 포스트 코로나 시대 학교 교육은 학생들 간의 학습 격차를 완화하고, 학생들을 정서적으로 보듬어주는 등 광의의 '돌봄'의 기능에 좀 더 집중할 필요가 있다.

둘째, 학교 민주주의를 강화하기 위한 노력이 필요하다. 본 연구 결과 '학교 민주주의'를 실현하기 위한 그간의 노력 덕분에, 코로나19에 따른 학교의 의사결정과정에서 교원과 학부모의 의견을 수렴하는 등 학교 내 민주적인 의사결정체계가 어느 정도 갖추어진 것으로 보인다. 이에 반해, 일부 교사들은 절차적 민주주의가 강화되었을 뿐, 모두가 모일 수 없는 여건, 보직교사 중심의 회의를 통한 의사결정 등으로 학교 민주주의가 실질적으로 향상된 것을 느끼기 어려운 상황 또한 존재한다고 인식하고 있었다. 이에 교사와 학부모의 학교 의사결정에의 실질적인 참여 기회를 보장하고 민주적 학교 운영체제를 구축하기 위한 노력을 지속해야 한다.

아울러, 학생 자치를 강화하기 위한 노력 또한 지속되어야 한다. 본 연구 결과 코로나19에 따른 학사 운영방식 등을 결정할 때 학생의 목소리는 그 어느 곳에도 반영되지 못했다. 우리는 학교의 주인은 '학생'이라 표방해왔지만, 현실적으로 학생들이 미성숙하다는 이유로, 혹은 상황이 긴박하다는 이유로 학교의 주인인 학생이 학교의 의사결정에 참여할 권리를 보장해오지 않았던 것이다. 이에 따라, 향후 「초·중등교육법」 개정 등을 통해 법적으로는 물론, 학생들이 실질적으로 학교 의사결정에 참여할 수 있는 권한을 보장하기 위한 노력이 필요하다. 더불어, 학생들의 '민주시민 역량'을 강화하기 위한 민주시민교육 또한 함께 병행되어야 한다.

셋째, 학교의 자율성을 강화하고, 단계적인 권한 이양으로 학교자치를 지원할 필요가 있다. 교육 당국은 코로나19로 인한 학사 운영방식 등을 결정함에 있어서 큰 틀에서 가이드라인을 제시할 뿐, 구체적인 세부 사항들은 개별학교 및 지역의 상황을 고려하여 결정할 수 있도록 학교 현장에 '자율성'을 부여하고자 했다. 학교 스스로 내부 사정과 지역의 여건에 맞는 운영방법을 자율적으로 결정할 수 있었다는 점에서 '학교자치'가 크게 진일보한 측면도 있으나, 본 연구 결과 일부 교원들은 갑작스럽게 주어진 자율성에 부담을 느끼고 있었으며, 위기 상황에서는 오히려 교육당국이 세세한 사항들까지 결정해서 지침을 내릴 필요가 있다고 인식하는 등 '권위주의'로 회귀하는 양상을 보이기도 하였다. 그뿐만 아니라, 단위학교가 밀집도 등을 고려하여 '제한된 범위 내에서만' 자율성을 행사할 수 있었다는 점에서 진정한 의미에서의 '자율성'은 발휘될 수 없었다는 점을 아쉬워하기도 했다.

이에 따라, 단계적으로 단위학교에 권한을 위임하고, '자치역량'을 강화하여 단위학교 책임경영제(school-based management)가 실현될 수 있도록 지원해야 한다. 이와 더불어, 교사를 비롯한 학교현장과 정책 당국 간의 원활한 소통을 바탕으로 상호이해와 신뢰를 증진하고, 단위학교가 자율성을 발휘할 수 있도록 적극적인 지원이 동반되어야 할 것이다. 그뿐만 아니라, 단위학교 구성원들도 '책임있는 행동'으로 자율성을 올바르게 행사하기 위해 더욱 노력해야 한다.

넷째, 교원의 전문성 강화를 위한 지원, 미래 교육을 위한 학교 현장의 변화를 지원하기 위한 교육정책들이 지속되어야 한다. 코로나19에 따른 사상 초유의 온라인 개학에서 학교 현장을 변화시키며 학생들의 '안전'과 '학습권'을 보장하기 위해 노력해온 주체는 바로 '교원'이다. '교원'들의 노력이 아니었다면, 2020년 학교 교육은 멈춰 있었을 것이다. 이에 따라, 교원들로 하여금 새로운 시대 변화에 부응한 교수 역량을 함양할 수 있도록 지원할 필요가 있으며, 학생들의 '자기주도학습 능력'을 길러줄 수 있는 교육방법 등을 교원 연수와 교원양성 교육과정에 반영하여야 한다. 이와 더불어, 미래 교육을 위해 학교시설에 대한 투자, 원격 수업 등 새로운 교육을 위한 투자 및 지원정책 등도 지속되어야 할 것이다.

코로나19로 인해 학교 현장의 역동적인 변화를 겪고 있으며, 그 속에서 '안전(방역)', '사회성 함양', '학습', '돌봄' 등 여러가지 상충되는 요구들로 인해, 하나의 장면에 대해 상호배타적인 해석이 공존하는 '패러독스' 현상들을 경험하고 있다. 이에 학교 현장에서 발생하고 있는 패러독스 현상에 대한 이해를 바탕으로, 교원을 비롯하여 학생, 학부모 등 학교 구성원들이 역경을 잘 극복해 나갈 수 있도록 적극적인 지원과 격려가 필요하다. 학교 현장에 대한 격려와 지원이 지속될 때, 코로나19는 학교 현장에 '위기'가 아닌, 미래 교육을 위한 변화의 '기회'로 자리잡을 수 있을 것이다.

한국 교육정책의 패러독스: 연구와 실제

EDUCATION POLICY PARADOX IN KOREA:
RESEARCH AND PRACTICE

PART

03

정책 문제와 패러독스

CHAPTER 07

상징: 미래교육 정책의 패러독스

제7장에서는 Stone의 정책 패러독스 관점 중 '상징' 개념을 중심으로 미래교육 정책의 패러독스 현상을 분석하였다. 이를 위해 미래교육에 관한 상징적 장치가 무엇인지를 밝히고, 이를 바탕으로 미래교육 정책을 둘러싼 패러독스 현상이 어떻게 나타나는지 문헌고찰을 통해 살펴보았다. 그 결과, 미래교육에는 Stone이 제시한 '변화의 이야기', '권력의 이야기', 그리고 '비유적 표현'이라는 상징적 장치가 뚜렷하게 나타나는 것으로 확인되었다. 이러한 상징적 장치에는 공통적으로 '모호성'이 내포되어 있음을 발견하였으며, 이를 바탕으로 미래교육 정책에 포착되는 정책 패러독스 현상을 세 가지로 도출하였다. 첫째, 미래교육위원회의 설립 목표와 현실의 괴리로부터 패러독스 현상이 나타났다. 둘째, 미래교육 정책의 구체적 실현 방안 부족으로부터 정책 패러독스 현상이 발생하였다. 셋째, 상징의 모호성으로 인해 현장의 자발적인 노력이 발생함으로 인한 긍정적인 패러독스 현상이 확인되었다. 이러한 분석결과를 바탕으로 미래교육 정책의 목표와 방향성을 뚜렷하게 설정할 필요가 있으며, 미래교육에 대한 발전적인 논의를 바탕으로 구체적인 미래교육 정책의 실현 방안을 마련해야 하고, 미래교육 정책에 나타나는 모호성에 대응하는 현장의 자기조직화와 공진화가 이루어질 수 있도록 적극적인 자세가 필요함을 제언하였다.

주제어 미래교육, 미래교육 정책, 정책 패러독스, 상징, 모호성

1 미래교육 정책의 새로운 이해

과거 '미래(future)'라는 말은 흔히 공상 과학과 연결되어 마치 다가오지 않을 것 같은 어떤 시대를 상징하는 용어로 사용되기 마련이었다. 그만큼 과거에 있어 '미래'란 상상 속에서만 생각할 수 있는 무언가로 형용될 뿐이었다. 하지만 과학 기술의 급격한 변화는 그러한 '미래'라는 용어를 현실로 이끌고 왔으며 소위 '미래를 대비한다'라는 말은 당장의 우리 삶과 결부되는 구체적인 의미를 지닌 문구가 되었다.[1] 특히 코로나19라는 긴 터널을 지나고 있는 현재 우리의 상황은, 100여 년 전 2차 산업혁명과 1차 세계대전, 그리고 스페인 독감이라는 충격의 소용돌이를 거치며 급격하게 발전한 역사의 기록에 견줄 만큼 중대하다. 이러한 미래로의 움직임은 사회의 다양한 분야에서 동시다발적으로 일어나고 있으며, 특히 교육 분야에서는 "교육이란 무엇인가", "학교는 왜 필요한가"에 대한 근본적인 의문을 필두로 매우 적나라한 모습으로 현실화되고 있다.

이제 '미래교육'이라는 이름 아래, 우리의 교육현장은 새로운 형태, 새로운 방식의 교육을 강하게 요구받고 있는 상황이다. 그러한 상황을 반영하듯, 최근 '미래교육'에 대한 논의가 학술 토론의 장에서 활발하게 전개되고 있고, 정책 당국은 '미래교육'에 대한 설계에 관심을 갖게 되었다. 자칫 상징적인 슬로건으로 치부될 수 있는 '미래교육'이라는 말은 학자들에 의해 연구되고, 실제 정책으로 실현되어 가며 그 구체적 형체를 갖추어 가고 있다.

최근 몇 년간 미래교육을 논하는 보고서들은 대부분 '제4차 산업혁명'이라는 담론과 연결되어 있다. 2016년 1월 세계경제포럼(WEF)에서 발표된 제4차 산업혁명 보고서는 미래사회 담론의 시발점이었다(신현석 외, 2019a:59). 이 보고서에서 미래사회는 급격한 과학기술의 발전으로 인해 산업 구조의 근본적인 변화가 이루어지고, 기술의 발전으로 새로운 산업 분야가 등장하여 산업 전반의 방향을 변화시킬 것으로 전망되고 있다. 무엇보다 제4차 산업혁명이 강조하는 과학기술의 급격한 발전과 산업 구조의 변화는 인간 노동을 대체할 수 있는 인공지능의 등장을 강조하며, 이는 일자리 불안으로 이어진다. 고용불안에 대한 이러한 위기의식은 현존하는 교육체제의 틀이 미래에도 유효할 것인가에 대한 의문으로 제기되어, 산업구조의 변화에 부합하는 인재양성과 교육의 혁신적 변화가 요구된다는 견해가 비등하고 있다(구본권, 2016; 김정현, 변문경, 2017; 임종헌 외, 2017; 류방란 외, 2018; 이경호, 2019).

이러한 미래교육에 대한 관심은 정책의 한 흐름으로 이어져 2016년 박근혜정부 말기부터 미래교육 정책[2] 어젠다가 발굴되어 정부의 공식적인 정책으로 표방되기 시작하였다(교육부, 2016.12; 정제영, 2016). 문재인 정부에서는 출범 초기에 제4차 산업혁명 시대에 교육이 지향해야 할 방향을 국정과제로 제시

---

1 현재 우리가 직면한 시대를 'VUCA(뷰카)의 시대'라고 표현하기도 하는데, 이는 변동적(Volatility)이고 불확실(Uncertainty)하며 복잡(Complexity)하고 모호(Ambiguity)한 사회 환경을 의미한다(LeBlanc, 2018).

2 미래교육 정책은 본 장에서 단일의 교육정책 방안이나 사안으로 이해하기보다는 '미래'를 대비한 교육정책의 종합적인 버전 혹은 '미래교육'에 관한 다양한 정책들의 패키지라는 의미로 용법화되었다.

하여 미래교육을 위한 준비를 지속적으로 해나갈 것임을 천명하였다(국정기획자문위원회, 2017.7). 지난 몇 년간 교육부의 대통령 업무보고에서 미래교육과 미래학교에 대한 정책 방향과 방안은 빠진 적이 없을 정도로 현 단계에서 미래교육 정책은 정책 기조의 한줄기로 자리 잡고 있다(교육부, 2018, 2019, 2020, 2021). 미래교육 정책을 뒷받침하기 위해 교육부는 2019년 2월 미래교육위원회를 설립하여 미래교육의 방향과 정책추진과제를 본격적으로 논의하기 시작하였고, 2020년에는 '코로나 이후, 미래교육 전환을 위한 10대 정책과제(안)'를 제시한바 있다(교육부, 2020). 급기야 2021년 교육부 업무계획의 슬로건은 '함께 성장하는 포용사회, 내일을 열어가는 미래교육'으로 설정된바 있다(교육부, 2021). 뿐만 아니라, 최근 2021년 4월 유은혜 교육부 장관은 미래교육 관련 실행조직인 '미래교육추진단'을 꾸리겠다고 밝힌 바 있다(전자신문, 2021.04.05). 이처럼 미래교육은 시대적 변화의 필요에 부응하여 교육부를 중심으로 정책적으로 대응하기 위한 방향과 과제의 탐색을 통해 '미래교육 정책'으로 통칭되어 교육정책의 한줄기로 정착되었다. 이에 따라 교육부 자체는 물론 정부 부처 간 협력을 통해 그리고 다양한 정책연구과제 및 개인연구들을 통해 미래교육에 대한 예측과 정책적 대응 그리고 교육현장의 변화와 관련된 아젠다 발굴과 담론들이 양산되는 경향을 보여주고 있다.

4차 산업혁명의 등장 이래 미래교육을 주제로 수행된 다양한 연구는 공통적으로 기존과는 다른 역량이 요구되는 미래사회에 대비하기 위한 교육 패러다임의 대전환이 필요하다는 인식을 바탕으로 한다. 교육부에서는 정책연구를 통해 새로운 시대로의 전환에 대비하기 위한 교육의 중·장기적 교육정책 방향과 전략을 수립하고자 하였고(윤종혁 외, 2017), 한국교육개발원에서는 미래 학교 교육의 방향을 설계하기 위한 대대적인 연구를 수행한 바 있다(류방란 외, 2018). 또한, 대통령직속 국가교육회의에서는 타당하고 실효성 있는 미래 비전과 교육체제 구상을 추진하기 위한 현재 교육의 실태를 조사·분석하고(김성식 외, 2019), 미래교육체제 수립을 위한 교육개혁의 사회적 합의 절차와 방법에 관한 연구를 수행하였다(서현수 외, 2019). 그 외에 신현석 외(2019)는 역사적 접근을 통해 한국교육의 변화와 미래 교육의 전망을 분석하였으며, 이영희, 윤지현(2020)은 교육현장의 교육전문가와 교육주체들을 대상으로 미래교육의 방향을 탐색하고자 하였다. 또 미래교육 연구에서 하나의 큰 축을 차지하고 있는 것이 바로 미래의 '인재상'과 관련된 것인데, 대표적으로 이경호(2019)가 4차 산업혁명시대에 요구되는 인재상을 분석함을 통해 교육과제를 탐색·제언한 바 있다. 종합해보면, 기존의 연구들은 현재 교육의 실태 파악, 미래교육에 대한 예측과 새로운 인재상의 구축을 통한 미래교육 전망 및 관련 정책 수립을 위한 제언을 제공하며 미래교육에 대한 담론을 형성해가고 있다.

그럼에도 미래교육 정책에 관한 연구는 그 대상인 미래교육이라는 개념 자체가 모호하고, 아직 다가오지 않은 시점에 대한 대비라는 차원에서 어느 정도 추상성이 내재될 수밖에 없다. 더구나 기존의 연구들은 지능정보사회에서 초래되는 잠재적인 변화에 방점을 두고 미래교육에 대한 원론적인 논의를 다룬 연구가 대부분이고, 미래교육 정책을 미래교육의 변화에 관한 정책 클러스터로 보고 체계적인 기법이나 담론분석을 통해 합리적으로 논구한 연구는 그다지 많지 않다. 그나마 합리적인 수단과 방법을 통해 접근한 연구들에서도 새로운 시대에 새로운 패러다임을 구축하기 위한 미래교육 정책을 수립, 실행하는 과정에서 야기될 수 있는 목표와 현실의 차이에 발생하는 역설적인 현상들 그리고 구체적인 방법을 적용하는 과정에서 나타나는 합리적 접근의 합리성을 상쇄하는 모순들에 관한 연구는 진행되지 않고 있다. 이러한 역설적인 현상과 모순의 발생은 일종의 패러독스 현상이라 할 수 있는데, Stone (2012)은 정책 장면에서 패러독스 현상의 발생은 정책의 성격이 기본적으로 정치적으로 다양한 해석이 가능한데도 불구하고 이러한 다양성을 배제한 탈맥락적인 선형적 사고의 합리성 가정에서 기인한다고 보았다. 이에 본 장에서는 정책 패러독스를 야기하는 문제들 가운데 미래교육정책이 표방하는 '상징'의 관점[3]을 활용하여 패러독스 현상을 분석하여 미래교육 정책이 궁극적으로 나아가야 할 방향에 대한 시사점을 탐색하고자 한다.

Stone에 따르면 상징(symbol)은 스토리나 신화 혹은 로고나 문양 등에서 보듯 지각의 형성에 영향을 주면서 현상의 한 측면을 부각하는 힘이 있기 때문에 다른 어떤 전략들보다 정책문제를 정의하는데 도움이 된다. 하지만 상징은 그것을 받아들이는 사람들이 맥락에 따라 그 상징을 서로 다르게 해석하는 가능성, 즉 모호성(ambiguity)이 내포되어있다. Stone(2012)은 이러한 상징이 크게 변화와 권력의 이야기, 제유와 은유라는 비유적 표현으로 구분할 수 있다고 본다. 그리고 각각의 상징적 장치는 정책에 교묘하게 활용되어 정책을 둘러싼 맥락에 대한 프레임을 형성하고, 정책에 정당성을 부여하는 역할을 한다고 보았다. 본 장에서는 미래교육이 그 특성상 이러한 상징적 장치가 부여될 수 있는 여지가 많다고 판단하여, '상징'의 관점에서 정책 패러독스 현상을 분석하는 것이 적합하다고 보았다. 나아가 미래교육 정책에 나타나는 패러독스 현상의 부정적인 측면뿐 아니라 긍정적인 측면도 발견하여 발전적으로 진화하는 미래교육 정책의 시사점을 제시하고자 한다.

2 미래교육 정책과 패러독스

가. 미래교육 정책

우리 사회에서 미래교육은 더 이상 낯설지 않은 용어가 되었다. 최근 미래의 산업 구조, 인구구조 등의 변화를 반영한 인재양성을 위해 교육의 변화를 다각적으로 검토할 필요가 있다는 주장이 꾸준히 제기되어 왔다(윤종혁 외, 2017:1). 더구나 코로나19라는 미증유의 상황 속에 전통적인 학교 교육이 도전

3 Stone(2012)은 정치와 정책이 공동체에서 발생하는 것이기 때문에 개인에서 출발하여 개인의 이익을 극대화하는 데 초점을 맞추는 시장모델보다는 집단적 의지와 노력을 강조하는 폴리스 모델에 의해 접근되어야 한다고 주장한다. 이에 따라 정책에 대한 접근은 탈맥락적인 합리성의 가정을 전제로 하기보다는 폴리스의 다양한 시각과 담론에 대한 해석이 보다 현실적이고 맥락적이라고 강조한다. 그녀는 이러한 사고를 바탕으로 정책 현실에서 형평성, 효율성, 복지, 자유, 인권 등의 정책 목표가 합리적 가정 하에 추진되는 과정에서 동원되는 상징, 숫자, 인과관계, 이해관계, 의사결정 전략 등에서 발생하는 패러독스 문제를 지적하고 있다.

을 받게 되면서, 이의 반대급부로 미래교육에의 관심이 더욱 빠르게 응집되고 있다. 그러나 '미래교육'의 개념 정의는 이러한 관심의 정도에 비해 아직 뚜렷하지 않다. 미래교육은 단순히 '미래 시점에 우리가 이상적으로 생각하는 교육 모습이 실현된 상태'를 의미한다(김성식 외, 2019). 여기서 이상적인 미래교육의 모습이란 아직 개발되지 않은 기술에 대해 학생들을 대비시키고 예상치 못한 사회 문제에 대해 해결능력을 갖출 수 있도록 준비시키는 것이고, 이를 달성하는 교육을 미래교육이라 보는 것이다. 이때 중요한 것은 예측 불가한 미래사회에 주체적으로 적응할 수 있도록 학습자가 교육을 통해 미래를 스스로 만들어갈 수 있도록 지원해야 한다는 것이다.

한편, 많은 선행연구에서 미래교육을 '미래사회에 필요한 새로운 핵심역량을 기르는 것'과 동일시하는 경향이 있다. 이와 관련하여 임철일 외(2018)는 미래 인재양성은 새로운 역량을 기르는 데 있다는 전제에 대한 사회 전반의 합의가 형성되어 있고, 미래 인재양성의 교육목적을 핵심역량 개발과 동일시할 수 있다고 보았다. 이러한 경향은 'OECD 교육 2030 프로젝트'에서도 확인할 수 있는데, 여기서 제시된 미래교육에 대한 학습 프레임워크에는 '개인과 사회의 웰빙(well-being)'을 구축하기 위해 개인이 함양해야 할 기본적 역량과 변혁적 역량, 그리고 역량이 길러질 수 있도록 작용하는 기제가 담겨 있다(김은영, 2018). 즉 미래교육을 논함에 있어 새로운 핵심역량의 함양이 필수적으로 포함됨을 확인할 수 있다. 이렇게 볼 때, 미래교육은 '미래사회에 주체적인 해결능력을 갖춘 인재를 양성하기 위해 새롭게 요구되는 역량을 함양할 수 있도록 지원하는 교육'이라고 정의할 수 있다.

미래교육에 대한 관심의 정도는 최근 몇 년간 폭발적으로 증가한 관련 선행연구들을 통해 살펴볼 수 있다(윤종혁 외, 2017; 이승호, 신철균, 2018; 이영희 외, 2018; 임철일 외, 2018; 김성식 외, 2019; 서현수 외, 2019; 최운실 외, 2019; 송시현 외, 2020; 이영희, 윤지현, 2020 등). 윤종혁 외(2017)는 제4차 산업혁명으로의 전환에 대비하기 위한 우리 교육의 중·장기적 교육정책 방향과 전략 수립을 위한 학문적 기반을 마련하기 위한 기초적인 논의를 한 바 있다. 이영희 외(2018)의 연구는 기존에 수행된 미래교육 관련 연구보고서를 대상으로 미래교육의 목표 및 방향에 대한 주요 내용을 메타분석적 접근으로 분석하였는데, 대부분의 연구들이 미래사회의 변화 및 학교 환경에 대하여 각 연구기관의 특성을 반영한 분석 및 예측을 통해 미래교육에 대한 개혁의 방향을 제시하고 있다고 밝혔다. 이외에 미래교육체제에 관한 연구(김성식 외, 2019; 서현수 외, 2019), 4차 산업혁명과 연계한 미래교육 프레임워크 또는 패러다임 전환에 대한 연구(임철일, 2018; 최운실 외, 2019), 교육 주체 또는 교육전문가를 통한 미래교육 방향 탐색 연구(이영희, 윤지현, 2020) 등 미래교육이라는 미지의 영역을 탐구하기 위한 다양한 연구가 최근 4~5년 사이에 매우 활발하게 수행되고 있다.

기존 선행연구들은 공히 근본적으로 다른 역량이 요구되는 미래의 핵심역량을 함양하기 위해 새로운 교육 패러다임 탐색이 필요하다고 주장한다. 기존 학교 교육의 범주에 국한된 전통적 교육 모델은 더 이상 탄력적이고 유연한 미래형 창조 인재들을 육성하기 위한 교육으로 적정성과 유용성이 부족하다는 것이다. 이에 미래사회에는 개방성과 탄력성을 전제로 한 새로운 통합과 열림의 교육 패러다임이 요구된다(최운실 외, 2019:1714). 실제로 우리가 직면하는 미래사회에 대응하는 교육의 모습은 미래사회의 불확실성, 예측 불가능성에 대처하는 유연하고 변화에 민감한 교육이어야 하고, 학생 개개인의 잠재력을 최대한 개발하고 지원하는 교육에 주안점을 두며, 학습자 중심의 개인 맞춤형 교육체제로 재구조화되고 교사의 역할도 학습의 설계자·조력자로 변화하게 될 것(이영희 외, 2018:128-129)으로 예측되고 있다. 또한, 사회적으로 새로운 사회 및 경제 구조에 따른 소득 양극화가 심화될 것으로 예상되므로 소외계층 학생들을 위한 교육과 복지의 결합을 통한 국가 차원의 교육복지체계 구축이 필요할 것으로 보인다. 이러한 변화가 총체적이라는 점에서 미래사회의 환경 변화에 따라 학교 교육은 기존의 전통적 체제에서 벗어난 완전한 패러다임 전환의 요구에 직면하고 있다.

이와 같은 미래교육에 대한 현장의 요구와 연구의 활성화는 국가 차원의 정책적 대응 수요를 자극하였다. 2019년 교육부는 사회 각 분야 현장 전문가들의 삶을 통해 다양한 인재상을 제시하고, 미래교육 방향을 논의하면서 미래교육에 관한 공감대와 인식 확산을 목표로 하는 '미래교육위원회'를 발족하였다. 그리고 코로나19로 더욱 적극적인 변화의 바람이 불기 시작하며, 포스트 코로나 시대의 교육 패러다임 대전환이 필요하다는 전제하에 "코로나 이후 미래교육 전환을 위한 10대 정책과제(안)"을 발표하기도 하였다(교육부, 2020). 교육부는 미래교육 전환을 위한 핵심 가치로 '지속성·포용성·자율성·안전과 건강'을 제시하고, 이를 근거로 미래 변화에 선제적으로 대응하는 기반을 구축하며, 유·초중등교육과 고등·평생교육으로 구분하여 미래교육 체제로 전환할 수 있는 전략과 과제를 제시하였다([그림 1] 참조). 특히 교육부는 '교육=학교교육=등교수업'이라는 등식의 해체를 인정하면서, 지식 전달자를 넘어선 교원의 새로운 역할과 인간적 유대감에 기반을 둔 공동체로서의 학교 교육의 중요성을 부각하며 미래교육을 향한 전략적인 접근을 시도하고 있다.

정부의 이와 같은 정책 방향은 각 지역의 특색에 맞는 미래교육 체제를 현실화하는 시도 교육청 차원의 노력으로 이어지고 있다. 예컨대, 충청북도교육청(2020)은 '미래교육 5대 전략'을 제시하고, 교육부의 미래교육 전환 10대 정책에 근거하여 충북 지역 공동체에 근간을 둔 미래교육 전략과 정책을 수립하였다. 인천시교육청(2019)은 자체적으로 '미래교육위원회'를 신설하여 인천시의 미래교육 의제 발굴과 정책 수립 및 교육정책 평가와 개선 등에 노력을 기울이고 있다. 또한, 대구광역시교육청(2020)에서는 '대구 미래교육지구' 사업을 운영하여, 관내 고등학교 간 연계를 통해 지역 학생들에게 양질의 교육 프로그램을 제공하거나, 국립대구과학관과 연계해 공학계열 진학 희망 학생들을 대상으로 프로그램을 운영하는 등 각 세부 지역별로 필요한 사업을 적절하게 운영하며 미래교육에 대비하고 있다.[4] 그 외에도 대부분의 시도교육청에서 각 지역별 미래교육 정책을 수립하고 운영하고 있다는 사실은 '미래교육'이 그만큼 교육현장에 이미 깊숙이 침투해 있음을 알 수 있게 해준다.

4 대구광역시교육청 공식 블로그(https://blog.naver.com/dgeduon/222159577481) '대구시교육청 대구미래교육지구 운영 결과 보고회 개최'

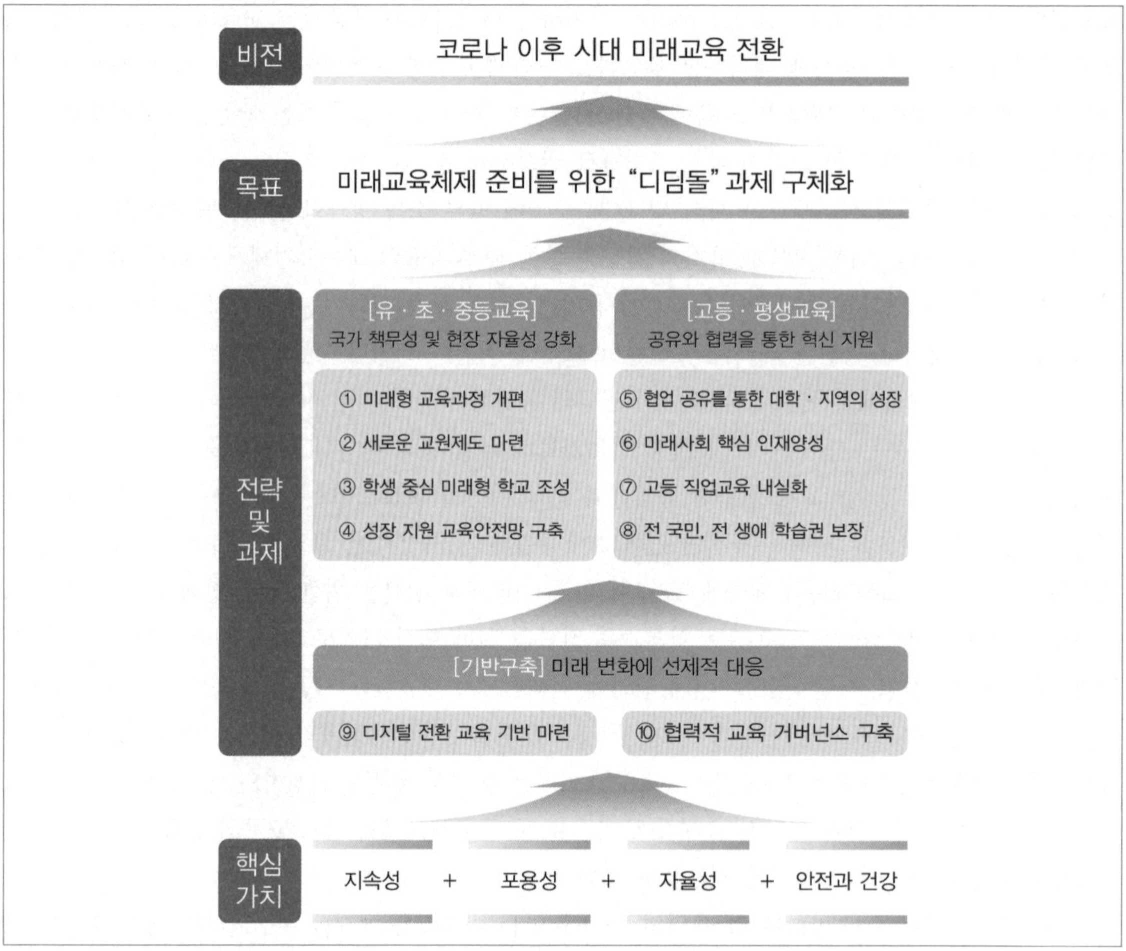

[그림 7.1] **미래교육 전환을 위한 정책 방향**

출처: 교육부(2020.10.05.): 3.

이러한 미래교육 정책의 활성화에 대한 현장의 목소리는 대체로 비판적이다. 현장 교사들은 코로나 이전으로 돌아가기 어렵다는 사실을 인정하면서도, 현재 정부에서 제시하는 이벤트성 시범사업이나 추상적인 미래교육 설계를 통해서 학교 교육과 교사가 변화하기는 어렵다고 말한다(내일신문, 2021. 02.01.). 또 교육부(2021.1)가 발표한 '2021학년도 학사 및 교육과정 운영 지원방안'에 대해, 대부분의 교육 구성원들은 정책 실행의 구체성이 떨어지며, 각 시도교육청의 미래교육을 위한 설계도는 실행력이 담보되지 않는 모호한 내용뿐이라고 비판하고 있다. 뿐만 아니라 교육 주체 및 교육 전문가들은 입시 위주의 교육, 사회구조 변화와 유리된 교육개혁, 교육현장을 배제한 관 주도의 교육정책 등이 미래교육으로의 변화에 걸림돌이 된다고 주장하고 있다(이영희, 윤지현, 2020). 즉 정부와 시도교육청이 제시하고 있는 미래교육에 대한 청사진은 보기에는 매우 그럴듯하나, 교육 현장 구성원들에게는 추상적인 개념 수준에 머물러 있으며, 현장에서 인식하는 여러 장애 요소가 고려되지 못하는 기획과 현실 사이의 괴리 현상이 나타나고 있음을 확인할 수 있다.

미래교육 정책에 관한 연구들은 교육현장의 현실적 환경을 고려하지 못한 채 대체로 정책의 방향과 과제들을 아이디어 수준에서 제안하는 수준에 머물러 있다(이승호, 신철균, 2018; 이영희 외, 2018; 최운실 외, 2019). 미래교육 정책 연구에 대한 접근방식도 미래 환경의 변화에 따라 원론적인 수준에서 교육 변화의 가능성을 모색하는 선형적 순응성과 정책의 체계적 방안이 탑다운 방식으로 현장에 그대로 적용될 것이라는 합리적 실행모형의 관습적 의존의 경향을 보여주고 있다. 이에 따라 정책이 집행되는 현장의 상황과 맥락을 고려하여 상호적응적으로 방안이 현장에 연착륙할 수 있는 실행조건과 실천적 방안들을 심도 있게 분석·제시하는 연구는 아직 찾기 어렵다. 앞에서 살펴보았듯, 미래교육은 이제 더 이상 정책의 슬로건이 아니라 교육현장의 실천적 변화를 위한 하나의 흐름이자 구현되어야 할 하나의 구체적인 교육 현안으로서 그 입지를 굳히고 있다. 그에 따라 미래교육정책은 교육 현장 실천의 관점에서 제기될 수 있는 우리 교육현장의 상황과 맥락이 집행과정을 어떻게 제약하고 있는지에 대한 심도 깊은 탐구를 통해 기획과 실천의 간극과 모순의 발생 가능성을 미리 탐지하고, 이에 대한 대응을 통해 정책집행의 상호적응적 조건을 호혜롭게 할 필요가 있다. 보다 근본적으로는 미래교육이라는 용어의 모호성으로 인해 발생되는 미래교육 정책의 개념 및 목표 그리고 그 구성요소 간 관계의 모호성과 대립으로 인해 발생되는 현장 실천단계에서의 패러독스적 징후들은 정책추진의 성공을 기약한다면 이제 더 이상 묵과할 수 없는 상황에 이르렀다.

나. 교육정책 패러독스와 상징

1) 정책 패러독스(Policy Paradox)

오랫동안 정책학에서는 정책 결정과정이 합리성(rationality) 논리에 따라 이루어진다는 견해가 지배적인 패러다임으로 자리 잡고 있었다(정정길 외, 2010). 그러나 합리성은 개인의 인지 능력과 시간의 제약으로 인해 결정에 필요한 정보 수집이나 처리 능력에 제한이 있기 때문에 합리적 선택 이론에서 말하는 합리성에 대한 가정은 경험적 검증의 대상일 뿐이며(Hill, 2013), 의사결정 과정에서 개인의 이익은 늘 충돌하고, 환경은 항상 변하기 때문에 완전한 의미의 합리성을 추구할 수 없다. 그래서 Simon (1957) 이렇게 제약된 조건하에서 발휘되는 합리성을 '제한된 합리성(bounded rarionality)'이라고 칭하였다. 또한, 개인이 합리적이라고 하더라도 현실적으로 너무 많은 균형이 존재한다는 것이 근본적인 문제라는 지적도 있다(구현우, 2017). 즉 합리적으로 선택할 수 있는 균형이 없는 것이 아니라 너무 많은 선택지가 있기 때문에 합리성 논리만으로는 설명할 수 없는 부분이 있다는 것이다. 이러한 합리적 의사결정의 한계를 인식하고 합리성 논리를 대체할 수 있는 정책 패러다임에 대한 논의로부터 비롯된 하나의 흐름이 바로 해석적 관점의 중요성을 강조하는 '정책 패러독스' 개념의 등장이다.

패러독스(paradox)란 흔히 '역설'로 표현되는데, 이는 '어떤 주의나 주제에 반대되는 이론이나 말' 또는 '일반적으로는 모순을 야기하지 아니하나 특정한 경우에 논리적 모순을 일으키는 논증으로, 모순을 일으키기는 하지만 그 속에 중요한 진리가 함축되어 있다고 간주되는 것'이라 정의된다(표준국어대사전, 2019). 즉 패러독스는 상호 모순되거나 배타적 요소들이 동시에 존재하거나 활동하는 현상(Cameron & Quinn, 1988)을 의미하며, 이것이 정책 장면에 적용될 때 두 개의 정당성을 갖는 정책요구 또는 논리가 동시에 존재하고, 이 두 논리가 상충성을 보이는 경우(신현석 외, 2020b) '정책 패러독스'가 발생한다고 할 수 있다.

정책 패러독스를 연구한 대표적인 학자인 Deborah A. Stone은 사회적 구성주의에 바탕을 둔 해석적 시각으로 현실 세계를 분석하고, 정책 현상을 이해하고자 하였다. 패러독스 관점은 분석의 배경으로 작용하는 맥락으로 정치성을 바탕으로 성립된 공동체적 공간으로서 폴리스의 역동성에 주목하면서, 합리적 가정의 정책이 현실 역동적인 공간에서 발생하는 다양한 모순과 갈등으로 인해 야기되는 역설적인 현상을 찾아내고 분석하여 정책 설계와 집행의 개선점을 모색하고자 한다. Stone(2012)은 정책 과정을 이해하는데 패러독스 관점이 적절한 이유를 다음과 같이 설명하고 있다(윤견수, 2014). 첫째, 정책은 과학처럼 명확한 언어의 세계에 존재하지 않기 때문에, 정책목표와 문제, 그것들을 표현하고 정의하는 방식, 목표를 달성하고 문제를 해결하는 수단은 미리 주어지지 않고 사회적으로 구성된다. 관점에 따라 서로 상충하는 해석들이 존재하고, 그러한 '역설(paradox)'적인 상황을 이해하는 것이야말로 현실의 정책을 이해하는 핵심이다. 둘째, 정책의 언어는 늘 모호하기 때문에 그것을 기반으로 이루어지는 의사결정 과정은 이해관계자들이 다양한 해석적 도구를 동원하며 자신의 관점을 납득시키는 상호작용 과정이다. 셋째, 인간은 개인의 합리성에 바탕을 둔 분석적 추론보다는 공동체의 관념에 바탕을 둔 '정치적(political)' 추론을 더 중요하게 여긴다. 즉 현실 세계에서는 개인의 이익보다 공동체의 이익을 가치 있게 다루기도 하고, 상황이나 맥락의 종류에 따라 이익에 대한 해석이 달라지기도 한다.

패러독스 관점이 현실 정책을 이해하는 데에 매우 유용하다는 것은 여러 선행연구를 통해서 입증된 바 있다(사득환, 박보식, 2013; 이광석, 함영진, 2013). 교육정책을 대상으로 한 최근의 연구로 신현석 외(2020a)는 Stone의 '사실' 관점을 통해 코로나19 대응정책에 대한 교사들의 반응을 패러독스 현상으로 분석하였고, 신현석 외(2020b)의 또 다른 연구는 교원성과급 정책의 패러독스에 대해 분석한 바 있다. 이예슬(2020)은 혁신학교 정책에 대한 현장 교원들의 경험을 통해 혁신학교 정책 확산 과정에서 발생하는 패러독스 현상과 그러한 현상이 발생하는 원인을 밝혀냈다. 또한, 박대권 외(2018)는 자율형 사립고 정책을 둘러싼 '교육부'와 '서울시교육청' 사이의 갈등을 정책 패러독스 관점에서 분석하였다. 이처럼 정책 패러독스를 활용한 연구는 교육정책 분야에서도 활발하게 이루어지고 있으며, 이는 정책 패러독스가 교육정책 현상을 이해하는데 매우 유용한 관점이라는 점을 입증하는 것이다.

2) 정책 패러독스로서의 상징(symbol)

Stone(2012)은 정책 문제(policy problem)를 정의하는 장치 중 하나로서 상징(symbol)에 대해 언급하고 있다. '상징'이란 사물의 의미나 가치 전달이라는 매개적 작용을 하는 것을 통틀어 이르는 것으로, 상징을 매개로 '다른 것'을 알게 되는 인간에게만 부여된 고도의 정신작용의 하나이다. 정책 장면에서 상징은 정책이 국민에게 전달하고자 하는 이미지와 호소력이라는 맥락에서 이해될 수 있으며, 이를 통해 정부는 정책의 정당성을 얻게 된다(Almond and Powell, 1983; 구현우, 2017). 이러한 정책의 상징적 측면은 인간의 사회적 현상이나 의식이 사회 속에서 사람들 사이의 상호작용에 의해 형성된다는 사회적 구성주의(social constructivism) 관점에서 이해할 수 있다. 사회적 구성주의는 객관적 현실 세계를 인정하지 않고 우리가 특정 현상을 '현실'이라고 인식하는 이유는 개개인이 그렇게 생각하기 때문일 뿐이라고 전제한다. 사회적 구성주의가 정의하는 '사회'는 그 사회를 구성하는 개인 행위자들의 생각, 언어, 행동을 통해 부여하는 의미로 구성된 상징적 세계이다(전미양, 최현임, 2020). 즉 이러한 구성주의의 관점에서 사회를 구성하는 데에 개인의 주관적인 해석과 가치판단의 개입을 배제할 수 없으며, 이를 근거로 정책 장면에서 '상징'이라는 장치가 작동할 수 있게 된다.

하지만 정책과 관련한 모든 상황에서 상징적 장치에 대해 논할 수 있는 것은 아니다. 국민 개개인의 삶과 직접적으로 연결되는 미시적 수준의 정책과정에서는 당사자들의 이해관계가 중요한 변수가 될 수 있기 때문이다. 이런 경우에는 상징적인 측면보다는 실제적인 비용과 편익을 따지는 것이 훨씬 더 타당하다. 따라서 정책이 미치는 효과의 다양한 양태를 통해 어떤 경우에 정책의 상징적 측면이 중요한지를 살펴볼 필요가 있다. 이에 대해 Soss & Schram(2007)은 정책 효과를 '가시성(visibility)'과 '근접성(proximity)'으로 나누었는데, 가시성은 정책이 일반 대중에게 잘 알려진 정도를 의미하고 근접성은 정책이 즉각적이고 구체적인 형태로 사람들의 삶에 직접적인 영향을 미치는 정도를 의미한다. 이러

[표 7.1] **정책효과에 따른 정책 유형**

구분		근접성	
		높음	낮음
가시성	높음	유형1 (예 의료복지정책)	유형2 (예 법인세 감면 정책)
	낮음	유형3 (예 hidden welfare state[5])	유형4 (예 개발도상국 원조 정책)

출처: Soss & Schram(2007: 121); 구현우(2017: 293)를 재구성함.

5 Soss & Schram(2007)에 따르면 근접성은 높고 가시성이 낮은 정책은 정치적으로 크게 눈에 띄지는 않지만 넓은 범위의 대중에게 직접적으로 영향을 미치는 정책이라고 설명한다. 그 예로 노동자나 소비자, 환경을 보호하기 위한 안전 또는 건강에 대한 규제 및 보조금 정책을 제시하며, 이를 'hidden welfare state(숨겨진 복지 국가)'라고 하였다(p. 121). 여기서 '숨겨진 복지 국가'란 Howard(1997)에 의하면 '간접적이고 복잡한 전달 메커니즘과 불투명한 설계, 낮은 정치적 프로파일을 특징으로 하는 사회적 세금 지출'을 의미한다(Guardino & Mettler, 2020: 2).

한 가시성과 근접성의 정도에 따라 다음과 같이 네 가지 정책 유형을 제시할 수 있다.

정책의 상징적 장치와 관련하여 특히 유형 2에 주목할 필요가 있다. 가시성이 높고 근접성이 낮은 정책 중 법인세 감면 조치를 예로 들 수 있는데 이는 일반 대중들에게 직접적인 이해관계가 있는 것은 아니지만, 정치권에서 형평 논쟁이 제기되는 등의 이슈로 많은 사람에게 알려진 정책이기 때문이다. 이러한 정책에 대한 인식은 명확한 근거보다는 소문이나 정책에 대한 이미지에 의존하는 경우가 많다. 따라서 일반 대중이 정책에 대한 인식을 형성하는 데에 정책의 상징적 측면이 결정적 장치로서 역할을 하게 되는 것이다(구현우, 2017). 같은 맥락에서 미래교육 정책도 "유형 2"에 해당한다고 할 수 있다. 미래교육 정책은 당장 대중들에게 직접 영향을 미치는 것은 아니지만, 정부와 미디어에서 미래교육의 급격한 변화에 대한 경고와 그에 대한 대비의 필요성을 끊임없이 강조하고 있기 때문이다. 따라서 미래교육 정책에 나타나는 상징적 장치와 이로 인해 발생하는 패러독스 현상을 분석하는 것은 매우 적절하다 할 수 있다.

한편, Stone(2012)은 정책 패러독스의 관점에서 정책 문제란 정책목표와 현실의 불일치라고 하며, 정책 담론에서 이러한 정책 문제를 정의하는 방식의 하나로서 '상징'을 사용한다고 설명한다. 예를 들어, 녹색성장이라는 상징은 환경보호와 경제발전이라는 딜레마를 완화하면서 정부의 정책을 성장 쪽으로 끌고 나가는 문제 정의 방식이다(하민철, 윤견수, 2010; 윤견수, 2014:509). Stone(2012)은 정치에서 활용되는 상징적 장치로서 변화와 권력에 관한 이야기(stories)와 제유(synecdoche)와 은유(metaphor)라는 비유적 표현을 제시한다. 먼저 '변화의 이야기'는 현재 국가 또는 사회가 처한 상황의 쇠퇴 또는 진보를 저지하는 문제에 관한 이야기나 반대로 환상적인 발전에 관한 이야기를 모두 포함한다. 즉 어떤 정책과 관련된 극단적으로 대조적인 상황을 상징적으로 이야기하며 정책과정에 영향을 미치는 것이다. 예컨대, "국가의 경제가 급격하게 쇠퇴하고 있으나 이를 통제하고 극복할 경우 다시 경제가 빠르게 성장할 수 있다"는 식의 프레임이 바로 이러한 변화의 이야기를 활용한 대표적인 경우이다. 이때 변화의 이야기는 자연스럽게 '권력과 통제의 이야기'로 이어진다. 즉 변화의 이야기를 통해 대중에게 불안감을 심어줌과 동시에 권력을 통한 통제로 이를 극복할 수 있다는 희망을 제공하는 것이다. 바로 이러한 거대한 서사구조라는 상징적 장치를 통해 정부의 정책은 대중에게 그 정당성을 인정받게 된다.

한편, 제유와 은유라는 비유법 역시 정책과정에 주요한 영향을 미치는 상징적 장치이다. 제유는 어떤 부분적 상징이 전체 내용을 상징할 때 사용되는 것으로, 사용되는 부분적 상징을 통해 전체 문제에 대한 정책적 대응의 틀을 형성하는 전형적 사례이다(구현우, 2017:296). 제유는 일반적으로 공포를 이야기할 때 흔히 활용되는데, Stone(2012)은 9/11 테러에서 실제로 시한폭탄을 설치한 자는 매우 극소수였지만 테러 용의자에 대한 고문을 정당화하기 위해 '시한폭탄 테러리스트'라고 표현하는 것을 예시로 들고 있다. 은유는 정부 정책 현상을 묘사하는 각종 단어들을 의미하는데, 예컨대 정부 재정을 '곳간'에 비유하거나, 제대로 균형을 이루지 못한 정책을 '절름발이 정책'이라고 표현하는 것이 이에 해당한다. 이러한 비유법은 정책이 지닌 의미를 함축적으로 표현하여 대중에게 각인시키는 기능이 있지만, 정책 현상의 일면만을 보여주어 현실을 왜곡할 가능성이 있다는 문제점도 있다.

정책 패러독스 현상에서 발견되는 상징적 장치는 '모호성(ambiguity)'이라는 특성을 가진다고 Stone(2012)은 강조한다. 상징적 장치의 모호성은 양면적이며 비일관적인 태도를 끌어안는 힘이 있기 때문에, 갈등상황의 긴장을 완화시키고 반대의 목소리를 줄이는 효과가 있다(윤견수, 2014:509). 즉 모호성은 다양한 맥락에서 서로 다른 의미로 해석되도록 함으로써, 정책을 둘러싼 갈등을 감소시키고 정책 협상이나 타협의 여지를 주어 광범위한 정책 연합의 형성과 정책 수용성을 높이는 데 기여할 수 있다는 것이다(구현우, 2017:297). 이와 관련하여 Stone(2012)은 모호성을 정치의 '보이지 않는 손'이라고 표현하며, 상징은 정책결정에 각 개인이 의미를 부여하는 것을 가능하게 하여 개개인의 노력을 집단적인 의사결정으로 전환하는 데 도움이 된다고 설명한다.

미래교육 정책은 아직 다가오지 않은 미래사회에 대비한다는 차원에서 그 본질 자체가 매우 상징적이고 모호하다. 특히 미래교육 정책을 이해하기 위해서는 미래교육을 둘러싼 앞으로의 환경, 즉 변화에 관한 이야기가 필수적이다. 그리고 대부분 변화의 이야기는 막연한 무력감을 심어주는 방향으로 제시되기 때문에 그러한 무력감을 해소하고 미래 상황을 통제할 수 있다는 권력에 관한 이야기로 자연스럽게 연결될 수 있다. 또한, 미래교육이라는 개념 정의 자체도 뚜렷하지 않은 상황에서 미래교육정책 형성과정에서 비유적 표현은 정책의 이미지를 결정하는데 매우 강력한 기능을 하며, 이러한 상징적 요소의 모호성은 미래교육 정책의 의도와 방향에 대한 다양한 해석을 가능하게 하는 패러독스 현상을 야기한다고 추론할 수 있다.

다. 분석 틀

패러독스 관점에서 정책은 과학처럼 분명한 실증적 증거를 중시하는 세계에 존재하는 것이 아니라, 관점에 따라 서로 다른 해석들이 존재한다고 보고 있다(윤견수, 2014). 정치적 구성체로서 집단 및 조직 간의 협력과 경쟁이 당연시되는 폴리스(polis)의 특징을 보면 쉽게 이해할 수 있다. 폴리스에서는 서로 다른 해석들이 상충하는 상황이 일반적이므로 현실의 정책을 이해하기 위해서는 이러한 '역설적인 상황'을 잘 이해해야 한다(Stone, 20120). 즉, 현실 세계에서는 경제학자들의 주장처럼 합리적 존재로서의 인간들을 그대로 가정해서는 안 된다고 본 것이다(박대권 외, 2018:241). 이 과정에서 Stone은 사회적 구성주의에 바탕을 둔 해석적 시각을 제시하고 있는데, 이러한 시각은 '선 긋는 행위'라는 은유를 통해 정책을 이해하는 것이라고 할 수 있다. 이때 '선을 긋는 행위'는 곧 범주를 만들어 편을 가르는 행위 혹은 약간 의미가 다르지만 적극적으로 '틀에 가두기(framing)'하는 것을 의미한다. 합리적으로 예측되는 정책목표에 한 점을 찍고, 그 정반대 쪽에 한 점을 찍고 선을 긋는 것이다. 선을 중심으로 이쪽과 저쪽이 구분되기도 하지만, 양극단인 두 점 사이에 넓은 면이 생긴다. 현실에는 양극단만 존재하는 것이 아니라 그 사이에 벌어지는 다양한 현상들이 있기 때문에 그에 대한 해석을 통해서 현실을 이해하고 문제에 대한 질서를 부여하는 것이다. 즉 관점에 따라 서로 다른 해석이 늘 존재하며, 해석들이 상충하는 '역설적인 상황'을 이해하는 것이 현실의 정책을 제대로 이해하는 지름길이라고 보는 것이다(윤견수, 2014:507).

이러한 근거를 바탕으로 본 장에서는 Stone의 정책 패러독스 관점을 중심으로 미래교육 정책의 패러독스 현상을 '상징'의 개념을 통해 분석하고자 하였다. 이를 위해 미래교육에 관한 상징적 장치가 무엇인지 밝히고, 이를 바탕으로 미래교육 정책을 둘러싼 패러독스 현상이 어떻게 나타나는지 문헌고찰을 통해 살펴보고자 한다. 먼저 Stone(2012)이 제시한 상징적 장치인 변화와 권력에 대한 '이야기'와 제유와 은유라는 '비유적 표현'을 중심으로 미래교육과 관련한 각각의 이야기와 비유적 표현이 무엇인지를 탐색한다. 그리고 이러한 상징적 장치에는 '모호성'이 내포되어 있다는 것을 밝혀 미래교육 정책에서 포착되는 정책 패러독스 현상을 분석하고자 하였다.

이러한 과정을 통해 다음의 세 가지 정책 패러독스 현상을 발견할 수 있었다. 첫째, 미래교육위원회 설립 목표와 현실의 괴리로부터 나타나는 패러독스 현상이다. 미래교육위원회는 다가올 미래사회에 대응하여 미래교육에 대한 공감대와 인식을 확산한다는 목표로 설립되었으나, 그 설립 목표가 설립 당시의 현실을 제대로 반영하지 못한 채 추상적인 수준에 머무르며 패러독스가 발생했다. 둘째, 미래교육 정책의 구체적 실현 방안이 부족하여 실제에서 패러독스 현상이 나타났다. 미래교육위원회의 활동은 형식적인 홍보성 운영에 그치며 구체적인 실현 방안 없이 실행력을 상실해 가고 있다. 2021년 교육부는 대표적인 미래교육 정책으로 그린스마트미래학교, 2022 교육과정, 고교학점제 등을 핵심적으로 추진하고 있으나, 이러한 미래교육 정책이 미래교육에 대한 담론과 동떨어져 있음을 확인하였다. 즉 현 시점의 미래교육 정책은 미래교육의 본질을 꿰뚫고 이를 대비할 수 있는 명확한 목표와 방향성을 바탕으로 한 구체적인 실현 방안을 갖추지 못해 패러독스 현상이 발생하고 있다. 셋째, 미래교육 정책의 상징 모호성으로 인해 현장에서 자발적인 노력이 발생하는 과정에서 나타나는 패러독스 현상이다. 상징의 모호성은 미래교육 정책에 대한 다양한 해석을 가능하게 하여, 현장 구성원들로 하여금 자발적인 노력으로 각 현장에 적합한 정책을 실현할 수 있는 기회를 제공한다는 점에서 역설적으로 긍정적인 패러독스 현상을 조성하였다.

이상의 내용을 바탕으로 미래교육 정책의 패러독스 현상을 분석하기 위한 연구의 분석 틀을 제시하면 다음 [그림 7.2]와 같다.

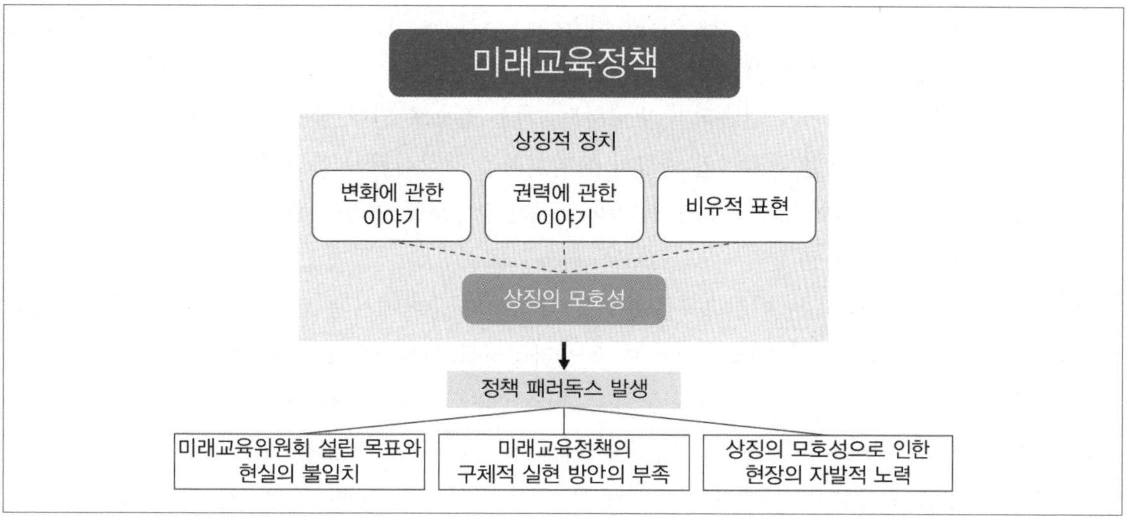

[그림 7.2] **분석 틀**

3 미래교육에 관한 상징적 장치

가. 변화에 관한 이야기

Stone(2012)은 '변화의 이야기'가 상징적 장치로 어떻게 작용하는지 설명하기 위해, 미국 연방의 경제 통계자료의 질이 쇠퇴하고 있음을 보여주는 뉴욕타임즈 기사를 예시로 들었다. 이 기사에서는 통계자료의 악화를 함축적으로 나타내기 위해 한 단락에서만 '손상', '쇠퇴', '해체된', '절단된', '축소' 및 '실패'라는 용어를 반복해서 사용하며, 이러한 위기가 해결되지 않을 경우 경제 정책 결정의 효과가 심각하게 약화될 것이라고 표현하고 있다. 이처럼 정책과 관련한 상황의 쇠퇴 또는 도약에 관한 이야기를 자극적이고 감정적인 방식으로 서술함으로써 정책의 정당성에 대한 신호를 보내는 것은 상징적 장치 작동 방식의 하나로 볼 수 있다.

미래교육 정책을 둘러싼 환경 변화의 이야기는 주로 과학기술의 급속한 변화로 인한 예측 불가능성, 미래사회의 불평등 심화 및 일자리의 소멸, 그리고 전통적인 학교 역할의 쇠락 등을 주제로 한다.[6] 이에 더해, 최근에는 코로나19로 인한 사회변화의 급격한 가속화 역시 변화에 관한 이야기의 중심을 이

6 저명한 미래학자 James Dator는 『다가오는 미래(Advancing Futures)』 저서에서 '미래'에 대한 이미지를 크게, 경제성장이 지속되는 '지속 이미지'와 자원고갈, 경제 불안, 도덕적 퇴보, 대내외 군사공격의 위협 속에 있는 '붕괴 이미지', 그리고 전통적 가치가 중시되는 '규율 잡힌 사회 이미지'와 첨단기술이 지배하고 급격한 변화가 있는 '변형 사회 이미지' 네 가지로 범주화하였다(Dator, 2008; 이승호, 신철균, 2018: 13).

룬다. 이때 미래교육 정책을 둘러싼 대부분의 이야기는 진보 및 발전과 같은 긍정적인 신호보다는 불확실성과 쇠퇴와 같은 부정적인 측면을 드러내는 경우가 많다. 이는 정책의 정당성에 대한 신호를 보내는 장치로서 변화의 이야기가 활용되기 위해서는, 기술 진보로 인한 장밋빛 미래에 대한 자명한 이야기보다는 이로 인해 발생할 부정적인 영향과 불확실성을 부각시켜야 할 필요가 있기 때문이라고 해석할 수 있다. 이러한 관점에서 미래교육 정책의 상징적 장치로서 변화에 관한 이야기는 크게 세 가지로 나누어 살펴볼 수 있다.

첫째, 미래사회의 변화 또는 미래교육을 논하는 대부분의 문헌에서는 4차 산업혁명으로 인한 급격한 패러다임 변화와 이로 인한 미래사회의 예측 불가능성을 이야기한다. 미래교육을 다룬 거의 모든 연구에서는 미래교육에 대한 논의의 필요성 또는 미래교육 정책의 정당성을 위한 근거로 4차 산업혁명에 관한 이야기를 시작으로 삼는다. 해당 문헌들에서는 공통적으로 Schwab(2016)이 제안하는 4차 산업혁명의 특징을 언급하며, 아래와 같은 내용을 골자로 다가올 미래사회의 변화를 묘사하고 있다.

4차 산업혁명은 인류가 경험해보지 못한 기하급수적인 속도로 전개 중이다. … 4차 혁명은 디지털 혁명을 기반으로 경제, 산업 등 사회 전반에 이전에 경험하지 못했던 패러다임의 변화를 이끌어낸다. 패러다임 변화는 '무엇'을 '어떻게' 하는 문제뿐 아니라 우리가 '누구'인가에 대한 생각에까지 영향을 미친다. 이를 통하여 4차 산업혁명은 국가간, 기업간, 산업간, 그리고 사회 시스템 전체를 변혁시킨다(국가평생교육진흥원, 2016).

즉 4차 산업혁명으로 인해 기존에 겪어보지 못한 급속도의 변화가 사회 전체에 영향을 주고 있으며, 이 과정에서 결과적으로 전반적인 인간과 사회의 패러다임 전환이 이루어진다는 것이다. 그런데 이러한 변화의 이야기는 대부분 매우 극적이고 추상적이어서 구체적인 현실로 인식하기 어렵다. 이를 미래교육 관점에서 해석하자면, 급변하는 상황을 정확히 예측하여 그에 걸맞은 인재를 양성하는 것이 쉽지 않고, 이러한 예측이 올바른 것이라 하더라도 그에 합당한 역량을 배양시키기 위한 방법을 구안하는 것, 그리고 이를 실현시켜 현실화하는 데는 많은 난관이 수반될 수밖에 없다(임철일 외, 2018). 또 한편에서는 이렇듯 4차 산업혁명 중심으로 한 산업구조 변화 이야기에만 집중하는 것은 우리의 미래교육이 궁극적으로 나아가야 할 본질을 놓칠 가능성이 있다고 보기도 한다. 즉 시대·사회적 변화를 예측하고 이를 준비하는 차원에만 초점을 맞추는 것은 교육적 대응 차원의 검토에 그칠 뿐 우리가 어떤 교육을 지향하는가에 대한 부분을 등한시할 수 있다는 것이다(이영희, 윤지현, 2020). 결국, 다가올 미래사회의 변화에 관한 이야기는 그 모호성과 불확실성으로 인해 실제 현실에 착근 가능한 미래교육 정책에 대한 본질적 논의를 지속하기 어렵게 만든다.

둘째, 이러한 급격한 변화는 인간 역할의 배제와 기존과 다른 차원의 불평등을 가져올 것이라는 쇠퇴의 이야기로 연결된다. 『4차 산업혁명의 완성』에서 Schwab(2018)은 새로운 기술은 인류에게 엄청난 혜택을 줄 수도 있지만, 4차 산업혁명이 인간 중심의 인간 주도형 혁명이 되지 못할 경우 오히려 인류에게 재앙이 될 수 있음을 경고한다. 4차 산업혁명에서 비롯되는 변화를 우리 사회가 제대로 관리하지 못한다면, 사회 전반의 분절, 고립, 배제 현상이 더욱 가속화될 것이기 때문이다(최운실 외, 2019:재인용). 특히 고용구조 측면에서 4차 산업혁명은 일자리 지형과 일하는 방식 등 미래사회의 고용구조의 급격한 변화를 초래할 것으로 예견된다는 점 역시 강조되는 이야기다. 즉 단순·반복 업무의 자동화, 이로 인한 노동수요 감소, 자동화가 어려운 창의·감성 업무 가치의 상승 등이 전망되며 '인간의 역할'이 무엇인지에 대한 근본적인 고민이 지속적으로 제기되고 있다(김봄이 외, 2017; 임철일 외, 2018). 뿐만 아니라, 다가올 새로운 미래에는 이전보다 심화된 불평등이 팽배할 것이라는 우려의 목소리도 끊이지 않는다.[7]

4차 산업혁명으로 인해 인간과 기계의 역할이 재편되고, 인간의 역할이 점차 배제될수록 우리 사회에 상존하던 불평등은 소외된 계층과 그렇지 않은 계층 간의 더 넓은 간극으로 심화될 것이다. 특히 최근 코로나19 충격으로 세계적으로 경기침체가 장기화되는 가운데, 계층 간 이동성 약화 및 사회적 불평등 심화를 야기하여 교육격차의 심화로 이어질 수 있다(교육부, 2020). 결과적으로, 미래사회 인간 역할의 변화와 그로 인한 불평등 심화에 관한 이야기는 미래에 함양해야 할 역량에 관한 탐구로 이어지게 되고, 인간 중심의 혁신을 향한 미래교육의 역할에 관한 이야기로 귀결된다.

셋째, 이상의 변화 이야기가 교육현장에 적용될 경우 대부분의 논의는 전통적인 학교 역할의 후퇴에 관한 이야기로 귀결된다. 상기한 변화의 이야기 모두 급속한 사회변화로 인한 불확실성 그리고 인간 역할의 배제와 불평등 심화와 같은 부정적 요소를 담고 있으며, 이러한 이야기는 우리로 하여금 새로운 미래교육의 필요성과 미래교육정책의 정당성을 찾게끔 하는 장치로 작용한다. 다보스 포럼으로 널리 알려진 세계경제포럼(WEF: World Economic Forum)에서 4차 산업혁명으로 가장 급속하게 시스템 재편이 이루어지고 있는 분야 중 하나로 교육을 꼽은 사실을 보더라도, 일련의 사회변화 속에 교육의 변화는 피할 수 없는 물결로 이미 우리 앞에 도래하고 있다는 사실을 알 수 있다. 그러나 여기서 주목할 점은 이와 관련한 대부분의 이야기가 전통적인 학교 역할의 후퇴에 관한 이야기로부터 시작하고 있다는 것이다. 이는 코로나19 사태와 연계하여 더욱 두드러지게 나타나는데, 팬데믹으로 떠밀리듯 시작한 온라인 수업이 1년 이상 지속되며, 학교라는 공간 자체가 주는 고유한 의미가 퇴색되고 있다는 것이다. 온라인 수업으로 첫 수업을 경험한 초등학교 1학년 학생이 주 5일 등교를 하고 같은 공간에서 같은 행위를 반복해야 하는 이유를 설득하지 못한 교사의 이야기(경향신문, 2021.02.04.)는 이러한 상황을 극단적으로 보여주는 것이라 할 수 있다.

이와 같은 급격한 변화와 이로 인해 발생할 다양한 부정적인 결과 예측에도 불구하고, 일부에서는 이러한 이야기에 과도하게 흔들릴 필요가 없다는 의견도 존재한다. 4차 산업혁명은 기본적으로 기술 발달에 의한 산업적 관점에서 생겨난 개념이므로, 학교 현장에서는 너무 기술적 관점에서 접근할 필요

---

7 연봉 3만 파운드 미만의 사람은 연봉 10만 파운드 이상의 사람과 비교해서 기계에게 일자리를 빼앗길 확률이 5배 이상 높다(마쓰오 유타카, 2015).

는 없으며, 이러한 해석이 자칫 위협 요인으로만 간주되거나 학교교육제도 자체를 부정하는 시각에 휘둘릴 필요도 없다는 것이다(김진숙 외, 2017). 이러한 의견은 Stone(2012)이 언급한 변화의 이야기 중 하나의 변종에 해당하는 '변화는 환상의 이야기(change-is-an-illusion story)'일 뿐이라는 사실과 일맥상통한다고 볼 수 있다. 즉 사람들이 일반적으로 어떠한 현상에 대해 더 좋은 방향으로 진보하거나, 더 나쁜 방향으로 퇴보하고 있다고 생각하는데, 이는 잘못된 생각이며 상황은 실제로 우리가 생각하는 것과 반대 방향으로 갈 수도 있다는 것이다. 어떠한 변화의 이야기도 하나의 절대적인 방향으로만 나아가는 것이 아니라 롤러코스터와 같이 오르내리는 것이 현실적으로 당연지사다. 그러나 변화의 이야기 자체가 환상일 뿐이라는 주장 역시도 상황에 대한 인식을 모호하게 만들어 사람들에게 무력감을 느끼게 할 수 있다. 결과적으로 미래교육을 둘러싼 변화의 이야기는 어떠한 방식으로든 관계자들에게 무력감을 심어주고 통제의 필요성을 느끼게 하며, 이는 다음 절에서 설명하고자 하는 '권력'에 관한 이야기로 연결된다.

나. 권력을 활용한 이야기

정책분석에 있어 또 다른 유형의 서사(narrative)는 바로 '권력'의 이야기로, 대개 앞선 변화의 이야기로부터 파생된 무력감과 통제의 부재로부터 '권력'의 필요성과 정당성을 강조하는 방식으로 제시된다. 권력에 관한 이야기는 보통 다음과 같은 형식으로 이어진다고 Stone(2012)은 말한다. "상황이 좋지 않습니다. 우리는 지금까지 우리가 영향력을 미치지 못한 채 받아들이기만 해야 했던 상황에 대해 통제할 수 없다고 여겨 왔습니다. 하지만 이제는 우리가 그러한 상황을 통제할 수 있음을 보여주겠습니다." 즉 정책을 수립하고 집행할 때 권력의 이야기는 기존에 영향력을 행사하지 못하던 어떤 무기력한 상황에 대한 통제의 필요성을 강조하는 형태로 활용된다. 이러한 권력의 이야기는 변화의 이야기와 더불어 정책을 구성하는 거대 서사의 중요한 두 축을 이룬다. 미래교육 정책과 관련하여 이러한 권력의 이야기가 대표적으로 활용되는 것은 '미래교육위원회'의 설립 및 운영이다.

미래교육위원회는 '사회 각 분야에서 창의적인 성과를 내고 있거나 도전 중인 현장 전문가들의 삶을 통해 다양한 인재상을 제시하고, 학생, 학부모, 교사와 함께 미래교육 방향을 논의하면서 미래교육에 관한 공감대와 인식 확산'을 목표로, 2019년 2월 27일 발족되었다. 미래교육위원회는 현장 의견수렴과 자문회의 등의 활동을 통해 미래교육을 위해 추진할 의제들을 도출하고 이를 체계화하며, 이 중 개선이 시급하거나 단기 도입이 가능한 과제들을 우선적으로 정책에 반영한다는 계획을 밝힌 바 있다(교육부, 2019). 이러한 교육부의 선언은 그간 급격하게 변화하는 사회에 걸맞은 새로운 미래교육에 대한 막연한 두려움과 무력감이 형성된 가운데, 권력을 통해 상황을 통제하고 새로운 비전을 내세운다는 상징성을 지닌다. 다시 말해 최근 몇 년 동안 상당히 빠른 속도로, 하지만 구체적인 형체는 갖추지 못한 채 막연하게 다가오는 미래교육을 '교육부'라는 권력 기관의 힘으로 통제하고 대비할 수 있다는 이야기를 들려주는 것이다.

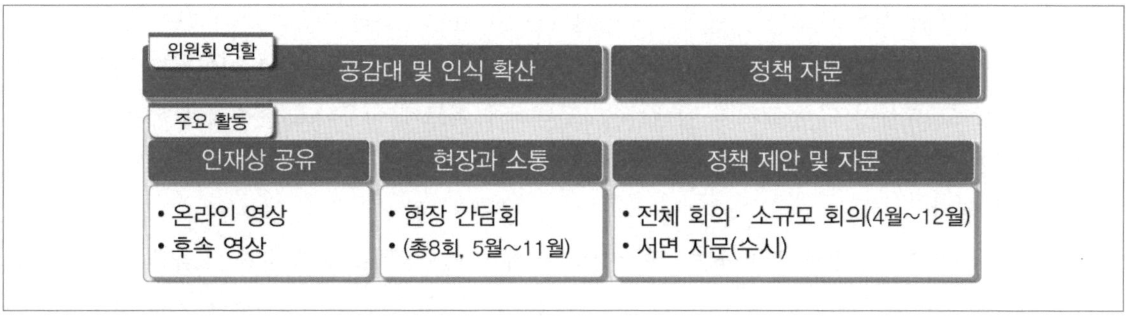

[그림 7.3] **미래교육위원회 운영방안**

출처: 교육부(2019).

미래교육위원회는 산업계·과학기술계·교육계 등 사회 각 분야에서 활동하는 다양한 연령대의 현장 전문가들과 교사, 학생 등 총 36명으로 구성되었다. 다양한 직군의 전문가들이 참여하여 미래 유망 분야의 생생한 모습을 보여주고, 향후 전망에 대해 생각해볼 수 있도록 하였다. 더불어 현장에서 수업 혁신을 추진하는 교사들과 창업, 발명 등 의미 있는 경험을 쌓아가고 있는 학생들도 참여하여, 각자의 다양한 경험과 창의적인 생각을 함께 공유하게 하였다. 나아가 위원회는 '미래교육에 대한 공감대와 인식 확산'과 '미래교육 의제 발굴 및 정책 자문'을 운영 방안으로 삼고 참여와 소통을 최우선으로 함을 강조한다. 교육부(2019)가 밝힌 미래교육위원회의 운영 방안을 그림으로 제시하면 [그림 7.3]과 같다.

미래교육위원회 운영방안으로부터 모든 권력 이야기가 공통적으로 '선택'을 내포하고 있으며, 이를 통해 희망을 부여하는 역할을 할 수 있다는 Stone(2012)의 주장을 확인할 수 있다. Stone(2012)은 변화의 이야기가 불안과 절망을 조장하는 것처럼, 권력·통제의 이야기는 희망을 제공한다고 말한다. 이때 변화의 이야기로 경고한 고통을 통제할 수 있도록 방안을 제시하며, 사람들에게 선택권을 가지고 통제권을 잡을 수 있도록 동기를 부여하는 역할을 한다는 것이다. 즉 권력을 활용해 일방적인 정책집행을 하기 보다는 국민들이 스스로 통제권을 잡을 수 있다는 희망을 부여해주는 역할을 하는 것이 권력 이야기라는 상징적 장치의 역할이다. 미래교육위원회가 공감대를 확산하고 다양한 현장 전문가 및 교육관계자들을 참여시켜 그들이 직접 소통하고 경험을 쌓으면 생각을 공유할 수 있게 하는 것은 권력의 이야기를 통해 개개인이 미래교육에 영향력을 미칠 수 있다는 상징적인 제스처를 제공하는 것이라고 볼 수 있다.

한편, 새 교육과정 개정 작업과 고교학점제 역시 미래형 교육을 위한 핵심 정책의 일환으로 본격화되는 출발점에 있다. 그러나 이러한 정책들은 새로운 교육을 위한 혁신적인 변화라는 사실 이면에, 현장에 착근되어 운영될 수 있도록 하는 선결과제의 해결 없이 다소 선불리 진행되어 결국 교육 현장에 있는 교사와 학생 및 학부모에게 그 부담을 전가한다는 비판을 피하지 못하고 있다(대전일보, 2021. 04.28.). 이는 권력 이야기가 주로 '희생자 비난하기'라는 이야기로 변형되어, 항상 희생자로 하여금 본인의 행동을 개혁할 것을 권고하는 형태로 구성된다는 Stone(2012)의 주장과 연계하여 해석할 수 있다.[8] 새로운 교육과정 도입과 고교학점제와 같이 학교 현장에 즉각적인 변화로 이어지는 정책을 시행할 경우, 항상 그 대상이 되는 교사와 학생들은 그 변화에 빠르게 적응하고 순응해야 하는 입장에 놓여있기 마련이다. 그리고 이 과정에서 권력의 이야기는 현장 구성원들의 행동 변화를 요구하는 방향으로 흘러가게 된다.

이상과 같이 막연한 불안을 제공하는 변화의 이야기에 이어, 상황을 통제할 수 있음을 강조하는 권력의 이야기는 국민에게 미래교육을 우리의 힘으로 통제할 수 있으며 직접 영향력을 미칠 수도 있다는 동기와 책임을 부여한다.

다. 비유적 표현을 통한 상징적 선언

변화의 이야기, 권력의 이야기와 더불어 정책을 이야기하는데 가장 보편적이고 강력한 장치는 바로 '비유적 표현'이다. Stone(2012)은 이러한 비유적 표현을 크게 '제유(synecdoche)'와 '은유(metaphors)' 두 가지로 구분하여 설명하고 있다. 먼저, 제유는 어떤 부분적 상징이 전체 내용을 상징할 때 사용되는 것으로서, 이때 사용되는 부분적 상징은 전체 문제를 정의하고 그에 대한 정책적 대응을 틀 지우는 전형적 사례(typical cases)에 해당한다. 예를 들면, 복지 보조금을 받아 호화롭게 생활하는 '복지 여왕(welfare queen)'이라는 제유는 복지제도의 비효율성과 낭비를 상징한다. 제유 방식의 특징적인 것으로 '공포 이야기(horror story)'의 구성이 있다(Stone, 2012). 사람들은 일반적으로 발생 확률이 낮은 것을 과대평가하는 심리적 편향성을 가지고 있는데(Weimer and Vining, 2011:284), 정치 엘리트들이 이러한 심리적 경향을 이용하여 어떤 문제를 부각시키기 위해 그와 관련된 충격적인 사례를 의도적으로 선택하는 경우가 있다(구현우, 2017).

미래교육 정책과 관련하여, 교육의 문제를 부각시켜 일종의 공포 분위기를 형성하는 가장 대표적인 제유로는 '교실붕괴'가 있다. 교실붕괴라는 말은 일본의 '학급붕괴'로부터 유래되어 2000년대 초반부터 본격적으로 우리나라 공교육의 위기를 단적으로 표현하는 말로 사용되어 온 용어이다. 교실붕괴는 '신뢰와 존경과 교권을 상실한 교원들, 학습의욕이 저하된 채 방황하는 학생들, 통제 불능의 무질서한 교실, 수업 불신과 갈등에 찬 학교분위기, 허탈감과 분노를 안고 교직을 떠나는 퇴직 교원들 등의 일그러진 학교풍경'을 지적하는 의미를 가진다(박윤배, 김경식, 2002). 그리고 이러한 교실붕괴는 4차 산업혁명에 코로나19 충격이 더해지며 최근 들어 다시 언급되고 있다. 코로나19로 인해 실제로 학교라는 공간 자체의 의미가 사라지는 형국이며, 교육과 교사 역할의 재구조화가 요구되는 가운데(한국교육신문,

---

8 물론 교육 현장의 교사나 학생 및 학부모를 희생자로 연결시키는 것은 다소 어패가 있다. 그러나 여기서 희생자라는 용어를 어떤 구체적인 피해를 입거나 무엇인가를 빼앗긴 사람으로 한정하기보다는, 급변하는 사회와 정책의 변동 속에 놓여 있는 '객체 같은 주체'로 이해한다면 연계가 가능할 것이라 판단된다.

2020.06.05.), 미래교육을 대비한 교육혁신의 일환으로 '고교학점제'가 시행되면서 교실붕괴에 대한 현실적인 공포가 재점화되고 있는 것이다.

실제로, 각종 언론에서는 교육체제의 위기를 비유하는 제유법으로서 '교실붕괴'라는 용어를 자주 사용하며, 교실이 붕괴되지 않도록 정책 당국이 신중해야 함을 강조하고 있다. 2019년 자유학기제와 혁신학교, 고교학점제 등의 정책 사안이 줄줄이 충돌하는 것을 두고 '교실붕괴' 우려를 표명하거나(뉴시스, 2019.11.28.), 100여 년 전 고교학점제를 도입한 뉴욕의 사례와 비교하여 '교실붕괴'에 대한 대비책이 필요하다고 주장(서울신문, 2021.02.25.)이 그 예이다. 이러한 제유법의 사용은 앞서 Stone(2012)이 말한 '공포 이야기' 조성과도 일맥상통한다. '붕괴'라는 단어가 주는 이미지 자체가 상당히 파괴적이고 도발적이기에, 교육의 일부인 교실이 붕괴된다는 말은 교육 전체가 파괴되는 것과 같은 인상을 주어 이에 대한 공포를 조성하기에 용이하다. 이러한 공포의 이야기는 문제의 일부에 초점을 맞추게끔 하여 왜곡된 정책으로 이어지기 쉽다는 단점도 있지만, 해당 문제에 날카롭고 집중하게 만들어 정책 관리를 편리하게 한다는 장점도 있다(Stone, 2012).

다음으로 은유 방식은 정부 정책 현상을 묘사하는 각종 단어들로, '고질병', '사후약방문식 처방', '혈세낭비', '황제노역' 등과 같은 예를 들 수 있다. 이는 현실의 정책과정에서 많이 사용되는 방식이지만, 제유와 마찬가지로 현실을 왜곡할 가능성이 있다. 은유는 현상을 상징적인 대상물로 표현하지만, 현상의 일면만을 보여주기 때문이다. 이러한 은유는 표면상 하나의 대상을 다른 대상으로 비유하는 것이지만, 그 이면에 있는 더 중요한 함의는 정책을 둘러싼 이야기의 구성과 그것에 대한 처방이 서로 관련되어 있다는 사실이다. 예를 들어, 분산된(fragmented) 사회서비스를 비판하면서 그 대안으로 사회서비스의 '통합(coordination)'을 제시하는 경우, 사회서비스를 '꽃병(vase)'에 비유하는 것이 대표적인 예시이다(구현우, 2017).

미래교육과 관련한 대표적인 은유법의 활용은 '학습나침반'이라는 용어의 활용에서 확인할 수 있다. 학습나침반(learning compass)이라는 용어는 OECD에서 미래에 갖추어야 할 지식과 역량에 대해 제시하며 등장하였다. '나침반'은 항공, 항해 따위에 쓰는 지리적인 방향을 지시하는 계기로서, 흔히 어떠한 방향을 안내하는 지침의 대명사로 사용되는 용어이다. OECD가 제시한 '학습나침반 2030'은 미래교육이 나아가야 방향을 새롭게 제시해야 할 필요가 있다는 이야기와 더불어 그 처방을 제시하는 것으로서 Stone(2012)이 말하는 은유법으로서의 상징적 장치에 해당한다고 볼 수 있다([그림 7.4] 참조).

구체적으로, 학습나침반 2030은 학생들이 미래사회에서 성공적으로 살아가는 데 필요한 역량과 함께 지향해야 할 교육의 목표, 역량 발달을 위해 갖추어야 할 지식, 기능, 태도 및 가치 등의 구체적인 요소를 포함하고 있다. 학생들은 주체적으로 과제를 수행하는 과정에서 학부모, 동료, 교사, 공동체의 도움을 받아, 변혁적 역량을 계발하여 개인적·사회적 웰빙이라는 목표를 향해 나아간다. 이러한 과정에서 핵심을 이루는 개념이 학생 주도성(student agency) 개념이다. 학습나침반은 학생들이 능동적인 주체가 됨으로써 불확실한 미래에 균형감을 갖고 자신의 삶을 만들어가며, 타인 또는 공동체의 삶에

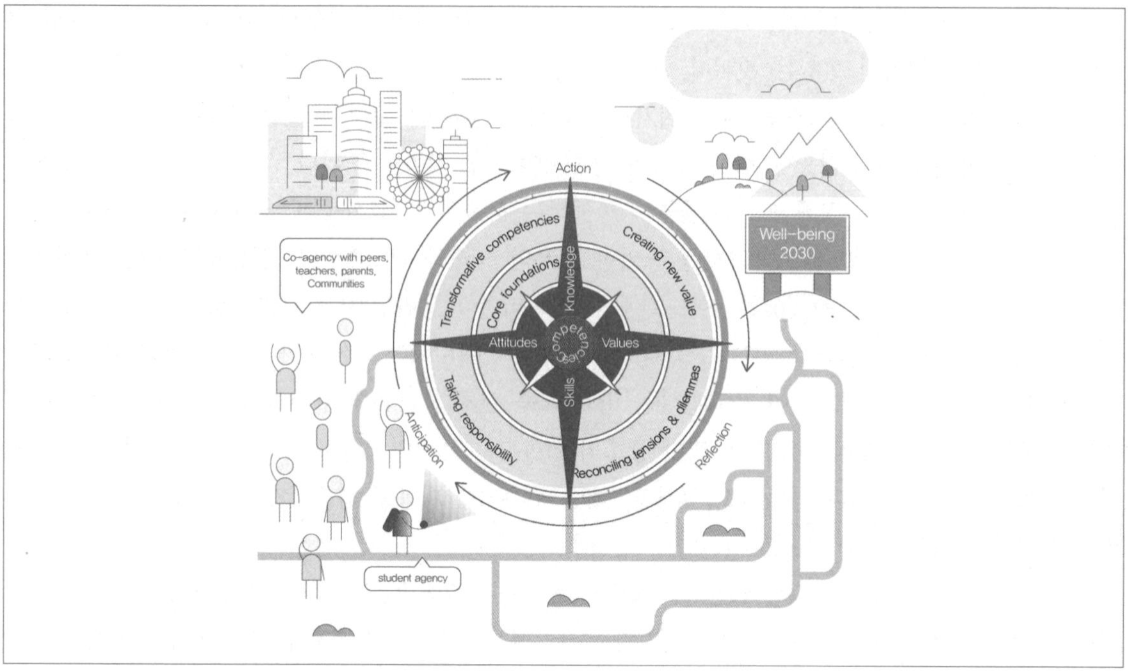

[그림 7.4] OCED 학습나침반 2030

기여하는 능력을 갖추도록 하는데 목표를 두고 있다(OECD, 2019; 신현석 외, 2019a:69). 이처럼 '나침반'은 직관적인 비유를 통해 장차 새로운 방향으로 교육이 나아가야 한다고 암시하면서 동시에 그 방향성을 구체적으로 제시하고 있다는 점에서, 은유법을 활용한 상징적 장치로 볼 수 있다. 즉 학습나침반이라는 표현 안에는 미래사회에 필요한 역량과 목표, 나아가야 할 방향성 등이 함축적으로 담겨 있으며, 이것이 바로 상징이 가진 역할과 기능이다.

4 미래교육 정책의 패러독스 현상 분석

가. 미래교육위원회 설립 목표와 현실의 불일치

최근 몇 년간 미래교육을 이야기하는 보고서들은 대부분 '제4차 산업혁명'이라는 담론과 연결되어 있다. 이는 상당히 빠른 속도로 우리 사회에 스며들어 우리 교육의 변화를 종용하고 있고, 이러한 변화의 이야기는 권력을 통한 통제의 필요성을 부추겼다. 그리고 이에 대한 결과물로 교육부는 미래 변화에 대처하기 위한 방안으로 미래교육위원회를 설립한 후 현재 운영 중에 있다. 미래교육에 대한 논의와 담론은 그 이전부터 형성되어 왔지만, 교육부를 중심으로 미래교육에 대비하고 정책적 방안을 마련하려는 시도는 미래교육위원회를 통해 비로소 시작되었다고 볼 수 있다. 그런데 미래교육위원회의 설립 목표와 현실 간의 불일치가 나타난다는 점에서 정책 패러독스 현상을 포착할 수 있다. 미래교육위원회의 설립 목표의 핵심은 '미래교육에 관한 공감대와 인식 확산'이다. 이와 같은 설립 목표는 구체적인 정책 대안을 마련하기보다는 미래교육에 대한 담론을 형성하는 정도라 볼 수 있는데, 과연 이러한 차원의 목표가 현실 상황에 부합하는지는 불분명하다.

미래교육 담론의 단초가 된 제4차 산업혁명에 대한 논의는 2016년 등장하였다. 그때부터 지금까지 새로운 미래에 걸맞은 인재를 양성하기 위한 교육의 필요성과 미래교육의 방향에 관한 연구와 논의가 꾸준히 진행되어 왔다. 대표적으로 2017년에 교육부 정책연구로 수행된 '제4차 산업혁명과 미래교육 실천방안'에서는 교육의 중·장기적 교육정책 방향과 전략 수립을 위해 학문적 기반을 마련하기 위한 기초자료를 제공하는 미래교육 관련 의제들을 포괄적으로 탐색한 바 있다(윤종혁 외, 2017). 또한, 2018년 4차산업혁명위원회 연구과제로서 '4차 산업혁명시대에 적합한 미래교육 프레임워크와 미래학교 연구'(임철일 외, 2018)가 수행된 바 있다. 이 연구에서는 4차 산업혁명 시대에 미래교육이 지향해야 할 방향성에 대한 논리를 개발하고, 그 논리에 따른 초·중등 미래학교의 제도화 방안을 구체적으로 제시하였다.

이와 같이 4차 산업혁명에 따른 미래교육에 대한 논의가 꾸준히 이루어졌으며, 새로운 시대에 교육체제를 효율적으로 운영하기 위한 처방전 수준에 머물기보다 기존의 패러다임 자체를 전환하는 방향에서 전략을 세우고자 노력하였다(신현석 외, 2019a). 이러한 과정에서 미래교육의 필요성과 방향에 대한 공감대는 어느 정도 형성되어 있다고 볼 수 있고, 다양한 수준의 제도화 방안 연구도 이미 수행된 상황이다. 그런데 4차 산업혁명 등장으로부터 3년이 지난 2019년 설립된 미래교육위원회의 설립 목표가 '미래교육에 대한 공감대와 인식 확산'이라는 수준에 머물러 있다는 것은 아직 미래교육이 위치한 주소를 제대로 파악하지 못하고, 현실과 괴리된 추상적인 목표를 제시한 것에 불과하다고 볼 수 있다.

한편, 미래교육위원회는 이러한 설립 목표를 달성하기 위한 수단과 역할로서 사회 각 분야에서 창의적인 성과를 내고 있거나 도전 중인 현장 전문가들의 삶을 통해 다양한 인재상을 제시하고, 학생·학부모·교사와 함께 미래교육 방향을 논의한다고 하였다. 현장 전문가들을 통해 미래 유망 분야 또는 학생들이 평소에 접하기 어려운 분야의 생생한 모습을 보여주고, 향후 전망을 생각해볼 수 있도록 한다는 취지이다. 또한, 현장에서 수업 혁신을 추진하고 있는 교사들과 창업·발명 등 의미 있는 경험을 쌓아가고 있는 학생들도 참여하여 각자의 다양한 경험과 창의적 생각을 함께 공유하겠다고 계획하였다(교육부, 2019). 그러나 이러한 계획은 현장의 모습을 보여주고 또 현장의 목소리를 듣겠다는 취지는 분명하나, 이를 통해 미래교육에 대한 공감대를 어떻게 형성할 수 있는지 혹은 미래교육에 대한 인식을 어떤 식으로 확산할 수 있다는 것인지에 대한 구체적인 방향이 결여되어 있다. 즉 단순히 미래에 유망한 직업을 소개하고, 현재 혁신적인 교사와 학생들의 경험을 공유하는 표면적인 행위만으로 미래교육이라는 거대한 담론에 어떻게 대처할 수 있는지가 불명확하다.

미래교육에 대한 적극적인 대응의 일환으로 야심차게 등장한 미래교육위원회의 설립 목표가 현실과 괴리를 일으키는 현상은 기본적으로 상징적 슬로건에 의존한 탑다운 방식의 정책이 유발하는 패러독스에 해당한다. Stone(2012)의 상징에 의한 패러독스는 한 개념에 내포된 두 가지 의미 간의 충돌로 정의되는데, 여기서 이러한 패러독스 현상이 나타나는 것은 바로 '변화의 이야기'와 '권력의 이야기'가 서로 온전히 융합되지 못한 채 충돌을 일으키기 때문이라고 해석할 수 있다. 변화의 이야기로부터 도출된 통제의 필요성이 상당한 정당성을 가지고 권력의 이야기로 귀결된다면 그 권력의 이야기에 내포된 상징성은 변화의 이야기와 충돌을 일으키지 않을 것이다. 그러나 미래교육을 둘러싼 변화의 이야기는 권력의 이야기로 전이되는 과정에 그 정당성을 충분히 확보했다고 보기 어렵다. 4차 산업혁명을 출발점으로 한 미래교육에 대한 변화의 이야기가 다양한 방식으로 전개되었음에도 불구하고, 권력의 이야기가 형성되는 과정에서 이러한 선제적인 이야기가 밀도 있게 반영되지 못한 채 '상징성을 가진 권력의 움직임' 수준에 그치게 되면서 정책 패러독스가 발생하게 되었음을 알 수 있다.

나. 미래교육 정책의 구체적 실현 방안 부족

미래교육 정책의 구체적인 실현 방안이 뚜렷하지 않다는 점 또한 미래교육 정책에 나타나는 대표적인 패러독스 현상이다. 앞서 미래교육위원회의 대표적인 활동이라고 할 수 있는 것은 유튜브 영상 제작, 형식적 간담회 개최 등으로 확인된다. 유튜브 영상의 경우 '나우미래(나와 우리의 미래, Now 미래)'라는 명칭으로 미래교육위원회의 참여 위원들의 강연으로 주로 이루어져 있다. 이를 통해 미래에 유망한 직업에 대한 소개 또는 미래사회를 살아가는 데 필요한 역량을 안내하고 미래교육에 대한 비전을 제공한다는 것인데, 이러한 일련의 영상들만으로 미래교육을 향한 구체적인 정책 방안을 마련하기는커녕 애초에 의도한 목표가 달성되었는지도 불분명하다. 또한, 간담회의 경우도 '미래수다-미래: 행복한 도전의 수다'라는 명칭으로 미래교육위원회의 위원들이 특강과 대담을 통해 학생들에게 멘토링을 제공하고 학생·학부모·선생님들과 관련 정책 등에 대해 논의하는 자리라고 소개되어 있다. 이 간담회는 각 지역을 순회하면서 회차마다 다양한 주제로 개최되었다. 그러나 이러한 간담회 역시 형식적인 운영을 넘어서 실제 교육현장에 영향을 미칠 수 있는 정책 실현으로까지 이어졌는지는 미지수다. 또한, 미래교육위원회 설립 초기 개선이 시급하거나 단기 도입이 가능한 과제들은 우선적으로 정책에 반영한다고 하였는데, 실제로 미래교육위원회를 통해 어떠한 정책이 수립 및 집행되었는지 확인이 불가능한 상황이다. 미래교육위원회의 활동을 누적하여 확인할 수 있는 자료나 어떠한 형태의 보고서도 미비하다는 점에서, 미래교육위원회가 그 활동 과정에서 점차 실효성을 잃고 구체적인 미래교육 정책으로 이어질 수 있는 실행력을 상실한 것으로 보인다.

한편, 2021년 교육부 업무계획에서도 '미래교육'이 상당한 부분을 차지하며 주요하게 다루어지고 있다. 2021년 교육부 정책추진의 비전은 '함께 성장하는 포용사회, 내일을 열어가는 미래교육'으로서 미래교육이 가장 상위의 목표로 설정되어 있다. 미래교육을 향한 대전환이라는 목표 아래 미래학교 본격 추진, 공유·협력의 고등교육, 전 생애 평생직업교육을 하위 목표로 삼고 있다. 그리고 아래와 같은

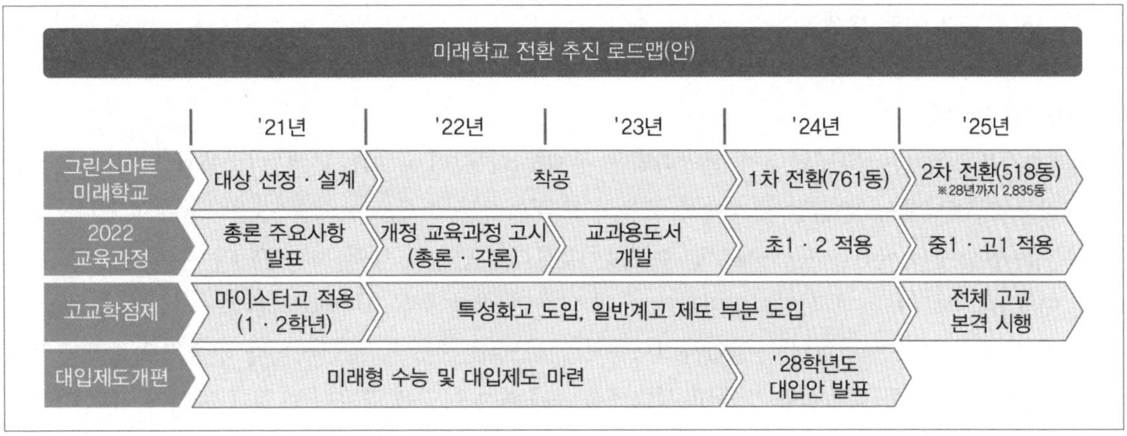

[그림 7.5] **미래학교 전환 추진 로드맵**

출처: 2021 교육부 업무계획.

미래학교 전환 추진 로드맵이 제시되었다. 이 로드맵에 포함된 가장 핵심적인 정책은 그린스마트 미래학교 전환, 2022 교육과정 개정, 고교학점제 도입, 교원양성체제 개편이다. 이러한 정책들은 미래사회를 이끌어 나갈 인재양성을 위한 학교, 교육과정, 교원 등의 새로운 역할을 정립한다는 목적으로 구체적인 정책의 형태로 2025년까지의 실행 계획이 수립되어 있다. 이는 앞선 미래교육위원회의 활동 목록에 비해 구체적으로 제시되어 있다는 점에서 긍정적으로 보인다.

2021년 4월 유은혜 교육부 장관은 미래교육을 종합적으로 추진하기 위한 '미래교육추진단'을 꾸리겠다고 밝힌 바 있다. 이는 시설부터 인프라, 정보통신기술 시스템에 이르기까지 총괄하여 미래교육정책을 체계적으로 추진하겠다는 의지에서, 현재까지 담론 수준에 머물러 있던 미래교육을 '현실'로 가져오기 위해 교육부에 실행조직을 꾸리겠다는 뜻이다. 이어 유 부총리는 '그린스마트미래학교, 2022 교육과정 개정, 고교학점제 등' 세 가지 핵심 정책이 우리 교육을 대전환시키는 정책적 과제라고 하면서 이러한 정책을 구체화하는 작업이 올해 본격 시작되었다고 강조하였다.

그러나 이처럼 교육부에서 핵심적으로 추진하고 있는 세 가지 정책이 기존에 형성되어 온 담론 및 미래교육 전환이라는 목적과 명확하게 일치한다고 볼 수 있을지 의문이 제기될 수 있다. 예컨대, 고교학점제의 경우 미래교육에 대한 고민이 시작되기 훨씬 이전부터 논의되어왔고, 문재인 정부에서는 특목고 등을 평준화하기 위한 수단으로 고교단위제를 도입한 바 있다(김혜영, 홍후조, 2018). 즉 고교학점제는 공교육 혁신과 고교 서열화를 극복하기 위한 대책의 성격이 더 강한데(서봉언, 2020), 이를 미래교육 전환을 위한 대표 정책으로 삼는다는 것은 합리성이 결여된 견강부회식 해석처럼 보인다. 더욱이, 미국의 경우 고교학점제는 19세기 말 도입되기 시작하여 이미 한 세기 이상 시행되어 오고 있는 오래된 제도이다. 이미 다른 나라에서 세기가 달라지는 동안 시행되어 온 정책을 지난 세기와는 완전히 다른 미래사회에 대비하는 정책으로 삼는다는 것이 과연 타당한지 의문이다. 이러한 점에서 결국 '미래교육

추진단'의 설립과 세부 정책추진 로드맵의 제시 등은 이전의 노력에 비해서는 상당히 구체화 되었다고 볼 수는 있지만, 여전히 새로운 권력의 이야기라는 상징적 장치로서의 기능만 하고 있는 것은 아닌지 성찰이 필요한 대목이다.

세계경제포럼에서는 2016년 4차 산업혁명을 주제를 다룬 이후 2017년에는 '소통과 혁신의 리더십'을 그리고 2018년에는 '분절된 세계에서 공유의 모델'이라는 주제로 논의를 진전시켜가고 있다. 그러나 우리는 현실에서 실천을 통해 체감할 수 있는 실질적인 변화의 동력으로 생활의 일부 혹은 모든 것으로 이해되기 보다는 4차 산업혁명이라는 유행 담론만 반복해서 소비하고 있다는 사실에 주목할 필요가 있다. 특히 4차 산업혁명을 산업사회모델처럼 하드웨어적으로 접근하거나 기술적으로 접근하는 경향이 강하기 때문에, 플랫폼을 만들고 생태계를 구축하여 이익을 공유하는 것에 관심이 적고 기존의 산업구조를 유지하고 있다. 자연스레 대학도 형식적으로는 개방형 캠퍼스, 학과 간 융합, 평생학습과의 연계를 내세우지만 4차 산업혁명 시대에 맞는 혁신을 이루지 못하고 있고, 유·초·중등 교육도 기존 교육과정에 코딩교육을 추가하거나 하드웨어를 보급하는 것을 넘어 4차 산업혁명 기반의 교육생태계를 구축하려는 실천적인 노력에 미치지 못하고 있다(신현석, 2019a:79). 물론, 2022 개정 교육과정에서는 학생 맞춤형 교육, 학교 자율성 강화, 교수학습 혁신 등으로 혁신적 포용 인재양성을 계획하고 있다. 그러나 이를 4차 산업혁명을 넘어선 새 시대의 요구를 충족시키는 구체적인 실현 방안으로 보기에는 미흡하고, 기존 교육과정에 대한 보완책 수준에 머무르고 있다.

지금까지 살펴본 우리나라의 미래교육 정책은 정확히 어떠한 목적과 방향성을 가지고 있는지 불분명하다. 또한, 미래사회에 대비하는 현장의 요구와 기대를 담은 실천적인 담론으로 명확하게 연계되는 구체적인 모습을 지니고 있는지도 확실하지 않은 상황이다. 이에 교육부 주도의 미래교육 정책은 4차 산업혁명의 메가트렌드에 따라 현장의 실천과 협응되지 않은 채 단순한 대응 수준의 상징적인 중앙정부의 교육정책 움직임만 보여주고 있다는 점에서 정책 패러독스 현상을 확인할 수 있다.

다. 상징의 모호성으로 인한 현장의 자발적 노력

상징에는 그것을 받아들이는 사람들이 맥락에 따라 그 상징을 서로 다르게 해석할 가능성 때문에 모호성(ambiguity)이 나타난다. 예를 들어 '교육의 기회 균등'이라는 말은 모든 학생에게 동일한 금액의 수업료를 제공하는 것을 의미할 수도 있으며, 동시에 특별한 필요가 있는 사람들을 위해 추가 자원을 제공하는 것을 의미할 수도 있다. 이러한 모호성은 정치 전략의 핵심이며, 개인의 의도와 행동을 집단적 결과와 목적으로 변형할 수 있게 하는 기능을 한다. 특히 상징은 다양한 동기, 기대, 가치를 동시에 발생하게 하여 집단적인 행동을 가능하게 한다. 이러한 모호성이 없다면 협력과 타협이 훨씬 더 어려워질 것이며 불가능할 수도 있다(Stone, 2012). 즉 상징의 모호성은 다양한 맥락에서 서로 다른 의미로 해석되도록 함으로써, 정책을 둘러싼 갈등을 감소시키고 정책 협상이나 타협의 여지를 주어 광범위한 정책 연합의 형성과 정책 수용성을 높이는 데 기여한다(구현우, 2017:297). 이처럼 정책 패러독스 현상은 부정적인 영향뿐 아니라 긍정적인 효과를 가져다주기도 한다.

이러한 상징의 모호성을 미래교육 정책에 적용하면, 미래교육을 둘러싼 다양한 상징(변화의 이야기, 권력의 이야기, 비유법 등)의 모호성으로 인해 오히려 현장 관계자들에게 현실 맥락에 맞게 해석할 여지를 주어 자율적인 변화와 노력을 이끌어낼 수 있게 한다. 만약 정책수립 단계부터 중앙에서 탑다운 방식으로 세부적인 계획을 지침으로 내렸다면 부정적 패러독스는 감소할지라도 현장의 자발적인 노력을 이끌어내기는 어려웠을 것이다. 그러나 미래교육에 관한 상징의 모호성은 상징이 내포한 다양한 의미와 의도를 자유롭게 해석할 수 있게 하여, 현장에서 구체적인 방향을 설정하여 실천적 확산을 기할 수 있도록 해준다.

일례로, 2021 서울교육 주요업무에서 정책의 기조는 '창의적 민주시민을 기르는 혁신미래교육'으로, 미래를 준비하는 혁신교육이 첫 번째로 정책 방향으로 설정되어 있다(서울특별시교육청, 2020). 미래를 준비하는 교육을 이루기 위해 ① 서울학생 미래역량 함양을 위한 교육과정·수업·평가 혁신, ② 미래교육체제 전환을 위한 개별 맞춤형 원격교육, ③ 혁신학교 질적 성장 및 혁신교육 일반화, ④ 유치원부터 고등학교까지 각급 학교 혁신에 관한 세부 실천과제를 자세하게 제시하고 있다. 더불어 교육환경 측면에서도 미래교육에 적합한 교육환경과 공간 혁신을 이루려는 목적으로 학교별, 지역별 특성을 반영한 미래형 서울학교 모델(미래를 담는 학교(그린스마트스쿨))을 선도하고, 미래사회를 대비하는 교육환경을 구축하기 위한 세부 방안도 제시되어 있다. 특히 미래교육에 대비한 학생, 학교 배치 패러다임의 전환도 제시하며, 단순한 대응 방안의 차원이 아닌 미래사회에 걸맞은 새로운 패러다임을 고려한 정책을 제시하고 있다는 점에서, 미래교육에 대한 근본적인 성찰로부터 출발한 구체적인 실현 방안을 구축하고 있음을 확인할 수 있다.

대구광역시교육청의 '대구교육미래지구' 운영도 지역 특색에 맞춘 자발적 미래교육 정책의 실현 사례로 들 수 있다. 대구시교육청(2020)은 대구미래교육지구[9] 공모를 통해 총 7개 지구를 선정하였다.

[그림 7.6]은 대구지역 각 기초지방자치단체별 일반지구의 추진 내용인데, 이러한 내용을 바탕으로 한 1년 간 추진한 내용이 2020년 11월 운영 결과 보고회를 통해 공유된 바 있다. 대표적으로 동구는 관내 고등학교 간 연계를 통해 지역 학생들에게 양질의 교육 프로그램을 제공하였고, 국립대구과학관과 연계해 공학계열 진학을 희망하는 학생들에게 다양한 프로그램을 제공하였다. 또 수성구는 다양한 지역자원을 활용하여 메이커 실험실, 스마트 AI 진로캠프 등 지역 학생들이 미래사회 인재로 자랄 수 있도록 프로그램을 개발·운영했으며, 북구와 달서구는 지역 내 도서관 등의 시설을 활용한 교육과 돌봄 프로그램을 실시했다. 이러한 내용을 통해 대구지역에서는 교육부의 거시적이고 상징적인 미래교

---

9 다양한 분야의 지식이나 재능, 경험을 가진 마을주민이 학교나 마을의 여러 공간에서 아이들의 교육이나 삶의 지혜를 나눌 수 있도록 교육청과 지방자치단체가 함께 지원하는 지역이다. 대구미래교육지구에는 지자체가 운영 주체인 '일반지구'와 학교군이 운영 주체인 '마이크로지구' 두 가지 유형이 있으며, 각 지역의 특색이나 학교의 수요를 반영해 과제를 설계하도록 명시되어 있다.

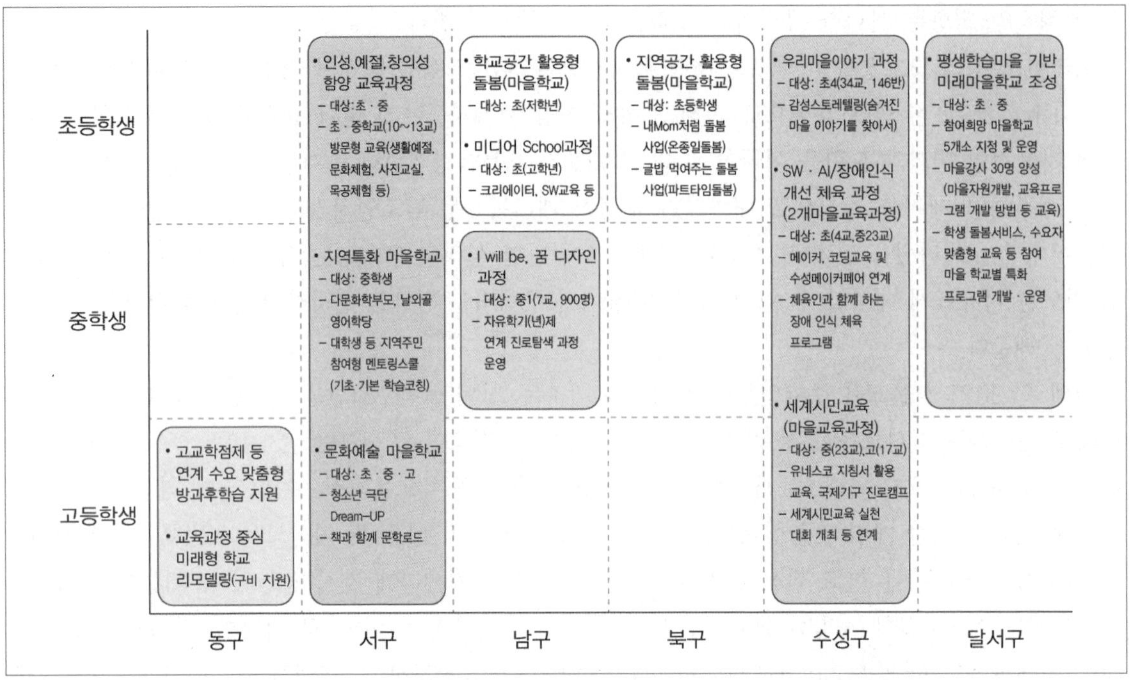

[그림 7.6] **대구 기초지방자치단체별 일반지구 운영대상 및 주요추진 내용**

출처: 대구교육청 블로그.

육 전환 기조 하에 지역 내 각 자치구의 특성과 지역자원에 따른 현실성 있고 구체적인 미래교육정책 방안을 실현해나가고 있음을 확인할 수 있다.

교육부로 대표되는 중앙정부 중심의 탑다운식 교육정책은 집행 현장에서 목표를 왜곡하거나 예기치 못한 결과를 야기하는 합리적 기획의 패러독스 현상을 초래하기도 하지만, 정책의 상징 패러독스 현상이 지닌 모호성은 오히려 현장에서 맥락에 부합하는 적합한 실천방안을 자율적으로 모색하여 적극적으로 기획하고 실천하게 만드는 기폭제가 되기도 한다. 특히, 후자는 기획단계에서 정책이 지닌 추상적 모호성의 예기치 못한 긍정적인 효과가 현장의 맥락에 적합한 적응기제를 집행기관으로서 교육청 혹은 학교에서 자발적으로 모색·운용되고 있다는 점에서 복잡계 이론[10]에서 말하는 '자기조직화'의 개념과도 연계된다. 자기조직화는 교육 시스템 내부의 비평형 상태에서 하부 단위의 조직이 상황적합적 노력을 통해 자발적인 상향식 질서가 등장하는 과정을 설명한다(김기형, 2009).

---

10 복잡계 이론은 자연 혹은 사회 현상이 너무나 복잡하기 때문에 예측 불가능하다는 전제에서 출발한 이론이다(Bertalanffy, 1976; 권준, 엄준용, 2012: 185). 이 이론에서 여러 핵심적인 개념 중 자기조직화는 교육 시스템 내부의 비평형 상태에서 자발적인 상향식 질서가 등장하는 과정을 설명하며, 공진화는 보다 넓은 범위에서 다수의 교육체계들이 서로 영향을 주고받으며 함께 진화해가는 과정을 의미한다(신현석 외, 2019b).

그동안 국가주의적 교육체제에서 지방교육체제와 학교교육체제는 중앙정부에 집중된 교육권력의 헤게모니에 의해 수직적인 상하관계로 존재해왔다(신현석 외, 2013). 이러한 수직적 행정체계에서 학생, 학부모, 교사 등 개별 행위자의 존재와 영향력은 미미했고, 위계적 행정시스템에 부속된 무기력한 부분으로 간과되었다. 하지만 복잡계 이론은 위계적 조직체계에서 하위 조직과 개별 행위자로부터의 자발적인 질서 창출 과정으로서 자기조직화를 중요하게 여기고, 이를 복잡한 사회에서 진정한 변혁의 출발점으로 강조한다(신현석 외, 2019b). 따라서 정책추진체계의 하부 구조와 학생과 학부모, 교사는 단지 수동적인 관리 대상이 아니라 무질서한 현장의 현실에서 스스로 끊임없이 변화하는 상황에 적응해가는 적극적인 행위자로 위치한다. 바로 이러한 자기조직화의 개념을 적용할 때, 상징의 모호성으로 인해 정책 패러독스가 발생하는 상황에서 각 지역 교육청과 현장은 현실적으로 요구되는 변화에 스스로 적응해가는 복잡적응체제(complex adaptive system)의 모습을 보여주었다.[11] 미래교육 실천을 위한 이러한 현장의 자발적이며 자구적인 노력의 발화와 확산은 자기조직화의 흐름을 형성하여 상위 교육행정체계의 상황적합적 변화를 이끌어내는 '공진화'의 방향으로 진전되는 순기능이 발휘될 때 비로소 미래교육 정책의 수미일관한 추진이 본격화될 수 있을 것이다.

5 미래교육 정책을 위한 제언

학교교육은 미래 세대를 위한 교육으로 미래의 예고된 변화로부터 영향을 받는 것이 당연하다. 도달해야 할 목표와 정답을 우선적으로 추구해온 우리의 교육은 불확실한 미래의 예고된 변화로부터 혼란에 빠지게 되었다. 정보기술과 인공지능의 발달로 인해, 정답이 정해져 있는 문제는 사람이 기계의 상대가 되지 못한다는 것을 날마다 확인하고 있다(신현석 외, 2019a). 이에 미래사회에 대비하여 미래교육과 정책을 준비하는 주체는 무엇을 어떻게 해야 할지 상당히 혼란스러운 입장에 처하게 되었다. 미래교육이라는 개념 자체가 모두에게 무정형의 새로운 상황이기 때문에, 미래교육 정책은 일정 부분 추상성과 상징성을 가지고 그려질 수밖에 없다. 이러한 맥락에서 본 장에서는 미래교육 정책에서 나타나는 패러독스 현상을 Stone의 '상징'을 바탕으로 분석하였다. 분석결과를 바탕으로 도출된 결론을 제시하면 다음과 같다.

첫째, 변화의 이야기가 권력의 이야기로 전이되는 과정에서 정당성을 충분히 학보히지 못한 새 미래교육정책이 수립되어 목표와 현실 간의 불일치에 의한 정책 패러독스가 발생했다. 정책 패러독스에서 변화의 이야기라는 상징이 갖는 역할은 현재 우리가 처한 현실과 이상적으로 달성해야할 목표가 얼마나 서로 떨어져 있는지를 실감케 함으로써, 어떤 형태의 통제와 권력의 필요를 느끼게 하는 것이다.

11 이와 유사한 관점에서 신현석 외(2020)는 코로나19 대응 정책에 대한 학교 현장의 상황적응적 노력을 분석한 바 있다.

이에 미래교육을 둘러싼 변화의 이야기는 우리가 미처 생각하지 못한 만큼의 빠른 속도로 사회가 발전하고 있음을 강조하며, 이를 쫓는 과정에서 발생하는 불확실성, 인간 역할의 배제와 불평등의 심화, 전통적인 학교 역할의 후퇴와 같은 프레임을 형성한다. 그리고 이러한 상황을 극복하고 앞으로 나아가기 위해서는 '교육부'라는 권력 기관이 개입하여 이를 통제할 수 있다는 희망의 이야기를 들려주어야 하는 것인데, 그런 과정에 등장한 것이 바로 미래교육위원회였다. 하지만 미래교육위원회는 기존의 미래교육에 대한 담론을 또다시 형성하자는 목표만 있을 뿐, 변화의 이야기로부터 전이되는 과정에서의 정당성을 충분히 활용하지 못하는 모습을 보여주었다. 이미 현실은 빠르게 진화하며 실제로 적용 가능한 구체적인 정책의 형태를 요구하고 있는 데 반해, 미래교육위원회는 소통을 통한 담론 형성이라는 상징적인 움직임에 머무르며 현실과 정책목표가 괴리되는 현상이 나타났다.

둘째, 상징적 장치로 점철된 미래교육 정책은 그 뚜렷한 방향성을 상실하여 구체적인 정책의 실현 방안을 구축하지 못하는 패러독스 현상이 확인되었다. 미래교육위원회의 활동 뿐 아니라, 교육부에서 미래교육에 대한 대비로 제시한 정책들은 기존에 형성된 미래교육에 대한 담론을 기반으로 구체적인 실현 수단으로서 단계적으로 수립되기보다는 정치적으로 달성하고자 하는 정책을 미래교육이라는 담론에 끼워 맞추고 있는 편에 가깝다. 또한, 미래교육에 관한 논의는 지나치게 4차 산업혁명에 매몰되어 있어, 미래교육 정책이 새로운 시대에 대한 뚜렷한 방향성을 정립하기보다는 이미 숱하게 소비되어 온 4차 산업혁명이라는 패러다임에 대한 대응의 형태를 띠는 경우가 많았다. 결국, 미래교육에 대한 다양한 상징적 장치는 미래교육정책이 구체적으로 현실화될 수 있는 동력을 상실하게 하여 패러독스 현상을 발생시키고 있다.

셋째, 미래교육 정책이 내포한 상징의 모호성은 현장의 자율성 확대라는 긍정적 패러독스 현상으로도 나타난다. 패러독스에서 상징의 모호성은 긍정적인 기능을 하는 장치로 해석되는 경우가 많다. 현실에서 이러한 모호성이 정책의 구체적인 의미를 모호하게 함으로써 공통된 정책이나 규칙을 둘러싼 동맹을 형성하는 데 도움을 줄 뿐 아니라, 집단적인 행동을 촉진하는 전략적인 기능을 발휘하기도 한다(Stone, 2012:181). 미래교육 정책에서도 모호성이 긍정적으로 발휘되는 모습을 확인할 수 있다. 교육부를 중심으로 한 중앙의 모호한 미래교육 정책 방향은 하위의 교육행정기관의 자발적인 움직임을 도모하게 하였으며, 각 지역 및 학교에 적합한 미래교육 정책을 스스로 실현할 수 있도록 기획과 실천이 구체적으로 모색되었다. 이러한 해석은 기존의 정책 패러독스 연구에서 패러독스 현상을 대부분 부정적으로만 바라본 것에 대한 역설로서, 패러독스를 정책에 대한 해석적 관점으로 바라보고 이를 긍정적인 방향으로도 분석할 수 있음을 제시하였다는 점에서 의의가 있다. 나아가 이러한 현상은 복잡계 이론의 자기조직화, 확대 재생산, 공진화의 개념으로 확장될 수 있다.

이상의 연구 결론을 바탕으로 미래교육 정책에 대한 제언을 다음과 같이 제시하고자 한다. 첫째, 미래교육 정책의 목표와 현실 간에 정합하는 지점을 찾아 정책의 목표와 방향성을 뚜렷하게 설정할 필요가 있다. 미래사회가 우리에게 다가오는 속도만큼 미래교육에 대한 관심도 빠르게 확산되고 있다. 미래는 아직 다가오지 않은 시점을 의미하지만, 미래교육 자체는 우리 사회에 먼저 도착해 있다고 해도 과언이 아니다. 여기에는 1년이 넘는 시간 동안 우리의 일상 패러다임을 뒤흔들고 있는 코로나19의 영향도 있다. 미증유의 펜데믹 상황에서 교육은 반강제적으로 그 형태와 방법을 모조리 바꾸어야 했고, 도저히 적응될 것 같지 않던 변화도 어느새 당연한 것이 되었다. 이러한 맥락에서 미래교육 정책은 더 이상 담론에만 머무를 수 없으며, 다가온 현실과 맞닿는 구체적인 목표와 방향성을 지닐 필요가 있다. 변화의 이야기와 같은 상징적 장치로 국민에게 미래교육의 필요성을 호소하기에는 이미 너무 많은 변화가 현실화되어 있다. 따라서 교육부를 비롯한 정책 당국은 상징적인 형태가 아닌 실제 현장에서 납득할 수 있는 구체적인 목표를 제시하여, 이를 바탕으로 미래교육의 방향과 실천과제들을 설정하고자 노력해야 할 것이다.

둘째, 4차 산업혁명에 매몰되지 않는 미래사회에 대한 발전적인 논의를 바탕으로 한 구체적인 미래교육 정책 실현 방안을 마련할 필요가 있다. 본 장에서도 4차 산업혁명이라는 용어를 수차례 반복해서 언급했듯, 우리나라에서 4차 산업혁명과 미래사회는 동의어로 취급되고 있다. 그러나 4차 산업혁명은 우리 사회의 패러다임의 전환을 의미할 뿐 그 자체가 목표가 될 수는 없다. 미래교육에 대한 인식도 마찬가지이다. 미래교육이 마치 4차 산업혁명을 대비하는 하나의 수단인 것처럼 인식되는 경우가 많으나, 4차 산업혁명이 미래교육이라는 새로운 교육 패러다임으로 넘어가는 하나의 받침대가 되는 것이 바람직하다. 따라서 4차 산업혁명을 넘어 미래사회에 필요한 인재상을 보다 발전적이고 확산적으로 논의하여, 이를 근간으로 한 구체적인 정책 실현 방안을 마련할 필요가 있다. 나아가 현재 실행단계에 있는 고교학점제, 2022 교육과정 개정 등과 같은 정책 방안이 미래사회에 필요한 인재를 양성하는 데에 적합한 것인지, 정부의 정책 기조를 미래교육이라는 상징적 프레임에 맞춰 넣은 것은 아닌지에 대한 성찰이 필요하다.

셋째, 미래교육 정책에서 나타나는 모호성을 적극 활용하여 현장의 자기조직화와 더불어 공진화가 이루어질 수 있도록 정책추진의 변혁을 모색하는 적극적인 자세가 필요하다. 본 장에서 정책 패러독스 현상의 긍정적인 측면을 해석적으로 도출한 것은 현재의 탑다운식 정책추진에 대한 반성적 시사점을 제기한다. 미래교육 정책에서 나타나는 모호성이 현장 조직에 긍정적인 영향을 미칠 수 있다는 사실은 중앙의 미래교육 정책이 계속해서 모호성을 지녀야 한다거나 우연히 건진 기대되지 않은 성과의 획득으로 곡해되어서는 안 된다. 이러한 오해를 막을 수 있는 개념이 바로 복잡계 이론의 자기조직화와 공진화이다. 정책 패러독스로 인한 모호성이 오히려 현장이 실천적인 자구책을 자율적으로 모색하는 자기조직화를 발생시켜 현장의 보편적인 동향으로 확산되고, 현장 중심의 자발적인 변화의 흐름이 상향적으로 다시 교육부라는 상위 조직에 영향을 미치며 서로 함께 공진화해 나가는 계기를 마련해준다. 결과적으로 공진화를 통해 교육부의 미래교육 정책추진은 정책 당국과 현장의 소통 단절 혹은 일방적 소통으로 진행되는 탑다운 방식으로부터 쌍방향 소통의 상호적응적인 방식으로 진화하는 과정에서 정책추진 방식의 변혁이 나타나고, 정책의 모호성이 극복될 수 있을 것이다.

지금과 같은 '불확실성의 시대(the age of uncertainly)'에서 조직이 질서를 유지하고, 조직이 처한 환경과의 평형 유지를 위한 통제 및 조정 수단만으로는 사회와 조직을 이해하기 힘들다(이광모, 2003:24). 복잡한 사회에서, 특히 수많은 이해관계가 복잡하게 얽힌 교육 현장에서 정책 패러독스 현상이 나타나는 것은 지극히 당연한 일이다. 교육정책 패러독스는 교육정책이 추진되는 전 과정에서 문제가 되는 어떤 원인에 의해 현상이 나타나는 것으로 이해되고 있기 때문에 무조건 부정적으로 바라보고 해소해야 할 현상으로 바라보는 경향이 있다. 그러나 교육정책이 추진되는 맥락에 따라 패러독스 현상은 다양하게 나타나기 때문에, 처한 맥락을 면밀히 살펴 분석하고 해석적 의미를 부여함으로써 패러독스 현상이 장기적으로 순기능을 발휘할 수 있는 방향으로 이끌어 가려는 노력이 필요하다.

미래교육은 눈앞의 도구적, 기능적 요구에 밀려나 있었던 교육의 본질을 묻기에 좋은 기회를 제공한다. 또한, 기존의 각종 전문직이 인공지능과 자동화에 의해서 대체되고 직업의 미래를 예측하는 것이 갈수록 어려워지는 환경에서, 궁극적으로 미래 인재에게 요구되는 핵심역량이 무엇인지 고민하는 것도 자연스러운 현상이다. 모든 것이 불안해지는 상황에서는 결국 사람 고유의 지혜와 역량을 계발하는 데 관심이 집중된다. 이런 조건 속에서 '다양한 미래(alternative futures)'를 창조하기 위해서는 교육의 역할이 중요하며, 사회구성원 개개인의 삶의 질을 위해서라도 교육의 미래적 조응은 더욱 강조될 수밖에 없다(신현석 외, 2019a). 이에 앞으로 미래교육과 미래교육정책에 대한 다각적인 연구가 축적되어, 이를 바탕으로 실천지향적인 미래교육 정책이 구체적으로 설계되고 나아가 교육이 미래사회를 선도하는 역할을 수행할 수 있어야 하겠다.

CHAPTER 08

숫자: 지방교육재정 확보 및 운용과정에서의 정책 패러독스

제8장에서는 지방교육재정의 확보와 운용을 둘러싸고 중앙행정기관과 지방자치단체 간에 나타나는 갈등 양상을 정책 패러독스의 관점에서 분석하고 이러한 갈등의 원인을 분석하는 한편 갈등을 해소할 수 있는 대안을 마련하고자 하였다. 분석 결과, 지방교육재정 확보의 관점에서 재정 규모나 학생 수 감소라는 문제 상황은 하나의 현실로서 존재하지만 이를 바라보는 관점과 그 규모를 바라보는 판단근거에 대한 가치충돌이 나타나고 있었다. 지방교육재정 운용의 관점에서는 입장의 차이에 따라 숫자를 그 근거로 제시하거나 각자의 입장을 주장하기 위해 숫자를 활용하면서 정책 패러독스 양상이 나타나고 있다. 이러한 주요 원인은 지방교육재정에서 중시되어야 할 정책적 가치가 효율성과 충족성의 대립으로 인한 인식 차이로 확인되었으며 이러한 논의를 바탕으로 지방교육재정 확보 및 운용과정에서 우선순위 도출을 위한 합리적이고 내실있는 논의가 필요하고 재정 책임성과 책무성을 강화함으로써 효율성 논란을 극복하는 것이 필요함을 제시하였다.

주제어 정책 패러독스, 숫자, 교육재정, 지방교육재정, 정책 문제

1 지방교육재정에 대한 정치적 해석

최근 교육계는 안팎으로 중대한 도전에 직면해 있다. 제4차 산업혁명의 도래와 함께 교육체제의 혁신이 논의되는 와중에 코로나19가 전국적으로 창궐한 가운데, 유치원 및 초·중·고교에서 원격수업을 실시하게 되면서 기존 오프라인에서 학급 단위로 이루어지는 학교 교육의 변화가 불가피해지고 있다. 이에 학습격차에 대한 우려를 해소하기 위하여 원격교육의 질을 향상하고자 하는 정책 당국의 노력(파이낸셜뉴스, 2021.01.26.)과 전대미문의 변화에 대응하고 위기를 극복하고자 하는 교육계의 노력이 계속되고 있다. 한편으로는 2020년의 합계 출산율이 초유의 0.84명으로 역대 최저치를 기록하여 인구 급감을 우려해야 하는 사태가 진행되고 있는 가운데, 학령인구는 2017년 846만 명에서 2025년에는 689만 명 줄어들 것으로 예상되고 있어(통계청, 2019), 당장 학령인구 감소의 연쇄적 파장에 따른 학교 교육의 위기가 우려되고 있는 상황이다.

특별히 미래지향적 변화가 요구되는 지능정보사회의 도래와 학령인구의 급감으로 인한 현재의 위기 상황은 양적인 측면에서 교육체제의 규모뿐 아니라 질적인 면에서 교육체제의 운용방식에 영향을 미칠 수밖에 없다. 이에 따라 학령인구의 감소 추세에 따라 지방교육재정의 규모나 효율성의 제고가 필요하다는 주장(한국조세재정연구원, 2019)이 제기되는가 하면, 4차 산업혁명 시대의 도래에 따른 새로운 교육수요에 대비하여 오히려 재정 규모를 확대하는 것이 필요하다(강원도교육청, 2020)는 상반된 주장이 제기되기도 한다. 숫자로 표현되는 지방교육재정 규모는 이처럼 줄어드는 인구에 초점을 맞춰 효율적 관리에 초점을 맞추느냐, 아니면 미래의 교육수요에 따른 발전적 변화에 중점을 두느냐에 따라 서로 다른 해석이 가능하다. 이는 명백한 숫자로 표현되는 현상이 화자의 맥락에 대한 이해와 관점에 따라 문제에 대한 인식과 그 문제를 해결하는 해법이 달라질 수 있다는 것을 의미한다. 이러한 현상의 발생에 대해 Stone(2012)은 정책을 추진하는 과정에서 나타나는 '숫자(number)'의 패러독스로 규정하였다.

일례로, 2016년 누리사업 관련 재원확보 논란이 제기되었을 때 당시 더불어민주당에서는 지방교육재정교부금이 1.5조 원 감소하여 누리사업을 수행하기 곤란하다는 주장을 제기한 반면, 새누리당에서는 오히려 1.8조 원이 증가되었는 데도 감소되었다고 주장하는 것은 허위사실이라고 반박하였다(뉴시스, 2016.02.28.). 이는 교부금 감소의 기준시점이 다르기 때문에 더불어민주당의 주장처럼 지방교육재정교부금이 감소하였다는 것은 다소 적절하지 않다는 교육부(2016.02.29.)의 설명에 따라 논란이 수그러들기는 하였지만, 이는 숫자를 해석하는 관심 혹은 관점에 따라 국가 교육사업의 실시를 둘러싼 의견을 다르게 공유하는 이해집단의 구성이 가능하다는 것을 보여준 사례라 할 수 있다.

우리나라의 국가 경제·재정정책을 수립·총괄하는 기획재정부는 일반재정과 지방교육재정의 분리운용이 학령인구 감소와 무관하게 지방교육재정교부금을 내국세 총액의 일정 비율로 지원된다는 점을 들어 지방교육재정이 국가재정 운용의 효율성을 저하시킨다는 문제의식하에 지방교육재정 확보와 운용방식에 대해 비판을 제기하고 있다(기획재정부, 2019). 한편, 감사원(2020)에서도 이와 같은 문제점을 확인하고 지방교육재정의 효율성과 건전성을 살펴보기 위하여 지방교육재정과 관련된 감사를 실시한 결과, 해당 연도에 소진되지 못한 지방교육재정과 차년도 이월예산이 최근 5년간 증가하고 있다고 밝혔다. 이에 따라 감사원은 지방교육재정 운용에 있어서 구조적인 문제가 있을 수 있다고 하면서 재정 운용의 효율성 제고가 필요하다고 지적하였다. 이러한 상황을 두고 지방교육재정의 재원확보가 늘어나야 하는지 아니면 축소되어야 하는지에 대해 기획재정부와 교육부는 각자의 논거를 가지고 팽팽하게 의견이 대립되고 있다.

지방교육재정교부금 교부율 결정 등 교육재정과 관련된 많은 정책 결정과정에서 정책목표의 가치가 이중적으로 해석되거나 다른 가치와 충돌할 때 혹은 정책 목표가 하향식으로 추진되는 과정에서 집행된 결과가 예기치 않게 나타나는 경우 우리는 이러한 역설적인 현상을 패러독스라 명명한다(Cameron & Quinn, 1988; 정명호, 1997; Stone, 2012; 사득환, 박상진, 2013). 구체적으로, 교육정책 패러독스는 '교육정책 장면에서 상호 모순적이고 배타적인 요소들이 맥락에 따라 공존하는 현상'으로 정의할 수 있다(신현석, 이예슬, 2021). 지방교육재정 확보 및 운용과 같이 명백하게 숫자로 표현되는 영역에서는 합리적인 교육정책의 논거와 논리로 문제를 해결할 수 있을 것 같지만, 사실은 숫자가 은유하는 의미와 그것의 맥락적 해석에 따라 정부기관 간의 대립과 갈등 양상이 초래될 수 있다. 그래서 숫자가 갖는 상대적인 의미와 해석이 빈번한 지방교육재정 관련 분석에서는 관점의 차이에 따른 정책결정에 의해 초래될 수 있는 정책집행의 모순과 오차로 인한 손실을 방지하기 위해서 정책의 추진과정에서 나타나는 정책 패러독스(policy paradox) 현상을 선행적으로 이해할 필요가 있다.

교육정책은 교육목적을 달성하기 위한 정치적인 과정의 산물이라는 점에서 통상적으로 정책을 이해하는 데 각각의 해석이 존재하고 그것이 상호 모순된다면 각각의 해석이 동시에 진리를 나타내는 명제라고 보기 어렵다는 논리적인 모순이 존재한다(소영진, 1994; 염재호, 2006). 정책 패러독스는 정치공동체로서 폴리스(polis)에서 발현되는 다양한 이해들이 관심의 차이에 따라 상호 모순적인 상황이 현실에서 보편적으로 나타난다고 가정하고, 정책을 분석하는 과정에서 폴리스에 존재하는 다양한 이해들을 반영하여 그것의 관계를 사실적으로 풀어내고 현실적인 문제에 대한 현장적 대안을 찾으려는 정책해석학적 관점이다(Stone, 2012). 특히 정책은 문제를 해결하는 수단이 사회적으로 구성되고 이를 풀어내는 언어가 사실은 애매하며 현실 세계에서는 맥락에 따라 이익에 대한 해석이 달라질 수 있다는 특징을 갖는다(윤견수, 2014). 이로 인하여 정책 패러독스 관점은 지방교육재정의 확보나 운용과 같이 다양한 가치가 상충되고 공존하는 정책 현장에서 발생하는 해석의 근거와 맥락 그리고 이에 따른 갈등과 모순 현상에 대한 이해를 바탕으로 적절한 처방을 내리는데 효과적인 분석 틀을 제공할 수 있다.

이러한 선행적 이해를 바탕으로 본 장에서는 지방교육재정 확보 및 운용과정에서 해석의 차이에 의해 나타나는 대립되거나 갈등의 소지가 있는 현상을 정책 패러독스 관점과 틀에 의해 분석하고자 한다. 이를 위해 갈등이 나타나는 양상과 이를 바라보는 시각이 어떻게 다르게 해석될 수 있는지를 조망하고, 이러한 갈등 원인분석을 통해 갈등을 해소할 수 있는 대안을 도출하여 관련된 정책적 제언을 제시하고자 하였다.

2 지방교육재정과 패러독스

가. 교육재정의 확보와 운용

1) 교육재정의 확보

교육재정은 국가 또는 지방자치단체에서 교육에 필요한 재원의 확보·배분·평가하는 활동을 말한다. 우리나라에서 국가적 차원에서 교육재정에 대한 확보 논의가 본격적으로 이루어진 것은 1994년 발족된 '대통령 자문 교육개혁위원회'에서 마련된 소위 5·31 교육개혁안의 '교육재정 GNP 5% 확보방안'으로부터이다.[1] 교육재정은 크게 중앙정부 차원에서의 교육재정과 지방자치단체의 교육재정으로 구분해볼 수 있다.[2] 먼저 국가재정의 배분 현황과 그 중 교육예산이 차지하고 있는 비중을 확인하기 위하여 우리나라 예산의 총 지출액을 예산 기능으로 분류하면 보건·복지·노동, 교육, 국방 등 12개 범주로 구분되며, 총지출 중 교육부문의 지출은 2020년 예산 기준으로 72.6조 원으로 전년 대비 2조 원이 증액된 규모로 나타나고 있고, 2021년 기준으로 71.2조 원으로 전년 대비 1.4조 원이 감액된 규모로 나타나고 있다. 지방자치단체가 교육의 균형발전을 위하여 교육기관 및 그 소속기관 등을 포함한 교육행정기관을 설치·경영함에 필요한 재원의 전부 또는 일부를 「지방교육재정교부금법」에 따라 국가가 교부하는 지방교육재정교부금은 2021년 예산 기준으로 53.2조 원으로 전년 대비 2.2조 원이 감소한 것으로 나타나고 있다.[3] 교육부문의 예산 규모는 전반적으로 매년 늘어나는 것으로 보이나 국가 전체 재정에서 차지하는 교육의 비중은 점차 감소하는 추세를 나타내고 있다.

---

1 5·31 교육개혁안에서는 GNP의 5% 수준에서 확보하겠다는 원론적인 부분만 발표되었고, 구체적 방안은 1995. 8. 30. 확정된 "교육개혁을 뒷받침하기 위한 교육재정 확보방안"에서 제시되었다(송기창, 2015).

2 교육재정은 크게 공교육비 전반을 아우르는 광의의 교육재정과 정부 예산의 영역을 대상으로 하는 협의의 교육재정으로 구분할 수 있으나 본 연구에서는 국가 및 지방자치단체의 예산을 대상으로 하는 협의의 교육재정으로 교육재정을 정의하고 논의하고자 하였다.

3 국가재정의 전체적인 비교를 위해 기획재정부에서 제시하는 "나라살림 예산개요" 자료를 인용.

[표 8.1] 최근 10년간 주요 분야별 국가 재원 배분 현황(2011년~2021년) (단위: 조 원, %)

구분		계	보건·복지·노동	일반·지방행정	교육		국방	R&D
					소계	지방교육재정교부금		
2011년	금액	309.1	86.4	52.4	45.5	38.4	31.4	14.9
	비율	100	28.0	17.0	14.7	12.4	10.2	4.8
2012년	금액	325.4	92.6	55.1	41.2	35.3	33.0	16.0
	비율	100	28.5	16.9	12.7	10.8	10.1	4.9
2013년	금액	342	97.4	55.8	49.8	41.1	34.3	16.9
	비율	100	28.5	16.3	14.6	12.0	10.0	4.9
2014년	금액	349	106.4	57.2	50.7	40.9	35.7	17.7
	비율	100	30.5	16.4	14.5	11.7	10.2	5.1
2015년	금액	375.4	115.7	58.0	52.9	39.4	37.5	18.9
	비율	100	30.8	15.5	14.1	10.5	10.0	5.0
2016년	금액	386.4	123.4	59.5	53.2	41.2	38.8	19.1
	비율	100	31.9	15.4	13.8	10.7	10.0	4.9
2017년	금액	400.5	129.5	63.3	57.4	42.9	40.3	19.5
	비율	100	32.3	15.8	14.3	10.7	10.1	4.9
2018년	금액	428.8	144.7	69.0	64.2	49.5	43.2	19.7
	비율	100	33.7	16.1	15.0	11.5	10.1	4.6
2019년	금액	469.6	161.0	76.6	70.6	55.2	46.7	20.5
	비율	100.0	34.3	16.3	15.0	11.8	9.9	4.4
2020년	금액	512.3	180.5	79.0	72.6	55.4	50.2	24.2
	비율	100.0	35.2	15.4	14.2	10.8	9.8	4.7
2021년	금액	558.0	199.7	84.7	71.2	53.2	52.8	27.4
	비율	100.0	35.8	14.4	12.1	9.1	9.0	4.7

출처: 연도별 기획재정부 "나라살림 예산개요"의 내용을 재구성.

교육부문의 총예산 규모는 전반적으로 매년 조금씩 늘어나는 것으로 보이나 국가 전체 재정에서 차지하는 교육의 비중은 점차 감소하는 추세를 보이고 있다.

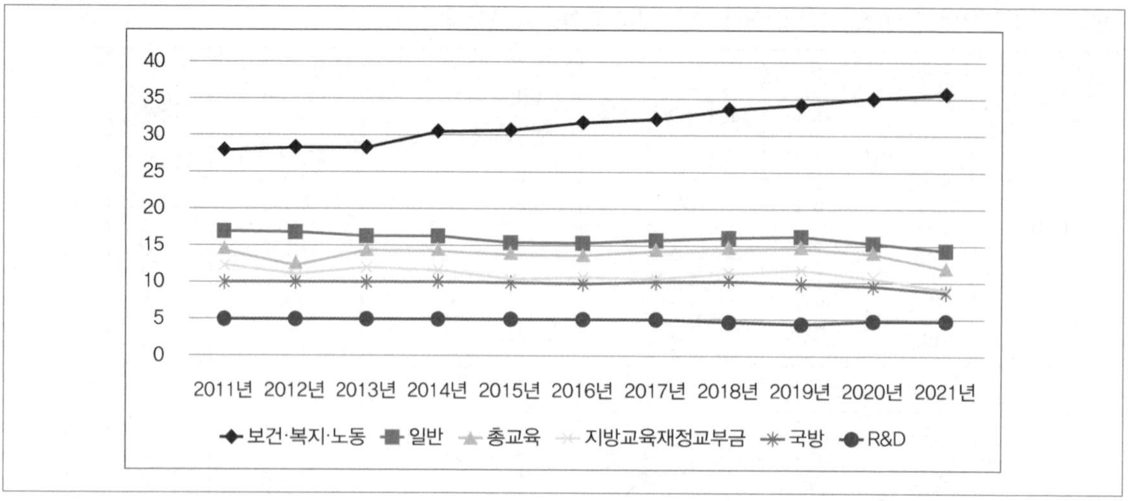

[그림 8.1] **최근 10년간 주요 분야별 국가재원 배분 변동 현황(2011~2021)**

교육부 전체 지출총계를 살펴보면 총지출의 측면에서는 증가하고 있는 것으로 나타나지만 특별회계의 경우 유아교육지원특별회계가 설치된 2017년 이후 전반적으로 감소하는 추세로 나타나고 있다. 최근 5년간 교육부의 재정규모 변동추이는 [표 8.2]와 같다.

중앙에서 운용하고 있는 교육재정의 경우 세입의 주체는 국가로 교육부가 아니므로 주로 세출의 관점에서 논의하는 반면, 지방교육재정의 경우 세입과 세출 측면을 종합적으로 살펴볼 필요가 있다. 교육의 자주성 및 전문성과 지방교육의 특수성을 살리고 지방교육의 발전에 이바지하기 위해 시·도교육청을 두고 있다. 이에 지방에서 이루어지는 교육을 지원하기 위해 국가가 재원을 교부함으로써 교육의 균형발전을 지원하기 위해 「지방교육재정교부금법」에 따라 교부금을 운용하고 있다. 지방교육재정교부금은 일반 지방자치단체의 '지방교부세'에 비해 국가가 적극적으로 지방 간 교육의 '균형'을 유지하기 위해 국가가 교육재정을 확보할 수 있는 근거를 제공한다(윤기현, 엄준용, 2018).

[표 8.2] 교육부의 재정규모 변동 추이(2015~2019) (단위: 백만 원, %)

구분	2015	2016	2017	2018	2019
• 일반회계(A)	50,005,423	53,518,161 (7.0)	58,790,856 (9.9)	63,970,108 (8.8)	70,346,368 (10.0)
-특별회계전출	0	0	3,940,881	3,892,717	3,815,338
-기금전출	657,788	794,929	825,186	816,229	896,414
일반회계순계(a)	49,347,635	52,723,232 (6.8)	54,024,789 (2.5)	59,261,162 (9.7)	65,634,616 (10.8)
• 2개 특별회계(B)	894,216	840,963 (-6.0)	4,820,277 (473.2)	4,658,353 (-3.4)	4,479,439 (-3.8)
-회계·계정간전출	0	0	0	0	0
-기금전출·상환	0	0	0	0	0
특별회계순계(b)	894,216	840,963 (-6.0)	4,820,277 (473.2)	4,658,353 (-3.4)	4,479,439 (-3.8)
• 2개기금(C)	10,714,210	10,937,897 (2.1)	11,686,278 (6.8)	9,545,661 (-18.3)	9,726,279 (1.9)
-정부내부거래	138,077	136,876	264,765	267,093	148,096
-여유자금운용	6,119,443	6,486,193	7,015,831	4,643,188	4,615,709
기금순계(c)	4,456,690	4,314,828 (-3.2)	4,405,682 (2.1)	4,635,380 (5.2)	4,962,474 (7.1)
지출총계(A+B+C)	61,613,849	65,297,021 (6.0)	75,297,411 (15.3)	78,174,122 (3.8)	84,552,086 (8.2)
총 지 출(a+b+c)	54,698,541	57,879,023 (5.8)	63,250,748 (9.3)	68,554,895 (8.4)	75,076,529 (9.5)

출처: 감사원(2020a: 515).

지방교육재정 세입 관점에서 지방교육재정교부금은 시·도교육청이 운용하는 교육비특별회계의 주요 세입항목이며, 그 재원은 내국세 총액의 20.79%와 「교육세법」에 따른 교육세 총액으로 조성된다. 지방교육재정교부금의 법정 교부율은 1972년 11.8%에서 2005년 19.4%를 거쳐 2020년 기준 20.79%로 증가하였다. 이는 재정 분권으로 인해 지방소비세율이 15%에서 21%로 인상되고 소방안전교부세율이 20%에서 45%로 인상됨에 따라 교부금의 재원이 되는 내국세 총액이 감소됨에 따라 교부금 교부율을 인상하여 감소분을 보전한 것으로 볼 수 있다. 지방교육재정교부세의 교부율 및 수입 현황은 다음과 같다.

[표 8.3] 지방교육재정 교부세 재원 및 교부율 현황

<table>
<tr><th>구분 \ 시행연도</th><th>72~ 81년</th><th>82~ 90년</th><th>91~ 00년</th><th>01~ 04년</th><th>05년~ 07년</th><th>08년~ 09년</th><th>10~ 17년</th><th>18년</th><th>19년</th><th>20년</th></tr>
<tr><td>재원 (내국세 대비)</td><td>11.8%</td><td>11.8%</td><td>11.8%</td><td>13.0%</td><td rowspan="3">19.4%</td><td rowspan="3">20.0%</td><td rowspan="3">20.27%</td><td rowspan="3">20.27%</td><td rowspan="3">20.46%</td><td rowspan="3">20.79%</td></tr>
<tr><td>봉급교부금 (2004년 폐지)</td><td colspan="2">교원봉급 전액(의무교원)·반액(공립중등 교원, 서울제외)</td><td colspan="2">의무교원 교원봉급전액</td></tr>
<tr><td>증액교부금 (2004년 폐지)</td><td colspan="2">–</td><td colspan="2">국가예산 범위 내</td></tr>
<tr><td>보통교부금</td><td colspan="2">내국세의 11.8%</td><td>10/11</td><td>10/11</td><td>96/100</td><td>96/100</td><td>96/100</td><td>97/100</td><td>97/100</td><td>97/100</td></tr>
<tr><td>특별교부금</td><td>보통 교부금 의 10%</td><td>국가 예산이 정함</td><td>1/11</td><td>1/11</td><td>4/100</td><td>4/100</td><td>4/100</td><td>3/100</td><td>3/100</td><td>3/100</td></tr>
</table>

출처: 윤기현, 엄준용(2018: 144)의 내용을 재구성.

[표 8.4] 지방교육재정의 수입 구분 및 현황(결산기준)(2015~2019) (단위: 백만 원, %)

구분		2015년	2016년	2017년	2018년	2019년
세입 결산액	금액	62,360,538	66,097,940	72,443,464	78,836,465	87,387,293
	전년대비 증감액		3,737,402	6,345,524	6,393,000	8,550,828
	비중	100	100	100	100	100
이전 수입	금액	51,171,222	55,885,520	63,702,914	70,139,042	78,647,591
	전년대비 증감액		4,714,299	7,817,393	6,436,129	8,508,549
	비중	84.7	82.1	84.5	87.9	89
자체 수입	금액	1,404,551	1,465,925	1,700,098	1,700,439	1,604,342
	전년대비 증감액		61,373	234,173	342	△96,097
	비중	2.5	2.3	2.2	2.3	2.2
지방 교육채	금액	6,126,816	3,010,194	1,143,123	320,927	0
	전년대비 증감액		△3,116,622	△1,867,071	△822,196	△320,927
	비중	6.3	9.8	4.6	1.6	0.4
기타	금액	3,657,949	5,736,301	5,897,330	6,676,056	7,135,360
	전년대비 증감액		2,078,352	161,029	778,726	459,304
	비중	6.5	5.9	8.7	8.1	8.5

출처: 지방교육재정알리미(http://eduinfo.go.kr)

이상을 종합하면 전반적인 교육재정의 규모는 내국세의 일정 비율로 연동되어 확보되는 특성으로 인해 외견상으로는 매년 전반적으로 늘어나고 있는 것으로 보이지만 실제 국가재정 전체 규모에서 차지하는 비중은 점차 낮아지는 경향이 나타나고 있다. 교부율의 비율이 인상되는 것도 온전히 교육을 위해서 지원되기보다는 타 교부세 등이 증가함에 따라 감소분을 보전해주는 경향이 나타나고 있다는 것을 알 수 있다.

2) 지방교육재정의 운용

지방교육재정에 대한 운용은 교육 분야에 대한 부문별 예산에서 확인할 수 있는데 유아 및 초·중등 교육 부문의 예산은 2020년을 정점으로 낮아지는 반면, 고등교육 부문과 평생·직업교육 부문의 예산은 매년 꾸준히 높아지고 있는 경향을 나타내고 있다. 유아 및 초·중등교육 부문의 대부분을 차지하고 있는 지방교육재정교부금의 경우 내국세 총액의 일정 비율과 연동되어 있어 비교적 안정적인 재원확보가 가능한 반면, 내국세의 징수 실적 등에 따라 변동이 있을 수 있어 실제 재원 운용에서는 이러한 점을 감안할 필요가 있다. 교육부의 연도별 교육분야 부문별 예산 현황은 [표 8.5]와 같다.

[표 8.5] **교육부의 교육분야 부문별 예산 현황(2016~2021)** (단위: 백만 원)

연도	2016년	2017년	2018년	2019년	2020년	2021년
계	51,387,025	57,157,487	63,930,455	70,335,251	72,316,539	70,970,674
• 유아 및 초·중등 교육	41,511,851	47,149,426	53,715,302	59,383,165	60,412,567	58,637,455
– 지방교육재정교부금	41,228,353	42,931,736	49,540,693	55,248,823	55,372,241	53,230,001
– 유아교육지원특별회계	–	3,940,881	3,892,717	3,815,338	4,031,608	3,916,771
• 고등교육	9,178,442	9,280,681	9,498,693	10,080,600	10,833,053	11,145,520
• 평생·직업교육	589,394	619,477	592,410	743,466	938,270	1,053,392
• 교육일반	107,338	107,903	124,050	128,020	132,649	134,307

출처: 연도별 교육부 소관 예산 및 기금운용계획 개요.

지방교육재정의 운용을 세출의 관점에서 성질별로 구분하면 크게 인건비, 물건비, 이전지출, 자본지출, 상환지출, 전출금 등, 예비비 및 기타 등의 항목으로 구분하고 있다. 지방교육재정의 세출에서 가장 큰 비중을 차지하고 있는 항목은 인건비이나 그 비중은 점차 낮아지는 경향을 보이고 있으며, 자본지출의 경우 그 지출 비중이 꾸준히 증가하는 경향을 나타내고 있다. 그 현황은 [표 8.6]과 같다.

[표 8.6] 지방교육재정 세출의 성질별 구분(2015~2019) (단위: 억 원, %)

구분	세출 결산액	인건비	물건비	이전 지출	자본 지출	상환 지출	전출금 등	예비비 및 기타
'15년	565,979.2 (100.0)	352,173.8 (62.2)	19,444.4 (3.4)	30,834.5 (5.4)	45,417.6 (8.0)	1,150.9 (0.2)	116,792.3 (20.6)	165.9 (0.0)
'16년	600,419.0 (100.0)	363,511.0 (60.5)	20,460.1 (3.4)	30,657.3 (5.1)	61,092.3 (10.2)	3,954.4 (0.7)	119,933.0 (20.0)	810.9 (0.1)
'17년	656,114.2 (100.0)	380,480.2 (58.0)	21,692.9 (3.3)	32,412.5 (4.9)	70,945.3 (10.8)	23,568.3 (3.6)	126,683.8 (19.3)	331.3 (0.1)
'18년	716,126 (100.0)	401,234.6 (56.0)	23,870.3 (3.3)	33,188.2 (4.6)	76,867.5 (10.7)	40,830.9 (5.7)	138,939.8 (19.4)	1,195.0 (0.2)
'19년	804,010 (100.0)	427,793.0 (53.2)	26,296.4 (3.3)	31,918.5 (4.0)	111,644 (13.9)	59,965.6 (7.5)	145,065.5 (18.0)	1,327.2 (0.2)

출처: 지방교육재정알리미(http://eduinfo.go.kr).

지방교육재정을 기능별(부문별)로 구분하면 크게 유아 및 초·중등교육, 평생·직업교육, 교육 일반으로 구분된다. 이는 다시 세부적으로 정책사업별로 구분되어 운용되고 있으며, 지방교육재정의 세출에서 가장 큰 비중을 차지하고 있는 정책사업별 구분 항목은 인적자원 운용, 학교재정지원관리, 교육복지지원의 순으로 나타나고 있다.

[표 8.7] 지방교육재정 세출의 기능별 구분(2015~2019) (금액단위: 억 원)

구분	세출 결산액	유아 및 초중등교육						평생·직업교육		교육일반			
		인적 자원 운용	교수-학습 활동 지원	교육 복지 지원	보건/ 급식/ 체육 활동	학교 재정 지원 관리	학교 교육 여건 개선 시설	평생 교육	직업 교육	교육 행정 일반	기관운 영관리	지방채 상환 및 리스료	예비비 및 기타
'15년	565,979	296,818	27,558	61,052	16,112	102,618	41,531	1,069	78	4,194	4,096	10,776	77
'16년	600,419	302,374	33,035	63,403	19,326	101,311	54,793	1,226	195	5,800	3,913	14,554	489
'17년	656,114	315,328	38,678	68,988	18,065	104,877	60,940	1,367	161	8,069	5,024	34,408	208
'18년	716,126	331,284	44,314	71,832	21,949	110,683	66,523	1,438	188	9,191	6,430	51,313	976
'19년	804,010	349,547	48,716	77,180	26,875	114,428	84,382	1,561	189	22,008	7,623	70,751	745

출처: 지방교육재정알리미(http://eduinfo.go.kr).

3) 지방교육재정의 확보와 운용의 갈등 양상

지방교육재정의 확보와 운용을 전반적으로 아우르는 재정운영과 관련된 기본원칙을 살펴보면 크게 건전한 재정운영, 자주적 운영, 공평한 재정운영, 효율적인 재정운영, 계획적인 재정운영을 들 수 있고(라휘문, 2014; 유훈·신희권·이재원, 2015), 지방교육재정에서 추구하는 가치 준거는 크게 공평성과 효율성, 적정성을 들 수 있다(반상진 외, 2014). 지방교육재정의 각 단계에서 강조되는 확보, 배분, 지출, 평가의 단계를 두고 각 단계별로 강조되는 준거가 달리 적용되고 있는데 확보단계에서는 적정성과 자구성, 배분단계에서는 효율성과 공정성, 지출단계에서는 자율성과 적정성, 평가단계에서는 효과성과 책무성이 주로 강조되고 있다(윤정일, 2004). 이러한 기본원칙의 준수와 관련하여 지방교육재정의 확보와 운용에서 나타나는 갈등은 주로 효율성과 관련하여 나타나고 있다. 국가재정의 전반적인 운영에서 살펴볼 때 교육재정은 상당히 중요한 비중과 위치를 차지하고 있으므로 국가자원의 배분[4] 측면에서 지방교육재정의 효율성과 관련된 논의는 불가피한 것이라 할 수 있다.

교육의 효율성은 크게 외적 효율성과 내적 효율성으로 구분할 수 있다. 체계적인 교육체제를 통해 양성된 학생을 노동시장에 안착시키는 것을 외적 효율성이라 하고, 교육을 어떻게 하는 것이 경제적인지에 대해 살펴보면서 교육 분야에서 최소의 투입을 통해 최대의 효과를 산출하는 것을 내적 효율성이라 한다(백일우, 2007:26-29). 교육 분야에서 효율성을 추구하는 것이 불가능하다는 견해(Vaizey, 1973)도 있고, 효율성을 수치로 정확하게 측정하기 위한 분석의 대상이나 적용 범위에 대해 다소 이견(백일우, 2007:29-30)이 있을 수도 있다. 하지만 나날이 커지는 지방교육재정의 규모와 지방교육재정을 둘러싼 외부환경의 변화와 함께 교육의 책무성에 대해 교육을 바라보는 관심의 정도가 높아지고 있는 상황에서 효율성의 관점에 따라 지방교육재정, 나아가 교육재정을 바라보는 관점이 달리 나타나고 있다. 국가재정 운영 전반을 담당하는 기획재정부나 조세 및 공공지출에 관한 정책수립을 지원하는 한국조세재정연구원의 경우 학생 수 감소와 상관없이 고정비율로 지속 지원되는 지방교육재정이 재정 운용의 효율성을 떨어뜨리고 있어 지출구조를 전면적으로 개편해야 한다는 논리를 제시하고 있다(기획재정부, 2019.08.08.; 파이낸셜뉴스, 2017.04.19.; 한국경제, 2021.10.14.). 반면, 교육 분야에서는 학생을 효율적으로 양성하고 국가에 기여할 수 있도록 하는 것이 교육의 효율성을 달성하는 것으로 보고 교육부문에 대한 투자가 축소될 경우 사회불평등 및 국가 경제의 효율성 약화를 초래할 수 있으므로 지방교육재정에 많은 투자가 필요하다고 주장하고 있다(반상진, 2015). 다시 말해, 지방교육재정을 둘러싸고 효율성이라는 동일한 개념을 두고 국가재정의 관점과 교육 분야의 관점 사이에 이견이 표출되고 있음을 알 수 있다.

---

4 국가재정의 관점에서는 지방교육재정으로 재원을 이전하는 배분의 측면으로 볼 수 있지만, 지방교육재정의 관점에서 볼 때 국가재정으로부터 지방교육재정 재원을 확보하는 것으로 볼 수 있다.

나. 정책 패러독스

1) 정책 패러독스의 개념

패러독스(paradox)는 표준국어대사전에서 모순을 야기하지는 않으나 특정한 경우에 논리적으로 모순을 일으키는 논증으로 두 가지의 상반된 것을 말하기 때문에 불가능한 것처럼 보이지만 어떤 진실을 내포하는 개념으로, 주로 역설이라는 단어로 번역된다. 정책은 일반적으로 정책의제설정, 결정, 집행, 평가의 과정을 거쳐 이루어진다. 정책 패러독스는 정책과정이 이루어지는 모든 장면에서 나타나지만, 주로 패러독스와 관련된 과정은 정책결정단계이다(김종길, 2001). 정책결정단계에서는 정책의 기획단계에서 제시되는 다양한 정책대안들이 서로 다른 가치를 가지거나 상호 이해관계가 충돌하여 어느 하나의 정책대안을 결정하기 어려운 상황이 나타날 수 있다.

'정책 패러독스'라는 개념은 Deborah A. Stone의 저서 『Policy Paradox: The Art of Political Decision Making』에서 처음 체계적으로 제시되었다. Stone(2002)은 두 개의 해석이 존재하고 그것들이 서로 모순된다면 두 개가 동시에 진리라고 하는 것이 논리적으로는 불가능하지만, 우리가 살고 있는 현실에서는 이러한 현상이 보편적이라 보았으며, 이를 '패러독스'라 정의하였다(Stone, 2002:1). 이와 같은 맥락에서, Thomas(1989)는 두 개 이상의 현실이 존재하고, 이것들이 서로 충돌하며, 그 어느 것도 진실이 아니라 말하기 힘든 상황을 '정책 패러독스'라 보았다. 소영진(1994)의 경우에도 두 개의 정책 요구나 정책 논리가 존재하며, 각각의 요구나 논리 역시 정당하지만, 그것들이 서로 충돌하고 있는 상황을 '정책 패러독스'라고 정의하였다. 한편, 교육정책 장면에서의 패러독스에 관심을 둔 신현석 외(2020)는 '교육정책 패러독스'를 교육정책 장면에서 상호 모순적이고 배타적인 요소들이 맥락에 따라 공존하는 현상이라 보았다. 따라서 '정책 패러독스'는 정책 장면에서 두 가지 요구나 논리가 서로 충돌하며 공존하는 상황을 필수로 하는 개념임을 알 수 있다.

정책 패러독스는 기존에 있던 합리성을 기반으로 한 시장모형(market model)과 대비되는 모형으로 폴리스 모형(polis model)을 기반으로 한다(Stone, 2012). 합리성에 기반을 둔 모형은 문제, 목표, 대안 및 우선순위가 명확하게 존재하고 있는 것으로 가정하고 있어 정책선택의 장면에서 1차적으로 고려할 수 있다는 장점이 있다. 하지만 이러한 명확성은 실제 현장에서는 다르게 나타날 뿐만 아니라 목표 또한 유일하기보다는 서로 공존하기 어려운 다수의 목표로 구성되어 있는 경우가 대부분이다(백완기, 2007). 문제해결을 위한 수단으로의 정책은 미리 주어지기보다는 사회적으로 구성되어 각자의 관점에 따라 다른 해석이 나타날 개연성이 높고, 정책의 언어도 명확한 의미 전달이 어렵고 애매하여 이를 토대로 전개되는 의사결정 또한 합리적이고 과학적인 방법으로만 결정되기 어렵다. 따라서 상황이나 맥락에 따라 이익에 대한 해석이 달라지고 가치나 비중이 달라질 수 있어서 기존의 합리적인 시장모형과 달리 폴리스 모형이 현실의 정책을 설명하는 데 보다 더 적절하다는 것이다(윤견수, 2014). 이런 점에서 합리성 모형에 근거한 정책추진은 실제 정책과정에서 이상과 현실의 괴리(이인수, 2017), 하향적 정책추진으로 인한 기획과 실천 사이의 불일치(신현석 외, 2020)를 초래하는 등 정책집행 장면에서 다양한 정책 패러독스 현상을 야기한다.

윤견수(2014)는 Stone(2012)의 『Policy Paradox』에 제시된 패러독스를 네 가지로 유형화하여 제시하였다. 첫째, 한 가지 개념과 그것의 반대 개념이 공존하는 방식이다. 예를 들어, '평등'한 상황을 보장하기 위해서는 누군가는 늘 차별을 받아야 하는 '불평등한' 상황이 존재한다(Stone, 2002:44-45). 학생들에게 케이크를 나누어준다고 가정하면, 경우에 따라서 배가 고픈 학생에게 더 큰 조각을 나누어 주는 것이 '평등'한 것으로 해석될 수 있지만, 이는 또 다른 측면에서 '불평등'한 행위로 이해될 수 있다.

둘째, 하나의 개념에 대한 해석이 다른 개념에 대한 해석과 충돌하는 유형이다. 예컨대, '자유'와 '안전'의 개념에 대한 해석은 충돌할 수 있다. 공동체의 '안전'을 보장하기 위해 규제와 법으로 개인의 '자유'를 제한한다면, 이는 개인의 자유를 '훼손'하는 것으로 볼 수 있다. 하지만, 현실적으로 어느 정도의 '안전'이 보장된 상태에서 개인이 '자유'가 보장될 수 있다는 점에서 이 두 개념이 현실에서는 공존해야 함을 알 수 있다.

셋째, 한 개념을 구성하는 하위 요소들이 충돌하는 경우이다. 좋은 규칙은 정확하면서도 이와 동시에 변화하는 상황에 유연하게 적용될 수 있어야 한다. 이러한 점에서 '좋은 규칙'이라는 개념을 구성하

[표 8.8] Stone(2002)에 제시된 패러독스 유형

유형	예시
한 개념과 그것의 반대 개념이 공존 (1유형)	• 평등한 상황과 불평등한 상황, 평등한 대우와 불평등한 대우의 공존 • 개인의 자유와 자유의 제한의 공존
한 개념과 다른 개념 간의 충돌 (2유형)	• 효율성과 평등의 충돌 • 효율성과 안전의 충돌 • 안전과 자유의 충돌 • 자유와 평등의 충돌 • 상징(스토리, 비유 등)의 충돌
한 개념을 둘러싸고 있는 하위 요소 간의 충돌 (3유형)	• 효율성을 구성하는 개념인 투입과 산출, 혹은 비용과 편익의 해석에 대한 상충적인 해석 • 좋은 규칙을 만들기 위한 조건인 정확성과 유연성 간의 충돌 • 설득의 두 가지 이념형인 합리적 설득(사실과 논리에 기반)과 의식화 설득(세뇌와 조작에 기반) 간의 상충적인 해석 • 연방주의 날성의 조건3인 집권과 분권의 프레임 충돌
한 개념을 둘러싸고 있는 맥락(조건)들 간의 충돌 (4유형)	• 효율성이 작동하기 위한 추상적 맥락과 현실적 맥락 간의 충돌 • 측정과 평가를 둘러싼 측정치와 측정대상, 평가자 피평가자라는 입장의 충돌 • 정책의 효과를 정의할 때 지지하는 상황과 반대하는 상황 간의 해석의 충돌 • 유인을 제공하는 맥락과 수용하는 맥락 간의 유인의 내용과 효과에 대한 해석의 충돌

출처: 윤견수(2014).

는 하위요소인 '정확성'과 '유연성'은 서로 충돌하지만, 현실 세계에서는 이 두 가지 충돌되는 요소가 동시에 요구되고 있다(Stone, 2012).

넷째, 앞선 세 가지 조건을 모두 포괄하는 가장 최상위 조건으로, 한 개념이 적용되는 맥락(조건)들이 서로 충돌하는 경우이다. 일례로, '자유'와 '규제'는 서로 충돌하는 듯해 보이지만, 사실 현실 세계에서는 자유를 '허용'하는 맥락과 규제로 '금지'하는 맥락은 분리되어 있지 않고 공존하기 마련이다(윤견수, 2014).

이러한 정책 패러독스의 유형론에 따르면, 지방교육재정 확보 및 운용과정에서 나타난 패러독스는 동일 개념의 서로 다른 해석, 구체적으로 재정 효율성을 둘러싸고 기획재정부와 교육계 간의 투입과 산출 그리고 비용과 편익에 대한 상충적인 해석(제3유형)과 맥락 차이에 따른 해석의 차이(제4유형)에 따른 정책 패러독스라 할 수 있다.[5]

2) 정책 문제로서의 숫자(Number)

앞서 정책 패러독스는 주로 정책결정 단계에서 나타난다고 하였다. 정책결정을 위해서는 정책과정에서 제기되는 다양한 문제점을 정부가 인식하고, 인식된 문제점을 바탕으로 해결책을 모색하기 위한 정책의제설정 단계를 거치는 것이 필요하다. 정책의제설정(policy agenda setting)은 정책 문제 채택이라고도 한다. 정책과정의 첫 번째 단계로서 정책의제설정은 사회 현상에서 나타나는 비공식적인 문제가 정책결정자 등의 관심을 통해 공식적인 해결을 위해 정책 문제로의 전환을 검토하는 것을 말한다(양승일, 2006). 이때 정책 문제(policy problem)는 정부가 그 해결을 위하여 검토하기로 결정한 문제라고 할 수 있다. 그러나 사회적으로 발생하는 모든 문제가 정책 문제로 채택되지는 않고 통상적으로 사회문제(social problem)－사회적 쟁점(social issue)－공중의제(public agenda)－정부의제(governmental agenda)의 순으로 일정한 단계를 거쳐 정책 문제로 설정되는데,[6] 이때 사회문제의 특성, 영향력의 범위, 이해관계자의 자원동원능력, 문제해결 가능성에 따라 정책 문제와 같은 요소들에 따라 정책의제설정의 단계가 줄어들거나 늘어나기도 한다(정정길 외, 2016).

Stone(2012)은 정책과정에서 제기되는 정책 문제의 구성요소를 상징(symbols), 숫자(numbers), 원인(causes), 이해관계(interests), 결정(decisions)으로 분류하여 제시하였다.

---

5 국가재정과 지방교육재정의 관점에서 보면 효율성과 충족성이 충돌되는 것으로 볼 수 있으므로 이를 다른 개념과의 상충인 2유형으로도 볼 수 있으나 Stone(2012)은 정책 목표나 문제에 대한 개념의 상충을 2유형으로 고려하였고 충족성은 Stone(2012)의 연구에서 정책목표나 문제에 대한 개념에 포함되어 있지 않으므로 본 연구에서는 이를 고려하지 않았다.

6 경우에 따라 사회 쟁점이나 공중의제단계를 거치지 않고 바로 정부 문제로 채택되는 경우도 있다.

[표 8.9] **정책패러독스에서 문제의 구성요소와 그 성격**

문제의 구성요소	성격
상징(symbols)	정책과정에서 제유, 은유, 모호성을 활용하여 정책 결정을 이끌어냄
숫자(numbers)	정책과 관련된 기준을 숫자화하여 정책적인 모순 야기
원인(causes)	정책 문제와 수단 사이에 인과관계가 존재하지 않을 수 있음
이해관계(interests)	누구에게 이익이 되고 좋은 이해관계와 나쁜 이해관계가 불분명함
결정(decisions)	해석과 재구성을 통한 정치적인 산물

출처: Stone(2012).

정책 문제를 구성하고 정의하고자 할 때 효과적으로 활용될 수 있는 것이 숫자이다. 변화의 촉진은 무엇인가를 측정하거나 조사하는 것으로부터 시작하는데, 숫자는 '선을 어디에 그을지'에 대한 정치적 주장(Stone, 2012)이라 볼 수 있다. 숫자는 무언가를 포함하거나 배제하기 위한 경계를 제공함으로써 범주화를 결정하고, 이를 바탕으로 정책 문제를 정의한다(윤견수, 2014). 또한, 정책 문제로 되기 위한 기준과 범주 형성을 위해서는 무엇보다도 숫자의 의미가 중요하다. 그만큼 숫자는 어떤 현상의 계수(計數)를 통해 객관화를 추구한다는 점에서는 가치중립적이기도 하지만, 종종 그 숫자에 대해 바라보는 관점이나 해석의 차이로 인해 종종 정책에 대한 이견이 발생할 여지를 내포하고 있다(Stone, 2012). 예를 들어, 해군이 조선(造船)에 들어가는 비용을 절감했다는 것은 예산을 효율적으로 잘 활용하였음을 의미할 수도 있지만, 다른 한편으로는 "예산이 과다하게 교부되었다"라고도 받아들여질 수도 있기 때문이다(Stone, 2012).

[표 8.10] **숫자에 내포되어 있는 메시지와 문제해결을 위해 제시되는 숫자의 전략**

숫자에 내포되어 있는 메시지	문제해결을 위한 숫자의 전략
① 숫자는 그것을 생산하고 사용하는 사람에게 전문적인 지식과 권위의 분위기를 전달한다 ② 계수(計數)는 그 현상이 가끔 셀 수 있을 만큼 충분히 자주 발생하고 있다는 것을 주장하는 것이다. ③ 계수는 어떤 상황이 명확한 경계를 가지고 식별가능한 실체가 있음을 주장하는 것이다. ④ 계수는 공동체를 만든다. ⑤ 숫자는 (실제 그렇지 않을지라도) 뚜렷한 갈등 해결을 약속한다.	① 사람들은 계산되거나 측정되는 것에 반응하며, 측정에 대해 좋아보이도록 노력한다. ② 계수의 과정은 계속되는 보고를 통해 사람들에게 많이 알도록 한다. ③ 통계는 변화에 대한 대중의 요구를 자극하기 위해 사용될 수 있다 ④ 평가를 위한 측정에서 평가되는 사람은 평가 "점수"를 조작하려고 한다. ⑤ 측정할 수 있는 힘은 무언가를 제어할 수 있는 힘이다. ⑥ 숫자는 측정자 간의 동맹을 형성한다. ⑦ 숫자는 숫자 그 자체의 의미보다 숫자를 어떻게 해석하는지에 달려있다.

출처: Stone(2012).

이러한 특징들로 인하여 계수에 포함되는 숫자는 정치적인 특성을 내포할 수밖에 없다(Stone, 2012). 계수를 위해서는 어떤 것을 포함하고 제외할지의 범주화가 필요한데 이때 숫자의 변동이 어떤 상황의 위기를 대변하고 있는지에 대한 상황 인식과 무엇이 적고 많은지, 옳고 그른지에 대한 규범이 내포될 수 있다. 이러한 상황에서 숫자는 숫자 자체로는 분명한 것으로 보이지만 이를 해석하기 위해 그 속성에 애매모호한 현상을 내포시킴으로써 이러한 특성을 공유하는 사람을 대상으로 집단화하는 한편, 어떠한 상황에 대해 협상과 타협을 진행할 수 있는 근거로 작용할 수 있다(Stone, 2012). 이러한 특성으로 인해 문제의 구성요소로서의 숫자는 지방교육재정의 속성을 이해하고 확인하는 데 효과적으로 적용되어 지방교육재정을 둘러싼 장면에서 효과적인 분석의 틀로 작동할 수 있다. 지방교육재정의 확보나 운용은 그 특성상 금액 등 숫자로 구성되어 있고 이러한 숫자를 둘러싸고 이해관계집단별로 판단하는 견해에 따라 이를 어떻게 해석하고 받아들이는지에 대한 분석이 가능하게 하기 때문이다. 본 장에서는 지방교육재정을 둘러싼 입법부, 중앙부처(교육부, 기획재정부, 감사원 등)와 시·도교육청의 견해 차이를 정책 문제로서의 숫자가 제공되는 과정에서 어떠한 양상으로 나타나고 있는지를 분석하고자 한다.

3 분석 틀과 방법

가. 분석 틀

본 장에서는 지방교육재정의 확보와 운용과정에서 나타난 패러독스 현상을 살펴보고자 Stone (2012)이 정책 문제를 정의하는 전략으로 제시한 상징, 숫자, 원인, 이해관계, 결정의 관점 중 숫자의 관점에서 분석하고자 한다. 숫자의 패러독스는 정책과 관련된 기준을 수로 표현되는 과정에서 집단의 관심과 이해의 차이에 따라 해석이 다르게 표출되어 정책적인 모순을 야기할 수 있다는 데 초점을 두고 있다. 지방교육재정과 관련된 자료는 대부분 금액이나 이를 토대로 산출되는 수치들을 기본으로 하고 있으므로 Stone이 제시하고 있는 문제 정의 가운데 숫자와 관련된 패러독스 현상이 나타나기 때문에 패러독스 관점을 적용하여 효과적으로 분석할 수 있다.

Stone(2012)은 정책 문제를 정의하기 위해서는 우선 그것을 측정하여야 하며, 어떤 현상을 측정하기 위해서는 다양한 측정 방법이 존재할 수 있는데 측정 방법의 선택은 측정하고자 하는 목적에 달려 있다고 주장한다. 측정하는 과정에서 숫자가 생산되고, 그 숫자는 사용하는 사람에게 전문적인 지식이나 권위를 전달하며, 숫자를 셀 만큼 어떠한 현상이 자주 발생하므로 숫자는 어떠한 경계를 가진 실체가 있다고 믿게 만든다고 하였다. 또한, 이러한 과정을 통해 계수는 공통된 특징을 공유하고 그룹으로 취급하여야 한다는 함축적인 의미를 통해 집단화함으로써 집단의 정치적인 이익을 나누고 균형을 맞추는 수단이 되므로 갈등을 해결할 수 있는 방안을 제시한다고 보았다. 결국, 숫자는 어떤 것을 포함하고 어떤 것을 제외할지의 범주화 결정을 통해 어떠한 현상에 대해 무엇이 많고 적은지를 제시함으로써

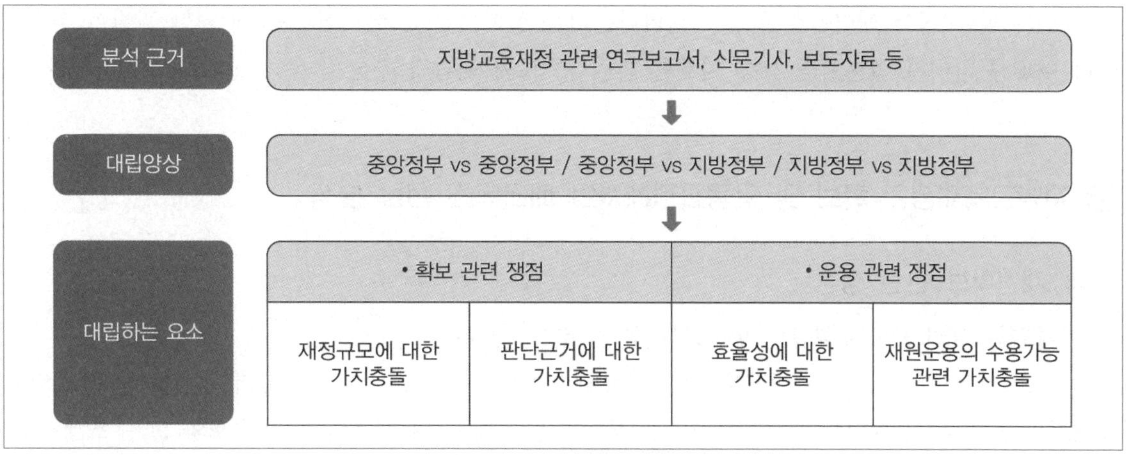

[그림 8.2] **분석 틀**

측정하는 것에 대한 규범을 암시한다.

본 장에서는 지방교육재정과 관련된 집단 간 대립에는 각자 정당한 논리를 담고 있으나 이에 대해 서로 다른 해석이 공존하는 정책 패러독스가 존재한다고 보았다. 구체적으로, [표 8.8]에서 Stone (2002)이 제시한 패러독스 유형 가운데 세 번째 유형인 '한 개념을 구성하는 하위요소들의 충돌'과 네 번째 유형인 '한 개념을 둘러싸고 있는 맥락(조건)들 간의 충돌'에 해당한다. 즉, 지방교육재정의 확보와 운용을 둘러싼 쟁점에 대한 각자의 가치에 근거한 해석과 맥락의 차이에 따라 충돌 현상이 나타나고 있는 것이다. 구체적으로 본 장에서는 [그림 8.2]와 같은 분석 틀을 활용하여 숫자에 내포되어 있는 메시지와 문제 해결을 위해 숫자가 어떻게 활용되고 있는지를 분석하고자 한다.

나. 분석방법

본 장에서는 지방교육재정의 운용 및 확보를 둘러싸고 나타나는 갈등 양상을 정책 패러독스의 관점에서 분석하였다. 이를 위해 지방교육재정과 관련하여 국회에서 논의된 회의록, 신문기사와 보도자료 및 이와 관련하여 수행된 선행연구 자료 등을 활용하여 정책 수단으로서 숫자가 어떻게 각자의 입장에 따라 제시되는 논리의 근거로 작동하면서 지방교육재정을 둘러싼 갈등에 내재되어 있는지를 확인하고, 이와 관련된 정책 패러독스 현상을 분석하고자 하였다.

먼저, 지방교육재정의 확보와 관련된 집단 간 논의에서는 교육을 바라보는 입장과 관점의 차이에 따라 각자의 상황과 논리의 근거로 제시하는 숫자가 그 근거로 활용되고 있다. 입장에 따라 다른 숫자를 제시하거나 때로는 동일한 숫자나 상황을 보고 이를 다르게 판단하고 해석하는 양상을 기존에 국회에서 논의되었거나 언론 보도를 통해 제시된 내용 등을 토대로 분석 틀에 따라 나타나는 패러독스 현상을 확인·분석하고자 하였다. 다음으로, 지방교육재정의 운용과 관련하여 효율성의 가치에 대한 대립을 통해 어떠한 정책 패러독스 현상이 나타나는지를 살펴보았다. 이러한 운용에 대한 관점이 입장에 따라 어떻게 차이가 있는지를 각종 자료를 분석함으로써 귀납적 추론을 통해 살펴보고자 하였다.

4 지방교육재정의 확보 및 운용과정에서의 패러독스 현상 분석

가. 재원확보 관련 쟁점

1) 재정규모(과도한 재정규모 vs. 보다 많은 투자 필요)

한국조세재정연구원은 기획재정부(예산실 사회예산심의관실 교육예산과)의 연구용역 의뢰를 받고 지방교육재정의 운용실적을 분석하고 향후 전망을 분석하면서 지방교육재정의 지출 규모와 그 구조에서 나타나는 주된 특징으로 우리나라 조세(국세+지방세)의 수입 증가율과 유사하며, 지방교육재정 지출 규모의 증가와 지방교육재정 수요의 기반이 되는 학생·학급·학교 수의 변화 사이에는 밀접한 관계를 규명하기 어렵다는 결과를 제시하였다(안종석, 김민희, 2019). 특히 위 보고서에는 2017년의 경우 지방교육재정의 세출은 약 65조 6,110억 원이고 세입은 약 71조 3,000억 원으로 나타나 세입과 세출의 격차가 7.98%로 나타나고 있었는데, 연도가 지날수록 이러한 격차는 점차 커지는 것으로 예측되었다. 2024년의 지방교육재정의 세출은 약 76조 5,460억 원이고, 세입이 약 94조 3,390억 원으로 나타나 세입과 세출의 격차가 19조 2,960억 원으로 전체 세입 규모의 20.45%에 달할 것으로 전망되었다. 이러한 격차의 원인으로 학령인구가 감소함에 따라 학생 수가 감소하여 학생당 세출을 높이더라도 세출 증가속도가 세입증가속도를 따라가지 못하는 것으로 분석되었다(안종석, 김민희, 2019). 그 결과 나타나는 격차는 중앙정부의 재정 관점에서 볼 때, 재정 운용의 효율성을 저해하는 요인으로 작용할 수 있다.

반면, 지방교육재정의 세입액은 늘어나고 있지만, 실상은 그렇지 못하다는 주장도 제기되고 있다. 2015회계연도 시도교육비특별회계 세입결산액은 전년도보다 1조 8,441억 원 증가하였지만, 지방교육채는 당해 연도 이후에 사용하여야 하는 재원을 당겨 사용하는 수입이므로 엄밀한 의미에서 수입이라 보기 어렵다. 따라서 지방교육채 차환액 6조 1,268억 원을 제외할 경우, 세입결산 규모는 사실상 감소된 것으로 볼 수 있으므로 보다 많은 재원의 투입이 필요함을 주장하고 있다(김현국 외, 2016). 또한, 지방교육재정을 포함하는 교육재정은 명목상으로는 증가되었지만 실제는 그렇지 않다는 견해도 있다. 교육예산의 규모는 2008년 35조 9,627억 원에서 2015년에는 50조 9,116억 원, 2020년에는 73억 9,014억 원으로 매년 늘어나는 반면, 정부예산 대비 교육예산은 1998년 23.3%로 나타나는 등 2000년도 초반까지는 20% 전후로 나타났지만 2010년 이후 감소하는 경향이 나타나면서 2020년에는 그 비율이 14.2%로 줄어 교육투자에 대한 국가의 의지는 점점 약화되는 것으로 해석하고 있다(반상진, 2015). 결국, 국가 전체 재정에서 교육재정이 차지하고 있는 비율을 숫자로 나타냄으로써 막연한 교육재정이라는 실체를 보여주는 한편, 그 규모의 변화를 숫자를 통해 주장하고 있는 것이다.

[표 8.11] **세입 전망과 세출 전망의 종합 - 세입 기준 전망치(2017~2024)** (단위: 10억 원, %)

구분	2017	2018	2019	2020	2021	2022	2023	2024
세입-KIPF 기준	71,300	80,804	80,755	80,341	82,908	86,680	90,353	94,339
세출전망-기준								
총세출	65,611	65,044	67,634	69,525	71,701	73,099	74,217	76,542
세입-세출	5,689	15,760	13,577	12,161	12,825	15,149	17,583	19,296
(세입대비 비중)	7.98	19.50	16.81	15.14	15.47	17.48	19.46	20.45
세출전망-최대치								
총세출	65,611	65,879	68,497	71,847	74,659	77,036	79,447	82,195
세입-세출	5,689	14,925	12,714	9,839	9,867	11,212	12,353	13,643
(세입대비 비중)	7.98	18.47	15.74	12.25	11.90	12.93	13.67	14.46
세출전망-최소치								
총세출	65,611	64,887	67,462	68,207	69,256	69,717	69,891	71,180
세입-세출	5,689	15,917	13,749	13,479	15,270	18,531	21,909	24,658
(세입대비 비중)	7.98	19.70	17.03	16.78	18.42	21.38	24.25	26.14

출처: 안종석, 김민희(2019: 9).

일례로, 교육비특별회계 세입결산액 기준으로는 매년 증가되고 있는 상황에서 전국시도교육감협의회(2015)는 "대한민국 교육문제 심층진단 및 대안 마련을 위한 토론회" 인사말을 통해, 정부 예산 대비 교육부 예산 규모가 가장 낮은 비율이라는 점을 지적하고 있었다.

> (전략) …… 특히 정부예산대비 교육부예산 규모가 **2000년 이후 20% 전후를 유지해온 반면에 현 정부 들어 2013년 16.6%, 2014년 16.4%로서 지난 1970년 이후 가장 낮은 비율**이라는 것을 뼈아프게 받아들여야 할 것입니다. (이하 생략)

또한, 강원도교육청(2020:10)은 미래사회에 대비하여 지진이나 화재 등으로부터의 재해 안전이나 석면 유해 등으로부터의 건강 안전에 필요한 환경을 조성하기 위해서는 투자수요가 불가피함을 증가한 지진횟수를 근거로 제시하였다. 이는 지방교육재정 확보를 위해서 기존에 드물다고 인식된 지진 현상이 셀 수 있을 만큼 자주 발생하고 있다는 것을 지진 발생 횟수를 포함하여 제시고 다음과 같이 주장하였다.

(전략) …… "최근 학교의 석면, 지진과 관련된 언론기사에 의하면 진도 3.0 이상의 지진 발생 횟수가 **2010년 이전 연평균 3회에서 10.6회로 증가**되었다. 그러나 학교시설 내진율은 23%에 불과한 실정이다."(중략)"교육부 내부자료에 따르면 **석면 제거는 10년(2027년), 내진보강은 17년(2034년) 정도가 소요**될 것으로 예측하고 있다."(중략) "학생의 학습여건이 안전하고 쾌적한 상태를 보장하기 위해서는 적기에 교육환경을 위한 투자가 있어야 하고 미래사회에 대응한 학교시설의 변화에도 능동적으로 대처하기 위해서는 **안정적이고 지속적인 교육시설투자 예산확보는 절실하다**"(이하 생략)

2) 학령인구(학령인구 감소를 반영 vs. 새로운 교육수요 대비)

지방교육재정교부금의 교부율 축소와 관련된 논의는 주로 학령인구의 감소가 계속되는 상황에서 현재 이루어지고 있는 지방교육재정과 관련된 확보가 적정한지에 대한 의문에서 시작된 것이라고 할 수 있다. 2019년 기준 지방교육재정교부금은 55조 2,488억 원으로 2009년(30조 4,279억 원) 대비 81.4%가 증가한 반면, 전국 초·중·고교 학생은 2019년 기준 546만 명으로 2009년 744만 명에서 26.6% 감소한 것은 예산이 필요한 곳에 쓰이도록 하는 것이 필요하다는 관점으로 제기되고 있다(한국경제, 2019.06.11.). 예산 운용과 관련하여 감사원(2015a, 2015b)은 교육복지 확대 등으로 인하여 지방교육재정 지출이 증가하는 반면, 세수 감소 등으로 인하여 지방교육재정의 어려움이 가중되고 있으므로 지방교육재정을 효율적으로 운영할 필요가 있다는 인식하에, '지방교육재정 운용실태'와 '지방교육청 재정 운용실태' 감사를 실시한 바 있다. 감사결과를 통해 지방교육재정 운용과 관련된 환경 변화에 대한 기준이나 수치는 다소 차이가 있지만 제시하고 있는 내용을 살펴보면 학생 수가 감소하고 소규모학교가 증가하는데도 지방교육재정과 관련된 수요는 늘어나고 있다는 것을 알 수 있다. 감사원이 밝힌 구체적인 교육환경 전망의 내용은 [표 8.12]와 같다.[7]

또한, 국회예산정책처(2019)도 학령인구 1인당 지방교육재정교부금은 2010년 442만 원에서 2018년에는 922만 원으로 연평균 9.6%가 증가하고 있는 것으로 나타나 지방교육재정교부금의 규모는 지속적으로 증가하고 있지만. 학생 수가 감소하고 있으므로 향후 지방교육재정교부금의 적정한 규모에 대해 엄밀한 검토가 필요하다고 지적하였다. 이러한 내용은 감사원이나 기획재정부에서 학령인구 감소에 따라 지방교육재정 규모를 적정화하여야 한다는 근거로 활용되고 있다.

한편, 교육 분야에서는 이러한 입장과 해석을 달리하고 있다. 반상진(2015)은 학령인구 감소가 지방교육재정의 감축으로 이어지는 것이 아니라 지방교육재정에 대한 추가 지원이 없이도 OECD 평균 교육비에 접근할 수 있는 기회이며, 오히려 교육과 관련된 투자를 통해 학령인구 감소에 따른 경기침체를 극복하는 도전과제임을 주장하였다. 교육부(2021.10.14.)는 세입 증대로 인해 지방교육재정교부금 예산이 늘어난 것은 사실이지만 지방교육재정 중 인건비 등 경상비 지출이 70%를 차지하고 있어 교육서비스의 질 개선을 위한 적극적인 투자가 어려운 상황이므로 미래 교육수요에 적극 대응하는 것이 필

7 이와 같은 전망은 감사원 감사보고서 작성 시 교육부로부터 제공받은 자료를 토대로 작성되었다.

[표 8.12] **감사원의 감사보고서 내 포함된 교육환경 전망**

구분	감사원(2015a)	감사원(2015b)
학생 수 감소	"유아 및 초·중·고 학생 수는 2013년 현재 708만 명으로 2009년부터 2013년까지 5년간 약 **93만 명이 감소**했으며, 특히 초등학생은 **70만 명이 감소**하였다" "2017년에는 2012년 학생수의 **87% 수준인 637만여 명으로 감소**할 것으로 추정되는 등 학생수는 지속적으로 감소할 것으로 보인다."	"2014년 기준 초·중·고등학교 학생 수는 629만 명으로서 2011~2014년 약 **70만 명이 감소**하고, 특히 초등학생 수는 **약 40만 명 감소**"
소규모 학교 증가	"저출산 현상과 개발사업에 따른 학생 이동으로 농산어촌 및 구도심지역의 학교의 학생 수 감소 현상이 가속화 되어 소규모 학교 수가 증가하고 있으며, 2013. 4. 1. 현재 지역별 소규모 학교 수는 시 지역은 88개 교, 도 지역은 1,896개 교에 달한다."	"저출산 및 개발사업에 따른 학생 이동으로 농산어촌 및 구도심지역의 학생 수 감소, 소규모학교(읍·면 60명, 동 200명 이하) 증가(2011년 2,206개교에서 2014년 2,369개교로 **163개교 증가**"
교육재정 수요 증가	"저출산 현상으로 학령인구가 지속적으로 감소하고 있으나 교육부에서는 교육환경 고도화, 유아교육 지원대상 확대 등 교육복지 투자 요구 증대를 강조하고 있다"	"학령인구가 지속적으로 감소하는데도 무상교육 확대, 교육환경 고도화 등으로 교육복지 투자 요구는 증대"

출처: 감사원(2015a, 2015b) 재구성.

요하다고 주장하고 있다. 강원도교육청(2020) 역시 학생 수가 감소하고 있다는 이유로 교사 수와 지방교육재정의 규모를 축소하여야 한다는 논리는 교육현장에서 나타나는 특수성을 제대로 반영하지 못한 것이라 강조한다. 또한, 지방교육재정은 특성상 지방교육재정교부금과 같은 외부재원 비중이 높은데다 인건비 등 경직성 경비가 상당히 높은 비율을 차지하고 있고, 최근 고교무상교육 등과 같이 무상교육이 확대되는 상황과 더불어 4차 산업혁명에 대비한 미래교육 여건 조성과 같은 잠재적인 수요를 고려하지 않은 채 학생 수가 감소하고 있다는 사실만으로 지방교육재정교부금을 조정하는 것은 바람직하지 않다고 주장하고 있다. 이러한 내용은 단순히 강원도교육청의 주장에 불과한 것이 아니라 전국시도교육감협의회의 차원에서 논의되었던 만큼 단순히 한 교육청의 주장으로 치부하기에는 곤란한 점이 있다. 교육부(2019.06.11.)도 학령기 학생이 감소함에도 지방교육재정교부금이 증가되는 점에 대해 지방교육재정교부금이 내국세에 연동되어 있으므로 내국세 규모에 따라 교부금 총액이 증가되는 부분이 있지만, 학령기 학생이 감소할수록 국가경쟁력 확보를 위해서 지속적인 교육투자를 통한 우수한 인재양성이 필요한 것으로 보고 있다.

학령인구 감소에 따른 지방교육재정교부금의 규모에 관한 공방은 고교무상교육을 위한 제19대 국회 제4차 예산결산특별위원회(2014.11.7.)에서 논의된 내용에서 단적으로 드러나고 있다.

(부총리겸기획재정부장관 최경환) …… 지방교육재정교부금에서 담당해야 할 학생 수가 급격하게 줄고 있지 않습니까. 학생 수가 많을 때보다 3분의 1로 줄고 있는 상황입니다. 그에 비해서 교육교부금은 3배가, 학생 수가 3분의 1 주는 동안 3배가 늘었습니다. …… **학생 수가 3분의 1이 주는데 교육비가 안 준다는 것이 있을 수 없는 얘기 아니겠습니까?**

(정의당 박원석) **학생 수 줄었지만 학급 수 늘고, 학교 수도 늘었어요**. 그런데 지방교육재정 지원은 학급이나 학교 단위로 하는 것이지 학생 수만 보고 그렇게 말씀하시면 안 되지요.……

학령인구는 2017년 846만 명에서 2025년에는 689만 명으로 줄어들 것으로 예상된다는 통계청(2019)의 통계에 따라 학생 수가 감소하고 있다는 것은 모두가 공동으로 인지하고 기본적인 사실이다. 그럼에도 불구하고, 그 숫자(학생 수 감소)의 자체적인 의미보다는 이를 어떻게 해석하고자 하는 관점이 상호 다르게 나타나고 있어 의견 합치를 이루기보다는 상호 이견만 확인하고 있으며, 상호 주장하는 논리를 강화하기 위해 숫자를 활용하고 있다는 것을 알 수 있다.

나. 재정 운용 관련 쟁점

1) 비효율적 재정 운용 vs. 충족성을 달성하기 위한 운용

기획재정부는 학생 수가 감소하고 있는 추세에서 현재 교부금 수준으로도 충분하기 때문에 교육예산을 증액하는 것에 대해 회의적인 입장이다(데일리안, 2019.02.19.). 이는 '2019~2023년 국가재정운용계획 공개토론회'(기획재정부, 2019.08.08.)에서 당시 기획재정부 제2차관이 개회사를 통해 "교육재정이 비효율적으로 운용되고 있다"라고 하는 내용을 언급하여 기획재정부의 상황 인식을 엿볼 수 있다.

(전략) …… 한쪽은 재원이 부족하고 다른 한쪽은 넘치는 현상이 반복되고 있습니다. 칸막이식 재정운용은 지방정부도 예외가 아닙니다. 일반재정과 교육재정의 분리 운용과 학생 수 감소와 상관없이 고정비율로 지속 지원되는 교육재정이 재정운용의 효율성을 떨어뜨리고 있습니다. (이하 생략)

감사원(2015a)은 무상급식과 누리사업 등 교육복지 확대와 학교시설 노후로 인한 안전 관련 예산에 대한 수요 증가에 따라 지방교육재정의 지출이 급증하고 있다고 지적하면서, 예산 낭비 요인을 제거하고 숨은 재원을 발굴하여 지방교육재정의 건전성과 효율성을 제고하기 위하여 '지방교육재정 운용실태' 감사를 실시하였다. 그 결과 소규모학교에 대한 실태에 관해 소규모학교 통폐합을 통해 교육의 질적 제고에 기여하였고, 관련 예산을 절감하였다고 하면서 다음과 같이 기술하고 있었다(감사원, 2015a: 23-24).

(전략) …… 특히, 시·도교육청에서 2016년까지 목표로 한 610개교 중 분교장 개편을 제외한 456개교를 대상으로, 통폐합 전후 연간 소요예산(인건비 및 운영비)을 비교한 결과, 456개교가 모두 통폐합되면 연간 4,762억여 원 상당의 예산이 절감되는 것으로 나타났다. (이하 생략)

또한, 감사원(2020b)은 '지방 교육재정 효율성 및 건전성 제고 실태'에 대해 감사를 실시하였다. 우리나라 초·중·고등학생 수는 2014년 638만 명에서 2018년에는 567만 명, 2035년에는 352만 명으로 줄어들 것으로 예상되고 있다(통계청, 2019). 이러한 가운데 초·중·고등학교 교육을 담당하는 시·도교육청 재정 규모의 대부분을 차지하고 있는 지방교육재정교부금은 내국세 수입과 연동되어 있어 매년 증가하여 최근 5년간(2014~2018년) 연평균 6.4%씩 증가하고 있다. 이에 감사원(2020b)은 실제 교육수요와 무관하게 내국세 세입액 등 외부요인에 의해 지방교육재정이 결정된다는 점을 제시하면서, 학생수 감소로 인한 실수요 감소와 괴리된 채 재정투입만 늘어나 국가 전체 재원 배분의 편중이 가시화되고 있음을 지적하였다. 감사원은 이러한 내용을 토대로 2020년 '감사결과 예산반영협의회'의 안건으로 상정하여 논의하기도 하였다.

이러한 상황에도 불구하고 실제 수요와 상관없이 지방교육재정교부금이 계속 늘어나는데도 지방교육채 발행과 같이 필요 이상의 자금이 공급되고 있을 뿐 아니라 지방교육재정 내에서도 예산 사업별, 집행 시기별 재원 배분의 비효율도 가중되고 있는 것으로 분석되었다. 감사원(2020b)은 그 근거로 해당연도 소진되지 못한 지방교육재정 불용액 및 다음연도 이월예산이 최근 5년간 각각 1.4배, 2배 이상 증가하고 있음을 제시하였다.

반면, 지방교육재정이 비효율적이라는 주장에 대해 한국교원단체총연합회(2019.08.09.)는 보도자료를 통해 단순히 경제성이나 효율성의 논리로 재단해서는 안 되고, 지방교육재정의 상당 부분을 차지하는 인건비나 학교 신·증축, 지방교육채 상환에 소요되는 경직성 경비를 제외한 나머지는 약 20% 정도에 그치고 있어 실제 가용 가능한 예산은 부족하다고 주장하였다.

> (전략) …… "아직 학교 현장의 교육여건은 열악하고 이를 개선할 가용재원은 충분하지 않은 상황"이라며 (중략) …… 단순 경제논리는 교육여건을 더 악화시킬 수도 있다고 지적했다. 실제로 지방교육재정 세출예산은 인건비, 학생 유입과 신도시 개발에 다른 학교 신·증축비, 막대한 지방교육채 상환비 등 **경직성 경비가 80% 내외에 달하는 반면 학교회계 전출금은 20% 정도에 그쳐 가용예산이 많지 않은 현실이다.** (이하 생략)

이러한 견해는 자체 세입기반이 부족한 지방교육재정의 운용에서 경직성 경비가 지출의 대부분을 차지하는 상황에서 안정적인 재원확보가 어려울 뿐만 아니라 이러한 여건 자체가 재정을 효율적으로 운용하는데 지장을 초래할 수 있다는 것이다. 또한, 교육 당국에서는 교육에 얼마나 많은 자원이 배분되어야 하는 문제와 연결된 충족성(adequacy)의 원리를 들어 지방교육재정의 확충을 주장하고 있다(공은배, 2016). 쉽지는 않지만, 교육을 통해 달성하고자 하는 근본적인 목표를 달성하기 위해서는 지방교육재정의 확보단계에서 충족성의 가치가 강조되고 있는 것이다. 전국시도교육감협의회에서 지방교육재정교부금의 교부율을 21.33%으로 인상해야 한다는 주장(에듀인뉴스, 2019.02.18.)도 고등학교 무상교육의 안정적인 시행을 위해서라는 이유에서 교육을 효과적으로 지원할 수 있는 충족성을 염두에 둔 것이라고 할 수 있다.

이러한 내용을 종합하면 재정 당국이나 회계검사 당국에서는 지방교육재정의 정책적 가치 중 효율성 부분을 중시하는 반면, 교육 당국은 지방교육재정의 추가 확충에 대한 충족성에 초점을 두고 있는 것을 확인할 수 있다. 이러한 관점 차이는 결국 재정 운용에서 효율성이 부족하다는 논거로 지방교육재정의 규모를 삭감하고자 하는 논리와 효율성이 부족한 것이 아니라는 갈등 관계 하에서 상호 주장하는 논리를 강화하기 위해 숫자를 활용하는 양상이 나타나고, 이에 따라 예산 당국과 교육계 사이에서 '숫자'에 근거한 효율성 해석의 패러독스 현상이 발생하고 있다는 것을 알 수 있다.

2) 지원범위의 확대 vs. 순차적인 지원

박근혜정부는 국정과제 이행을 위한 재정지원 실천계획(공약가계부)을 발표하면서(2013. 5. 31.), 학생과 학부모의 교육비 부담을 완화하기 위해 고교 무상교육을 단계적으로 확대하는 방안을 제시하였다. 이를 위해서는 약 3.1조 원의 예산이 필요한 것으로 추산되었다(관계부처합동, 2013). 한편, 당시 여당인 (구)새누리당의 김희정 의원은 우리나라 중학교 졸업자의 고등학교 진학률이 99.7%에 달하고 있어 고등학교 교육과정에 대한 보편적인 무상교육의 필요성이 제기되므로 국가적인 차원에서 지원과 투자가 필요하다고 밝혔다. 그러면서 교육비 부담경감을 위해 고등학교 교육과정에서 수업료, 입학금, 학교운영지원비 및 그 밖의 대통령령으로 정하는 비용을 정부가 무상으로 지원하되, 국가의 재정여건을 고려하여 순차적으로 지원하는 것을 내용으로 하는「초·중등교육법」 개정안을 대표발의하였다(김희정 등 16인, 2013.04.30.).

위 법안은 제19대 국회의 임기만료로 폐기되었고, 2016년 당시 교육부가 국정감사를 위해 제출한 업무보고에서 고교무상교육의 내용을 담은「초·중등교육법」 개정안 발의과제가 '재정여건상 추진 보류'로 명시하면서 사실상 폐기된 것으로 간주되었다(교육희망, 2016.09.28.). 그러나 그 이후에도 고교 무상교육과 관련된 논의는 계속적으로 이루어졌는데 당시 야당인 (구)자유한국당은 무상교육과 관련하여 다음과 같이 주장하였다.

> (자유한국당 곽상도) (전략) "결국 이거 돈 문제 아니에요? 재원 마련이 되면 대학도 무상으로 하면 좋지요. (중략) 지금 무상보육하는데 2조 얘기하지요? (중략) 정부 돈이 화수분처럼 계속 나오는게 아니잖아요?"
>
> * 출처: 제20대 364회 제2차 국회 교육위원회 법안심사소위원회(2018. 11. 12.)

> (자유한국당 곽상도) (전략) "고등학교 무상교육을 단계적으로 실시하도록 하고 있으나 …… 전 학년을 대상으로 동시에 무상교육을 실시할 필요가 있습니다" ……"고등학교 무상교육을 동시에 전 학년에 실시할 경우 소요되는 추가예산은 내년 한 해에만 약 6700억 원이 소요될 것으로 추정됩니다." (중략) …… "고교 무상교육이 시행되면 **학생 1인당 연간 약 158만 원의 부담이 경감되며 가계 가처분 소득 월 13만 원이 늘어나는 효과**가 있고, ……" (이하 생략)
>
> * 출처: 제20대 371회 제10차 국회 본회의(2019. 10. 31.)

2019년에 제기된 곽상도 의원의 주장은 같은 해 교육부(2019)에서 제시한 무상교육의 도입 근거를 활용한 것으로, 교육부는 2017년 12월 실시한 설문조사 결과 고교 무상교육 추진이 바람직하다는 의견이 86.6%로 나타나 무상교육 시행에 대한 사회적 요구와 국민적 기대가 높은 것으로 설명한 바 있다. 이에 대해 송기창(2019)은 고교 무상교육에 대한 국민적 공감대가 형성되어 있다고 평가하였다. 한편, 여당인 더불어민주당은 고교 무상교육을 박근혜 정부 당시에도 도입을 주장한 만큼 반대하지는 않았지만, 오히려 재정적인 여건을 고려하여 고교 무상교육을 순차적으로 도입할 필요성을 피력하였다.

> (더불어민주당 서영교) (전략) "지금 당장 전체 재정을 마련하기 어렵다라고 하는 정부 측의 입장 때문에 우리가 단계적으로 할 수밖에 없다는 것을 아시는 내용이지 않습니까? (중략) 2014년에 25%, 2015년에 50%, 2016년에 75%, 2017년에 100%라고 하면서 단계적으로 재정의 문제를 제기하면서 '고등학교 교육과정을 무상으로 하되 국가의 재정여건을 고려하여 순차적으로 실시하도록 한다' 이게 당시 새누리당의 안입니다. (중략) 서로 입장이 바뀌면서 이렇게 바뀌면 안 된다라고 하는 것을 다시 한번 지적하고 싶습니다."
>
> * 출처: 제20대 369회 제1차 국회 교육위원회(2019. 6. 26.)

결국, 고교 무상교육 추진과 관련하여 예상되는 문제점이나 소요재원에서 변동이 없는데도 이를 가지고 정당의 이해관계에 따라 의사결정이나 문제를 해결하는 양상이 달라지고 있다는 것을 알 수 있다. 이러한 각 정당의 견해는 결국 숫자가 문제해결을 위한 수단으로 활용되기보다 실제로는 정치적으로 추구하는 가치에 입각한 입장의 차이에 따라 그 논리를 정치해석적으로 지원하는 근거로 활용하고 있으며, 이에 입장 차이에 따른 정치적 갈등으로 인한 패러독스 현상이 나타나고 있다는 것을 확인할 수 있다.

다. 논의

이상에서 논의된 내용을 지방교육재정의 확보관점에서 살펴보면 지방교육재정의 규모가 적정하기 때문에 감소해도 된다는 논리와 다양한 교육수요의 반영을 위해 적정하게 확보해야 하므로, 보다 더 충분하게 확보하여야 한다는 논리가 대립되고 있다는 것을 알 수 있다. 그리고 이러한 양자 논리의 연장선 상에서 운용의 측면에서는 재정 효율성이 부족하다는 논리와 비효율로 볼 수 없고 오히려 확충하여야 한다는 논리가 서로 상충하고 있으며, 구체적인 재원의 지원 방식도 주장하는 정치적인 입장에서의 해석 차이에 따라 달리 나타나고 있음을 알 수 있다. 지방교육재정과 관련된 문제에 대해 내포되어 있는 숫자의 전략이 어떻게 반영되고 있는지를 살펴보기 위해 [표 8.10]에서 제시된 숫자에 내포된 메시지와 전략이 의미하는 바를 바탕으로 유형화하면 다음의 [표 8.13]과 같다.

[표 8.13] 지방교육재정의 확보 및 운용에서 숫자와 관련하여 내포된 메시지와 전략

구분		쟁점	내포된 메시지	문제해결 전략
재정 확보	재정규모	과도한 재정규모 vs. 보다 많은 투자 필요	1	2, 3
	학령인구	학령인구 감소 반영 vs. 새로운 교육수요 대비	2	3
재정 운용	효율성	비효율적인 재정운용 vs. 충족성 달성 필요	3	1, 6
	지원방식	지원범위의 확대 vs. 순차적인 지원	4, 5	2, 3, 5, 7

이를 바탕으로 종합적으로 논의하면 다음과 같다. 첫째, 지방교육재정의 확보 및 운용에서는 숫자는 이해관계집단의 결속을 강화한다. 정책 패러독스는 어떠한 형태로든지 현상에 대한 대응을 필요로 하는 정책 문제일 뿐만 아니라 선택의 어려움을 가중시키는 문제 상황으로 볼 수 있는데(사득환, 박상진, 2013), 정책 패러독스 상황에서 숫자는 사회 현상에 대한 대응을 위한 동맹을 형성한다. Stone(2012)은 이러한 현상에 대해 숫자는 그 자체의 의미보다는 그 숫자를 어떻게 해석하는지에 달려 있고 숫자와 관련된 특성을 공유하는 집단을 형성할 수 있다고 보았다. 분석결과에서도 알 수 있듯이 숫자는 동전의 양면으로 볼 수도 있다. 즉, 하나의 숫자를 바라보는 시각에 따라 다른 집단이 각자 다른 판단을 내리고 있는 것을 알 수 있는데, 분석결과, 학령인구가 감소할 것으로 예측한 통계청(2019)의 통계도 기획재정부와 감사원은 지방교육재정에 과도한 재원이 투입되고 있다는 것으로 해석하고 있으나 전국시도교육감협의회는 새로운 교육수요에 대비하여 보다 많은 투자가 필요한 것으로 해석하고 있었다. 이러한 상황 하에서 지방교육재정을 둘러싸고 필연적으로 정책 패러독스 현상이 나타날 수밖에 없다. 정책패러독스는 정책적인 대안의 상호 모순되는 점을 인정하고 관리하는 한편, 다양한 목표를 동시에 추구하는 것을 강조하고 있는데(김영평, 2008), 특히 각각의 대안이 서로 상충적이자 모순적이면서도 각 대안이 초래하는 결과를 사전에 예측하기 어려울 때 그 효용성이 있다(사득환, 박상진, 2013). 이러한 양상을 극복하기 위해서는 상호 모순되는 요소를 동시에 고려하는 한편 이를 조화시켜 보다 나은 상승적인 가치를 추구하는 것이 필요하다.

둘째, 지방교육재정의 확보 및 운용에서 확인된 숫자는 정치적인 성격을 띠고 있다. 이는 역설적으로 숫자 자체는 중립적인데도 이해관계나 필요에 따라 숫자가 활용되거나 변화를 위한 대중의 요구를 자극하고 있는 것으로 확인되었다. 이는 집단에 따라 동일한 숫자를 통해 현상을 다르게 해석하여 나타난 집단 결속과 달리 그 이해관계에 따라 숫자나 현상을 달리 이해하고 해석하는 것이라고 볼 수 있다. 앞서 살펴본 바와 같이 곽상도의원의 주장은 무상보육에 소요되는 2조 원이라는 큰 금액(숫자)을 제시하며 고교무상교육의 부정적인 관점을 드러내거나 학생 1인당 연간 약 158만 원의 부담경감과 월 13만 원의 가계 가처분 소득 향상의 효과가 있다는 긍정적인 관점이 나타나고 있었고 이를 통해 대중

에 대한 정책적인 관심을 환기시켰다. 이러한 주장은 동일한 인물이 여당의 입장과 야당의 입장에 따라 숫자나 논리의 활용이 달라지고 있음을 제시하고 있는데 이는 결국 하나의 정책을 두고 정부와 시장의 대립이 아니라 공(公)과 공(公)의 대립의 관점에서 나타나는 정책 패러다임의 상충이라고 할 수 있다(윤견수, 2014). 그러므로 이러한 상충이 나타나는 맥락을 이해하고 최소화할 수 있는 노력이 필요하다.

5 향후 지방교육재정 확보 및 운용을 위한 제언

본 장은 정책 문제를 구성하는 요소 중 하나인 숫자를 통해 지방교육재정의 확보와 운용에서 나타나는 정책패러독스 양상을 분석하고자 하였다. 이를 위해 지방교육재정을 둘러싼 다양한 숫자를 통해 이해관계에 따라 어떠한 갈등 양상이 나타나는지를 분석하였고, 숫자에 포함된 메시지와 문제를 해결하기 위해 활용되는 숫자의 전략에 대해 논의하였다. 분석 결과를 토대로 결론을 제시하면 다음과 같다.

첫째, 지방교육재정의 확보에서 하나의 현실을 두고 관점에 따라 배타적인 해석이 공존하여 나타나는데 이러한 해석은 숫자를 근거로 하거나 숫자를 통해 제시하면서 정책 패러독스 현상이 나타나고 있다. 재원확보와 관련된 측면에서 '과도한 재정규모' vs. '보다 많은 투자가 필요', '학령인구 감소' vs. '새로운 교육수요에 대비'라는 관점 차이가 나타나고 있는데, 이러한 차이는 현재 지방교육재정과 학생수라는 정해진 현상에서 숫자를 통해 그 견해의 대립이 나타나고 있었다. 현상과 결과, 바라보고자 하는 대상은 모두 동일하나 관점에 따라 바라보는 곳이 다르며, 이를 구체화하여 주장하는 과정에서 숫자가 활용되고 있었다. 지방교육재정에 대해 기획재정부나 감사원은 지방교육재정이 효율성이 낮은 상황에서 적정한 규모로 조정하여야 한다는 견해를 제시하였고, 이를 재정규모나 학령인구 감소 등과 같이 외부로 표출되는 숫자를 기반으로 제시하고 있었다. 반면, 교육부나 시·도교육청의 경우 지방교육재정은 필요로 하는 만큼 충분히 확보되지 않았으므로 교육활동에 충분하거나 교육목적의 달성을 위해 필요한 재화나 서비스 확보를 위한 적정성(adequacy)의 가치가 충분히 반영되어야 하고, 학령인구 감소 역시 새로운 교육기회의 마련 차원에서 더 많은 재원을 교육 분야에 투입하는 것이 필요하다는 주장을 제시하고 있다. 결국, 지방교육재정을 둘러싸고 있는 현상에서 숫자는 그 자체의 의미보다 그 숫자를 어떻게 해석해야 하는지 숫자가 가진 문제해결 전략으로 제시되고 있다.

둘째, 지방교육재정의 운용에 관한 주장을 강화하는 과정에서 숫자가 활용되고 있고, 이러한 주장이 반드시 특정 정당이나 집단에 고정적으로 유지되기보다는 상황에 따라 다르게 제시함에 따라 정책 패러독스 양상이 나타나고 있다. 재정의 운용과 관련된 측면에서 '비효율적 재정 운용' vs. '충족성을 달성하기 위한 재정 운용', '지원범위의 확대' vs. '순차적인 지원'과 같이 관점의 차이가 나타나고 있다. 이러한 과정에서 이해당사자가 가진 주장을 강화하거나 다른 집단의 주장에 반박하기 위해 숫자를 활용하고 있다. 이러한 주장은 하나의 관점으로 고정된 것이 아니라 집단의 이해관계나 정치적인 맥락에서 변화가 이루어지고 있어 패러독스 현상이 나타나고 있음을 확인할 수 있었다.

이러한 결론을 바탕으로 향후 효과적인 지방교육재정의 확보 및 운용을 위한 제언을 제시하면 다음과 같다.

첫째, 지방교육재정 확보 및 운용과정에서 쟁점 해소를 위해 우선순위 도출을 위한 합리적인 논의가 필요하다. 지방교육재정을 바라보는 관점에 따라 재정 운용에 대한 견해가 달리 나타나고 있었는데, 이를 해소하기 위해서는 대립되는 가치를 상호 조화하려는 노력이 필요하다. 효율성의 가치나 적정성의 가치는 그 어느 하나 포기할 수 없는 중요한 가치이다. 그러나 교육재정의 상당 부분을 차지하고 있는 지방교육재정교부금은 그 설치 및 운용의 근거로 제시되고 있는 「지방교육재정교부금법」에 따라 교육을 위해 필요한 재원의 전부 또는 일부를 국가가 교부하여 교육의 균형있는 발전을 도모하기 위해 설치된 만큼 우선 그 근거법령에서 제시하고 있는 목적에 부합하도록 운용하는 것이 필요하다. 이를 위해 학생들의 교육 수준이 일정한 정도에 도달하도록 충분한 재원을 공급하는 것이 필요하지만(공은배, 2016), 지방교육재정의 자체수입 근거가 제대로 마련되어 있지 않고 내국세의 일정 부분을 그 재원으로 하고 있으므로 국가 전체적인 운용과 어느 정도 부합하도록 운용하는 것이 필요하다. 적정성의 가치는 필요한 재화나 서비스가 확보되어 있는지에 대한 것으로 교육기회 균등을 실현하는 근본적인 가치로 작용할 수 있는 만큼(반상진 외, 2014; Carnoy, 1983), 지방교육재정 확보 및 운용과정 전반에서 교육부 및 시·도교육청의 사업계획이나 집행이 국가 차원의 재정계획에 부합하고 있는지를 확인하고 그 범위 내에서 교육활동에 충분하거나 교육목적의 달성을 위해 적정한 지방교육재정의 확보를 보장하는 것이 필요하다.

둘째, 지방교육재정 운용의 측면에서 재정 책임성과 책무성을 강화함으로써 효율성을 제고할 필요가 있다. 재정 책임성(fiscal responsibility)은 재정의 확보나 운용과 관련된 행위를 수행하면서 법규에 부합하고 효율적으로 수행하는 것을 말한다(윤기현, 엄준용, 2018). 재정 책임성은 국민의 알 권리와 결합되어 지방교육재정에 대한 견제기능을 수행하는 데 그 의의가 있고, 이를 통해 비효율적으로 운용되고 있는 지방교육재정에 대한 내재적인 대응이 가능하다. 한편, 재정 책임성이 지방교육재정 운영과 관련된 적정한 업무 등을 정당하게 수행하는 것을 의미한다면, 재정 책무성(fiscal accountability)은 국가와 지방자치단체 등 재정 주체가 지방교육재정 확보와 운용의 결과에 대해 도덕적·윤리적·법적 책임을 지는 것을 말한다. 즉, 재정 책무성은 지방교육재정과 관련된 다양한 이해당사자를 대상으로 지방교육재정의 운용과정과 결과를 통해 당초 목표대로 성과를 달성하였는지를 설명하는 책임으로 볼 수 있다. 지방교육재정의 관리 주체는 시·도교육청이므로 시·도교육청 스스로가 재정 책임성과 책무성을 고려하여 재정을 운용하여야 하며, 이러한 책임성이나 책무성의 확보는 중앙이나 지방의 개별 차원에서 강조될 수 있다. 경우에 따라서는 중앙과 지방이 동시에 책무성 확보가 필요한 부분을 탐색하는 것도 필요할 것이다. 재정 책임성과 책무성 확보를 바탕으로 지방교육재정의 효율성에 대한 논란을 불식시키기 위해서는 지방교육재정의 운용상 최근 증가하고 있는 이월액 및 불용액의 규모를 감안하여 사전에 시·도교육청이 지출 규모를 조정하는 것이 바람직하다. 또한, 재정집행 현황을 지속적으로 관리하고 지방교육재정 운용상 이월액이나 불용액이 최소화될 수 있도록 하고, 재정 운용의 효율성을 개선할 수 있도록 예산편성 및 운용과정에서 이루어진 관행 중 개선이 필요한 부분을 적극적으로 발굴하고 개선하려는 노력이 수반되어야 할 것이다. 이를 바탕으로 지방교육재정의 확보와 운용이 비효율적인 것이 아니라는 것을 국민의 눈높이에서 적극적으로 설명하는 것이 필요하다.

셋째, 지방교육재정 확보 및 운용과정에 관련된 이해당사자가 다양한 장에서 관련 쟁점에 관해 내실 있는 논의를 유지하는 것이 필요하다. 중앙부처의 경우 국가재정전략회의에서, 일반 지방자치단체는 행정안전부와 함께 지방재정전략회의에서 정례적인 재정운영 방향 등을 논의하고 있다. 그러나 시·도교육청과 관련된 지방교육재정 분야에서는 이러한 장이 부재하다는 지적에 따라 2018년부터 교육부와 시·도교육청은 지방교육재정과 관련된 이견을 조율하고 소통하는 자리로 '지방교육재정전략회의'를 개최·운영하고 있다. 그러나 기획재정부는 지방교육재정의 재원이 충분하며 관련 재원 운용의 비효율성을 우려하고 있고, 감사원(2020)도 세부항목별 기준재정수요를 객관적인 근거 없이 향상시키거나 기준재정수요액의 측정항목을 중복으로 산정하는 등, 지방교육재정교부금 배분의 효율성이 저하된다고 분석하였다. 이러한 측면에서 감사원에서 운영하고 있는 '감사결과 예산반영협의회'에 교육부도 참여시키는 것을 고려할 필요가 있다. '감사결과 예산반영협의회'는 감사의 실효성을 확보하고 한정된 정부 예산의 효율적인 편성을 지원하기 위해, 감사결과의 예산반영을 제도화할 목적으로 2004년부터 매년 협의회를 개최하여 운영하고 있다. 동 협의회는 감사원(기획조정실장, 재정경제감사국장, 공공기관감사국장, 지방행정감사1국장), 기획재정부(예산실장, 총괄심의관, 공공정책국장), 행정자치부(지방재정세제실장, 지방재정정책관)로 구성되어 있는데 주로 대규모 국책사업, 일자리 창출 및 복지사업 등 파급효과가 크거나 국민생활과 밀접한 분야·사업 등을 중점 논의하고 있다. 지방교육재정은 2020년 기준으로 국가 전체 재정 규모의 약 14%를 차지하고 있는 만큼, 교육부에서도 학교혁신지원실장, 교육복지정책국장 등이 협의회에 참여하여 예산이나 감사와 관련된 논의의 장에서 소통함으로써 지방교육재정과 관련된 효율성에 대한 불필요한 논란을 줄여나가야 할 것이다.

CHAPTER 09

인과관계: 자유학년(기)제의 정책 패러독스

1. 자유학년(기)제 정책의 의도되지 않은 현상
2. 자유학년(기)제와 패러독스
3. 연구방법
4. 원인 패러독스 관점에 따른 중학교 자유학년제의 패러독스 분석
5. 결론 및 정책적 시사점

제9장에서는 자유학년(기)제에 나타나는 상호 모순적이며 배타적인 요소들, 즉 자유학년(기)제의 정책 패러독스 현상이 발생하는 원인을 도출하고, Stone의 '인과관계'를 중심으로 정책 시행 과정에 나타나는 이해관계자들의 원인 활용 양상을 분석하여 정책적 시사점을 탐색하였다. 분석 결과, 자유학년(기)제의 정책 패러독스 현상 발생 원인은 '우연한 원인', '의도하지 않은 원인', '의도적 원인'으로 구분할 수 있으며, 자유학년(기)제 시행에 찬성 또는 반대하는 입장에서의 원인 활용 양상을 도출하였다. 이를 토대로 다음과 같은 결론을 도출하였다. 첫째, 자유학년(기)제 패러독스 현상의 '우연한 원인'은 정책의 부정적 영향을 야기하였으나, 긍정적 정책 진화의 기반으로 활용될 수 있다. 둘째, 정책 의도와 다른 부정적 문제들이 '의도하지 않은 원인'으로 도출되는데, 이는 선의적 정책의 유해성으로 볼 수 있다. 셋째, 정책 실행 면에서 내장된 패러독스 및 운용의 패러독스 등 의도하지 않았으나 예견할 수 있는 정책의 부작용을 최소화하기 위한 근거로 인과관계를 활용할 수 있다. 넷째, 자유학년(기)제의 예측 가능한 정책적 부작용은 '의도적 원인'에 따른 패러독스로 이어질 수 있다. 다섯째, '의도적 원인'에 따른 패러독스는 원인 활용의 따른 정책적 책임 소재에 영향을 주었으며, 정책 확대에 부정적으로 작용하였다.

주제어 자유학년(기)제, Stone, 정책 패러독스, 원인, 인과관계

1 자유학년(기)제 정책의 의도되지 않은 현상

자유학기제는 학생들이 행복한 학교생활 속에서 스스로 꿈과 끼를 찾고 창의, 인성, 자기주도 학습 능력 등 미래사회가 요구하는 역량을 배양하는 것을 목적으로 도입되었다(교육부, 2013). 도입 이후 3년간 시범 운영을 거친 뒤, 교육부는 '자유학기제 확산'을 교육개혁 핵심과제로 선정하면서 2016년부터 모든 중학교를 대상으로 시행하였다. 후속하여 교육부는 「중학교 자유학기제 확대·발전 계획」 시안을 발표하면서, 기존의 중학교 1, 2학년 과정 중 1개 학기에 운영하던 방식을 더욱 확대해 나갈 수 있는 제도적 기반을 마련하겠다고 밝히면서(교육부, 2017), 자유학년제로의 확대를 시도하였다. 마침내 자유학년제는 희망학교 중심으로 2018년부터 운영되었으며, 시범 운영 성과를 바탕으로 점진적으로 확대되어 2021년에는 일부 시도를 제외한 전체 중학교의 91.1%인 2,968개 학교에서 시행하였다.

이처럼 자유학기제는 2012년 대선 과정에서 공약을 통해 부각된 이래로 정책의 도입과 팽창, 계승과 발전을 거듭한 이례적인 교육정책 사례 중 하나로 볼 수 있다. 관행적으로 우리나라에서는 여당과 야당 사이에 정권교체가 이루어질 경우 연속성이 보장되지 못하고 정책이 축소되거나 폐지되는 사례가 대체로 많았기 때문이다. 자유학기제가 자유학년제로 확대되는 과정을 분석한 정양순 외(2018)는 학교 현장에서 자유학기제가 운영되는 가운데, 한 학기만의 단절된 경험으로는 학교교육 전반을 개선하고자 하는 자유학기제의 정책적 효과를 거두기 어렵다는 의견들이 제기되면서 문재인 정부에 이르러 '자유학년제'로 정책 변동이 이루어졌다고 원인을 분석하기도 하였다. 다만 자유학년제 확대 타당성에 대해서는 여전히 교육 주체별로 상반된 인식 경향이 나타나고 있기도 하다(김희규, 주영효, 2022). 한편, 양적 팽창과 질적 심화를 거듭해왔던 자유학기제 정책은 최근 새로운 국면에 접어들게 되는데, 교육부가 국민 여론을 수렴해 2022 개정 교육과정이 중학교에 적용되는 2025년부터 자유학년제를 폐지하겠다는 입장을 밝혔기 때문이다(에듀프레스, 2022.08.29.). 이러한 정책 전환 분위기는 이미 지난 교육감 선거를 통해 부분적으로 감지되기도 하였는데, 일부 후보가 선거 과정에서 "자유학년제가 자유방치제가 됐다"고 주장하며 자유학년제 전면 개선의 뜻을 밝혔기 때문이다(뉴스웍스. 2022.04.26.).

자유학기제 정책은 우여곡절을 거쳐 시범 도입을 기점으로 10년 차에 접어들었다. 그러나 상반된 평가는 여전히 지속되어 오고 있다. 예컨대 자유학기제가 한국교육의 금기를 깨뜨리는 혁신적인 교육정책이라는 평가(정윤경, 2016; 김나라, 최지원, 2014)와 정치적 정당성을 확보하기 위한 수단으로 활용하면서 현장에 혼란을 발생시킨 모호한 정책이라는 평가(양희준, 2020)가 팽팽히 맞서기도 하였다. 자유학기제가 지식보다는 체험중심 교육으로 전환을 모색하는 계기가 될 것이라는 기대(성열관, 2018; 안희진, 김병찬, 2017; 임종헌, 2016; 신철균 외, 2015)와 학력 저하 및 양극화를 심화시킬 수 있다는 우려(박휴용, 송진웅, 2018; 하정희 외, 2018; 정유리, 송경오, 2016) 역시 공존하고 있다. 또한, 자유학기제가 진로교육 효과 측면에서도 자기주도적 학습능력, 진로 인식 등에서 효과를 나타내고 있다는 입장(이승범, 진지형, 2016; 김달효, 2015)과 자유학기제의 형식적 운영을 지적하는 입장(김영우, 김종두, 2016; 여지영, 채선미, 2016)이 동시에 대립하고 있다.

이처럼 다수의 연구 및 언론보도 등에서 자유학기제를 둘러싸고 상호 모순적이며, 배타적인 요소들이 동시에 나타나고 있음을 알 수 있다. 즉, 정책 패러독스(paradox) 현상이 발생되고 있는 것이다. 정책 패러독스 현상을 연구하는 대표적인 학자인 Stone(2012)은 저서 「Policy Paradox: The Art of Political Decision Making」의 원인(Cause) 장[1]을 통해 정책 패러독스 현상의 원인과 정책행위자들의 원인 활용을 조망할 수 있는 유용한 이론적 관점을 제시하고 있다. 구체적으로 그는 정책 패러독스 현상에서 원인을 살필 때, 정책과 정치에서 목적, 의지, 동기가 있는 행동과 그렇지 않은 행동을 구별하는 것이 중요하며, 의도한 행동이 의도하지 않은 결과를 낳을 수 있기 때문에 의도된 효과와 의도하지 않은 효과를 구분하는 것도 역시 중요하다고 지적한다.

이에 본 장은 Stone(2012)의 관점을 중심으로 자유학년(기)제 정책 패러독스 현상 발생에 주목한다. 특히 자유학기제의 패러독스 발생 인과관계에 대한 상이한 관점을 '의도적 원인', '의도하지 않은 원인', '우연한 원인' 등으로 범주화하여 살펴보고자 한다. 이와 더불어 자유학기제 시행을 찬성과 반대 입장이 각각 정책이 내포하고 있는 문제의 원인을 활용하는 방식을 심도 있게 분석함으로써 자유학기제 정책의 시사점을 탐색하는 데 목적을 둔다.

2 자유학년(기)제와 패러독스

가. 중학교 자유학년(기)제[2]

자유학년(기)제는 학생들이 시험 부담에서 벗어나 꿈과 끼를 찾을 수 있도록 토론, 실습 등의 학생참여 형태로 수업을 운영하고, 진로 탐색·동아리·예술 및 체육·학생 선택프로그램 등 다양한 체험활동을 할 수 있도록 교육과정을 유연하게 운영하는 제도이다(교육부, 2013). 이는 입시경쟁 위주의 교육에서 벗어나 학생참여중심 수업 및 과정 중심 평가를 통한 공교육 정상화를 목적으로 하고 있다. 자유학년(기)제의 도입배경에 따르면 주입식·암기식·입시 위주의 교육으로 학생들의 학업 흥미도 및 행복지수가 저하되고, 중학생들의 '장래희망이 없다'는 응답 결과가 급증하였다(한국고용정보원, 2008). 이에 기존의 교육체제 우수성 및 점수 위주의 교육에서 개개인의 꿈과 끼를 살려주고 창의력 및 인성을 함양

---

1 Stone은 그녀의 저서에서 cause를 어떤 상황의 원인 혹은 그 원인으로 인해 야기되는 결과를 결합한 인과관계를 문맥에 따라 사용하는 경향을 보여주었다. 따라서 본 장에서도 상황과 문맥에 따라 이 두 가지 단어로 해석·활용하였다.

2 2012년 대통령 선거 공약을 제시된 이후 사회적 논의를 거쳐 단계적으로 시행된 자유학년(기)제는 자유학기제에서 자유학년제로 운영되는 등 정책 명의 변화가 있었다. 이에 본 연구에서는 자유학기제와 자유학년제를 포괄하여 자유학년(기)제로 표기하였다.

하는 교육으로 교육 패러다임의 변화를 도모하였다(교육부, 2014). 자유학년(기)제 운영 기간에는 학생들의 실질적인 배움과 성장을 돕기 위해 수업과 평가에 초점을 두고 이 기간에는 석차를 제시하는 상대평가를 하지 않는다(시사상식사전, 2022.09.02.검색).

학생의 학습 부담을 최소화하고자 한 자유학년(기)제는 박근혜 정부의 국정과제로 2013년 9월 자유학기제 연구학교 42개 교를 중심으로 시범 운영을 시작하였다. 중학교 자유학기제 연구·희망학교는 2014년 811교, 2015년 2,551교로 증가하여 운영되다가 2016년 3월부터 전국의 중학교에서 전면 시행되었다. 2016년 '꿈과 끼를 키우는 행복교육'이라는 슬로건 하에 중학교 2학년을 대상으로 시행되었던 자유학년제는 이후 중학교 1학년을 대상으로 하는 자유학년제로 변경되어 운영되고 있다(정영근 외, 2015:3-4; 이승미, 2022:140). 2016년에는 자유학기 시행 이후에도 학생중심 수업이나 과정중심평가, 자유학기 활동 연계 교육과정을 운영함으로써 자유학기와 일반학기를 연계하여 운영하는 방안을 모색하는 등 자유학년·학기제 운영의 내실화를 모색하였다. 문재인 정부는 2012년 대선 당시에도 '행복한 중2 프로젝트'를 공약으로 제시해왔던 만큼 국정과제(50-4)로 자유학기제를 선정하고 지속적으로 실시하였다(뉴시스, 2012.12.09.) 2017년 5월 정부 출범 이후 자유학기와 일반학기를 연계하는 방안, 중학교 자유학기 확대 발전 계획 등 자유학년제에 대한 논의가 지속되었다. 2022 개정 교육과정에서는 중학교 1학년 동안 운영하던 자유학년제를 자유학기제로 축소하여 운영하도록 하였고, 단위학교에서 자율적으로 자유학기를 분산하여 운영하고 있다.

교육정책은 학생, 학부모, 교사 등 다수의 이해당사자들과 연관되어 있어 해당 정책에 대한 이해 및 공감대를 형성하는 것이 매우 중요하다. 자유학년(기)제는 중학교 과정 내, 또는 다른 학교급, 다른 정책내지 지역사회와 연계되는 등 정책의 적용 범위가 넓고 다양한 이해당사자들이 관여되어 있어 시행 초기부터 많은 관심을 받아왔다. 다수의 선행연구에서도 자유학년(기)제의 정책에 관한 교사 및 교육전문가들의 인식(신철균 외, 2014; 성열관, 2018; 박균열, 홍지오, 2021), 학생들의 경험에 대한 연구(하정희 외, 2018; 장선미, 2021; 최원석 외, 2022), 학부모들의 인식(정영희 외, 2016; 김아람 외, 2018) 등 다양한 경험과 인식, 사례 연구들이 진행되었으나 연구결과는 유사하게 나타났다. 예컨대 입시경쟁에서 나타나는 석차에 대한 부담감이 낮아져 학생 만족도가 높게 나타나고, 교사 또한 상대평가의 부담이 적어서 학생중심의 수업과 평가를 진행할 수 있다. 또한, 학생들은 이 기간 동안 자신의 적성과 재능을 찾아보며 진로를 충분히 생각하고 경험할 수 있다는 점에서 자유학기제의 장점이 나타난다(신철균 외, 2014:206; 박균열, 홍지오, 2021:186; 장선미, 2021:117). 그러나 학부모의 높은 기대에 비해 만족도가 낮고 입시 위주의 학교풍토상 집중적 사교육 기간으로 변질될 수 있다(정영희 외, 2016:797; 김아람 외, 2018:517). 또한, 자유학기제에 적응하는 학생들 간의 격차가 발생하며, 중학교 입학 후 1년 동안 자유학년제에 적응했던 학생들의 중학교 2학년 적응이 어려워지는 등의 문제가 발생했다(박균열 외, 2019; 최원석 외, 2022:478-479). 자유학기제 시행 초기에는 학생들이 한 학기만이라도 점수에서 자유로울 수 있다는 점에서 정책적 의미가 있었으나, 자유학기 기간을 어떻게 활용할 것인지는 교사와 학생들의 자발적인 노력이 필요하다는 의견들이 제시되었다(오마이뉴스, 2012.11.22.).

정책적 관점에서도 철학적 관점, 여러 연구방법 및 연구 모형을 사용하여 자유학년(기)제를 분석한 선행연구들도 있다. 자유학년(기)제의 정책 자체를 분석하여 개선 방향을 탐색하기도 하고(김나라 외, 2014, 정양순 외, 2018, 박대권 외, 2019; 양희준, 2020; 이승미, 2022:162), 자유학년(기)제의 프로그램을 새로 개발하기도 하였다(정채현·현은령, 2021:김윤서, 2022). 정책 자체를 분석한 연구들은 자유학기제의 정책목표가 구체화되는 과정에서 정책적 정당성, 정책과 정치의 관계성에 주목하거나(양희준, 2020:450-452), Kingdon의 정책흐름모형에 따라 자유학년(기)제의 정책변동에 '대선'이 큰 영향을 주었다는 분석 결과도 있다(정양순 외, 2018:165-166). 정책운영 전반에 따른 긍정적, 부정적 운영 결과 및 연계학기 운영에 관한 연구들도 진행되었다(박대권 외, 2019; 최원석 외, 2022).

이상의 선행연구 결과에서는 집단 간, 정책적 문제점들이 나타나고 있다. 그러나 집단 간의 인식적인 면 또는 정책목표 및 정치적 관계성을 중심으로 자유학년(기)제를 바라봄으로써 정책 자체의 근본적인 문제 해결에 접근하기가 어려웠다. 이와 같은 문제는 정책의 패러독스 관점에서 원인에 따른 행동 및 결과에 관한 Stone의 인과관계 패러독스를 중심으로 설명할 수 있다.

나. 인과관계 이론적 관점에서의 교육정책 패러독스

Stone은 문제의 원인을 규명하는 일은 문제를 정의할 뿐만 아니라 문제에 대한 책임을 부여하는 일에도 적용할 수 있다고 한다. 어떤 문제에 대한 원인이 무엇인지 확인하면 그 원인을 제거하거나 수정 또는 축소하는 등의 방안을 정책으로 제시함으로써 정치적 갈등을 통제하고 원인에 대한 책임을 통제하는 등의 인과관계가 작동한다(Stone, 2012). 이때 정책은 목적과 기대되는 결과에 따라 통제와 책임이 효과적으로 나타나 정책적 효과가 달성되기를 기대한다. 그러나 의도된 행동이 자연현상 등의 우발적 원인으로 인해 의도하지 않은 결과를 초래할 수도 있다. [표 9.1]은 행동에 따른 결과를 인과관계로 나타낸 정책 논쟁에서의 인과관계 이론의 유형이다.

교육정책에서도 의도하지 않은 결과가 나타나는 경우가 종종 있는데 우발적 원인과 의도하지 않은 원인으로 나타나는 사례들이 있다. 코로나19의 확산, 자연재해 등의 우발적 원인 영역에서는 현상의 발생에 대해서만 제시할 수 있으므로 책임의 소재를 묻기 어렵다. 그런가 하면 의도하지 않은 원인에 따라 의도하지 않은 결과가 나타나는 경우도 있다. 초등돌봄교실 정책운영에 따라 교사업무량이 증가하는 선의의 정책에 따른 유해한 부작용, 부주의, 무지함 등이 그 예이다. 반대로 학교폭력 예방의 일환으로 인성교육 강화 및 밥상머리교육 정책을 시행하는 것과 같이 의도적 원인에 따라 의도한 결과가 심한 차별이나 피해자 탓하기 등으로 이어질 수도 있으며, 제도 및 절차에 따라 기계적으로 진행하였던 정책의 기대 효과가 정책적 피해를 불러일으키거나 음모론으로 이어져 정치적 논쟁이 발생하는 경우도 있다.

[표 9.1] **인과관계 이론의 유형**

행동	결과	
	의도한 결과	의도하지 않은 결과
지침이 없는 행동	〈기계적 원인(Mechanical Cause)〉 • 설계한 대로 작동하지만, 피해를 유발하는 기계 • 로봇 같이 행동하는 사람들 • 엄격한 관료주의 절차	〈우발적 원인(Accidental Cause)〉 • 자연재해(홍수, 지진, 태풍 등) • 운명(외모, 건강, 복권 당첨 등) • 불행 • 제멋대로 움직이는 기계(자동차)
지침이 있는 행동	〈의도적 원인(Intentional Cause)〉 • 억압, 탄압, 학대, 심한 차별 • 음모 • 남에게 악영향을 끼치는 사람, 암적인 존재 • 피해자를 탓하기, 희생자 비난하기	〈의도하지 않은 원인(Inadvertent Cause)〉 • 정책에서 예기치 못한 해로운 부작용 • 부주의 • 피할 수 없는 무지함

출처: Stone(2012:208).

한편 의도적 또는 비의도적인 원인에 따라 행동과 결과가 나타나는 현상은 한 가지 원인에 의한 것이 아니라 현상이 진행됨에 따라 원인의 유형이 변화하는 것으로 볼 수도 있다. Stone(2012)은 이와 같이 서로 얽히고 변화하는 현상에 관한 원인을 세 가지 유형으로 제시하고 있다. 복잡한 현상의 원인이 되는 첫 번째 유형은 '복잡계'로 사회 체제가 수많은 구성요소 및 사람들과 관련되어 있기 때문이라는 것이다. 두 번째 유형으로는 구조적이고 뿌리 깊은 제도의 문제를 제시하며, 세 번째 유형은 제도와 절차에 따른 정책의 경로 의존성, 즉 역사적 원인을 제시하였다. 각 유형별로 현상의 원인을 기술하고 있으나 정책을 진행함에 있어 위의 세 가지 유형들은 때로는 통제할 수 없는 방향으로 진행하기도 한다.

Stone(2012)은 인과 이론을 통해 정책적 공동체 내에서 사회적 개입을 정당화하기 위해 현상에 대한 원인을 제시함으로써 기존의 사회질서를 도전 또는 보호하거나, 특정 정치행위자에게 책임을 부여할 수 있다고 하였다. 이를 통해 특정 행위자의 행위를 정당화하고 권한을 부여하거나, 피해자 관계에 있는 사람들 사이에서 새로운 정치적 동맹을 만들 수 있다고 하였다. 자유학년(기)제를 포함한 대다수 교육정책은 다양한 이해관계자들과의 관계 및 사회적 흐름, 교육적 양상에 따라 정책의 의도대로 진행되지 못하는 현상이 발생하였다. 이와 같은 현상은 교육정책에 관한 이해관계자들 사이의 정치적 논리로 귀결된다. 따라서 중학교 자유학년(기)제 정책 또한 문제 해결을 위한 정확한 원인을 파악하기 위해 정책적 패러독스와 각 인과관계를 살펴보아야 한다.

다. 분석 틀

원인(causes)을 파악하는 것은 정책 문제의 실제적 분석을 위해 정책입안자들이 해야 하는 가장 중요한 과제이며, 이 단계를 거치지 않고서는 근본적인 문제의 해결이 어렵다. 정책의제설정에서부터 정책평가에 이르기까지 현상의 원인 분석은 필수적인 요소이고, 그 결과는 다시 새로운 정책 문제로 환류되어 대안 탐색의 시초가 된다. 이러한 맥락에서 정책학습의 중요성을 강조하는 관점에서는 원인 규명을 통해 성취요인을 강화하거나 실패 시 해결책을 강구하는 노력의 중요성을 역설한다(노화준, 2007; Hall, 1988). 그러나 하나의 정책 문제에 단 하나의 원인만 있는 것은 아니며, 원인이 반드시 일정한 결과로 이어지는 것도 아니다. 이러한 원인의 특성과 더불어 문제 상황은 객관적으로 존재하는 것이 아니라 주관적인 설정을 통해 만들어지며, 사회적으로 구성될 수 있는 것이기에(윤견수, 2014), 원인의 파악과 규명은 문제의 해결뿐만 아니라 정책 상황의 재구성에 활용되기도 한다.

이러한 관점을 기반으로, 본 장에서는 Stone의 정책 패러독스 관점 중 '인과관계'의 개념을 통해 자유학기제의 패러독스 현상을 분석하고자 하였다. 이를 위해 자유학기제로 인해 발생한 패러독스 현상의 여러 요인들을 분석하고, 정책 이해관계자들이 정책 문제의 원인을 규정하고 활용하는 방법이 어떠한지를 고찰하였다. Stone(2012)에서는 인과관계 이론의 유형을 의도한 효과와 의도하지 않은 효과의 구분을 한 축으로, 목적이 없는 행동과 목적이 있는 행동의 구분을 한 축으로 설정한 4분면의 유형을 제시하였는데, 목적이 없이 의도한 결과(기계적 원인), 목적이 없고 의도하지 않은 결과(우연한 원인), 목적을 가지고 의도한 결과(의도적 원인), 목적을 가지고 의도하지 않은 결과(의도하지 않은 원인)가 그것이다. 이 범주들은 일반적으로 정책 논쟁에서 주장된 인과관계의 유형으로서 명확한 이분법이 아닌 희미한 경계가 있는 미완성의 범주로 이해된다(Stone, 2012:208). 다루는 정책의 성격이나 사안에 따라 범주는 조정될 수 있으며, 정책 이해관계자들은 전략적으로 범주를 재설정하여 자신의 의도를 효과적으로 달성하기도 한다.

본 장에서는 사회적 맥락과 인간 사이의 복잡한 상호작용을 통해 실행되는 교육정책의 특성에 따라, 설계 혹은 프로그래밍에 의해 발생하는 사건을 다루는 기계적 원인을 분석에서는 제외하였다. 다만 기계적 원인에서도 계층적 조직에서 관료제의 영향을 받는 교직 사회의 특성이 일부 포함되어 있어, 경직된 매뉴얼로 인해 주어진 대로 업무를 수행해야 하고 유연성을 발휘하기 어렵게 하는 엄격한 관료주의적 절차를 의도적 원인의 하나로 범주화하였다. 그리하여 자유학기제의 패러독스가 발생하는 원인으로 우연한 원인과 의도하지 않은 원인, 의도적 원인의 세 가지 범주를 설정하였다. 또한, 각각의 범주에서 교육정책의 성격과 부합하는 하위범주들을 설정하여, 중학교 자유학기제에 적용하여 분석하였다.

우연한 원인의 가장 주요한 요소인 자연재해의 경우, 상시적으로 교육정책에 영향을 끼치는 요인이라고 볼 수는 없다. 그러나 2020년 상반기부터 지속되고 있는 코로나19의 확산은 교육 현장 전반은 물론 자유학기제의 시행에도 커다란 여파를 몰고 온바, 중요한 요소로 파악하여 우연한 원인의 범주에서 분석하였다. 더불어 사회의 복잡한 시스템과 제도상의 제약, 역사적 경로 의존성과 같은 사회의 복

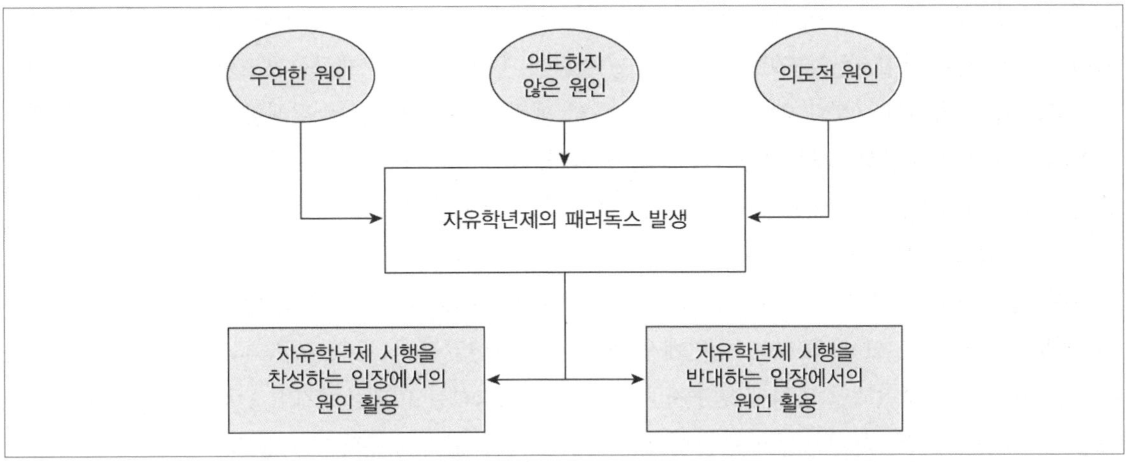

[그림 9.1] **'원인'의 개념을 적용한 정책 패러독스 현상의 분석 틀**

잡한 인과관계는 이미 사회적으로 내재화되어 쉽게 변화시킬 수 없는 요소들이기에 또한 우연한 원인으로 파악하였다. 의도하지 않은 원인의 하위범주로는 도움이 되고자 실행한 정책이 오히려 시민들에게 부작용을 일으키게 되는 선의적 정책의 유해성과 정책 결정자가 교육 현장에 대해 잘 알지 못한 상태에서 정책을 결정하여 부정적 결과를 야기하는 현실에 대한 무지를 설정하여, 의도하지는 않았지만 여러 요소로 인해 정책 패러독스가 발생할 수 있음을 살펴보았다. 마지막으로 의도적 원인의 하위범주로 위험성을 예기할 수 있음에도 불구하고 정책을 실행하며 어쩔 수 없었다는 핑계로 스스로에게 관용을 베푸는 계산된 위험과 최소한의 관용, 그리고 전술한 엄격한 관료주의적 절차를 설정하여 자유학기제의 패러독스를 다양한 측면에서 살펴보고자 하였다. 이 결과를 바탕으로 자유학기제 시행을 찬성하는 입장과 반대하는 입장이 정책 문제의 원인을 활용하는 방식을 분석함으로써 중학교 자유학기제를 둘러싼 정책 패러독스 현상을 고찰하였다. 이를 종합하여 정책 패러독스 현상의 분석 틀을 제시하면 [그림 9.1]과 같다.

3 연구방법

가. 문헌연구방법

문헌연구방법은 양적·질적 연구처럼 사회과학 연구방법으로써 학문 활동이나 일상생활에서 느끼는 문제나 의문점에 대한 새로운 지식을 획득하고, 창출하는 데 목적을 두고 있다(남궁근, 2017:1; Lukenchuk, 2013). 이는 연구 문제를 해결하는 방법론적 도구로서 연구의 기초 및 프레임워크 기능뿐만 아니라 새로운 개념 모형이나 이론을 구축, 수립, 검증에 관한 유용한 정보를 제공하고, 연구결과를 유의미하게 발전시키는 효과를 지닌다(Baumeister & Leary, 1997; Snyder, 2019; Torraco, 2005; Tranfield et al.,

2003; Vom Brocke et al., 2015:206; 이재선, 2022:160에서 재인용). 또한, 문헌연구방법은 해당 학문 분야에서 선구적 역할을 할 수 있도록 도움을 주고, 연구자에게 통찰력을 제공함으로써 새로운 접근방법을 모색하는 데 유용하다(성태제, 시기자, 2017:76). 특히 패러독스 연구에서는 정책참여자들의 정책에 대한 의미의 심리사회적 구성 및 정치해석적 관점에 따라 다르게 나타나는 패러독스의 가변성과 다양성의 이해가 요구되는데, 이를 위해 사고의 유연성과 융통성이 필수적이라는 점에서 문헌연구방법은 더욱 유용할 수 있다(신현석, 이예슬, 2021).

한편, 문헌연구방법에서는 무엇보다 선행연구 종합과 메타분석을 포함하는 방법으로써 출판된 자료의 비판적 평가(APA, 2010:37)라는 측면에서 체계적인 문헌고찰(literature review)의 중요성이 강조된다. Hart(1998)는 문헌고찰 과정에 연구자(reviewer)가 지향하는 이데올로기적 관점, 학파의 사상 등이 포함되어야 한다면서, 문헌고찰이 단순히 자료의 수집이나 정리 수준에서 머물러서는 안 된다고 지적하기도 하였다.

이에 본 장에서는 문헌고찰의 절차적 체계성·엄밀성을 충분히 확보하고, 중학교 자유학기제에 대한 상충된 결론을 도출하고 있는 다양한 선행연구들을 광범위하고 비판적으로 검토하기 위해 체계적 문헌고찰(systematic literature review) 방법을 활용하였다. 체계적 문헌고찰은 기존 연구결과 사이의 결론이 상반되거나, 일관된 결론이 도출되지 않을 때 효과적으로 활용할 수 있는 장점이 있기 때문이다(김석우 외, 2022:58; Glass, 1976:3). 서론에서 밝힌 것처럼 자유학기제에 대한 평가는 여전히 엇갈리고 있으며, 의도적·비의도적 원인에 따라 정책을 찬성과 반대 입장에서 각각 재해석되고 있기 때문이다. 다만 연구주제인 자유학기제의 정책 패러독스 현상이 사회적 맥락과 인간 사이의 복잡한 상호작용을 통해 나타나는 특수성을 고려하여, 통계적으로 복수의 연구결과를 통합하는 양적(quantitative) 고찰에는 한계가 있어 정성적으로 주제 분석을 통합하는 질적(qualitative) 고찰 방법을 활용하였다.

나. 자료수집 및 분석

자료수집은 자유학기제 정책을 최초 도입한 박근혜 정부 집권 전후를 시점으로 자유학년제 폐지 논의가 진행되고 있는 2022년 3분기까지 발행된 학술지 연구논문, 학위논문, 정책연구 논문 등을 중심으로 하였다. 다만 선행연구를 통해 자유학기제 패러독스 원인에 대한 상이한 관점 및 그 활용에 대한 관점이 충분히 드러나지 않을 경우, 신문 및 방송 보도자료, 교육부 정책 관련 문서, 국회 국정감사 자료, 교원단체 및 노조의 보도자료 등의 문헌 자료를 폭넓게 수집하여 보강하였다.

또한, 자료 분석은 전술한 것처럼 체계적 문헌고찰 방법을 활용하였다. 자유학기제의 패러독스 발생 원인을 다각적으로 규명하고 이를 활용하는 정책 이해관계자의 행위 양상을 분석하기 위해서는 다소 상호 배타적이어서 양립할 수 없는 연구결과를 복합적 검토할 필요가 있기 때문이다. 따라서 체계적 문헌고찰 방법이 제시하고 있는 포함·배제 기준에 따른 문헌선택 기준 설정, 광범위한 문헌검색, 기준에 따른 문헌선택 및 비판적 검토, 문헌 분류 및 종합 등의 절차를 따랐다. 우선 Stone의 정책 패러

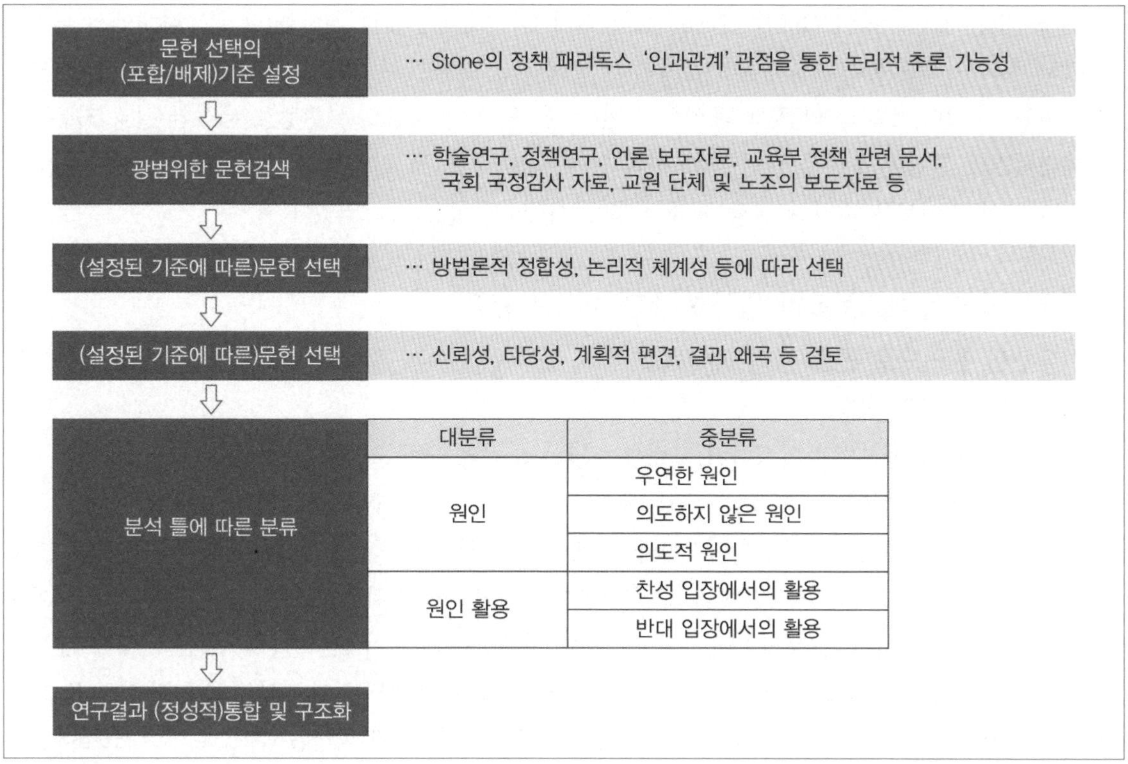

[그림 9.2] **연구 절차**

독스 중 '인과관계' 관점을 통해 논리적 추론이 가능 여부를 바탕으로 문헌선택의 포함 및 배제 기준을 설정하였다. 전술한 것처럼 광범위한 문헌검색을 하였고, 그에 따라 수집된 자료를 종류별로 1차 분류, 방법론적 정합성 및 논리적 체계성의 확보 여부에 따라 2차 분류를 하여 선택하였다. 최종적으로 선택된 자료의 신뢰성, 타당성, 계획적 편견 및 결과의 왜곡 여부 등을 비판적으로 검토한 후, 적합한 자료들을 분석 틀에 따라 분류하여 분석에 활용하였다. 구체적인 연구 절차는 [그림 9.2]와 같다.

4 원인 패러독스 관점에 따른 중학교 자유학년제의 패러독스 분석

객관적이고 이론적으로 과학적인 분석을 통해 입증될 수 있는 원인은 기계론적인 모델에서의 추론이며, 정치를 통해 작동하는 폴리스(polis)에서는 기계론적 모델에서의 인과관계와는 다른 양상을 띤다(Stone, 2012). 정책 이해관계자들은 정책의 유해성을 입증하는 방법으로 인과관계를 활용하며, 자신이 추구하는 가치에 따라 정책 상황을 재구성하고 문제의 원인을 규정함으로써 책임의 소재를 확인하고자 한다. Stone은 이러한 현상을 프레임화하여 정책 범주와 그를 다루는 정책 이해관계자들의 움직임을 분석하였는데, 자유학기제에서 발생한 정책 패러독스 역시 문제의 원인을 다양한 각도에서 규정할 수 있고 정책 이해관계자들이 자신의 가치에 따라 원인을 활용할 수 있다는 점에서 Stone의 틀을 통해 살펴볼 수 있다. Stone의 정책 패러독스 관점 중 '원인'의 개념으로 현상을 분석한 결과 자유학기제 패러독스의 원인은 우연한 원인, 의도하지 않은 원인, 의도적 원인 등 상이한 관점에서 규정될 수 있었으며, 이 원인들은 다양한 교육 이해관계자들에 의해 활용되고 있었다.

가. 자유학년제 패러독스의 원인에 대한 상이한 관점

1) 우연한 원인으로 인한 정책 패러독스

가) 자연의 우발적 상황

정책의 의도를 효과적으로 달성하기 위해서는 많은 노력과 제반 요소가 요구되며, 여러 요인을 고려하여 기획하였음에도 불구하고 실행의 단계에서는 예측하지 못한 변수들로 인해 정책 목적이 의도대로 이루어지지 않을 수 있다. 특히 지진이나 수해, 전염병의 확산 등 자연재해의 발생은 우발적인 요인으로서, 일반적으로 예측하기가 힘들고 상당히 이례적인 사건이라는 점에서 정책의 기획 단계에서 구체적으로 고려하기는 사실상 불가능하다고 볼 수 있다. Stone(2012)은 이러한 요인에 대해 '운명의 영역'에 속하는 것으로 보고 자연재해로 인한 정책의 실패나 부작용에 대해서는 정치적 비난을 하기 어렵다고 하였다. 2019년 연말부터 2022년 10월까지도 전 세계에 영향을 미치고 있는 코로나19는 모든 정책의 기획에서 예측하지 못한 자연재해이다. 특히 교육 분야는 교사와 학생, 학생과 학생 간의 상호작용을 통해 성장과 발달이라는 목적을 이루어내는 분야라는 점에서 그 어느 분야보다도 큰 타격을 입었다. 교육계는 비대면 상황에서도 원격 수업을 시행하는 등 재빠르게 대처하여 대안을 강구하고 효과를 나타내기도 하였지만, 원격 수업의 효과는 대면 수업에서의 상호작용을 통해 얻을 수 있는 교육적 효과에 비해 여전히 미흡한 수준이다(박상민, 정성수, 2021). 자유학기제의 경우 다양한 진로 체험과 교육 주체 간의 상호작용 증대를 중점적으로 기획된바, 다른 교육정책에 비해 코로나19로 인한 비대면 상황의 한계가 더욱 크게 작용하였고 이는 자유학기제의 성공적 시행에 장애가 되었다.

코로나19라는 예기치 못한 자연재해로 인한 자유학기제의 패러독스 현상은 언론을 통해 수차례 보도되었다. 2020년 1학기 중학생의 수학 실력이 2, 3학년에 비해 더욱 두드러지게 하락한 것을 두고 언론은 자유학기제의 영향이라 추론하며 코로나19에 따른 원격 수업의 효과가 자유학기제하에서 더 비효과적이었을 것으로 분석하였고, 대면 수업이 어려운 상황에서 자유학기제를 지속하는 것에 반대하는 목소리를 전달하였다(동아일보, 2020.08.10.; 서울경제, 2021.05.06.). 특히 자유학기제의 주요 사항인 과정중심평가를 실시해야 하는 중학교 1학년 담당 교사들의 어려움도 보도되었는데, 급작스러운 원격 수업으로 인해 학생 평가가 난관에 부딪쳤다는 것이 주요 내용이다. 보도에서 한 중학교 교사는 학생들의 과제 수행 여부를 직접 관찰하며 평가해야 하는데 원격 수업 하에서는 섣불리 평가할 수 없다며 코로나19가 자유학기제에 미친 부정적 영향에 대해 언급하였다(금강일보, 2020.07.06.).

이처럼 코로나19는 자유학기제의 운영과 효과 면에서 정책 패러독스 현상을 심화시켰으며, 새로운 정책이 현장에 뿌리내리는 데 부정적인 영향을 주었다. 그러나 코로나19와 같은 자연재해는 자유학기제 정책 외부에서 발생한 충격으로서, 그 누구도 미리 예측하지 못한 불가항력적인 원인이기에 정책입안자나 시행의 주체에게 책임을 돌릴 수는 없다. Stone(2012)은 이러한 자연재해를 우연한 원인의 대표적인 요인으로 제시하면서, 우연한 원인은 인과관계 구별을 불가능하게 함으로써 책임 소재가 있는 행위자를 지목할 수 없게 만든다고 보았다.

나) 사회의 복잡한 인과관계

사회의 복잡한 시스템과 제도상의 제약, 역사적 경로 의존성과 같은 요인은 정책이 시행되는 사회에서 이미 내재적으로 고착화된 요인이다. 따라서 행위자의 통제가 효과를 볼 수 없고, 예측이 힘들며 불가피한 결과를 이끌어낸다는 점에서 마치 전염병과 같은 자연재해와 유사한 성격을 가지고 있다. Stone(2012)은 복잡한 피드백이 오고 가는 시스템에서 가능한 모든 사건과 부작용을 예측하는 것은 불가능하며, 실패나 사고는 불가피한 것이기 때문에 누군가에게 통제를 가정하는 책임을 돌리고 비난하는 것은 어려운 일이라고 하였다. 이러한 관점에서는 복잡한 시스템에 기대어 정책의 실패나 부작용을 설명할 수 있다. 자유학기제는 복잡한 사회적 맥락이 교차하는 가운데 시행된 정책으로, 그 근간에는 교육적·사회적·경제적·문화적으로 다양한 요구가 관여되어 있다. 체험이나 활동보다는 교과학습 위주로 이루어진 한국교육에서 발생한 문제들과 여전히 출신 학교를 따지는 문화와 학력 중시 가치관의 지속, 사라지지 않은 과도한 입시경쟁과 사교육비 문제 등은 복잡하게 얽히고설켜 자유학기제의 시작과 경과에 모두 영향을 주고 있다(박균열 외, 2014; 신철균 외, 2015; 안희진, 김병찬, 2016; 김양분 외, 2019). 이 외에도 자유학기제를 시행하는 교육조직의 특성과 자유학기제로 인한 교육 이해관계자들의 이해득실, 지역사회에서의 파급과 정치적 활용 등 교육 내·외적인 요소 모두에서 다양한 맥락이 자유학기제에 적용된다. 현대 문제를 해결하는 데 필요한 사회 시스템은 본질적으로 복잡하고, 실패에는 너무 많은 구성요소와 사람들이 관련되어 있다(Stone, 2012:215). 자유학기제 역시 다양한 의사결정자와 피드백이 오가는 복잡한 사회 시스템을 바탕으로 시행되는 정책이기에, 모든 것을 제어하고 예측하여 대책을 세울 수는 없는 근원적 한계를 가지고 있다.

구조적인 원인과 제도도 사회의 복잡한 인과관계에 포함된다.[3] 자유학기제로 인해 발생하는 패러독스의 여러 현상 역시 교육체계 안에서의 구조적인 문제에 기인하고 있다. 구조는 그 자체의 구성원리와 질서, 그리고 제약성을 갖는 특정 시점 혹은 특정 분야에 설정되어 있는 질서체계로(노명순,

3 역사적 제도주의에서는 거시 수준의 '구조'와 중범위 수준의 '제도'를 구분하여 각각의 변수로서 그들간의 상호작용을 분석한다(김태은, 2015: 60). 반면, Stone(2012)은 '대규모 조직과 규칙에 관한 제도적 인과관계'를 설명하며 '구조'와 '제도'를 구분하지 않고 하나의 원인 유형으로 설정하였다. 본 연구에서는 Stone의 설명에 따라 둘을 구분하지 않고 하나로 통합하여 보고 자유학기제 패러독스의 원인으로 적용하였다.

2006:247), 구조적 문제는 개인이 해결하거나 통제할 수 있는 것이 아니며 다양한 역사적 맥락에 따라 변화한다. 한국의 교육제도에서 강력한 틀로서 기능하고 있는 구조는 단연 대입정책이라고 할 수 있는데, 이 구조는 오랜 기간 점진적인 변화를 거듭하며 다양한 이해관계자들의 관계망 속에서 총체적으로 유지되어 왔다. 자유학기제는 현재의 학교교육이 입시에 예속되어 있다는 것을 문제점으로 지적하며 도입되었으나, 행위자의 행위 방향을 설정하고 구속력을 가지는 제도의 특성상 대입정책의 단단한 구조하에서 영향력을 받고 있다. 그리하여 자유학기제의 도입 취지에는 동의하지만, 근본적으로 입시제도와 같은 구조적인 문제가 해결되지 않으면 정책의 의미가 없다는 정책의 한계에 대한 비판이 제시되었다(김위정, 2017; 박휴용, 송진웅, 2018).

역사적 경로의존성 또한 자유학기제의 패러독스를 일으키는 우연한 원인으로 제시될 수 있다. 시스템이 기존 질서를 그대로 유지하고자 하는 성향을 경로의존성이라고 하는데(신현석 외, 2019:41), 정책에서 이러한 성향은 초기 정책 결정이 그들 자신을 영속시키는 제도와 절차를 수립하면 후속 정책입안자가 다른 해결책을 시작하거나 원래 정책을 조정하기 어렵게 한다(Stone, 2012:217). 자유학기제의 경우, 정권이 바뀌면 교육정책이 변경되는 일반적인 우리나라의 변화와 달리 박근혜 정부에서 문재인 정부로 이양되는 과정에서 오히려 확대되었다는 점에서 독특한 사례인데, 그 과정에서 정책에 대해 우려하는 목소리 역시 지속적으로 제기되었다는 점도 특기할 만하다. 정책의 목적 및 방향, 학력 수준, 사교육 문제, 지역별 편차 등 다양한 층위에서 문제가 제기되었으나, 이를 해소하지 못한 채 정책을 끌고 나간 것이다.[4] 역사적 경로의존성의 관점에서 이러한 현상은 새로운 질서로 나아가는 힘을 증폭시키는 양의 되먹임보다는 조정과 평형을 유지하는 음의 되먹임이 강하게 나타나는 특성에 따른 것으로 이해할 수 있다(신현석 외, 2019:41).

이처럼 자유학기제는 사회의 복잡한 시스템과 구조적 한계, 정책이 가지는 역사적 경로의존성의 속성 등으로 인해 정책의 의도를 완전하게 실현하기는 어려웠다. 자유학기제를 둘러싼 다양한 층위에서의 요구, 관여 맥락은 너무나도 복잡하여 개개 요소를 분리하여 파악하기 쉽지 않다. 또한, 교육계 내부적으로는 대학입시제도라는 커다란 구조가 단단한 틀을 형성하고 있어 개별 정책의 성패에 강력한 영향을 미치고 있는 상황에서 현재의 구조와는 상반된 목표를 가지고 추진하는 자유학기제가 패러독스 현상을 일으키는 것은 불가피하다고 볼 수 있다. 전술한 요인들은 자유학기제의 패러독스가 발생했음에도 불구하고 역사적 경로의존성의 속성에 따라 정책의 경로를 급변시키기 어렵게 하며 문제가 지속되도록 하였다. 이러한 요인들은 소수의 의견이나 단 하나의 정책으로 변화시킬 수 없는 요인들이라는 점에서 불가항력적이라고 볼 수 있으며, 이는 우연한 원인의 일부로서 이해되고 단순히 정책입안자의 정책 행위를 비난할 수만은 없게 하는 방위가 된다.

---

4 박대권 외(2019)에서는 정권이 바뀌고 난 후인 2017년 12월의 설문조사에서 자유학기제에 대한 국민의 지지도나 신뢰가 높지 않았다고 밝히면서, 신철균 외(2015)에서 제시한 자유학기제 관련 쟁점 네 가지(정책의 목적 및 방향, 학력 수준, 사교육, 지역별 편차)를 소개하고 있다.

2) 의도하지 않은 원인으로 인한 정책 패러독스

가) 선의적 정책의 유해성

Stone(2012)이 제시하는 인과관계 이론의 유형 [표 9.1]에서, 의도하지 않은 원인 가운데에는 정책 실행 과정에서 예기치 못한 해로운 부작용이 발생하는 상황인 '선의의 정책의 유해한 부작용'이 있다. Stone은 "Help is Harmful(도움이 해가 된다)"라는 다소 과장된 표현을 사용하여 선의적 정책의 부작용에 대해 언급하고 있는데(Stone, 2012:211), 이는 정부가 부작용을 의도한 것은 아니지만 도움이 되고자 실행한 정책이 오히려 시민들에게 악영향을 끼치게 되는 사례들이 있음을 의미한다. 자유학기제의 실행 과정에서도 이러한 사례가 발견된다. 자유학기제를 실시함으로써 학생들의 학업 부담을 경감하고 한국교육의 고질적 문제인 사교육비 증가를 해소하겠다는 의도가 오히려 학업 부담을 증가시키고 사교육 격차를 심화하는 결과로 나타난 것이 그 예이다.

먼저 학업 부담 경감과 관련하여, 일견 당연하게 여겨지는 자유학기제 시행과 학업 부담 경감의 관계가 반드시 이어지지는 않는다는 점에 주목할 필요가 있다. 자유학기제의 목적은 학생들이 학업 부담과 압박감에서 벗어나 꿈과 끼를 찾을 수 있도록 돕는 것이지만, 학생들의 학업 부담은 자유학기 기간에도 여전하다. 학생들은 오히려 모든 과목이 수행평가여서 준비 과정에 어려움이 많다고 느끼고 있었으며(하정희 외, 2018:152), 수시 보고서와 평가가 많아 힘들다는 의견을 나타냈다(이은화, 신상명, 2016:11). 이는 여지영, 채선미(2016)도 제기한 바로, 중학생들은 체험적 활동 영역에서까지 계속되는 수행평가에 대한 부담을 보이며 지필평가가 아닐 뿐 여전히 계속되고 있는 평가에 대한 준비로 압박을 느끼고 있었다. 이러한 연구결과들은 비록 지필의 형태로 치러지는 중간고사나 기말고사와 같은 정기고사가 사라졌으나 이것이 반드시 학생들의 학업 부담 해소로 이어지는 것은 아니며, 특히 자유학기제가 한시적인 학기이고 결국은 일반학기로 돌아가 학업을 이어가야 한다는 것을 인지하고 있는 상황에서의 학업 부담 해소는 궁극적으로 목적을 달성하기 어렵다는 점을 보여준다.

더불어 평가의 공정성과 질에 대한 문제도 제기되고 있다. 자유학기제에서 추구하고 있는 과정 중심 평가 역시 평가의 목적은 학생의 성장과 발달을 위한 피드백을 제공하는 것이며, 평가의 준거는 교육과정 상의 성취기준이다(정정철, 2020:219). 과정 중심 평가에서도 달성해야 할 성취기준은 존재하며, 지필평가가 아니라고 해서 기준에 의거한 평가의 신뢰성이나 공정성이 간과되어도 된다는 것은 아니다. 학습한 결과의 측정으로서의 평가는 신뢰성과 공정성을 바탕으로 교육적 활용으로 이어져야 하며, 이는 자유학기에서도 마찬가지이다. 그러나 자유학기에서의 학생 평가가 변별력이 부족하고 대외적인 신뢰도 확보에 어려움을 겪으며 이에 대한 학부모의 민원이 다수 제기되고 있다는 것은(성열관, 2018; 하정희 외, 2018) 평가에 대한 학생의 부담을 줄이고자 한 선한 의도가 역량 측정과 학업능력 평가를 어렵게 만드는 패러독스를 보여준다. 특히 과정 중심 평가가 강조되고 있으면서도 사실상 과정에 대한 피드백은 부족하다는 점과 평가의 공정성을 담보할 수 있는 근거를 명확하게 마련하기 어렵다는 점은 자유학기제가 의도하지 않은 부작용이라 할 수 있다.

사교육의 증가와 학력격차 심화는 가장 두드러지게 드러난 부작용이자, 논란의 중심이 되고 있는 문제이기도 하다. 자유학기제로 인해 교과 수업을 소홀하게 되어 학습 결손이 발생하지 않을까 우려하는 목소리[5]와 함께, 이러한 학부모들의 불안과 의구심을 공략하는 사교육이 성행하는 현상이 나타난 것이다.[6] 이러한 현상은 자유학기제가 끝난 후 미치게 될 부정적인 학업적 영향에 대한 학생들의 걱정과 학부모들의 불안 심리 고조(임종헌, 2016; 하정희 외, 2018)와 관련이 있다. 학업 부담을 완화하고 지필평가를 지양함으로써 사교육을 감소시키고자 한 자유학기제이지만, 자유학기제가 끝나고 일반학기로 돌아갔을 때 예상되는 학업적 어려움을 만회하기 위한 개인적 준비의 기간으로 이 기간이 활용되는 패러독스를 야기하는 것이다. 특히 문제가 되는 것은 자유학기제가 단순한 사교육비 증감의 결과를 넘어, 소득에 따른 사교육 정도의 차이를 가져온다는 점이다. 박윤수(2017)에 따르면, 자유학기제의 시행과 관련하여 통계청의 「사교육비조사」 2009~2016년 자료를 실증분석한 결과 계층별 사교육 수요의 차이가 도출되었다. 평균적으로는 자유학기제가 사교육 참여도 및 지출액에 큰 영향을 주지 않은 것으로 나타났으나, 이것은 고소득층의 사교육 참여도 및 지출액 증가와 중간소득층의 사교육 참여도 및 지출액 감소가 상쇄된 결과로서 파악되었다. 이러한 결과는 사교육으로 인한 학업 격차 심화라는, 사교육비의 증가 자체가 가져오는 문제보다 더 커다랗고 근본적인 문제를 보여준다. 이는 자유학기제가 자칫 학교 수업의 축소로 귀결될 경우 오히려 계층별 교육 격차 확대에 기여할 수 있다는 가능성을 시사한다(박윤수, 2017:6).

이처럼 학업 부담 경감과 사교육 문제 근절이라는 효과를 기대하였던 자유학기제는 의도와는 달리 그동안의 교육에서 지속되어 왔던 문제들을 완전히 해소하지 못한 채, 한편으로는 오히려 강화하는 문제를 야기하였다. 안희진, 김병찬(2016)에서는 자유학기에서의 평가가 수량화되지 않게 된 것은 일반학기들에서의 평가 결과를 더 중요하게 만들어, 학생들로 하여금 일반학기에서의 학업 부담을 더욱 가중시키는 결과로 이어지고 있음을 보여주었는데, 이는 선의적 정책의 유해성을 단적으로 보여주는 예시이다. 이러한 의도하지 않은 정책의 부작용은 정책 실행 과정에서의 패러독스로 볼 수 있다.

나) 현실에 대한 무지

Stone(2012)은 선의적 정책의 유해성과 더불어, 의도하지 않은 원인의 또 다른 유형으로 '무지'를 들

---

5 김위정(2017)에서는 혁신학교가 아닌 일반 학교에서의 한정된 결과이기는 하나 자유학기제를 시행한 학교의 학생이 시행하지 않은 학교의 학생보다 학업성취도가 떨어지는 결과를 제시함으로써 학업 부담 경감이 학력 저하로 이어지는 것이 아니냐는 우려를 실제로 보여주었다. 한편, 문찬주 외(2020)에서는 중학생들의 학업성취도 수준이 자유학기제 시행과 뚜렷한 상관이 나타나지 않으며, 자유학기제 시행 비율이 높아짐에 따라 국어 과목의 기초학력 미달 학생 비율이 유의하게 감소하였다는 결과를 제시하여 김위정(2017)의 연구와는 다른 결과를 나타낸다.

6 이은화, 신상명(2016)에 따르면 당시 사교육의 1번지라 할 수 있는 대치동에서는 자유학기제를 대비하는 강좌가 개설되었으며, 2022년에도 시중의 학습문제집 중에는 자유학기제를 대비한다는 목적을 드러내는 문제집이 존재한다.

고 있다. 이때의 무지는 '피할 수 있는' 무지로서(Stone, 2012:208), 무지로 인해 유해한 결과를 초래하는 현상에 대해 정책가들은 교육을 원인에 대한 해결책으로 추천하여 문제를 해결하고자 한다. 교육 현장에서도 역시 무지로 인한 정책 패러독스를 나타내는 사례들이 발견되는데, 이는 실제 현장의 모습을 잘 반영하지 못하는 교육정책 결정 과정, 즉 교육 현장과 정책 결정 사이의 괴리가 여전히 존재하고 있기 때문이다. 자유학기제 또한 다양한 이해관계자와 사회적 맥락 사이에 위치하고 있는 중학교 현장의 실제적인 모습을 꼼꼼하게 살펴보지 못하여, 세부적인 측면에서 현실과는 다소 맞지 않는 결과를 초래한 사례로서, 무지로 인한 정책 패러독스가 드러난 교육정책이다. 정책이 현장에 착근하기 위해서는 현장의 실태를 정확히 파악하는 것이 중요한데, 현실은 연구가 현장의 요구와 기대에 못 미치거나 도출된 대안들이 실제에서 제대로 적용되지 않는 경우가 발생하여 실무자들 사이에서 괴리감이 증폭되는 경우가 많다(신현석, 2017:223). 아무리 교육적 가치가 높은 정책이라도 단위학교의 현실과 한국의 교육 현실을 고려하지 않고 정책을 시행하게 되면 가치들 간의 충돌은 피할 수 없는 것이 된다.

자유학기제가 학교 현장의 현실과 충돌을 일으키는 지점은 여러 군데에서 발견되나, 먼저 체험 프로그램의 인프라와 관련한 부분이 지적된다. 학생들의 다양한 진로 탐색을 위하여 여러 형태의 진로 탐색 프로그램을 기획하는 것이 자유학기에서의 주요한 업무인데, 매번 지역사회로부터 의미 있는 체험처를 발굴하고 프로그램을 진행하는 것이 현실적으로 교사들에게 과중한 업무로 다가오기 때문이다. 기존의 업무를 여전히 수행하는 가운데, 체험처 발굴과 사전답사 및 안전교육, 인솔과 같은 추가적인 업무가 더해지고 이조차 인프라가 부족하여 다양한 진로 체험이 어려워 형식적 체험으로 그치고 마는 상황에 교사들의 불만이 발생한다(여지영, 채선미, 2016; 이은화, 신상명, 2016; 김위정, 2017). 교사들의 업무 부담 외에도 진로 탐색 프로그램의 형식성이 문제점으로 지적되었는데, 최원석 외(2022)에서는 교육과정 편성 상 아이들이 선택할 수 없는 주제선택 활동이 이루어지고 있음을 지적하였으며, 박휴용, 송진웅(2018)은 진로 탐색과 수업 개선이 어설프게 공존하는 상황이 학교 혁신을 비효과적으로 만들고 있음을 보여주었다. 특히 진로체험 참여 횟수는 진로성숙 발달에 큰 영향을 주지 않고, 횟수의 많음보다는 체험활동 만족도가 유의미한 영향력을 가진다는 점에서(주휘정, 김민석, 2018:104-105) 깊이 있는 수준의 체험보다 견학 수준의 체험을 하게 되는 형식적 프로그램 운영은 자유학기제의 목적 달성을 어렵게 하고 있다.[7]

자유학기가 끝나면 다시 일반학기가 시작된다는 점도 자유학기 본연의 목적 달성을 어렵게 하는 학교의 현실이다. 자유학기에서 학생들이 지필평가 없이 다양한 수업과 진로 탐색 프로그램 등을 체험했다 하더라도, 일반학기가 되면 학생들은 기존의 학교 모습을 다시 돌아가야 한다는 것을 인지하고 있다. 학생들은 곧 일반학기로 회귀할 것임을 알고 있기 때문에 자유학기에 충분히 몰입하지 못하며, 한

7 경향신문(2013.6.2.)은 "직장을 직접 찾아가지만 학생들의 안전과 기업의 보안 문제 등으로 실습이나 체험보다는 견학 수준에 머물고 있다"는 점을 보도하였다(박균열 외, 2014:43).

학기하고 끝날 자유학기를 마치고 2학년 수업에 잘 따라갈 수 있을 것인지를 걱정한다(임종헌, 2016: 116-117). 교사 또한 일반학기로 돌아오면 그간 진행하지 못했던 교과학습을 효율적으로 하기 위하여 단기간에 교과 진도를 나갈 수 있는 교수-학습을 선호하였다(안희진, 김병찬, 2016:140). 이는 전반적인 학교 현실이 변화하지 않은 상황에서 한시적으로 기간을 정하여 변화하고자 한 결과로, 자유학기제의 커다란 두 축이라 할 수 있는 수업 개선과 진로 탐색 모두에서 발생하는 패러독스이다.

또한, 여전히 고교 간 서열화의 문제가 존재하고 고교 입시 제도에서 자유로울 수 없는 중학교의 현실이 고려되지 못했다는 점도 자유학기제 시행에서 아쉬운 부분이다. 한국교육의 현실에서 상위학교 입시 문제는 타 정책의 시행에 있어서도 꾸준히 강력한 영향력을 발휘하는 문제로서, 이 문제를 고려하지 않고서는 정책의 성공을 담보하기 어렵다. 이러한 맥락에서 박균열 외(2014)는 자유학기제가 기존 교육과정과의 조화 문제를 해결하고 현재 고교 입시와의 연계성을 제대로 확보하지 못한다면 실효성을 거두기 어려울 것이라 우려하였으며, 박대권 외(2019)에서도 결국은 대학입시를 목표로 하는 중등학교의 현실이 자유학기제의 취지와 괴리가 있는 한 지속적인 비판을 받을 수밖에 없다고 보고 있다. 한 학기 동안 경쟁에서 벗어나 쉴 수 있도록 학생들에게 쉼을 제공한다 하더라도, 그 기간 역시 입시 준비의 기간에 포함된다면 학생들은 온전히 쉴 수 없기 때문이다.

정책이 추구하는 목적을 실제적으로 달성하기 위해서는, 정책이 적용되는 현장의 상황이 어떠한지를 먼저 파악하고 현실에 맞는 정책의 계획과 실행이 요구된다. 그러나 자유학기제의 시행 과정에서는 지역사회와 연계하는 체험 프로그램을 현장의 교사가 떠맡게 되는 문제와 그로 인한 수업의 부실, 결국에는 기존의 학교 모습으로 회귀하게 되는 일반학기와의 연계성 부족, 여전한 입시 상황의 영향 등 학교 현장의 현실과의 충돌이 발생하였다. 자유학기제라는 정책이 추구하는 긍정적인 취지에 공감하는 목소리가 많음에도 불구하고, 현실 적용에 우려를 표하는 목소리 또한 많은 것은 이러한 충돌 지점들 때문이다. 이처럼 현실에 대한 무지, 혹은 현실에 대한 정확한 분석이 바탕되지 않은 상태에서의 정책 실행은 의도하지는 않았더라도 정책 실행 결과를 부정적으로 이끌 수 있는 원인이 된다.

3) 의도적 원인으로 인한 정책 패러독스

가) 계산된 위험과 최소한의 관용

여러 요인으로 인하여 정책의 결과는 정책의 의도와는 다른 방향으로 나타날 수 있다. 이는 '예기치 않은 정책의 결과'로서, 그 원인으로는 선술한 자연재해와 같은 우연한 원인, 정책이 현실에 적용되는 과정에서 발생하는 부작용 등이 지적된다. 정책의 결과를 예측 불가능하고 통제할 수 없는 것으로 간주하는 시각은 정책 인과관계에서 면죄부를 줄 수 있다(Stone, 2012:218). 그러나 이러한 원인을 정책적으로 활용하는 입장에서, 정책의 결과가 부정적으로 나타난 상황의 원인을 우연하다거나 현실적으로 어쩔 수 없었다는 불가항력으로 돌리는 것은 회피적이고 무책임한 것이 된다. Stone(2012)은 시민들이 여러 복잡하고 예측이 어려운 사회적 맥락 가운데서도 공무원과 정책 전문가들이 적절한 정책을 실행하는 것을 기대한다는 점을 언급하며, 자연현상과 같이 불가항력적인 원인으로 보이는 것도 인간 활동과 무관하지 않다는 견해를 제시한다.

이러한 관점에서 자유학기제의 시행으로 발생한 부작용들은 불가항력적이라기보다는 예견할 수 있는 것이며, 예측했어야 하는 문제점으로 지적할 수 있다. 국정감사 보도자료(2013.10.14.)에 따르면, 인력 충원 없이 자유학기제를 도입할 경우 교사 업무의 폭주와 그로 인해 수업의 질이 낮아질 것이라는 점과 자유학기를 이용한 사교육이 성행할 것이라는 점, 진로 프로그램에 있어 지역사회의 진로체험 지원기관과 같은 인프라가 제대로 구축되어 있지 않아 문제가 될 것이라는 점 등이 예상되었다(박균열 외, 2014; 신철균 외, 2015). 이는 자유학기제 초기 단계에서부터 이미 선행연구 등을 통해 문제로 지적되어 온바, 단순히 우연한 원인이나 정책의 선한 의도에 기대어 자유학기제 정책의 인과관계를 정립하는 것은 적절하지 않다. 예측할 수 있는 위험을 시정하지 않는 것은 의도적이고 계산된 위험의 실행으로 보아야 하며, 결과에 대한 정책입안자의 책임지지 않는 관용이 될 뿐이다. 예상되는 문제를 일각의 현상 혹은 불가항력으로만 치부하고 현실에 대한 정보를 받아들이지 않는다면 정책으로 인한 매몰 비용(sunk cost)은 발생할 수밖에 없을 것이다.[8]

실제로 자유학기제가 확대를 거쳐 다시 축소의 방향으로 선회한 것은 자유학기제에 대해 그동안 제기되어 왔던 우려가 결국 교육 현장에서 부정적인 결과로 작용하여, 정책의 매몰 비용을 치르게 되었다는 것을 의미한다. 자유학기제는 짧은 기간 안에 변화를 거듭하여, 2016년 전면 시행으로부터 2년만인 2018년부터 한 학기였던 자유학기의 두 학기 확대가 시작되고, 3년만인 2021년에는 다시 축소의 방침이 발표되었다. 이 과정에서 명칭 또한 자유학기제에서 자유학기제로, 2025학년도 중학교 신입생부터는 다시 한 학기의 자유학기제로 바뀌게 되었다. 교육부(2021:23-24)는 공청회 등을 거쳐 발표한 2022 개정 교육과정 총론 주요 사항(시안)을 통해, 자유학기 운영 학기를 1학년 1/2학기 중 선택하고, 170시간을 102시간으로 축소하는 개선 방안을 제시하였다.[9] 불과 10년도 되지 않는 시간 동안 동일 교육제도가 확대와 축소를 오가는 급변을 거듭한 것은 오년지소계(五年之小計)의 교육정책·제도를

8 자유학기제 시행 초기의 연구들에서 뿐만이 아니라, 최근의 연구를 통해서도 자유학기제와 관련한 정보가 제대로 받아들여지지 않고 있음이 드러난다. 김희규, 주영효(2022: 137)는 선행연구들을 통해 지적되었던 일관되지 않은 진로교육 효과는 정책당국의 진로교육 강화 방안이 교육행정이 지향 및 강조해야 할 증거기반 정책 입안에 기반하지 않고 있다는 점을 방증하고 있다고 지적하며, 자유학기제 개선안의 재고 필요성을 언급하였다.

9 2022 개정 교육과정 총론을 발표하기 전 관련 공청회에서 자유학기제 운영을 축소하자는 연구결과가 나왔으며(한국교육과정평가원 교육과정연구실), 이날 신현욱 한국교원단체총연합회 정책본부장이 자유학기제 축소와 관련하여 "자유학기제 동안 시험을 실시하지 않기 때문에 학부모들 사이에서 학력 저하 우려가 지속적으로 제기돼왔고, 특히 진로체험 프로그램 등이 부족하다는 의견이 나왔는데 이러한 점들이 반영된 것으로 보인다"고 발언(서울경제, 2021.10.22.)한 것을 통해서도 다양한 교육관계자들이 자유학기제에 대해 예상한 문제점이 지속되어 왔음을 확인할 수 있다.

입안 및 집행한다는 비난을 자초하는 처사이며(김희규, 주영효, 2022:135), 예측할 수 있는 위험을 간과하고 시정하지 않은 채 강행한 결과라 할 수 있다.

특히 자유학기제 시행의 주체인 단위학교 교사들의 업무와 관련해서는, 업무량이 상당히 증가할 것임이 예견되는데도 불구하고 업무 경감과 관련한 대책이 없었다는 점에서 정책의 위험을 고스란히 감수하였다고 볼 수 있다. 진로체험 프로그램 업무에서 많은 교사들은 교사의 업무 범위에 대한 정체성 혼란을 드러냈는데, 이는 어디까지가 교사로서 전문성을 가지고 발휘해야 하는 범위인지에 대하여 교육적 합의가 이루어지지 않은 상황에서 일선의 교사들이 기존의 업무 영역을 벗어나는 업무를 전격적으로 담당해야 했기 때문이다(성열관, 2018; 박대권 외, 2019). 추가된 진로교육 업무와 함께 증대된 평가 업무 또한 자유학기제 정책의 저해요인으로, 자유학기제에서의 평가 부담은 교사들에게 압박으로 다가와 자유학기에 대한 교사들의 부정적 인식을 심화시킨다. 더불어 업무 부담은 교사의 소진을 불러일으켜 내실 있는 교육 활동과 정책의 안정적 유지를 어렵게 한다는 문제점이 있다(신철균 외, 2015). 교사들의 업무 부담 증가와 같은 요인은 자유학기제의 시행에 있어 크게 어렵지 않게 예견할 수 있는 요인이며, 입시가 중요한 한국교육의 현실과 사교육에 미치는 부작용 등도 꾸준히 제기되어 온 요인들임에도 불구하고 자유학기제의 시행 과정에서 그에 대한 방안 마련은 미흡하였다. 우연한 원인이란 없으며, 자연현상조차도 인간의 의사결정과 관련이 있다는 점에서 예기치 못한 원인으로 인한 정책의 부작용은 시민들에게 받아들여지기 어렵다. 인간 활동이 자연현상에 영향을 미치고 자연재해의 결과를 완화할 수 있다는 Stone(2012)의 견해는 정책의 인과관계 파악으로 연결되어 일견 우연으로 여겨지는 원인이라 하더라도 실제로는 충분히 대비할 수 있는 원인이라는 주장으로 이어진다. 이러한 맥락에서 자유학기제의 부작용 역시 의도한 원인에서 기인한 결과이며, 상황의 복잡성을 근거로 불가항력을 주장할 수는 없는 문제이다.

나) 엄격한 관료주의적 절차

Stone(2012)은 모든 계층적 조직에서 자기 자신의 판단 없이 규칙을 엄격하게 따르는 직원의 행동은 자동 시스템과 같다고 하면서, 이러한 계층적 조직하에서 절차를 통해 일을 수행하는 과정은 간접적으로는 결과를 의도적으로 도출하는 것이라고 보았다. 즉, 절차대로 진행하면 어떠한 결과가 도출될지 알고서 업무를 지시하는 것은 예상치 못한 결과를 기대하는 것이 아니라 결과를 예상하고 하는 행동이라는 것이다. 학교 조직 역시 학교행정상의 직제에 따라 위계 구조를 갖추고 있는 관료제 조직이다(신현석 외, 2014). 물론 인간과 사회가 끊임없이 교섭하며 역동적으로 이루어지는 교육 현상을 다루는 조직이라는 점에서 학교 조직을 기계적인 관료제로 한정하여 보기는 어렵다. 그러나 교육조직에서 관찰되는 계층적 구조와 보편적인 조직관리, 법규 적용 등 학교경영 활동의 모습은 관료제 조직으로서의 특징을 가지고 있다(신현석 외, 2014). 이러한 교육조직의 특성을 고려하였을 때, 관료제인 학교 조직하에서 발생하는 자유학기제 운영에 관한 지침이나 절차의 제약과 관료제의 일원인 교사 집단에서 자유학기제를 수용하는 방식은 충분히 예측 가능한 범위에 있으며, 이는 자유학기제로 인해 발생한 부작용을 의도한 원인으로 볼 수 있는 근거가 된다.

자유학기제가 교육조직을 통해 시행되는 과정에서 일으키는 패러독스는 자유학기제의 정책 집행과정이 관료제 조직 내에서의 하향식 접근이었다는 점에 기인한다. Top-down이라고도 지칭되는 하향식 접근은, 신속한 의사결정과 정책 시행이 가능하다는 장점이 있으나 의사소통의 일방향성으로 인하여 조직 구성원의 지지를 얻지 못할 수 있다는 단점이 있다. 자유학기제는 Top-down의 형태로 이식이 강요된 정책이기에, 교사들은 이를 강요된 변화로 받아들이고 있다(임종헌, 2016:122). 또한, 교사 내면에는 그동안의 교육 방식에 대한 관성이 내재되어 있어 정책적 압력으로 인한 변화의 강제성이 사라지면 변화의 동기 역시 사라질 가능성이 있다. 이은화, 신상명(2016)에서 역시 자유학기제에 대한 교사들의 반응 중에서 '위험 회피' 현상을 발견하며, 관성적으로 이어져 온 수업방법과 행동 양식을 고수하여 자유학기제로 인해 개인적 위험을 피하는 현상이라고 정의한 바 있다. 이와 같은 반응은 관료제하에서 하향식 접근으로 내려온 정책을 실행할 때, 시행 주체인 교사들이 보일 수 있는 반응으로 충분히 예견되는 것이다. 이 외에도, 자유학기제의 시행으로 인해 교사의 업무량이 증가하고 그 중의 상당 부분이 형식적인 절차와 지침으로 인해 발생했다는 것도 관료제하에서 자유학기제가 시행되며 나타난 패러독스 현상이다. 특히 가시적 성과를 중시하고 운영 자체로 의미를 부여하여 내실화 확보에 어려움이 노정되는 상황이나, 공문서 처리와 각종 출장, 애매한 지침으로 인한 비본질적인 업무 증가는 자유학기제의 시행 주체로서 겪는 교사의 어려움을 보여주는 대표적인 사례들이다(여지영, 채선미, 2016; 이은화, 신상명, 2016). 또한, 성열관(2018)은 자유학기제를 대하는 교사들의 반응 중 자유학기를 예외적 한 학기로 한정하여 무사히 한 학기를 잘 넘기려는 태도와 '하고는 있기', '했다고 치고'라는 타협적 전략으로 응하는 태도가 나타났음을 제시하였는데, 이는 관료제 조직의 특성을 고려하지 않고 정책을 시행했을 때 나타날 수 있는 부작용을 여실히 보여준다. 이처럼 불필요한 지침의 삭제와 단위학교의 자율성 강화, 조직 구성원의 공감 획득 등의 대책이 마련되지 않고서는 엄격한 관료제 하의 자유학기제 시행은 의도한 성과를 거두기 어려우므로, 정책입안자는 정책 시행 전에 교육조직의 특성을 다각도로 고려한 방안을 마련해야 한다.

자유학기제 패러독스를 일으키는 이러한 원인들은 이해관계자들에 따라 여러 방식으로 활용될 수 있다. 먼저 자유학기제 시행과 확대에 긍정적인 입장에서는 자유학기제 패러독스의 원인을 우연한 원인과 의도하지 않은 원인으로, 정책 시행에 따른 부작용들을 어쩔 수 없는 결과로 하여 인과관계를 설정하고 있다. 예측이 불가한 상황에 대해서는 결과에 대한 비판보다는 의도의 선의와 정책의 긍정적 목적을 강조하는 것이 효과적이기 때문이다. 반면, 자유학기제 시행과 확대에 부정적인 입장에서는 자유학기제 패러독스의 원인을 의도하지 않은 원인과 의도한 원인으로, 정책 시행에 따른 부작용들을 무능과 방임의 결과로 하여 인과관계를 설정하고 있다. 의도하지 않은 원인 또한 충분히 예상 가능한 것이라면 의도한 것과 다름없고, 의도한 원인의 경우 부정적 결과를 인식하면서도 그에 대한 준비 없이 정책을 시행한 주체에 대한 비판이 가능하기 때문이다. 이처럼 자유학기제 패러독스를 둘러싸고 이해관계자들은 저마다의 원인 활용을 통해 자신들의 입장을 강화하는 모습을 보였다.

나. 자유학년제 패러독스를 둘러싼 이해관계자들의 원인 활용

1) 자유학년제 시행과 확대에 긍정적인 입장에서의 원인 활용

Stone(2012)은 패러독스를 발생시키는 원인을 밝히는 것을 넘어서 그 인과관계를 정책 과정에서 정치적으로 활용하는 것에 대해 이야기한다. 정책에 대해 어떠한 입장을 지니는지에 따라 각 이해관계자는 정책 문제를 발생시키는 원인을 서로 다른 프레임을 통해 주장하기 마련이며, 이 과정에서 문제 해결을 위한 방향을 발견하거나 이해관계자들 간의 동맹을 형성하여 정책의 지속 및 확대 또는 축소하는 의견에 힘을 싣게 된다(Stone, 2012). 이러한 관점에서 자유학년제를 찬성하고 반대하는 각 입장에 속한 이해관계자 역시 앞서 분석한 패러독스의 원인을 정치적으로 활용하는 모습을 확인할 수 있다. 먼저 자유학년제 시행 및 확대에 찬성하는 입장에서는 [표 9.1]의 '우연한 원인'과 '의도하지 않은 원인'을 다음과 같이 활용할 수 있다.

우연한 원인으로 인해 발생하는 문제는 자유학년제의 효율적 운영을 위한 긍정적 기제로 활용될 수 있다. 교육부에서는 코로나19라는 우연한 상황으로 시작된 비대면 수업 환경을 적극 활용하여 다양한 자유학기제 활성화 방안을 강구하였다. 코로나19로 학교 교육의 전면적인 변화가 이루어지며, 2020년 8월 교육부는 "디지털 미디어 소통역량 강화 종합계획"을 발표하여 디지털 공동체를 실현하고 온라인 미디어교육 플랫폼을 통해 자유학기제 등의 교육과정과 연계한 미디어 교육을 확대하겠다고 발표한 바 있다(교육부, 2020a). 또한, 2020년 11월 2일부터 25일까지 '2020 자유학기제 온라인 수업 콘서트'를 개최하여 기존에 실시하던 자유학기제 수업 콘서트를 온라인으로 개최하여 전국의 교원 수업 사례를 나누고 자유학기에 대한 의견을 공유하는 자리로 활용하였다. 특히 수업명장 교사의 수업 영상을 온라인으로 공유하고, 수업 운영 방법, 수업 관련 질의·응답, 수업 고민 등을 이야기하며 소통하는 실시간 수업을 나눈 수업톡을 운영하여 지역에 구애받지 않고 많은 교사들이 더 나은 자유학기제 운영을 위한 정보를 획득하는 기회로 활용할 수 있도록 하였다(교육부, 2020b). 이러한 시도는 기존의 교육 환경에서는 시도되기 어려운 것으로 코로나19라는 우연한 원인을 통해 새로운 정책 운영 방안을 시도할 수 있는 기반이 마련되었다고 볼 수 있다.

복잡한 사회적 맥락과 구조·제도적으로 복잡한 인과관계는 자유학년제만의 문제가 아니므로 이 자체로서 정책 축소를 주장하는 근거가 될 수 없으며, 이러한 특성은 경로의존 측면이 아닌 경로진화 측면에서 이해함으로써(하연섭, 2011) 정책 시행의 확대를 지지할 수 있다. 경로진화는 경로의존과 달리 경로의 시작 지점에서 우발적 충격은 필요하지 않으며, 기존 경로의 큰 줄기는 유지되는 상태이지만 일부 구성요소부터 변하기 시작하면서 점진적 변화들이 지속적으로 쌓이고 누적된 점진적 변화들로 인해 결국 새로운 경로로의 변화가 일어나는 것을 의미한다(박용성, 박춘섭, 2011; 이주영, 2020:141). 자유학기제의 경우 앞서 패러독스 원인 분석에서 밝힌 바와 같이 대입제도라는 큰 틀에 예속되고, 경로의존적 특성으로 인해 정책의 급변이 어렵다는 문제가 발생한다고 볼 수 있으나, 자유학년제에 찬성하는 입장에서는 이러한 특성을 경로진화적인 측면에서 해석할 가능성이 크다. 이미 시행 후 변화를 거듭하고 있는 자유학기제 정책의 경우, 새로운 균열을 통한 정책의 급변을 꾀하기보다는, 기존 정책 틀에서 주목받지 못하고 억눌려져 있던 정책요소들을 찾아내고 이를 활성화함으로써 점진적인 경로 수정(남재걸, 2012)을 이루는 것이 더욱 바람직하기 때문이다. 실례로, 홍콩은 2000년에 교육과정, 수업방식, 평가방식, 대학입시 등을 포괄하는 전면적인 교육개혁안을 제시한 후, 이를 당해 초등학교 입학생부터 적용하여 12년 동안 일관된 교육개혁을 점진적으로 시행한 바 있다(박윤수, 2017:99). 이처럼 자유학기제를 찬성하는 입장에서는 이러한 사례를 들어 정책의 축소가 아닌 점진적인 정책의 확대 시행을 주장한다.

한편, 정책 과정은 정치적 갈등의 요소와 합리적 분석의 요소가 상호 역동적으로 작용하며, 가치 있는 자원의 배분을 놓고 이해관계자들이 경쟁하고 타협하는 과정으로서(권기헌, 2019:41), 의도하지 않은 원인으로 발생하는 문제까지 모두 예방할 수 있는 방법은 없다. 따라서 주기적인 정책 분석을 통해 의도하지 않은 문제의 발생을 파악하고 이를 개선하기 위한 대책을 마련하여 정책목표의 효과적인 달성을 도모하는 것이 바람직하다. 이와 관련하여 최근까지도 자유학기제의 현황 및 개선 방안이나, 정책의 효과 분석, 정책 방향 등을 제시한 다양한 연구가 수행되고 있다(박균열 외, 2014; 박윤수, 2017; 조성경 외, 2018; 김희규, 주영효, 2022). 이러한 연구들에서는 공히 자유학기제가 지니고 있는 다양한 차원의 문제를 규명하고 이를 개선하여 보다 효과적인 정책 집행이 이루어질 수 있도록 제언한다. 정책 분석 자체가 정책 문제의 본질적인 쟁점에 대한 규명과 명확한 정책목표의 설정 및 최적의 대안 선택을 추구하는 '끊임없는 분석과 사유의 과정'(권기헌, 2019)이라는 점을 미루어 볼 때, 장기적인 정책 과정에서 발생하는 의도하지 않은 문제를 정책 분석을 통해 끊임없이 발견하고 이를 수정해 나가는 것이 정책집행 과정의 숙명인 것이다.

이처럼 자유학년제 시행 및 확대에 찬성하는 입장에서는 정책 패러독스의 우연한 원인 및 의도하지 않은 원인의 긍정적 요소를 강화하여 정책 지지의 근거로 활용할 수 있다. 이는 패러독스 현상을 부정적으로만 해석하던 기존의 틀에서 벗어나 패러독스의 긍정적 영향력을 밝힌 신현석, 선애경(2021)의 논문과 맥을 같이하는 것으로서, 패러독스의 원인 역시 이해관계자의 입장에 따라 긍정적으로 해석되어 정치적으로 활용될 수 있음이 확인되었다.

2) 자유학년제 시행과 확대에 부정적인 입장에서의 원인 활용

정책을 옹호하고 확대하고자 하는 입장에서 활용하는 인과관계와 달리, 정책을 반대하고 축소시키고자 하는 입장에서는 [표 9.1]의 '의도하지 않은 원인'과 '의도한 원인'을 활용하여 자신의 입장을 관철하고자 한다. 이는 정치행위자가 정치적 전투에서 이슈를 밀어내는 방식으로서, 문제를 자연의 영역이 아니라 인간 목적의 영역으로 밀어 넣으려고 노력하는 것이다(Stone, 2012:219). 의도하지 않은 원인을 활용하는 입장에서는, 정책을 긍정하는 입장에서 파악하는 원인인 예기치 못한 요인 발생이라는 정책의 속성과 현실적 제약이 정책의 실패를 변명하는 것이라 보고, 충분히 예견할 수 있었던 원인으로 인과관계를 설정한다. 의도한 원인 역시 마찬가지로, 이미 예상되는 부작용이 지적된 정책을 실행하는 것은 부정적 결과를 의도한 것과 다름없다는 논리를 통해 자신들의 입장을 강화한다. 자유학기제 시행과 확대에 부정적인 입장 역시 전술한 인과관계 설정을 바탕으로 정책의 축소 혹은 폐지를 주장하였다.

자유학기제에 반대하는 학부모들은 학부모단체를 통한 성명 발표, 언론과의 인터뷰, 설문조사 등을 통해 다양한 차원에서 정책에 우려를 표하고, 자유학기제가 가지는 정책의 속성이 현실 학교 현장에서 성공하기 어려울 것이라는 점을 들어 자유학기제 시행에 반대 입장을 분명히 나타냈다. 학부모단체 중 하나인 '참교육을위한전국학부모회'는 고교 서열화와 현행 입시 체제와 같은 현실적 요인과의 충돌 문제, 학력 격차 심화, 사교육 욕구 강화 등 자유학기제가 가져올 수 있는 부작용을 세밀하게 언급하며 정책의 선의와는 별개로 정책이 부정적 효과를 유발할 수 있음을 지적하였다.[10] 이는 의도하지 않았더라도 정책의 부정적 결과의 원인이 될 수 있는 요인들을 사전에 파악한 것으로서, 의도하지 않은 원인이 사실은 충분히 예견되는 원인이었음을 뒷받침한다. 또한, 학부모들은 자유학기제가 자유학년제로 확대된 후에도 끊임없이 전술한 자유학기제의 부작용이 지속되고 있음을 언론 인터뷰, 국회의원과 여러 단체가 연합한 조직적 설문조사 등의 행위를 통해 피력하였다(내일신문, 2020.10.26.; 서울경제, 2021.05.06.).

교사들 또한 입장문과 언론 인터뷰, 교사간담회 등을 통해 자유학기제가 학교 현장에서 시행될 때 부딪칠 수 있는 문제들을 지적하고, 문제점들이 예상됨에도 불구하고 이에 대한 준비를 하지 않고 시행되는 정책에 대한 비판의 목소리를 쏟아냈다. 한국교원단체총연합회(이하 교총)와 전국교직원노동조합(이하 전교조) 등 교원단체들은 자유학기제 시행 초기부터 현장 적합성에 대한 우려를 표한 바 있다. 교총은 정책의 취지는 좋지만, 정책이 학교 현장의 고충을 고려하지 않고 있다며, 교원 확보와 교육과정 조정, 인프라 구축 등이 마련되지 않은 상황에서 정책이 시행되는 것은 학교 현장이 몸살을 앓게 되는 원인이라고 하였다(교총보도자료, 2015). 전교조 역시 논평을 통해 공교육 시스템 전반에 대한 혁신 없이 이루어지는 자유학기제 시행은 모순적이라고 비판하며 현재 공교육 현실과 정책의 충돌에 대한 대비책이 필요함을 지적하였다(연합뉴스, 2013.03.29.). 이처럼 시행 초기부터 교원단체들이 예상한 문제점들은 정책이 시행되며 실제로 발현되었고, 교원단체들은 이미 예상한 문제들을 시정하지 않고 추진하려는 정부에 다시 문제를 제기하며 정책의 제고를 촉구하였다. 교총은 여전히 자유학기제가 제대로 갖춰지지 않은 학교 여건 때문에 반발과 민원 속에 진행되는 경우가 많다는 입장을 밝혔고(베리타스알파,

10 사단법인 참교육을위한전국학부모회 홈페이지(http://www.hakbumo.or.kr)에 게재된 논평의 주요 내용으로, 박균열 외(2014)에서 더욱 자세하게 다루고 있다.

2021.11.24.), 일부 교사들은 언론 인터뷰를 통해 중학교 3학년의 학업성취도가 하락하였다는 교육부의 자료에 대해 평가를 치르지 않는 자유학기제의 영향을 학력 감소의 원인으로 꼽으며 이는 충분히 예견되었던 일이라고 비판하였다(한국일보, 2021.06.03.).

학생의 경우 학부모단체나 교원단체와 같은 조직적인 형태로 반대 의견을 표명하지는 않았으나, 언론에 기고하거나 인터뷰를 하는 등의 행위를 통해 자유학기제 또는 자유학기제 확대에 반대하는 모습을 보였다. 자유학기제를 반대하는 학생들이 정책의 부정적 결과의 원인으로 꼽는 요인들은 자유학기제를 특별한 한 학기로 여기는 인식, 오히려 증가된 학업 부담, 자유학기에 이루어지는 사교육, 진로체험 프로그램의 질 저하 등으로서(박균열 외, 2014; 김위정, 2017; 하정희 외, 2018, 머니투데이, 2017.04.12.), 교사들의 입장에서 제기되었던 운영상의 문제나 업무 과중 등 학교 시스템의 문제에 더하여 자유학기제 하에서 실제 교육을 받으며 경험한 학생 입장에서 거론된 것이 많았다. 특히 한 학생은 자유학기제 하에서 자신이 뒤처질까 두렵고, 자유학기제를 위한 대치동 학원가의 단기특강이 열리는 것을 보며 학업 부담을 느꼈다는 독자투고를 통해 자유학기제가 선의의 의도를 가지고 있었으나 오히려 부작용을 일으켰음을 지적하였다(금강일보, 2017.11.08.). 이처럼 자유학기제를 반대하는 입장의 학생들은 자신들이 겪은 바를 토대로, 정책이 발생시킨 선의의 부작용과 그에 대한 준비의 미흡을 원인으로 파악하고 자유학기제에 대한 부정적 인식을 드러내었다.

이와 같이 자유학기제의 시행과 확대를 반대하는 입장의 교육 이해관계자들은 단체의 성명, 언론 인터뷰, 독자투고, 설문조사를 통한 의견수렴 등 다양한 방법을 통해 자신들의 입장을 주장하였다. 이 과정에서 교육 이해관계자들은 선의적 의도가 오히려 부작용을 가져오는 현상, 학교 현실에 대한 무지, 예상되는 문제점을 시정하지 않고 시행하는 정책 추진 등을 자유학기제의 부정적 효과를 가져온 원인으로 파악하고, 이러한 원인들은 불가항력적이라기보다는 정책입안자들이 고려할 수 있었던 요인으로 인식하였다. 그 결과 자유학기제에 반대하는 입장의 주장은 정책이 지속되는 과정에서 힘을 얻어, 정책의 확대를 제어하는 결과를 가져왔다. 교육부장관은 2022 개정 교육과정 총론을 발표하며 확대되었던 자유학년제를 다시 자유학기제로 축소한다는 방침을 밝혔고, 부산과 세종 등 여러 지역교육청에서는 내년부터 적용할 것을 발표하여 자유학기제 정책은 축소화될 전망이다(서울경제, 2021.05.06.; 한겨레, 2021.11.24.; KBS, 2022.09.08.).

5 결론 및 정책적 시사점

정책 도입 후 10년을 맞이한 자유학기제는 학생들이 스스로 꿈과 끼를 찾도록 하여 미래사회가 요구하는 역량을 배양하는 것을 목적으로 한다는 점에서, 미래교육과 연계하여 앞으로 정책집행의 향방이 더욱 중요한 시점에 놓여있다. 그러나 혁신적인 교육정책으로 평가받으며 등장한 자유학기제는 여전히 많은 논란과 비판 속에 정책의 확대와 축소를 거듭하며 정책집행과정 상의 상호 모순된 측면을 보인다. 이에 본 장에서는 자유학기제에 정책 패러독스 현상이 발생하고 있다고 판단하고, 정책 문제가 발생하는 '원인' 규명에 초점을 맞추어 분석하고자 하였다. 정책 패러독스와의 인과관계 분석을 위해 활용되는 원인은 '우연한 원인', '의도하지 않은 원인', '의도적 원인'으로 구분할 수 있으며, 이를 통해 발생하는 자유학기제의 패러독스 현상을 규명하고 자유학기제 시행에 찬성 또는 반대하는 입장에서 정책에 내포한 문제의 원인을 활용하는 방식을 밝혔다. 분석을 위해 중학교 자유학기제에 관한 다양한 선행연구들과 보도자료, 정책문건 등의 문헌을 체계적으로 고찰하는 문헌연구방법을 사용하였으며, 연구의 결과는 정성적으로 분석, 통합 및 구조화하는 과정을 거쳤다. 분석 결과를 바탕으로 도출된 결론 및 제언을 제시하면 다음과 같다.

첫째, 코로나19라는 예기치 못한 자연재해와 사회적으로 내재한 복잡한 시스템과 제도적 제약은 우연한 원인으로 작용하여 정책의 부정적 영향을 미치는 패러독스 현상을 야기한다. Stone(2012)은 우연한 원인으로 인한 패러독스는 예측할 수 없거나 소수의 의견 또는 하나의 정책으로 변화시킬 수 없는 요인이라는 점에서 불가항력적이기에, 그 책임 소재를 분명히 할 수 없다고 주장한다. 이와 같은 불가피한 패러독스의 발생은 그 해결 방식 역시 모호하다는 측면에서 부정적으로 해석되기 마련이나, 본 연구에서는 이러한 우연한 원인이 자유학기제에 대한 긍정적인 측면에서 활용될 수 있다는 점을 밝혔다. 패러독스의 순기능을 강조하여 우연한 원인을 발산적인 정책 진화의 기반으로 활용할 수 있다는 것이다. 예컨대, 교육부가 코로나19로 시작된 비대면 상황을 자유학기제 운영에 활용하는 모습이나(교육부, 2020a; 교육부, 2020b), 자유학기제 시행에의 제도적 제약을 경로의존이 아닌 경로진화 측면에서 이해할 수 있다는 점(하연섭, 2011)이 이에 해당한다. 이에 정책집행 주체는 우연한 원인으로 인한 패러독스의 발생이 유발하는 부정적 영향에 매몰되기보다, 자유학년제 시행에 긍정적 영향을 미치는 요소에 초점을 두어 발산적이고 진화적인 정책집행으로 이어지도록 노력을 기울여야 할 것이다.

둘째, 자유학기제 집행과정에서는 도입 초기의 의도와는 다르게 학업 부담의 증가와 사교육 격차의 심화, 평가의 공정성과 질이 담보되지 않은 문제와 같이 예기치 못한 해로운 부작용을 발생시키는 패러독스도 확인된다. 이는 의도하지 않은 원인으로 인한 정책 패러독스에 해당하는 문제로서 '선의적 정책의 유해성'이라고도 하며, 정책에 본질적으로 내재하여 있는 모순에 의해 필연적으로 나타나는 패러독스 현상이라는 점에서 '내장된 패러독스(built-in-paradox)'로 유형화할 수도 있다(사득환, 박보식, 2013; 사득환, 박상진, 2013). 예컨대, 기존에 다양한 사교육비 경감 정책이 추진됐음에도 사교육비가 꾸준히 증가하는 현상은 경쟁을 추구하는 학생과 학부모의 욕망이 내재해 있기 때문으로, 대학 서열, 학벌주의 등 사회 전반의 의식이 크게 변화하지 않는 한 교육열에 의한 사교육은 지속할 수밖에 없는 것이다(신현석, 이예슬, 2021:215). 또한, 자유학기 평가 기준의 모호함이 일반학기 평가의 부담으로 이어져 결국은 학업 부담을 오히려 가중한다는 점 역시, 자유학기제를 통해 학생들에게 '쉼'을 제공한다는 애초의 정책목표와 모순을 일으켜 결과적으로 부정적인 정책 효과로 이어진다. 이러한 문제는 기존 우리

사회에 뿌리내리고 있는 교육 현상을 세밀하게 반영하지 못한 채, 이상적이고 모호하게 설정된 정책목표에서 근본적인 원인을 찾을 수 있다. 정책 자체는 선의로 출발하였으나 현장에 내재한 문제로 인해 필연적으로 패러독스가 발생할 수밖에 없다는 것은 다소 책임 회피적인 모습으로 비치기도 한다. 따라서 자유학년제의 향후 방향성을 결정짓기 위해서는 지속적인 정책 분석 연구 및 정책 보고서 발간 등을 통해 근본적인 정책의 추진목적 및 정책목표 등을 면밀히 살펴보고 '필연적인 패러독스'의 발생을 최소화할 수 있는 방향으로 정책을 재설계하는 노력이 필요하다 하겠다.

셋째, 의도하지 않은 원인의 또 다른 형태인 '현실에 대한 무지'는 실제 교육 현장과 정책 결정 사이의 괴리로부터 발생하는 패러독스 현상이다. 자유학기제 시행을 위한 체험 프로그램의 인프라 부족, 교사의 업무 부담, 자유학기제 후 일반학기로의 복귀 문제, 고교 간 서열화 문제 및 입지 제도 등이 이에 해당하며, 이는 내장된 패러독스 또는 운용의 패러독스(operational paradox)로도 볼 수 있다. 자유학기제의 시행은 고교 간 서열화 문제나 입시 제도와 같이 우리 교육 현실에 뿌리내린 현상과 모순을 일으켜 필연적으로 패러독스를 발생시킨다는 점에서 내장된 패러독스로 구분할 수 있다. 이에 비해 체험 프로그램의 운영 문제, 일반학기와의 연계성 문제 등은 정책 집행과정에서 중앙부처 간, 중앙과 지방 간, 지방과 민간 간 등의 전달체계가 제대로 작동하지 않아 발생하는 비효율, 중복 등의 문제로 인해 발생하는 운용의 패러독스에 해당한다(이광석, 함영진, 2013). 이때 발생하는 내장된 패러독스는 상기한 바와 같이 현장에 대한 명확한 이해를 근간으로 한 정책 개선의 의지를 통해 극복하고자 해야 할 것이며, 운용의 패러독스 문제를 극복하기 위해서는 현장뿐 아니라 정책 집행 주체 간의 소통 창구를 활성화하여 정책 집행의 비효율을 해소하는 방안을 강구하는 적극적인 노력을 경주해야 할 것이다.

넷째, 교육 현장에 대한 이해의 부족으로 인한 부작용은 예견될 수 있고 예측했어야 한다는 지적은 의도적 원인으로 인한 패러독스로 연결된다. 앞서 현실에 대한 무지로 구분되기도 한 교사의 업무 부담 및 체험 프로그램 인프라 부족 등과 같은 문제는 자유학기제 도입 초기부터 꾸준히 지적된 문제로서 그로 인한 부작용은 충분히 예상되었다. 예측할 수 있는 문제의 해결 없이 정책 시행을 강행한 것은 의도적 원인으로 인한 정책 패러독스를 발생시키게 된다. 실제로 자유학기제가 확대 기로에서 다시 축소되는 방향으로 돌아온 것은 애초에 계산된 위험을 간과하고 정책입안자가 책임을 회피하는 최소한의 관용이 작용한 결과로서, 정책의 매몰비용 발생과 교육 현장의 혼선을 일으켰다. 결국, 자유학기제 확대에 부정적인 입장에서 의도하지 않은 원인이 실제로는 충분히 예상 가능한 원인이라고 비판한 것과 같이, 계산된 위험과 최소한의 관용이라는 '의도적 원인'의 관점은 예기치 못한 원인을 활용하는 것이 책임을 회피하기 위한 수단에 불과하다는 점을 강조한다. 이러한 관점의 차이는 정책에 대해 어떠한 입장을 지니는지에 따라 각 이해관계자가 정책 문제를 발생시키는 원인을 서로 다른 프레임을 통해 주장하게 된다는 Stone(2012)의 입장과 일맥상통하며, 이를 통해 정책 분석과정에서 여러 관점의 충돌을 정치적 관점에서 중층적으로 분석해야 하는 당위성을 발견할 수 있다.

다섯째, 하향식 접근을 중심으로 하는 엄격한 관료주의 절차에 따른 자유학기제의 시행은 그로부터 발생할 결과를 예상하는 행동으로서 의도적 원인으로 인한 패러독스를 발생시킨다. Top-down 방식으로 강요된 자유학기제의 시행은 정책 시행 주체인 교사들의 '위험 회피'적인 반응으로 이어질 것이라는 점은 충분히 예측 가능한 것이며, 이를 무시하고 기존의 하향식 접근 방식을 고수한 것은 필연적으로 패러독스를 발생시킬 수밖에 없다. 또한, 관료주의 하의 불필요한 형식적 절차와 지침 역시 교사의 과도한 업무 과중으로 이어져 정책 패러독스의 발생을 가속화했음을 확인할 수 있다. 즉 불가항력적이고 불가피한 원인이란 없으며 의도하지 않은 원인도 실제로는 모두 예측 가능했다는 측면에서 의도한 원인에 해당하며, 이러한 주장은 힘을 얻어 정책의 확대에 제동을 거는 결과로 이어졌다. 결국, 의도적 원인으로 인한 정책 패러독스는 시행 10년 동안 자유학기제→자유학년제→자유학기제로 바뀌는 문제를 발생시켰고, 정치적 목적으로 갑작스럽게 도입되었던 자유학년제는 현장 교사들의 운영에 혼란을 일으키며 학생들을 정책 실험도구로 활용했다는 비판으로 이어졌다(서울신문, 2022.11.11.). 일부 시도교육청에서 축소되는 자유학기제마저도 선택적으로 시행하겠다는 계획을 발표하여(연합뉴스, 2022.12.05.), 정책 형태가 점차 소멸되는 모습을 보이기도 한다. 이러한 자유학기제 본연의 목적 달성을 위한 정책 재시동의 길로 나아가기 위해서는 패러독스를 발생시키는 의도적인 원인을 인정하고 이를 해결하고자 하는 혁신적인 자세가 선제적으로 갖추어져야 할 것이다.

결과적으로, 자유학기제의 정책입안자는 정책 시행 전에 정책에 부정적인 영향을 미칠 수 있는 원인을 고려하여 그 개선 방안을 미리 마련한 상태에서 자유학기제를 도입할 필요가 있었던 것으로 보인다. 그러나 현시점에서는 패러독스를 발생시키는 원인의 규명을 비판적으로 조망하는 것에서 넘어서 정책이 한 단계 진화하기 위한 새로운 논의가 이루어질 필요가 있다. 그러한 맥락에서 본 연구가 자유학기제에서 발생한 정책 패러독스 관점의 원인을 규정하는 것에서 그치지 않고, 정책 이해관계자들의 가치에 따라 원인을 활용하는 정치적 방식까지 분석하였다는 점은 상당한 의의가 있다. 특히 10년이 채 되지 않는 기간 동안 정책의 확대와 축소를 거듭하고 있는 상황에서 패러독스 관점의 원인을 밝히는 일은 기존의 정책 분석 관점에서 포착하지 못한 다각도의 인과관계 규명을 가능케 한다는 점에서 활용 가능성이 크다. 따라서 자유학기제에 나타나는 패러독스 관점이 향후 자유학기제 집행과정 또는 관련 후속 연구에서 바람직한 정책 방향을 제시할 수 있는 기반으로 활용되기를 기대한다.

CHAPTER

10 이해관계: 사학정책의 패러독스

제10장에서는 문재인 정부의 사학정책 실행 과정에서 나타나는 패러독스 현상을 정책 관련 집단의 이해관계에 초점을 맞추어 분석하고, 이에 대한 정책적 시사점을 밝히고자 하였다. 문재인 정부의 사학정책은 교육의 공공성, 사학의 투명성 강화를 기조로 시행되었으나, 시민들의 여론을 정책화하는 대의의 과정과 정책에 대한 지지를 이끌어내는 동원의 과정에서 대표성이 부족하였다. 사학정책의 규범적 가치와 정당성을 확보하기 위해 정책 내러티브를 활용하는 과정에서 의견 충돌이 빚어졌고 대상 집단을 의도적으로 비판하는 전략을 사용하여 소모적인 갈등을 유발하였다. 무엇보다 사학에 이익이 집중되는 교육적 불평등을 해소하고 시민에게 교육적 이익을 널리 배분할 것을 강조하는 과정에서 사학의 자주(율)성, 교육의 다양성, 학교 선택권과 같은 중요한 교육적 가치를 폄하함으로써 시민들에게 사회경제적 비용을 부담하게 하였다. 이러한 정책 패러독스 현상을 줄이기 위해서는 정책을 민주적인 성격과 절차에 맞게 시민들의 의견을 반영하고 공유해야 하며, 정책 내러티브의 활용에서 미래의 비전과 정책 대안을 제시하는 방향으로 전환할 필요가 있다. 정책의 결과에 따라 시민들이 얻게 될 편익과 부담할 비용을 면밀하게 판단하고, 정치적 이념에 따른 이익보다는 교육적 가치의 실현에 초점을 맞추어 사학정책을 시행하는 것이 바람직할 것이다.

주제어 사학정책, 정책 패러독스, 이해관계, 정책 내러티브

1 사학정책 이해의 새로운 관점

문재인 정부는 대선공약을 통해 사학비리를 척결하고 사학혁신을 이루어내겠다고 예고하였다. 대통령 당선 후 2017년 5월 출범한 문재인 정부의 국정기획자문위원회는 100대 국정과제에 사학비리 근절을 위한 사립학교법 개정을 포함시키고, 교육부는 동년 12월에 사학정책 자문기구로 사학혁신위원회를 출범시켰다. 사학혁신위원회는 건전한 사학 지원 및 조성, 법인 및 대학발전을 위한 제도 개선, 학사운영 내실화, 관리자 및 친인척 측근비리 척결·채용비리 엄단, 회계 관리 투명성 확보 등을 '사학발전 5대 중점과제'로 선정하여 사학의 제도 개선을 통해 학생 학습권 보장을 도모하겠다고 밝혔다(교육부, 2017.12.08.). 이후 사학혁신위원회의 활동은 '교육신뢰회복을 위한 사학혁신 추진방안(이하 '사학혁신 추진방안')'과 사립학교법 일부 개정으로 이어졌으며, 이 과정에서 정부가 보여준 사학혁신을 통한 교육의 공공성 강화 의지는 유치원 3법의 통과와 자율형사립고의 존폐 문제, 사립대학 감사 등 사학관련 교육 문제를 관통하는 기조로 자리 잡았다. 이러한 문재인 정부의 사학정책은 사학의 특수성과 자율성을 침해한다는 비판을 받는 한편, 사학의 공공성과 책무성을 강조한다는 정책 기조를 유지하며 현재까지 지속되어 오고 있다.

문재인 정부의 사학혁신을 통한 비리 척결과 사회적 공공성 및 책무성의 강화는 그동안 집권당인 민주당의 정강 정책과 당론을 통해 볼 때 어느 정도 예견된 것이었다. 일찍이 민주당 정권인 노무현 정부 당시 개방형 이사제를 골자로 하는 개정 사학법을 통한 사학 운영의 투명성과 책무성을 확보하려는 노력이 있었다. 당시 사학법 개정을 둘러싸고 사활을 건 여야 간의 치열한 정쟁으로 인해 사학개혁은 미완의 부분적 성과로 마무리되었다. 이후 여야 정권교체에 의해 9년간의 집권 보수여당 체제에서는 사학의 자율성과 특수성을 강조하는 정책기조에 따라 사학혁신은 문민정부의 5.31 교육개혁에서 제안된 방향을 좇아 특성화를 통한 경쟁력 강화를 구현하는 발전 경로를 취하였다. 전임대통령 탄핵으로 정권교체에 성공한 문재인 정부는 민주당과 노무현 정부의 오랜 숙원을 교육의 공공성이라는 전제적 정책 기조하에 모든 수준의 교육단계에서 한층 강화된 모습으로 사학의 총체적 혁신을 도모하고 있다. 이러한 근래 사학정책의 경로를 통해 알 수 있는 것은 정부 차원의 합리적인 정책의 방향 설정 및 추진을 넘어 정권 차원에서 지향하는 정치적인 이념의 향배에 따라 사학정책이 표류하여 일관성이 결여되어 있다는 것이다.

사학정책의 이러한 횡보의 원인은 표면적으로 집권을 목표로 하는 정당 간 사학의 존재의미에 대한 이념적 지향성의 차이에 따른 것으로 보인다. 하지만 보다 근원적으로는 사립학교법 제1조에서 "이 법은 사립학교의 특수성에 비추어 그 자주성을 확보하고 공공성을 높임으로써 사립학교의 건전한 발달을 도모함을 목적으로 한다"는 사학의 교육적 특수성과 보편성 그리고 자주(율)성과 공공성의 대립된 이념의 동시적 포함에 따른 가치 갈등에 기인한다. 이로 인해 교육정책 장면에서 상호 모순적이고 배타적인 가치와 요소들이 공존함으로써 패러독스 현상을 야기한다(신현석, 이예슬, 2021:212; Stone, 2012).

그리고 각자 선택한 가치를 옹호하고 정책기조로 채택되도록 쟁투하는 다양한 이해집단들의 자기 이익 실현을 위한 정치적 공방으로 가열되면서 사학 관련 주요 이슈들은 타협될 수 없는 사회의 민감한 사안으로 확전과 휴전이 거듭되고 있다.

Stone(2012)은 정책과정을 목표(goal), 문제(problem), 해결(solution)의 세 가지 측면으로 구분하고, 정책이 시장에서의 선형적 합리성에 의하기보다는 폴리스에서 다양한 참여자들에 의한 해석과 재구성에 따라 현실화되는 면에 주목하여 합리성의 패러독스 관점에서 정책과정을 이해할 필요가 있다고 주장하였다. Stone의 주장에 따르면, 기본적으로 사학정책에서는 사학의 발전 혹은 혁신의 중심가치를 자율성에 두느냐 아니면 공공성에 두느냐와 같이 이해집단 간 서로 상충되는 요소가 동시에 요구될 때 정책 패러독스가 발생한다. 이러한 패러독스는 성격적으로 사립학교법의 목적에 근거한 정책의 '내장된 패러독스(built-in-paradox)'로 분류할 수 있으며(사득환, 박보식, 2013), 정책집행자와 대상자의 정책에 대한 이해 및 수용 정도에 따라 발생한 행위자 차원의 패러독스에 해당된다(신현석, 이예슬, 2021:220). 구체적으로 Stone(2012)은 정책의 과정에서 정책 문제는 상징, 숫자, 원인, 이해관계, 결정 등에 의해 해석되는 것으로 보았다. 특별히, 정책 문제는 사실 누구의 이해(interests)에 의한 것인지 분명하지 않은 경우가 많아서 정책담당자들은 자신의 이해를 국민의 이해로 치환하여 해석할 가능성이 농후하기 때문에 결과적으로 정책 대상자의 이해와 무관하게 정책담당자의 해석에 따라 정책 문제가 결정되는 역설적인 현상이 나타나게 된다(신현석, 이예슬, 2021:212). 이에 본 장은 사학정책의 문제가 실행되는 과정에서 나타나는 패러독스 현상을 정책 관련 집단의 이해관계에 초점을 맞추어 분석하고, 이에 대한 정책적 시사점을 밝히는 데 목적을 두었다.

사학정책의 '이해관계'를 중심으로 한 패러독스적 관점은 정책과정에 관한 기술 합리적 접근이 갖고 있는 선형적·탈맥락적 한계를 극복하기 위한 대안으로 폴리스 상황에서 재구성된 현실에 주목하는 정치해석적 접근을 취한다(윤견수, 2014; 이예슬, 2020; Stone, 2012). 기존의 사학정책 연구들은 합리적 모형 정립을 통한 정책변동분석(김보엽, 2008; 유정호, 양윤주, 최지혜, 이승택, 조민효, 2020; 이청민, 정제영, 이미진, 2021), 정치(책)적 문제 혹은 쟁점의 기술적 분석과 대안 제시(신현석, 1997; 황동연, 2019; 허종렬, 2020), 쟁점 법규에 대한 법해석학적 분석(김행수, 2006; 주영달, 2018; 허종렬, 2021), 비판적 분석을 통한 제도 개선(이시우, 2009; 박찬주, 황준성, 박재윤, 2014; 이우영, 2020) 등이 주를 이루었다. 본 장의 연구는 종래의 연구접근과 달리 정책맥락에 대한 선행적 이해를 바탕으로 정책과정에서 벌어지는 역설적인 현상을 정책담당자와 대상자 사이의 역동적인 이해관계의 측면에서 구체화했다는 점에서 의의가 있다.

2 문재인 정부 사학정책과 패러독스

가. 문재인 정부의 사학정책

1) 교육신뢰회복을 위한 사학혁신 추진방안

문재인 정부의 초대 김상곤 교육부 장관은 대선공약이었던 사학혁신을 구체화하기 위한 첫걸음으로, 정부 출범 후 약 4개월만인 2017년 9월 사학비리 척결을 목표로 하는 사학혁신위원회를 구성하고

[표 10.1] 문재인 정부 사학혁신 추진방안

혁신의 성격	5개 과제	26개 추진과제
사학 혁신	사학 회계 투명성 제고	• 업무추진비 공개 확대 • 회계부정 임원 승인 취소 강화 • 교비회계 세입대상 기부금 확대 • 적립금 공개 확대 • 사립대 외부 회계감사 강화
	사학법인 책무성 강화	• 이사회 회의록 공개기간 연장 • 임원간 친족관계 공시 • 개방이사 실효성 강화 • 비리임원 복귀제한 및 당연퇴임 근거 마련 • 초·중등 사학기관 재정진단 및 평가 근거 마련
	사학 운영 공공성 확대	• 사립교직원 채용 공정성 제고 • 임시이사 선임요건 완화 및 지원 강화 • 교육청의 교직원 감독권 강화 • 학교법인 임원 및 교직원 행동강령 마련 • 학교운영위원회 심의기구화
	사립교원 권리보호 지원	• 소청심사 결정 기속력 확보 및 재임용심사 강화 • 사립교원 징계제도 정비 • 사립교원 육아휴직 보장 • 사립교원 휴·복직승인권 학교장 위임 • 사립교원 파견 근거 마련
교육부 혁신	교육부 자체 혁신	• 사립대 상시감사체제 구축 • 감사결과 공개 확대 • 사립학교 취업 제한 강화 • 감사처분 및 행정제재 기준 강화 • 사학 관련 부서 인사운영 개선 • 공익신고 제보자 보호 강화

출처: 교육부(2019.12.18.)를 재구성.

같은 해 12월 발족하였다. 사학혁신위원회는 사학에 대한 지원 강화, 공공성과 책무성 제고를 위한 자문기구로 출범하였으며, 2019년 6월까지 활동하였다. 약 1년 5개월여의 기간 동안 혁신위는 65개 대학에 대한 조사와 감사를 시행하고 사학비리 근절방안 논의와 제도 개선안을 발표하였다(교육부, 2019.07.04.). 이와 함께 2019년 1월에는 교육신뢰회복추진단을 발족하여 중대 교육 비리 및 제도 개선을 목적으로 2022년 2월 기준 총 23차례의 회의를 열었으며, 이 중 2019년 12월 18일 15회차 회의에서 '사학혁신 추진방안'을 발표하였다.

'사학혁신 추진방안'은 사립학교의 비중이 높은 우리나라의 특성상 사학 운영에 공공성이 필요하다는 것과 사립학교에 대규모의 국가재정이 투입된다는 점, 사학혁신에 대한 국민의 기대가 높다는 점을 근거로 추진되었다. 특히 사학혁신위원회에서 실시했던 65개 대학에 대한 감사결과 775건의 지적사항이 발생한 것과 관련하여, 교육부는 지적사항에 대한 엄정한 처리와 향후 유사 사항이 발생하지 않도록 선제적으로 대처하기 위한 과제로서 사학혁신 추진방안을 발표한다고 밝혔다(교육부, 2019.12.18.).

5개 과제 중 '사학혁신'과 관련된 영역을 먼저 살펴보면 다음과 같다. 첫째, '사학 회계 투명성 제고'는 예산·회계와 관련된 과제로서, 학교예산을 사적으로 사용하는 등의 회계 부정을 방지하는 것을 목적으로 한다. 특히 사립대학의 회계감사에 대해 외부감사 가능성을 시사함으로써 강한 수준의 감사가 시행될 것임을 예고하고 있다. 둘째, '사학법인 책무성 강화'는 주로 이사회의 임원과 관련된 과제로서, 법인 임원이나 개방이사의 요건을 강화하고 친족 관계를 공개, 일정 수 이상의 친족 임원을 제한하는 것을 그 내용으로 하고 있다. 기존에 연령, 주요경력 등을 공개했던 것에서 임원 간 친족관계를 밝히도록 하는 것은 이사회 임원 구성에 변화를 가져올 것으로 예상된다. 셋째, '사학 운영 공공성 확대'는 교육청의 학교 감독과 관련된 과제로서, 사학이 공공성을 가지고 있다는 교육부의 입장을 바탕으로 교원 채용, 징계에 있어 교육청의 감독권을 강화하는 것을 주된 내용으로 한다. 넷째, '사립교원 권리보호 지원'은 징계나 육아휴직 등 사립교원의 권리 보장과 관련된 과제로서, 사립교원이 복무, 신분보장 등에서 사학 측의 처분에 대항할 수 있는 방안을 마련한 것이다. 한편 이 과제는 그동안 공립교원과 사립교원의 징계양정 기준이 달랐던 것을 동일하게 적용할 필요를 언급하여 사립교원의 징계 정도를 강화하는 내용도 포함하고 있다.

'교육부 자체 혁신'은 앞서 제시한 '사학혁신'에 속하는 4개 과제와는 달리 교육부가 주체이자 대상이 되는 혁신 과제로 구분된다. 이 과제는 사학 업무와 관련된 교육부 내의 인사규정을 개정하고, 강화를 주요 내용으로 한다. 그러나 인사 관련 추진과제 외에도 감사체제를 상시화하고 감사 기준을 강화하며, 감사결과의 전문을 공개하는 방안을 포함시킴으로써 실질적으로는 사학에 대한 감사를 강화하는 '사학혁신'의 성격을 포함한다고 볼 수 있다.

2) 사립학교법 개정

가) 4차례에 걸친 사립학교법 개정

2019년 12월 18일 발표된 '사학혁신 추진방안'은 이후 국회에서 사립학교법 개정으로 이어졌다. 21대 국회가 시작된 2019년 5월 30일 이후부터 2022년 2월 기준 발의된 사립학교법 개정안은 총 63건으로, 이중 1건이 수정·가결되었고 3차례에 걸쳐 교육위원장이 대안을 제안하고 26건을 대안반영 폐기하면서 지금까지 4차례에 걸쳐 개정이 완료되었다.[1] 이중 최근의 개정은 16건 법률안의 대안으로 마련된 것이자 지난 개정법률들과 비교하였을 때 가장 많은 내용을 담고 있어 사학에 큰 영향을 미칠 것으로 예상되며 사학의 자율성과 교육의 다양성을 침해한다는 점에서 논란이 되었다. 사학의 자주성과 교육의 공공성은 조화를 추구하면서도 상호 모순을 일으키며 대립해온 바(김보엽, 2008; 허재욱, 1985), 법안의 발의에서부터 가결에 이르기까지 사학 측의 반발은 상당했으며, 통과의 과정에 대해서도 비판의 목소리가 높았다. 특히 커다란 변화를 예고하는 주요 내용 네 가지를 정리하면 [표 10.2]와 같다.

[표 10.2] 사립학교법 일부개정법률(2021.08.31. 원안 의결)의 주요 내용

목적	상세 내용
사립학교 교사 채용의 공공성과 투명성 강화	사립학교 신규교사 채용 시 1차 필기시험을 교육청에 위탁하여 실시함
학교법인 임원의 책무성 강화	• 비리 임원이 임원취임승인 취소 후 해임의 경우 3년, 파면의 경우 5년 후 복귀 가능했던 것이 각각 6년과 10년으로 연장됨
사무직원의 비리행위에 대한 지도·감독의 실효성 제고	• 감사를 통해 사무직원의 중대비리가 드러난 경우 교육청이 사학에 해당 직원의 징계 요구를 할 수 있음 • 감사를 통해 적발된 교원, 직원의 비위에 대한 사학의 징계를 교육청이 보고받고 교육청 징계심의위원회에서 징계재심의할 수 있음
사립학교 운영의 투명성과 책무성 강화	사학의 학교운영위원회를 자문기구에서 심의기구로 격상함

출처: 교육부(2021.08.31.)를 재구성.

1 2021.03.31. 사학법 4차 개정은 교직원 및 재학생 참여 등 기금운용심의위원회 확대, 교원 채용의 공정성 제고, 징계위원회 등의 공정성·실효성 확보, 학교법인 임원의 결격·선임제한 기간 연장 및 당연퇴직 근거 마련, 사립학교 사무직원에 대한 관할청의 징계 요구권 등의 신설, 이사회 소집 시 소집일자와 장소 등을 인터넷에 사전 공지, 사학기관 종사자의 청렴 의무 규정과 행동강령 마련, 학교운영위원회 심의기구화 등의 내용을 담고 있다. 이후에도 2021.10.15.부터 2022.01.12.까지 약 3개월의 기간 동안 8건의 사립학교법일부개정안이 소관위에 접수되었다. 이로써 21대 국회 출범 이후 2022년 2월 기준 접수된 사립학교법일부개정안 63건 중 30건이 개정법률에 반영, 폐기되었고 33건이 계류 중이다(국회의안정보시스템 홈페이지 https://likms.assembly.go.kr/bill/BillSearchResult.do).

나) 유치원 3법의 통과

2018년 10월 민주당 박용진 의원이 국회 교육위원회 국정감사에서 사립유치원의 회계비리 실태를 공개한 이후, 교육부는 국·공립 유치원을 확대하고 유치원의 회계 감독을 강화하는 '유치원 공공성 강화 방안'을 발표하였다(교육부, 2019.10.25.). 또한, 2018년 12월 27일에는 박용진 의원과 김한표 의원이 각각 대표 발의하고 임재훈 의원이 중재한 「유아교육법」, 「사립학교법」, 「학교급식법」 등 '유치원 3법'이 '패스트트랙' 안건으로 지정되면서 약 1년간 진통을 겪다가 제375회 국회 본회의에서 2020년 1월 13일 전격 의결되었다.

「유아교육법」 개정안의 주된 내용은 유치원의 설립과 회계에 관한 정부의 관리 감독을 강화한다는 것이다. 가장 쟁점이 되는 부분은 특히 회계와 관련된 부분으로, 모든 유치원의 에듀파인 사용을 법률로써 규정(제19조의2)하는 것이 핵심이다. 또한, 회계 감독을 통해 지원금을 목적 외로 사용하거나 부정수급한 경우가 발견되면 반환 명령이 가능해짐으로써 사립유치원 회계의 투명성을 강조하였다. 「사립학교법」 개정안 역시 유치원 설립자의 권한과 회계 운용에 관해 제한을 둔다는 내용을 담고 있다. 학교법인의 이사장이 유치원장을 겸직할 수 없게 함으로써 징계권자(이사장)와 징계대상자(원장)가 동일인이 되는 경우를 방지하고, 법인으로부터 유치원의 자율성을 도모하겠다는 취지이다. 또한, 사립유치원의 교비회계에 속하는 수입 또는 재산을 교육목적 외로 사용할 수 없게 하고 위반 시 처벌하는 규정(제29조)을 신설함으로써 사립유치원의 회계 비리를 근절하고자 하였다. 「학교급식법」 개정안은 해당 법(제4조)에 유치원을 포함하여 유치원 급식과 관련된 시설이나 품질에 대한 질적 향상을 추구하고자 하였다.

이와 같은 내용을 담고 있는 '유치원 3법'은 2018년 10월 국회에 최초 제출되었으나, 법안을 통과시키려는 정부와 여당, 법안 통과를 반대하는 야당과 한국사립유치원총연합회(이하 '한유총') 등의 첨예한 갈등으로 인해 1년 3개월여의 진통을 겪었다. 직접적인 이해당사자인 한유총의 반발이 거셌으며, 특히 에듀파인의 의무화에 강력한 항의를 표출하였다(YTN, 2019.01.22.). 법안이 계류되는 동안 정부는 사립유치원의 에듀파인 사용 의무화를 2019년 3월에 시범 실시하며 정책 기조를 밀고 나갔고, 2020년 1월 13일 '유치원 3법'이 국회에서 가결되며 법령을 완비하였다. 이 법안은 사립유치원의 공공성을 확립한다는 중요한 의의를 지니고 있지만, 사립유치원의 공공성 실행 방안에 대한 사회적 합의가 양자 간에 원활하게 이루어지지 못하고 갈등의 불씨를 남기고 있다는 점에서(조영숙, 2021) 지속적인 논의를 요구하고 있다.

3) 자율형사립고 지정취소처분

문재인 정부는 대선공약으로 자율형사립고(이하 '자사고')·외고·국제고를 일반고로 전환하여 특목고나 자사고를 폐지하겠다고 발표하였다. 당선 후에는 1단계 고입 동시 실시, 2단계 자사고·외고·국제고 중 성과평가 미달 학교를 일반고로 전환, 3단계 국가교육회의와의 추진 협의로 진행되는 '고교체제

개편 로드맵'을 발표하고 관련 시행령을 개정하였다(교육부, 2017.11.02.). 교육부는 자사고·외고·국제고의 우수학생 선점을 해소하고 고교서열화를 완화하는 데 그 목적이 있다고 로드맵의 의의를 밝혔는데, 이와 같은 정책에 반발하는 해당 학교와 학부모들은 헌법소원을 제기하여 일반고와의 이중지원 금지에 대한 헌법재판소의 위헌 결정을 이끌어냈다(서울신문, 2019.04.11.). 이에 교육부는 헌재의 판결대로 일반고와의 이중지원은 허용하되 고입 동시 실시와 고교체제 개편은 기안대로 추진하였다.

2018년 8월 교육부는 '2022학년도 대학입학제도 개편방안 및 고교교육 혁신방향'을 통해, 2025학년도까지 자사고·외고·국제고를 일반고로 전환하겠다는 방침을 다시 한번 강조하였다. 또한, 2019년 11월에는 '고교서열화 해소 및 일반고 교육역량 강화방안'을 통해, 서열화된 고교 체제가 고등학교 교육의 불공정을 초래하고 사교육비를 증가시킨다는 점을 지적하며 고교학점제가 도입되는 2025년 3월을 기점으로 자사고를 일반고로 전환하겠다는 방침을 확정하였다. 교육부(2019.11.21.)는 이에 대한 법적 근거를 만들기 위해 자사고·외고·국제고의 설립 근거가 되는 「초·중등교육법」 시행령 제76조의3을 비롯한 관련 4개 조항을 삭제하기로 하였다.

한편, 시·도교육청은 2019년 6월 전국 자사고 44개교 중 24개교의 운영평가 결과를 발표하고, 전북교육청을 시작으로 지정취소 절차에 착수하였다(교육부, 2019.06.20.). 이후 경기, 서울, 부산교육청에서 잇따른 자사고 지정취소 결과가 통보되었으며, 처분을 받은 학교들이 이에 반발하고 법적 소송에 나서면서 시·도교육청과 자사고 간의 본격적인 소송이 시작되었다. 서울 8개교, 경기 1개교, 부산 1개교와 해당 시·도교육청 간의 소송 결과 1심은 모두 자사고 측이 승소하였으며, 3개 시·도교육청은 모두 항소하였다. 그러나 2022년 4월 기준 서울시교육청과 부산시교육청이 각각 상고와 항소를 포기하면서 9개교의 자사고가 지위를 유지하는 것으로 사태는 일단락되고, 경기도교육청만이 항소를 진행 중인 상황이다(머니투데이, 2022.01.29.).

교육부는 관련 보도자료에서(교육부, 2022.01.27.) 소모적인 갈등을 종결하고 소송을 중단하는 교육청의 결정을 지지한다고 밝히면서도, 고교체제 개편과 관련하여 2025년 자사고의 일반고 전환은 예정되어 있다고 하여 3년 후 모든 자사고를 폐지할 것임을 분명히 하였다. 이러한 교육부의 기조하에서 현재 자사고의 경쟁률은 낮아졌으며, 복수의 학교에서 모집인원 미달사태가 발생하였다(KBS, 2021.12.17.). 또한, 자진하여 자사고를 일반고로 전환하는 학교도 생기면서 문재인 정부에서 자사고의 지위는 점차 무력화되어 가고 있는 추세이다. 그러나 윤석열 제20대 대통령 당선인은 교육 분야의 정책 기조로 학생의 학교 선택권을 확대하고 평등성뿐만 아니라 수월성도 추구할 것이라 밝혔고(한겨레, 2022.03.23.), 자사고의 존립 근거가 되는 초·중등교육법 시행령은 대통령령이기 때문에 차기 정부에서 자사고의 존폐는 다시 논의될 가능성이 있다.

4) 사립대학 감사 강화

2019년 1월 발족한 교육신뢰회복추진단은 첫 회의에서부터 교육신뢰회복을 위하여 교육비리의 근본적 문제를 개선할 것이라 예고하고, 학사 부정과 회계 부정 등과 관련한 대학 실태조사 내용을 발표하였다. 이 발표에서 교육부는 우선적으로 조사한 4년제 대학 1곳과 전문대학 1곳의 감사결과를 발표하는 한편, 대학의 중대 비리사항에 대한 신속한 조사와 비리대학 등 취약 부분을 집중 관리하는 특별감사팀을 운영하겠다고 밝힘으로써(교육부, 2019.01.15.) 사립대학에 대한 감사를 강화하겠다는 정부의 의지를 분명히 하였다.

이후 2019년 12월 교육부는 '사학혁신 추진방안'을 발표하면서, 문재인 정부 출범 이래 사학혁신위원회와 교육신뢰회복추진단이 구성되고 활동한 2017년 9월부터 2019년 1월까지 총 65개 대학 755건의 사립대학 지적사항이 있었음을 발표하였다. 이는 문재인 정부 출범 전 10년(2008.03.~2017.03.)의 조치실적인 380교 3,106건(교육부, 2019.12.18.)과 비교하였을 때 기간 대비 강력한 수준의 감사가 이루어진 것이다. 또한, 교육부는 이 발표에서 아직 종합감사를 받지 않은 사립대학들에 대해서도 임기 내 종합감사를 실시할 것을 예고하면서 사립대학 감사 강화라는 정부의 기조가 끝까지 유지될 것임을 시사하였다.

'사학혁신 추진방안'에 담긴 사립대학 감사 강화 의지는 '사학 회계 투명성 제고'와 '교육부 자체 혁신' 과제에서 주로 드러난다. 먼저 '사학 회계 투명성 제고' 과제에서는 사립대의 외부 회계감사를 강화하겠다고 밝혔다. 이는 회계부정이 확인된 학교법인에 대하여, 교육부장관이 최대 2년간 회계감사기관을 지정할 수 있도록 하는 것이다. 일반적으로 학교법인이 회계법인을 자체적으로 지정하였으나, 이 방안이 시행되면 현저한 비리가 발생한 학교법인의 경우 외부 회계감사기관을 지정받아 감사받게 된다. 교육부는 이 방안의 법적 근거를 마련하기 위하여 국회와의 협력을 통해 법령을 개정하는 후속 조치에 들어갔고, 이 내용은 「사립학교법」 3차 개정(2021.07.23. 원안가결)[2]에 반영되었다.

'교육부 자체 혁신' 과제에서는 대부분 추진과제가 사립대학 감사와 관련 있다. 사립대 상시감사체제 구축을 위하여, 교육부는 종합감사대상을 2018년 3교에서 2019년 5교, 2020년 10교 등으로 연차적으로 늘리고 담당 인력 또한 임기 말까지 2배 증원하여 감사의 양적인 확대가 이루어질 것임을 시사하였다. 감사처분과 관련하여서는, "감사처분 양정기준"을 마련하여 처분의 일관성을 확보하되 행정제재 기준을 강화하여 처분의 강도도 높이겠다고 밝혔다. 또한, 교육부는 그동안 감사결과를 요약하여 발표하던 것에서 감사결과 전문을 공개하는 것으로 공개 범위를 확대하여, 사학의 자정과 감사의 투명성을 제고하기로 하였다.

이처럼 문재인 정부는 출범 초기부터 사립대학 감사를 강화하여, 지난 정부들에 비해 강도 높은 감사를 시행하였다. 그러나 「사립학교법」 제정 이후 다양한 감사제도가 추가됨으로 인해 제도가 복잡하

2 대통령령으로 정하는 기준에 해당하는 대학교육기관을 설치·경영하는 학교법인은 연속하는 4개 회계연도 이후 연속하는 2개 회계연도 결산에는 교육부장관이 지정하는 외부감사인의 외부감사보고서 및 부속서류를 제출하도록 하고, 해당 외부감사인의 선임제한과 외부감사인 지정 업무 위탁에 대한 규정을 두고 있음(안 제31조).

[표 10.3] 문재인 정부의 주요 사학정책

주요 사학정책	내용
사학혁신 추진방안 (2019.12.18.)	사학 회계 부정 방지, 이사회의 임원 요건 강화, 교육청의 학교 감독권 강화, 사립교원 권리 보장, 교육부 사학 업무 관련 인사규정 개정
사립학교법 개정 (2020.09.24.) (2020.12.02.) (2021.07.23.) (2021.08.31.)	• 사립학교 교사 채용의 교육청 위탁, 비리 임원의 복귀가능 기간 연장, 비리 사무직원에 대한 교육청의 징계 요구 가능, 학교운영위원회의 심의기구화 • 유치원 설립과 회계, 설립자 권한에 대한 정부 감독권 강화, 「학교급식법」에 유치원 급식 포함
자율형사립고 지정취소처분 (2019.06.20.)	2025년 모든 자율형사립고를 일반고로 전환
사립대학 감사 강화 (2019.01.15.)	• 사립대 회계감사, 종합감사 횟수 증대 • 사립대 상시감사체제 구축, 행정제재 기준 강화, 결과 공개 확대

고 일관성이 떨어진다는 비판과 함께, 궁극적으로 사립대학의 감사는 통제와 규제보다는 신뢰와 지원을 바탕으로 이루어져야 한다는 논의 역시 전개되고 있다(조한상, 이주희, 2020). 그럼에도 불구하고 최근 교육신뢰회복추진단 회의인 제22차 회의(2021.11.01.)와 제23차 회의(2022.01.25.)에서는 국회 교육위원회 국정감사에서 감사를 요청한 6개 대학에 대한 감사를 시행할 것을 발표하여, 사립대학에 대한 감사 강화의 기조가 앞으로도 강도 높게 유지될 것임을 보여주고 있다.

문재인 정부에서는 대통령 후보자 시절부터 공약하였던 사학혁신 기조를 취임 후 여러 정책으로 구현하였으며, 이는 유치원에서부터 대학까지 모든 학교급에 걸쳐 회계와 인사, 설립 등 다양한 분야에서 강력하게 시도되었다. 이상으로 논의한 문재인 정부의 주요 사학정책을 간략히 표로 정리하면 [표 10.3]과 같다.

나. 패러독스 관점

1) 정책 패러독스

패러독스는 흔히 '역설(逆說)'로 표현되며 상호 모순적, 배타적, 혹은 대립적 요소들이 동시에 존재하거나 활동하는 현상으로 정의된다(Cameron & Quinn, 1988). 패러독스 내의 개별 요소들을 분리하여 보면 각각이 논리적으로 타당한 가정이나 결론들을 가지고 있으나, 그 요소들을 동시에 놓고 볼 때에는 일관성이 없으며 때로는 비합리적인 특징을 보인다(Lewis, 2000; Van de Ven & Poole, 1988). 정책 패러독스란 전술한 패러독스의 특성이 정책의 형성, 결정, 집행, 평가의 전 단계에 걸쳐 발생하는 것을 말한다. 동일한 수준과 범위 내에서 각각의 정당성을 가진 요구 또는 정책 전제가 상충하면서 정책에 대한 해석의 차이가 존재하거나 전달체계가 제대로 작동하지 않는 경우 정책 패러독스가 발생하게 된다(김종길, 2001; 사득환, 박보식, 2013; 이예슬, 2020). 정책 결정 과정에서 개인은 물질적 혹은 비물질적 제약의 환경에 속해 있다는 점을 전제로 하기 때문에, 전통적인 시장(market)과 합리성(rationality)의 논리로는 정책 패러독스를 설명하는 데 한계가 있다.

Stone(2012)은 패러독스가 존재하는 정치적 모형인 폴리스(polis)를 전통적 시장모형과 대비하여 다양한 정책 현상들을 설명하고 있다. 폴리스 모형을 관통하는 원리는, 두 개의 정책 요구 또는 전제가 동시에 진리라고 하는 것이 합리성의 논리로는 불가능해 보이지만 정치적 논리에서 보면 오히려 당연한 귀결이라는 점이다. 이러한 패러독스적 관점은 정책을 둘러싼 갈등을 이해하고 '예기치 못한 결과(unexpected consequences)', 즉 정책이 사전에 의도한 결과와는 다른 양상의 정책효과가 발생하는 역설적 상황을 설명하는 데 유용한 분석 틀이 된다(강민수, 최지혜, 신창호, 2020). 정부의 정책이 정교하고 세밀하게 계획되었다 하더라도 그 정책의 실행 결과는 여러 요소 간의 상충으로 인해 예상치 못한 방향으로 흘러갈 가능성이 큰데, 이를 패러독스적 관점으로 해석이 가능하다는 것을 의미한다.

2) 정책의 이해관계

정치적 폴리스, 즉 현실에서의 개인은 자신의 이해관계를 개별적이고 독립적으로 형성하지 못한다(Stone, 2012). 개인의 이해관계는 주로 자신의 다양한 정체성(identity)과 소속(membership)에 의해 복합적으로 규정되는데, 이때 개인의 정체성과 소속은 타인에 의해 사회적으로 묘사되는 것을 인식한 결과물에 해당한다. 따라서 개인의 이해관계 그 자체는 추상적이고 가상적인 존재에 불과하며, 정책행위자들이 이를 잘 정의하고 묘사했을 때 비로소 가시적인 무언가로 드러나게 된다. 즉, 이해관계는 자발적으로 만드는 것이 아니라 타인에 의해 만들어지는 셈이며 정책행위자들은 특정 이슈에 대한 대중의 인식을 높이거나 지지자들을 끌어모으기 위해 이해관계를 자신에게 유리한 쪽으로 묘사하는 행동을 취하게 된다. 특히나 사학정책과 같이 교육의 특수성과 보편성, 그리고 자주(율)성과 공공성이라는 추상적이고 서로 상충하는 이념이 공존하는 경우, 개인은 합리성에 의해 정책을 객관적으로 판단하기보다는 정책행위자에 의해 정의되고 묘사된 이해관계를 받아들일 가능성이 크다. 이에 정책 패러독스의 이해관계 특징을 세 가지로 나누어 자세히 살펴보고 이를 분석의 기준으로 활용하고자 한다.

가) 이해관계의 대의(representation)와 동원(mobilization)

정책행위자의 대의란 시민들의 이익을 공적으로 대변하는 것을 의미한다. 각 이해관계의 대표자는 대의를 위한 두 가지 역할이 주어지게 된다. 하나는 특정 정책 이슈를 잘 묘사하여 이것이 사람들에게 어떠한 영향을 미치는가를 보여주면서 시민들을 설득하는 것이고, 다른 하나는 시민들이 원하는 것을 공개적 토론장에서 대변해주는 것이다. 전통적인 대의의 개념은 후자에 초점이 맞춰져 있지만, Stone(2012)은 앞 단계인 묘사와 설득에 주목한다. 정책행위자의 대의에서 중요한 점은, 정책행위자들이 시민들의 이익 그 자체를 대변하기보다는 당사자들에게 유리한 방향으로 유도하여 시민들의 지지와 신임을 얻고자 시민들의 이익을 정의한다는 것이다.

개인 혹은 집단은 정책행위자들에 의해 공유된 것으로부터 자신의 이해관계를 정립하고 어떠한 정책, 후보, 집단을 지지할지 결정하게 된다. 이 과정에서 정책행위자들은 여러 수단과 방법을 활용하여 최대한 다수의 지지와 공감을 얻기 위해 행동을 조직화하는데, 이것이 정치적 동원에 해당한다. 동원의 과정은 정책을 형성하고 성공적으로 실행하는 데 있어 필수적인 과정이지만 때때로 그 방법적 측면에서 민주주의에 문제가 될 수 있으며, Stone은 특히 이 지점에서 패러독스가 발생하는 상황을 경계하고 있다. 이를 종합해 보면, 정치적 대의란 시민들이 정책에 관한 관심을 표명하는 것이 아닌 정책행위자들에 의해 설득되는 과정을 의미하며 그 과정인 정치적 동원은 정책 패러독스를 야기할 여지가 있다.

문재인 정부의 사학정책 역시 대의와 동원을 통해 정책에 대한 시민들의 지지를 이끌어내는 과정이 포함되어 있다. 정부는 사학의 특수성과 자주(율)성의 긍정적인 측면보다는 정책 실행의 타당성을 확보하기 위해 사학정책을 통한 교육의 공공성을 강조할 수 있을 것이다. 즉, 규제를 통한 교육의 공공성 확보를 시민들이 얻을 수 있는 이익으로 묘사하는 것이다. 이 과정에서 정부는 사학의 가치를 중립적으로 정의하기보다는 다수의 지지와 공감을 얻기 위해 의도적인 동원 전략을 활용하기 때문에, 실제 시민들의 이익 그 자체와는 괴리가 생길 수 있으며, 이는 정책 패러독스를 야기할 가능성을 내포한다.

나) 이해관계의 규범적 가치

정치의 영역에서 개인은 정책행위자들 간의 권력 획득 경쟁 이외에도 이해관계의 규범적 가치들을 고려한다. 개인은 어떠한 정책이 옳고 그른가에 대한 믿음을 가지며 정책행위자들이 "올바르게 행동하기를" 기대하는 측면이 있다. 따라서 정책행위자들은 올바르고 선한 쪽을 지지한다는 인상을 풍기고자 노력하며 자신의 이해관계가 얽힌 정책을 선한 것으로 포장하기 위해 여러 전략을 펼치게 된다. 예컨대, 정부는 선한 가치를 "보호받아야 마땅한"의 이미지와 함께 정책을 프레이밍 하는 경우가 많다. 중요하고 선한 가치이지만 경우에 따라 특정 이해관계는 자생적으로 살아남지 못하기 때문에 정부가 적극적으로 나서 이러한 이해관계를 증진 혹은 회복시켜줄 필요가 있다는 주장에 기반한다. 주로 정부가 정책 문제의 해결을 위한 규제를 강화할 때 활용하는 논리이며 정부는 자신을 영웅으로 묘사하기도 한다.

정책행위자는 대중들로 하여금 자신의 주장을 선하고 약한 것으로, 경쟁하는 집단의 주장을 악하고 강한 것으로 인식하도록 수사적 표현을 활용한다. 자신의 주장은 "집단적, 분산적, 넓은, 장기적, 영적, 사회적, 공공, 국민들, 99%"와 같은 수사를 통해 선하고 약한 이해관계로 묘사하는 반면, 상대의 주장은 "개인적, 집중적, 좁은, 단기적, 물질적, 경제적, 사적, 엘리트들, 1%"와 같은 수사를 통해 악하고 강한 이해관계로 묘사한다(Stone, 2012:245). 이때 부정적인 이해관계를 두드러지게 표현하는 것이 비교적 자극적인 내러티브로 활용되기 용이하므로 어떠한 정책에 관한 갈등 상황은 상대방의 주장에 대한 비난의 양상으로 흘러가는 경우가 많다.

문재인 정부의 사학정책을 둘러싸고 대립하는 이해집단들은 자신의 주장이 규범적으로 옳고 바람직하며, 상대방의 것이 그렇지 못하다는 내러티브를 통해 시민들을 설득하게 된다. 그 과정에서 다양한 수사적 전략을 활용하기도 하고 갈등의 장을 확장하거나 그대로 유지하기도 한다. 특히나 미래에 대한 비전과 대안을 제시하는 것보다 현 상황을 비난하고 비판하는 것이 쉬우며 오히려 효과적인 묘사 방법이 된다는 점에서, 문재인 정부의 사학정책을 둘러싼 내러티브 역시 부정적인 수사 전략이 주로 활용되었을 가능성이 있다. 이는 예기치 못한 갈등 상황을 유발하고 합의가 아닌 소모적 대립상황을 강화한다는 점에서 정책 패러독스로 이어질 수 있다.

다) 규제 정책의 유형 분류

Stone(2012)은 James Q. Wilson의 규제정치이론을 차용하여 정책 이슈와 이해관계의 관계를 조명하고 있다. 규제 정책의 유형에 따라 정치적 동원의 양상이 다르게 나타나는데, 이를 이해관계와 연관 지어 생각해볼 수 있기 때문이다. Wilson(1980)은 정책이란 민주주의 사회에서 이익집단, 정치인, 관료들 간의 복잡한 정치·경제적 상호작용 과정의 산물이라고 보았다. 그 과정에서 특정 정책 혹은 규제로 인해 이익을 보게 될 집단과 손해를 보게 될 집단의 특성을 구분할 수 있는데, 이를 상대적인 비용과 편익의 집중 또는 분산 정도로 분류하였다.

비용이 "넓게 분산"되어 있다는 것은 비용을 부담하는 사람들이 불특정 다수로, 개인을 기준으로 볼 때 규제로 인해 추가 부담이 미미한 상황을 말한다. 한편 비용이 "좁게 집중"되어 있다는 것은 비용을 부담하는 집단이 상대적으로 소수이고 그에 따라 개인의 부담 크기가 매우 큰 상황을 말한다. 한편, 편익이 "넓게 분산"되어 있다는 것은 어떤 정책으로 인한 편익이 불특정 다수에게 미치나 그 개개인이 얻게 될 편익의 크기는 작은 상황을 말하고, 편익이 "좁게 집중"되어 있다는 것은 큰 편익이 소수에게 집중적으로 돌아가는 상황을 말한다.

정책 패러독스적 관점의 주된 관심사는 정책을 위와 같은 유형으로 분류하는 것이 아닌, 분류의 유동성에 있다. Stone(2012:241)은 어떠한 정책이든 하나의 유형에 고정적으로 속하는 것이 아니며 정책행위자들의 정치적 동원에 따라 "어떠한 유형에 속하는 것처럼 '묘사' 혹은 '인식'된다"라고 표현하였다. 따라서 정책은 이해관계를 형성하는 동시에, 이해관계가 정책을 만들기도 한다. 실제 정책은 고유한 비용과 편익이라는 것이 존재하지 않다고 가정하기 때문에, 정책행위자들은 자신의 이해관계에 따라 비용을 확대해서 묘사하기도 하고, 편익이 특정 소수의 집단에 집중되는 것처럼 주장할 수도 있다. 그 과정에서 정책행위자들은 자신의 이해관계를 관철하기 위해 특정 정책이 어떤 유형에 속하는 것처럼 비치게끔 전략적으로 표현하게 되는데, 그 행위를 분석함으로써 정책 패러독스를 발견할 수 있다.

[표 10.4] 규제 정책의 네 가지 유형

		감지된 편익	
		넓게 분산	좁게 집중
감지된 비용	넓게 분산	대중 정치 (majority politics)	고객 정치 (client politics)
	좁게 집중	기업가 정치 (entrepreneur politics)	이익집단 정치 (interest-group politics)

① 대중 정치(majority politics): 정책 규제에 대해 감지된 편익과 비용 모두가 불특정 다수에게 넓게 분산된다는 점에서, 개인의 입장에서 볼 때 정책 규제의 효과 크기는 미비한 경우이다. 어느 누구도 특별히 큰 이익이나 손해를 보는 것이 아니기 때문에 정책을 둘러싼 이해관계 집단의 정치적 동원 수준이 낮다.
② 기업가 정치(entrepreneur politics): 불특정 다수에게 편익이 분산적으로 제공되고, 특정 소수에게 비용이 집중적으로 부담되는 유형으로, 편익을 받는 이해집단과 비용을 부담하는 이해집단 간 갈등이 유발될 가능성이 크다. 즉, 높은 수준의 비용을 부담해야 하는 집단은 정치적으로 막강한 영향력을 발휘하기 위해 정치적 동원 수준이 높은 반면, 넓게 분산된 편익을 기대하는 집단은 정치적 동원 수준이 낮다.
③ 고객 정치(client politics): 특정 소수에게 편익이 집중적으로 제공되고, 불특정 다수에게는 비용이 분산적으로 부담되는 유형으로, 정책 규제에 의해 상당한 이익을 얻을 수 있는 소수집단은 매우 빠르게 정치적 동원력을 행사하여 자신이 기대하는 편익이 제도적으로 보장될 수 있도록 정치적 압력을 행사하게 된다. 반면 개인 입장에서 볼 때 비용 부담의 수준이 그다지 높지 않기 때문에 별다른 도전 없이 받아들여지는 경우가 대부분이다.
④ 이익집단 정치(interest-group politics): 감지된 편익과 비용 모두 특정 소수에게 집중되는 유형으로, 정책 규제로 인해 예상되는 비용과 편익이 개인의 입장에서 볼 때 매우 크다. 따라서 이해관계에 따른 쌍방의 집단 모두 정치적 동원의 유인을 강하게 갖고 있으며. 서로의 이익 확보를 위해 첨예하게 대립하는 경우가 많다.

출처: Wilson(1980); 최병선(2000), 양승일(2016)에서 재인용.

3 분석방법

본 장에서는 Stone(2012)의 정책 패러독스 관점을 중심으로 문재인 정부의 사학정책에서 드러난 패러독스 현상을 분석하고자 하였다. 문헌연구방법을 활용하여 유치원 3법 통과, 자사고 지정취소처분, 사립대학 감사 강화 등 구체적인 사례를 중심으로 고찰하였으며, 연구자료 중 언론 보도자료의 경우 정책 내러티브 분석방법의 일부를 적용하였다. 특히 정책 내러티브 분석방법은 두 번째 연구문제인 자신의 규범적 가치를 높게 인식하도록 수사적 표현 전략을 구사하는 과정에서 드러나는 패러독스 현상을 규명하는 데 활용하였다. 한편, 정치적 대의와 동원의 과정에서 나타나는 패러독스를 확인하는 첫 번째 연구문제와 정책 효과의 비용과 강도의 분산 정도에 대한 묘사를 통해 규제 정책의 유형이 변하는 과정에서 드러난 패러독스를 발견하는 세 번째 연구문제에 관해서는 문헌연구로써 언론 보도자료 이외에도 선행연구, 연구보고서, 판결문 등을 연구자료로 활용하였다.

언론 보도자료의 정책 내러티브를 분석한 선행연구들은 보수 성향의 신문으로 조선·동아·중앙일보, 진보 성향의 신문으로 경향신문·한겨레를 주로 선정하고 있는 바(박해경, 유은지, 강민수, 홍세영, 변기용, 2016; 변수연, 이희영, 박해경, 2011; 임순미, 2011; 황성욱, 이병혜, 2010), 본 연구 또한 해당 5개의 언론사 아카이브를 활용하여 문재인 정부 출범 이후부터 지금 시점까지의 사학정책 관련 신문기사를 중점적으로 활용하였다. 신문기사 검색 키워드로는 '유치원 3법', '자사고 지정취소', '사립대학 감사' 등을 사용하였다.

가. 정책 패러독스와 내러티브의 연관성

정책 내러티브란 현실에 대한 정책행위자들의 인식 혹은 해석에 영향을 미치려는 의도를 가지고 구성한 계산된 주장(calculated arguments) 혹은 이야기(stories)를 의미한다(McBeth, Jones & Shanahan, 2014; Shanahan, Jones, McBeth, & Lane, 2013). 이때 언론에서 드러나는 정책 내러티브는 자신이 제안한 정책에 대해 지지를 포섭하기 위해 활용하는 전략에 대한 Stone(2002)의 주장에 근거한다고 언급하고 있을 만큼 정책 패러독스와 상당히 밀접한 연관이 있다(Shanahan, McBeth, Hathaway, & Arnell, 2008). 무엇보다 대의란 정책행위자가 정치적 동원을 활용하여 시민들을 설득하는 공적인 발표를 의미한다는 점에서 내러티브와 맥을 같이 한다. 정책 내러티브를 통한 의도적 묘사는 대중들의 지지 수준에 영향을 미치며(Jones & Song, 2014), 이것이 공공정책의 형성에 영향을 미친다는 주장은 점점 더 많은 설득력을 얻고 있다(Jones & McBeth, 2010; Shanahan, Jones & McBeth, 2018).

문제를 정의하기 어려우며 가치를 중심으로 첨예하게 갈등할 가능성이 큰 공공정책의 수립과 시행의 경우, 정책 내러티브의 영향력은 더욱 커지게 된다(McBeth, Shanahan, Arnell, & Hathaway, 2007). 정책 내러티브란 대중의 의견에 영향을 미치기 위해 특정 목적을 갖고 전략적으로 구성하는 이야기라는 점에서, 주관적인 가치를 중심으로 갈등하는 상황일수록 내러티브 전략을 적극적으로 강구하기 때문이다(Jones & McBeth, 2010; Stone, 2012). 이러한 점에 비추어 볼 때, 정책 이해당사자 간에 이념적 가치 갈등이 첨예하게 대립하는 경우가 빈번한 교육정책은 다른 어떤 영역의 정책보다 내러티브의 역할이 크게 부각될 수 있는 영역이다(김상철, 엄준용, 2016; 박해경 외, 2016; 변기용, 2009; 변수연 외, 2011; 조홍순, 2011).

나. 정책 내러티브의 구성요소와 전략

정책 내러티브의 구성요소는 배경(setting), 인물(characters), 플롯(plot), 근거(evidence), 인과 기제(casual mechanism), 대안(moral of story) 등 다양하나(McBeth et al., 2014; Shanahan et al., 2013, Stone, 2012), 본 연구에서는 정책행위자에 의한 대의와 동원에 영향을 받는 시민을 포함하는 "인물"에 주목한다. 인물에는 문제를 해결하는 영웅, 문제를 야기하는 악당, 문제로 인해 피해를 받는 희생자로 나뉜다. 정책 패러독스적 관점에 따르면, 정책행위자가 자신의 이해관계를 대중에게 설득시키기 위해 자신과 상대방을 전략적으로 묘사하기 때문에 인물 묘사를 분석하는 것이 중요하다. 주로 자신을 영웅, 경쟁하는 상대를 악당으로 묘사하며 희생자는 잠재적 지지 계층인 시민이 된다.

정책 내러티브의 전략은 일련의 정책 과정에 있어 자신의 이해관계를 위해 개입, 조작, 통제의 수단으로 내러티브 요소를 사용하는 것을 의미한다(허성욱, 황태연, 2020). 대표적인 전략 중 하나는 "갈등의 범위 조정"이다. 자신이 불리한 상황에 있다고 판단하는 이해집단은 갈등의 장을 확장하는 반면, 유리한 상황에 있다고 판단하는 이해집단은 갈등의 장을 유지하려는 경향이 있다(McBeth et al., 2014). 이때 각 이해집단은 정책 문제에 수반되는 비용과 이익이 다수에게 분산되어 있는지 소수에게 집중되어 있는지를 강조함으로써 장의 규모를 조정한다는 점에서 앞서 Wilson(1980)의 규제정치이론과 연관된다. 갈등의 장을 넓히려는 이해집단은 이익이 소수에게만 집중되며 비용은 다수가 부담한다는 점을 강조하는 반면, 갈등의 장을 유지하거나 다소 축소하고 싶은 이해집단은 이익이 다수에게 분배되지만, 비용은 소수에게만 귀속된다는 점을 강조한다(Shanahan et al., 2013).

정책 내러티브의 전략 중 다른 하나는 "의도적 상대비방(devil shift), 호의적 자기선전(angel shift)"이다. 의도적 상대비방 전략은 자신의 집단을 약자로 묘사하고 상대 집단의 힘을 과장하여 그들을 악당으로 묘사하는 것을 의미한다. 반면 호의적 자기선전 전략은 상대의 집단에 비해 자신의 집단을 규범적으로 선하고 바람직하다고 묘사하면서 긍정적인 면을 강조하는 것이다(Heikkila, Weible, & Pierce, 2014). 이 또한 이해관계의 규범적 가치에 관한 Stone(2012)의 설명과 일맥상통한다. 정책에 있어 우위를 점하고 있는 집단은 호의적 자기선전 전략을, 그렇지 못한 집단은 의도적 상대비방 전략을 주로 사용하는 것으로 나타나지만(Shanahan et al., 2013), 한국의 교육정책 맥락에서는 대치하는 두 집단 모두 의도적 상대비방 전략을 주로 사용하고 있다는 점이 드러난 바 있다(박해경 외, 2016).

4 문재인 정부 사학정책의 패러독스 현상 분석

가. 정치적 대의와 동원과정에서 나타난 패러독스

Stone(2012)에 따르면 정책 결정자들이 공개적인 포럼에서 시민들의 이익을 대변할 때, 시민들의 말을 그대로 전하는 일은 드물다. 오히려 시민들을 설득하기 위해 자신이 구성하고 묘사했던 말로써 시민들의 이익을 정의한다. 이는 정책결정자들이 실제적으로 시민들의 이익을 대변한다기보다는 당사자들에게 유리하게 보이는 방법으로 사람들의 지지를 얻고자 함을 의미한다. 이와 같은 방식으로 진행되는 대의는 시민들이 정치적 결정에 관한 관심을 표명하는 과정이라기보다는 대의라는 '형식'을 통한 정책결정자들의 설득이라고 볼 수 있으며, 이러한 불일치 속에 패러독스가 발생한다.

문재인 정부의 사학정책에서 역시 이와 같은 패러독스를 발견할 수 있다. 문재인 정부는 '사학혁신 추진방안'을 발표하면서 대규모 국가재정을 투입하는 사립학교 운영의 공공성 및 투명성 강화와 사학비리의 원천적 차단이 필요하다는 점을 강조하였다(교육부, 2019.12.18.). 더불어 개정 사학법은 사립대

외부 회계감사의 강화, 사립교직원 채용의 교육청 위탁, 임원 간 친족관계 공시 등 특히 사학의 회계와 인사에 대한 정보 공개를 핵심 과제로 하고 있다. 이는 현재 사립대학 회계 부정이 심각하며, 부정을 저지른 사학 인사를 퇴출시켜야 한다는 각종 언론의 보도와 전국교직원노동조합, 교육 관련 시민단체를 비롯한 시민들의 여론(충청투데이, 2015.04.30.; 한겨레, 2019.05.09.)을 반영하고 교육부의 국민신고센터, 권익위의 사학비리 부패신고센터 등에 지속적으로 관련 민원이 제기된 것을 시정하기 위한 것으로 보인다.

제기된 바와 같이 일부 사학에서 비리가 발생한 것은 사실이며, 사학이 교육적 목적 외로 저지르는 부정은 철저히 엄단해야 할 것이다. 문제는 시민들의 여론을 정책화하는 대의의 과정에서 이익의 왜곡이 일어난다는 점이다. 자주성 속에 공공성을 확고히 내장하고 있는 사학이 있다면 그 사학에 대해서는 국가가 굳이 개입할 필요가 없으며, 오히려 자율을 확고히 보장하여 그의 개성과 창의가 최대한으로 발휘될 수 있도록 하는 것이 바람직하다(박부권, 2008). 공교육의 일부로서 사학을 지원과 진흥·육성의 대상이라는 시각에서 접근하고, 이를 가능하게 하는 사립학교 진흥·육성 정책이 필요하다는 의견도 분명 존재한다(박재윤, 2012; 박찬주 외, 2014; 이시우, 2009). 그러나 '사학혁신 추진방안'과 개정 사학법에서는 사학에 대한 지원은 전혀 다루지 않고, 사학에 대한 감사를 강화하고 비리에 대한 예단 목적의 규제만을 추진하고 있다.

이는 일부 비리사학의 문제를 사학 전체의 문제로 확장하여, 일반 사학에 대한 시민들의 인식을 부정적으로 조성하는 효과가 있는 한편, 우수 사학의 지원이라는 사학정책의 주요 역할을 인식하지 못하게 하는 문제점을 초래한다. 교육의 공공성, 정책의 투명성과 관련한 시민들의 요구는 비리를 저지르는 일부 사학에 관한 것이며, 우수 사학에 대한 지원을 통해 교육의 질을 높이고자 하는 것 역시 사학에 대한 시민들의 요구이다. 즉 문재인 정부의 사학정책은 사학이 가지고 있는 여러 성격 중 교육의 공공성과 정책으로서의 투명성의 일부만을 초점으로 구성된 것으로, 사학의 역할에 대해 시민들이 요구하는 여러 가지 성격을 모두 담아내지 못한 문제가 있다.

한편, 정부에서 강조하고 있는 교육의 공공성이 민의를 제대로 반영하고 있는지에 대해서도 살펴볼 필요가 있다. 사학 역시 교육을 담당하는 주체의 하나로서 교육의 공공성에 기여해야 할 책무가 있음은 물론이다. 이러한 사학의 공공성은 단순히 공교육의 일부로서 보편적인 교육내용을 그대로 실행해야 한다는 의미가 아니다. 사학이 공교육의 일부를 담당하되, 사학이 찬여는 공학의 그것과 달리 자유민주적 기본 질서하에 사학으로서의 특수성과 자주성의 장점을 발휘하여 국민들이 선택할 수 있는 공교육의 다양화에 기여한다는 점에서 공공성의 의미를 찾을 수 있다(허종렬, 2021). 그러나 문재인 정부의 사학정책은 교육의 공공성에 대한 단편적인 해석을 바탕으로 사학의 교육적 기능을 제대로 반영하지 않고 있으며, 사학의 특수성을 통한 교육의 다양화를 지지하는 여론 역시 흡수하지 않고 있다. 공학과의 기술적 동질성을 추구하는 것이 아니라 그 사적 특성에 맞게 자율성과 책무성을 바탕으로 교육적 기능을 하는 것이 사학의 공공성을 구현하는 것이라는 점에서(나병현, 2002), 교육의 공공성을 민의의 반영이라기보다는 설득의 수단으로 활용한 문재인 정부 사학정책의 패러독스가 여실히 나타난다.

문재인 정부에서 발의된 '유치원 3법'의 사례는 동원의 과정에서 발생하는 정책 패러독스를 잘 보여주는 사례이다. 이 법은 유치원의 공공성 제고라는 정책효과를 위해 실시되어 긍정적인 효과가 기대되는 한편, 이익 주체 간 갈등이 조율되지 않고 패스트트랙[3]으로 정책 결정이 급하게 이루어지면서 정책 결정에 따른 부작용이 우려되는 상황이다(김희정, 2020:83). '유치원 3법'은 양당 간의 이견을 좁히지 못하던 중, 결국 중재안을 패스트트랙에 올리며 교육위원회와 법제사법위원회를 무심사로 통과하고 본회의에 상정되었다(MBC, 2019.09.23.). 이후 자유한국당은 본회의에 불참하였으나 더불어민주당을 비롯한 바른미래당과 정의당, 민주평화당, 대안신당이 4+1 협의체를 결성하여 2020년 1월 13일 '유치원 3법'은 자유한국당이 없는 가운데 국회 본회의를 통과하여 가결되었다.

패스트트랙은 국회의 효율성을 높이기 위하여 그 내용이나 시점상 시급히 통과되어야 할 법안이 정당 간의 의견 대립으로 인해 계류되는 교착 상태를 극복하기 위해 도입되었다. 그러나 이 제도는 신속한 안건처리라는 장점이 있는 반면, 위원회의 심의과정이 생략됨으로 인해 정당 간의 숙의과정이 대폭 약화된다는 한계점도 가지고 있다(김현진, 2019; 이우영, 2020). 현재까지 이 제도로 국회 본회의를 통과한 4개의 법들은 '유치원 3법'을 포함하여 모두 정당 간 의견 차이가 극심한 사례들임에도 불구하고 거대 여당의 의견대로 통과되었다는 공통점을 가지고 있다. 특히 일반적인 정책변동과정과는 달리 패스트트랙 지정 후에는 해당 법안에 대해 정당 회의에서 논의가 거의 이루어지지 않기 때문에 상호적 대화 가능성이 작아지는 데다, 2020년 총선에서와 같이 하나의 당이 과반의 의석을 차지할 경우 패스트트랙을 자주 사용할 수 있다는 점에서(유정호 외, 2020) 패스트트랙은 정책결정 과정으로서 우려되는 부분이 있다. 이에 김현진(2019)은 패스트트랙에 지정될 수 있는 법안의 범위를 타 국가와 같이 국방, 테러, 경제위기, 재난 등으로 제한할 것을 제안하기도 하였는데, 이러한 기준에서 볼 때 '유치원 3법'이 숙의과정이라는 민주주의의 대원칙을 생략하고 신속 처리할 만큼 시급성을 가진 법안이라고 보기는 어렵다.

자사고 지정취소 처분이 효력을 잃은 사건 역시 문재인 정부의 자사고 폐지 정책이 법적 근거가 부족한 채 추진되는 과정에서 패러독스가 발생한 사례이다. 자사고를 폐지하여 일반고로 전환시키겠다는 문재인 후보의 대선공약을 제도적으로 정비하기 위하여 2017년 11월 교육부는 '고교체제 개편 로드맵'을 발표하였는데, 이중 고입 동시실시 방안은 자사고와 일반고 입시를 동시에 실시하여 자사고를

3 신속처리안건 제도라고도 하며, 일반적인 입법과정과는 달리 위원회에서의 심사 기간을 축소하고 일정 기간이 지나면 자동으로 입법과정의 상위 단계로 회부되게 하는 제도를 뜻한다(전진영, 2017). 2022년 2월, '사회적 참사의 진상규명 및 안전사회 건설 등을 위한 특별법안(사회적 참사법)', '고위공직자수사처 신설 법안-검경 수사권 조정안', '유치원 3법(유아교육법, 사립학교법, 학교급식법)', '선거제도개편안' 등 4개의 법안이 패스트트랙을 통해 가결되었다.

지원하는 학생들에게 선택의 부담을 지움으로써 자사고 지원 동기를 약화하고자 하는 방안이었다. 그러나 학생 입장에서의 제도적 보완책이 충분히 마련되지 않은 입법예고는 자사고연합회와 전국학부모연합회에 의해 헌법소원의 대상이 되었으며(이청민 외, 2021), 헌법재판소는 위 내용을 규정한 「초·중등교육법 시행령」 제81조 제5항을 전원일치 의견으로 위헌이라 판결하였다.

교육부는 이에 굴하지 않고 2018년 8월 '2022학년도 대학입학제도 개편방안 및 고교교육 혁신방향'을 발표하며 자사고 폐지를 지속적으로 추진해갈 것임을 보여주었고, 그해 6월 교육감 선거에서 대거 당선된 진보 교육감들은 2019년 자사고 운영성과 평가를 시행하며 11개교의 자사고 지정취소처분을 내놓았다. 이 처분들은 평가방식의 공정성·합리성과 관련하여 논란이 되었는데, 특히 전북교육청 처분의 경우 타 시·도교육청의 기준점수인 70점보다 10점 높은 80점을 기준점수로 삼고 79.61점을 받은 자사고를 지정 취소함으로써 정책을 무리하게 밀고 나간다는 비판을 피하기 어려웠다(동아일보, 2019.06.21.).

한편, 전북교육청을 제외한 나머지 시·도교육청에서 자사고 지정취소처분에 반발한 10개교(서울 8개교, 경기 1개교, 부산 1개교)의 처분에 대하여 교육부는 동의 의사를 밝혔고, 10개교는 지정취소처분에 대한 효력정지 가처분신청을 제기하며 맞섰다. 이 역시 10개교 모두 자사고 측의 승소로 1심이 마무리되었고, 서울시교육청과 부산시교육청이 더 이상의 소송을 중단한다고 밝히면서 자사고 폐지 정책은 법적으로 동원의 근거를 잃은 셈이 되었다. 특히 이 사건의 법원 판결문에서는 신설된 평가 기준이 기존 평가내용에 소급 적용된 점을 지적하며, 시·도교육청의 자사고 취소 처분이 처분기준 사전공표제도의 입법 취지에 반하고 재평가를 거친 재지정제도의 본질 및 적법절차 원칙에서 도출되는 공정한 심사 요청에 반하므로 재량권을 일탈·남용한 것에 해당한다(서울행정법원, 2021.02.18. 선고 2019구합75808)고 적시함으로써 정책을 추진하기 위한 정부의 동원 과정이 부적절했음을 보여주었다.

선술한 사례들을 정리해보면 문재인 정부의 사학정책은 시민들의 이익을 대변하고 민주적인 절차에 의해 시민들의 이익을 실현하는 정책 실행의 과정에서 여러 가지 문제에 부딪혔음을 알 수 있다. 사학과 관련하여 발생할 수 있는 시민들의 이해관계를 다양한 측면에서 살펴보고 시민들의 목소리를 대변했어야 함에도 불구하고, 사학의 교육적 속성 중 일부의 성격만을 발췌하여 표면화하고 정책을 구성한 것은 민의를 진정으로 반영한 것이라 볼 수 없다. 또한, 정책을 실행하는 과정 역시 시민들을 이해시킬 수 있고 법적인 근거를 바탕으로 진행된 것이 아니라 정책 의지만을 가지고 무리하게 추진함으로써 사학정책을 통해 정부가 실현하고자 했던 교육적 가치와 의도가 효과적으로 발현되기 어려웠다. 따라서 문재인 정부의 사학정책에서는 민주적으로 정책을 형성하고 실행하는 과정에서의 '대의'와 '동원'이 진정성 있게 이루어지지 못하는 패러독스 현상이 나타났다.

나. 규범적 가치를 위한 정책 내러티브 활용과정에서 드러난 패러독스

특정 정책에 관한 국민의 이익은 정책행위자의 묘사와 정의에 따라 달라지는 동시에, 국민은 정책행위자들의 규범적 가치를 평가한다. 따라서 각 이해집단은 자신이 올바르고 선한 가치를 따른다는 점을 강조하기 위해 본인의 이해관계는 선하고 약한 것으로, 경쟁하는 집단의 것은 악하고 강한 것으로 묘사하는 등 정책 내러티브를 전략적으로 사용하게 된다(Stone, 2012). 자신을 포함하여 갈등의 장에 포함된 여러 주체들을 영웅, 악당, 피해자로 상정하거나 의도적 상대비방, 호의적 자기선전의 전략을 활용하기도 하며, 때에 따라 갈등의 장의 범위를 조정하기도 한다. 이러한 정치적 상호작용 과정에서 정책은 기존의 설계 목적과 달리 예기치 못한 방향으로 진행되는 경우가 많은데, 이때 발생하는 갈등은 정책 패러독스를 야기한다.

문재인 정부의 사학정책 실행 과정에서 각 이해집단은 자신의 규범적 가치를 높이기 위해 정책 내러티브를 전략적으로 사용한 것으로 나타났다. 먼저 '유치원 3법' 개정을 살펴볼 수 있다. 개정을 추진하는 정부는 스스로를 사립유치원의 비리를 근절하고 교육을 정상화하는 "영웅", 한유총과 한국당을 유치원 카르텔, 끊이지 않는 비리집단인 "악당"으로 묘사하였다. 아이들과 학부모는 한유총의 유치원 개학 연기와 한국당의 입법 미루기로 인한 "피해자"로 정의하였다. 반면 '유치원 3법'에 반대하는 한유총과 야당은 "영웅"을 별도로 상정하지 못하였으며, 사립유치원의 자율성을 저해하고 '유치원 3법'을 무조건적으로 밀어붙이는 정부를 "악당"으로 묘사하고 있었다. "피해자"로는 개인 재산권을 인정받지 못하는 사립유치원과 잠재적 범죄자로 취급받는 원장과 교사를 중심으로 한다. 주목할 점은, 한유총과 야당 역시 아이들과 학부모를 피해자의 범주에 포함하고 있다는 것이다. 무리한 '유치원 3법' 개정이 혼란을 야기해 사립유치원이 불가피하게 개학을 연기하게 되었다는 논리이다.

대립하는 두 집단의 공통점은 피해자의 범주에 국민을 포함하고자 하는 것과 그 피해의 원인 제공자를 상대방으로 인식하게끔 묘사한다는 것이다. 사립유치원이 개학을 연기하면서 아이들이 제때 유치원에 입학하지 못한 피해에 있어 이에 대한 비난의 화살이 상대방에게 향하도록 내러티브를 활용하는 양상이다. 한편, 정부는 자신을 영웅으로 묘사하는 데 일정 부분 성공하면서 법안 개정을 통해 교육의 투명성을 확보하고자 하는 정책 동기에 정당성을 얻게 되었다. 반면, 한유총은 스스로를 영웅이 아닌 피해자라고 묘사하는 과정에서 국민의 설득을 충분히 얻지 못한 것으로 보인다. 이미 사립학교 전체가 비리집단으로 낙인찍힌 이상 사학의 자율성과 교육을 위해 힘쓰는 유치원 교사들의 목소리는 힘을 얻지 못했다.

정책 내러티브 활용의 전략에서도 독특한 특징들이 발견되었다. '유치원 3법' 개정의 찬반 여부와 관계없이 양쪽 모두 의도적 상대비방 전략을 주로 활용하는 것으로 나타났다. 예컨대, 진보 언론에서는 "유치원 3법=사립유치원 비리 근절 3법"으로 프레이밍하고 이를 더욱 효과적으로 강조하기 위해 사립유치원 비위에 따른 금액과 적발 건수를 구체적인 숫자로 제시하였다(경향신문, 2019.12.26.). 한편, 보수 언론에서는 정부의 규제 강화가 "몰아붙이기, 수사해서 감옥 보내기"라고 표현하며 합의되지 않은 과도한 규제의 부당함을 호소하였다. 전략의 차이점으로는 호의적 자기선전에 있었다. 진보 언론에서는 의도적 상대비방 전략 이후 "유치원 3법은 국민적 요청이자 시대적 사명이며 문재인 정부가 나서서 해결할 것이다"라는 호의적 자기선전 전략을 함께 활용하고 있는 반면, 보수 언론에서는 호의적 자기선전 전략을 거의 활용하지 못하고 있다는 점이다.

갈등의 장을 조정하는 전략에 있어서도 대립하는 집단 모두 갈등의 장을 확장하는 경향을 보인다. 확장의 목적은 공통적으로 학부모를 자신의 편으로 만드는 것이었는데, 그 결과 '유치원 3법' 개정을 추진하는 정부의 전략이 비교적 효과적이었던 것으로 보인다. 언론에 드러난 정책 내러티브를 살펴보면, 정부는 학부모가 자신의 편이라는 전제를 바탕으로 논리를 전개한 반면, 한유총과 야당은 "자신도, 국민도 모두 피해자"라는 공감의 프레임을 형성하는 데 실패한 것으로 보인다. 사립유치원의 개학 연기와 폐원은 정부의 독단적인 규제로 인한 어쩔 수 없는 결정이었다는 주장에 설득력을 얻기가 힘들었던 것으로 판단된다.

'유치원 3법' 개정을 통한 사립유치원 규제 정책은 자유민주주의의 기본인 개인 재산권과 사학의 자율성 역시 교육의 투명성, 공공성과 함께 마땅히 보호받고 보장받아야 할 선한 가치임에도, 이를 효과적으로 묘사하고 설득하는 데 실패했다는 이유로 해당 가치는 정책적으로 사장되었다. 사립유치원 전체를 비리집단으로 포장하면서, 실제 교육을 위해 힘쓰는 원장과 교사의 사기까지 꺾어버리는 부작용을 초래하였다(조선일보, 2018.10.30.). '유치원 3법' 개정 사례는 특정한 이해관계가 수사적 표현과 전략으로 인해 한정적으로 정의되며, 소모적인 갈등으로 인해 정책 패러독스가 발생할 수 있다는 것을 보여준다.

다음으로 자사고 지정취소를 둘러싼 정책 내러티브를 살펴볼 수 있다. 2025년을 기준으로 자사고의 일반고 전환은 예정된 수순이긴 하나, 자사고 지정취소에 대한 법적 소송에서 모두 자사고 측이 승소하면서 앞선 '유치원 3법' 개정과는 다른 내러티브 양상을 보였다. 자사고 지정취소에 관해 언론에서는 보수와 진보진영 모두 "영웅"을 효과적으로 묘사하고 있지 못했다. 정부는 자사고를 일반고 황폐화의 주범으로 상정하여 자사고를 "악당"으로 묘사하는 한편, 자사고와 야당은 자사고 죽이기를 통한 하향평준화, 포퓰리즘 교육을 강행하는 정부를 "악당"으로 표현하였다. 보수와 진보언론 모두 학생과 학부모를 "피해자"의 범주에 포함시켰으며, 보수 언론의 경우 규제의 대상인 자사고 역시 피해자의 중심에 있다.

정책 내러티브 중 "영웅"이 뚜렷하게 드러나지 않다는 것은 정책의 정당성이 미흡하다는 반증이 된다. 정부는 고교서열화를 완화하고 일반고를 정상화하려는 목적으로 자사고 지정취소라는 규제 정책을 시행했으나, 해당 논리는 충분한 설득력을 얻지 못했다.[4] 정책 설계의 초기 단계에서는 의도적 상

4 자사고 지정취소 정책이 고교서열화와 일반고 슬럼화 문제를 해결하는 충분조건이 되지 못한다는 비판은 보수 언론은 물론이며 자사고 지정취소에 찬성하는 진보 언론에서도 공통으로 언급하고 있다는 점에 주목해볼 수 있다. 자사

대비방 전략을 활용하여 "자사고=고교서열화 조장, 획일적 입시교육기관"이라는 프레이밍에 성공했지만, 그 이후의 정책 대안을 제시하지 못했기 때문이다. 즉, 자사고의 지정취소라는 정책수단이 곧 정책 목적인 일반고의 회복을 달성하는 데 시작점이 될 수는 있으나 그 자체로 충분하지 않았다. 학생 수준에 따른 구체적인 교육 대안을 마련하지 못하면서 정부는 무리한 공약 이행이라는 오명에서 벗어나기 힘들었으며, 내러티브 장에서 효과적인 호의적 자기선전 전략도 활용할 수 없는 상황에 이른 것으로 나타났다.

그 결과 보수와 진보 언론 모두 정책 내러티브에 있어 의도적 상대비방 전략만이 두드러지는 양상을 보인다. 특히 보수 언론은 자사고 취소가 위법이라는 법원 판결에 대한 교육청의 항소가 혈세 낭비와 학교, 학생, 학부모의 혼란을 초래함과 동시에 사학의 자율성, 교육의 다양성, 학생의 학교 선택권을 침해한다는 점을 강조하였다. 이는 "자사고 죽이기", "교육 농단", 더 나아가 조희연 교육감의 자녀가 외고, 자사고에 진학한 점까지 "내로남불"이라는 비방 내러티브 전략을 활용하였다. 더불어 수학 기초학력 미달 비율, 자사고 취소가 위법이라는 법원 결정에 대한 교육청의 항소 비용 등 무리한 사학정책으로 인한 피해 정도를 구체적인 숫자로 제시하고 재판부나 교수 등 권위 있는 인물의 발언을 적극적으로 인용하면서 자신의 주장에 설득력을 얻고자 하였다(조선일보, 2021.07.09; 중앙일보, 2021.12.08.).

고교교육 정상화와 입시 교육기관으로서 자사고의 문제는 분명히 적절한 정책 개입을 통해 시정되어야 할 문제이다. 그러나 정부는 초반의 "자사고=일반고 황폐화의 주범"이라는 의도적 상대비방 내러티브 그 이상을 제시하지 못하면서 국민과 자사고 이해관계자들을 설득하는 데 실패하였다. 자사고 지정취소 사례는 미래에 대한 대안 제시의 부재가 정부 스스로를 영웅으로 묘사하고 적극적인 호의적 자기선전 전략을 활용할 수 없게 되는 원인으로 작용하였고, 의도적 상대비방의 내러티브가 주를 이루면서 결국 정책 패러독스가 발생하였음을 보여준다. 그 과정에서 발생한 예기치 못한 사회적·행정적 비용과 학생, 학부모의 피해는 2025년 자사고의 일괄 일반고 전환의 시점까지 지속될 것으로 예상된다.

마지막으로, 사립대학 감사 강화와 관련해서 드러난 정책 내러티브를 분석해볼 수 있다. 앞서 분석한 여타 문재인 정부의 사학정책 중 '유치원 3법' 개정과 유사한 정책 패러독스 양상을 보인다. 진보 언론에서 정부는 사학비리를 근절하는 "영웅"으로 묘사되며, 사립대 사학법인은 횡령과 회계부정을 일삼는 "악당"으로 묘사되었다. 한편 보수 언론에서는 '유치원 3법' 개정의 사례와 마찬가지로 영웅을 별도로 상정하지 못하고 있으며, 과도한 간섭으로 대학의 자율성과 독립성을 침해하는 정부를 "악당"으로 표현하였다. 한편 정부는 "피해자"를 별도로 상정하거나 확대하기보다는 사립대학을 악당으로 표현하는 데 더욱 집중한 반면, 보수 언론에서는 사립대학 스스로를 피해자로 묘사하고 있다.

다른 사학정책과의 차이점은 갈등의 장을 조정하는 것에 있다. 정부는 사학비리로 인한 피해자의 범

고 지정취소가 공교육 정상화의 계기가 될 수는 있으나, 자사고 자체가 문제의 근본 원인은 아니기 때문에 공교육을 살리기 위한 실질적인 대책을 마련하는 것이 우선되어야 한다는 지적이다(경향신문, 2019.07.08.).

위를 확대시켜 기존에 확립한 "사립대학=사학비리 집단"이라는 부정적 내러티브를 강화하기보다는 호의적 자기선전 전략으로 우회한 양상을 보인다. 예컨대, 사학혁신위원회의 사학법 개정을 통해 구체적인 개혁안을 발표한다거나, 대학교육의 공공성, 투명성을 높이기 위한 감사와 평가방안을 마련하겠다는 등의 입장을 취했다. 사립대학에 대한 부정적 내러티브가 이미 충분히 형성되었으며, "사학을 감독하는 일은 정부의 의무이자 권리이다"라는 주장이 국민들의 지지를 얻은 단계라고 판단했기 때문으로 보인다. 이는 우위를 점한 승리진영의 경우 호의적 자기선전 전략을 주로 사용하는 경향을 보인다는 Shanahan 외(2013)의 연구로 해석이 가능하다. 역으로 보수 언론에서는 지속적으로 갈등의 장을 넓혀 과도한 사립대학 감사로 인한 부작용을 강조하고 있었다. 모든 사립대학이 사학의 이름으로 매도당하는 상황임을 강조하면서 "융단폭격식 제재"로 인해 투명하게 경영하는 경쟁력 있는 대학의 손발까지 묶어 국가 경쟁력을 떨어뜨리게 된다는 논리를 활용하고 있으나 국민 전체를 설득하기에는 역부족인 것으로 나타났다.

사학의 비리나 족벌 경영은 분명히 바로잡아야 할 문제다. 그러나 대학의 자율성과 고등교육의 경쟁력의 가치 또한 중요하다. 사립대학에 대한 감사를 강화하는 방안은 현 정부가 인식하는 비리 문제를 해결할 수는 있으나 사학의 순기능을 저해하는 정책수단이라면 충분히 적절하다고 보기 어렵다. 문제는 지속적인 의도적 상대비방을 통해 사립대학에 대한 부정적 이미지가 공고해지면서, 사립대학에 대한 국민의 인식은 정부가 형성한 내러티브에 한정하여 형성되는 정책 패러독스적 상황을 야기하였다. 즉 대학의 자율성 가치 역시 선하고 약한 가치임에도 정책적으로 보호받기 어려워졌으며 정부의 감사강도를 적정 수준으로 조절할 수 있는 방법이 묘연해졌다. 사립대학 감사 강화 정책은 의도적 상대비방 내러티브로 인한 정책 패러독스를 잘 보여주는 사례이며, 사립대학과 한교협 등이 스스로 비리집단이라는 오명을 벗고 새로운 내러티브의 장을 형성하지 않는 이상 난항이 지속될 것으로 전망된다.

문재인 정부의 사학정책인 '유치원 3법' 개정, 자사고 지정취소, 사립대학 감사 강화는 사례별로 세부적인 정책 내러티브의 양상에는 차이가 있지만, 공통점을 찾아볼 수 있다. 규제의 주체인 정부는 자신의 이해관계가 "선하고 약한 것"임을 드러내기 위해 의도적 상대비방의 전략을 주로 사용했다는 점이다. 사학정책의 목적은 정부가 나서서 보호하지 않으면 지켜지기 어려운 가치인 교육의 공공성 회복에 있으며 이는 국민의 이익을 대변한다는 점에서 바람직하다. 문제는 정책의 집행과정에서 활용하는 정책 내러티브에 있다. 정책의 목적을 대중들에게 알리고 설득하는 방법으로 호의적 자기선전 전략을 활용할 수도 있었으나 대립하는 집단의 이해관계를 "악하고 강한 것"으로 만들기 위한 의도적 상대비방의 전략을 우선시하였다.

사학 전체를 비리집단으로 묘사하는 등의 과도한 비방 전략으로 인해 전반적인 여론은 소모적인 갈등전으로 변질되었다. 대립하는 집단 모두 "너 때문에"라는 책임 전가식의 내러티브를 활용하면서 오히려 합의점에서 멀어지는 양상이 사학정책의 전반적인 논쟁에서 드러난다. 그로 인한 피해는 교육의 주체인 학교와 교사, 그리고 수요자인 학생과 학부모에게 향했으며, 무엇보다 국민들로 하여금 사학의 순기능을 인식할 수 있는 기회를 차단하였다. 정책행위자들의 이해관계 대의와 동원의 과정에서, 미래에 대한 비전과 대안을 제시하기보다는 부정적인 현실을 비판하는 것이 더 쉽기 때문에 부정적 내러티브를 주로 활용하게 되는데 이는 정책 패러독스를 야기한다는 Stone(2012)의 주장을 뒷받침하는 전형적인 사례이다.

한편, 문재인 정부의 사학정책 사례는 사회·정치적 맥락에 따라 정책 내러티브의 활용 양상이 달라질 수 있다는 점을 보여준다. Shanahan 외(2013)는 우위를 점한 승리진영의 경우 호의적 자기선전 전략을 주로 사용하는 경향을 보인다고 보고하고 있으나 한국의 교육정책에서는 대부분의 집단이 의도적 상대비방을 주된 전략으로 채택하고 있다는 점에서 차이가 있다. 갈등의 장 확장과 유지에 있어서도 McBeth 외(2014)는 자신이 유리한 상황에 있다고 판단할 경우, 갈등의 장을 확장하지 않고 유지하려는 경향이 있다고 하였으나 문재인 정부의 사학정책 내러티브에서는 양쪽 진영 모두 갈등의 장을 확대하려는 모습도 나타났다. 갈등이 매우 첨예하게 대립하고, 특정 집단이 분명한 우위에 있다고 보기가 어렵기 때문으로 지속적으로 갈등의 장이 확장되는 것으로 이해될 수 있다. 그만큼 한국의 교육정책을 둘러싼 정치의 장에는 정책 패러독스가 발생할 가능성이 높다는 것을 보여주며, 이는 자사고 정책을 둘러싼 정책 내러티브를 분석한 박해경 외(2016)의 연구 결과와 유사하다.

다. 정책 효과의 비용과 강도 묘사 과정에서 나타난 패러독스

Stone(2012)은 정책 효과의 비용과 강도를 분류한 Wilson의 규제정치이론([표 10.4])에 근거하여, 정책행위자가 이해관계를 동원하는 전략에 대해 분석하였다. Wilson(1980)에 의하면, 정책은 시민들에게 미치는 편익과 비용의 상대적인 분산과 집중 정도에 따라 네 가지 유형으로 분류된다. Stone은 이러한 분류를 패러독스적 관점에서 발전시켜, 하나의 정책이 어떠한 유형에 속하는지를 밝혀내기보다 임의의 유형에 속하게 되는 과정에 초점을 두었다. 정책행위자들은 정책에 대한 지지를 동원하기 위해서 다수의 시민이 혜택을 받을 것이라고 의도적으로 정책이슈를 이끌어가고, 이 과정에서 정책의 속성은 편익과 비용의 사분면을 옮겨 다닌다. 이때 정책으로 인한 편익과 비용에 대한 인식이 어떻게 조작되는지를 살펴보는 것은 정책이 가진 패러독스를 파악하는 데 중요한 단서가 된다.

문재인 정부의 사학정책은 '사학혁신 추진방안'의 첫머리에서 발표하였듯이, 사학 운영의 공공성 강화를 중요한 가치로 선정하고 교육의 공공성을 중시한다는 기조로 기획되었다. 교육부는 정책의 요구를 확인한 결과, 그간 각종 언론에서 보도하였던 사학의 회계 비리 문제와 비리 인사를 퇴출시킬 수 있는 사학법의 개정이 필요하다는 여론이 있었다고 밝히며 현재 사학이 취하고 있는 편익이 과도함을 지적하였다. 여러 가지 특권으로 인해 사학이 가지고 있는 편익은 집중되어 있는 반면, 사학이 현재 부담하고 있는 비용은 없다고 부각한 것이다. 이는 사학을 [표 10.4]의 "고객 정치"로 묘사한 것으로써, 일반 국민이 얻는 이익이 미미하거나 혹은 비용이 큰 대신 사학에 편익이 집중되어 있다고 보여지게 함으로써 규제의 요구를 이끌어낸다.

비용과 편익에 대한 인식을 조작하는 것은 현안 체계화 및 이해관계 동원의 핵심 전략이다(Stone, 2012). 이러한 전략의 일환으로서 교육부는 사학의 비리나 특권을 부각하며 사학의 편익에 대한 일반의 인식을 사학정책의 원동력으로 활용하였다. 먼저 사학비리와 관련하여, 문재인 정부는 지난 정부들에 비해 사립대학에 대한 감사 횟수를 집중적으로 늘림으로써 지적 실적을 향상하였다. 앞선 10년간 380개교를 감사 대상으로 삼았던 것에 비하여 사학혁신위원회를 구성한 이후 1년 5개월간 65개교를 감사하고, 추후 종합감사를 추가적으로 예고한 것(교육부, 2019.12.18.)은 기간 대비 상당히 강력한 조치이다. 이와 같이 감사를 대거 실시하여 적발 사례를 증례하고, 이를 언론을 통해 보도하는 것은 사학비리 엄단에 대한 국민적 요구를 견인하고 "사학=비리집단"이라는 일종의 프레임을 형성하는 데 기여하였다.

사립대학 감사 강화와 함께 '유치원 3법'의 형성과정 역시 비용과 편익에 대한 인식의 문제가 사안에 강력하게 작용한 예이다. 사립유치원에 대한 여론 형성에는 더불어민주당 박용진 의원이 국회 교육위원회 국정감사에서 사립유치원의 회계비리 실태를 공개한 사건과 그 내용을 보도한 언론의 역할이 컸다. 정성수와 이현수(2021)가 분석한 자료에 따르면, 이전부터 사립유치원 비리와 관련된 문제는 언론에서 꾸준히 다루어져 왔으나 2018년부터 관련 기사가 폭등하며 2018년 한 해에만 4,252건, 2019년에는 1,230건의 기사가 게재된 것으로 나타났다.[5] 대부분의 기사가 사립유치원의 회계 비리, 교비 유용 등 부정적인 내용을 담고 있으며, 특히 개학 연기, 교사 인건비 중단 등을 투쟁 수단으로 선택한 한유총의 활동을 이익집단의 이기적인 행위로 묘사하는 기사가 상당수 포함되어 있다. 언론에서는 "보육대란" 등의 용어를 통해 아이를 맡기지 못해 발을 동동 구르는 학부모의 모습을 보도하는 한편, 교비를 유용하여 명품백을 구입하는 유치원 원장의 모습을 대비하여 현상을 극적으로 묘사하고 국민의 공분을 일으켰다(한겨레, 2018.12.03.; 경향신문, 2019.03.03.). 이러한 분위기에 힘입어 서울시교육청은 한유총의 법인설립허가 취소처분을 내리면서 한유총을 이익집단화하는 데 일조하기도 하였다.

자사고 정책 역시 자사고 법인과 자사고 학생들에게 편익이 집중되고, 일반고와 학생들이 그로 인한 비용을 부담하고 있다는 인식이 형성된 사례이다. 자사고나 특목고가 일반고에 비해 서울 주요 대학의 진학률을 독점하고 있으며, 자사고가 우수 학생을 선점하고 있다는 보도(매일노동뉴스, 2019.10.17.)는 자사고가 교육의 다양화에 기여하기 보다는 교육의 공공성을 훼손하고 편익을 집중적으로 누리는 집단이라는 이미지를 조성한다. 교육부 또한 '고교서열화 해소 및 일반고 역량 강화'를 통해 자사고 등이 고교서열화를 만들고 사교육을 유발하는 등 불평등을 심화시킨다고 하며 자사고 정책이 불평등한 정책이라고 공식화함으로써 기존 자사고 정책은 자사고의 편익과 일반고의 비용 부담으로 현상이 이분

5 '사립유치원 비리'라는 단어가 포함된 기사를 검색한 것으로, 2013년부터 2020년 4월까지 7년 4개월간의 기사 5,880건의 기사를 대상으로 한다. 이 중 2018년과 2019년 두 해 간의 기사가 5,482건으로 전체의 93.2%를 차지하고 있다.

되는 양태를 보이게 되었다.

이처럼 비리집단으로서의 사학의 이미지와 사학을 포함한 일부 인원에게만 편익이 돌아간다는 인식은 기존의 사학정책이 "고객 정치"에 속해 있다고 여기게 하였다. 반면 문재인 정부의 사학정책은 교육의 공공성을 강조하고 사학의 이익을 규제하겠다고 함으로써, 분산된 이익과 분산된 비용을 바탕으로 하는 "대중 정치"로서의 사학정책을 표방하였다고 볼 수 있다. 정책은 사회정의와 국민통합을 실현하기 위한 것으로서, 그 행위 자체가 공공성에 바탕을 두지 않으면 정책의 실효를 기대할 수 없기에(신현석, 1997), 문재인 정부 역시 사학정책에서 교육의 공공성이라는 가치를 전면에 두고 세부 정책을 추진해 나가고 있다. 사립대학의 감사 목적을 공익의 실현으로 설정한 것이나(교육부, 2019.12.18.), 사립유치원의 공공화를 국가 주도로 강력하게 추진하는 것(조영숙, 2021), 자사고 폐지가 공교육 정상화를 위한 올바른 방향이라고 대통령이 직접 언급한 것(이청민 외, 2021) 등은 정부가 표방하고 있는 "대중 정치"로서 정책의 공공성이라는 기조를 잘 보여주고 있다.

그럼에도 불구하고 문재인 정부의 사학정책은 기획 과정에서 실행, 결과의 단계로 진행되며 패러독스적 면모를 드러내고 다양한 교육적 가치들 간의 상충을 일으켰다. 이는 정책 기획단계에서 설정하였던 정책의 기조로서의 "대중 정치"가 분산된 이익과 비용을 실제로 담보한 것이 아니라, 정책 문제가 가지고 있는 여러 속성 중 하나를 이해관계에 따라 정책 이슈로 끌어올려 하나의 관점으로 설정한 결과물이기 때문이다. 이해관계가 복잡한 경우에는 정책 결정 과정에서 다수의 지지를 얻기 위해 정책목표가 더욱 모호해질 수밖에 없으며(이예슬, 2020:65), 이해관계에 기반하여 설정된 관점은 정책이 실행되는 과정에서 법적으로나 가치적으로 예기치 못한 상황을 맞아 제약을 받게 된다. 결과적으로 당초 기획단계에서 설정하였던 정책 기조가 정책의 내재적인 성격을 온당히 담아내고 있는 것인지 불분명하게 되며, 이는 시민들이 정책의 영향을 인식하는 방법에 영향을 미치기 위해서 정치적 행위자가 의도적으로 노력한 것은 아닌지에 대해 의문을 가지게 만든다(Stone, 2012).

사학과 관련하여 교육부가 발표한 일련의 정책들과 언론의 보도는 현재 사학의 행태를 집중된 편익과 분산된 비용의 "고객 정치"로 표현하였으나, 문재인 정부 사학정책의 실행 결과로 정부 역시 "고객 정치"의 성격을 띠게 되었다는 점은 가장 두드러지는 패러독스이다. 사립학교회계 수입의 상당 부분이 정부지원이며,[6] 교육부 역시 사학에 대규모 국가 재정이 투입된다는 점을 규제의 근거로 꼽고 있는 바(교육부, 2019.12.18.), 재정적으로 사학에 상당한 영향력과 권한을 행사하고 있는 교육부에 대하여 사학은 이미 대부분의 정책을 받아들일 수밖에 없는 입장이다. 더불어 개정 사립학교법에 따라 시·도교육청이 사립학교 교직원의 감독권을 가지게 되고, 교육부는 사립대학의 상시감사체제를 구축함으로써 정부는 사학에 대한 감사권, 징계권 등을 추가적으로 확보하고 규제를 강화할 수 있는 상당한 권한을 갖게 된다.

---

6 2017년 기준 초·중등학교 사립학교회계 수입의 66.6%.

이는 실질적으로 권한 강화라는 정부의 편익이기도 하면서, 정부의 활동이 공적이고 가치로운 것이라는 정책 홍보의 효과로서 정치적 이익을 창출하는 것이기도 하다. 일례로 '유치원 3법'이 가결된 후 동년 2020년 4월에 치러진 제21대 국회의원 선거에서 더불어민주당이 과반을 점하여 압승하였고, '유치원 3법'의 정책 선도가인 박용진 의원 또한 64.45%의 지지율로 재선에 성공하였다(정성수, 이현수, 2021). 물론 유치원 3법이 공공성에 기여하는 효과가 있고 이러한 현상이 반드시 '유치원 3법'의 결과만으로 발생했다고 볼 수는 없겠으나, 공공성을 내세운 정부의 정책효과가 정부에 이익을 가져다주는 방향으로 작동할 수 있음을 충분히 보여주는 사례이다.

반면 정책의 실행 과정에서 정부가 언급하지 않았던 비용의 문제는 결코 간과할 수 없는 부분으로, 시민들이 부담해야 할 비용은 정부가 묘사한 것처럼 넓고 약하게 분산된 것이 아니라 강도 높은 가치일 수 있다. 이때의 비용은 경제적 실체로서의 그것은 아니지만, 교육적 가치로서 교육의 다양성과 자주성, 사학의 자율성을 포기하는 대가를 의미한다. 비용을 부담하는 대상 역시 사학법인뿐만 아니라 교육 당사자인 학부모와 학생, 일반 시민까지 광범위하여 다수의 대상이 강도 높은 비용을 부담하게 되는 구조로 이어진다. 그러나 문재인 정부의 사학정책에서는 교육의 다양성과 자주성, 사학의 자율성과 같은 가치가 주변화되어 비용으로서의 인식이 억제되고 있다.

자사고 폐지를 공약으로 걸었던 문재인 정부의 '고교체제 개편 로드맵'은 자사고 폐지를 향한 첫걸음이었으나, 일반고와의 이중지원 금지 조항이 학생과 학부모의 평등권을 침해한다는 헌법재판소의 위헌 결정(헌법재판소, 2018.04.11. 선고 2018헌마221)을 받으면서 그 정당성에 의문이 제기된 바 있다. 자사고 정책은 능력에 따라 교육받을 권리와 교육의 자주성을 확보하기 위한 도구로서, 헌법에서의 위임에 따라 「교육기본법」 제3조와 제5조에서 규정하는 학습권과 교육의 자주성을 구현하는 제도이다(김민조, 박소영, 2012). 이를 뒤집어 해석해 보면 자사고 폐지 정책은 학생의 교육권과 교육의 자주성을 침해하는 결과를 낳음을 알 수 있다. 즉, 교육 당사자인 학부모와 학생 입장에서는 다양한 교육을 받을 권리를 박탈당하고 학교 선택권에 제한을 받게 된다는 교육적 비용을 치르게 되는데, 우리 사회에서 교육에 대한 기대와 요구가 얼마나 강력한지를 고려할 때 이는 매우 큰 비용이다. 또한, 정책적 측면에서도 자사고 폐지 정책은 사회적 매몰비용의 발생으로 이어지며 부담을 준다는 점에서(양림, 2021), 시민들이 부담할 비용은 결코 적지 않다.

사립학교법의 개정으로 사학의 자율성이 훼손된 것 역시 우리 사회가 치르게 된 교육적 비용이다. 사학의 자율성과 관련하여 현행 헌법에서 명시적으로 규정하고 있지는 않으나, 헌법재판소는 사학의 자율성이 곧 국민의 교육권과 관계되는 기본권임을 밝힌 바 있다.[7] 설립자의 교육목적에 따라 학교가

---

7 특히 사립학교는 설립자 개인의 의사와 재산을 바탕으로 독자적인 교육목적을 구현하기 위해 설립되는 것이므로 설립의 자유와 운영의 독자성을 보장하는 것은 사립학교의 본질적 요체라고 할 수 있다. 따라서 설립자가 사립학교를 자유롭게 운영할 자유는 비록 헌법에 독일기본법 제7조 제4항과 같은 명문화된 규정은 없으나 헌법 제10조에서 보

건립되고, 국민 또한 그에 동의하여 자유롭게 교육을 받을 권리가 있음을 인정한 것이다. 그러나 개정 사립학교법은 사학의 운영에 대해 과도하게 규제함으로써 건학이념의 실현이라는 사학의 기본적인 교육목적을 달성하기 어렵게 하고 있다. 특히 사립학교 중에서도 건학이념이 존립의 기반이라고 할 수 있는 종교계 사립학교의 경우는 사학법 개정으로 인해 더욱 영향을 받을 수밖에 없다(박상진, 2020). 학교법인의 구성이나 교원 채용은 건학이념의 실현과 관계된 중요한 요소인데, 해당 사학의 건학이념과 상관없이 시·도교육청이 주관하는 정량화된 방식으로 사학의 구성원을 조직한다는 것은 사학의 설립 목적이 상실되는 것이기 때문이다. 표준화 교육을 실시하는 공립학교의 책무로 인해 발생하는 한계를, 사립학교가 특별한 설립이념·독자적인 교육방침으로 개성 있는 교육을 실시하여 보완할 수 있다고 한 헌법재판소의 판례(헌법재판소, 1991.07.22. 선고 89헌가106)는 사립학교의 자율성이 교육적으로 중요한 가치임을 상기한다.

이처럼 사학의 자율성이 침해되고 있는 사태는 대학에서도 마찬가지이다. 대학을 초·중등학교와 거의 동일한 형태로 규율하는 것은 지위의 법률적·사실적 차이를 고려할 때 매우 심각한 문제이다(김종서, 2013). 또한, 사립대학을 초·중등학교에 요구되는 기준으로 감사한다면 대학의 운영을 위축시키고 교육의 자주성을 발현하기 어렵게 할 것이다. 정부는 사학이 설립이념을 구현하고 개성 있는 교육을 실시할 수 있도록 운영에 있어 자주성을 보장해야 하며, 특히 사립대학은 초·중등학교와는 또 다른 차원에서 자율성을 보장하고 지원·조성할 필요가 있다(박민, 이시우, 2011; 허종렬, 2021). 그럼에도 문재인 정부에 들어 사립대학에 대한 감사는 그 횟수와 강도 면에서 대폭 강화되었으며, 이는 교육의 공공성을 강조한 나머지 대학의 자율성과 자주성을 훼손하는 패러독스 현상을 심화시켰다. 물론 비리 사학에 대한 조치를 엄격하게 하는 것은 정부의 당연한 의무이다. 그러나 국가사회의 이러한 노력이 더욱 문제가 되는 것은 건전사학의 성실하고도 창의적인 노력까지 어렵게 할 수가 있다는 것이다(박부권, 2008). 사학에 대한 감사와 규제는 일견 공적인 이익으로 인식되지만, 철학과 방법이 부적절할 경우 교육적으로 상당한 비용을 수반한다.

문재인 정부는 기존 사학정책이 사학에 집중된 편익을 가져다 준 반면, 일반 시민에게는 이익이 돌아가지 않는 구조를 만들었다고 주장하면서 새로이 시행될 사학정책은 이러한 불평등을 해소하고 교육의 공공성을 확대하는 방향을 지향할 것이라 하였다. 교육의 공적인 가치를 부각하면서, 정책의 편익이 시민들에게 널리 확산될 것임을 강조하여 "고객 정치"에서 "대중 정치"로 정책의 이동을 시도한 것이다. 그러나 앞서 분석한 바와 같이 이 정책은 단순히 시민들에게 교육적 이익만을 가져다주는 것이 아니라, 교육의 다양성과 자주성, 사학의 자율성과 같은 중요한 가치를 박탈함으로써 교육적 비용

장되는 행복추구권의 한 내용을 이루는 일반적인 행동의 자유권과 모든 국민의 능력에 따라 균등하게 교육을 받을 권리를 규정하고 있는 헌법 제31조 제1항 그리고 교육의 자주성·전문성·정치적 중립성 및 대학의 자율성을 규정하고 있는 헌법 제31조 제3항에 의하여 인정되는 기본권의 하나라 하겠다(헌법재판소, 2001.01.18. 선고 99헌바63).

을 치르게 하는 패러독스를 보여주었다. 얼마나 많은 시민이 혜택을 받을 것인지에 관해서만 이슈를 설명하였을 뿐 사학정책으로 인해 시민들이 부담해야 할 비용에 대해서는 언급하지 않은 것이다. 이는 정부가 정책의 내재적 속성을 보여주었다기보다는 정책 속성의 일부를 발췌하여 이해관계를 동원한 것으로서, 문재인 정부 사학정책의 패러독스를 여실히 드러내고 있다.

5 향후 사학정책을 위한 제언

본 장은 문재인 정부의 사학정책 실행 과정에서 나타나는 패러독스 현상을 정책 관련 집단의 이해관계에 초점을 맞추어 분석하고, 이에 대한 정책적 시사점을 밝히고자 하였다. 분석결과를 토대로 결론을 제시하면 다음과 같다.

첫째, 문재인 정부의 사학정책은 교육의 공공성, 사학의 투명성 강화를 기조로 시행되었으나, 시민들의 여론을 정책화하는 대의의 과정과 정책에 대한 지지를 이끌어내는 동원의 과정이 민주적이지 못했다는 문제점을 가지고 있다. 교육의 공공성을 둘러싼 시민들의 다양한 이해관계를 반영하지 않고, 일부 사학의 문제를 전체화하여 사학 규제 정책을 시행한 것은 민주적인 대의제의 실현이라 보기 어렵다. 정책의 동원 과정 역시 법적 근거가 희박한 상태에서 정부의 의지만을 가지고 무리하게 추진하였고, 그 결과 정책이 의도하였던 교육적 효과는 사라지고 절차적 정당성 또한 상실하는 정책 패러독스 현상이 나타났다.

둘째, 문재인 정부는 사학정책의 정당성을 확보하고 규범적 가치를 높이기 위해 정책 내러티브를 활용하는 과정에서 의도적 비방 전략을 주로 활용하면서 패러독스 현상을 유발하였다. 사학은 비리집단이라는 "악당"의 이미지를 투영한 한편, 정부는 교육의 공공성을 확보하는 "영웅"의 이미지로 묘사했으며, 사학의 문제로 인해 학생과 학부모는 "피해자"가 되는 이야기를 전개해나갔다. 사학 증진을 위한 비전이나 대안을 제시하는 호의적 자기선전 전략보다는 의도적 상대비방 전략으로 일관한 결과, 사학정책을 둘러싼 전반적인 여론은 소모적인 갈등을 야기했으며 정책 실행 과정에서 예기치 못한 결과로 유치원 개학 연기, 자사고 지정취소 관련 소송에 따른 사회적 비용 발생, 사립대학의 자율성 및 경쟁력 축소 등의 패러독스적 상황이 발생하였다. 또한, 사학에 대한 부정적 이미지가 공고해지면서 사학의 순기능에 대한 내러티브는 정치의 장에서 사장되는 오류가 나타났다.

셋째, 문재인 정부 사학정책은 사학에 이익이 집중되는 교육적 불평등을 해소하고 일반 시민에게 교육적 이익을 널리 배분할 것이라 강조하였으나, 교육의 다양성과 자주성과 같은 중요한 교육적 가치를 침해함으로써 시민들로 하여금 비용을 부담하게 하는 패러독스 현상을 야기하였다. 우리 사회가 사학에 기대하고 있는 바는 공공성, 투명성 외에도 다양성과 특수성을 발휘하여 공학을 보완하고 교육을 발전시키는 것인데, 문재인 정부의 사학정책에서는 이러한 기대가 보이지 않는다. 교육적 가치 중 공공성이라는 하나의 가치에만 집중한 나머지, 역시 중요한 여타의 가치들을 놓치고 있다는 점에서 패러독스적이다.

이러한 결론을 바탕으로 향후 사학정책에 시사하는 바를 제언하면 다음과 같다. 첫째, 사학정책을 시행함에 있어 민주적인 성격과 절차에 맞게 시민들의 의견을 반영하고 공유할 필요가 있다. 사학과 관련된 시민들의 다양한 요구를 하나의 표면화된 요구로 왜곡시키는 것은 민의의 반영이라 보기 어려우며, 민주적 절차에 따라 동원되지 않은 정책의 시행은 부작용을 야기한다. 따라서 교육과 관련한 시민들의 의견을 다각도에서 청취하고, 사학의 역할에 대한 보다 근본적인 관점에서의 검토하는 과정이 필요하다. 이러한 과정을 거친다면 민주적 정당성을 확보하면서도 교육적 효과를 도모할 수 있는 사학정책을 수립할 수 있을 것이다.

둘째, 정부는 정책 내러티브의 활용에 있어 의도적 상대비방을 지양하고 구체적인 정책 대안과 미래의 비전을 제시할 필요가 있다. 경쟁하는 집단의 이미지를 부정적으로 묘사하고 그들의 이해관계를 악하고 강한 것으로 설정하는 것이 시민들을 설득하기에 용이한 내러티브 전략일 수는 있으나, 이는 내재된 정책 패러독스를 유발하는 방식이다. 비방전략을 통해 초기 시민들의 지지는 쉽게 얻을 수 있으나 결론적으로 대립하는 이해집단 간 합의점에 도달하기 어렵게 하며 정책효과 또한 보장할 수 없다. 정부가 정치적 이념에서 완전히 자유로울 수 없겠으나, 최대한 중립적인 시각에서 광범위한 측면의 선하고 약한 가치를 보호할 의무가 있다는 점에서, 정책 내러티브의 활용에 주의를 기울여야 할 것이다.

셋째, 정책의 결과에 따라 시민들이 얻게 될 편익과 부담할 비용을 면밀하게 판단하고, 정치적 효과보다는 교육적 가치의 실현에 초점을 맞춘 사학정책의 추진이 요구된다. 정부는 목전의 정치적 이익을 위하여 사학정책으로 인해 시민들이 얻는 이익을 정부에 유리한 방향으로 묘사할 수 있겠지만, 그것은 시민들에 대한 기만이며 시민들이 치르게 될 교육적 비용에 대해 방관하는 것에 다름없다. 교육의 공공성만큼이나 교육의 다양성과 자주성, 사학의 자율성 또한 중요한 교육적 가치인 바, 정부는 사학정책을 실현함에 있어 편익과 비용을 고루 따지고 시민의 교육권을 침해하는 일이 없도록 해야 할 것이다.

논의한 바를 종합해보면, 사학정책은 교육의 공공성, 사학의 투명성 지향이라는 단편적인 목적에 그치지 않고, 사학을 통한 교육적 가치 실현이라는 본질적인 목적을 추구하며 시행되어야 함을 알 수 있다. 사학 또한 국가 교육체계의 일부로서, 공교육에 이바지하는 국가교육기관이다. 사학정책은 이해관계에 따라 무리한 정책추진을 하기보다는, 근본적으로 사학의 존재 목적을 상기하고 사학이 교육적 목적을 달성할 수 있도록 지원하고 육성하는 데 도움을 주어야 할 것이다. 또한, 교육의 공공성과 함께 교육의 다양성, 사학의 자주(율)성, 학생의 학교 선택권과 같은 다양한 교육적 가치를 고려하여, 이러한 가치들을 모두 실현할 수 있는 사학정책을 구현할 때 진정으로 시민들의 지지를 얻고 정책이 효과를 발휘할 수 있을 것이다.

CHAPTER

11 의사결정: 대학등록금 정책변동의 패러독스

1. 코로나19 이후 대학등록금 정책의 변동
2. 대학등록금 정책변동과 패러독스
3. 분석 틀과 방법
4. 언론기사 분석결과와 패러독스 현상
5. 정책적 시사점

코로나19로 인해 촉발된 대학등록금 반환 갈등은 대학등록금을 다시 사회문제로 부상시켜 학생, 대학, 그리고 정부 등 정책당사자들 사이에 첨예한 논쟁을 불러일으키고 있다. 이에 11장에서는 코로나19로 비롯된 등록금 반환 갈등에서 야기된 대학등록금 정책 변동과정의 의사결정 패러독스 현상을 심층적으로 분석하고, 정책참여자 간 이해관계를 언론기사를 통해 분석함으로써 정책점 함의를 도출하고자 하였다. 이를 위해 정책참여자의 입장에 관한 언론보도 기사들을 선행연구를 바탕으로 설정한 분석 틀에 근거하여 텍스트 네트워크 분석(TNA)을 실시하였다. 패러독스 현상의 발견을 위해 대학등록금 반환에 관한 진보와 보수, 중도 성향의 각 언론사별로 분석한 기사를 토대로 학생과 대학, 정부의 입장을 살펴보았다. 그 결과, (1) 학습권 보장 vs. 안전 보장, (2) 다수를 위한 평등 vs. 소수를 위한 평등, (3) 대학의 자율성 vs. 평등을 위한 정부의 개입이라는 의사결정 패러독스 현상이 발견되었다. 이를 바탕으로 정책적 시사점을 제시하였다.

주제어 대학등록금 정책변동, 의사결정 패러독스, 등록금 반환, 코로나19

1 코로나19 이후 대학등록금 정책의 변동

대학의 등록금 논쟁은 대학교육이 시작되면서 꾸준히 있어 왔다. 최근 대졸자의 실업률이 높아지자 교육계와 정치계뿐만 아니라 전 국민의 주요 관심사가 되었다. 특히 반값등록금은 학계의 논의 내용 및 수준과는 별개로 교육복지 차원에서 정치권에서 선거 의제로 제기되고, 사회 쟁점으로 부각되어, 정부 정책으로 채택되어 실행되고 있다(임연기, 2016:3). 대학등록금은 1966년 등록금 허가제 폐지로 인상되기 시작되었고, 1989년 사립대학의 등록금 자율화로 다시 큰 폭으로 상승하였으며, 1997년 전후로 IMF 사태 발발로 경제위기가 닥치자 큰 폭으로 하락하였으나 1999년 이후 경기회복세로 점차 다시 오르기 시작했다. 2000년대 들어 고등교육이 보편화되고 청년실업률이 높아지자 높은 등록금에 대한 문제가 다시 불거지기 시작했다. 이런 문제의식으로 인해 등록금이 사회문제화되고, 2011년 고등교육법 개정으로 높은 등록금 문제를 국가 차원에서 적극적으로 해결해야 한다는 인식이 마련되었다. 현재는 선별적 복지 차원에서 저소득층 중심의 장학금 지원 방식으로 소득연계형 반값등록금 정책을 추진함으로써 등록금 논쟁이 일단락되었다.

우리나라는 과거 50여 년 동안 급속한 경제성장과 더불어 급격한 정치적, 경제적, 사회적 변화를 겪어 왔다. 이런 사회환경의 변화로 이에 대응하는 정책의 변화가 있었는데 등록금 정책이 사회적 논쟁거리가 될 때마다 정부는 사회경제적 여건의 변화에 따라 등록금 자율화 정책에서 통제 정책으로 등록금 변동을 주도해 왔다. 그러나 최근에는 정책행위자의 범위가 확대되어 다양한 공식적 참여자와 비공식적 참여자 간의 논의가 정책 장면에서 중요한 역할을 하게 됨에 대학등록금을 둘러싼 논쟁의 범위가 확대되고 있다. 촛불시위 등을 통한 일반 시민들의 국정 참여와 여론 형성을 통해 영향력이 확대되고, 언론도 등록금 관련 보도를 통해서 문제의 중요성을 부각하여 등록금 정책이 주요 정책의제로 채택되게 하는 역할을 하고 있다. 이 과정에서 보수와 진보진영 간의 정책 견해 차이로 인한 반값등록금 정책 실현 방법에 관한 논쟁이 대두되어 총선과 대선의 주된 공약으로 등장하기도 하였다(임연기, 2013:202). 반값등록금 실현에는 막대한 공공재원 투입이 필수적이며, 그 비용은 결국 국민의 부담이기 때문에 그간 언론에서는 반값등록금 정책에 관한 다양한 정보와 관점, 의견을 표출하였다(임연기, 2016:4). 이러한 과정에서 등록금 정책은 몇 차례 정책변동 과정을 거쳐 왔으며, 현재의 소득연계형 반값등록금은 애초 목적하였던 명목등록금의 절반이 아닌 취약계층에 대한 장학금 형식의 정책으로 수정·시행되고 있다.

고등교육 분야에서 등록금 책정기준과 대학등록금이 중요한 이슈임에도 불구하고 관련 논의가 주로 고등교육의 질적 개선과 체질 개선에 초점이 맞추어지기보다는 등록금을 반값으로 낮추어야 한다는 비용의 측면에서만 이슈화되고 있다(남수경, 2012; 반상진, 2012; 이길재, 이정미, 2013). 이런 이유로 반값등록금과 같은 교육 관련 정책 이슈가 선거 쟁점으로 주목받는 것은 바람직한 정치 현상이 아니라는 견해도 존재한다(손준종, 2013). 그러나 등록금 정책은 지방선거, 총선, 대선을 통해 정치권에서의 관심이 커지고, 그 무엇보다도 강력한 교육복지 의제로 제시되고 있다. 이런 관심을 반영하여 그간 등록금 정책에 관한 연구논문과 보고서가 꾸준히 발간되고 있다(송기창, 윤홍주, 2011; 김명수, 2012; 손준종, 2013; 김가람, 이일용, 2014; 김영재, 2015; 김수경, 2016). 2011년에서 2016년까지 발표된 21편의 학술지 논문과 연구보고서의 내용을 살펴보면, 등록금 정책을 교육재정경제 분야에서 연구한 경우가 8편으로 가장 많았다(남수경, 2012; 반상진, 2012; 윤관호, 채지윤, 김동관, 2012; 문보은, 2013; 이길재, 이정미, 2013; 유진성, 2014; 남수경, 2015; 김수경, 2016). Kingdon의 다중흐름모형을 적용한 정책변동 과정에 관한 연구가 2편이며(김시진, 김재웅, 2012; 김가람, 이일용, 2014), 언론 보도 사례를 분석한 연구는 2편이 있었다(박성태, 2012; 임연기, 2016). 이외에도 등록금 정책에 대한 정책형성, 정책평가, 정치경제학, 사회학, 대학구조조정, 외국 사례 연구 등이 있었다(이정미, 이상돈, 2012; 송기창, 2013; 박정원 2014; 신현석, 주휘정, 2014; 고장완, 2016).

하지만 기존 선행연구에서는 우리나라 대학등록금 정책의 변동과정에 관한 역사적 고찰을 중심으로 한 연구보다는 반값등록금 이슈를 중심으로 정책결정 및 집행에 관한 연구가 주류를 이루었다. 또한, 선행연구들은 주로 반값등록금 정책을 논의할 때 대학교육의 질과 교육 효과를 함께 고려하지 못하고, 정치적 측면에서 정책을 바라보고 등록금의 경제적 부담 요소에만 초점이 맞추어져 있다. 즉, 복지정책의 측면에서 반값등록금을 바라보고 교육정책의 측면에서 바라보는 시각이 부족한 실정이다. 반값등록금 정책집행에 대한 찬반양론보다 반값등록금 실행의 당위성 설명과 실현과정을 바라보는 상이한 관점이 존재하고 있을 뿐이다.

최근에는 대학등록금 정책 논의가 새로운 유형으로 등장하고 있다. 코로나19 대유행으로 인해 2020년 1학기부터 원격 수업이 전국 대학으로 확산하자, 많은 대학 총학생회에서는 부실한 수업 때문에 등록금 반환을 강력하게 요구하게 되었다. 하지만 대학 측에서는 원격 수업에 드는 제반 비용과 방역비용 등으로 인해 오히려 재정 부담이 가중되어서 반환은 불가능하다고 계속 주장해오고 있다(조선일보, 2020.06.18.). 게다가 논쟁 초기에 정부마저도 등록금 반환의 법적 근거 부재를 지적하자, 학생들의 불만의 목소리가 커지게 되었다. 그래서 학생들은 대학별 소송단을 꾸려 등록금 반환을 강하게 요구하게 되었으며, 일부 대학에서는 등록금 반환 대신 장학금 형태의 위로금을 지급하겠다고 달랬지만, 학생들의 의지는 꺾이지 않았고 법적 절차를 준비하는 데까지 이르렀다(한국대학신문, 2020.06.11.). 그 외에도 걷기 시위, 교육부 앞 집회와 국회 앞 기자회견(교수신문, 2020.06.08.) 등 다양한 방법으로 등록금 반환 입법 요구들이 표출되고 있었다.

하지만 이러한 등록금 환불 요구에 대해 대학들은 쉽게 결정을 내리지 못하였다. 학생들은 원격 수업의 질 문제에 대해 불만을 표했지만, 대학에서는 여전히 코로나19에 따른 안전 문제를 제기하고 그에 따른 비용 문제를 우려하였기 때문이다(한국대학신문, 2020.06.11.). 당시 코로나19를 예방할 수 있는 확실한 백신이 없는 상태에서, 계절학기와 2학기에도 원격 수업이 진행될 가능성이 있었고, 전국 초·중·고 개학 후 확산 추이를 지켜보면서 섣불리 전체 대면 수업을 진행하기 어려운 상황이었다. 지속적으로 줄어드는 학령인구와 2011년부터 동결된 등록금, 그리고 코로나19로 인한 추가적인 재정적 부담을 고려했을 때, 대학에서 등록금 반환은 절대 난제임이 분명했다. 게다가 등록금 반환에 대한 사회적 요구가 커지자 초반에 이 이슈와 거리를 둔 정부마저 다시 귀를 기울이기 시작했다. 등록금 반환이 큰 사회적인 현안으로 부상하게 되자 여당인 더불어민주당은 2020년 2학기 등록금을 감면하는 대학에 재정을 지원하는 방안을 검토하고 있다고 밝혔고, 3차 추경 심사에서 고려할 계획이라고 하였다(한국경제, 2020.06.22.). 또한, 건국대학교가 전국 대학 중 처음으로 2020년 2학기 등록금 중 일부를 감면하기로 발표하자, 나머지 대학들은 더 깊은 고민에 빠지게 되었다.

이처럼 다양한 정책당사자들의 요구가 섞여 있는 상황에서 대학등록금 반환 움직임에 맞선 정부의 정책 관계자들은 딜레마 상황을 경험하게 되었다(대전일보, 2020.06.16.). 그 이유는 상호배타적인 요구사항들의 충돌, 즉 학생들은 교육의 질 문제와 학습권 보장을 위해 등록금 반환을 주장하고, 대학에서는 코로나 위기 상황에서 교육을 제공하고 보장하기 위해서는 절대적인 재정적 뒷받침이 필요하다는 주장이 동시에 존재하였기 때문이다. 이를 중재하는 정부는 민심을 살피면서 대학등록금 정책을 결정해야 했고, 대학에 세금으로 등록금을 보전하는 형태로 재정지원을 하기에는 다른 이해집단들의 불만이 제기될 수 있기 때문에 조심스러울 수밖에 없는 상황이었다. 이와 같은 이유로 인해 대학등록금 정책변동 과정에서 Stone(2012)이 언급한 의사결정의 패러독스(paradox) 현상이 나타나게 된 것이다. 이에 본 장에서는 대학등록금 반환 문제와 관련하여 정책변동 과정에서 일어난 의사결정 패러독스를 텍스트 네트워크 분석(TNA)을 통해 심층적으로 분석하고, 정책 참여자(학생·대학·정부)들의 이해관계를 언론기사를 통해 분석함으로써 적절한 정책적 함의를 제공하고자 한다.

2 대학등록금 정책변동과 패러독스

가. 대학등록금 정책의 변동과정

대학등록금 정책에 관한 논쟁은 대학교육이 대중화되기 이전인 1960년대부터 있었다(유진성, 2014; 18). 역사적으로 보면 등록금 논쟁은 1966년 등록금 허가제가 폐지되면서 사립대학의 등록금이 연평균 29%씩 크게 올라 학생이 자살하는 사건이 발생함으로써 시작되었다. 이후 두 번째 등록금 논쟁은 1989년 사립대학교의 등록금 자율화 정책에 따른 '우골탑 문제[1]'로 대표되고, 세 번째 등록금 논쟁은 1999년 말부터 우리나라 경제가 IMF 위기에서 조금씩 벗어나면서 이에 따라 등록금이 폭등한 것으로부터 촉발되었다. 네 번째 반값등록금 정책은 2006년 당시 야당인 이주호 의원이 제시한 등록금 정책에서 출발하였다. 5·31 지방선거 당시 한나라당 이주호 의원이 제기한 '교육비 부담 절반 줄이기 정책'이 2011년에 민주당의 반값등록금으로 이슈화된 것이다. 이 논쟁은 2012년 19대 총선과 18대 대선에서 여당과 야당의 대표적인 공약 가운데 하나로 대두되면서 전 국민의 관심사가 되었다. 그리하여

1 1993년 이후에는 사립대학 등록금이 소 한 마리 값을 넘어서면서 학문의 전당을 상징하는 상아탑을 패러디해 '우골탑'이라는 용어가 등장하게 되었다.

[표 11.1] **우리나라 등록금 정책의 변동 시점 및 내용**

연도	주요 정책변동
1966년	등록금 허가제 폐지
1989년	대학등록금 책정 자율화
1998년 전후	IMF로 인한 등록금 하락
1999년 ~2000년	경기회복세로 등록금 폭등
2006년	반값등록금의 시발(이주호 당시 한나라당 정책위원장의 정책 발언)
2008년	대선공약 반값등록금 이슈화
2008년~2009년	등록금 관련 18대 국회 법안계류 및 본회의처리 현황(이정미, 2009)
2008년 2월 19일	등록금대책을 위한 시민·사회단체 전국네트워크를* 결성하여 등록금 투쟁 지속
2010년	대학알리미를 통해 대학등록금 산정 근거 공시
2011년 전후	반값등록금 이슈화(18대 대선공약)
2011년	고등교육법 개정을 통한 등록금 통제 시작
2012년	소득연계형 반값등록금 정책 추진 시작(18대 박근혜 정부)
2016년 1월	소득연계형 반값등록금 완성(정부 발표)
2017년 초반	반값등록금 19대 대선공약(더불어민주당, 정의당)**

주) * 전국대학생교육대책위, 참교육을위한전국학부모회, 한국진보연대 등 전국 540여 개 단체가 참여하는 단체임
** 참고사이트: http://khei-khei.tistory.com/2077

우리는 최근 10년 사이 반값등록금이라는 이름으로 대표되는 정책 담론을 중심으로 언론 보도들을 자주 접할 수 있었다.

대학등록금 인상은 1989년 노태우 정부가 사립대학교 등록금 자율화 정책을 시행하면서 시작되었다. 사립대학의 등록금 인상률이 가장 큰 폭으로 상승한 시기는 [그림 11.1]과 같이 1989년과 1990년 사이이며, 이후 증가 추세를 보이다가 1996년과 1997년 사이 IMF를 계기로 1999년까지 가파르게 하강하였다(손준종, 2013). 경기가 회복세로 돌아서자 1999년과 2000년 사이 등록금은 다시 큰 폭으로 상승하였다가 2000년대 이후 약간의 하락세를 유지하다 2008년과 2009년 사이 큰 폭으로 하락하였다. 1987년에서 2011년 사이 국공립대학의 등록금 인상률 추세도 사립대학과 비슷한 경향을 보인다(유진성, 2014). 정부가 1989년 사립대를 시작으로 2002년에는 국공립대 등록금 자율화 정책을 도입하였다. 하지만 대학 졸업자의 취업난 문제가 부각되면서 비싼 등록금 논쟁이 사회문제가 되자, 정부는 2011년 고등교육법 개정을 통해 등록금 통제 정책을 펴기 시작했다. 그리고 2012년 대선에서 보수 진영의 승리로 선별적 복지 차원에서 저소득층 중심의 장학금 지원 방식으로 반값등록금 정책을 추진하기 시작하였으며, 현재는 교육부와 한국장학재단이 등록금 부담을 반으로 경감하는 '소득연계형 반값등록금' 제도를 운용하고 있다.

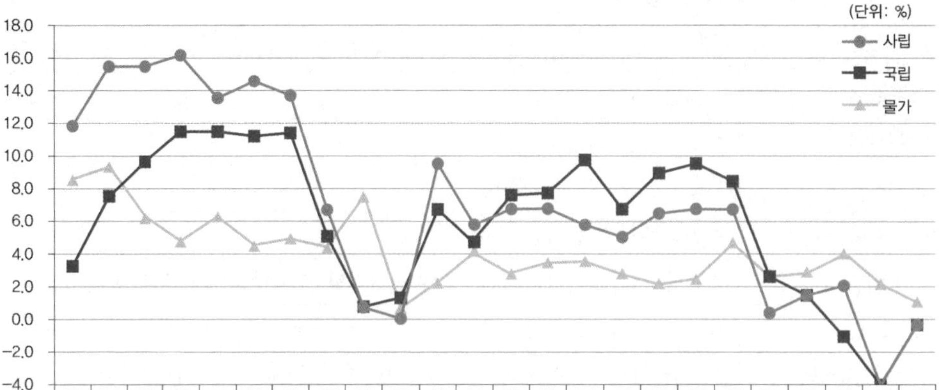

	90	91	92	93	94	95	96	97	98	99	00	01	02	03	04	05	06	07	08	09	10	11	12	13
사립	11.8	15.5	15.5	16.2	13.5	14.6	13.7	6.7	0.5	0.1	9.6	5.8	6.9	6.8	5.8	5.1	6.5	6.8	6.7	0.4	1.6	2.0	-3.9	-0.4
국립	3.2	7.5	9.6	11.5	11.5	11.2	11.3	5.0	0.8	1.3	6.7	4.7	7.6	7.7	9.7	6.8	8.9	9.5	8.4	2.6	1.4	-1.1	-4.8	-0.4
물가	8.6	9.3	6.2	4.8	6.3	4.5	4.9	4.4	7.5	0.8	2.3	4.1	2.8	3.5	3.6	2.8	2.2	2.5	4.7	2.8	3.0	4.0	2.2	1.2

[그림 11.1] 1990년 이후 등록금 인상 추이

주 1) 국·사립 일반대 기준
주 2) 2013년 물가상승률은 2013년 10월 기준 전년 동기 대비 물가상승률 기준
출처: 대학교육연구소 통계(2013.11.25.) '전국 대학등록금 현황'에서 재인용.

정부는 2011년 9월 국가장학금 제도를 마련하여 2012년부터 시행한 이래 2015년에는 정부재원장학금(3.9조원)과 대학자체노력(3.1조원)으로 7조원을 마련, 2011년 총 등록금(14조원) 대비 등록금 부담을 절반으로 경감하는 소득연계형 반값등록금을 완성하였다고 발표하는 것으로 논쟁이 일단락되었다(교육부, 2016.1.). 그러나 대학재정 확충 방안이 미진한 상황에서 소득연계형 반값등록금 정책 기조를 언제까지 유지할 수 있을지 그리고 여전히 대학등록금 인상 요인이 상존하고 있다는 점에서 반값등록금 문제는 아직 정책적 미결 과제로 남아있다. 이런 이유로 진보 계열 신문에서는 국가장학금의 재설계를 주장하고 있다(임연기, 2016). 결론적으로 우리나라의 등록금 정책은 자율화 정책과 국가 수준의 통제 정책을 넘나들면서 오름세와 하락세를 반복하다가 최근에 높은 대학등록금을 소득분위에 따라 국가장학금 형태로 보전해주는 것으로 결정되었다.

이상과 같이 대학등록금 정책과 관련하여 선행연구들은 대부분 반값등록금 정책의 변동과정을 분석하거나(김시진, 김재웅, 2012; 김수경, 2016; 김영재, 2015; 박성태, 2012; 김가람, 이일용, 2014), 대학등록금의 정책 방향을 모색하고 제안하는 연구가 주를 이루고 있었다(김기평, 2003; 반상진, 2012; 송기창, 2006; 송기창, 윤홍주, 2011; 남수경, 2012, 2015; 김명수, 2012; 문보은, 2013). 본 연구와 유사한 방법론을 취하고 있는 박성태(2012)의 연구는 언론보도 내용을 분석하여 사회 이슈인 반값등록금에 대한 정부의 정책의제설정에 미친 영향을 연구하였지만, 그 과정에서 일어나는 패러독스 현상을 보다 심층적으로 분석하지는 못하였다. 이와 같이 대학등록금 정책변동 과정에서 최근에 쟁점이 되는 코로나19로 인한 대학등록금 반환 문제를 분석하는 연구방법에 있어서, 언론 간 논쟁이 미디어를 통해 어떻게 프레이밍 되고, 또한 상호 대항하는 담론을 비교하는 연구는 찾기 어려웠다.

나. 패러독스 관점

1) 패러독스의 개념과 유형

패러독스는 흔히 '역설'이라고 불리며, 상호 모순되거나 서로 배타적이고 대립적인 두 요소가 동시에 존재 또는 활동하는 현상으로 정의할 수 있다(Cameron & Quinn, 1988). 또한, 동일하게 타당한 가정이나 결론 간에 존재하는 실제적이거나 명백한 모순 그 자체를 패러독스라고 정의하기도 한다(Van de Ven & Poole, 1988). 학자마다 패러독스의 정의는 다르지만, 대개 이상과 같은 정의를 토대로 패러독스의 공통적인 요소는 두 가지로 나타난다. 첫째는 두 개의 대립적 요소가 상호배타적(mutual exclusivity)이어야 한다는 것, 둘째는 이러한 대립적인 요소가 동시에 존재해야(simultaneity) 한다는 것이다(Cameron & Quinn, 1988; 사득환, 박상진, 2013; 정명호, 1997). 이러한 관점에서 정책 패러독스란 동일한 수준과 범위의 정당성 또는 강도를 지닌 상호 모순되거나 상충한 요구 또는 정책 전제가 동시에 존재하거나 작용하는 현상으로 정의된다(김종길, 2001; 사득환, 박보식, 2013). 이때 정책 패러독스란 정책의 형성, 결정, 집행, 평가의 모든 단계에서 발생한다(사득환, 박보식, 2013).

Stone(2002)은 패러독스가 발생하는 상황을 네 가지로 유형화하였다. 이를 정리하여 표로 제시하면 다음과 같다(윤견수, 2014:514-516).

[표 11.2]에서 패러독스의 I 유형은 한 가지 개념과 반대 개념이 공존하는 경우이다. 공평한 상황의 보장을 위해서는 어느 누군가는 차별을 받는 상황이 존재하게 된다(Stone, 2002). Ⅱ 유형은 하나의 개념에 대한 해석이 다른 개념에 대한 해석과 충돌하는 경우이다. Ⅲ 유형 같은 경우는 한 개념을 구성하고 있는 하위요소들이 충돌하는 상황이다. 마지막으로 Ⅳ 유형에서는, 한 개념이 적용되는 맥락(조건)들이 서로 충돌하는 상황을 설명한다. 이는 앞의 세 가지를 모두 포함하는 최상위 조건으로서, 예컨대, 개인의 자유와 이에 대한 규제가 공존할 때, 사실 자유를 허용하는 맥락과 금지하는 맥락이 현실 세계에서는 분리되어 있지 않고, 공존한다는 것이다(윤견수, 2014).

이상에서 제시한 패러독스 유형과 관련하여 본 연구의 주제인 대학등록금 정책의 특징을 살펴보면 코로나19로 인해 다양한 정책당사자 간에 나타나는 맥락 간 충돌을 주목해 볼 수가 있다(Ⅳ유형). 대학등록금 정책은 그동안의 정부의 자율화, 그리고 통제라는 정책기조에서도 볼 수 있듯이 여당과 야당 간에 정치적 쟁점화를 불러왔을 뿐 아니라 대학과 학생 모두에게 혼돈을 주기에 충분했다. 무엇보다 대학등록금이 10여 년간 동결되어온 가운데 대학, 학생, 그리고 정책설계자인 교육부까지 각 입장과 상황에서 잠재되어 온 입장 간 충돌은 패러독스의 양상과 원인이 무엇인지 우리에게 그 사실을 제공해 줄 것이라 추론할 수 있다.

[표 11.2] 패러독스 유형의 네 가지 표현 방식(Stone, 2002)

유형	주요 내용
Ⅰ 유형 (한 개념과 그것의 반대 개념이 공존)	• 평등한 상황과 불평등한 상황, 평등한 대우와 불평등한 대우의 공존(pp. 44~45) • 개인의 자유와 자유의 제한 공존(pp. 108~109)
Ⅱ 유형 (한 개념과 다른 개념 간의 충돌)	• 효율성과 평등의 충돌(pp. 80~85, 104) • 효율성과 안전의 충돌(pp. 104~107) • 안전과 자유의 충돌(pp. 121~127) • 자유와 평등의 충돌(pp. 128~131) • 상징(스토리, 비유 등)의 충돌(pp. 138~144, 148~149)
Ⅲ 유형 (한 개념을 구성하고 있는 하위요소 간의 충돌)	• 효율성을 구성하는 개념의 투입과 산출, 혹은 비용과 편익의 해석에 대한 상충적인 해석(pp. 64~67) • 좋은 규칙을 만들기 위한 조건인 정확한 규칙과 신축적 규칙 간의 충돌(pp. 288~295) • 설득의 두 가지 이념형인 합리적 설득(사실과 논리에 기반)과 의식화 설득(세뇌와 조작에 기반) 간의 상충적인 해석(pp. 308~310) • 연방주의 달성의 조건인 집권과 분권의 프레임 충돌(pp. 371~375)
Ⅳ 유형 (한 개념을 둘러싸고 있는 맥락(조건) 간의 충돌)	• 효율성이 작동하기 위한 추상적 맥락(조건)과 현실적 맥락(조건) 간의 충돌(pp. 69~72, 170) • 측정과 평가를 둘러싼 측정치와 측정대상, 평가자 피평가자라는 입장의 충돌(pp. 177~186) • 정책의 효과를 정의할 때 (혹은 이익을 해석할 때) 지지하는 상황과 반대하는 상황 간의 해석의 충돌(pp. 210~214) • 유인을 제공하는 맥락과 수용하는 맥락 간의 유인의 내용과 효과에 대한 해석의 충돌(pp. 271~278) • 법적 권리의 해석을 둘러싼 시장과 정치의 충돌(pp. 344－347)

출처: 윤견수(2014) 내용을 일부 수정·보완한 이인수(2017)에서 재인용.

2) 의사결정에서의 패러독스

Stone(2012)에 의하면, 정책의 다섯 가지 목표는 형평성(equity), 효율성(efficiency), 복지(welfare), 자유(liberty), 안전(security)이며, 정책에서 다뤄야 할 다섯 가지 주요 문제는 바로 상징(symbol), 숫자(numbers), 원인(causes), 이해관계(interests)과 의사결정(decisions)이다. 여기서 특히 학생·대학·정부 사이에 '등록금 반환' 딜레마를 고려할 때, 가장 중요한 문제는 바로 정부의 정책 방향에 대한 의사결정일 것이다. 우리는 살면서 매일 같이 의사결정을 내리고, 어느 조직이든 중요한 의사결정을 내려야 하는 경우가 발생하기 때문에 조직론 분야에서도 패러독스와 관련하여 다양한 선행연구들이 진행되어 왔다(Cameron & Quinn, 1988; Van de Ven & Poole, 1988; Lewis, 2000; Fairhurst et al., 2016). 전통적으로 의사결정은 합리적 의사결정 모델에 의존해왔다. 그러나 실제로는 의사결정을 내려야 할 시점에서, 조직은 주로 습관(habit), 사회적 관행(social custom), 충동(impulse), 직관(intuition), 미루기(procrastination), 회피(avoidance), 명상(cogitation), 위임(delegation), 조언 구하기(advice－seeking), 지도 요청(prayer for guid－

ance), 합의(consensus), 협상(bargaining), 중재(mediation), 투표(voting) 또는 우연(chance) 등 다양한 방법으로 의사결정을 내릴 수 있다(Stone, 2012:248). 합리성을 담보로 하는 의사결정보다는 실제에서는 역설적으로 이러한 의사결정 방식이 좀 더 빈번하게 활용된다는 것을 의미한다. 이 두 가지 의사결정 모델을 구체적으로 살펴보면 다음과 같다.

합리적 의사결정 모델은 여러 대안 중 문제를 가장 잘 해결할 수 있는 대안을 선택할 수 있다고 믿는다(사득환, 박상진, 2013). 합리적인 대안선택을 위해 행위자는 먼저 (1) 목표를 설정하고, (2) 목표를 달성하기 위해 여러 대안을 생각해내고, (3) 각 대안의 잠재적 결과를 분석한 후, 마지막으로 (4) 목표를 달성할 수 있는 가장 좋은 대안을 선택한다(Stone, 2012:249). 여기서 '가장 좋다'는 의미는 '최대한 전체에게 혜택(maximum total welfare)'을 줄 수 있다는 뜻이다. 이것을 '웰빙(well-being)', '유용성(utility)', 또는 '편익(benefit)'이라고 부르기도 하는데, 개념은 모두 동일하다(Stone, 2012:249). 합리적 의사결정 모델에서는 방법론으로 비용-편익분석(cost-benefit analysis)을 주로 사용해 왔다. 비용-편익분석을 통해 어떤 행동의 손익을 나열해, 균형을 지켜보면서 그 행동을 취함으로써 손해를 더 많이 볼지 아니면 이익을 더 많이 볼지 계산하는 방식이다(3단계). 이후 최종적으로 결정을 하게 될 때 한 가지 법칙을 따르게 되는데 손해보다 이익이 더 큰 행동을 선택한다(4단계). 그러므로 비용-편익분석은 3단계와 4단계를 연결하는 역할을 한다(Stone. 2012:250). 이런 비용-편익분석은 보통 국가 차원에서 의료정책이나 사회 인프라를 건축할 때 자주 사용된다.

하지만 Stone(2012)은 이런 합리적 의사결정 모델을 통해 정책의 장면인 폴리스 내에서 의사결정을 내리는 것이 적절하지 않다고 본다. 왜냐하면, 합리적 의사결정 모델 그 자체가 '드라마 같은 이야기(dramatic story)'라며, 이런 모델에서는 의사결정자를 마치 주인공(protagonist)인 것처럼 연출하고 주인공은 곧 '이럴 수도 저럴 수도 없는 상황', 즉 딜레마에 봉착한다(소영진, 1994). 이때 정책분석가는 혼돈에 잠긴 의사결정권자에게 합리적인 분석을 통해 그럴듯한 해결방안을 제시하고 그 해결방안은 혼돈을 해소하며, 대량의 정보를 해석 가능한 양으로 줄여준다. 그래서 최종적으로 단순한 의사결정을 내릴 수 있도록 의사결정권자를 돕는다(Stone, 2012:250). 무엇보다도 합리적 의사결정 모델은 분석 과정만 제대로 밟는다면 뚜렷한 해결책을 찾을 수 있다는 확신(determinateness)을 의사결정권자에게 주지만, 현실은 그렇지 않다(이종범 외, 1994; 사득환, 박상진, 2013:8).

그렇다면 Stone이 권하는 폴리스적 의사결정 모델은 무엇이며, 기존의 합리적 의사결정 모델과는 무슨 차이가 있는가? 일단 목표를 정의하는 방식부터 다르다. 합리적 의사결정 모델에서는 명백한 목표를 세우며 이러한 목표를 분석할 때 소위 '잣대(yardstick)'로 사용한다(Stone, 2019:251). 그러나 폴리스적 의사결정 모델에서는 목표 정의를 통해 지지를 받기 때문에 명백하고 정확한 목표보다는 오히려 애매모호한(ambiguous) 목표를 설정한다. 왜냐하면 구체적인 목표를 세울 때는 특정한 집단의 지지만 받을 수 있지만, 애매모호한 목표를 제대로 사용하면 양쪽 집단의 지지를 모두 받을 수 있기 때문이다(Stone, 2012:252). 가령 대학은 '학생의 대기업/공무원 취업'을 주목표로 삼았다고 이야기하면 학생들

[표 11.3] **합리적 의사결정 모델 vs. 폴리스적 의사결정 모델**

구분	합리적 의사결정 모델	폴리스적 의사결정 모델
목표	목표는 있고 분명하다(단일목표)	목표가 복합적이다(집합적 목표)
대안 탐색	가능한 한 많은 대안을 탐색한다	바람직하지 않은 대안은 버린다
대안 결과	대안이 가져올 결과가 분명하고 비용과 편익 산출이 가능하다	복합적인 대안과 수사적 장치를 사용하며 대안의 비용과 편익 산출이 불확정적이다
정책조직	단일의 실체 조직이 존재한다	집합적 실체 조직이 존재한다
보상	보상은 제공되며 바람직한 방향으로 이끈다	연합이 이루어진다

출처: Stone(2002: 256, 282-283)을 인용한 사득환(2013)과 사득환, 박보식(2013)을 수정함.

의 지지는 받을 수 있지만, 교원 또는 교우회에서는 대학을 마치 '취업 공장'인 것처럼 표현하는 것을 싫어할 수도 있다. 그러나 '학생의 성공'이라고 대신 목표를 명시한다면 '성공'이라는 개념은 다양한 의미를 둘 수 있어서 학생도 좋아하고 교우회와 교원도 만족할 가능성이 크다.

합리적 의사결정 모델에서는 어떤 문제든 해결책은 하나만 있다고 설정한다. 즉, 하나를 선택하면 하나는 버려야 하는 '양자택일' 상황을 겪게 된다. 반면에, 폴리스적 모델에서는 대립하는 양쪽을 모두 만족하게 하는 의사결정을 내릴 수 있다는 것이다. 그러나 가장 대표적인 차이는 바로 의사결정에 앞서 대안선택을 위해 행해지는 비용-편익(cost-benefit)을 바라보는 태도일 것이다. 합리적인 의사결정 하에서 대안을 분석할 때의 핵심은 "어떻게 하면 돈을 잘 사용할지"라는 의문에서부터 시작하기 때문에 비용-편익분석의 결과는 보통 돈으로 특정된다(Stone, 2012:262). 지금까지 많은 대학에서는 이런 방식으로 의사결정을 내려왔기 때문에 "어떻게 하면 학생을 잘 교육할까?" 보다는 "어떻게 하면 대학재정을 더 효율적으로 사용할까"라는 형식으로 의사결정이 진행되어왔다고 볼 수 있다. 하지만 폴리스적 의사결정 모델에서는 이런 식으로 지극히 수치화된 계산 방식을 비판하며 대신 사회적 협의와 소통의 중요성을 강조하고 협력적인 의사결정과정을 내세운다.

본 장에서는 대학등록금 정책변동 과정에서 나타난 다양한 정책당사자들의 이해와 관련하여 그동안 전통적으로 의존해온 합리적 의사결정의 효율성 틀에서 벗어나 정치적 맥락의 고려를 통한 폴리스적 의사결정 모델에 주목하고자 한다. 실제로 대학등록금 정책은 교육의 질이나 교육비 환원의 차원보다는 늘 정치 쟁점화되는 경향을 보여주었다. 그만큼 대학등록금은 학부모나 학생 등 교육수요자들에게는 민감한 사안이기 때문이다. 따라서 이러한 정책이 펼쳐지는 현실에서는 합리적 모델에서 제시하고 있는 '최대한 전체에게 혜택(maximum total welfare)'을 제공하는 것과 반대로 사회적 협의와 소통이 강조되는 폴리스적 의사결정 모델이 요구된다. 대학등록금 반환에 따른 정부의 합리적 의사결정은 상황 맥락적 해석에 근거한 폴리스적 의사결정을 내장하고 있으며, 이 과정에서 패러독스 현상을 야기하고 있다. 예컨대, 대학등록금 반환에 관한 의사결정과정에서 대학은 학생들의 학습권을 보장해야 하면서도 코로나19로 인해 그들의 안전을 보장해야 하므로 당분간 학습권을 제한해야 했고(경향신문, 2020.06.01.; 조선일보, 2020.06.18.), 코로나 피해자 중에서도 다수를 지원할지 소수를 지원할지 정부는 어떻게 의사결정을 내려야 할지 딜레마(소영진, 1994)에 도달하기도 하였다. 또한, 정부는 이러한 상황 속에서 어디까지 개입해야 할지와 어디까지 사회구성원에게 맡겨야 하는지 정치계에서 전통적으로 다뤄왔던 자율과 평등의 패러독스(Mouffe, 2000; 홍태영, 2001; 김만권, 2004; Brennan, 2007, Rawls, 2009)를 경험하게 되었다.

3 분석 틀과 방법

가. 분석의 틀

본 장에서는 대학등록금 반환에 대한 언론 보도를 선행연구를 바탕으로 형식과 내용 차원으로 구분하여 분석 틀을 설정하였다([표 11.4] 참조). 먼저 형식 차원에서는 언론 보도의 단어별 빈도를 파악해서 어떤 단어들이 많이 사용되는지를 보고자 했으며, 그 중 특히 어떤 키워드를 선택하여 강조했는지를 분석하고자 하였다. 그로 인해 대학등록금 반환에 대해 정책 참여자(학생·대학·정부)의 입장을 알아내고자 하였다. 이러한 정책참여자의 입장을 토대로 기사들을 분석하는 과정에서 대학등록금 반환에 관한 논쟁(학생 vs. 대학 vs. 정부)에서 나타나는 패러독스 현상들을 심층적으로 분석하였다.

특히 내용 차원에서 다루어지는 대학등록금 반환 의사결정과정의 패러독스 현상은 앞서 선행연구에서 제시한 폴리스적 의사결정 모델(Stone, 2002; 사득환, 2013 ; 사득환, 박보식, 2013)에 근거하여 분석하고자 한다. 왜냐하면 실제로 정책이 펼쳐지는 장(場)에서는 합리적 의사결정 모델과는 달리 상황 맥락적 해석을 바탕으로 한 폴리스적 의사결정 모델이 요구되기 때문이다. 이러한 관점에서 목표, 대안 탐색,

[표 11.4] **대학등록금 반환에 대한 언론 보도 분석의 틀**

차원	분석 내용	분석 준거
형식	단어별 빈도수	대학등록금 반환 논쟁을 설명하는데 어떤 단어들이 많이 사용되었는가?
	키워드 선택과 강조	보수·신보·중도 언론사에 따라서 어떤 내용(키워드)이 특별히 주목되었는가?
	정책참여자의 입장	학생·대학·정부의 입장은 무엇인가?
내용	대학등록금 반환 의사결정 과정에서 나타나는 패러독스 현상 −목표, 대안 탐색, 대안 결과, 정책조직, 보상	① 학습권과 안전 ② 다수와 소수 ③ 자율성과 개입

출처: 임연기(2016: 9)를 수정·보완함.

대안 결과, 정책조직, 보상의 측면에서 나타난 결과들을 정책참여자인 학생, 대학, 정부의 입장에서 정리하여 첫째, 학습권과 안전 차원, 둘째, 다수와 소수 차원, 셋째, 자율성과 개입 차원에서 다각적으로 분석하고자 한다. 이러한 분석을 통해 나타나는 패러독스 현상이 어떤 의의가 있고, 후속 연구에 어떤 시사점을 제공하는지 파악하고자 하였다.

나. 자료수집 방법

본 장에서 사용한 분석자료는 정치성향에 따라 구분한 언론보도 기사들로써 다음과 같이 수집하였다. 첫째, 급격히 진행된 대학등록금 정책변동 과정에서 일어난 패러독스 현상을 분석하기 위하여, 빅카인즈(bigkinds)를 통해 대학등록금 반환에 대한 학생·대학·정부의 각자 상황을 이해하고자 자료수집을 하였다. 빅카인즈 홈페이지(bigkinds.or.kr)에 접속해서 대학등록금 반환에 관한 기사를 찾기 위한 자료수집 기간은 2020년 6월 1일부터 6월 30일까지 정하고,[2] 언론사 선정은 보수 언론사 5개(조선일보, 중앙일보, 동아일보, 국민일보, 문화일보)와 진보 언론사 2개(한겨레, 경향신문) 그리고 중도 언론사 2개(서울신문, 한국일보)로 설정하였다. 그 과정에서 일어나는 패러독스 현상을 심도 있게 분석하여, 정치성향에 따라 언론사가 이를 어떻게 표현하는지, 그리고 워드클라우드(wordcloud.kr)를 통해 언론사별로 주로 어떤 키워드를 사용하는지 알아보고자 하였다.

둘째, 통합분류란에서 '정치'항목 아래 '국회－정당'과 '정치 일반'을 설정하고, '경제' 항목 아래는 '경제 일반'만 설정하였다, '사회' 항목 아래는 '교육－시험'과 '사회 일반'을 선택했고, '지역' 항목에서는

[표 11.5] **대학등록금 반환에 대한 언론 보도 기사 편수**

정치성향	신문사	기사 편수	신문사	기사 편수	소계	수집기간
보수	조선일보	4	중앙일보	3	13	2020.06.01.~ 2020.06.30
	동아일보	3	국민일보	2		
	문화일보	1				
진보	경향신문	1	한겨레	1	2	
중도	한국일보	6	서울신문	4	10	
합 계					25	

2 여기서 특별히 6월 한 달을 자료수집 기간으로 선정한 이유는, 6월 초부터 코로나19로 인한 대학등록금 반환 현안이 처음으로 큰 사회적인 현안으로 부상하게 되었고, 6월 내내 가장 많은 담론이 이루어졌기 때문이다. 그리고 이러한 짧은 시간 내에 이루어진 담론으로 인해 교육부는 3차 추경(2020.07.03.)에서 "대학 비대면 교육 긴급 지원사업"에 1000억 원 예산을 확보하기에 이르게 되었다(한국대학신문, 2020.07.06.).

'지역 일반'을 설정하였다. 마지막으로, 사건·사고 분류란에서는 '사회 갈등' 항목 아래 '시위'를 선택했고, 주요 검색어로서 '등록금 반환'과 '등록금 환불'을 사용해 최종 검색을 실행했다. 그런 과정을 거쳐 검색한 최종 결과, [표 11.5]와 같은 해당 기사들을 발견할 수 있었다.

다. 자료분석 방법

위와 같은 언론 보도자료를 바탕으로 앞서 제시한 분석 틀에 근거하여 텍스트마이닝 기법을 통해 내용 분석 및 연관성 분석을 위해 텍스트 네트워크 분석(TNA)을 실행하였다. 분석 자료인 신문기사의 제목과 내용에 출현하는 단어의 빈도를 통해 대학등록금 반환에 대한 입장이 무엇이고 보수 성향(조선일보, 중앙일보, 동아일보, 국민일보, 문화일보), 진보 성향(경향, 한겨레), 그리고 중도 성향(한국일보, 서울신문) 신문사별 차이가 있는지를 실증적으로 분석하였다. 분석 도구로서는 언어 네트워크 분석을 위한 소프트웨어인 'KrKwic'와 분석 내용을 시각화하기 위해 'wordcloud.kr'를 함께 사용했다. 'KrKwic' 프로그램을 통해 신문기사별 제목과 내용에 대한 단어의 빈도수를 추출하였고, 분석 자료의 시각화는 'wordcloud.kr'를 통해 데이터 클라우드를 형성했다.

원활한 작업을 위해서 텍스트 분석 과정에서 다음과 같은 어미들은 제외했다, '는', '은', '도', '다', '이어서', '로', '으로', '가', '이', '의', '에', '에게', '과', '와', '들', '을', '를', '처럼', '될', '이라고', '했다', '됐다', '있다', '째', '등'. 또한 다음과 같은 특수 문자표들도 분석과정 중 오류가 나지 않도록 제외했다 (' ' " " ( ) 〈 〉).

4 언론기사 분석결과와 패러독스 현상

가. 대학등록금 반환에 관해 언론사별 기사 분석

본 장의 연구에서는 총 25개의 신문기사를 심층적으로 분석하였고, 정치 성향별로 분류한 결과 13개 기사는 보수 성향(조선일보, 중앙일보, 동아일보, 국민일보, 문화일보), 2개 기사는 진보 성향(한겨레, 경향신문), 10개 기사는 중도 성향(서울신문, 한국일보)을 나타내고 있었다. 신문기사는 모두 대학등록금 반환에 관한 기사였지만, 정치적인 성향에 따라 사용하는 키워드와 강조하는 면들에 있어서 극명한 차이를 나타냈다. 진보 성향 신문기사들은 주로 학생들의 불만을 표현하면서 정부 개입의 필요성을 강하게 강조했다. 그러나 학생·대학·정부 간의 갈등에서 대학의 입장을 설명해주거나 알리는 진보 성향의 기사는 단 한 개도 나타나지 않았다. 아마도 이런 공식 아래에서는 마치 학생은 피해자, 대학은 가해자, 그리고 정부는 그 사이에서 중재자 역할을 하는 것으로 비치고 있었다. 반면에 보수 언론사에서는 마찬가지로 학생들의 고충과 시위를 기술하고 있었지만, 대학들이 겪는 경제적인 어려움과 대학 관계자들의 입장 또한 소개하고 있었다. 한편 대학 나름대로 해결하려는 시도(예건대, 건국대 사례 등)도 제시하고 있었다. 여기서도 정부 개입의 중요성을 기술하고 있지만, 모든 문제의 해결사보다는 합리적인 중재자 역할로 표출되는 성향을 나타내고 있는 것으로 보였다. 그리고 중도 성향 신문기사들 경우에는 학생·학교의 입장을 구체적으로 소개하면서, 무엇보다도 이들 간의 '소통'의 중요성을 강조하고 있었다.

1) 진보 언론사 기사에 대한 키워드활용 분석

진보 언론사 기사를 분석한 결과 주로 사용한 유의한 키워드 중 '정부'라는 단어를 총 17회, '등록금 반환' 14회, '대학생' 12회, '지원' 11회, '교육부' 9회 사용하는 것으로 나타났다. 위에서 언급한 바와 같이 보수 언론에 비해 진보 언론사에서는 이처럼 '정부'와 '교육부'에 역할을 조금 더 강조하는 성향이 강했으며, 그래서 '지원'의 필요성을 더더욱 주장하고 있었다. 학생들이 겪고 있는 고충과 어려움, 그리고 이를 표현하는 '시위'는 보수 언론과 같이 전반적으로 취재했지만, 다양한 '시위'의 유형들을 소개하지는 않고 덜 강조하는 성향을 지니고 있었다.

[그림 11.2] **진보 언론사의 워드클라우드 분석**

2) 보수 언론사 기사에 대한 키워드활용 분석

보수 언론에서도 진보 언론과 같이 등록금 반환 문제를 전반적으로 취재하였고('등록금 반환'은 55번 사용됨), 다양한 '시위' 형태까지도 다루는 등 기사수가 더 많이 있었다. 예컨대 기사 중에서 '혈서'는 32회나 등장하고 있었고, '농성'은 22회나 사용되었다. 또한, 시각적으로 바로 볼 수 있듯이 진보 언론사보다 '교육부' 또는 '정부'의 개입 또는 중요성을 상대적으로 덜 강조하는 경향이 있었고, 대학의 특정한 상황을 구체적으로 설명하는(예컨대 한양대 사례) 기사도 여러 개 있었다.

[그림 11.3] **보수 언론사의 워드클라우드 분석**

3) 중도 언론사 기사에 대한 키워드활용 분석

중도 언론에서는 무엇보다도, 학생들의 요구사항과 학교 측의 상황 및 대처방안(예컨대 연세대 사례)을 구체적으로 소개했다. 기사 중에서 '학생'은 무려 142회나 언급되었으며, '학교'는 49회나 등장하고 있었다. 게다가, 보수·진보 성향 신문사들보다 중도 성향 신문기사들은 Stone(2012)이 폴리스 내에서 중요시하는 '소통'의 개념을 22회나 소개했으며, 학생들의 소통 요구와 이러한 소통 창구를 만들고자 하는 대학의 움직임을 기술하고 있었다.

[그림 11.4] **중도 언론사의 워드클라우드 분석**

나. 언론사 기사를 통해 표출된 학생·대학·정부의 입장 분석

대학등록금과 관련하여 언론에 나타난 신문기사들을 정치 성향별로 분류한 결과, 총 25개 신문기사(보수 13개, 진보 2개, 중도 10개)를 발견하였다. 기사의 단어별 빈도수와 키워드를 파악하고 종합하여 정책참여자(학생·대학·정부) 간 입장을 더더욱 깊이 있게 이해하고자 심층적으로 분석하였다. 분석과정에서 연구진은 각 정책참여자가 처한 맥락과 상황을 이해하고자 했고, 이를 바탕으로 각 정책참여자의 구체적인 입장을 분석하려고 하였다.

1) 학생 입장

코로나로 인해 전국적으로 대학 개강 시기가 2주 연기되고, 수업은 온라인으로 전환되자 대학생들은 학습권이 침해되었다며 불만을 제기하였다(경향신문, 2020.06.01.). 학생들은 국내뿐만 아니라 해외에서도 이례 없는 국가감염병 위기로 인해 온라인 교육은 불가피한 조치라는 것으로 받아들였고, 당시 최대의 안전을 위해 가장 적합한 조치로 인정하는 입장을 취하기도 하였다. 하지만 문제는 개강 이후에 나타난 것으로 보인다. 이미 임시로 학업을 중단하기로 한 학생들은 휴학을 선택했지만, 어려운 상황 가운데에서도 학업을 지속하려는 학생들과 새 학기를 향한 희망으로 가득한 채 신입생들은 온라인 수업으로 인해 많은 어려움을 겪는 것을 볼 수 있었다. 무엇보다 교수와 강사에 따라 수업의 질과 온라인 교육 매체(LMS) 활용 능숙도는 천차만별인 것으로 나타났다(교수신문, 2020.06.08.). 어떤 대학에서는 개강하자마자 쏟아지는 이용자 때문에 첫 주에 온라인 교육 시스템이 마비되고, 수많은 기술적인 문제들이 발생했던 반면에, 어떤 대학에서는 교수들이 온라인 수업을 촬영할 시간이 부족해 몇 년 전에 사용한 영상을 그대로 올려서 활용하는 기사들도 있었다. 학생들은 비싼 등록금을 내고 수업을 수강했지만, 교수님의 얼굴도 제대로 보지 못 한 채 수년 전에 촬영한 영상을 보거나, 불성실한 교수님의 수업 관리 태도를 보면서 "이럴 거면 사이버대학과 무슨 차이가 있느냐?" 그리고 "등록금은 훨씬 더 비싼데 수업의 질은 MOOC만큼도 못한다" 등 여러 불만의 목소리들이 나오기 시작했다(조선일보, 2020.06.18.). 이 가운데에 중간고사와 기말고사 기간이 다가오자 수업의 질 문제를 넘어서 이제는 성적의 공평성 문제가 화두로 등장하기 시작하였다. 여러 대학에서 학생들이 SNS를 통해 시험 답안지를 공개한다든지, 2~3명씩 모여서 함께 온라인 시험을 친다든지 등 여러 부정행위 사태들이 일어나면서 학생들은 해당 학기 성적의 타당성을 의심하게 되었다. 그래서 절대적인 평가보다는 그냥 Pass/Fail 형식의 평가제도, 이른바 선택제 패스제 도입과 총 학점에 해당 학기 성적은 포함하지 말 것을 요구하게 되었다(조선일보, 2020.06.16.).

이처럼 수업의 질 문제와 성적의 불공평성이 계속 학생사회에서 논란이 되자, 학생들은 이미 지급한 비용(등록금)에 비해 얻은 이익은 현저히 떨어지고, 학생으로서 기본적인 학습권이 침해받았다는 주장을 하게 되는 등 이때부터 등록금 반환 움직임이 나타나기 시작하였다(중앙일보, 2020.06.22.). 즉 학생들은 철저하게 자신의 합리적 의사결정에 따라서 행동을 하게 된 것이다(사득환, 박상진, 2013). 학생들은 대학본부를 향해 등록금을 일부라도 반환해달라고 강력하게 요구했지만, 대학본부의 반응은 그다지 우호적이지 않았다. 왜냐하면 이러한 상황에서는 각 집단은 자신의 이익만을 추구하므로 합의점에 도달하기가 어렵기 때문이다(이종범 외, 1994). 학생 입장에서 대학본부의 등록금 반환 거부 이유가 사실상 납득 되지 않는 이유는 학생들이 보기에 오히려 코로나로 인해 대면 수업이 없고 교직원들도 단축 근무와 재택근무를 전보다 많이 하므로 대학 인건비, 운영비, 수업 관리 비용이 감소했기 때문이다. 따라서 일부 등록금 반환은 지나친 요구라고 생각하지 않고, 대학본부가 충분히 그럴 만한 여력이 있다고 인식하고 있었다. 아울러 지금처럼 어려운 상황에서 대학은 부당이득인 시설물 사용료와 교비적립금을 써서라도 등록금을 일부 반환하는 것이 합당하다고 주장했다(조선일보, 2020.06.19.). 또한, 이런 움직임은 한국뿐만 아니라 미국과 일본에서도 등록금 반환 요구가 나타나고 있으므로 대학본부의 결단을 강하게 촉구했다. 당시 전국 203개교 대학생 2만 1784명을 설문 조사한 결과에 따르면 응답자의 99.2%가 상반기 등록금 반환이 필요하다고 답했다(경향신문, 2020.06.01.).

처음에는 대학과 학생 사이의 대립으로 시작했지만, 점점 학생들은 학습권 보장에 대한 책임은 대학뿐만 아니라 정부(교육부)에게도 있다는 점을 주장하기 시작하였다(조선일보, 2020.06.18). 대학이 합당한 등록금 반환 관련 의견을 내고 있지 않기 때문에, 교육부가 관제탑으로서 각 대학에 등록금 감액에 관한 지침을 마련해야 한다고 주장하였다. 그러나 그 시점까지 정부는 제삼자로서 여론을 조심히 살펴보기만 하고, 적극적으로 행동을 하지 않는다는 비판을 받고 있었다. 이를 지적하는 대표적인 예로는 교육부의 1차 추가경정예산안 2872억 원 중 온라인 강의 지원은 18억 원에 불과했고, 2차 추경안에는 아예 포함조차 돼 있지 않았다는 점이다(중앙일보, 2020.06.22.). 이러한 불만을 정부에 표출하기 위해 전국 학생들은 직접 시위에 나서기도 하였다. 경북 경산 지역 5개 대학 총학생회장단은 세종시에 있는 교육부까지 도보 행진을 통해 시위하고 교육부 장관과 대학학술정책관 등 실무자들과 면담 요구를 했으며 전국대학학생회네트워크에서 구성된 등록금반환운동본부는 정부서울청사 앞에서 기자회견을 열어 고등교육법과 등록금 규정 규칙의 개정, 그리고 학생과 함께 '코로나19 대학가 대책'을 논의할 것을 요구하였다(한겨레, 2020.06.21.).

2) 대학 입장

코로나19 사태가 터지자 전국적으로 모든 대학은 여러 가지 어려움을 직면하게 되었다. 서울 상위권 대학과 거점 국립대학들은 그나마 재정적으로 탄탄해 나름 버틸 수 있었지만, 수도권·지방 중소규모 대학의 경우에는 극심한 재정적 어려움을 겪게 되었다. 2011년부터 동결된 대학등록금, 점점 줄어든 학령인구와 함께 이번 코로나 사태로 외국인 유학생 지원과 교환학생 신청자들이 급히 감소하게 되어 재정 부담이 커질 수밖에 없었다(조선일보, 2020.06.16.). 그리고 사회적 거리와 캠퍼스 안전을 보장하기 위해 방역이나 온라인 수업 인프라 구축은 생각보다 많은 예산이 투입되었는데, 이러한 상황을 모르는 대학생들로부터 지속적인 등록금 반환 요구를 받는 대학들은 말 그대로 난감한 상황에 놓이게 되었다. 코로나19 위기 상황에서 기업과 가계 그리고 군대조차도 모두가 불명확한 미래를 대비해 예산을 줄이는 추세에서 대학 또한 예산을 보수적으로 다룰 수밖에 없는 형편이었다. 서울 주요 대학들도 이러한 상황에 부딪혔는데 수도권·지방 중소규모 대학의 재정적 어려움은 더더욱 심각한 것으로 나타났다(대전일보, 2020.06.16.). 이로 인해 대학은 패러독스 현상에서 자주 볼 수 있는 딜레마 상황에 봉착하게 되었다(소영진, 1994).

일부 대학은 현 상황을 외면하고 책임을 대학에 떠넘긴다는 교육부를 향해 불만을 표시하기도 하였다. 대학들은 대학과 학생 간 나타나는 갈등에 교육부가 초반에 손을 놓고 있었으며, 교육부의 지원이 있어야 대학 또한 등록금 일부를 반환할 수 있다고 주장하였다(중앙일보, 2020.06.23.). 특히 재정적으로 열악한 대학일수록 더더욱 그렇다는 주장이었다. 가령 정부 재정지원사업의 지원금 일부를 등록금 감액에 사용한다던가, 아니면 대학에 형편에 따라 긴급재난지원금 형식으로 지원하는 방식이 언급되기도 하였다. 어찌 되었든 대학 스스로 해결하기에는 매우 복잡하고 어려운 문제라는 게 일반적인 대학의 공통된 입장이었다. 당시 상황에서 만일 정책당사자(학생·대학·정부)들 사이에서 이 문제에 대한 합의가 이루어지지 않고, 서로의 이익만을 추구했다가는 모두가 손해를 보는 상황 즉, 공유지의 비극(Hardin, 1968; 김윤상, 2010)이 초래될 가능성이 컸다.

그럼에도 불구하고 몇몇 대학은 소정의 장학금 지급 형식이나 2학기 등록금 감액을 통해서라도 등록금을 환급해주겠다고 발표하였다. 예컨대 건국대는 국내 최초로 온라인 강의를 수강한 학생들에게 2020년 1학기 등록금 일부를 돌려주기로 발표하였다(조선일보, 2020.06.16.). 등록금 환불은 1학기 수강생의 다음 학기 등록금에서 일정 비율을 감면하는 방식이었고, 학교는 자체 예산으로 재정 마련에 나섰다. 1학기에 지급하지 못한 성적 장학금과 원격 수업으로 쓰지 못한 각종 예산 등을 활용할 계획으로 방안을 마련한 것이었다. 당시 건국대 관계자들에 의하면, 2018년 기준 성적 장학금은 63억 9542만 원이었는데 학생 1만 5000여 명에게 환급할 경우 1인당 약 40만 원이 지급되는 셈이었다(조선일보, 2020.06.16.). 그러나 건국대 학생들은 코로나로 인한 학습권 침해, 교내 시설 이용 불가 등의 피해를 보상하기에 부족하다고 하면서 추가예산 마련을 계속 요구하였다. 건국대가 등록금 환불을 결정하면서 다른 대학들도 긴장감이 흐르는 가운데 비슷한 대응을 고심했지만, 여러 면에서 건국대보다 특히 재정적으로 어려운 대학들은 형편에 따라 시기와 반환 방법, 그리고 금액이 문제라고 언급하고 있었다(조선일보, 2020.06.16.).

3) 정부 입장

코로나19 사태 초기에는 정부의 주된 관심거리는 일단 국가 경제를 유지하고 활성화하는 것이어서 대학과 학생들 간에 등록금 반환 문제는 당장 중요한 과제가 아니었다. 왜냐하면 마이너스 경제성장 전망과 양적 완화 정책으로 인한 적자 예산에 맞선 정부는 이미 재정적으로 많은 부담을 안고 있었기 때문이다. 게다가 전 국민 긴급재난지원금을 마련해야 하고, 소상공인들과 중소기업들을 위한 대출금 지원을 하면서 이미 다뤄야 할 법안들이 수두룩했다. 그래서 대학과 학생들 간에 등록금 반환 문제가 처음으로 사회적 현안으로 등장할 시점에도 정부는 대학의 자율권에 맡기려는 입장이었고 홍남기 기획재정부 장관도 현 시국에서 세금으로 대학을 재정 지원한다는 것은 타당성이 없다고 강하게 못을 박았다(조선일보, 2020.06.19.).

하지만 2020년 6월부터 등록금 반환 움직임이 가속화되고, 심지어 SNS상에서 학생들이 혈서까지 올리는 충격적인 행동 등 사회적 여론의 목소리가 더 커지자(중앙일보, 2020.06.17.) 정부는 가만히 있을 수가 없는 입장이었다. 여야 불문 없이 등록금 반환을 지지하는 추세로 판이 바뀌었다. 김종인 미래통합당 비상대책위원장은 코로나 사태로 대학생들이 강의실로 가지 못했고 강의도 제대로 한번 들어보지 못했으니 등록금을 돌려주는 것은 당연하다고 이야기했다. 그리고 정부가 전 국민 상대로 긴급재난지원금을 지급했듯이 3차 추경을 편성하는 과정에서도 대학등록금과 관련해 분명한 논의를 해야 한다고 발표했다. 여당인 민주당에서도 문제 인식이 분명히 존재한다는 점을 인정하고, 이해찬 당시 당 대표는 당과 정부가 선제적으로 등록금 분납 문제부터 시작해 환급 문제에 이르기까지 선제적으로 교육위에서 논의할 필요가 있다고 언급하였다(조선일보, 2020.06.18.).

그러나 정부는 쉽게 결정을 내리지 못했다. 왜냐하면 정부도 결국 폴리스 내에 있으므로(Stone, 2012), 어떠한 조치를 취하더라도 결국 국민의 세금으로 진행하는 것이기 때문에 예민한 반응을 일으킬 수밖에 없는 상황이었다. 그래서 정부는 여론을 주의 깊게 살피면서 결정을 내려야 했다. 코로나19로 인해 사회 각 계층과 산업별로 극심한 어려움을 겪고 있는 상황에서 대학에 세금으로 지원을 하게 되면 다른 편에서 불만이 야기될 수밖에 없는 예민한 시국이었다. 요컨대 등록금 반환을 받지 않아도 학생들의 삶은 평상시처럼 그대로 유지될 가능성이 크지만, 소상공인 또는 중소기업 같은 경우 절실히 필요한 지원금이나 대출을 받지 못하게 되면 가계와 기업 자체가 파산할 수 있고, 그로 인해 연관된 수많은 직원이 실업자가 될 수도 있는 극한 상황이었다. 이처럼 여러 정책당사자가 얽혀있는 복잡한 상황에서 정부로서도 등록금 반환에 따른 지원을 결코 쉽게 결정내릴 수 없었다.

다. 대학등록금 반환 논쟁 과정에서 나타난 패러독스 현상

대학등록금 반환 의사결정과정에서 나타난 학생·대학·정부 간 갈등을 보면 전형적인 패러독스 현상을 목격할 수 있다. 즉 중요한 의사결정을 내려야 하는 상황 속에서, 각각의 이해당사자가 원하는 것과 관점이 다르며 서로 상호배타적인 요소들인데도 같은 시공간에서 공존하고 있었다. 이런 현상은 논리적이고 합리적인 사고방식으로 보면 이해가 안 되지만 Stone(2012)이 주장하는 폴리스적 관점으로 보면 충분히 가능하며 오히려 당연한 현상이다. Stone(2012)은 복잡한 사회 속에서 의사결정을 내리는 과정 중 패러독스 현상은 불가피하다고 설파한다. 이와 같은 관점에서 각 언론기사들을 텍스트 연결망 분석(TNA)을 통해 학생·대학·정부 간의 입장에서 분석한 결과 다음과 같은 대학등록금 반환 의사결정 패러독스 현상을 발견하였다.

1) 학습권 보장 vs. 안전 보장: "교육이 우선인가, 안전이 우선인가?"

우리나라 헌법 제31조 1항에 따르면, "모든 국민은 능력에 따라 균등하게 교육을 받을 권리를 가진다." 즉 우리나라 모든 국민은 헌법상 학습권을 보장받고 있지만, 그렇다고 해서 학습권을 무한정으로 보장받는다는 뜻이 아니다(조태원, 2013:110). 왜냐하면 헌법 제37조 제2항에 의하면 "국민의 모든 자유와 권리는 국가안전보장, 질서유지 또는 공공복리를 위하여 필요한 경우에 한하여 법률로써 제한할 수 있으며..."라고 규정되어 있기 때문이다. 이처럼 학습권과 안전이 서로 충돌하는 경우를 사회에서 빈번히 볼 수 있다.

코로나19로 인해 대학사회에서 학습권과 안전 보장 갈등 사이에서 가장 큰 피해자는 바로 학생이라고 해도 과언이 아닐 것이다. 특히 2020년 신입생, 소위 '코로나 학번'이라고 부르는 학생들이 겪는 마음의 고통은 매우 클 것이다. 이들은 입학 후 단 한 번도 물리적으로 캠퍼스에 발을 내딛어보지 못한 학생들도 있으며, 과거 선배들과 비교하면 동기들과 친목을 쌓거나 동아리 활동 등 소위 제대로 된 새내기 경험을 쌓을 수가 없었다. 한편으로는 세계적인 대유행병으로 어쩔 수 없는 상황이라는 것은 알고 있지만, 답답한 마음이 드는 것은 어쩔 수 없었을 것이다. 게다가 수업은 온라인으로 전환되었는데 등록금은 여전히 오프라인 기준으로 납부할 수밖에 없으니 그들에게는 이해하기 힘든 상황이었을 것이다. 학생들은 코로나19라는 비상사태 속에서도 우선적으로 학습권 보장을 받고 싶어했으며, 대학은 학습권을 보장하지 않았다고 믿고 있기 때문에 당연히 등록금을 반환해야 하는 것으로 인식하고 있었다(경향신문, 2020.06.01.).

그러나 대학은 코로나 위기 상황에서 학생들의 학습권을 보장하기 위해서는 오히려 추가적인 재정부담이 소요되기 때문에 등록금을 반환할 경우 학습권을 더욱더 보장하기 어려워진다는 입장이었다. 예컨대 안전한 캠퍼스를 보장하기 위해 2019년까지 예상하지도 못한 방역비용을 투입해야 했으며, 온라인 교육용 장비와 시설도 마련해야 했다(조선일보, 2020.06.18.). 대학 입장에서는 학생들의 고충은 어느 정도 심정적으로 납득이 가지만, 1997년 IMF와 2008년 세계금융 위기와는 차원이 다른 2020년 코로나 위기 상황에서 그 어느 때보다 특히 학생들의 캠퍼스 내 안전을 우선으로 보장해야 했다. 역설적으로 코로나 상황에서 학생들의 학습권을 제대로 보장하기 위해서는 학생들의 안전을 절대적으로 보장해야 했지만, 그러한 과정에서 과거의 학습권(예 대면 수업)은 당분간 금지해야만 했다.

이러한 상황에서 학생과 대학 두 집단 간 이해관계의 충돌(conflict of interests)이 일어났으며, 대학은 딜레마 상황에 빠지게 된 것이었다(소영진, 1994; 이종범 외, 1994). 즉 학습권 보장과 안전 보장이라는 요구들이 동시에 존재함으로써 소위 "교육이 우선인가 안전이 우선인가?"라는 딜레마 상황에 봉착했다. 얼핏 보면 역설적인 상황이지만 텍스트 연결망 분석을 통해 파악된 기사 속 논쟁에서는 분명한 상호배타적인 요소들이 동시에 존재하고, 지속적으로 충돌하고 있었다. 왜냐하면 패러독스 현상은 객관적인 현상이기보다는 정신적인 구성요소(mental construct)이기에 '서로 반대되는 경향이 반성(reflection)이나 상호작용(interaction)에 의해 인지가능한 범위 내에 들어올 때 사람들이 정신적으로 만들어내는 현상'이기 때문이다(강영실, 2012; Cameron & Quinn, 1988:4; Ford & Backoff, 1988:89; 사득환, 박상진, 2013에서 재인용).

여기서 대학은 심각한 의사결정의 패러독스 상황에 놓이게 되었다. 등록금의 일부를 반환해도 학생

사회는 여전히 만족하지 않을 것이며, 대학재정은 더욱더 어려워질 수밖에 없는 상황이었다. 반대로 아예 반환하지 않으면 학생들의 불만은 폭발할 가능성이 있었고, 이미 여론을 통해 등록금 반환 바람이 불기 시작했기 때문에 대학의 이미지나 평판이 치명적인 타격을 받을 수밖에 없는 상태였다(대전일보, 2020.06.16.). 이러한 패러독스 상황에서 명확한 답을 찾기란 쉽지 않아 보였다. 대학으로서 학습권 보장도 중요하지만 그만큼 학생들의 안전 보장도 절대적으로 중요하기 때문이다.

2) 다수를 위한 평등 vs. 소수를 위한 평등: "지원 우선순위를 어떻게 정할 것인가?"

Stone(2012)은 평등(equality)이라는 개념을 '모두에게 같은 크기의 케이크 조각을 나눠주는 것'이라고 표현하였다(Stone, 2012:47). 그러나 모두에게 같은 크기의 케이크 조각을 분배하는 방법과 기준은 이해당사자들의 가치관에 따라서 천차만별이며 이 과정에서 패러독스 현상이 일어난다고 그녀는 주장했다. 가령 수업 시간에 학생들에게 케이크 조각을 나눠줄 때, 어떤 학생들은 케이크 조각을 모든 학생에게 균등하게 나눠주기보다는 수업 출석률과 성적이 높게 나온 학생들에게 우선으로 나눠주는 게 평등하다고 생각할 수 있다. 반면에 다른 학생들은 경제적으로 어려운 학생들에게 케이크를 우선하여 나눠주는 게 보다 평등하다고 주장할 수 있다. 이처럼 의사결정과정에서 패러독스 현상이 일어나는 이유는 어느 집단을 위한 평등은 결국 다른 집단에게는 불평등으로 나타나기 때문이다(Stone, 2012:41).

Stone(2012)이 소개한 평등의 개념과 렌즈를 가지고 대학등록금 반환 의사결정과정을 다시 살펴보면, 당시 여론(특히 진보 언론사들)은 학생들의 학업과 경제에 대한 어려움을 널리 전하고 있었으며(경향신문, 2020.06.1.; 한겨레, 2020.06.21.), 학생들의 불만이 시위 형식으로 드러나게 되자 등록금 반환에 대한 민심도 점점 바뀌고 있었다. 그렇다고 해서 정부는 무조건 여론을 따라서 행동할 수도 없었다. Stone(2012)에 의하면, 폴리스 내에서는 어떠한 의사결정이 아무리 좋아 보이거나 옳게 보여도 사회적 합의와 지지를 받아야 집행될 수 있다. 즉 의사결정을 하기 전에 복잡하게 얽힌 다양한 정책당사자들을 설득해야 한다. 당시 맥락에서는 그런 정책당사자들은 코로나19로 인해 가장 직격탄을 맞은 일반 국민(다수) 중 소상공인, 중소기업, 프리랜서, 비정규직 직원 등이었다. 정부가 세금으로 대학을 지원해서 등록금 반환 문제를 해소하려고 한다면, 다른 정책당사자들을 대상으로 그만큼의 필요성과 타당성이 있다는 점을 설득해야 했다. 만약에 설득을 위한 그러한 과정을 제대로 거치지 않는다면 정책에 대한 국민적 저항과 정권의 지지율 하락, 청와대 청원 제기 등 다방면으로 정치적인 타격을 받을 가능성이 컸다. 정치는 결국 '누가 무엇을, 언제, 어떻게 갖느냐'(Laswell, 1936)를 결정하기 때문에, 특히 정책결정 과정에서 이러한 설득 작업이 중요하다(Stone, 2012).

대학사회에서는 학생들은 약자이자 사회 전체로 보면 소수에 해당하기 때문에, 정부는 이들을 보호해야 할 의무를 당연히 지니고 있다. 정부가 코로나19로 인한 재정지원의 우선순위를 결정해야 할 때 다수를 위한 평등과 소수를 위한 평등을 동시에 추구해야 하는 딜레마에 봉착하게 된다. 이러한 상황에서는 다수의 이익을 위한 공리주의적인 의사결정도 바람직하지만, 사회에서 상대적 약자이자 소수인 대학생들을 지원하는 의사결정 또한 바람직한 행위임이 분명하다. 이처럼 이러한 패러독스 현상은 주로 정책 결정 단계에서 일어난다(김종길, 2001:88). 이때 정책결정자(교육부)는 여러 가치관에 우선순위를 두고 현시점에서 가장 나은 가치를 수용해야 하지만 이는 결코 쉬운 일이 아니다. 왜냐하면 선택해야할 가치들이 서로 모순적인 측면을 내재하고 있으면서 충돌하기 때문에 정책결정자는 매우 곤란한 입장에 놓이게 된다(사득환, 박상진, 2013:6).

이러한 정책결정과 관련한 패러독스 현상의 주요 특징들을 등록금 반환 상황에 적용하면 다음과 같다. 첫째, 정책요구와 정책 논리가 동시에 존재한다(이종범 외, 1994:21-22; 소영진, 1994:60; 김종길, 2001:89-90). 즉 한국사회에서 코로나19 피해로 인한 평등한 지원을 요청하는 정책요구들이 많이 있을 때, 이러한 지원이 다수인 소상공인, 자영업자와 중소기업으로 가야 하는지 아니면 상대적으로 소수인 대학생에게 가야 하는지 서로 엇갈리는 정책 논리가 펼쳐질 수 있다. 둘째, 각각의 정책요구 또는 논리는 정당하다(이종범 외, 1994:21-22; 소영진, 1994:60; 정명호, 1997:62-65; 김종길, 2001:89-90). 코로나19 상황에서 소상공인들을 지원하는 것도 바람직하고, 대학생을 지원하는 것 또한 정당하다는 의미이다. 마지막으로, 이러한 정책요구들은 서로 상충한다(이종범 외, 1994:21-22; 소영진, 1994:60; 정명호, 1997:62-65; 김종길, 2001:89-90; 사득환, 박상진, 2013:7). 정부는 결국 정해진 예산으로 지원을 분배해야 하므로 대학생을 지원하면 자영업자들을 지원할 수 있는 금액이 그만큼 감소한다.

3) 대학의 자율성 vs. 평등을 위한 정부의 개입: “자율성을 보장할 것인가, 평등을 위해 개입할 것인가?”

대학사회와 학계에서는 오랫동안 대학 자율성에 앞서 대표적인 문제이자 장애물은 바로 교육부에 의한 포괄적 감독권이라는 지적이 있었다(권형준, 1988; 허종렬, 2004; 신정철, 박환보, 2007; 이시우, 2008; 변광화, 2013; 이형석, 2017; 정극원, 2018). 특히 사립대학도 국립대학과 동일하게 고등교육법과 사립학교법 아래 연구와 공교육을 담당하고 있는 교육기관으로서 그에 부합한 자율성(예컨대 독자적인 교육방침, 교육과정, 학사운영 등)을 보장받아야 되는데(허종렬, 2004:321) 정부의 각종 성과평가에서 내세우는 기준에 따라 사실상 잘 이루어지지 않았다(정극원, 2018:97-99). 이처럼 한국 고등교육의 역사를 뒤돌아볼 때 정부의 개입은 정권에 따라 약간의 차이는 있어도 여전히 강하게 나타났으며, 특히 사립대학에서 많은 반대의 목소리가 있었다. 하지만 코로나19로 인해 과거에 자율성을 강하게 주장하던 대학의 입장은 완전히 선회하였고, 코로나19 전까지 포괄적으로 대학을 감독해오던 정부는 정책 방향의 변화를 요구받는 입장이 되었다.

대학등록금 반환 논쟁에서 정부(교육부)가 과연 어디까지 개입할지가 큰 관건이었다. 한국 대학사회 맥락에서 과거로부터 정부의 개입이 막대한 점은 주지의 사실인 만큼 이에 못지않게 한국 대학들은 오랫동안 ‘대학의 자율성’을 강하게 요구하며 주장해오고 있다. 하지만 코로나19로 인해 총학생회 주도로 학생들의 등록금 반환 시위가 거세지자 대다수 대학은 교육부의 적극적인 지원 또는 개입 없이는 등록금을 반환할 수 없다고 책임을 교육부에 떠넘기는 행태를 보이기도 하였다(중앙일보, 2020.06.23.). 정부는 초기에 섣불리 행동하지 못하고 애매한 입장을 취하는 듯 보였다. 당시 코로나19가 계속 악화되고 있는 상황에서 대학에만 등록금을 반환할 수 있도록 우선 재정지원 하는 것은 시기상조로 판단하였고, 기획재정부 장관이 직접 나서서 분명한 선을 긋기까지 하였다(조선일보, 2020.06.19.).

그러나 전국 단위로 학생들의 시위가 확산되고 심지어 정부청사 앞에까지 이르게 되는 등 사회문제로 번지자 정부는 정책결정의 갈림길에 서게 되었다. 한편(대학·학생)에서는 강력한 정부 개입을 요청하는 반면에, 다른 한편(소상공인·중소기업·프리랜서·비정규직 직원 등)에서도 재정지원이 절실히 필요한 사회구성원들이 있었다. 정부는 사회구성원들의 자율을 존중하면서 동시에 최대한 평등한 사회를 구현해야 하므로 매우 어려운 의사결정의 상황에 놓이게 되었다. 아무리 코로나로 인해 추경을 하더라도 국가는 결국 정해진 예산 범위 내에서 재정지원을 배분해야 하므로 정부는 어디까지 사회구성원들의 자율에 맡기고, 평등을 위해 어느 선까지 정책적으로 개입해야 하는지를 결정해야만 한다.

자율과 평등 사이에서 벌어지는 대립은 민주사회에서 벌어지는 대표적인 패러독스 현상으로 볼 수 있다. 토크빌(Tocqueville)에 의하면, 19세기 프랑스의 역사만 봐도 한편에서는 평등의 이름으로 자유를 반대하고, 다른 편에서는 자유의 이름으로 평등을 반대하는 세력 간의 충돌이 지속적으로 일어났다(홍태영, 2001). 우리가 사는 오늘날의 민주사회에서도 이러한 대립은 여전히 이루어지고 있으며 어떻게 보면 불가피한 현상이다. 요컨대 진정한 자유를 누리기 위해서는 평등이 있어야 하며, 반대로 진정한 평등을 누리기 위해서는 자유가 토대로 있어야 한다. 이러한 자율과 평등 사이에서 일어나는 패러독스 현상은 다양한 선행연구에서 언급되어 왔다(Mouffe, 2000; 김만권, 2004; Brennan, 2007, Rawls, 2009).

이처럼 폴리스적 의사결정 모델로 대학의 자율성과 정부 개입 사이에서 일어난 패러독스 현상을 볼 때 대학의 '요구하는 자율성'이 정부에게 '의탁된 자율성'으로 변한 양상을 발견할 수 있다. 그 이유는 폴리스 내에서 대학의 목표는 복합적이고 문제를 해결하기 위해서 과거의 입장과 완전히 다를지라도 새롭고 다양한 대안을 모색해야 하기 때문이다. 그러므로 과거에 반대해온 정부의 개입을 코로나19 상황에서는 오히려 강하게 요구하고 환영하게 된 것이라고 볼 수 있다. 이는 기존의 합리적 의사결정 모델로는 설명할 수 없지만 폴리스적 의사결정 모델에서는 충분히 납득 가능하다.

5 정책적 시사점

최근 들어 코로나19로 인해 촉발된 대학등록금 반환 갈등이 다시금 사회문제로 부상하여 학생, 대학, 그리고 정부 등 각 정책당사자를 둘러싼 첨예한 논쟁을 불러일으키고 있다. 이에 본 장은 대학등록금 정책의 변동과정 가운데 나타난 의사결정 패러독스 현상을 심층적으로 분석하고 정책참여자 간 이해관계를 언론기사를 통해 분석함으로써 정책적 함의를 도출하는 데 그 목적을 두었다. 이러한 목적을 달성하기 위해 정책참여자의 입장에 관한 언론보도 기사들을 설정한 분석 틀에 근거하여 텍스트 네트워크 분석(TNA)을 실시하였다. 특히 패러독스 현상을 발견하기 위해 대학등록금 반환에 관한 진보와 보수, 중도 성향의 각 언론사별로 분석한 기사를 토대로 학생과 대학, 정부의 입장을 살펴보았다. 그 결과, (1) 학습권 보장 vs. 안전 보장, (2) 다수를 위한 평등 vs. 소수를 위한 평등, (3) 대학의 자율성 vs. 평등을 위한 정부의 개입이라는 의사결정 패러독스 현상을 발견할 수 있었다.

이와 같은 결과를 토대로 대학등록금 정책변동 과정에서 나타난 패러독스 현상에 대한 결론을 제시하면 다음과 같다. 첫째, 코로나19라는 전대미문의 상황 앞에서 학생과 대학, 두 집단 간에 이해관계의 충돌하는 가운데 학습권 보장과 안전 보장이 상충되는 패러독스 현상이 나타났다. 이러한 패러독스 현상은 언론보도(조선일보, 2020.06.18.)에서도 발견되는데 학생들은 수업의 질 문제와 성적의 불공정으로 인해 등록금 반환을 통해 학습권을 보장받고 싶었고, 이와는 대조적으로 대학은 재정적 한계로 인해 직접적인 등록금 반환보다는 방역, 온라인 강의 체제 구축 등의 재정집행에 집중하여 학생의 안전을 먼저 보장하고자 하였다. 이처럼 학생과 대학이라는 이해집단 간의 상호 모순되거나 배타적이고 상충된 요구들이 동시에 존재하는 패러독스가 나타났다. 따라서 지금이야말로 그동안 교육적 차원의 논의보다는 정치적 도구로 활용되어온 대학등록금 정책의 변화가 필요한 시기이다. 그러한 정책변화의 목적은 대학교육의 질 향상에 방점이 찍혀야 한다. 이와 같은 교육부의 정책 재설계를 추동하기 위해서는 대학과 학생의 소통과 협의가 선행될 필요가 있다.

둘째, 코로나19로 인한 결정적인 피해자가 누구이며 정부는 어느 집단을 먼저 지원해야 하는가에 대한 문제가 나타나면서 평등에 관한 패러독스 현상이 나타났다. 언론이 등록금 반환과 관련하여 학생들의 학업과 경제에 대한 어려움을 보도하는 것만큼이나 소상공인, 중소기업, 프리랜서, 비정규직 등도 매우 심각한 경제적 피해를 입고 있었다. 정책요구와 정책 논리가 동시에 존재하는 상황에서 정부의 지원이 다수의 경제적 피해를 입은 국민이 우선되어야 하는지, 상대적 소수이고 약자인 대학생이 우선되어야 하는지에 대한 문제가 발생하였다. 경제적 피해를 입은 국민과 학업의 어려움을 호소하는 대학생의 정책적 요구와 논리는 모두 타당하다고 볼 수 있지만 타당성이 있는 만큼이나 서로 상충된다. 정부는 제한된 예산 내에서 어느 집단을 우선 지원해야 할 것인가에 대한 모순된 의사결정의 기로에 놓여 있게 되었다. 이와 같은 문제를 해결하기 위해서 교육부는 시급히 비상시국에 걸맞는 재정지원을 할 필요가 있다. 현재 시행되고 있는 국가장학금 제도라든지 대학혁신지원사업과 같은 정부재정지원사업을 활용한 개인과 대학에 대한 지원 등을 통해 현 대학등록금 정책의 한계를 극복할 대안을 모색해야 한다.

셋째, 대학등록금 반환 논쟁에서 나타난 또 하나의 주된 패러독스 현상은 교육부의 대학등록금 반환에 대한 개입요구에 따라 등장한 대학의 자율성과 정부의 통제 사이에서 나타났다. 그동안 대학의 자율성을 강조해온 대학 스스로가 코로나19로 야기된 문제를 해결하기 위해 교육부의 적극적인 재정 지원과 개입을 요청하는 상황에 놓이게 되었다. 정부는 대학의 자율성을 보장해 주어야 하는 입장과 대학과 학생이라는 사회구성원 모두가 정부에 요구하는 정책적 개입 사이에서 결정해야만 하는 패러독스 현상이 나타나게 되었다. 따라서 이를 해결하기 위한 대학과 학생, 정부 모두를 고려한 정책설계가 필요하다. 즉 학생의 학습권 보장을 목적으로 하지만 대학의 자율성을 침해하지 않는 범위 내에서 정부의 제한된 개입을 바탕으로 한 정책이 설계되고 시행되어야 한다. 또한, 이와 같은 정책이 지속가능하도록 방안을 강구할 필요가 있다.

본 연구에서 도출된 결론을 바탕으로 정책적 시사점을 제시하면 다음과 같다. 첫째, 코로나19로 촉발된 고등교육체제의 위기 극복을 위해 대학등록금 정책의 재설계가 필요하다. 코로나19 상황에서도 학생은 제대로 배울 권리가, 대학은 잘 가르쳐야 할 의무가 있다. 그러나 10여 년간 동결되어온 대학등록금 정책으로 인해 대학의 재정은 매우 열악하다. 정책설계자이자 정책집행자인 교육부는 정책대상인 대학과 그에 속한 정책수혜자인 학생과의 소통과 협의를 통하여 현재 대학등록금을 정치 쟁점화하는 것을 막고 타당성, 신뢰성, 공정성 있게 재설계할 필요가 있다. 아울러 정책대상인 대학은 그동안의 관성으로 변화하지 못했던 전근대적인 수업방식과 경영방식을 포스트 코로나 시대를 맞이하여 혁신의 기회로 삼을 필요가 있다. 대학의 역할에는 변함이 없지만, 대학은 변화해야 한다. 이를 위해 학습권과 안전이라는 가치가 충돌하는 가운데 정책설계와 정책집행의 주체인 정부는 정책 의도를 명확히 해야 할 필요가 있다.

둘째, 정부는 정책대상자인 경제적 피해를 입은 국민과 학습권을 보장받아야 할 학생을 모두 고려하는 대응성 있고 타당한 정책을 설계하고 추진하여야 한다. 앞에서 언급한 바와 같이 대학등록금 정책은 국가장학금 정책과 비교해보면 동전의 양면과 같다고 볼 수 있다. 학생은 국민 안에 포함된 집단이며, 그러한 국민을 대상으로 한 재정지원으로는 이미 지급이 결정된 3차 재난지원금은 물론 현재 4차 재난지원금까지 논의되고 있다(조선일보, 2021.02.01.). 정부는 2020년도 후반기에 국가장학금의 일부를 통해 코로나19로 인해 가정경제에 피해를 입은 학생을 지원한 바 있다. 현재와 같은 비상시국에는 과감한 국가재정의 투입이 필요하다. 이처럼 자유와 평등의 가치 충돌 가운데 대학등록금 정책의 다변화를 통해 대학과 학생 모두를 위한 정책의 재설계가 요구되고 있다.

셋째, 정책설계자인 교육부는 정책집행 과정에서 상호 모순적이고 배타적인 요소들이 공존하는 패러독스 상황이 발생할 수 있음을 염두에 둘 필요가 있다. 현재의 코로나19 상황은 대학의 자율성을 보장하는 범위 내에서 적절한 정부의 정책적 개입을 요구하고 있다. 그런 차원에서 교육부가 이번 3차 추경(2020.07.03.)을 통해 마련한 “대학 비대면 교육 긴급 지원 사업”이라는 처방은 나름 정책적 의미가 있다고 볼 수 있다(한국대학신문, 2020.07.06). 대학 입장에서는 정부재정지원을 통해 온라인강의체계 구축과 방역을 마련할 수 있는 재정을 확보할 수 있게 되었고, 학생 입장에서는 코로나19 특별장학금 지급을 통해 학습권 보장이라는 욕구를 충족할 수 있게 된 점은 매우 긍정적인 정책 효과라고 볼 수 있다. 다만 향후 코로나19와 같은 예측불가능한 긴급상황에 적극적으로 대응하기 위해서라도 이러한 정책 결정 구조가 법·제도적으로 적극 마련될 필요가 있다.

본 장의 연구는 코로나19로 인한 등록금 반환 갈등을 중심으로 언론 보도 기사를 분석함으로써 대학등록금 정책변동 과정에서 나타난 패러독스 현상을 다양한 정책당사자인 학생과 대학, 정부의 관점에서 볼 수 있었다는 점에서 의의가 있다. 그러나 아직도 지속되고 있는 대학과 학생 간 등록금 반환 갈등과 '코로나 대학등록금 환불 법안(한국경제, 2020.09.24.)'이 통과된 이후에 정책당사자들의 이해관계에 의해 나타나는 패러독스 현상은 후속 연구를 통해 심도 깊은 논의로 이어질 필요가 있다.

한국 교육정책의 패러독스: 연구와 실제

EDUCATION POLICY PARADOX IN KOREA:
RESEARCH AND PRACTICE

PART

04

정책해결책과 패러독스

CHAPTER 12

인센티브: 교원성과급 정책의 패러독스

1. 교원성과급 정책에 대한 새로운 접근
2. 교원성과급 정책과 패러독스
3. 교원성과급 정책의 패러독스 현상
4. 교원성과급 정책의 패러독스 발생 원인
5. 정책적 시사점

제12장에서는 교원성과급 정책과정에서 발생하는 정책 패러독스 현상과 그 원인을 Stone의 정책 패러독스 관점을 중심으로 분석하고자 하였다. 분석결과, 교원성과급 정책의 패러독스 현상으로 ① 교원성과급 정책에 대한 교육부, 교원 간 해석의 충돌, ② 보수체계를 구성하는 하위 체계인 근속급과 성과급의 충돌, ③ 정책과정에서 정책 설계자, 정책 집행자, 정책 대상자와의 간극이 나타났다. 이러한 정책 패러독스 현상의 발생 원인으로는 ① 하향식 접근(Top-down Approach)의 정책추진과정, ② 보상과 처벌을 동시에 내포하는 인센티브의 속성, ③ 정책 설계자, 정책 집행자, 정책 대상자의 전략적 행위인 것으로 분석되었다. 분석결과를 바탕으로 본 장에서는 ① 정책 대상자인 교원에 대한 이해를 바탕으로 적합한 인센티브를 적용하려는 정책적 노력, ② 차등 지급이 아닌 새로운 관점의 인센티브 정책의 마련, ③ 인센티브의 보상과 처벌의 양 측면을 함께 고려하여 인센티브의 시너지 효과를 이끄는 방향으로 정책을 설계해야 한다는 정책적 시사점을 제시하였다.

주제어 교원성과급 정책, 정책 패러독스, 성과상여금, 인센티브, Deborah A. Stone.

1 교원성과급 정책에 대한 새로운 접근

정부는 행정의 능률성 제고 차원에서 행정영역 전반에 걸쳐 성과와 연계된 보상제도를 전략적으로 사용하고 있다. 이는 성과에 대한 적절한 보상을 통해 직무에 임하는 공무원의 직무 동기를 고취하기 위함이다(김태일, 김성준, 문명재, 2005). 정부는 1994년 12월, 「공무원수당규정」을 개정하면서 근무성적이 우수한 공무원에게 지급하는 특별상여수당을 신설하였고(대통령령 제14503호, 1994.12.31., 일부개정), 1998년 12월에는 특별상여수당을 성과상여금으로 확대·개편하면서 실적과 성과가 우수한 공무원에게 좀 더 많은 인센티브를 부여하는 성과급제도의 법적 근거를 마련하였다(대통령령 제16078호, 1998.12.31., 일부개정). 그리고 1997년, 외환위기를 겪으면서 공직사회의 경쟁력을 높이기 위해 연공서열 중심의 인사관리 체계를 성과 중심으로 전환해야 한다는 주장이 공직 내·외에서 제기됨에 따라 1999년에는 국장급 이상 공무원에 대해서는 성과연봉제를, 과장급 이하 공무원에 대해서는 성과상여금 제도를 시행하였다(교육과학기술부, 2009a; 김혜숙, 이강근, 2003; 전제상, 2010).

이러한 상황에서 교육부는 2001년 9월, 교원을 대상으로 성과상여금을 차등 지급하였다. 하지만 전교조에 소속된 8만여 명의 교원들이 성과상여금을 교육부에 돌려주는 '반납 투쟁'을 전개하면서 교원성과급 정책은 처음부터 순탄치 않았다(교육희망, 2016.06.13.; 조혜진, 2007). 교원성과급 정책과정에서 나타난 교육부와 교사 간의 갈등은 약 20년이 지난 현재까지도 계속해서 발생하고 있다.

교육부는 「공무원수당규정」 제7조의2 제1항, 「공무원보수 등의 업무지침」을 근거로, 다른 공무원과의 형평성 문제를 거론하며 차등 성과급 방침을 유지하고 있다(뉴시스, 2019.04.30.). 반면 교총은 교사 각자가 맡은 업무에 따라 성과평가 기준에 대한 의견이 서로 다르므로 교원 모두가 수용 가능한 기준을 세우는 것이 어렵고(중앙일보, 2017.08.21.), 불공정한 평가에 대한 체념과 교직 사회의 불화를 초래하고 있다고 주장하면서 차등 성과급제 폐지를 촉구하고 있다(뉴시스, 2019.04.30.). 전교조도 성과급 제도가 교육력을 높이기는커녕 경쟁과 등급으로 교육공동체를 파괴하며 교단을 큰 갈등과 혼란에 빠뜨렸다고 주장하면서 폐지를 촉구하고 있다(한겨레, 2017.06.13.).

교원성과급 정책의 궁극적 목적은 인센티브를 통해 교육의 질을 높이고자 하는 교사의 동기를 유발하여 학생이 양질의 교육을 경험할 수 있는 환경을 조성하기 위함이다. 그러나 교원성과급 정책과정에서 정책 의도와는 달리 수많은 교사가 교원성과급의 폐지를 주장하는 의도치 않은 현상이 나타나고 있다. 즉, 교육부는 타 공무원과의 형평성과 조직의 효율성을 중시하면서 교원성과급 정책을 고수하는 반면에 교사는 교육조직의 특수성을 중시하면서 성과급제도로 인한 교사들의 사기 저하, 협력적 분위기 저하, 성과측정에서의 객관성 확보 어려움 등의 문제를 제기하며 교원성과급 정책의 폐지를 요구하는 정책 패러독스(policy paradox)가 발생한 것이다. 정책 패러독스란 상호 모순되거나 배타적 요소들이 동시에 존재하거나 활동하는 현상으로(Cameron & Quinn, 1988:2), 정책 갈등(policy conflict), 정책 모순(policy contradiction)의 차원과 더불어 정책 딜레마(policy dilemma)의 개념을 포괄하는 복합적인 개념을 말한다(사득환, 박상진, 2013:120). 교원성과급 정책과정에서 교육부와 교사의 각 주체가 주장하는 가치들은 모두 정당성을 갖추고 있으므로 양자택일의 논리로 접근하기보다는 모순되는 요소를 함께 추구하면서 시너지 효과를 이끄는 방향으로 나아가야 한다(사득환, 박상진, 2013; Stone, 2012). 따라서 교원성과급 정책에 관해 정책 패러독스 관점으로 접근하여 분석할 필요가 있다.

교원성과급 정책은 1년 동안 교원의 교육 활동 성과를 평가해 '열심히 일하고 높은 성과를 낸 교원에게 금전적인 보상을 제공'하기 위한 목적으로 도입되었다(교육과학기술부, 2009a). 즉, 교원성과급 정책은 보상을 성과와 연결하여 교원들의 동기부여를 시도하려는 측면에서 볼 때, 인센티브 정책이라 할 수 있다(French, 1974:521). 하지만 인센티브 수혜 대상자인 교원들이 성과급을 나눠먹기식으로 균등하게 분배하여 정책에 저항하는 모습이나(조선일보, 2020.07.24.), 교사의 본업인 수업과 연구에 집중했던 교사들이 그렇지 못한 교사들에 비해 낮은 성과상여금을 받는 현상(에듀인뉴스, 2019.04.15.)은 예기치 못한 결과이자 정책 목적에 상충하는 결과로써 정책 패러독스가 발생했음을 의미한다.

한편, 기존의 교원성과급 정책에 관한 연구는 대부분 교원성과급 정책을 문제점과 해결책이라는 합리 모형의 틀 속에서 교원성과급 정책과정의 문제점을 순응 요인과 불응 요인으로 분석하거나(이쌍철, 홍창남, 2008), 실용주의적 시각을 바탕으로 교원성과급 정책의 개선에 대해 논의하고 있다(이광수, 2013). 비록 조혜진(2007)은 교원성과급 정책을 딜레마 모형 분석 틀을 활용하여 연구하였지만, 교원성과급 정책의 인센티브에 내포된 패러독스를 연구하기보다는 제도 자체가 지향하는 '교육의 수월성 vs 교육의 특수성'의 가치 대립으로 결론지었다. 그러나 전술하듯이 교원성과급 정책과정에서 여러 정책 패러독스 현상이 발생하고 있으므로, 정책 패러독스의 양상과 그 원인은 무엇인지 고찰할 필요가 있다. Stone(2012)은 그의 저서 『Policy Paradox: The Art of Political Decision Making』을 통해 교원성과급 정책처럼 인센티브로 정책 목표를 달성하고자 할 때 발생하는 정책 패러독스 현상에 대해 의미 있는 분석적 시각을 제공하고 있다. 이에 본 장에서는 Stone(2012)의 정책 패러독스의 관점을 중심으로 교원성과급 정책의 패러독스 현상과 그 원인은 무엇인지 분석적으로 파악하고자 한다.

2 교원성과급 정책과 패러독스

가. 교원성과급 정책

교원성과급 정책은 법령에 근거한다. 「공무원수당 등에 관한 규정」(이하, 공무원수당규정) 제7조의 제2항 제1호에는 교직에 경쟁 원리를 도입하여 유능하고 근무실적이 우수한 교원에게 좀 더 많은 인센티브를 부여하기 위한 목적으로(신현석, 이경호, 2008), "소속 장관[1]은 공무원 중 근무성적, 업무실적 등이 우수한

1 교원을 성과상여금 적용대상 공무원으로서 교육부장관은 대통령령인 「공무원수당 등에 관한 규정」, 인사혁신처 예

사람에게 예산의 범위에서 성과상여금을 지급한다."를 명시하고 있다. 이는 점진적으로 교원의 보수정책 기조를 근속 연수를 중시하는 연공 중심주의에서 직무의 가치(job value)와 성과(job performance)를 중시하는 성과 중심주의로 전환하기 위한 정부의 시도였다(진재구, 2003). 이러한 교원성과급 정책은 세계 각국에서 공공부문 성과제고를 위해 신자유주의와 신공공관리론(NPM)에 입각한 개혁을 강조한 국제적 맥락과 1997년에 발생한 IMF 외환위기 이후 국민의 정부가 들어서며 신자유주의 정책과 신공공관리론적 행정개혁을 추진하는 국내적 맥락 속에서 도입되었다(교육과학기술부, 2009a; 이명수, 2007; 임도빈, 2010; 지주형, 2011).[2]

교원성과급 정책은 2001년 시행 초기부터 교원들의 강력한 반발에 직면하였다(신상명, 2002:153-158). 전교조는 교원성과급 정책의 도입을 반대하며 전국 81,602명의 교사가 298억여 원의 성과상여금을 교육부에 돌려주기 위한 '반납 투쟁'을 전개하는 일이 발생하였으며, 시도교육청은 성과급 반납 접수를 거부하는 사건이 발생하면서 갈등과 혼란이 가중되었다(조혜진, 2007; 한경닷컴, 2002.02.13). 이후 교육과학기술부와 교원단체, 중앙인사위원회[3]가 수차례의 협의를 하였으나 합의 도출에 어려움을 겪었으며 결국, 도입 초기의 취지와는 달리 성과상여금을 교원 복지 차원에서 시행하는 것으로 마무리되었다(김혜숙, 이강근, 2003).

교원성과급 정책에 대한 정부와 교원의 입장은 확연히 구분된다. 중앙인사위원회와 교육인적자원부는 경쟁력 있는 교직 사회를 만들기 위해 교원성과급 정책의 필요성을 강조하였다(교육인적자원부, 2001.02.16.). 그리고 성과급 정책은 교원뿐만 아니라 국가공무원에도 적용되고 있었으므로 형평성 문제와 성과상여금 예산의 불용액 처리 등의 문제를 바탕으로 정부에서는 성과급 정책의 원칙을 유지하고자 하였다(김혜숙, 이강근, 2003). 반면, 교원성과급 정책에 저항하는 교원들은 교육 주체로서 교육정책 의사결정에 참여할 권리의 인정을 요구하면서 성과급 차등 지급이 교직의 특수성과 사회적 가치에 대한 몰인정, 객관적이고 공정한 평가체계가 미비하다는 점, 교직 사회의 갈등을 초래할 것이라는 점 등의 이유로 성과급을 차등 지급하는 것을 반대하였다(김정아, 2018; 이쌍철, 홍창남, 2008:219).

이후로도 교원성과급 정책에 대한 교원들의 반대는 계속되었다. 교육부는 교원성과급 차등 지급 폭 확대에 대한 중앙인사행정기관의 요구를 바탕으로 성과급 차등 비율을 점차 상향 조정하게 되었는데 이는 교원들의 큰 반발을 사게 되었다. 교총에서는 학교별 성과급제의 보완·개선안을 담은 제안서를 교육부에 제출하였으며, 보수 성향의 교총과 진보 성향의 전교조가 서울특별시교육청에서 기자회견을 열고 교원성과급 정책의 폐지를 함께 주장하였다(대전일보, 2011.06.20.; KBS 뉴스, 2017.06.23.). 게다가

규인 「성과상여금 업무처리기준」에 근거하여 매년 '교육공무원 성과상여금 지급지침'을 발표하고 있다.

2 일반공무원은 1999년 중앙부처 공무원들을 대상으로 성과급 정책이 처음으로 실시되었다(최유진, 2017).

3 중앙인사위원회는 1999년에 신설된 한국의 중앙인사기관으로서 2008년에 다른 기능과 통폐합되어 행정안전부(인사실)·안전행정부(인사실) 체제로 유지하다가, 2014년 11월 19일 인사혁신처를 신설하여 공무원의 인사·윤리·복무·연금 사무를 관장하고 있다(이재선, 2020; 인사혁신처, 2020).

전교조는 차등 비율이 높아지는 것에 대한 반발로써 성과급 반납 투쟁을 전개하였으며(연합뉴스, 2009. 03.20.; KBS 뉴스, 2006.07.13.). 교원성과급 정책을 무력화하기 위해 '균등분배'를 추진하였다(매일경제, 2008.10.01.; 전국교직원노동조합, 2016.09.21., 2017.07.17., 2018.07.12., 2019.07.05.). 이는 현행 교원성과급 정책이 교원의 동기유발, 학교 교육의 질 향상을 위한 성과 제고를 위한 도입 취지와는 달리 정책과정에서 인센티브 제공자인 정부와 대상자인 교원들과 갈등 및 모순이 발생하고 있음을 의미한다. 이러한 사회 현상에 관해 변기용 외(2018)는 현행 교원성과급 정책의 정책 설계와 시행방식에 있어 평가지표와 내용의 타당성 부족, 학교조직의 문화적 특성과 맥락을 고려하지 않은 획일적인 시행 등으로 인해 문제가 있음을 설명하였다. 유영설(2019) 또한, 교원성과급 정책에 관해 정부의 일방적인 시행에 대한 불만, 교원 간 갈등 및 경쟁 유발, 불필요한 스트레스 야기 등으로 인해 교사의 직무만족도와 동기유발에 오히려 부정적인 영향을 초래하고 있음을 설명하였다.

이처럼 교원성과급 정책은 도입 초기부터 현재까지 정책 설계자인 정부(교육부)와 정책 대상자인 교원들과 지속해서 갈등이 발생하고 있음을 알 수 있다. 교원성과급 정책에서 정부가 강조하는 일반 공무원과의 형평성, 신자유주의에 기반한 효율성의 가치와 교원들이 강조하는 교직의 특수성의 가치와 교원성과급 차등 지급 준거의 타당성에 대한 비판 등과 같이 정당성을 지닌 상충하는 요구와 정책 전제가 동시에 존재하고, 작용한다는 측면에서 정책 패러독스가 발생할 가능성을 내포한다.

나. 정책 패러독스

패러독스는 상호 모순되거나 배타적 요소들이 동시에 존재하거나 활동하는 현상(Cameron & Quinn, 1988:2) 혹은 타당한 가정이나 결론들 상호 간에 존재하거나 인식되는 모순으로 정의된다(Van de Ven & Poole, 1988:22). 이러한 패러독스는 대립적 요소, 좀 더 넓게 보면 갈등적 요소가 동시에 존재하는 경우를 지칭한다(정명호, 1997:63). 이를 바탕으로 정책 패러독스란 같은 수준의 정당성이나 강도를 지닌 상호 모순되거나 상충한 요구 또는 정책 전제가 동시에 존재하거나 작용하는 현상으로 정의된다(김종길, 2001; 사득환, 박보식, 2013). 일반적으로 정책은 정책의 형성, 결정, 집행, 평가의 단계를 거치며 이루어지는데 정책 패러독스는 이러한 정책과정의 모든 단계에서 발생할 가능성이 존재한다(사득환, 박보식:2013:369). 정책 문제와 관련하여 패러독스 현상이 발생하는 때는 ① 두 개의 정책요구 또는 정책 논리가 동시에 존재하며, ② 각각의 정책요구와 논리가 정당성을 갖고 형식·논리적으로 참, 거짓을 판별할 수 없는 경우, ③ 두 개의 정책요구가 상충성을 보이는 경우가 있다(사득환, 박상진, 2013:7; 소영진, 1994). 또한, 정책집행 단계에서는 상반되고 충돌하는 정책목표가 공존할 때 그리고 정책 설계자와 정책 집행자 간의 정책에 대한 해석의 차이가 존재하거나 전달체계가 제대로 작동하지 않는 경우 패러독스가 나타나게 된다(이예슬, 2020:72-73). 예컨대, 교원 보수의 정책과정에서 근속 연수에 따라 보수수준을 결정하는 근속급의 보수 유형과 직무수행의 실적 또는 성과에 따라 보수수준을 결정하는 실적급의 보수 유형과 같이 각각 정당성을 갖고 동시에 존재하며 상충하는 요구가 나타날 때 정책 패러독스가 나타날 수 있다. 정책 패러독스는 인지적, 정신적 산물로써(Cameron & Quinn, 1988:4), 현실적으로 정책과정에서 정당성을 지니고 상충성, 모순성을 지닌 다수의 요구가 불가피하게 나타날 수 있다. "현실 정책은 패러독스로 가득하다."라는 Stone(2012)의 주장은 이러한 맥락과 부합한다.

Stone(2012)은 『Policy Paradox: The Art of Political Decision Making』에서 형평성(equity), 효율성(efficiency), 복지(welfare), 안전(security), 자유(liberty)의 정책 목표와 상징(symbols), 숫자(numbers), 원인(causes), 이해관계(interests), 의사결정(decisions)의 정책 문제와 인센티브(incentives), 규칙(rules), 사실(facts), 권리(rights), 권력(powers) 등 정책 문제 해결책의 측면에서 정책패러독스를 분석하였다. 이를 통해 정책목표는 재구성되는 것이고, 정책 문제는 정책과정에서 해석되는 것이며, 해결책은 정책 문제에서 하나의 의식적인 행위에 지나지 않는다고 설명한다(염재호, 2006). 즉, 정책 이해관계자들의 이익과 가치를 반영하기 위한 정책과정에서 정책패러독스 현상이 나타날 수 있음을 의미한다.

Stone(2012)은 정책패러독스의 양상을 다음과 같이 설명한다(윤견수, 2014). 첫째, 한 가지 개념과 그것의 반대 개념이 공존하는 방식이다. 예컨대, 최대한의 자유를 보장받기 위해서는 안전과 질서가 필요하며, 안전과 질서를 위해서는 법률과 규칙이 필요하므로 결과적으로 자유를 얻기 위해 개인의 자유를 제한할 필요가 있다(Stone, 2012). 둘째, 하나의 개념에 관한 해석이 다른 개념에 관한 해석과 충돌하는 경우이다. 예컨대, 1990년 강원도의 동강댐 건설과 관련해 홍수 피해 예방, 물 부족 문제 해결, 신규 고용 창출의 이익과 가치를 강조하는 정부 입장과 자연 생태계 보전, 하천의 정화작용 등을 강조하는 환경 시민단체 간의 갈등 사례가 있었다(김종길, 2001). 셋째, 한 개념을 구성하고 있는 하위 요소들이 충돌하는 경우이다. 예컨대 좋은 규칙은 정확하면서도 변화하는 상황에 대응하여 유연하게 적용할 수 있어야 한다. 그런데 정확성과 유연성의 하위 요소는 서로 상충하는 측면이 있음에도 불구하고 현실적으로는 동시에 요구되고 있다(Stone, 2012). 넷째, 한 개념이 적용되는 맥락들이 서로 충돌하는 경우이다. 이 경우는 앞의 세 가지 유형을 모두 포함하는 상위 조건이라고 볼 수 있다. 예를 들면, 개인의 자유와 평등이 공존할 때, 자유를 허용하는 맥락과 평등을 허용하는 맥락이 공존한다는 것이다(윤견수, 2014).

본 연구에서 분석하는 교원성과급 정책은 Stone(2012)이 설명한 인센티브(incentives) 해결책을 통해 정책목표를 달성하려는 것이라고 볼 수 있다. 공리주의(utilitarian)의 시각에서 공공정책의 인센티브는 보상이나 처벌을 통해 인센티브 수혜자의 행동을 바꾸려고 노력하는 전반적인 정책 전략의 성격을 지닌다. 하지만, 현실적으로 인센티브 정책을 설계하는 정책 설계자와 인센티브 정책을 수용해야 하는 정책 대상자는 각각의 집단적 독립체이며 인센티브 정책의 메커니즘이 매우 복잡하므로 인센티브 정책을 설계할 때에는 이러한 복잡한 측면을 고려한 정책과정이 이루어져야 한다.

Stone(2012)은 인센티브를 해결책으로 사용한 정책과정이 정치 공동체[4]를 대상으로 이루어지므로

4 Stone(2012)은 합리성에 근거한 시장(market)의 개념과 대비하여 정치적 특성이 가미된 폴리스(polis)의 개념을 사용하면서 같은 정치 규칙과 통치 구조 아래 사는 사람들의 집단을 정치 공동체라고 설명하고 있다.

정책패러독스가 다음과 같이 나타날 수 있다고 설명한다. 첫째, 인센티브는 보상과 처벌의 의미를 동시에 지닐 수 있으므로 인센티브를 통해 구성원의 변화를 유도하고자 했던 행동에 의도하지 않은 영향을 미친다. 예컨대, Dupont의 기업은 근로자들의 안전을 증진하고자 일정 기간 동안 부상 사고가 발생하지 않은 팀에 인센티브를 주었는데, 이는 팀원 개개인이 부상 사고를 상부에 보고하지 않도록 동료를 압박하는 분위기를 조성한 것처럼 인센티브 정책이 오히려 구성원의 건강 상태를 악화하는 의도하지 않은 결과를 초래하였다. 둘째, 인센티브 정책을 설계하는 정책 설계자와 정책을 집행하는 정책 집행자와 간극이 발생할 수 있으며, 이는 결국, 인센티브 정책 설계자와 정책 대상자의 간극의 확대로 이어지면서 정책 의도와 집행 결과가 차이가 나타나는 패러독스 현상이 발생한다. 이러한 원인에 대해 Stone(2012)은 정책 집행자, 정책 대상자의 적응적이고 전략적인 특성에 주목한다. 정치 공동체에서 구성원들은 보상은 취하고 처벌은 버리는 전략을 취한다는 것이다. 예컨대, 1999년에 수립된 '공무원 보수 현실화 5개년 계획(2000~2004)'의 기본급 비중 제고, 봉급조정수당의 신설 등에 대해서는 저항이 없었으나, 공무원 성과급제도나 대학교수 성과연봉제, 교원성과급제도 등의 도입에 대해서는 상당한 저항이 나타난다는 것은 이러한 맥락과 부합한다(진재구, 2003:98). 한편, 이예슬(2020:79-80)은 대학 입시를 소홀히 할 수 없는 일반 고등학교의 현실에서 수직적 시스템을 통한 진로 교육과정으로 인해 국가, 교육청과 학교 간 입장 충돌로 이어지는 이인수(2017:70-71)의 연구결과를 통해 하향식(top-down) 정책추진과정이 정책 패러독스 현상의 발생 원인으로 작용할 수 있음을 설명하고 있다. 이러한 관점에서 볼 때 인센티브를 해결책으로 사용한 정책과정에서도 정책 대상자의 입장을 고려하지 못한 하향식 접근의 정책과정은 정책 패러독스가 발생할 수 있음을 추론할 수 있다.

다. 분석 틀

본 장에서는 Deborah A. Stone의 정책 패러독스 관점을 중심으로 교원성과급 정책의 패러독스 현상과 그 원인이 무엇인지 분석하고자 하였다. 이를 위해 먼저 교원성과급 정책과정에서 교원과 교육부 간 정책 패러독스 현상이 어떻게 나타나는지 문헌연구를 통해 고찰하였다. 정책 패러독스 현상에 대해 Stone(2012)은 첫째, 한 개념을 둘러싸고 있는 맥락들의 충돌이 정책 패러독스의 양상이 될 수 있다고 주장한다. 교원성과급 정책과정에서도 정책 설계자인 교육부와 정책 대상자인 교원의 행위자들이 정책에 대한 관점과 해석이 상충함에 따라 정책패러독스가 나타나게 된다. 이는 성과급을 제공하는 교육부의 맥락과, 이를 수용하는 교원의 맥락 간에 인센티브의 효과에 관한 해석이 충돌하는 것으로 표현할 수 있다. 둘째, Stone(2012)은 한 개념을 구성하는 하위 요소 간의 충돌로 인해 정책패러독스가 나타날 수 있다고 주장한다. 교원의 보수가 단일 호봉제의 근속급과 더불어 생활급의 성격을 지니는 상황에서(서정화 외, 2004; 서정화, 김명수, 전제상, 2005; 신현석, 이경호, 2008), 교원성과급 정책으로 인한 성과급이 차지하는 비중이 커지게 될 경우, 교원의 보수의 성격이 변화할 수 있다. 이처럼 교원의 보수체계를 구성하고 있는 하위 체계인 근속급과 성과급의 충돌로 인해 교원 간 협력이 아닌 경쟁과

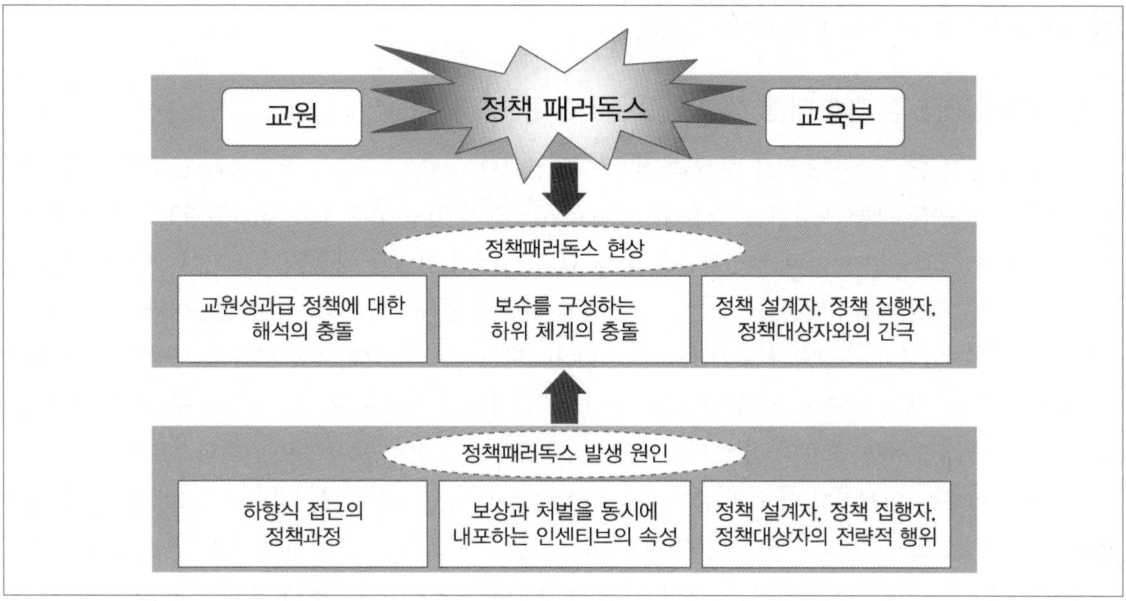

[그림 12.1] **분석 틀**

갈등이 심화하는 정책 패러독스가 나타날 수 있다. 셋째, Stone(2012)은 인센티브 정책에 있어 정책 설계자, 정책 집행자, 정책 대상자의 간극의 확대로 인해 정책 의도와 집행 결과가 차이가 나타나는 정책 패러독스가 나타날 수 있다고 주장한다. 교원성과급 정책에서도 정책 설계자인 교육부와 정책 집행자인 단위학교의 학교장, 정책 대상자인 학교 교사들은 각각 자신의 위치에 따라 처한 상황이 달라지는데 각각의 행위자들은 자신이 처한 상황에 맞게 다양한 전략을 구사하게 된다(윤견수, 2014; Stone, 2012). 이로 인해 교원성과급 정책과정에서 정책 설계자인 교육부가 의도치 않은 결과를 초래하면서 정책 패러독스가 나타날 수 있다.

이러한 정책 패러독스가 하향식 접근과정, 보상과 처벌을 동시에 내포하는 인센티브의 속성, 정책 설계자와 정책 집행자, 정책 대상자의 전략적 행위로 인해 발생할 수 있다는 Stone(2012), 윤견수(2014), 이예슬(2020)의 주장을 바탕으로 교원성과급 정책과정에서 정책 패러독스 현상이 나타나는 원인을 구체적으로 살펴보고자 한다. 이를 위해 교원성과급 정책과 관련한 교육부 문서, 법령, 신문기사, 학술자료 등 다양한 문헌을 사용하여 분석결과를 정리하였다. 본 장에서 제시한 목적을 달성하기 위한 분석 틀은 [그림 12.1]과 같다.

3 교원성과급 정책의 패러독스 현상

가. 교원성과급 정책에 대한 해석의 충돌

성과급은 생산성을 높이는 것을 주된 목적으로 개인이나 집단이 수행한 작업성과나 능률 등에 대한 평가를 통해 보수를 차등 지급하는 변동급(variable pay)의 형태로 고정급(fixed pay)과는 구분된다(강성철 외, 2019:490). 교육부는 이러한 성과급을 통해 교직 사회의 협력과 경쟁을 유도하여 교육의 질을 개선함과 동시에 교원의 사기진작을 도모하고, 선의의 경쟁을 통해 교원들의 수업 전문성과 생활지도 역량을 강화할 수 있다고 주장한다(교육과학기술부, 2012). 이는 우수성과에 대한 인정과 보상을 통해 조직 구성원의 노력과 생산성 제고를 촉진하려는 사고와 일치하는 것으로서(Kellough & Nigro, 2002:146), 교육부는 성과급을 통해 교육의 질을 향상하고, 직무성과를 금전적 보상으로 연결함으로써 교원의 동기부여를 강화하는 인센티브 제도의 순기능을 강조한 것이다. 이와 더불어 「공무원수당규정」에 성과상여금 지급액을 교사는 26호봉, 교감은 30호봉, 교장은 35호봉으로 규정한 것을 근거로 교육부는 「교육공무원 성과상여금 지급지침」을 통해 교원 성과상여금 지급기준액을 봉급과 연동하여 [표 12.1]처럼 전반적으로 인상하면서 인센티브의 기능을 강화하고자 하였다.[5]

[표 12.1] 초·중등 교원 성과상여금 지급기준액[6]

년도	교사	전년 대비 인상률	교감	전년 대비 인상률	교장	전년 대비 인상률
2013	2,920,700	4.1	3,308,800	4.1	3,805,800	4.1
2014	3,016,800	3.3	3,416,800	3.3	3,931,000	3.3
2015	3,077,100	2.0	3,485,100	2.0	4,009,600	2.0
2016	3,215,600	4.5	3,641,900	4.5	4,190,000	4.5
2017	3,324,900	3.4	3,765,70	3.4	4,332,500	3.4
2018	3,446,900	3.7	3,903,90	3.7	4,491,500	3.7
2019	3,548,800	3.0	4,019,30	3.0	4,624,300	3.0
2020	3,621,200	2.0	4,101,30	2.0	4,718,600	2.0

출처: 「공무원보수규정」, 「공무원수당규정」, 「교육공무원 성과상여금 지급지침」.

5 교원 성과상여금은 지급기준액표에 따른 지급기준액을 그대로 적용하고 있다. 한편, 「공무원수당규정」에는 소속 장관이 필요하다고 인정하는 경우 별표 2의 3의 성과상여금 지급기준액표에 따른 지급기준액을 조정하여 달리 지급할 수 있도록 명시하고 있다.

6 1인당 지급기준액은 균등지급액과 차등지급액을 합한 금액으로써 차등지급률에 따라 균등지급액과 차등지급액은 차이가 발생한다.

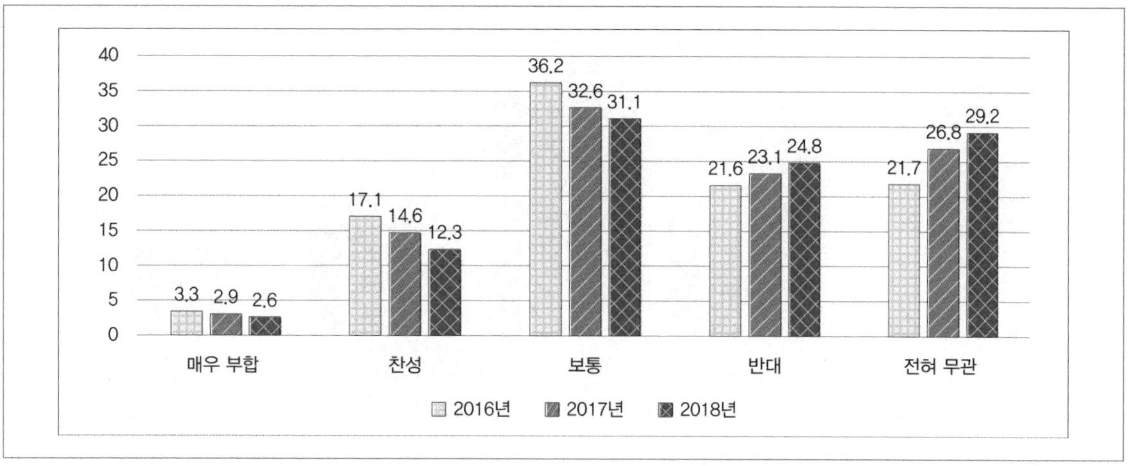

[그림 12.2] **현행 성과급제도가 제도의 취지에 부합한지에 관한 교육공무원들의 인식** (단위: %)
출처: 여영국(2019.07.01.)

Dunn(2008)은 정책분석의 기준으로 효과성(effectivity), 능률성(efficiency), 형평성(equity)과 더불어 대응성(responsiveness), 타당성(appropriateness), 적합성(adequacy)을 제시하고 있는데, 교육부는 교육목표를 달성하는데 교원성과급 정책을 유용한 정책수단으로 간주한다는 점에서 볼 때 효과성의 가치를, 정책 목표를 달성하는데 필요한 투입(input)과 산출(output)을 고려하였다는 점에서 볼 때 능률성의 가치를, 동일하지 않는 상황에 있는 자에 대해서는 동일하지 않는 처우(the unequal treatment ofpeople in unequal circumstances)를 한다는 점에서 볼 때 수직적 형평성의 가치를 강조한다고 볼 수 있다.

반면, 교사는 교원성과급 정책의 수혜집단임에도 불구하고 현행 교원성과급 정책에 관해 크게 반발하고 있다. 「2016-2018 교육공무원 성과급제도 관련 설문 조사 결과」[7]에 따르면 [그림 12.2]처럼 현행 교원성과급 정책이 열심히 일하고 성과가 뛰어난 사람에 대해 인사와 급여에 부합하지 않고 있다는 부정적인 답변('반대', '전혀 무관')이 긍정적인 답변('매우 부합', '찬성')보다 매년 22.5~39.1% 정도로 크게 높은 것으로 나타났다(여영국, 2019.07.01.).

성과급 정책의 효과를 높이기 위해서는 공정성의 확보는 매우 필요한 요소이다. 그런데 [그림 12.3]처럼 성과급 지급대상자를 결정하는 것에 관해 부정적인 답변('매우 불공정', '불공정')은 긍정적인 답변('매우 공정', '공정')보다 매년 증가하는 경향으로 나타났다(여영국, 2019.07.01.). Lawler(1994)는 성과를 높이기 위한 경쟁의 유도는 보상을 받지 못하는 교원의 사기가 떨어지며 개인의 이익을 위해 다른 교원을 희생하도록 하는 기회주의적 행위를 조장하는 결과를 초래할 수 있다고 설명한다. 양대 교원단체·노

7 교육부에서 교사, 교감, 교장, 교육전문직을 대상으로 교육공무원 성과급제 관련 설문 조사 결과로서 2016년 218,375명, 2017년 230,205명, 2018년 230,030명으로, 2018년 유·초·중·고 교원과 교육전문직원이 약 50만 명임을 고려할 때 약 46% 정도의 응답률을 기록했다(여영국, 2019.07.01.: 1-2).

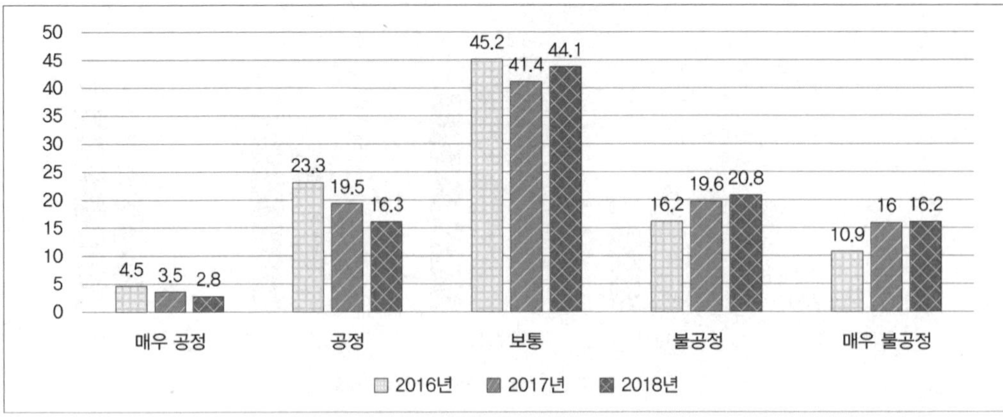

[그림 12.3] **개인성과급 지급대상자를 결정하는데 사용된 기준의 공정성에 관한 교육공무원들의 인식** (단위: %)
출처: 여영국(2019.07.01.).

조인 한국교원단체총연합회(교총)와 전국교직원노동조합(전교조)의 성과급 정책에 대한 반발(뉴시스, 2019.04.30.), 전교조의 성과급 반납 투쟁(에듀프레스, 2019.04.27.), 청와대 국민청원에 13만 명 이상이 교원성과급 폐지를 동의한 사건들은 현행 교원성과급 정책에 관한 교사들의 반대 의견을 표출한 대표적인 사례로써 교원성과급 정책의 의도치 않은 결과라고 할 수 있다.

현행 교원성과급 정책이 정책수혜집단인 교사의 교원성과급 정책 폐지의 요구와 인센티브 정책에 관한 선호, 교직의 특수성의 가치 등을 반영하지 못한다는 점에서 대응성의 가치가 충분히 구현되지 못하고 있음을 알 수 있다. 그리고 교육부가 교원성과급 정책을 통해 교육의 질 개선, 교원의 사기진작 및 역량 강화 등을 달성하고자 했는데도 불구하고, 정책 대상자인 상당수 교원이 성과급 확대 방향에 대한 부정적으로 인식한다는 점('수긍 불가' 및 '절대 수긍 불가'; 2016년 78.4%, 2017년 78.9%)에서 볼 때 적합성의 가치가 충분히 구현되었다고 설명하기 어렵다. 또한, 매년 교원의 성과를 평가하여 성과급을 차등 지급하고 있는 현행 교원성과급 정책이 지닌 가치와 비전이 교육의 장기적인 성과를 높이는 데 바람직한 규범성을 지니고 있는지에 대해 설득력이 부족하다는 측면에서 타당성의 가치 또한, 충족하지 못한 부분이 있다.

한편, 교원들이 열심히 일하고 성과가 뛰어난 사람이 인사와 급여에서 우대받아야 한다는 의견에 관해 긍정적인 답변('매우 찬성', '찬성'; 2016년 57.7%, 2017년 57.5%, 53.3%)이 부정적인 답변('반대', '매우 반대'; 2016년 20.7%, 2017년 22.1%, 2018년 23.9%)보다 높은 것과 같이 인센티브 정책에 대해 상당수 교원이 긍정적으로 인식하고 있음에도 불구하고 현행 성과급 정책에 대한 부정적인 인식뿐만 아니라 차등 비율을 낮춰야 한다는 의견이 다수를 차지한다는 점에서 볼 때(여영국, 2019.07.01.), 현행 교원성과급 정책 문제에 대해 교육부와 교원들의 해석이 다른 정책 패러독스가 나타나고 있음을 알 수 있다.

나. 보수를 구성하는 하위 체계의 충돌

현행 교원의 보수는 근속 연수와 경력 연수를 기준으로 하는 근속급 위주의 보수체계로 되어 있다(서정화, 김명수, 전제상, 2005). 구체적으로 초·중등 교원의 보수체계를 살펴보면 [표 12.2]처럼 봉급, 수당, 실비변상 등으로 구성되어 있다. 이 중에 정근수당·초과근무수당·명절휴가비·육아휴직수당은 봉급액 또는 근속 연수를 기준으로 산출하며 가족수당·자녀 학비 보조수당·특수지 근무수당·특수 업무수당·정액 급식비·직급보조비 등은 해당자를 대상으로 정액 지급하는 것처럼, 교원의 보수는 직무의 전문성이나 난이도, 성과에 따른 보수의 차등 지급보다는 근속급과 생활급의 성격을 지닌다고 볼 수 있다(서정화 외, 2004; 서정화, 김명수, 전제상, 2005; 신현석, 이경호, 2008).

성과상여금은 교원의 총 보수액에서 차지하는 비중은 상대적으로 크지 않지만, 성과에 따라 차등 지급하는 성과급[8]의 특징을 가지므로 전술한 봉급, 수당, 실비변상 등의 연공급, 생활급의 성격과는 차이가 있다. 그리고 교원뿐만 아니라 「공무원수당규정」을 근거로 국가공무원을 대상으로 추진되는 성과상여금 제도와 「공무원 보수규정」을 근거로 5급 이상의 공무원에게 적용되는 성과연봉제처럼 정부에서 실시하는 성과급을 강조하는 보수체계는 기존의 근속급 중심의 보수체계와의 충돌이 불가피하게 나타나게 된다.

기존의 경력 중시의 승진 평정제도, 평등지향의 교직 문화들과 상호 의존하며 운영하던 단일 호봉제(single salary schedule)의 근속급 중심의 보수정책과 실적에 따라 차등 지급하는 성과급제의 정책 논리와는 서로 상충한다. 오랜 시간 단일 호봉제에 익숙한 고경력 교사일수록 성과급 평가는 상당한 심리적 부담을 갖게 되는데(하봉운, 2005:248), 이에 따라 교원성과급을 통한 보수의 차등 지급 방식에 대한 반발을 초래하는 원인으로 작용할 수 있다.

한편, 4년제 교육대학·사범대학을 졸업한 2급 정교사의 초임호봉인 9호봉과 초·중·고등학교 교원의 최고호봉인 40호봉의 봉급 대비 성과상여금이 차지하는 비율은 [표 12.3]과 같다.

[표 12.2] **초·중등 교원의 보수체계**

구분	항목
봉급	기본급
수당	상여수당(정근수당, 성과상여금), 가계보전수당(가족수당, 자녀학비보조수당, 육아휴직수당) 특수지근무수당, 특수근무수당(특수업무수당), 초과근무수당(시간외근무수당, 관리업무수당)
실비변상 등	정액급식비, 명절휴가비, 직급보조비

출처: 인사혁신처(2020)를 연구자가 재구성함.

8 성과급은 학자에 따라 실적급(강성철 외, 2019; 이지영, 2008) 또는, 업적급(김재기 외, 2013)이라고 불리며, 본 연구에서는 성과급(오석홍, 2009)의 용어로 통일하였다.

[표 12.3]을 살펴보면 저 경력 교사가 고경력 교사보다 봉급 대비 성과상여금이 차지하는 비율이 높은 것을 알 수 있다. 인센티브 제도가 기본적으로 보상에 의한 동기부여에 기준을 두고 있다는 전제로 볼 때(황성원, 심석보, 2004:4), 고경력 교사보다는 상대적으로 저 경력 교사에게 성과급제도가 유인책이 될 가능성이 있다. 성과급에서 차등 지급하는 준거인 성과에 관해 명확한 합의가 없는 상황에서 이쌍철, 홍창남(2008)의 연구에 의하면 저 경력 교사는 '성과'의 의미를 기피 학년, 기피 업무 등 업무량의 의미로 인식하는 반면, 고경력 교사는 교수-학습 능력, 학생생활지도 능력으로 인식하는 것으로 인해 갈등이 발생할 가능성이 있다고 설명한다. 교육부(2020)에서는 교원성과급 정책의 추진 목적을 "교원 본연의 직무에 충실하면서도, 힘들고 기피되는 업무를 담당하는 교원을 성과급에서 우대하여 교직 사회의 사기진작을 도모"하기 위함이라고 설명한다. 이처럼 교육부에서 제시하는 교원성과급 정책의 추진 목적은 저 경력 교사들이 인식한 성과의 의미와 유사하며 고경력 교사가 인식하는 교수-학습 능력, 학생 생활 지도능력의 의미와는 차이가 있다. 담당 직무의 곤란성과 책임성의 정도에 기인하는 것이 직무급이며(김재기 외, 2013), 담당 직무에서 낸 성과에 기인한 것이 성과급이라는 관점(박천오 외, 2014:374-

[표 12.3] 연도별 교사의 봉급[9] 및 성과상여금

연도	성과상여금 (최저~최고) (단위: 원)	봉급(9호봉) (단위: 원)	봉급 대비 성과상여금 비율 (단위: %)	봉급(40호봉) (단위: 원)	봉급 대비 성과상여금 비율 (단위: %)	성과급 차등지급률 산출 기준
2016	2,743,860 ~4,426,590	1,834,900	149.5~ 241.2	4,841,300	56.7~ 91.4	개인 성과급: 70%
2017	2,837,130 ~4,577,050	1,902,200	149.1~ 240.6	5,019,000	56.5~ 91.2	개인 성과급: 70%
2018	3,184,190 ~4,472,590	1,958,400	162.6~ 228.4	5,167,400	61.6~ 86.6	개인 성과급: 50%
2019	3,278,330 ~4,604,820	1,998,400	164.0~ 230.4	5,272,800	62.2~ 87.3	개인 성과급: 50%
2020	3,345,210 ~4,698,770	2,061,700	162.3~ 227.9	5,439,800	61.5~ 86.4	개인 성과급: 50%

출처: 「공무원보수규정」, 교육부(2016-2020).

9 봉급은 초임호봉인 9호봉과 최고호봉인 40호봉을 기준으로 제시하였다. 개인 성과급의 차등지급률은 상당수의 학교가 교육부에서 제시한 해당연도 「교육공무원 성과상여금 지급지침」 차등지급률의 범위 중 최소기준으로 선택하는 현실을 반영하여(교육과학기술부, 2010), 해당연도의 차등지급률의 최소기준에서 해당하는 최상위등급과 최하위등급의 성과상여금으로 제시하였다.

376)에서 교육부에서 설명한 성과에 개념은 성과급, 직무급 간 하위 보수체계에 관한 해석의 충돌로 나타나게 된다. 결국, 근속급, 생활급, 성과급, 직무급 등의 보수체계를 적절히 구성하여 교원의 사기와 교육의 질, 성과 등을 향상하고자 하였으나 보수체계를 구성하는 하위 요소들의 충돌로 인해 교원 간 경쟁 및 갈등이 심화하는 정책 패러독스가 나타나게 되었다.

다. 정책 설계자, 정책 집행자, 정책 대상자와의 간극

「공무원수당 등에 관한 규정」과 「공무원보수 등의 업무지침」의 지급 근거를 바탕으로 교육부가 매년 설계·발표하는 「교육공무원 성과상여금 지급지침」에 따르면 [그림 12.4]처럼 2002년 10%로 시작한 개인 성과급의 차등 지급률은 해마다 증가하여 2016년에는 차등 지급률의 하한선을 70%까지 높아지고 있었다. 그러나 교원단체의 차등 성과급제의 폐지와 차등 지급률의 축소를 위한 강력한 정책요구로 인해 2018년부터는 50%로 낮아지게 되었고, 이후에도 교원단체는 교육부와의 교섭, 인사혁신처, 대국회활동 등을 통해 차등적으로 지급하는 교원성과급 정책의 폐지와 차등 지급률을 대폭 축소하는 것을 요구하는 상황이다(한국교원단체총연합회, 2019.03.29.).

「공무원수당규정」에 근거하여 교원뿐만 아니라 6급 이하 일반직공무원, 경감 이하 경찰공무원, 소방경 이하 소방공무원, 소장 이하(병은 제외)의 군인 등은 성과상여금을 차등 지급하고 있다. 「2020년도 교육공무원 성과상여금 지급지침」에 따르면 교원성과급의 기본모델은 [표 12.4]와 같이 S, A, B 등의 3개 등급으로 구분하며 S등급, A등급, B등급의 인원 비율은 30%, 40%, 30%처럼 고정된 비율로 제시하였다. 차등 지급률은 50%~100% 중 단위기관의 장이 자율적으로 결정하도록 하였는데, 예컨대 단위기관의 장(학교장)이 50%로 결정한 경우 총지급액의 지급률은 S등급 120%, A등급 100%, B등급 85%가 된다.

「공무원보수 등의 업무지침」에는 교육공무원을 포함한 「공무원수당 등에 관한 규정」 별표 2의 2의 적용대상에 대해 성과상여금의 지급 등급과 등급별 지급률의 기본모델을 [표 12.5]처럼 제시하고 있다

[표 12.4] 2020년도 교원의 성과상여금 기본모델

균등 지급액	차등지급액(조정지급액 기준)					총지급액		
	차등지급률	지급등급 (인원비율)	S등급 (30%)	A등급 (40%)	B등급 (30%)	S등급 (30%)	A등급 (40%)	B등급 (30%)
지급액의 50%~0% (a)	50~100% 중 단위기관의 장(학교장)이 자율 선택	지급률	70% (b)	50% (c)	35% (d)	a+b	a+c	a+d

출처: 교육부(2020).

(인사혁신처 예규 제103호, 2020.09.28., 일부개정:488). 이는 [표 12.4]의 교원 성과상여금 기본모델과는 차이가 있다. 즉, 공무원 성과상여금의 지급 등급은 4개 등급(S, A, B, C)으로 구분되며, C등급일 경우 성과상여금을 받지 못한다는 것이다. 「공무원보수 등의 업무지침」에 따르면 기관특성 등을 고려하여 필요한 경우 예산의 범위에서 정해진 기준에 따라 소속 직원의 의견 수렴 절차를 거쳐 지급 등급과 지급률을 달리 정할 수 있도록 하였으며, 지침에 제시된 기준에 해당하지 않는 경우 인사혁신처장과 협의하도록 규정하고 있다(인사혁신처 예규 제103호, 2020.09.28.). 이처럼 「공무원수당규정」, 「공무원보수 등의 업무지침」의 제약을 받는 상황에서 교육부는 정책 설계자로서 인센티브를 통해 교육의 질을 높이고, 교원의 사기를 높이기 위한 목적과 더불어 다른 공무원과의 형평성 문제를 거론하며 차등 성과급 방침을 고수한다고 이해할 수 있다.

한편, 교원성과급 정책이 도입된 이후 2008년 이전까지는 교육부에서 고정된 차등 지급률을 제시하였으나, 2009년부터는 [표 12.6]처럼 단위기관의 장이 주어진 범위 내에서 차등 지급률을 결정하도록 하고 있다.

[표 12.5] 공무원 성과상여금의 지급 등급과 등급별 지급률의 기본모델

지급 등급 (인원 비율)	S등급 (20%)	A등급 (40%)	B등급 (30%)	C등급 (10%)
지급률	172.5%	125%	85%	0%

출처: 「공무원보수 등의 업무지침」(인사혁신처예규 제103호, 2020.09.28.).

[표 12.6] 단위기관의 장이 결정하는 차등지급률의 범위[10]

년도	단위기관의 장이 결정하는 차등지급률의 범위
2009	최저기준 30% 이상: (30%, 40%, 50%)에서 자율적으로 책정
2010~2011	• 최저기준 50% 이상: (50, 60, 70%) 중에서 단위기관의 장이 자율 선택 −단위기관의 장이 자율로 차등지급률 추가 확대(80%~100%)도 가능
2012~2015	최저기준 50~100% 중에서 단위기관(학교)의 장이 자율 선택
2016~2017	70%~100% 중에서 단위기관의 장이 자율 선택하되, 가능한 차등지급률을 확대하는 것을 권장함.
2018~2020	성과상여금 차등지급률 완화: 50%~100% 중에서 단위기관의 장이 자율 선택

출처: 교육과학기술부(2009b, 2010~2013), 교육부(2014~2020).

10 교육전문직 및 공립 유치원(병설 포함), 공사립 특수학교 교원은 성과상여금 지급기준에서 차등 지급률, 학교성과급 해당 여부 등에 일부 차이가 있으므로 이를 제외한 교원을 중심으로 제시하였다. 한편, 2011년부터 2015년까지는 교육공무원 중 초·중·고 '교원'은 성과상여금을 '개인 성과급'과 '학교성과급'으로 이원화하여 지급하였는데, 이 중 '개인 성과상여금'에 관해 단위기관의 장이 차등 지급률을 자율 선택하여 지급·시행하도록 하였다.

교육부는 단위기관에서 차등 지급률을 결정하도록 한 까닭에 대해 '단위기관에 따라 교원 간 성과 차이를 보상할 수 있는 차액의 크기가 다르고, 이러한 실정과 여건은 단위기관에서 가장 잘 파악하고 있으므로 정책 집행자인 단위기관의 장이 이러한 실정을 반영하여 성과급 제도를 합리적으로 운영하도록 하기 위함이다.'라고 설명한다(교육과학기술부, 2009b, 2010). 그러나 2009년 교육공무원 성과상여금 지급결과를 살펴보면 99.7%의 학교가 「2009년 교육공무원 성과상여금 지급지침」에서 제시한 최저 수준인 30%를 이행하고 있었던 까닭에, 2009년 10월 국정감사에서 지적사항이 되었다(교육과학기술부, 2010). 이후 2010년 2월 2일, 교직단체, 교장단체, 학부모단체, 학계 전문가로 구성된 '교육공무원 성과상여금 제도개선위원회'의 의견 수렴과정과 「2010 교육공무원 성과상여금 제도개선 방안(장관결재, 2010.02.)」을 바탕으로 「2010년 교육공무원 성과상여금 지급지침」에서는 이전 년보다 증가한 50%~100%로 차등 지급률을 인상하게 되었다(교육과학기술부, 2010; 대한민국 정책브리핑, 2010.02.09.). 이처럼 정책 설계자인 교육부와 정책 집행자인 학교장의 처한 상황과 입장은 의도치 않은 정책 패러독스를 초래하였다.

「2020년도 교육공무원 성과상여금 지급지침」에 따르면 단위학교는 성과상여금 심사위원회를 운영하여 평가내용 및 세부 기준을 결정하고 평가를 하여 성과급 등급(S, A, B)을 결정하도록 명시하고 있다(교육부, 2020). 성과급은 생산성을 높이기 위한 보수체계로서 교육성과는 무엇인지, 교육성과의 달성 정도를 정확하게 측정하는 것은 매우 중요한 요소이다(Holt, 2001; Podgursky & Springer, 2007:926-927). 그런데 성과급을 공정하게 차등적으로 지급하기 위해서는 교육 성과에 대한 합의된 정의를 도출하고, 이를 근거로 평가내용 및 세부 기준을 결정하고, 교육 성과를 측정해야 하나 이는 매우 어려운 일이다. 그리고 평가내용 및 세부 기준을 결정하였다 할지라도 교원성과급 정책과정에서 정책 대상자인 교원들이 성과급 평가지표에 한정된 교육 활동과 기회주의 행동 등을 통해 교육의 질이 떨어질 수 있는 부작용이 발생할 문제가 있다(Adnett, 2003; Holmstron & Milgrom, 1991; Murnane & Cohen, 1986; Mohrman, Mohrman, & Odden, 1996; Podgursky & Springer, 2007).

이처럼 교육성과에 대한 합의된 정의 도출과 더불어 측정의 어려움 등으로 인해 단위학교의 실정에 맞는 타당하고 공정한 성과급 성과평가의 평가내용 및 세부 기준을 결정하는 데 논란이 있다(변기용 외, 2018). 이러한 상황은 결국, 평가내용의 측면에서 교사가 수업의 질을 향상하려는 과정적 노력이나 성과보다는 수업 시수, 학년 지도 등 직무의 양과 곤란도를 중심으로 이루어지게 되고, 평가방법의 측면에서도 주로 행정적 업무부담 정도를 객관적으로 평가함으로써 성과측정에 관한 문제를 피해가려는 행태로 나타나게 된다(곽경련, 이쌍철, 2014). 또한, 교육부(2020)에서 성과상여금을 근무·업무실적 등 성과와 관계없이 분배하는 행위나, 성과상여금을 정상적으로 수령 후 협의·모의하여 재분배하거나 재분배 받는 행위를 금지하고 있음에도 불구하고 교원성과급의 '균등분배' 및 '순환등급제'를 추진한 사건(매일경제, 2008.10.01.; 연합뉴스, 2019.07.08.)처럼 정책 대상자의 수준에서 나타나는 정책과정은 정책 설계자가 의도하지 않았던 정책 패러독스가 발생하고 있음을 알 수 있다.

4 교원성과급 정책의 패러독스 발생 원인

가. 하향식 접근(Top-down Approach)의 정책추진과정

인센티브를 '동기부여를 위해 성과에 대응하는 적절한 보상'의 관점으로 해석할 때(황성원, 심석보, 2004), 정책 설계자는 정책 대상자가 인센티브 정책을 수용하면서 의도한 대로 조직의 목적을 효과적으로 달성할 수 있다고 간주할 수 있다. 그러나 교육부가 교원에게 성과급을 처음으로 지급한 2001년부터 전교조는 교원성과급 정책에 대해 반발하면서 성과급 반납, 사회적 기금 조성 등 다양한 형태로 교원성과급 정책의 폐지를 주장하였고(전국교직원노동조합, 2019.07.05.), 2015년부터 2019년까지 매년 7만 명 이상의 수많은 교원이 성과급 균등분배에 참여하며 교원성과급 정책에 대해 반대하는 상황이다(전국교직원노동조합, 2016.09.21., 2017.07.17., 2018.07.12., 2019.07.05.).

국회 교육위원회는 2018년도 국정감사 결과보고를 통해 교원성과급 균등분배와 관련하여 사실관계 및 위법 여부의 실태 조사 및 조치가 필요하다고 지적하면서 교육부가 적절한 대응 방안을 보고하도록 요구하였고(교육위원회, 2019.03), 이에 대응하여 「2020 교육공무원 성과상여금 지침」, 「교육공무원 징계양정 등에 관한 규칙」(교육부령 제214호, 2020.07.28., 일부개정)을 개정하면서 균등배분, 순환등급, 재배분 행위 등 성과상여금을 거짓이나 부정한 방법으로 지급받은 자는 비위의 정도, 과실의 경중에 따라 최소 견책부터 최고 파면까지 징계 의결이 가능하도록 규정한 상태이다(교육부, 2020). 이처럼 교원성과급 정책의 설계자가 의도했던 바와 다르게 여전히 수많은 교원이 교원성과급 정책에 저항하고 교육부와 갈등을 겪은 의도치 않은 결과가 나타나고 있다.

이러한 정책 패러독스가 나타나게 된 근본적 원인은 교원성과급 정책이 하향식 접근방법에 기초했기 때문이다. 교원성과급 정책은 교원의 자발적 참여와 의지가 아닌 정책 설계자의 영향력이 강하게 이루어지며 형성되었다(이재선, 2020:81). 1997년의 IMF 외환위기 속에서 출범한 김대중 정부는 국가적 경제위기를 극복하고, 공직사회의 경쟁력을 높이고자 1998년 '교원 근무여건 및 인사제도 개선을 통한 우수교원 확보' 계획의 일환으로서 '능력과 업무성과 등을 반영하는 성과급제 도입'을 국정과제로 채택하였다(제15대 대통령직인수위원회, 1998). 정부는 이후 「공무원수당규정」(대통령령 제16078호, 1998.12.31., 일부개정) 개정을 통해 근무성적과 기타 업무실적 등이 우수한 공무원에 대해 성과상여금을 지급할 수 있는 법적 근거를 마련하면서 교원성과급 정책을 본격적으로 추진하고자 하였다. 교원성과급에서 총지급액에 큰 영향을 미치는 차등 지급률은 [그림 12.4]처럼 시행 초기보다 증가하는 방향으로 진행되었다. 이러한 정책 방향은 차등 성과급제 폐지를 요구하는 교원들의 입장과는 상반된 것이라 할 수 있다(전국교직원노동조합, 2019.07.05.; 한국교원단체총연합회, 2019.03.29.). 즉, 교원성과급 정책설계과정에서 교원의 의사를 충분히 수렴하고, 교육부와 교원 간 협의를 통해 이루어지기보다는 하향식으로 정책이 이루어졌음을 의미한다.

정책결정자 중심의 하향식 접근에 있어 Sabatier & Mazmanian(1979)은 효과적인 정책집행을 위한 조건에 대해 다음과 같이 제시하였다(정정길 외, 2020:578-579). 첫째, 정책 결정의 내용은 바람직한 상태를 나타내는 정책목표와 이를 달성하기 위한 정책수단, 정책수단의 실행 결과로 발생하는 정책 산출 간에 타당한 인과 관계가 있어야 하며, 둘째, 정책 내용으로서 법령은 명확한 정책지침을 갖고, 대상 집단의 순응을 극대화하도록 해야 하며, 셋째, 결정된 정책에 대해 조직화된 이익집단, 유권자 집단, 주요 입법가 또는 행정부의 장으로부터 지속적인 지지를 받아야 한다는 것이다. 그러나 현행 성과급 정책은 이러한 조건을 충족하는데 미흡한 부분이 나타나고 있다. 첫째, 교원성과급 정책목표를 달성하기 위해 운영하는 현행 차등 성과급 지급기준과 방식이 타당한지, 현행 교원성과급 정책을 통해 교직 사회의 사기를 효과적으로 향상할 수 있는지에 대한 문제이다. 둘째, 정책 대상 집단의 순응을 위해 이해관계자의 참여 기회가 충분한지에 관한 문제이다. 셋째, 정책집행을 지속하기 위해서는 조직적인 이익집단으로부터 지지를 받고 있는지에 관한 문제이다. 현재의 교원단체의 차등적 성과급제 폐지를 요구하는 상황은 이익집단으로부터 지지받지 못하는 상황을 의미하기 때문이다.

이처럼 정책결정자 중심의 하향식 접근방법이 효과적으로 이루어지기 위해서는 앞서 제시한 조건을 충족할 필요가 있다. 현행 성과급제도가 제도의 취지에 부합하는지에 관한 교육공무원들의 부정적인 인식과 개인 성과급 결정 기준이 불공정하다는 인식(여영국, 2019.07.01.), 정책 대상자의 참여 기회가 충분하지 않은 상황과 교원단체로부터 지지받지 못한 상황에서 교육부의 일방적인 하향식 접근(Top-down Approach)의 정책 추진과정은 의도치 않은 결과를 초래하는 정책 패러독스 현상의 발생 원인이 된다.

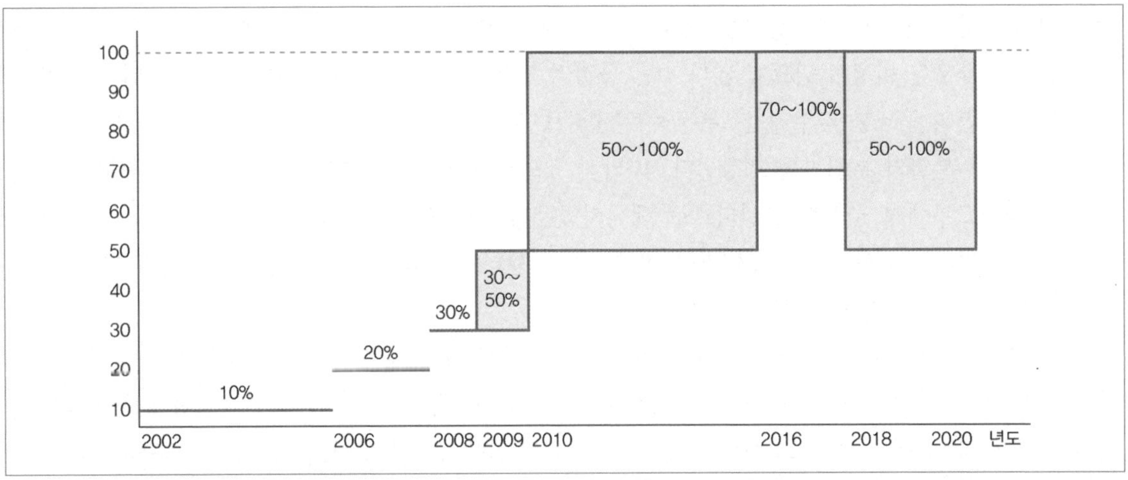

[그림 12.4] **교원성과급 정책에서 개인 성과급의 차등 지급률 변화(2002~2020년)**

출처: 교육인적자원부(2007), 교육과학기술부(2008, 2009b, 2010~2013), 교육부(2014~2020), 조혜진(2007), 중앙일보(2017.08.21.)를 바탕으로 연구자가 재구성.

나. 인센티브의 보상과 처벌을 동시에 내포하는 속성

인센티브 그 자체는 긍정적 인센티브인 '보상(reward)'과 부정적 인센티브인 '처벌(punishment)'의 의미를 동시에 지닐 수 있으므로 인센티브를 통해 구성원의 변화를 유도하고자 했던 행동에 의도하지 않은 영향을 미칠 수 있다고 주장한다(Stone, 2012). 정책 설계자의 의도가 표면적으로는 보상으로 보일지라도 정책 대상자가 보상을 받기 위해 감수해야 하는 희생의 정도가 보상의 가치보다 크다면 정책 대상자는 그것을 보상이 아닌 처벌로 해석하여 정책 설계자의 의도와는 다른 의도치 않은 결과를 초래하게 된다. 교원성과급 정책의 경우에 직무수행의 결과와 성과의 생산성을 보수 결정 기준으로 삼고 이를 바탕으로 성과상여금을 지급하므로 표면적으로는 긍정적 인센티브인 보상의 의미를 지닌다. 그러나 교원성과급 정책은 정책 대상자의 관점에서 볼 때 B등급의 최하위등급을 받은 교원에게는 교원의 긍지와 사명감을 손상하는 것으로서 부정적 인센티브인 처벌의 의미를 지니게 된다. 즉, 교원성과급 정책은 정책과정에서 정책 대상자에게 보상뿐만 아니라 처벌의 의미를 동시에 내포하는 정책 패러독스가 있음을 의미한다.

법과 정책에 있어 행위자들이 권위에 순응하는 경우 보상의 기제를 통해 그러한 행위를 보다 강화하고자 하며, 행위자들이 권위에 따른 영향력에 순응하지 않거나 반하는 경우 처벌의 기제를 통해 그러한 행위를 바로잡고자 한다. 즉, 보상과 처벌은 행위자들의 행위를 제어하도록 하는 기제인 것이다(권장원, 2004:168). 보상과 처벌은 힘의 불균형을 전제로 한다는 점에서 정치적으로 유사하다. 그러나 보상과 처벌은 각각 다른 성격의 정치적 관계를 양성한다. 긍정적 인센티브인 보상의 경우에는 인센티브 제공자와 수혜자 모두 보상을 제공하고 받기 위해 무엇인가를 희생하거나 포기해야 한다. 하지만 부정적 유인책의 경우 인센티브 대상자는 제재를 받지 않기 위해 무엇인가를 포기해야 하는 한편, 인센티브 제공자는 아무런 희생이 필요치 않다. 즉, 긍정적 인센티브인 보상은 인센티브 제공자와 수혜자 간의 호혜와 타협의 구조를 갖추지만, 부정적 인센티브인 처벌은 대상자가 일방적으로 손실을 감수해야 하므로 대립과 분열의 분위기를 조장한다. 따라서 교원성과급 정책의 효과가 인센티브 제공자와 인센티브 대상자 모두에게 긍정적 인센티브로 해석되었는지, 표면적으로는 인센티브 제공자의 의도에 따라 긍정적 인센티브인 보상으로 보이지만 실제로는 인센티브 대상자가 인센티브를 부정적 인센티브인 처벌로 해석하였는지 살펴볼 필요가 있다.

교원성과급 정책에서 인센티브인 성과상여금이 보상과 처벌 중 무엇으로 작동하는지는 정책 설계자의 의도가 아니라 정책 대상자의 기대로 결정된다(Stone, 2012). 교육부(2020)는 교원성과급 정책을 통해 교직 사회의 사기진작을 도모한다는 점에서 긍정적 인센티브인 보상의 측면으로 접근하고 있음을 알 수 있다. 물론 교원성과급 정책을 통해 어렵고 사람들이 기피되는 업무를 담당하는 교사들에게 금전적 인센티브를 제공함으로써 교원의 동기를 유발하는 보상의 기제로 작용하는 사례도 있다(변기용 외, 2018:124). 하지만, 하위등급의 고착화에 따른 안주나 체념, 성과급 정책에 대한 부정적 인식 형성과(서광열, 고장완, 2011) 하위등급 통보에 따른 교원의 실망감과 자존감 하락 등과 같은 부정적 정서와 불안

심리, S등급 교사에게 업무 몰아주기나 성과급을 적게 받으니 일도 적게 하겠다는 일탈 현상(변기용 외, 2018:130-131) 등은 교원성과급 정책의 의도와는 다른 처벌의 기제로 작용하는 사례라고 할 수 있다.

「교원의 지위 향상 및 교육 활동 보호를 위한 특별법」 제2조에는 교원이 사회적으로 존경받고 높은 긍지와 사명감으로 교육 활동을 할 수 있는 여건을 조성해야 함을 명시하고 있다(법률 제16743호, 2019.12.10., 일부개정). 즉, 교원 간의 협력은 교원들의 전문성 개발 및 학생의 성장과 발달에 긍정적인 영향을 미친다는 점에서 볼 때(서경혜, 2011; Louis & Marks, 1998; McLaughlin & Talbert, 2006; Vescio, Ross & Adams, 2008), 교원의 사회적 가치를 인정받으면서(김정아, 2018) 교원 간 협력하며 교육 활동에 참여할 수 있는 여건을 조성해야 할 것이다. 그러나 「교육공무원 성과상여금 지급지침」에 따라 성과급 지급 등급을 상위 30%는 S등급, 하위 30%는 B등급으로 고정된 상황은(교육부, 2011~2020), 동기유발의 효과를 지님과 동시에, 교원 간 협력이 아닌 경쟁을 유발하고, 성과를 등급화·서열화함으로써 교원의 긍지와 사명감을 훼손시킬 수 있다. 이처럼 인센티브의 보상과 처벌을 동시에 내포하는 속성은 교원성과급 정책과정에서 교직 사회의 사기 진작이라는 의도한 결과뿐만 아니라 교원의 긍지와 사명감 훼손으로 인한 교원의 사기 저하라는 의도치 않은 결과를 초래하는 정책 패러독스 현상의 발생 원인이 된다.

다. 정책 설계자, 정책 집행자, 정책 대상자의 전략적 행위

합리 모형의 관점은 인센티브를 통해 개인을 조직이 바라는 방향으로 유도할 수 있다고 해석한다. 하지만 정치 공동체(polis) 내에서 인센티브는 행위자의 인지적 한계와 현실의 복잡성으로 인해 합리 모형이 해석한 것과 같이 간단하게 적용되지 않는다(윤견수, 2014:505; March, 1978, 1994; Simon, 1959; Stone, 2012). 정치 공동체 내에서 정책 설계자의 정책 의도는 정책 집행자를 거쳐서 정책 대상자로 연결되므로, 교원성과급 정책 설계자의 의도는 변형되어 정책 대상자에게 전달될 가능성이 있다(Stone, 2012).

교원성과급 정책에서의 정책 설계자, 정책 집행자, 정책 대상자는 각기 서로 다른 개별적 행위자로서 처한 맥락은 그 위치와 역할에 따라 서로 다르게 존재한다. 교원성과급 정책에서 지급방법과 세부 시행 지침을 마련하는 정책 설계자는 교육부이다. 교육부는 대통령령인 「공무원 수당 등에 관한 규정」, 인사혁신처 예규인 「공무원보수 등의 업무지침」을 근거로 매년 「교육공무원 성과상여금 지급지침」을 발표한다. 각 시·도 교육청은 이에 근거하여 각 시·도에 적합한 「교육공무원 성과상여금 지급계획」을 수립하고 단위학교에 전달한다. 이러한 「교육공무원 성과상여금 지급지침」, 「교육공무원 성과상여금 지급계획」에 제시된 중요한 특징으로 교원성과급의 등급별 지급률(S: 70%, A: 50%, B: 35%)과 인원 배정비율(S: 30%, A: 40%, B: 30%)은 교육부가 고정된 비율로 명시하고, 차등 지급률은 단위학교의 장이 결정하고, 성과평가 기준은 단위학교별로 자율 결정하도록 한 점이다(교육부, 2020). 교육부는 차등 지급률과 성과평가의 결정 권한을 단위학교에 위임하였으므로 차등 지급률 결정과 성과평가의 측정에 대한 부담을 줄일 수 있다. 단위학교는 차등 지급률 결정과 성과평가에 관한 자율성을 부여받았지만, 단위학교의 장은 차등 지급률을 결정하는데 책임이 발생하며 단위학교에서는 성과상여금 심사위원회를 구성하여 성과급 부여를 위한 세부 평가 기준을 수립하고 성과평가를 해야 하는 문제가 있다. 이러한 정책과정에서 정책 설계자, 정책 집행자, 정책 대상자들은 각각의 전략적 행위를 선택하게 된다.

정책 설계자인 교육부는 「교육공무원 성과상여금 지급지침」을 수립하는 데 있어 교원의 입장과 요구를 고려함과 동시에 대통령령인 「공무원 수당 등에 관한 규정」과 인사혁신처 예규인 「공무원보수 등의 업무지침」에 근거한 행정부의 요구를 고려해야 한다. 즉, 정책 설계자인 교육부는 차등 성과급제의 폐지를 요구하는 교원의 요구와 법령과 지침에서 요구하는 내용을 함께 고려해야 하는 처지에 놓여 있는 것이다. 그러한 까닭에 「2020년 공무원보수 등의 업무지침」에서 [표 12.5]처럼 기본모델을 4개의 지급 등급(S, A, B, C)으로, 최하위등급의 경우는 지급률을 0%로 하고 있지만 「공무원보수 등의 업무지침」과 「공무원 수당 등에 관한 규정」의 허용하는 기준의 범위에서 지급 등급을 3개(S, A, B)로 결정하여 차등 지급 등급을 최소화하고, 최하위 지급률을 0%보다 상향조정[2020년 최하위등급인 B등급 기준 35%(차등 지급률 100%인 경우)~85%(차등 지급률 50%인 경우)] 함으로써 교원의 반발을 줄이고자 하는 전략을 사용하게 된다.

정책 집행자인 학교장은 교원성과급의 차등 지급률을 결정하는 데 있어 정책 설계자의 의도와 교육부에서 수립한 「교육공무원 성과상여금 지급지침」을 고려함과 동시에 학교 구성원들의 관계, 사기 등을 고려해야 한다. 가령, 교원성과급 정책의 추진 목적이 교원 본연의 직무에 충실하면서도 어렵고 기피되는 업무를 담당하는 교원을 성과급에서 우대한다는 점(교육부, 2020), [그림 12.4]처럼 약 20년 동안 차등 지급률을 상향하려는 교육부의 교원성과급 정책 기조로 볼 때 학교장이 높은 차등 지급률을 결정하여 등급(S, A, B) 간 지급액의 차이를 늘리고 인센티브의 기능을 강조할 수 있다. 그러나 교육 성과에 대한 합의된 정의와 성과측정에 관한 타당성과 신뢰성 확보에 대한 어려움이 있는 상황에서 학교장은 학교 구성원과의 관계, 평등지향의 교직 문화 등을 고려하여 차등 지급률을 최소화함으로써 교원의 반발을 줄이고자 하는 전략을 사용하게 된다. 대표적인 사례가 2009년 교육공무원 성과상여금 지급결과에서 99.7%의 학교가 「2009년 교육공무원 성과상여금 지급지침」에서 제시한 최저 수준인 30%를 이행한 사건이다(교육과학기술부, 2010).

성과급 평가를 위해서는 단위기관에 성과상여금 심사위원회를 구성하도록 하고 있지만, 단위학교에서는 세부 평가 기준 수립 및 성과평가를 위한 성과상여금 심사위원회를 별도 구성하지 않고 그 역할을 '다면평가 관리위원회'와 '다면평가자'가 대체하도록 하고 있다(교육부, 2020). 즉, 정책 대상자인 단위학교 소속 교원들이 다면 평가자로서 다면평가관리위원회에 참여하여 동료 교원을 평가하는 정책 집행자의 역할을 하는 패러독스 상황이 발생하는 것이다. 다면 평가자이자 정책 대상자인 교원들은 성과측정의 타당성과 신뢰성, 공정성의 논란, 경쟁적 분위기 조성으로 인한 동료 교원과의 갈등 등으로 인해 동료 교원의 교육 성과측정에 부담감을 가지게 된다. 이에 성과평가와 관련된 쟁점을 피하면서 교사의 능력과 성과를 평가하지 않아 심리적 저항이 비교적 낮은 업무량과 곤란도를 평가 기준으로 택하게 된다(곽경련, 이쌍철, 2014:286-287.). 그런데 성과급은 개인에 의해 수행된 결과를 기준으로 하는 생산량과 관련되며 직무급은 담당하는 직무의 책임도, 곤란도, 전문성 등에 따라 직무의 가치를 평가하는 것과 관련된다는 점에서 볼 때(김중양, 2008:511-512), 성과급 정책이라기보다는 직무급 정책에 가깝다는 정책 패러독스가 나타나게 된다.

Stone(2012)은 인센티브를 동반한 정책과정에서 정책 설계자와 정책 집행자의 간극이 발생할 수 있으며, 이는 결국 인센티브 정책 설계자와 정책 대상자의 간극의 확대로 이어지면서 정책 의도와 집행 결과가 차이가 나타나는 패러독스 현상이 나타나게 된다고 주장한다. 이러한 맥락에서 볼 때, 교원성과급 정책에서의 정책 설계자, 정책 집행자, 정책 대상자의 처한 상황에 따른 전략적 행위는 정책을 통해 달성하고자 했던 의도와는 다른 정책 결과가 도출되는 정책 패러독스 현상이 발생하는 원인이 된다.

5 정책적 시사점

본 장은 교원성과급 정책과정에서 나타나는 패러독스 현상과 그 원인은 무엇인지 설명하고자 수행되었다. 분석결과를 바탕으로 정리한 결론은 다음과 같다.

첫째, 교원성과급 정책과정에서 하향식 접근방법(Top-down Approach)의 정책추진과정으로 인해 인센티브 수혜 대상자인 교원들이 정책에 반발하는 정책 패러독스가 나타나게 되었다. 경력 중시의 승진 평정제도로서 운영하던 단일 호봉제(single salary schedule)인 근속급 중심의 보수정책이 지속하는 상황에서 정책 설계자의 영향력을 바탕으로 실적에 따라 차등 지급하는 성과급제가 시행된 상황은 기존의 방식에 익숙한 교원에게 반발을 유발하게 된다. 보수에서 가장 큰 비중을 차지하고 있는 근속급은 생활 안정 요인과 관련된 보수체계의 결정 기준으로서 동기유발과 관련된 성과급의 그것과는 추구하는 방향이 다르다(강성철 외, 2019:484-490). 즉, 보수에서 근속급보다 성과급이 차지하는 비율이 증가한다는 것은, 경력보다는 실적의 가치를 강조한다는 것으로 이는 교원 보수정책의 성격을 근본적으로 변화시키는 중요한 문제로 작용하게 된다. 보수는 직무수행 동기의 유발과 사기 양양, 교직 사회의 안정, 나아가 생산성을 높이기 위한 핵심 요건으로서 매우 중요한 의미를 지닌다는 점에서(김경근, 2002; 신현석 외, 2015), 보수의 하위 체계의 구성은 정책 대상자인 교원의 입장을 더욱 고려해야 할 필요가 있다. 그런데 정책 대상자의 입장을 충분히 고려하지 못한 채, 하향식 접근방법에 기초한 정책 설계와 정책집행으로 인해 정책 의도와는 달리 성과급 반납 투쟁 및 차등 성과급제의 폐지를 주장하는 사건 등과 같이 정책 대상자의 반발을 초래하는 정책 패러독스가 나타나게 되었다.

둘째, 교원성과급 정책에서 보상과 처벌을 동시에 내포하는 인센티브의 속성으로 인해 교직 사회의 사기 진작이라는 의도한 결과뿐만 아니라 교원의 긍지와 사명감 훼손으로 인한 교원의 사기 저하라는 의도치 않은 결과를 초래하는 정책 패러독스가 나타나게 되었다. 교육부는 인센티브 성격을 지닌 교원성과급 정책을 도입하여 교원의 사기진작을 도모하고, 선의의 경쟁을 통해 교원들의 수업 전문성과 생활지도 역량을 강화할 수 있다고 보았다(교육과학기술부, 2012). 즉, 교육부는 교원성과급 정책을 통해 효과성, 능률성, 수직적 형평성의 가치를 달성하고자 유능하고 실적이 탁월한 교원에게 인센티브를 제공하여 직무수행의 동기유발 및 교원의 역량 강화를 촉진함과 동시에, 교육의 생산성과 질이 향상될 수 있다고 소망한다는 점에서 인센티브의 보상적 측면을 강조한 것이다. 교원 또한, 열심히 일하고 성과가 뛰어난 사람이 인사와 급여에서 우대받아야 한다고 생각한다는 점에서 볼 때(여영국, 2019.07.01.), 인센티브의 보상적 측면은 필요한 것으로 이해한다. 하지만, 교원은 현행 교원성과급 정책에 대한 교육부의 해석과는 차이가 있다. 교원은 교원성과급 정책이 인센티브의 보상적 기능을 제대로 하지 못하며, 인센티브 제도가 갖추어야 할 중요한 요소인 성과평가 기준이 불공정하다고 인식한다(여영국, 2019.07.01.). 게다가 「교육기본법」(법률 제15950호, 2018.12.18., 일부개정)에서 제시한 국민의 인격도야, 자주적 생활능력, 민주시민의 자질 형성 등의 교육 이념처럼 교육 성과는 측정이 어려운 특수성을 지니고 있음에도 불구하고, 이를 측정하고 평가하면서 교원의 직무성과를 등급화한다는 것은 교육의 특수성을 무시하는 처사라고 비판한다. 즉, 교육은 국가백년대계로서 장기적 관점으로 접근해야 하는데도 불구하고 매년 교원의 직무성과를 측정하여 S, A, B등급으로 구분하려는 정책과정은 교육의 본질을 이해하지 못한다는 비판을 벗어나기 어려우며, 이러한 방향은 정책의 대응성, 타당성, 적합성의 가치를 달성하는 데 한계가 있다. 이처럼 교원성과급 정책에서 인센티브가 보상을 통해 조직구성원의 변화를 유도하는 기제로도 작용하지만, 성과에 대한 타당성과 신뢰성, 공정성을 충족하는 평가 기준이 마련되지 않은 상황에서 차등 지급률의 확대와 등급(S등급, A등급, B등급)에 따른 교원성과급의 지급방법이 처벌 기능으로 작용하면서 교원의 사기를 저하하는 정책 패러독스가 나타나게 되었다.

셋째, 교원성과급 정책과정에서 정책 설계자, 정책 집행자, 정책 대상자의 전략적 행위로 인해 성과급 정책의 설계 의도와는 달리 단위학교에서 최저기준의 차등 지급률을 채택하고, 성과급적 성격보다는 직무급적 성격의 수당으로 변형되는 정책 패러독스가 나타나게 되었다. 정책 설계자인 교육부는 「교육공무원 성과상여금 지급지침」을 결정하는 데 있어 대통령령인 「공무원 수당 등에 관한 규정」, 인사혁신처 예규인 「공무원보수 등의 업무지침」의 허용 범위 내에서 교직의 특수성을 고려하여 등급의 수를 4개에서 3개로 축소하고, 최하위등급의 지급률을 기본모델의 0%보다 상향 조정하며, 차등 지급률은 단위기관의 장이 자율 결정하도록 함으로써 교원의 반발을 줄이는 전략을 사용하였다. 이러한 교육부의 전략적 행위는 [표 12.4], [표 12.5]의 차이처럼 인센티브의 기능을 약화하려는 결과를 초래하였다. 다음으로 정책 설계자인 교육부는 정책 집행자인 학교장이 차등 지급률을 결정하도록 함으로써 학교 실정을 반영한 성과급 제도를 시행하려고 하였으나, 대다수 학교가 차등 지급률을 최저기준으로 채택함으로써 정책을 통해 의도하지 않았던 결과가 나타나게 되었다. 이는 정책 집행자인 학교장이 구성원과의 관계, 평등지향의 교직 문화 등을 고려하여 차등 지급률을 최소화하도록 함으로써 교원의 반발을 최소화하기 위한 전략적 행위이다. 단위학교에서 다면 평가자들 또한, 성과측정의 타당성과 신뢰성, 공정성의 논란과 경쟁적 분위기 조성으로 인한 동료 교원과의 갈등을 줄이고자 측정이 어려운 교육 성과보다는 측정이 좀 더 쉽고 심리적 저항이 비교적 낮은 직무급 성격의 평가 기준으로 변형하는 정책패러독스가 나타나게 되었다.

이러한 연구결과를 바탕으로 교원성과급 정책에 대한 제언을 다음과 같이 제시하고자 한다. 첫째, 인센티브로서 교원성과급 정책이 성공적으로 현장에 안착하기 위해서는 정책 대상자인 교원과 교직문화의 속성에 대한 이해를 바탕으로 이에 적합한 인센티브를 적용하려는 정책적 노력이 필요하다. 인센티브의 의미는 제공자의 의도가 아닌 대상자의 기대로 결정된다(Stone, 2012). 따라서, 기존의 성과급 정책의 문제에 대한 다양한 해석과 진단을 통해 어떻게 설계할 것인지에 대해 정책 대상자이자 인센티브 수혜자인 교원들의 의견이 반영될 수 있는 정책결정 구조가 법적·행정적으로 마련될 경우, 정책 목적 달성에 좀 더 바람직할 것이다.

둘째, [표 12.4]처럼 차등 지급 등급(S, A, B)에 따른 인원 비율을 각각 30%, 40%, 30% 지정함으로써 교원의 교육 성과를 등급화하는 것은, 교원의 자존감 하락, 교원 간 경쟁과 갈등 등의 부작용이 존재하므로 교원 간 협력을 촉진할 수 있는 새로운 관점의 인센티브 정책을 마련해야 한다. 「교원의 지위 향상 및 교육 활동 보호를 위한 특별법」(법률 제16743호, 2019.12.10., 일부개정) 제2조에서 명시한 것처럼 교원이 사회적으로 존경받고 높은 긍지와 사명감으로 교육 활동을 할 수 있는 여건을 마련하고, 이를 조장하는 인센티브 정책으로 변화해야 한다. 교육 활동에 있어 교원 간 공유하고 협력하며 집단지성을 발휘할 수 있는 인센티브 정책을 추진하는 것은, 현행의 성과급 정책에서 갖는 부작용을 최소화하고 교육의 질을 높이기 위한 선순환 고리의 시발점이 될 수 있을 것이다.

셋째, 인센티브는 보상과 처벌을 동시에 내포하는 속성을 지니고 있으므로 인센티브 정책을 설계할 때에는 복잡한 메커니즘을 세심하게 고려하여야 한다. 보상과 처벌의 한 측면만 고려할 경우 정책을 통한 여러 문제점이 발생할 수 있다. 따라서 인센티브 정책의 효과를 높이기 위해서는 인센티브의 한 측면만을 바라보는 것이 아닌 양 측면을 함께 고려하면서 인센티브의 시너지 효과를 이끄는 방향으로 세심하게 정책을 설계해야 할 것이다.

CHAPTER 13

규칙: 학교업무정상화정책 시행 과정에서 나타난 패러독스

1. 학교업무정상화정책에서 제기되는 문제들
2. 학교업무정상화정책과 패러독스
3. 연구방법
4. '규칙'의 세 가지 역설적 현상
5. 정책적 시사점

제13장은 단위학교에서의 '학교업무정상화정책' 시행 과정에서 발생하고 있는 '정책 패러독스(policy paradox)' 현상을 확인하고 분석하여 그 해결 방안을 모색해 보는 것을 목적으로 하고 있다. 이러한 목적을 위하여 실제 현장에서 업무 정상화를 실시하고 있는 A 학교 교사들을 대상으로 의견 조사와 면담을 진행하였다. 수집된 자료를 D. Stone의 '규칙' 패러독스를 분석 틀로 삼아 분석을 진행하였다. 분석결과, 학교업무정상화정책 시행 과정에서 규칙의 맥락적 모호성으로 인한 역설, 좋은 규칙의 역설, 규칙대로만 일하기의 역설 등 '규칙' 패러독스 현상이 확인되었다. 이러한 패러독스의 예방과 극복을 위해 '단위학교 자율책임경영의 강화', '교내 규칙 혁신위원회의 설치', '교직문화의 개선', '도덕 리더에 대한 지원' 등을 제언하였다.

주제어 학교업무정상화, 교원업무 경감, 업무전담팀, 정책 역설, 패러독스

1 학교업무정상화정책에서 제기되는 문제들

지금 학교 현장은 코로나19 여파로 인하여 지금까지 전혀 가보지 않았던 길을 걷고 있다. 교육은 갑작스러운 변화보다 서서히 변화해 가는 것이 아이들의 발달 단계나 정서에도 적합한 데 인류 역사상 이렇게 긴급하고도 빠른 변화를 겪어본 일이 있을까 의심이 들 정도로 그 변화 속도가 전광석화와 같다. 이러한 빠른 교육환경의 변화 중심에 학교와 교사가 있다. 과연 학교와 교사는 이와 같은 엄청난 변화에 탄력적으로 잘 대응하고 있을까?

코로나19와 같은 위기 상황에서 교사의 역할은 더욱 중요할 수밖에 없다. 오동주, 황홍섭(2020)은 학습자와 교사들 모두 코로나19로 인해 인식, 행동, 태도 및 가치에 변화가 나타났으며, 이러한 상황에서 학습자가 자기 주도적으로 학습할 수 있는 역량을 강화하고, 기존의 학교 중심의 구조를 가정과 학교라는 협력적 구조로 전환하기 위해 노력해야 한다고 밝히고 있다. 그런데 이러한 새로운 환경 변화에 교사들이 발 빠르게 대처하는 데 걸림돌로 작용하는 것이 있다. 바로 교사들이 처리해야 할 많은 '행정업무'이다. 학교에서 교사의 역할은 학생을 교육하는 일에만 국한되지 않는다. 직무와 관련된 직·간접적 행정업무 처리가 학교 현장에서는 상당하다.

교원의 행정업무란 '교사가 수업이나 생활지도 외에 학사운영이나 각종 사업 및 학사관리 등 학교교육이 원활히 진행되기 위해 교직원이 처리해야 할 사무적, 행동적 제반 업무'를 말한다(박진하, 2013). 그런데 이러한 교사의 행정업무는 교육활동 전반을 원활하게 이끌어 가는 데 중요하고 필요한 것이지만, 지나치게 많은 업무는 교사의 본질적 활동을 방해하는 요소로 작용하는 등 그 문제가 적지 않게 지적되고 있다(이병진, 2014; 이상철, 2018). 이러한 문제를 해결하기 위해 단위학교와 교육부, 교육청 등에서는 다양한 업무경감 정책을 시도하고 있는데, 그 중 하나가 바로 '학교업무정상화' 정책이다(강민정, 2014; 이슬아, 정제영, 2020). 학교업무정상화란 교원이 수업과 평가, 생활교육, 비교과 교육활동, 상담 등 본연의 교육활동에 전념하고 더 나은 교육활동을 위해 함께 연구하고 협의하는 활동까지 포함하는 개념으로, 1970년대에 개념적 단초가 제시된 이후 오늘날까지 교육현장의 중요 실천과제로 꾸준히 추진 돼 오고 있다(이상철, 2018). 학교업무정상화는 학교업무가 과중하여 학교교육이 정상적으로 이루어지지 못하고 있다는 전제하에, 교육기본법 제14조 "교원은 교육자로서 갖추어야 할 품성과 자질을 향상시키기 위해 노력하여야 한다"에 정책적 기반을 두고 추진되고 있는 것이다(서울특별시교육청, 2016).

특히, 서울특별시교육청(2016, 2018)은 2011년부터 학교업무정상화정책을 주요 정책과제로 선정하고 지속적으로 추진해오고 있다. 그동안 서울시교육청은 교무행정 지원인력을 선발하여 학교에 배치하였고, 교육정책 사업과 공문서 생산 유통 체계를 개선하였다. 또 에듀파인(edu-fine) 및 교육통계 업무를 개선하였으며, 교무행정 업무전담팀을 별도로 두어 행정업무를 처리하게 하는 방안을 실시하였다. 교무행정 업무전담팀 방안은 2012년 시범학교 만족도 조사에서 70% 이상의 높은 호응도를 보이기도 하였다(최준하, 2014). 교무행정 업무전담팀을 핵심 골자로 한 서울특별시교육청 학교업무정상화

정책은 지금도 추진 중에 있으며, 학교와 교육청에서 동시에 중점적으로 연구·개발·적용되어 오고 있다(정미경, 주영효, 정바울, 2013; 배문영, 홍원표, 2016)는 측면에서 그 중요성을 확인해 볼 수 있다.

그런데 모든 정책이 완전할 수는 없듯 학교업무정상화정책도 시행 과정에서 여러 문제가 나타나고 있다. 선행연구들을 보면 주로 업무전담팀의 운영 및 성과측정에 관한 문제나 업무전담팀 교사와 담임교사 간의 업무에 대한 인식 차이에서 오는 문제 등 학교업무정상화정책 추진과정 중 의도치 않게 제기되는 문제들이 명확히 나타나고 있음을 밝히고 있다(김유진, 2013; 정근민, 2013, 배문영, 홍원표, 2016). 좋은 의도로 시작하였고 시행 초기 현장에서 압도적으로 긍정 평가를 받은 학교업무정상화정책이 어쩌다 현장에서 여러 가지 문제들에 직면하게 된 것일까?

이러한 정책 실현 과정에서 나타나는 의도치 않게 표출되는 문제 상황을 설명하기 위해 교육행정학에서는 '정책 패러독스(policy paradox)'라는 모형을 활용한다. 정책 패러독스 연구의 대표적 학자인 Stone(2012)에 따르면, 모든 정책은 그 시행 과정에서 의도와는 다르게 역설적 문제를 수반할 수밖에 없다. 정책기획 과정에서 합리성과 소망성을 충분히 갖췄다고 판단되는 정책과 제도, 규칙일지라도 그것이 시행되는 실제 현장에서는 본래 취지와 다르게 의도치 않는 문제가 발생하거나 혹은 기대와는 다른 반대의 부작용이 나타나기도 한다는 것이다(소영진, 1994; 염재호, 2006; 윤견수, 2014; 신현석, 이예슬, 2021). 이런 측면에서 본다면 학교업무정상화정책도 그 시행 과정에서 정책 패러독스가 나타나고 있다고 충분히 짐작해 볼 수 있다.

본 장에서는 이렇게 학교업무정상화정책 추진과정에서 나타나고 있는 여러 문제들의 원인을 분석하고 대안을 모색해보기 위해 학교업무정상화정책 패러독스가 실제 현장에서 어떻게 나타나고 있는지 살펴보고자 하였다. 이를 위해 학교업무정상화정책에 대해 여러 문제점을 제기하고 있는 A 학교 구성원들에 대한 온라인 서면 의견조사를 실시하고 면담 자료를 수집하였다. 그리고 확보된 자료를 Stone의 '규칙' 패러독스의 관점에서 분석해 보고 정책적 시사점과 그 대안을 모색해 보았다.

2 학교업무정상화정책과 패러독스

가. 학교업무정상화

1) 교원의 행정업무

"교사는 행정직원인가 아니면 가르치는 사람인가?" 이는 질문이라기보다 하나의 반어적 호소라 할 수 있다. 교원의 행정업무가 그만큼 교사 본연의 직무수행에 부담으로 작용하고 있기 때문이다. 교원의 행정업무에 대한 정의는 연구자에 따라 다양하다. 이기정(2007)은 '교육을 지원하고 보조하는 업무로서 학교 교육과 연관성이 있는 업무'를 행정업무로 정의하였다. 김이경 외(2005)는 교원의 업무를 수업지도, 학생지도, 학급경영, 학교 교육과정 편성 및 운영, 학부모 및 대외관계, 학교 경영지원, 연수활동 등 일곱 가지 영역으로 나누어 설명하였다. 한숙경(2003)은 교원의 행정업무에 대한 부정적 인식을 제시하면서, 행정업무를 교원의 순수한 교육활동 즉 자율적이고 창의적인 교수–학습 과정을 효율적이고 효과적으로 전개할 수 있도록 조건을 조성해주는 활동 외의 고유한 직무 수행에 부담과 지장을 초래하는 업무라고 규정하였다. 이처럼 교원의 행정업무는 다양하게 정의되고 있다. 물론 여전히 교원의 행정업무가 법제적으로 정비되지 않은 측면이 있어서 교원의 업무에 대한 정의는 지속적으로 논의가 필요한 게 사실이다(신현석 외, 2011).

본 장에서는 교사가 담당할 본질적 업무인 수업과 학생에 대한 상담 및 생활지도 이외의 업무들 즉, 학생들과 직접 대면하지 않는 교사의 모든 간접적 교육활동, 직무 활동을 교원의 행정업무로 보고자 한다. 그 이유는 교육이 교사와 학생의 직접적 상호작용이 핵심이라는 것을 강조하기 위함이다. 이렇게 교수–학습 및 학생지도의 본질적 활동 외의 업무를 행정업무로 규정하는 것은 본질적 활동을 원활하게 할 수 있도록 지원하고 여건을 마련해주는 것이 교육행정의 조건정비설 혹은 행정행위적 접근(권기욱, 이정훈, 정현숙, 2006; 안암교육행정학연구회, 2018)에서의 개념 정의에 부합하기 때문이기도 하다.

교사들은 교육의 본질적 활동 관련 업무에 대부분 시간을 할애하고 충실해야 하지만 이와 다르게 학교에서 각종 행정업무로 본연의 임무에 집중하지 못하고 있는 게 현실이다. 이에 정부는 교원 행정업무 경감을 교원정책의 중요한 과제로 설정하여 1970년대부터 해법 마련에 다각적인 노력을 기울이고 있다(김이경 외, 2005; 신현석 외, 2006). 교원의 행정업무 경감을 위한 정부의 정책은 다음과 같은 방향에서 제도화되고 실행되어 왔다(신현석, 이준희, 정용주, 2013:24). 첫째, 교육행정정보시스템(NEIS) 구축 등 정보화 시스템 개선을 통해 신속한 업무처리와 문서량을 줄이기 위해 노력해왔다. 둘째, 직무분석을 통해 교원의 고유업무와 부수 업무 혹은 본질적 업무와 비본질적 업무를 구분하여 직무수행기준을 마련하고자 하였다. 셋째, 교무행정지원인력 등 학교 현장에서 요구되는 지원인력을 투입하여 교원의 행정업무 부담을 줄이고자 하였다. 이러한 교원의 행정업무 경감을 위한 중앙정부 차원의 노력뿐 아니라 교육청 수준에서도 교원의 업무경감도 2010년대 이후 교육청의 핵심 정책으로 중점 시행되어 오고 있다(신현석, 정용주, 2017).

서울특별시교육청은 2011년 '교원업무정상화추진계획'을 통해 교사가 수업과 생활지도 외의 업무, 특히 교무행정업무가 본연의 업무인 교육활동을 저해할 정도로 과중하다고 진단하고, 이를 경감시켜 교원이 교육활동에 전념할 수 있도록 교무행정인력을 지원하는 등 정책을 펼쳤다(배문영, 2015). 이와 비슷한 시기에 전국의 시·도교육청들은 대체로 유사한 내용의 교원업무 경감을 위한 대책들을 발표하여 시행해오고 있다. 시·도교육청 수준에서의 교원행정업무 경감을 위한 방안들은 대체로 공문서가 발생하는 각종 행사, 사업, 평가, 감사 등을 점검하여 불필요한 업무의 폐지·통합, 지원된 인력의 효율적 활용을 위한 직무 구분과 업무량 조정, 교원업무경감 계획의 현장 착근을 위한 관리자 연수 및 위임전결규정 이행 등을 담고 있다(신현석, 정용주, 2017:26). 교원의 행정업무 경감에 대한 정부기관의 이러한 문제의식과 정책적 처방은 대부분 학교 행정업무에 대한 분류의 애매성과 비효율을 개선하고자 행정업무를 체계적으로 분석하고, 교직원 직무분석을 통해 행정업무의 조정과 경감방안을 논의하는 정책연구들을 통해 얻은 결과와 제언에 힘입은 바 크다(김이경 외, 2005; 신현석 외, 2006; 이인회 외,

2010; 정영수 외, 2011; 신현석 외, 2013; 신현석 외, 2017).

신현석 외(2006)는 학교행정 업무의 효율을 높이기 위한 연구에서 학교업무를 교무실 업무와 행정실 업무로 대별하고, 그중 교사가 담당해야 할 업무를 다시 '핵심업무'와 '부수 업무'로 구분하였다. 그리고 핵심업무를 다시 필요업무, 보조업무, 잡무 등으로 분류하여 교무실에서 교사가 하는 교무 업무의 외연적 범주를 규정하였다. 교육적 판단이 필요하거나 교육활동을 설계하고 진행할 필요가 있는 일은 교사가 해야 할 필수업무로, 그렇지 않은 것은 부수 업무로 나눈 것이다.

2) 학교업무정상화정책의 추진

'학교업무정상화'라는 용어는 교원업무경감 정책의 비전 내지는 슬로건으로 2011년 서울시교육청에서 발표한 '교원의 교육활동 전념을 위한 교원업무 정상화 추진계획'으로부터 등장하였다. 2012년 이후 각 시·도교육청은 교원의 업무경감 계획안의 주제어를 '업무 정상화', '교원 행정업무경감', '교직원 행정업무경감', '교직원업무경감', '학교업무경감' 등으로 상이하게 사용하였다. 하지만 이러한 업무경감방안들의 다양한 명칭은 2012년 당시 교육과학기술부가 추진했던 '교사의 행정업무부담 경감방안'이 제시하는 정책목표 달성을 위한 각 교육청별 계획이라는 점에서는 그 목적을 같이한다고 볼 수 있다(정미경, 주영효, 정바울, 2013). 최근에는 '학교업무 정상화' 또는 '교원업무 정상화' 등 업무 정상화라는 용어를 대부분의 교육청이 교원의 업무부담 경감과 관련된 정책 용어로 사용하고 있다. 여기서 '정상화'라는 단어가 중심 키워드가 되고 있는데, 서울시교육청은 '정상화'를 학교의 업무가 '교육행정' 중심에서 '교육활동' 중심으로 정상화되는 것을 의미한다고 밝히고 있다(서울특별시교육청, 2016). 서울특별시교육청이 제시한 학교업무 정상화 개념의 핵심은 교육과 교무행정의 분리이다. 교사는 본연의 교육활동에 전념할 수 있도록 하고, 그 외 교무행정업무는 전담팀에서 맡는 구조를 목표로 하고 있다(정근민, 2013). 무엇보다도 학교업무를 '정상화' 한다는 것은 교사가 학교에서 본연의 업무인 수업과 생활지도에 전념하게 하는 것을 의미하며, 이에 중점을 두어 여건을 조성하는 것이 학교업무정상화정책의 도입 취지라 할 수 있다.

학교업무정상화정책의 역사는 1974년 국무총리 지시로 '각종 행사에 학생 동원 금지 지침'이 시달되면서 시작되었다고 볼 수 있다. 그 이후 2009년까지 지속적으로 교원업무 경감을 목적으로 하는 정책 추진이 이어져 왔는데, 학교 현장을 제대로 파악하지 못했다는 비판과 함께 그 효과가 미진하다는 평가를 받아 오다, 2010년 직선제 교육감 시대가 시작되면서 본격적으로 현장의 특성을 정확히 반영하고자 하는 정책들이 제시되기 시작하였다. 특히 2012년 3월 교육지원 전담팀 구성 및 운영을 주요 내용으로 하는 교육부의 '교사의 행정업무 부담 경감방안'이 교사업무 경감에 효과적이라는 학교 현장의 반응과 연구결과가 보고되면서, 시·도교육청 차원에서 다양하고 차별성 있는 정책들이 적극적으로 검토되고 시행되기 시작하였다(이상철, 2018). 특히, 교육부는 '교사 행정업무 경감방안'을 아예 '학교업무 정상화방안'이라는 명칭으로 바꾸어 '교원의 교수-학습활동 전념'과 '지원인력의 교수-학습활동 지원 행정에의 전념'이라는 학교업무 '정상화'를 교무행정사 확대 배치, 교육지원팀 운영 권장, 교육공무직

처우 개선 등의 정책 실행과제를 제시하였다(교육부, 2020).

교육부의 '학교업무정상화방안'에 따라 서울시교육청(2015)은 '2016 학교업무정상화 종합 계획(안)'을 발표하고, ① 교사가 수업 및 생활교육에 전념할 수 있는 여건 조성과 교육활동 중심의 학교문화 정착, ② 합리적인 학교조직 구성으로 교무행정 업무처리의 효율화 도모, ③ 협력과 존중의 어울림 행정문화 조성을 목표로 설정하고, 이러한 목표 달성을 위하여 '학교업무 정상화' 6대 과제를 다음과 같이 구체적으로 추진하고자 하였다. 첫째, '담임교사 학년부 배치제'를 실시해 모든 담임교사가 학년부실에서 근무하면서 수업 및 생활교육의 협의와 전문성을 높인다. 또한, '교육지원팀'을 2016년부터 설치·운영하여 담임교사의 교육활동 외 업무부담 비율을 2018년까지 10% 이내로 감축한다. 둘째, 교육청 본연의 기능에 부합하지 않거나 교육 효과가 떨어지고 현장에 부담을 주는 교육정책을 매년 10%씩 정비하여 2018년에는 60% 내외까지 줄이고자 노력한다. 셋째, 각종 기관 표창의 연도별 감축 목표를 설정하여 2018년까지 50%까지 감축하며, 현장 실사 평가를 통해 서류 준비 및 제출에 대한 부담을 줄인다. 넷째, '공문서 감축 내실화 방안 TF 운영' 등 다양한 공문서 감축 노력을 통해 2018년까지 공문서 50% 감축을 위해 노력한다. 다섯째, 교사들의 잦은 출장을 개선하여 본업에 충실할 수 있도록 교육청 주관 회의 통합 및 축소 운영, 공문서 질 제고, 보고 방법 개선, 연구·시범학교 감축 운영 등을 시행한다. 여섯째, 학교업무정상화 추진 프로세스를 관리하여 정책이 학교에 잘 안착하도록 컨설팅, 모니터링, 만족도 조사, 우수사례, 업무 메뉴얼 제공, 교육행정지원시스템 확대 운영, 학교 및 기관평가 방식을 개선한다. 한편, 이슬아, 정제영(2020)은 학교업무정상화정책에 대한 정책 흐름 분석 연구에서 학교업무정상화정책이 교육감 직선제, 학교폭력과 학생 자살 문제의 사회적 대두, 학교 현장에서의 집단 간 갈등 등 세 차례에 걸친 주요 이슈들로 정책의 창이 열리며 정책이 변화해 왔음을 밝히기도 하였다. 이렇게 학교업무정상화정책은 현장의 교원업무와 관련된 실제적 문제를 효과적으로 해결하기 위한 교육청 주도의 계획적인 노력의 일환이었다. 2011년 12월 발표한 서울특별시교육청의 '학교업무정상화 추진계획'은 이러한 노력의 의도를 잘 보여준다. 서울시교육청(2016)이 밝힌 학교업무정상화정책의 추진배경은 다음과 같다.

서울특별시교육청 업무정상화 방안 추진배경의 첫 번째는 학교 업무구조의 근본적인 혁신을 이루기 위해서다. 파악된 학교의 문제는 ① 학교가 교무행정업무 위주로 구조화되어 있어 교사가 수업 및 생활지도에 전념하는 데 장애가 되고 있다. ② 국회나 시의회 등의 요구 자료 및 각종 감사 자료를 긴급히 제출하도록 하는 사례가 많아 학교 현장의 업무부담 증가 및 수업에 지장을 초래하고 있다. ③ 교사가 수업과 학생 생활지도 및 상담 등 본연의 업무에 충실할 수 있도록 교육청과 학교의 적극적인 지원 행정이 요구된다. 두 번째 추진 배경은 사회적 변화에 둔감한 학교 시스템의 개선 요구를 들 수 있다. 즉, 과중한 담임 업무의 경감이 필요하다는 것이다. 담임 업무는 학생과 교사의 상호작용을 긴밀하게 하여 학생 지도를 충실하게 하도록 해야 하지만, 학생지도 및 상담 그리고 학교생활기록부 자료 기록과 관련 없는 일들이 편의상 담임교사에게 부과되는 현실을 개선할 필요가 있다.

이와 같이 학교업무정상화정책은 교사가 다양한 기관의 요청 또는 지시로 인하여 본연의 교육활동인 교수-학습에 전념할 수 없는 환경적 제약을 개선하기 위한 목적이 크다. 또한, 학교에서는 수업뿐만 아니라 학생들에 대한 학교생활 적응 지도도 중요하기 때문에 교사의 학생 생활지도 여건을 보장하는 것을 중요하게 다루고 있다. 그러나 현재 학교 현장에서는 행정업무 처리에 시간을 많이 뺏기고 에너지를 소진하다 보니 교수-학습활동에 전념하거나 학생들에 대한 상담이나 생활지도에 쏟을 여력이 부족하게 된 것이다(김엄지, 2018). 학교업무정상화정책은 이와 같은 현장 문제 해결에 대한 지속적 요청에 응답한 정책이다. 무엇보다도 업무전담팀이라는 개념을 창안하고 교무행정 지원인력을 현장에 바로 투입하는 등의 조치는 현장에 실질적으로 도움을 주는 현실성 있는 대책이라 할 수 있다.

3) 학교업무정상화정책의 한계

교육활동 중심의 학교업무정상화정책은 교육활동과 연구 활동에 교사가 전념할 수 있는 학교문화를 확산함으로써 교육의 질을 제고하는 것에 그 목표를 두고 있다(신현석, 정용주, 2017:27). 교사가 본연의 직무에 충실하고 집중할 수 있도록 도입한 정책인 학교업무정상화정책은 본격적으로 시행되면서 그 좋은 취지와는 다르게 여러 한계가 보고되고 있다(김유진, 2013; 배문영, 2015). 이 정책은 학교 현장과 지근 거리에 있는 교육청 수준에서 주로 형성·추진되었지만, 추진과제의 이행률이 목표치에 이르지 못하고, 업무정상화정책 자체가 업무로 부과되고 있는 현실에서 현장의 피로감이 쌓여가고 있는 실정이다. 합리적으로 수립된 정책목표와 추진과정의 설계가 실제 현장 적용과정에서 예기치 않은 역설적인 현상들이 초래되고 있는 것이다.

이와 관련하여 정근민(2013)은 학교업무정상화정책 운영학교에서 학교 규모 및 보직교사 여부에 따른 성과 인식과 업무전담팀 교사와 일반교사 간의 인식 차이에서 정책 한계가 드러나고 있음을 다음과 같이 밝히고 있다.

첫째, 학교 규모별로 성과에 대한 인식 차이가 나타난다는 점이다. 업무경감 측면에서 전반적인 행정업무 처리시간, 수업 중 행정업무 처리시간, 공문서 처리시간, 학사관리 처리시간, 기타 잡무 처리시간 감소에 대한 항목에서 모두 대규모 학교보다 중규모와 소규모학교 교사들의 성과 인식이 낮은 것으로 나타났다. 둘째, 보직 여부에 따라 교사 개인이 인식하는 전담팀 제도의 성과 인식 차이가 존재한다는 점이다. 수업 중 행정업무 처리시간과 공문서 처리시간 감소에 대한 항목에서 일반교사보다 보직교사의 성과 인식이 낮은 것으로 드러났고, 특히 교수-학습활동 준비 시간, 생활지도 및 안전지도 시간, 상담시간, 학생 평가 및 학습 부진아 지도 시간 증가 등 교육활동 전념 시간의 증가에 대한 항목에 대해 일반 교사들에 비해 그 성과를 낮게 인식하는 것으로 나타났다. 셋째, 전담팀 교사와 일반 교사의 인식 차이가 존재한다. 업무전담팀 운영실태에 대한 인식 수준이나 성과에 대한 인식에 대해 전반적으로 긍정적인 반응이었지만 그 중에서도 전담팀 교사와 일반 교사의 평균적인 차이가 있는 것으로 드러났다.

이처럼 현장에서는 학교업무정상화정책이 구체적으로 추진되면서 업무전담팀의 성과에 대한 입장 차이나 업무팀 교사와 담임교사의 업무에 대한 인식차이 문제 등이 제기되고 있다. 또 업무전담팀 개념의 핵심이라 할 수 있는 행정지원사의 문제를 제기하기도 하였는데, 행정지원사의 업무가 불명확하다거나 비정규직 신분인 점으로 인한 업무 처리와 권한의 한계 등이 문제로 제기되었다(김유진, 2013). 그밖에 학교업무의 총체적 분석을 통한 효율적인 업무처리 방안이 현장에 제시되어야 함을 요청하는 연구(배문영, 홍원표, 2016)와 비담임 교원의 업무 편중이 심각함(한 초등학교 교원 51명 중 10명이 담당하는 공문이 전체의 40.8%를 차지)을 지적한 연구(신상명, 2007)도 학교업무정상화정책이 그 실현 과정에 있어 다양한 문제들에 노정되어 있음을 밝히고 있다. 요컨대 학교업무정상화정책의 실제 실행에서 명확하지 않은 업무 구분, 특정 교사에 대한 업무 편중, 교원업무 경감과 관련된 교직원(교사–공무직–행정직원)들 간의 업무경계의 애매성, 규칙에 대한 해석의 모호성 등 전반적으로 정책의 기획 의도와 달리 문제점들이 제기되고 있는 것이다.

나. 학교업무정상화정책의 패러독스 현상

교육행정학에서는 교육정책의 시행 과정에서 의도와는 다르게 나타나는 문제들에 대해 포괄적으로 '패러독스(paradox)'라고 규정하고 있다. 패러독스(paradox)란, 서로 모순적이거나 대립되는 두 사태나 사건이 동시에 의미 있게 공존하고 있는 상태를 말한다(윤견수, 2014). 정책 패러독스 연구의 대표적 학자인 Deborah A. Stone[1]은 자신의 저서 『Policy Paradox: The Art of Political Decision Making, 2012)』에서 이 개념을 통찰력 있게 다루고 있다. Stone의 관심은 두 개의 해석이 존재하고 그것들이 서로 모순된다면 두 개가 동시에 진리라고 하는 것이 논리적으로는 불가능하지만, 우리가 살고 있는 현실 세계에서는 그러한 상황이 오히려 보편적이라는 것이다(Stone, 2012:1). Stone은 이것을 패러독스라고 하였다. 패러독스 현상은 두 개 이상의 현실이 존재하고, 이것들이 서로 충돌하며, 그 어느 것도 진실이 아니라고 말하기 힘든 상황이다. 두 개의 정책요구나 정책 논리가 존재하며, 각각의 요구나 논리 역시 정당하지만, 그것들이 서로 충돌하고 있는 상황인 것이다(Stone, 2012). 패러독스는 사람들이 그것을 모르고 지나갈 때는 아무런 문제가 되지 않지만, 선택의 순간 그것이 드러나면 많은 고민을 안겨준다. 이러한 역설이 선택과 결정을 요구하게 된 상황으로 표면화된 상태를 '딜레마(dilemma)'라 정의하기도 한다(윤견수, 2014). 딜레마는 두 개의 대안이 존재할 때, 두 개의 대안을 동시에 선택할 수 없으며, 그 중 한 개의 대안을 선택하기도 곤란하지만 제한된 시간 내에 선택을 내려야 하는 상황을 말한다.

이러한 정책 패러독스 관점은 학교업무정상화정책에 유용한 분석 틀(analytical framework)을 제공

---

1 Stone은 정책이 처한 현실적 상황과 고민을 다양한 사례연구를 통해 입증해온 미국의 정치학자이다. 그녀는 기존의 합리적 관점의 정책연구가 안고 있는 한계에 착안하여 정책 실제에서 나타나는 모순의 중심 현상을 분석하여 진단하고 그 원인을 밝히는 데 주력하였다. 대표 저서인 『Policy Paradox: The Art of Political Decision Making』은 다양한 사례들을 동원하여 정책의 주된 개념과 이론들을 다시 보는 것이기 때문에 Stone의 다른 글들을 낳게 한 플랫폼 역할을 한다(윤견수, 2014: 수정 인용).

한다. 학교업무정상화정책이 교사의 업무경감을 통해 교사 본연의 직무에 전념할 수 있는 긍정적인 처방이라는 데는 이론(異論)의 여지가 없다. 하지만 정책의 시행 과정에서 그 문제가 나타나고 있는 것이다. 패러독스 연구는 정책의 실패 가능성을 예방하기 위한 실용적인 지향점을 갖고 있다. 그렇기 때문에 누구의 책임을 논하기 전에 정책 자체의 성격과 현상의 본질에 대해 분석할 수 있어 소모적 논쟁이나 불필요한 비용을 감소시킨다. 학교업무정상화정책의 경우 정책의 기본 설계적 관점에서 보면 공청회를 거치고 전문가의 지원을 받아 말 그대로 '실증적이면서 충분히 합리적으로' 설계된 잘 짜여진 정책이었다. 하지만 이러한 합리성과 과학적 분석 및 예측에만 의존하려는 경향이 오히려 학교 현실과 만나면서 한계를 보이게 되었다고 볼 수 있다. Stone은 정책을 가치 중립적인 입장에서 과학적으로 분석하는 것은 현실 세계를 이해할 때 큰 장애가 된다고 말한다. 구체적으로는 종래의 정책분석이 지나치게 '추론 과정의 합리성(대안이 가져올 결과들을 비교한 후 목표 달성에 가장 도움이 되는 대안을 선택)', '시장의 합리성(계산을 통해 개인의 이익을 극대화 할 수 있는 상황)', '정책 결정의 합리성(정책이란 일련의 요소들이 연속 공정을 거쳐 자동적으로 만들어 내는 것)' 등에 토대를 두고 있다고 말한다(Stone, 2012:8-11). 그리고 이와 같은 접근은 정치 과정과 맞물려 돌아가는 현실 세계의 패러다임과는 맞지 않는다고 보았다. 즉, Stone은 의사결정 상황에 정치를 끌어들이는 것만큼 비생산적인 행동은 없다고 주장하는 합리주의자들의 주장과는 달리, 실제로 정책은 정치의 과정을 거치면서 '전략적으로 다듬어지는 주장(strategically crafted argument)'이라고 보았던 것이다(Stone, 2012: 7).

학교도 마찬가지 상황이라 할 수 있다. 학교에서도 정책 시행과 규칙제정을 위한 의사결정을 진행하는데, 이는 하나의 정치 과정에 속하는 행위이다(Hoyle, 1986; Ball, 1987; Blase, 1991; 이낙종, 2004). 즉, 아무리 합리적으로 연구되고 분석된 정책이라 할지라도 그것은 소위 정답이 아니라 의견의 종합, 합의라는 것이다. 정책에 있어 정치 과정의 중요성이라는 의미는 시대적 상황, 조직의 분위기, 특정한 사건이나 이슈 등 복잡한 사회 환경에 정책과 제도, 규칙이 영향을 받게 된다는 것을 말한다. 인간은 변하지 않는 고정된 실체가 아니고서야 합리적으로만 행동하는 존재가 아니며, 사회도 단편적 조직들의 기계적 결합이 아닌 이상 인간과 사회의 고정불변을 가정하고 만들어진 모든 정책과 제도, 규칙은 하나의 믿음이나 억견(doxa), 소망에 지나지 않을 수 있다(소영진, 1994). 특히 학생들의 변화와 비합리성에 대한 대응에 집중하고 있는, 학교라는 공간의 특성상 단일하고도 정형화된 정책 문구(text)의 완벽한 통제를 기대한다는 것은 그 자체가 모순이자 패러독스다. 따라서 우리가 규정한 문서화된 정책 규칙들을 따르고 정책목표를 실현하는 과정에서 예측할 수 있는 의도치 않은 결과들을 확인하고, 차후라도 발견된 문제들에 대해서 지속적인 보완 조치를 시도해 나가는 것은 민주적 의사결정의 가치를 배우는 전당인 학교에서도 당연한 과정이자 절차라 할 수 있다. 이러한 측면에서 Stone의 정책 패러독스 모형은 정책의 불완전성을 예측하고 미리 대비할 수 있도록 한다는 점에서 유용한 지침을 제공한다(염재호, 2006; 윤견수, 2014; 신현석, 이예슬, 2021).

다. D. Stone의 '규칙' 패러독스

Stone(2012)은 자신의 저서 『Policy Paradox』의 13장 '규칙(Rules)' 편에서 규칙의 제정과 시행 과정에서 발생하는 다양한 역설적 문제점들을 제시하고 있다. 제13장 '규칙'은 다음과 같은 여섯 가지 소주제로 정리되어 있다.

첫째, "규칙은 어떻게 작동하는가?"에서는 규칙의 맥락적 모호함에 의한 역설에 대해 설명하고 있다. 규칙이 맥락적 모호함을 지녀, 작동 시 회색지대(애매한 경계)를 만들기도 하고, 규칙 제정에 있어서는 분류와 편익, 부담의 배분 등이 정치적으로 연결되기도 한다는 것이다(Stone, 2012:291-293). 둘째, "좋은 규칙이란 무엇일까?"에서는 좋은 규칙의 역설에 대하여 설명하고 있다. 정확한 규칙, 모호한 규칙, 중립적 규칙의 장단점을 제시하며, 어떠한 규칙이든 다양한 해석과 예기치 못한 결과로 취지와는 다른 패러독스를 낳게 된다(Stone, 2012:293-300). 셋째, "폴리스 안에서 규칙 제정하기"는 규칙의 이해관계에 의한 역설에 대해 설명한다. 여기서는 규칙이 사회적 상황이나 입법권을 가진 의회 의원들이 자기 이익을 중심으로 법을 제정하고 있음을 밝히고 있다(Stone, 2012:300-302). 넷째, "폴리스 안에서 규칙 시행하기"에서는 규칙의 시행상의 불완전성에 의한 역설에 대하여 논하고 있다. 규칙 시행을 위해 감시와 모니터링을 하게 되는데, 이때 모든 구성원, 모든 상황을 다 통제할 수 없으며 규칙 집행자 자체의 한계도 있기 때문에 규칙 시행의 역설이 초래됨을 제시하고 있다(Stone, 2012:302-304). 다섯째, "규칙과 장려책(incentive)"에서는 불완전한 보상 규칙이 초래한 역설에 대해 설명한다. 장려책이란 사회와 집단에 대한 적극성과 헌신, 봉사를 유도하는 목적으로 만들어졌음에도 그것이 정한 것 이외의 상황에 대해서는 동기를 갖지 않거나 장려책이 의도한 것과는 전혀 다른 방향으로 행동하여 보상을 얻고자 하는 이른바 '삐뚤어진 인센티브(perverse incentives)' 현상을 초래하게 된다. 이러한 탓에 장려 규칙이 모호하게 제정되기도 하며 규칙 통제력을 실제화하기 위해 우리 사회는 경험칙이나 신화(神話)에 의존하기도 한다(Stone, 2012:305-307). 여섯째, "규칙 그리고 민주주의"에서는 민주국가에서 강조하는 법치주의, 법만능주의가 사람들로 하여금 '규칙대로만 일하기'라는 부정적 결과를 초래할 수 있음을 강조한다. 즉, 행위의 목적과 도덕, 양심과는 상관없이 규칙의 형식적 조건에 기계적으로 따르는 행위를 법 강조의 역설이라 한 것이다.[2] 여기서 Stone은 민주주의란 시민들 스스로가 만든 공동의 규칙을 어기면서까지도 자신들의 도덕적, 양심적 이상(理想)을 지키고자 노력하는 진정한 의미의 시민들에 의해 더욱 발전되고 완성됨을 강조하고 있다(Stone, 2012:307-310).

이상의 정리를 바탕으로 본 연구에서는 학교업무정상화정책에서 발생하는 문제들을 분석해보고자 한다. 선행연구에서도 지적하였듯이 학교업무정상화정책 관련 문제의 대부분이 업무분장이나 업무처

---

2 이의 대표적 사례로 Stone(2012)은 뉘른베르크(Nürnberg)의 교훈을 제시한다. 상사의 명령이 법이라는 이유만으로 수많은 무고한 사람을 학살한 독일군의 전쟁 범죄는 법과 규칙을 형식적이고 기계적으로 따른 참담한 상징적 사례인 것이다.

리 규칙과 관련되어 발생하고 있음을 확인하였다. 따라서 Stone의 '규칙' 패러독스 개념은 학교업무정상화정책 시행을 위한 단위학교들의 업무 규칙이 어떤 문제가 있으며 어떠한 역설적 상황을 초래하게 되었는지 이해하고 분석하는 데 매우 유용한 이론적 원리를 제공한다고 볼 수 있다. 본 연구를 위해 다음과 같이 A 학교에 관한 질적 사례연구를 실시하고 이를 분석하였다.

3 연구방법

가. 질적 사례연구

질적 연구는 인간의 사회적 행위나 상호작용 그리고 이들의 의미에 대해 있는 그대로 기술하면서 해석을 덧붙이는 연구이다. 질적 연구는 연구 문제나 현상, 대상에 대해 인식이 있더라도 그 자체를 의심하고 다시 탐색, 분석, 해석하고자 할 때, 그리고 이면의 심층적 구조화 과정을 밝히고자 할 때 적절하다. 또 질적 연구는 실제 속에 있는 어떤 현상을 탐구할 때 상황을 가능한 통제하지 않고 무엇이 일어나고 있는가를 '있는 그대로' 혹은 '그 본래의 입장에서' 이해하는 데 적합한 연구이다(김정미, 조흥순, 2020). 한편, 사례연구는 시간적·공간적 경계를 가진 사례들에 집중한다. 개인, 조직, 특정 집단이나 프로젝트 등이 사례연구의 대상이 될 수 있다. Merriam은 "질적 사례연구는 하나의 사건, 현상 혹은 사회적인 단위에 대한 집중적이고 전체적인 설명과 분석"이라고 정의하였다(김재연, 2017 재인용). 본 연구는 학교업무정상화정책이 실제 현장에서 어떻게 실행되고 있으며, 그 시행 과정에서 나타나는 문제의 양상은 어떠한지 A 학교 교사들의 경험을 조사한다. 조사된 자료는 Stone의 패러독스 관점에서 분석해 볼 것이다. 현장 자료를 특정한 이론이나 모델로 연역적 분석을 하는 것은 문제에 대한 보다 정확한 원인 분석과 대안 탐색을 용이하게 한다. 즉 본 연구는 학교업무정상화정책이 학교 현장에 적용되는 과정에서 나타난 역설적 사례와 그것의 특징을 밝혀 정책적 시사점을 탐색하는 실용적 절충을 지향하고 있는 연구라 할 수 있다(이동성, 김영천, 2014).

나. 자료의 수집과 검증

현장 중심 연구를 위해 A 학교 교사들에 대한 온라인 서면 의견조사와 인터뷰를 진행하였다. A 학교는 업무정상화를 실시하기 위해 1년간의 TF팀이 운영되었고 전 교직원 대상 토론을 거쳐 업무정상화 규칙을 제정하였다. 그러나 시행 초기에는 높은 만족도로 별 무리없이 실시되어온 규칙들이 시간이 흐르면서 예기치 못한 한계에 직면하게 되었다. 이러한 A 학교의 상황은 본 연구 취지에 적합하다고 판단하였다. 그리고 무엇보다도 A 학교를 선정한 이유는 연구자가 A 학교에 소속되어 있는 교직원이라는 점이다. 연구자는 해당 학교의 업무정상화정책이 시작되었던 초기 기획 단계부터 주도적으로 참여해 왔다. 그러면서 정책의 성과와 문제점을 동시에 인식하고 있었고, 이에 대한 원인 분석과 대안 모색에 대해 고민을 거듭하던 중 정책 패러독스적 접근이 합당함을 깨닫게 되어 본격적으로 연구에 착수하게 되었다. 이런 연구자의 특성으로 본 연구를 진행함에 있어 자료 수집이 매우 수월하였다. 자료 수집의 과정은 다음 [표 13.1]과 같다.

면담 과정에서 연구참여자들을 최대한 배려하기 위하여, 또한 보다 깊이 있고 솔직한 답변을 듣기

[표 13.1] **A 학교 온라인 서면 의견조사 및 면담의 개요**

(1) 온라인 서면 의견조사

- 대상: A 학교 교직원 전체 29명
- 질문: "지금까지 또는 올해 학교업무정상화정책 추진과정에서 느낀 좋았던 점, 문제점, 건의사항을 자유롭게 써주세요."
- 방법: '구글(google)' 플랫폼을 통해 온라인 서면 의견조사를 실시
- 결과: 온라인 서면 의견조사 결과 다음과 같이 6가지 유형으로 응답유형이 분류됨.

응답유형	사례수
① 업무 규칙에 관한 의견	6
② 정책 취지에 대한 구성원의 해석과 실천에 관한 의견	3
③ 각 부서(업무팀과 학년부) 및 구성원간 상호협력에 관한 의견	5
④ 교직 풍토에 관한 의견	2
⑤ 정책 도입 취지 연수 및 꾸준한 피드백에 관한 의견	2
⑥ 기타	3
(합계)	21 (응답률 72%)

- 활용: 응답 내용이 정책 패러독스와 관련성이 있음을 확인하고 면담 질문 도출.

(2) 면담

- 대상: 온라인 서면 의견조사 이후 연구자가 여러 교사와 대화를 나누다 업무정상화정책에서 나타난 규칙 패러독스 현상과 관련된 의견을 진술한 교사 3명을 확인하고 집중 면담 실시.
- 주요 질문
  ① 업무정상화 정책의 도입 취지에 대해 어떻게 생각하시나요?
  ② 업무 편재 규칙을 제정하는 과정은 어떠하였나요?
  ③ 업무 규칙이 제정되었을 당시 규칙에 대한 선생님의 평가는 어떠하셨나요?
  ④ 업무 규칙이 시행되면서 선생님이 경험하신 긍정적 측면은 무엇이었나요?
  ⑤ 업무 규칙이 시행되면서 선생님이 경험하신 역설적 상황은 무엇이었나요?
- 면담: 일상 대화하듯 오랜 주기를 가지고 틈틈히 면담. 필요시 메신저 등 통신수단을 사용하여 추가 면담

(3) 자료의 전사와 코딩

- 자료의 전사: 면담 시간이 짧은 경우는 면담 후 연구자 기억에 의존하여 면담 내용을 문서화하였고 면담 시간이 길 것이 예상되는 경우(10분 이상) 필드 노트에 기록한 후 전사.
- 코딩: 분석 워크시트를 활용하여 원자료에 대해 1차적으로 개방코딩을 실시하였고 이후 초동적 개념이 파악된 시점부터는 Stone의 규칙 패러독스 모델에 기반하여 연역적 코딩(deductive coding)을 실시.

위하여 수개월에 걸쳐 긴 연구 주기를 가지고 일상적으로 대화하듯 참여관찰적 인터뷰를 진행하였다. 구체적으로 자료 수집은 ① 연구계획 수립 및 안내(2020년 5월), ② 온라인 서면 의견조사 및 면담대상자 선정(2020년 6월), ③ 면담 실시(2020년 6~9월), ④ 추가 조사 및 면담자료 정리(2020년 10~11월)의 4단계를 거쳐 이루어졌다. 자료의 객관성 및 신뢰도 확보를 위해 교육계획서, 업무정상화 자체 만족도 조사 결과자료, 학교평가 보고서, 인성교육 보고서를 활용해 다면 검증(triangulation)을 실시하였다.

4 '규칙'의 세 가지 역설적 현상

가. 분석결과

A 학교는 업무정상화정책을 수용하고 실현하는 과정에서 그 민주적 절차와 결과의 유용성이 돋보여 인근 학교에 소개되기도 하였다. 이 학교는 업무정상화 시행 초기에 업무정상화에 대한 자체 만족도 조사에서 70% 이상의 긍정 평가를 받기도 하였다(A 학교 인성교육실천사례보고서, 2017). 하지만 시행 수년째가 지난 지금 학교업무정상화정책에 대한 문제점과 개선 요구의 목소리가 나타나고 있었다. 왜 이런 현상이 발생하는 것인지 전 교사 대상으로 온라인 서면 의견조사를 실시[3]한 후, 이를 토대로 주요 질문을 구성하여 여러 교사들을 만나 대화를 이어갔다. 그리고 학교업무정상화정책에 대해 규칙 패러독스와 관련된 진술을 한 교사 3명을 확인하고 집중 인터뷰를 실시하였다. 그 후 자료를 Stone의 '규칙' 패러독스의 관점에서 분석하였다. 수집된 자료의 분석 결과는 다음과 같다.

1) '규칙의 맥락적 모호성'에서 오는 역설

'교사 1'의 경우에 학교에서는 아무리 업무정상화를 위한 규칙을 잘 만든다 해도 완벽할 수 없고, 규칙이 모든 것을 다 해결해 줄 수 없다고 생각하고 있다. 애매성과 모호성이 큰 게 학교 일의 특징이며(정순도, 2012), 이는 업무처리에 있어 교사 개인의 특성이 상당 부분 허용될 수밖에 없게 된다. 학교가 이를 해결하기 위해 업무정상화 등의 다양한 시도를 하였지만, 항상 새로운 문제는 또 발생해 왔고 결국 소수의 헌신적 교사에 의해서 문제가 해결되는 일이 반복되었다.

> …업무정상화가 완벽할 수 없다고 지금도 생각하고 있습니다. 왜냐하면, 학교 일이라는 것이 불명확하고 분류가 애매한 게 상당히 많습니다. 그렇기 때문에 이런 상황에서는 선생님들 성향이 크게 영향을 미칠 수밖에 없어요. 같은 일이라도 선생님마다 다른 느낌으로 받아들여지는 것이죠. 선생님마다 전공, 성격, 업무처리 스타일이 다 다릅니다… 이번 코로나 업무처럼 새로운 업무가 왔을 때 그것도 그 담당이 불분명하고 여러 부서에 걸쳐진 덩어리가 큰 업무가 왔을 때 결국 업무정상화 이전 때처럼 몇몇 소수 교사의 희생으로 해결되었습니다…

---

3 2020년 6월에 실시하였음.

Stone도 모든 규칙은 완전히 중립적일 수도, 그렇다고 완전히 유연할 수도 없으며, 완전히 정확할 수도 없다고 말한다. 결국, 규칙은 맥락 의존적이고 상황과 사람에 따라서 같은 규칙이 완전히 다른 결과로 도출될 수도 있게 된다. 그래서 규칙의 이러한 맥락적 모호성은 항상 애매한 경계지대를 만들어 낸다(Stone, 2012:299). 또한, 규칙제정 과정에도 그렇지만 시행의 과정에서도 당사자들의 이해관계가 영향을 미칠 수밖에 없게 된다. 이러한 상황이 규칙제정과 규칙 시행의 불완전성을 증폭시킨다(Stone, 2012:301). 교사들의 이러한 인식은 온라인 서면 의견조사에서도 나타나고 있다.

> 학교실정에 맞게 업무 분류를 명확하게 해야 일 처리가 수월하다. 이게 잘 안되면 교사들 간에 갈등 소지가 될 수 있다. / 코로나19 업무 분류 시 학년부에서 해야 할 일과 업무팀에서 해야 할 일을 확실히 정해줬으면 한다.

학교의 교무 업무와 관련한 규칙의 불완전성은 특히 새로운 업무를 분배하는 과정에서 문제를 자주 일으킨다. 학교의 교무 조직은 대체로 교무부, 연구부, 생활지도부 등과 같이 업무 유형에 따라 분류되어 있는데, 교육청이 내려보낸 새로운 업무가 이 분류와 반드시 일치하는 것은 아니다. 그래서 새로운 업무들을 분석하여 담당 부서를 배정하고 타 부서와 교사들에 협조를 얻는 형태로 학교 현장에서는 업무들을 처리하고 있는 게 현실이다(강민정, 2014). 하지만 분배규칙이 명확하지 않으면 구성원들은 혼란스럽게 되고 불만이 누적될 수밖에 없다. 사회가 복잡해지고 시대가 발전해가면서 교육 분야에도 다양한 새로운 일들이 생겨나기 때문에, 과거의 고정된 업무처리 규칙과 조직체계만으로는 한계가 있다. 이에 대하여 이상철(2018)은 업무정상화정책을 입안할 때 교육청 체제와 학교체제의 동시 변화, 교육청 차원 정책과 학교 차원 정책의 차별화, 교원과 직원의 원활한 협조, 교육청 및 학교 시스템 변화를 통한 교육기관으로서의 본질 회복 등이 함께 이루어져야 한다고 제안한 바 있다.

규칙에 근거한 이러한 학교 현장의 업무분장 구조는 어떤 측면에서 교사의 직무 수행 정체성에도 혼란을 초래한다. 기본적으로 교무행정업무는 교무실의 관료적 체계와 통제된 판단 범위 내에서 처리되는데, 이러한 위계적이면서 통제적 구조가 학교 풍토나 교장 리더십 등으로 인하여 편향적으로 강조될 경우 교사들은 교직 정체성에 혼란을 일으킬 수 있다(김정희, 2015). 교사는 자율적 책무성을 기초로 실제 교육 상황에서 창의성과 전문성 등을 민첩하게 발휘하는 리더로서의 역량을 발휘해야 하는데, 평소 위계가 강조되는 행정업무 처리 중심의 수동적, 기계적 직무 습관이 그러한 리더로서의 정체성을 약화시킬 수 있다는 것이다(민서홍, 2011). 따라서 지금의 규칙에 근거한 상명하달식 교무행정업무 처리 방식은 개선할 필요가 있는 것이다. 일반 정부 행정 부처는 선거 결과에 따라 민심을 반영한 정책을 공무원들이 일사분란하게 처리해야 하지만, 교육 분야는 교사를 행정적 위계 속에서 '관리'하는 영역이 아니라 교육현장에서 리더로서 전문성과 역량을 발휘할 수 있도록 '지원'하는 관점과 인식이 필요한 것이다(홍성철, 2017).

2) '좋은 규칙'의 역설

'교사 2'는 대체로 업무정상화 정책에 대해 긍정적인 평가를 내리고 있다. '교사 2'는 업무정상화 실시 이전에 교무 업무가 교사 간 불균등하고 불공정하게 분담되어 어려움을 겪었다고 한다. 그러므로 교사의 행정업무를 일정한 기준으로 공정하게 재편(再編)한다는 취지의 정책을 환영하였다. 이른바 '좋은 규칙'이 제정된 것이다. 하지만 시간이 흐르면서 규칙이 제어할 수 없는 부분들이 발생하게 되었고 결국 일 처리를 위해 업무팀 교사가 더 바빠질 수밖에 없었다.

> ...업무정상화가 전원 회의를 거쳐 통과된 후 특정 교사에 대한 업무 쏠림 현상은 사라졌습니다. 업무를 이제 공정하게 분담하면서 교육목적도 살리게 되는 효과적인 방안을 만들 게 된 것이죠. 그리고 가장 좋은 효과는 담임을 선호하게 되었다는 것입니다... 하지만 이후 담임선생님들이 업무팀 일에 대한 관심과 이해가 부족한 점은 아쉬웠습니다. 선생님들이 어느 정도는 업무 이해가 되어 있어야 업무팀도 업무처리가 수월한데 이를 어떻게 하라고 규정에 다 담을 수는 없기 때문에 아쉬운 점이 있습니다. 어쨌든 업무팀 선생님이 더 움직일 수밖에 없는거죠...

Stone에 따르면, 정확한 규칙, 모호한 규칙, 중립적 규칙 모두 장단점이 있기 때문에 좋은 규칙이라고 제정 당시에는 판단될지라도 다양한 해석과 예기치 못한 의외의 결과로 인해 패러독스는 나타날 수 있다(Stone, 2012:300). 학교업무는 포괄적이고 구체적·맥락적 특성을 갖는 경향이 강하기 때문에 담임교사들도 담임 업무 외의 업무들에 대하여 어느 정도 이해가 필요하지만, 담임 업무라는 규칙을 넘어서는 것에는 큰 관심을 갖기 힘들다. 이렇게 되면 행정업무를 처리하는 업무전담팀 교사는 쉽게 처리할 수 있는 일조차도 어렵게 해결할 수밖에 없게 된다. 아무리 좋은 규칙이라도 모든 상황을 다 담을 수 없는 예측불허의 결과 때문에 패러독스가 발생하고 있는 것이다. 이러한 상황과 관련한 내용도 온라인 서면 의견조사에서 드러나고 있다.

> 정해진 규칙대로 잘 따르는 것도 좋지만 업무팀과 담임간에 서로에 대한 이해와 배려의 노력이 더 중요하다고 생각합니다. / 지금 업무분장 규칙을 약간 손 봐서 각 부서별 학년별 업무의 적당한 분배와 계속적인 업무팀과 학년팀의 공정한 순환 그리고 업무팀의 행정 업무 인원을 확충 등을 했으면 좋겠습니다.

이 외에도 학교 정책에서 '좋은 규칙의 패러독스'와 관련된 사례는 어렵지 않게 찾아볼 수 있다. 한 예로 교무행정지원사 제도를 들 수 있다. 이 제도는 날로 증가하는 교원의 교무행정 업무를 경감시키기 위하여 교무행정지원사를 단위학교에 채용·배치하는 것으로, 이를 통해 교원들의 교무행정업무를 확실히 줄였다고 보고되었다. 하지만 이 정책이 교사들의 교육력 제고에 긍정적 영향을 주었는지에 대해서는 여전히 불확실하며, 아이러니하게도 교무행정지원사를 추가로 더 증원하는 것에 대해서는 교사들의 인식이 부정적인 것으로 밝혀졌다(이길환, 2018). 또 다른 사례로 2012년 학기 중 긴급 시행되었던 중학교 2학년 복수담임제 정책을 들 수 있다. 이 제도는 당시 대구·경북지역에서 학교폭력으로 8명의 학생이 스스로 목숨을 끊는 일이 발생하자 교육부에서 긴급하게 조치한 제도였다. 담임교사가 2명이면 학생 사안이나 생활지도에 효율성을 높일 수 있어 학생들이 폭력이나 극단적 선택을 하는 경우를 줄일 수 있을 것이라고 당국은 판단했다. 하지만 이 조치를 통해 담임교사의 행정업무 부담이 줄어들긴 하였지만, 정작 본래 취지였던 학생 적응도 향상 등의 교육적 효과를 거두지는 못한 것으로 밝혀졌다(박윤기, 2012).

한편, 앞서 제시한 교무행정지원사 정책, 복수담임제 정책 그리고 업무정상화정책의 본질적 목적은 교사의 수업과 생활지도 활동을 지원하는 것이다. 이러한 활동은 교사의 본무(本務)에 해당하는 필수업무이자 가장 중요한 활동이기 때문에 준비와 실행에 가장 많은 시간을 할애할 수 있어야 한다. 특히 기본업무인 교과지도 외에 학생들에 대한 생활지도와 학급경영은 교사들이 가장 힘들어하는 고충 업무로 인식되고 있다(김지혜, 2021). 따라서 좋은 규칙으로서 이러한 정책들이 제대로 목적을 달성하기 위해서는 무엇보다 교사들이 학생들의 학교생활 적응을 지도하는 전문성을 제대로 갖출 수 있도록 직접적으로 지원하는 전략이 필요하다. 이를 위해서는 교원 양성단계에서 현장 중심 커리큘럼을 대폭 강화할 필요가 있고, 현직 이후에도 교직 생애 주기에 따른 연수를 구체화하여 지속적으로 전문가로서의 감각을 잃지 않도록 지원해야 한다(박수정 외, 2016). 또 학교 현장에서 담임활동을 하면서 발생하는 예기치 못한 사안들에 대하여 수시로 협의하고 지지받을 수 있는 교사학습공동체 등의 교사 간 친밀한 공동체 활동도 큰 도움이 되고 있다(배정현, 박미희, 2020).

3) '규칙대로만 일하기'의 역설

'교사 3'의 경우 규칙에 대한 형식적 시행보다는 그 취지를 살려 주도적이고 적극적으로 업무에 임하는 자세를 강조하였다. 규칙 그 자체보다도 규칙을 대하는 교사의 자세가 중요함을 말하고 있다. 하지만 시간이 지나면서 인적 구성의 변화와 함께 정책 도입 취지에 대한 기존의 공감대가 퇴색되고 규칙을 형식대로만 인식하여 실행에 옮기는 현상이 일부 발생하고 있음이 나타났다. 이러한 '교사 3'의 입장으로 보았을 때, 구성원들의 기계적인 규칙 이행은 명백한 '규칙' 패러독스 현상이다. 이는 Stone이 언급한 패러독스 중 '규칙대로만 일하기'의 역설과 관련되는 것으로 볼 수 있다(Stone, 2012:306).

> ...제도 시행 초기에 분위기가 좋았습니다. 서로 도우며 모두 다 열심히 하는 분위기랄까? 그런데 시간이 지나면서 새로운 사람들도 들어오고 나가시는 분도 계시고 하면서 좀 분위기가 달라지기 시작했습니다. 우리 학교에서 정책을 도입하게 된 그 취지와 당시 어려운 상황에 대해선 공감이 없으신 분들이 들어 오세 된 거죠. 그러다 보니 적극성이나 자발성이 처음 분위기만큼 못한 거죠. 학교업무라는 게 서로 양보하고 도우며 해야 하는 게 많은 건데 처음 오신 분들 입장에선 규칙에서 정한 것 이상을 한다고 나에게 어떤 인센티브가 주어지는 건 아니잖아요... 제 생각엔 서로의 입장을 들어 보고 이해하는 시간을 꾸준히 지속해서 갖는 게 중요한 것 같습니다. 공식적이든 비공식적이든 말이죠. 논의와 소통을 통해 계속적으로 상황을 개선해 나가면서 제도 도입 취지의 공감대를 확산시키는 게 중요하다고 생각합니다.

Stone(2012:305)은 '규칙 그리고 민주주의'에서 규칙에 열거되지 않은 문제들을 다뤘다고 하여 처벌

받지 않을 것이란 걸 영리한 사람은 누구나 다 잘 알고 있기 때문에, 사람들은 규칙이 정하는 것대로만 당연히 행동하게 된다고 말한다. 사회나 집단이 강조하든 그렇지 않든 일단 규칙은 강한 행동 통제력을 가질 수밖에 없다. 특히 새로 조직에 들어온 사람들에게 있어 규칙은 당장 자신이 어떻게 행동해야 하는지 말해주는 매뉴얼과 같은 것이다. 따라서 규칙 그 이상의 시도는 쉽지 않다. 하지만 그렇다고 기계적으로 '규칙대로만 일하기'를 고수하는 것도 바람직하지는 않다. 어떠한 규칙이든 규칙만으로 모든 상황을 다 제어할 수는 없기 때문이다. 그러므로 민주사회에서는 우리가 이상적으로 추구하는 도덕, 양심, 가치에 대한 깊이 있는 탐구와 신념이 필요한 것이다(Stone, 2012:310). 이러한 규칙대로만 일하는 소극적 태도와 관련해서도 온라인 서면 의견조사에서 관찰되고 있다.

> 새로 오신 선생님들 업무정상화 취지를 이해할 수 있도록 연수를 한 번 하는 게 좋지 않을까요? / 자기 일이 아니더라도 같이 돕고 협조하는 건 중요한 거 같습니다.

학교에서 '규칙대로만 일하기'는 Weber의 관료모형의 한 요소로서 장점과 단점을 동시에 갖고 있기도 하다. 규칙은 모든 사람을 기대하는 평균값으로 균질화하여 규칙의 범위 내에서 규칙을 준수하며 과업을 수행할 것을 기대한다. 그래서 사람들은 규칙을 지키며 규칙대로 일할 수밖에 없다. 그것이 규칙의 중심 가치인 공정과 균형, 객관과 합리성, 안정과 안전을 확보하는 방안이기 때문이다. 그러나 규칙대로 행해지는 학교업무의 정상화 방안은 학교업무의 획일적인 처리와 규칙의 범주 밖에 존재하는 새로운 업무의 방기를 위한 안식처로 전락하여 무기력한 규칙의 운영을 조장할 가능성이 높다. 또한, 규칙은 정책목표 달성을 위한 강력한 집행수단일 수 있지만, 목표를 왜곡하며 전도하는 왜곡의 무기가 될 수도 있다(Hoy & Miskel, 2013:99-101)는 점에서, '공존'의 패러독스 현상이 유발될 수 있다(Stone, 2012:윤견수, 2014; 신현석, 이예슬, 2021).

특히 학교조직에서 '규칙대로만 일하기'는 행정 영역에서 보다 교육 영역에서 더 경계할 필요가 있다. 교육활동의 공간에서 규칙대로만 일하는 교원은 전인교육과 같은 교육목표와 중요한 교육적 가치들로부터 아예 탈구되어 있거나 기껏해야 이러한 목표와 가치를 제한된 틀 속에 가둬놓고 규격화된 교육을 실행한다(doing education). 이러한 규칙의 속성 때문에 전인교육을 목표로 하는 학교 교육에서는 규칙이 면학분위기 조성을 위한 수단 혹은 규칙을 준수하는 것 자체가 교육적으로 활용되는 규칙의 메타적 목적을 위하여 제한적으로 적용되어야 할 것이다. 교육을 통한 학생의 전인적 발달은 규칙 준수의 결과로 지덕체의 평균적 도달을 의미하는 것이 아니라 개인의 잠재력을 그들의 역량에 따른 적정한 수준에 이르게 한다는 의미이다. 다원주의 사회에서 성장하는 아이들을 규칙을 통해 평균과 객관으로만 이해하려는 태도는 교육 실패를 높일 뿐만 아니라 위험한 것일 수도 있다. Rose(2018)는 교육에서 평균의 중시는 그 누구도 성공할 수 없게 만든다고 주장한다. 즉, 모든 사람에게는 고유한 특성이 있고 이것을 제대로 계발할 수 있도록 돕는 것이 교육의 본질이고, 학생 개인에게는 물론이고 궁극적으로 사회발전에 기여할 수 있는 방법이라는 것이다. 규칙에 근거하여 획일적이고 형식적이며 무사안일한 태도로 평균을 지향하는 교사로 관습화되는 모습, 그리고 획일적인 풍토를 강조하고 단일의 가치를 지향하는 학교장의 수구적 습관, 이들 모두 전통적인 관리 중심의 학교에서 배태된 것으로 새로운 시대의 학교 모형과 리더십으로 전혀 적절하지 않다(Sergiovanni & Green, 2015).

나. 논의

본 연구에서 전반적으로 학교 업무정상화의 취지는 모두 공감하고 있으나 이의 시행 과정에서 발생하는 역설적 상황에 대해 공통된 의견도 있었고, 서로 차이를 보이는 의견도 있었다. 면담에 응한 교사들은 대체로 업무정상화정책 시행과정에서 나타나는 '규칙' 패러독스 현상을 경험하고 있었다. 업무를 경감시켜 교사 본연의 업무인 수업과 생활지도에 집중할 수 있도록 시도하였지만, 시간이 흐를수록 교직원 간 업무처리의 모호성을 증대시켜 업무 추진을 더 어렵게 만들었다. Stone이 언급하였듯이 우리가 관심을 갖는 인간 활동의 모습은 항상 공식적인 규칙에서 포착될 수 있는 것보다 현실에서는 훨씬 다양하고 복잡한 양상으로 나타난다. 그래서 규칙에는 항상 의도치 않은 의외의 결과가 포함된다(Stone, 2012:305). 또한, 같은 규칙이라도 어떤 사람은 이익을 보게 되고, 어떤 사람은 손해를 보게 되는 결과가 불가피하게 초래될 수밖에 없다(Stone, 2012:293). 특히 새로운 업무가 제시되었을 때 이를 어떻게 어느 부서 담당으로 분류해야 할지에 대해선 기존 규칙이 갖고 있는 한계가 분명하다.

선행연구들과 현장 사례에서도 확인할 수 있듯이 학교업무정상화정책이 학교 현장에 안착되고 성공하기 위해서는 규칙에 근거한 제도적 접근만으로는 어렵다는 것을 알 수 있다. 교원의 행정업무는 이해의 정도와 관점에 따라 분류와 경계가 불명확한 경우가 많기 때문이다. Stone도 언급하였지만, 폴리스(polis)에서 규칙은 사회를 개선할 수도 있지만, 한편으로는 사람들에게 잘못된 신호를 제공할 수도 있는 것이다(Stone, 2012:307). 학교업무정상화정책이 그 취지는 좋지만 시행과정에서 '규칙' 패러독스 현상이 나타나고 있음을 알 수 있었고, 따라서 규칙을 넘어서는 그 이상의 노력이 필요함을 확인할 수 있다.

본 장을 통해 확인된 '규칙' 패러독스는 규칙의 맥락적 모호성, 좋은 규칙이 갖는 역설, 규칙대로만 일하기의 역설 등이었다. 첫째, 규칙의 맥락적 모호성에서 오는 패러독스는 새로운 업무의 하달, 업무처리에 대한 교사 개인적 특성들로 인해 발생하였다. 어떠한 규칙이든 시행 과정에서 맥락적 모호성을 지닐 수밖에 없고 애매한 경계를 만들기도 한다. 또한, 규칙 제정 및 시행의 과정에서도 당사자들의 이해관계가 영향을 미칠 수밖에 없다(Stone, 2012:293). 둘째, 좋은 규칙의 역설로, 업무정상화정책은 그동안 소위 일 잘하는 '착한' 교사에게만 업무가 과중되는 불합리하고 부당한 관행을 개선하는 좋은 규칙이었다. 하지만 아무리 좋은 규칙이라도 모든 상황을 다 통제할 수 없기 때문에 역설적 상황이 발생한다. 어떠한 규칙이든 다양한 해석과 예기치 못한 결과로 인하여 취지와는 다른 패러독스가 나타나게 된다(Stone, 2012:300). 셋째, 규칙대로만 일하기의 역설로, 업무정상화정책이 시행될 초기에는 구성원들이 정책 도입 취지에 크게 공감하고 있었기에 적극적인 참여를 이끌어낼 수 있었다. 하지만 구성원이 변화된 이후 정책의 취지보다는 규칙 자체를 준수하는 데만 집중하였기 때문에 패러독스가 발생하게 되었다. 이른바 행위의 목적과 도덕, 양심과는 상관없이 규칙의 형식적 조건에 기계적으로 따르는 과정에서 패러독스가 발생하였다(Stone, 2012:309).

이 외에도 Stone이 제시한 규칙 패러독스의 유형에는 '규칙의 이해관계의 역설', '규칙의 시행상 불완전성에서 오는 역설', '불완전한 보상 규칙이 초래한 역설' 등이 있다. 본 장에서는 이 유형들이 포착되지는 않았다. 그 이유에 대해선 다음과 같이 추론해 볼 수 있겠다. 우선, '규칙의 이해관계의 역설'은 규칙 제정 시 자기 이익을 중시한다는 것인데 이번 연구는 규칙의 제정보다는 그 이후 규칙의 시행과정에서 발생한 패러독스에 대한 것으로 포착되지 않은 것으로 보인다. 그 다음 '규칙의 시행상 불완전성에서 오는 역설'은 규칙 시행에 있어 완벽한 감시와 모니터링, 통제는 사실상 불가능하기 때문에 초래되는 역설인데, 이는 주로 관리자의 입장에서 진술될 수 있는 성격의 상황이라 이 장에서는 관리자가 배제되었기 때문에 포착되지 않은 것으로 판단된다. 또 '불완전한 보상 규칙이 초래한 역설'의 경우는 인센티브와 관련된 것인데, 면담에 응한 3명의 교사들은 모두 자기 희생적으로 직무에 응하는 교사들이었기 때문에 이에 큰 관심을 가지지 않았던 것으로 보인다.

제도 실행의 근거로서 규칙은 행위의 최소한만을 제시하는 경향이 있다. 모든 상황이 통제될 수 있는 규칙은 오히려 규칙이라기보다는 추상적 이념에 가깝거나 종교 교리처럼 메타(meta)적일 수밖에 없다(Stone, 2012:306). 따라서 정형화된 규칙은 실제 구체적인 상황에 적절한 실천적 지침을 안내해 줄 수가 없다. 게다가 사회적 변화 및 요구가 바뀌게 되면서 교육정책이 이의 영향을 받게 되면 학교의 상황과 맥락에도 변화가 발생하게 된다(황수아, 2018). 그래서 사회적 상황이나 이슈에 따라 새로운 업무가 생기기도 하고, 기존에 해오던 업무가 갑자기 사라지기도 한다. 이러한 입장에서 보면 학교에서 정책과 제도가 안정되고 일관성 있게 시행될 가능성 자체가 무의미할 수도 있겠다. 하지만 학교업무정상화정책을 포기하기에는 교사는 물론 학생들에 미치는 교육적 손실이 너무나도 막대하다. 따라서 패러독스를 극복해가며 정책 취지를 최대한 살려 나가려는 노력이 중요하다.

5 정책적 시사점

본 장에서는 학교업무정상화정책 추진과정에서 나타나고 있는 문제들을 학교 현장에서 의견 조사와 면담을 통하여 자료를 수집하고, 이를 Stone의 '규칙' 패러독스 관점에서 분석·논의하여, 정책적 시사점을 탐색하고자 하였다. 분석결과, 규칙의 불완전성으로부터 파생된 역설적 현상들을 확인할 수 있었다. 구체적으로, 발견된 '규칙' 패러독스 현상을 중심으로 결론을 제시하면 다음과 같다,

첫째, 규칙의 맥락적 모호함으로 인한 역설적 현상이 업무정상화정책 시행 과정에서 확인되었다. 어떠한 규칙이든 그것이 작동하는 과정에서 맥락과 만나게 되는 경우 애매한 경계지대가 발생하게 된다. 업무정상화정책도 하나의 규칙으로서 학교 현장이라는 구체적 맥락 속에서 모호성을 지니게 되었고

결국 패러독스가 나타나고 있었다.

둘째, 좋은 규칙의 역설로, 업무정상화정책이 특정 교사에게 업무가 편중되는 관행을 개선하는 좋은 규칙이었지만, 시간이 흐르면서 자신의 업무 외에는 무관심하게 되었고, 결국 새로운 업무 등이 하달되었을 때 다시 특정 교사에게 업무가 가중되는 결과를 초래하게 되었다. 사실상 완전하고 정확한 규칙이란 존재할 수 없으며 아무리 좋은 규칙이라도 시간이 지나면서 예기치 못한 결과에 직면하게 된다는 것을 확인시켜 주었다.

셋째, 규칙대로만 일하기의 역설로, 정책 시행 초기 구성원들은 정책 취지에 공감하여 자발적·적극적으로 호응했지만, 시간이 흐르면서 구성원 변화로 공감대가 약해지고, 결국 정책 의도나 취지를 새로운 구성원들에게 동기화하기 어렵게 되어 규칙의 형식대로만 일하게 되는 현상이 나타났다. 이러한 규칙대로만 일하기 현상은 행정영역에서는 물론 특히 교육활동 영역에서 부작용이 큰 관료제의 원칙으로 이른바 '평균의 함정(역설)'에 빠질 수 있기 때문에 경계할 필요가 있다.

이상의 결론에 따라 향후 학교 현장에서 '규칙' 패러독스 상황에 직면하고 있는 학교업무정상화정책을 어떻게 발전시켜 나갈 수 있을지 대안을 모색해 보면 다음과 같다.

첫째, 단위학교 중심의 자율책임경영제를 실질적으로 가능하게 하는 방안을 검토할 필요가 있다. 상급 교육행정기관으로부터 단위학교로 유통되는 제도의 행정 구현과정에서 학교 운영에 대해 명확한 기준과 규칙을 최소한으로 제시하고, 이에 근거해 단위학교가 그 학교 사정에 맞게 구체적 지침을 설계하고 운영할 수 있도록 권한과 재량을 보장해야 한다(송제인, 2018). 이때 상급 행정기관의 역할이 단위학교에 책임을 전가하는 것이 아니라, 연구 역량과 여건을 갖추어 규칙 시행에 대한 애매성과 사안의 복잡성 등을 철저히 분석·연구하여 단위학교가 원활하게 자율적으로 경영할 수 있도록 전폭 지원해야 할 것이다. 단위학교가 자율적 재량권을 실질적으로 행사할 수 있도록, 권한을 세심하고 과감하게 부여하고 전폭적으로 지원하는 것이야말로 단위학교 자율책임경영제를 정착시킬 수 있는 초석이 된다.

둘째, 교내에 '학교규칙혁신위원회'를 설치 운영하여 학교에서 발생하는 규칙 패러독스에 선제적으로 대응할 필요가 있다. 이 위원회는 규칙의 혁신뿐 아니라 그로 인해 발생하는 교사와 교직원 간의 갈등 등을 해결하는 구심점 역할도 수행할 수 있을 것이다. 즉, '교직원의 화합과 협력적 동료 문화'와 '교육 본질 지키기'를 중심으로 학내 불합리한 절차나 업무 처리상의 애로 사항들을 해결하는 전문가 그룹이자 중재자 역할을 하는 것이다. Stone에 따르면 입법기관이 법을 통과시키게 되면, 행정기관들은 모든 모호한 문구를 나름의 방식으로 해석하여 하위 기관에 공포하게 되는데, 이때 규칙의 제정과 시행을 통해 이익을 볼 수 있는 그룹과 손해를 볼 수 있는 그룹을 예측하기가 쉽지 않게 되므로 기술적으로 자격을 갖춘 사람의 모니터링에 의한 사전 검사가 필요하다고 말한다(Stone, 2012:301-303). 이처럼 초기에 작성된 규칙은 구체적 시행에 있어 추가적 해석과 보완이 요구된다. 하지만 학교에서는 이러한 규칙이나 제도의 해석을 담당할 전문 인력이 사실상 전무하고, 인사위원회나 보직교사 회의 등이 대신 이 역할을 수행하는 데에도 한계가 있다. 시대가 발전하면서 점차 사회적 요청이 많아졌고 교육문제도 복잡해졌다. 이들을 무리 없이 풀어나가기 위해서는 전문적 대응이 필요하므로 전문가 그룹을 형성할 필요가 있는 것이다.

셋째, 학교에서 발생하는 정책 실행에 따른 '규칙' 패러독스 현상에 대한 근원적 방법으로 '교직 문화 개선을 통한 해법'을 모색할 필요가 있다. 면담 사례에서 보듯이 조직 문화가 긍정적이면 규칙의 애매함을 상당 부분 보완할 수 있다. 조직문화는 구성원의 직무적 자발성과 적극성에 중대한 영향을 미친다(노효정, 2015). 관리자나 상급기관이 상명하복식으로 규칙을 과하게 강조하면 하위 구성원들은 상급자의 지시를 따르기에만 급급하게 된다. 이런 상황에서는 규칙대로 일하면 된다는 생각이 지배적일 수밖에 없다. 그런데 현실적으로 교사는 규칙으로 적용되거나 판단하기 힘든 다양한 사건과 상황에 놓여 있기 때문에, 즉각적인 대처와 즉자적인 판단을 통해 대처해야 하는 융통성과 창의력, 문제해결역량과 자율적 재량이 발휘될 상황에 늘 직면해 있다. 규칙은 이러한 현장 교사의 필수적 자질이자 자격이 발휘될 수 있는 기회를 박탈하곤 한다. 교직 업무의 이러한 특성을 무시하고 교사가 관리자나 상급기관의 통제대로만 움직이는 문화를 만든다면, 행정행위와 교직의 본질적 특성 간에 탈착된 부정교합으로 인해 교육 전문성을 바탕으로 하는 학교조직의 본질로부터 이탈된 행정 중심의 왜곡된 교직문화가 형성될 수 있다. 만일 관리자가 지속적으로 교사로서의 마인드보다는 객관적으로 눈에 명확히 보이는 회계업무나 행사, 문서처리 등에만 교사들을 집중케 하면 교사의 전문성은 교육활동보다는 행정활동에서 발휘되기를 기대하는 것과 같다. 이런 상황 때문에 "교사는 행정직원인가 아니면 가르치는 사람인가?"라는 현장의 호소가 반복되는 것이다. 그래서 교사의 전문성과 재량권을 최대한 보장할 수 있도록 지나치게 행정업무 중심의 교직 문화가 형성되는 것을 경계해야 한다. 협력과 배려 중심의 교단 문화를 바탕으로 각자 교사가 자신의 교육 역량을 최대한 발휘할 수 있을 때, 학교 현장에 제기되고 있는 많은 업무와 그와 관련된 패러독스들이 갈등과 혼란 없이 잘 해결될 수 있는 가능성을 맞이하게 되는 것이다.

넷째, 소수 일탈된 구성원들을 통제하기 위한 규칙제정이나 관리자의 리더십이 자칫 선의를 가진 구성원과 조직 전체의 활동성을 제약하는 방식으로 제정·운용되지 않도록 유의할 필요가 있다. 이는 전형적 '규칙' 패러독스다. 면담 사례에서도 보았듯이 어려운 업무 환경에서도 소수의 헌신적인 '도덕 리더'에 의해 학교가 운영되고 있음을 확인할 수 있었다. 만일 규칙이나 관리자의 리더십, 조직 풍토 등이 이러한 도덕 리더[4]를 보호하지 못하고 오히려 손해를 끼치게 된다면 어떻게 될까? 즉 교사답게 교육자로서의 정체성을 지키며 자기희생의 습관으로 교직 생활을 실천하는 참다운 교사가 오히려 실패자로 인식된다면 교단은 어떻게 될까? 아마도 교단에는 그 누구도 교직 생활에 있어 업무적으로나 심리적으로나 약간의 손해도 보려 하지 않는 치열한 경쟁적 풍토가 만연해질 것이다. 각자의 이익 추구

4 진정성을 가지고 묵묵히 조직을 위해 헌신하며 순수한 열정을 다하는 모습으로 다른 구성원들로 하여금 조직과 직무에 대한 도덕적 충실성과 동기를 부여하여 조직 분위기를 자연스럽게 이끌어 가는 리더(Sergiovanni & Green, 2015).

행동이 인간 존중이나 공정성, 정의 등의 보편적 가치가 아니라 나와 내 편의 이익만 우선시하게 되는 방향으로 흘러, 결국 교단은 개인들끼리 또는 공식·비공식 조직들끼리 대립하고 경쟁하는 암투와 반목의 장이 될 것이다. 이런 왜곡된 조직풍토야말로 패러독스 악순환의 전형이 아닐 수 없는 것이다.

민주주의가 발전하기 위해서는 시민들이 늘 깨어있어야 한다는 Stone의 말처럼 우리는 실행되고 있는 규칙 너머에 있는 본질적 측면의 선(善)을 입히고 더하는 작업을 실천하고 노력할 필요가 있다. 모든 인간이 선하게 행동하지는 않지만, 그 누구도 선이 무엇인지 모를 수는 없다(Boehm, 2019). 우리는 누가 우리 학교와 조직에 헌신과 희생의 모범을 보이는 도덕 리더인지 분명 알고 있다. 규칙의 형식적 준수를 넘어 학교에서 중요한 가치와 선을 지키고 일궈내는 선한 영향력을 발휘하는 도덕 리더들이 패러독스로 점철되고 있는 오늘날 학교 현장에서 더욱 중요한 의미로 다가온다(Sergiovanni & Green, 2015).

CHAPTER 14

사실: 코로나19 대응정책의 패러독스

제14장에서는 정책수단인 '사실(facts)'이 제공되는 과정에서 나타나는 설득의 양면성을 패러독스 현상으로 바라보고, 코로나19에 대응하는 교육부의 정책이 집행되는 과정에서 교육부와 교사 간에 발생하는 패러독스 현상을 심층적으로 탐색하고자 하였다. 이를 위해 주로 심층면담을 기반으로 한 질적사례연구를 실시하였다. 연구결과, ① 행위자로서의 교사의 고민 측면에서 '교육부 지원 vs. 교사 혼자', '안전한 학교 vs. 위험한 학교', '방역 우선 vs. 교육 우선', ② 학교조직과 교육정책에 대한 시선 측면에서 '유연한 휴가 vs. 엄격한 복무', 'Top−down vs. Bottom−up', '신속한 발표 vs. 철저한 준비'의 패러독스 현상을 도출하였다. 이를 바탕으로 정책적 시사점을 제시하였다.

주제어 정책수단, 사실, 코로나19, 패러독스 현상, 교육부, 교사

1 코로나19 대응정책 이해의 새로운 시각

2019년 12월 중국 우한에서 처음 발생하여 중국 전역과 전 세계로 확산된 코로나바이러스(SARS-CoV-2)에 의한 호흡기 감염질환(이하 코로나19)은 세계인의 생활을 바꾸어 놓았다. 코로나19가 발생한 지 1년 만에 전 세계 누적 확진자 수가 7380만 명을 돌파했고(스카이데일리, 2020.12.16), 국내 누적 확진자 수는 4만 8570명을 기록했다(아시아경제, 2020.12.19). 이 질병은 감염 경로가 감염자의 비말과 관계된 것으로 밝혀져 사람들은 다수가 모이고 밀집한 장소에 가는 것을 꺼리게 되었다.

국내에서는 2020년 1월 19일 1번 확진자가 발생한 지 한 달만인 2월 20일 신천지 신도들의 집단 기도회에서 폭발적인 감염 확산이 벌어지면서 전국 초·중등학교의 개학이 3월 2일에서 3월 9일로 1주일 미뤄진다는 내용이 발표되었다(연합뉴스, 2020.02.23). 이는 교육부가 질병관리본부와 협의한 것으로서, 대구·경북 지역뿐만 아니라 전국적으로 코로나19 확진자가 증가하고 있고 어린 학생들의 경우 감염에 더욱 취약하기 때문에 학교생활과 같은 집단 밀집 생활은 학생들에게 건강상의 큰 위험이 될 수 있다는 판단에 근거한 것이었다. 3월로 접어들었으나 여전히 코로나19의 확산세는 멈추지 않았고, 교육부는 3월 2일 추가로 2주를 연기하여 3월 23일에 개학을 한다는 2차 개학 연기 발표를 하였다. 3월 17일에는 개학을 4월 6일로 연기하며 수업일수는 법정 연간 수업일수(초중고 190일, 유치원 180일)에서 10일씩을 축소하는 내용의 개학 연기가 발표되었다. 3월 31일에는 공식적으로 4월 9일 온라인 개학과 수능 2주 연기를 발표하였는데, 이는 코로나19의 확산이 지속되는 상황에서 등교 개학이 사실상 불가능한 상황이 되었으나(연합뉴스, 2020.03.31), 더 이상의 수업 결손을 발생시켜서는 안 된다는 교육부 고민의 결과였다. 이후 6주간의 온라인 수업 끝에 5월 20일 고3부터 순차적으로 등교 개학이 실시되었다. 대면과 비대면 수업의 병행, 전면 원격수업이 반복되다가 수도권 지역은 12월 15일부터 다시 전면 원격수업으로 전환된 상태이다.

사상 초유의 개학 연기에 이어 전례 없는 온라인 개학으로 인하여 교육현장에는 큰 변화가 있었고, 이를 받아들이는 과정에서 교육 당국과 교사들은 심한 혼란을 겪었다. 당장 내일의 확진자 수를 예측할 수 없는 상황 속에서 학생의 안전과 수업권을 모두 보장해야 하는 교육부는 난감하였으며, 시일을 촉박하게 두고 연이어 언론 보도를 통해 발표되는 변화를 실제로 수행해야 하는 현장의 교사들은 부담을 느꼈다. 교육부의 정책[1]이 발표되고 빠른 시일 내에 정책의 실행을 위해 교사들이 급히 움직이는 일이 반복되면서 교사들은 점점 피로감을 드러냈다. 이러한 갈등은 교육과 관련한 여러 가치의 대립을 표면화한 계기가 되었으며, 갈등 과정에서 코로나19에 대응하는 교육정책의 집행과정에서 패러독스

---

1 코로나19의 확산 속도와 전개 방향을 예측할 수 없는 상황에서 급속도로 이루어진 교육부의 제도적 조치들은 일반적인 정책 수립과 정책 집행과는 차이가 있다. 그러나 본질적으로 정부가 문제 상황을 해결하기 위하여 자원을 투입하고 성과를 예측·기대하며 일정 기간 이상 지속적으로 조치를 시행해 나갔다는 점에서 교육부의 제도적 조치들을 코로나19에 대응하는 교육부의 정책으로 볼 수 있다.

현상이 드러났다.

Stone(2002)의 정책 패러독스(policy paradox)는 정책 논쟁이 사실에 대한 약간의 논쟁을 수반하지만, 더 깊고 더 중요한 갈등은 가치를 둘러싼 것이라고 하였다. 일반적으로 합리적 이상은 정책 형성의 근거로 이성을 제시하지만, Stone은 이에 대해 의문을 제기하였으며, 합리적 이상은 중립적인 사실의 존재를 전제로 하면서도 사실들은 해석 렌즈와 무관하게 존재하지 않는다고 보았다. 코로나19 사태 또한 교육현장에서 해석하고 교육정책을 결정하는 데에는 각각의 교육적 가치를 둘러싼 해석 렌즈의 역할이 더욱 중요하다고 할 수 있다.

본 장에서는 정책수단인 '사실'이 제공되는 과정에서 나타나는 설득의 양면성을 패러독스 현상으로 바라보고, 코로나19에 대응하는 교육부의 정책이 집행되는 과정에서 교육부와 교사 간에 발생하는 패러독스 현상을 심층적으로 탐색하는 것을 목적으로 한다. 이를 위해, 교육부의 정책 발표에서 교육부가 중요하게 다루는 교육적 가치가 무엇인지 고찰하고, 교육부가 정책수단인 '사실'을 선택하여 학교현장에서 집행될 때 교사가 어떻게 반응하여 행동하는지, 이를 수행하는 현장 교사들은 이러한 교육부의 발표를 어떻게 생각하고 있는지를 비교함으로써 이들의 갈등 양상 속에 나타나는 패러독스 현상을 분석하였다. 실제 코로나19의 국내 확산에서부터 개학 연기와 온라인 수업, 등교 개학까지 일련의 교육적 변화를 현장에서 겪고 있는 교사들의 목소리를 통하여 교육부와 교사들 간의 갈등을 패러독스적 시각을 통하여 파악하고, 이에 근거하여 정책적 시사점을 도출하였다.

2 정책 패러독스의 이해와 분석 틀

가. 정책 패러독스 현상

패러독스는 '서로 배타적이고 대립적인 두 요소'가 '동시에 존재'하는 것을 핵심으로 하는 개념이라 볼 수 있다(이예슬, 2020). 패러독스는 객관적으로 존재하는 현상이라기보다는 인지되는 정신적 산물이라 볼 수 있는데(Cameron & Quinn, 1988), 이러한 맥락에서 Ford & Backoff(1988:89)는 패러독스를 서로 반대되는 경향이 성찰(reflection)이나 상호작용(interaction)에 의해 인지 가능한 것이라 하였다. 본 연구에서는 패러독스를 '사람들이 인식을 통해 발견하는 상호 모순적, 배타적인 요소들의 공존'으로 정의하고자 한다.

정책 패러독스에 대해 연구한 대표적인 학자인 Stone(2012)이 제시한 패러독스의 유형은 [표 14.1]의 네 가지로 구분된다(윤견수, 2014). 첫째, 한 가지 개념과 그것의 반대 개념이 공존하는 방식이다. 둘째, 하나의 개념에 대한 해석이 다른 개념에 대한 해석과 충돌하는 경우이다. 셋째, 한 개념을 구성하고 있는 하위 요소들이 충돌하는 경우이다. 넷째, 한 개념이 적용되는 맥락들이 서로 충돌하는 경우이다. 국내에서 이루어진 정책 패러독스에 관한 대부분의 논의는 Stone(1988)을 기반으로 이루어졌다(소영진, 1994; 염재호, 2006; 윤견수, 2014).

패러독스 현상을 중심으로 이를 정책에 적용한 선행연구들을 살펴보면 다음과 같다. 김종길(2001)은 동강댐 건설이라는 정책 결정에 있어 '개발'과 '보전'의 대립 관계를 패러독스 관점에서 분석하였으며, 사득환, 박보식(2013)은 4대강 사업을 중심으로 패러독스 요소를 발견하고 패러독스를 관리하기 위한 물 거버넌스를 제안하였다. 또한, 사득환, 박상진(2013)은 국민기초생활보장제도에 내재된 상호배타적이고 상충되는 요구들이 공존하고 있는 패러독스 현상을 연구하였다. 또한, 이민정책 패러독스를 연구한 사득환(2018), 가나의 무상 공교육 정책 집행과정을 연구한 Nudzor(2009), 스웨덴 지역의 박물관 교육정책 집행과정에서 발생하는 패러독스를 분석한 Lindquivst(2019)는 정책 집행과정에서 발생하는 의도하지 않은 결과를 정책 패러독스로 바라보았다.

책의 집행과정에서 정책의 본래 의도와 다른 결과가 나타나는 정책 패러독스 현상을 발견하였다. 박대권, 이인수, 이예슬(2018)의 교육부와 시도교육청 간의 정책 갈등에 대한 패러독스 분석은 ① 정책목표와 정책수단 간의 가치 충돌, ② 상징에 따른 교육부 장관과 시도교육감의 사무와 권한의 충돌, ③ 교육감 선출방식과 헌법상 의무의 충돌, ④ 교육감의 이념적 성향에 따른 교육정책의 일관성 충돌, ⑤ 정책 수혜자의 이해관계에 따른 충돌로 구분하여 정책당사자들 간의 갈등으로 표출되는 패러독스 현상을 보여주었다. 이처럼 정책 패러독스에 관한 선행연구들은 Stone(2012)이 종합적으로 정리한 개념화와 현상 적용 및 분석이라는 틀 속에서 진행되어 오고 있다는 것을 알 수 있다.

교육정책 집행과정에서 나타나는 패러독스 현상을 학교현장에 적용한 연구들을 살펴보면, 이인수(2017)는 일반고 진로진학 정책 집행과정의 패러독스 현상을 진로진학상담교사제, 진로집중 교육과정, 학생부종합전형의 정책을 중심으로 분석하여 패러독스 현상의 양상과 의미에 대해서 밝혔으며, 이예슬(2020)은 혁신학교 정책 확산과정에서 교원들이 경험하는 패러독스 양상과 원인을 분석하였으며, Stone(2012)은 정책을 명확한 언어 세계에서 존재하는 것이 아니라, 관점에 따라 다르게 해석할 수 있는 대상으로 보았다. 정책은 서로 다른 해석들로 둘러싸여 있기에, 선형적이고 합리적인 인식을 토대로 이해하기보다는 상황이 내포하고 있는 패러독스를 토대로 이해해야 한다고 본 것이다. 이는 정책수단으로서 사실의 성격에서 매우 잘 드러난다. [표 14.1]의 패러독스의 유형에서, 정책수단으로서의 사실(facts)은 한 개념을 구성하고 있는 하위 요소 간의 충돌로 분류된다. 이는 '설득'이라는 개념 속에서 '계몽으로서의 설득(합리적 설득)'과 '세뇌로서의 설득(의식화 설득)'이 충돌하는 상황을 의미하는데, 정책수단으로서의 사실(facts)에서 설득의 두 하위 요소가 쟁점이 됨을 보여준다. 민주주의 정부에서는 함께 숙고하고, 저울질하고, 질문하며 결국 합의에 도달하는 합리적인 설득 방식을 제시한다. 그러나 설득의 과정에서 종종 정보를 왜곡하고 보류함으로써 합리적인 숙의가 단절되는 경우가 많다(Stone, 2002). 이러한 설득의 상이한 방식은 정책집행과정에서 혼재되어 나타나며, 현장에서 정책을 수행하는 사람들의 판단을 어렵게 한다.

[표 14.1] Stone(2002)에서 제시된 패러독스 유형

	유형	주요 질문 사항
1	한 개념과 반대 개념의 공존	• 평등한 상황과 불평등한 상황, 평등한 대우와 불평등한 대우의 공존 • 개인의 자유와 자유의 제한 공존
2	한 개념과 다른 개념 간의 충돌	• 효율성과 평등의 충돌 • 효율성과 안전의 충돌 • 안전과 자유의 충돌 • 자유와 평등의 충돌 • 상징의 충돌
3	한 개념을 구성하고 있는 하위 요소 간의 충돌	• 효율성을 구성하는 개념인 투입과 산출, 혹은 비용과 편익의 해석에 대한 상충적인 해석 • 좋은 규칙을 만들기 위한 조건인 정확성과 신축성 간의 충돌 • 설득의 두 가지 이념형인 합리적 설득(계몽으로서의 설득)과 의식화 설득(세뇌로서의 설득) 간의 상충적인 해석 • 연방주의 달성의 조건인 집권과 분권의 프레임 충돌
4	한 개념을 둘러싸고 있는 맥락(조건)들 간의 충돌	• 효율성이 작동하기 위한 추상적 맥락과 현실적 맥락 간의 충돌 • 측정과 평가를 둘러싼 측정치와 측정대상, 평가자 피평가자라는 입장의 충돌 • 정책의 효과를 정의할 때 지지하는 상황과 반대하는 상황 간의 해석의 충돌 • 유인을 제공하는 맥락과 수용하는 맥락 간 유인의 내용과 효과에 대한 해석의 충돌 • 법적 권리의 해석을 둘러싼 시장과 정치의 충돌

출처: 윤견수(2014)의 표를 본 연구의 의도에 맞게 재구성함.

나. 정책수단으로서의 사실

정책수단(policy means)은 공공정책 목적을 수행하기 위해 정부가 임의대로 할 수 있는 각종 수단(Howlett, 1991), 거버넌스의 도구로서 정부가 정책을 달성하기 위해 제한적으로 사용하는 수단(Howlett & Ramesh, 1993), 공적 문제를 해결하기 위해 조직화된 집합적 행동(Salamon, 2002), 정부가 의도하는 목적을 달성하기 위해 활용하는 제반 수단(김태은, 2008) 등으로 정의되며, 정책의 결정과 집행 사이의 연결통로(Howlett, 1999)로 기능한다. 그러나 정책수단이 중립적이지 않다는 주장들이 있으며, 특히 Lascoumes & Gales(2007)는 정책수단을 정치·사회적으로 접근하여 정책수단이 객관적으로 추구되는 것과 다르게 독립적이고 구체적인 효과를 가져온다고 주장하였다.

Stone(2012) 또한 정책수단의 실현이 명확한 언어에 의해 진행되는 것이 아니라, 사회적으로 구성되는 것이며, 관점에 따라 다르게 해석될 수 있는 이해관계 속에 존재한다고 보았다. 이는 정책수단을 제공하고 받아들이는 서로가 정책수단을 각자의 관점에서 다양하게 해석할 수 있으며, 서로 다른 가치를 추구하기 때문에 부딪칠 수 있음을 내포한다. 즉, 정책수단의 제공자(giver)와 수용자(taker)는 정책의 해결 도구에 대해 서로 다른 프레임을 갖고 정책과정에 참여하며 그들의 프레임은 늘 충돌할 수 있

다는 것이다(윤견수, 2014). 이와 관련하여 Stone(2012)은 정책수단으로서의 '사실'에 주목하고, 이해관계자들이 각각의 목적을 실행하기 위하여 사실을 다루는 방식에 관해 연구하였다.[2]

정책수단으로서의 사실/정보(facts)[3]와 관련하여서는 Stone 이외에도 여러 학자들이 연구해 왔다. 먼저 Hood(1986)는 정부가 사용할 수 있는 정책수단을 정보제공(nodality), 재정(treasure), 권위(authority), 조직(organization)의 네 가지 범주로 분류하면서 그중 정보제공(nodality)을 정부가 국민의 형태 변화를 유도하기 위하여 사용할 수 있는 기본적인 수단이라고 하였다. 이는 사실의 제공이 정치적으로 이용될 수 있다고 보았다는 점에서 Stone의 생각과 맥락을 같이하나, 사실에 대한 심도 있는 논의보다는 정책수단의 유형화와 수단의 이행과정에 초점을 두고 있다는 점에서 차이가 있다. Vedung(1998)은 Etzioni의 권력삼원론(강제적 권력, 보상적 권력, 규범적 권력)에서 정책수단 삼원론(trichotomy)을 이끌어내며, 세 종류의 권력 중 규범적 권력으로부터 정보수단의 중요성을 강조하고 정보제공(sermons)을 정책수단으로 파악하였다. Vedung 역시 정보제공을 정보와 설득, 지식의 전달을 통해 국민의 행동을 변화시키려는 의도로 파악하였으나, 정부조직에 의한 위계적 방식에 관한 연구로서 그 과정에서 발생하는 내부의 갈등을 설명하기 어렵다는 한계가 있다. 전영한(2007)은 정책수단을 분류하며 정책수단으로서의 직접정보, 준직접정보, 간접정보에 대하여 언급하였으나, 이러한 분류는 강제성과 직접성 정도에 따른 분류로서 각 수단에 대한 개별적인 논의가 이루어진 것은 아니다.

일반적으로 정책수단을 선정하여 집행하는 것을 통해 정책 문제가 해결된다고 생각하지만, 정책수단을 선정했다고 해서 정책 문제가 해결되는 것이 아니다. 정책수단이 개인이나 집단의 행위를 변화시키도록 유인하는 단순한 기능을 수행하는 것은 아니며, 정책수단을 선택하고 집행하는 행위는 끊임없는 정치적 과정의 산물로 나타나게 된다. 따라서 보다 정교한 정책분석을 위해서는 하나의 정책수단이 선택되어 집행될 때 어떻게 사람들이 반응하여 행동하는가를 분석해야 한다(염재호, 2006).

이를 분석하는 데 있어 Stone이 제시한 정책수단으로서의 사실(facts)은 유용한 틀로 기능한다. Stone은 사실을 사람들이 행동을 변화하도록 설득하는 정책수단으로 보고, 설득과정에서 '계몽으로서의 설득'과 '세뇌로서의 설득'의 양면성이 있음을 발견하였다. 정책입안자들은 사실을 통해 직접 사람들의 행동을 변화시키는 것이 아니라, 설득의 과정에서 전략적으로 활용한다. [표 14.2]에서 볼 수 있

---

2 Stone(2012)은 『Policy Paradox』에서 정책목표, 정책 문제, 정책 문제 해결에 대해 말하고 있다. Stone(2012)은 정책목표로 형평성(equity), 효율성(efficiency), 복지(welfare), 안전(security), 자유(liberty)를 제시하였고, 정책 문제를 정의하는 전략으로 상징(symbols), 숫자(numbers), 원인(causes), 이해(interests), 의사결정(decisions)을 제시하였다. 또한, 정책 문제를 해결하기 위한 정책수단으로 유인(inducement), 규칙(rules), 사실(facts), 권리(rights), 권력(powers) 다섯 가지를 제시하였다.

3 Stone(2012)의 『Policy Paradox』에서 facts는 국내 학자들에 의해 '사실' 또는 '정보'로 번역되고 있다. 본 연구에서는 교육부가 언론브리핑, 보도자료 등을 통해 국민에게 정보를 제공하는 현상 자체보다는 내용을 받아들이고 실행하는 교사들 입장에서 해당 내용의 전달 방식이 계몽에 의한 설득인지 또는 세뇌에 의한 설득인지에 초점을 두어 '사실'로 번역하였다.

[표 14.2] **정치공동체에서의 설득: 사실과 세뇌 사이**

기업의 설득	정부의 설득
1. 자본주의는 사실상 의심의 여지가 없는 경제 철학이다.	관료들은 혜택과 처벌에 대한 권위를 통해 시민들의 태도와 행동에 영향을 미친다.
2. 기업은 과학 연구를 후원하고 과학 연구에 대한 대중의 인식을 조작하여 이익에 이바지할 수 있다.	특히, 형사 사법과 복지 등 일부 정책 분야에서는 개인의 시민성 형성을 목적으로 정책을 설계한다.
3. 기업은 교육 자료 제작과 교육 프로그램 자금 지원을 통해 정책적 위치에 대한 지원을 강화할 수 있다.	정부는 왜곡된 정보를 생산하여 시민들이 받는 뉴스를 만들 수 있다.
4. 기업은 대부분의 대중매체를 소유하고 통제하며 미디어 캠페인을 통해 여론에 영향을 미칠 수 있다.	정부는 시민들이 수신하는 뉴스를 선별적으로 보류하거나 출판을 금지함으로써 형성할 수 있다.

출처: Stone(2002).

듯이, 사실은 정치공동체에서 정부와 기업에 의해 설득되고 의도적으로 조작되기도 하며, 세뇌를 통해 사람들이 독립적으로 생각할 수 있는 능력을 빼앗기도 한다. 구체적으로 '이름 짓기'의 행위를 통해 사실이 왜곡되는 현상도 나타나며, 과학이 정치화되어 사실을 왜곡하여 세뇌시키는 도구로 사용되기도 한다. 사실이 있는 그대로가 아니라, 해석 렌즈를 통해 여과되어 전달되는 것이 일반적인 현상이라는 Stone의 견해는 정부(교육부)가 정책수단인 '사실'을 선택하여 학교현장에서 어떻게 집행하고 있으며, 정책이 집행될 때 교사가 어떻게 반응하여 행동하는지에 대한 분석을 가능하게 한다.

본 장에서는 정치공동체에서의 정책입안자(교육부)가 정책을 설득하고 시행하는 과정을 바라보는 정책행위자(교사)의 입장에 초점을 맞춘다. 정부(교육부)가 제공하고 있는 사실이 국민을 설득하기 위해 의도적으로 선별된 것은 아닌지, 사실이 왜곡된 정보를 생산함으로써 국민에게 세뇌를 통해 전달되는 것은 아닌지에 대한 분석은 이를 직접 받아들이고 행동하는 현장의 교사들에 의해 이루어진다. 즉, 사람들이 행동을 변화하도록 설득하는 정책수단인 '사실'이 제공되는 과정에서 나타나는 설득의 양면성, 즉 '계몽으로서의 설득'과 '세뇌로서의 설득'을 패러독스 현상으로 바라보고, 교사들의 경험을 중심으로 현상을 분석하고자 한다.

다. 패러독스 현상 분석 틀

사실(facts)은 사람들의 행동을 변화하도록 설득하는 주요한 정책수단이다. 일반적으로 정책과정에서 객관적인 사실의 제공이 요구되지만, 실제로 사실의 제공은 해석 렌즈를 통해 여과되어 전달되는 것이 일반적이다(염재호, 2006). 사실의 제공은 정책수단으로서 정책의 효과성을 제고하는 긍정적인 영향을 미치기도 하지만, 정부에 의해 제공된 일방적인 정보는 왜곡된 정보일 수도 있으며, 결국 국민의 인지와 판단을 왜곡할 가능성이 있다는 점을 유의해야 한다(문명재, 2010).

코로나19의 확산은 사상 초유의 개학 연기, 온라인 개학 실시 등 교육 현장 전반에 큰 변화를 가져왔다. 이러한 개학 연기, 온라인 개학 발표 등 중대한 결정을 교육부는 교육부 수장의 언론 브리핑, 보도자료를 통해 발표했다. 또한, '신학기 개학, 꼼꼼하게 점검하고 있습니다', '안전한 개학을 위해 촘촘히 준비하고 있습니다' 등의 공식 블로그를 통해 코로나19 관련 대응방안을 홍보하기 위하여 정책과 관련한 정보를 국민에게 제공하려는 노력을 기울이고 있었다. 그러나 교육부가 제공하는 사실을 받아들이는 과정에서 학교현장의 교사들은 계몽으로서의 설득(합리적 설득)과 세뇌로서의 설득(의식화 설득)이 패러독스를 일으키는 경험을 하게 되었다. 이는 교육부의 사실 제공에서 정책과 실제와의 괴리감을 느꼈기 때문이다. 이러한 패러독스 현상을 행위자 차원, 조직·정책 차원으로 나뉘어 살펴볼 수 있다.

이러한 패러독스 현상을 파악하기 위하여 선행연구들을 분석하였으며, 이예슬(2020), 이인수(2017)가 정책 집행과정에서 나타나는 패러독스 현상을 교사들의 경험을 통해 살펴본 것에 주목하고 이들 연구를 고찰하였다. 또한, 학교조직 내에서의 개인으로서 교사가 맞닥뜨리는 패러독스를 살펴보기 위해 조직론 분야에서 패러독스 현상을 다룬 선행연구(Cameron & Quinn, 1988; Lewis, 2000; Putnam & Banghart, 2016; Van de Ven & Poole, 1988)들을 고찰하였다.

선행연구들을 종합적으로 분석한 결과, 조직 내에서 실제 업무의 행위자로서 기능하는 개인이 경험하는 패러독스와 조직 문화로 인해 발생하는 패러독스가 존재함을 발견하고 두 차원으로 나누어 패러독스 현상을 이해하고자 하였다. 정책 집행과정의 특성으로 인한 패러독스의 경우, 교육부에서 일선 학교로 내려가는 우리나라 교육조직의 특성과 연관하여 조직 차원에서 함께 다루기로 하였다. 이러한 패러독스 현상을 행위자 차원, 조직·정책 차원으로 나뉘어 살펴볼 수 있다. 방역과 교육을 모두 담당하는 실제 행위자로서의 개인인 교사는 업무의 수행에 있어서 계몽으로서의 설득이 세뇌로서의 설득

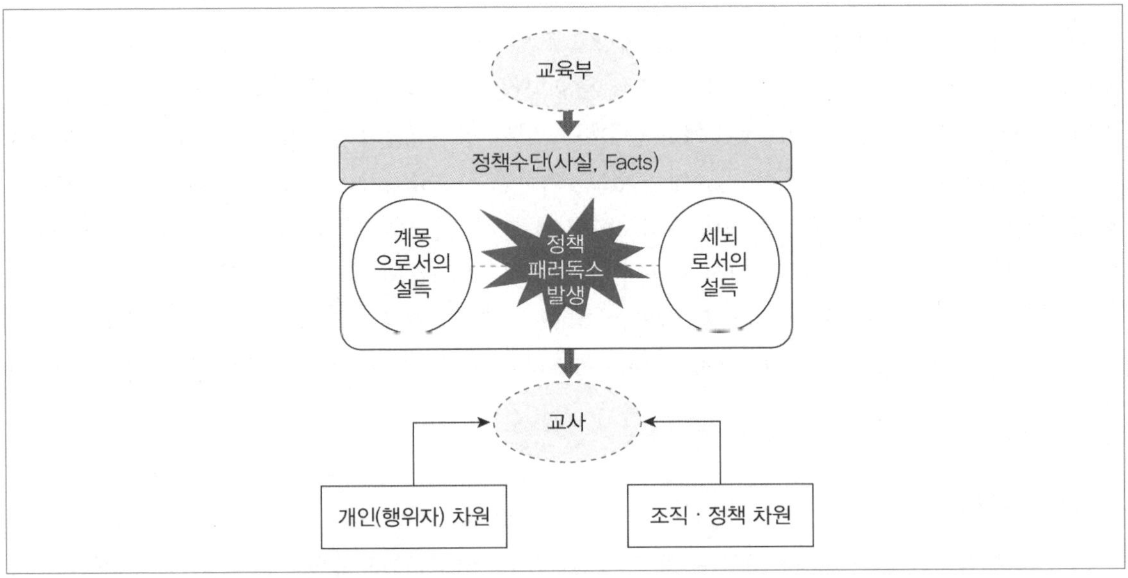

[그림 14.1] **패러독스 현상 분석 틀**

으로 다가오는 경험을 하였으며, 학교 조직문화와 정책의 수립과 시행, 발표의 측면에서도 마찬가지의 인식을 하게 되었다. 이는 원격수업의 실시에서부터 학교 방역, 교사들의 건강 문제와 의사소통 구조에 이르기까지 다양한 부분에서 문제로 나타났다. 이를 바탕으로 정책 패러독스 현상이 어떻게 나타나는지 현장 교사들의 목소리를 통해 살펴보고자 한다. 이를 종합하여 패러독스 현상 분석 틀을 제시하면 [그림 14.1]과 같다.

3 연구방법

가. 질적사례연구

본 장을 위한 연구는 교육부의 사실(facts) 제공과정에서 나타나는 패러독스 현상을 교사들의 경험을 통해 심층적으로 탐색하기 위해 질적사례연구(qualitative case study)를 수행하였다. 질적사례연구는 현장, 맥락 내에서 사례를 탐색하고 다양한 정보 원천을 포함한 심층적인 자료를 수집하여, 사례에 관한 기술과 사례에 기반한 주제들을 보고한다(Creswell, 2010:111). 또한, 연구주제와 관련한 선행연구가 충분하지 않을 때 유용한데(Yin, 2003; 임종헌, 2016), 코로나19에 대응한 교육부의 정책에서 발생하는 패러독스 현상은 모두가 처음 대면하는 상황에서 발생한 새로운 사례였다. 이렇듯 교육계에서 코로나19 대응과 관련한 선행연구가 부족한 상태에서 교육당사자들의 깊숙한 의식을 연구하기 위해서는 질적사례연구 방식이 적합하다고 판단하였다. 또한, 구체적으로 인간 세상을 이해하기 위해서는 현상의 복잡성, 특수성, 상호관련성 속에서의 의미 파악이 중요하기에(임종헌, 2016), 이를 심층적으로 이해하기 위하여 구성원들의 경험을 세밀하게 탐색하고 해석하는 데 용이하다고 판단하였다.

Yin(1994)은 질적사례연구가 선행연구를 바탕으로 연구대상인 사회현상의 인과관계에 대한 이론적 가정(theoretical proposition)을 먼저 수립하고, 이에 따라 이루어지는 것이 이상적이라고 하였다. 본격적인 연구에 착수하기 전에 학교 현장에서 근무하고 있는 연구자들의 경험을 바탕으로 교육부의 코로나19 대응정책에 대한 문제의식을 지니게 되었고, 예비연구(pilot study)를 통해 교육부의 코로나19 대응과 관련한 정책에서 패러독스 현상이 나타나고 있다는 사실을 발견할 수 있었다. 그리하여 교육부의 언론 브리핑, 보도자료 등을 통한 사실 제공이 정책수단으로 사용되는 과정에서 정책 패러독스 현상이 발생할 것이라는 이론적 가정을 수립하였다. 이후 보다 구체적으로 코로나19 대응정책 집행과정에서의 교사들의 경험을 살펴보고 패러독스 현상을 발견하기 위해 심층면담에 기반을 둔 질적사례연구를 수행하였다.

나. 연구참여자

본 연구에 참여한 연구참여자 구성은 [표 14.3]과 같다. 연구참여자 선정 시, 교육부의 코로나19 대응정책에 대한 학교 현장의 경험을 바탕으로 풍부한 정보를 제공해 줄 수 있다고 판단되는 교사들을 대상으로 의도적 표집 선정(purposeful sampling) 방법을 실시하였다. 보다 풍부한 질적 자료를 생산하기 위해서는 연구 참여자와 연구자의 관계(interpersonal relationship)가 중요하기에(Guillemin & Heggen, 2009), 면담 시 중요 요소 중 하나인 연구참여자와 연구자와의 래포(rapport) 형성을 고려하였으며, 접근 가능성, 연구에 허락된 시간 등도 고려하였다(유기웅, 정종원, 김영석, 김한별, 2018). 다양한 입장과 위치에서 목소리를 듣기 위하여 연구참여자들의 연령, 보직을 다양하게 구성하려 노력하였으며, 특히 보건교사를 연구참여자로 선정하여 코로나19에 대응하는 방역 대책에 대하여 심층적으로 알아보고자 하였다.

연구참여자는 고등학교에 재직 중인 교사들로 구성하였는데, 이는 코로나19 정책에 많은 영향을 준 대학 입시 일정과 학습권 문제의 여파가 가장 직접적으로 닿은 학교급이 고등학교인 것과 코로나19 관련 각종 정책의 시행이 고등학교 3학년부터 우선적으로 이루어졌음을 고려한 것이다.

[표 14.3] **연구참여자 구성**

연번	성명	성별	경력	지역	학교[4]
1	가 교사	여	9	경기	A고등학교
2	나 교사	여	5	경기	
3	다 교사	여	20	경기	
4	라 교사	여	22	경기	B고등학교
5	마 교사	여	6	경기	C고등학교
6	바 교사	남	12	서울	D고등학교
7	사 교사	여	28	서울	
8	아 교사	여	20	서울	
9	자 교사	여	25	서울	
10	차 교사	여	10	서울	E고등학교

4 A 고등학교는 경기도에 위치한 44학급 규모의 일반고등학교로 대다수 학생들이 정시보다는 수시전형을 통해 진학한다. 혁신학교로 시정되어 있으며 타 학교에 비해 학생 중심 활동 수업이 활발하게 진행되고 있는 편이다. B 고등학교는 경기도에 위치한 18학급 규모의 일반고등학교이며, 비평준화 지역에 위치한 학교로 학생들의 학업 수준은 다소 낮은 편이다. C 고등학교는 경기도에 위치한 24학급 규모의 일반고등학교이다. D 고등학교는 서울에 위치한 24학급 규모의 특수목적고등학교로, 학생들의 교육 수준이 높고 일반적인 고등학교 학생들보다 학교 규칙이나 교육정책을 잘 이해하며 교사의 지도에 잘 따르는 학생들로 구성되어 있는 학교이다. E 고등학교는 서울 강북 지역의 27학급 규모의 일반고등학교로, 학생들이 평균적인 학업 수준을 나타내며 대학 진학 시 수능시험을 통한 정시모집보다는 수시모집을 선호하는 학교이다. 특히, E 고등학교의 연구참여자는 고3 담임교사로서 현장에 대한 심층적인 정보를 제공하였다.

다. 자료수집

심층면담, 참여관찰, 문서수집 등 다양한 형태의 자료를 수집하였다. 심층면담은 질적사례연구에서 자료수집을 위한 가장 중요한 자료원 중 하나로, 연구주제에 대해 잘 알고 있는 연구참여자와의 면담을 통해 연구자는 중요한 통찰을 얻을 수 있다(Yin, 2014). 면담을 통한 자료수집은 2020년 2월 말부터 8월 말까지 연구참여자 10명을 대상으로 이루어졌으며, 지역적인 근접성과 학교 형태의 다양성을 고려하여 경기도와 서울특별시의 일반고등학교 4곳과 특수목적고등학교 1곳에 재직하고 있는 10명의 교사를 대상으로 하여 심층면담을 수행하였다. 우선, A와 D고등학교에 근무하는 교사들을 주요 연구참여자로 선정하여 심층면담을 수행한 뒤, 1차적 자료분석 후에 추가적으로 3곳의 학교에 근무하는 교사 3명을 연구참여자로 선정하여 다른 학교의 맥락에서도 같은 현상이 목격되는지를 확인하는 과정을 거쳤다. 교무실, 교실 또는 조용한 카페를 선정하여 면대면 면담으로 수행하였으나, 코로나 사태가 악화되어 상황이 여의치 않았던 경우, 전화 면담으로 대체하여 수행하였다. 면담 시간은 대략 30~50분 정도 소요되었으며, 면담 시간에 최대한 편안한 분위기에서 자신의 경험을 자유롭게 진술할 수 있도록 하였으며 이를 위해 익명성 보장을 철저하게 약속하였다. [표 14.4] 면담 주요 질문 구성을 바탕으로 주로 '반구조화된 면담(semi-structured interview)'을 진행하였으며, 일부 연구참여자에 따라 비구조화된 면담(unstructured interview)을 진행하기도 하였다. '코로나19에 대응하는 교육부의 교육정책 집행'에 대하여 집중적으로 질문함으로써 현장의 교사들이 교육부의 정책을 어떻게 생각하고 있는지에 대하여 생생하게 드러내고자 하였다. 질문에 대한 대답을 듣고 다음 질문으로 넘어가기보다는 연구 참여

[표 14.4] **면담 주요 질문 구성**

영역	주요 질문 사항	
1	연구참여자 인적사항	• 이름, 근무학교, 경력, 보직 유무 등
2	교육부의 코로나19 대응	• 원격수업의 준비와 진행 지원 • 등교수업의 준비와 진행 지원 • 학사 관리에 대한 지침 • 학교 방역에 대한 지침
3	교사의 코로나19 대응	• 원격수업의 준비와 시행 • 등교수업의 준비와 시행 • 학업 결손 방지를 위한 대책 • 방역과 관련한 학생 생활 지도 • 코로나19 상황에서 교사의 건강과 관련한 경험
4	교육부와 교사 간의 의사소통 방식	• 교육부의 정책을 접한 경로 • 교육부의 의사결정 집행에 대한 교사의 인식 • 교육부와 현장 간의 원활한 의사소통을 위한 개선방안

자의 대답 중에서 핵심적이라고 생각되는 부분에 대하여 추가 질문을 이어감으로써 깊이 있게 현상을 파악하고자 하였다. 공동연구자 간 전사한 자료와 성찰 일지를 서로 공유하고, 필요하다고 판단하는 경우에 추가로 면담을 진행하였으며, 이론적 포화(theoretical saturation)에 이를 때까지 진행하였다. 이와 같은 심층면담 외에도 연구수행 기간 동안 A 고등학교를 대상으로 코로나19 대응 정책 관련 교직원 회의, 원격수업 관련 연수, 원격수업 참관 등에 참여하여 학교 현장에서 참여관찰을 실시하였으며, 의미 있는 사건이나 내용을 현장 노트에 작성하였다. 또한, 관련 공문, 보도자료, 교육부 공식 블로그 자료 등 다양한 유형의 자료를 수집하였다.

라. 자료 분석

본 연구는 질적 자료를 분석할 때 일반적으로 사용하는 '반복적 비교분석법(constant comparison method)'에 의해 '개방코딩', '범주화', '범주 확인'의 과정을 통해 분석하였다(유기웅 외, 2012). 전사한 자료를 반복해서 읽으면서 자료의 의미나 맥락이 잘 드러나 있는 문장이나 단락들을 찾고, 밑줄이나 기호로 표시하는 코딩 작업을 하였고, 자료를 읽으면서 떠오르는 질문이나 생각들을 기록해 놓았다. 이 코딩된 자료 중에서 계속 반복되거나 의미 있는 내용을 상위 범주로 분류하는 범주화 작업을 통하여 주제별로 묶는 작업을 거쳤으며 주제의 유사한 코드를 모아서 하나로 개념화·범주화하였다. 최종 범주가 결정되기 전까지 지속적으로 비교·분석하여 새로운 범주가 다시 생성되는 과정을 반복하였다. 범주화 과정을 거친 후, 범주 확인 과정을 통해 구성된 범주가 수집된 자료의 특성을 잘 반영하고 있는지 원자료를 재확인하였다.

심층면담, 참여관찰, 문서수집 등 '자료의 다원화(triangulation)'를 통해 연구의 신뢰도와 타당성을 높이고자 하였으며, 교육부 보도자료[5]와 언론 보도, 교사들과의 면담 자료를 종합하여 통합적으로 자료를 분석하였다. 또한, 연구자들이 지속적으로 토의하면서, 자의적 해석이 나타난 부분이나 다소 극단적이라 판단되는 부분이 없는지 내부적으로 검토하는 과정을 거쳤으며, 연구참여자로부터 최종적으로 분석 내용을 확인받는 과정을 거쳤다. 또한, 내적 타당성을 높이기 위해 패턴 매칭(pattern matching) 방법을 활용하여(Yin, 2014), 자료수집 전 '정책수단으로서의 사실'과 '패러독스' 선행연구 고찰을 바탕으로 연구자들이 설정한 분석 틀과 연구결과를 지속적으로 비교하여 패러독스 현상 분석 틀을 수정하였다.

---

5 2020년 1월 27일부터 8월 28일까지 교육부에서 보도한 코로나19 대응 관련 교육부 보도자료.

4 코로나19 대응정책의 실행과정에서 나타난 패러독스 현상

가. 행위자로서의 교사의 고민

1) 원격수업을 통한 학습 결손 방지: '교육부 지원 vs. 교사 혼자'

연이은 개학 연기를 지속할 수 없다고 판단한 교육부는 3월 27일 원격수업 운영 기준안을 마련하여 시·도교육청에 배포하였다. 코로나19 상황에 따라 개학 이후 교실 수업이 불가능한 경우를 대비하여 학생들이 온라인으로라도 체계적인 학습을 할 수 있도록 준비한 것이다. 시도교육청은 이에 따라 원격수업에 대한 교육과정의 운영, 수업 방법 등 세부운영지침을 마련하고, 학교는 원격수업 계획을 수립해 시행하도록 하였다.

교육부는 적정 학습량을 확보하고, 학생들의 학습 결손이 발생하지 않도록 충실한 학습 내용을 제공해야 한다는 기준과 함께, 실시간 쌍방향 수업, 콘텐츠 활용 중심 수업, 과제 수행 중심 수업, 교육감·학교장이 인정하는 수업 등 다양한 수업 방식을 할 수 있음을 안내하였다. 원격수업 시 서버 문제가 발생하지 않도록 130억 원의 예산을 편성해 시도교육청과 함께 원활한 강의를 위한 환경 조성을 하고, 개학 전까지 모든 학교가 접속했을 때를 대비해 점검하겠다고 하였다. 또한, 원격수업을 혼자 진행하기 어려운 저학년 학생들과 장애 학생들, 컴퓨터를 이용하기 힘든 저소득층 학생들에 대한 대책을 마련하고, 학부모 상담과 교원 연수를 지원하겠다고 밝혔다. 특히 유은혜 교육부 장관은 관련 브리핑에서 비록 이번의 온라인 개학은 코로나19로 인한 것이지만, 미래 교육으로 도약할 기회로 삼는 것이라는 점도 덧붙였다.

그리하여 4월 9일 사상 초유의 온라인 개학이 실시되었다. 온라인 개학 며칠 전부터 유은혜 교육부 장관은 여러 학교를 방문하여 온라인 개학 준비 여부를 점검하였으며, 개학일에도 현장을 방문하여 직접 온라인 수업에 참여하는 모습을 보여주었다. 언론은 처음으로 실시되는 원격수업에 상당한 관심을 가지고 보도하면서, 유은혜 교육부 장관의 현장 실사 내용과 학교의 준비도를 기사화하였다. 그러나 원격수업이 매끄럽게 진행되고 있는 것처럼 보이는 언론의 보도 속의 학교와 실제 학교의 모습은 달랐다. 실시간 쌍방향 수업을 하고, 교사가 교실 칠판 앞에서 직접 강의를 하고 카메라 촬영을 통해 수업이 이루어지고 있다는 언론 보도 속의 학교는 특정 학교에 한정된 것이었다. 이처럼 학교현장의 교사들은 언론보도와 실제 학교 모습 간의 괴리현상을 발견하게 되면서 교육부의 코로나19 대응정책을 언론보도를 통한 세뇌에 의한 의식화된 설득으로 받아들이게 되는 것이다.

대다수의 교사들은 원격수업에 대한 생소함으로 많은 고민을 하고 있었다. 교육청의 지침은 실질적으로 도움이 되지 못했기에, 결국은 교사들의 재량으로 어떻게든 원격수업을 해내야 한다는 부담을 느낀 것이었다. 촉박한 시일을 두고 원격수업을 준비하라는 교육부의 지시에 학교 현장은 혼란으로 뒤덮였으며, 원격수업을 위한 기본적인 저작권 문제부터 어떤 교구를 구입해야 하는지, 실제 수업을 어떻게 진행할 것인지를 자신하지 못한 채 교사들은 급하게 움직여야 했다. 현장에서는 '사교육 인터넷 강의와 다를 것이 무엇이냐', '평가는 어떻게 할 것이냐'와 같은 불만과 걱정의 목소리가 터져 나왔다.

> 정말 감을 못잡겠더라구요. 선생님들 사이에서도 피피티에 목소리를 입힌다, 뭐 ○○으로 찍는다, 다들 왔다갔다 하고. 플랫폼은 또 이걸 사용하면 된다, 아니다. 뭐... 나이 많은 선생님들은 아예 겁을 내고 부담스러워하고 그런 분도 있고... 필요한 기기 사라고 돈 얼마 지원해주고는 땡이에요. 근데 뭘 필요한지도 알아야죠. …(중략)… 고3 선생님들은 진짜 그런 부분에서 제일 힘들어요... 사실 고3 수업은 거의 수능특강 많이 하잖아요? 이걸 온라인으로 수업한다하면, ○○○○○(사교육 인터넷 강의 업체)되는 거죠. (차 교사)

> 이렇게 코로나 사태가 심각할 것을 인지했으면 찔끔찔끔 한 주, 두 주씩, 개학 연기를 하지 말고 아예 한 달 연기하고, 아예 3월부터 온라인 개학을 준비를 하라고 하던지, 갑자기 교육부는 우리는 3월부터 휴업 중에 꼼꼼하게 준비해 왔어요라고 발표하면 교사가 준비 안 한 나쁜 사람이 되는 거잖아요. 3월에 정작 교사는 준비하란 소리는 전혀 못 들었는데요. 이제야 허둥지둥... (다 교사)

교육부는 원격수업 기준안을 내려보내고, 교원 연수 등 각종 지원을 하겠다고 발표하였다. 그러나 실질적으로 교사들은 교육부로부터 원격수업에 대한 도움을 받지 못하고 있다고 대답하였으며, 이 지점에서 교사들이 교육부의 발표를 의식화된 설득으로 받아들였음을 알 수 있다. 가장 중요한 수업방식에 대한 코칭이나 수업 내용 구성에 대한 도움, 평가에 대한 확실한 지침을 받지 못하여 교육부가 모든 것을 교사의 책임으로 미루고 있다고 비판하였다. 연구참여자 중 특수목적고에 근무하는 교사들도 원격수업의 준비와 실행, 평가와 관련한 문제는 학교 형태의 문제가 아니며, 높은 수준의 학생들을 대상으로 하는 것과 관련 없이 어려운 문제라고 하였다. 이처럼 원격수업 준비를 적극적으로 지원하겠다는 교육부와 실질적인 지원을 받지 못했다는 교사 간의 패러독스 현상이 나타나게 된 것이다.

출결 및 평가는 지침에 따라 처리해 공정성을 확보하겠다고 교육부는 밝혔다. 하지만, 현재 학교현장에서 살펴보면, 학교마다 원격수업 출결 기준이 상이하게 나타나고 있다. 학교마다 온라인 출결 기준을 재량하에 정했기에, 어떤 학교는 원격수업 미인정 결과 처리 기준이 당일 23:59분까지 수강하지 않을 경우이지만, 또 다른 학교는 시간표상 해당 시간에 수강하지 않을 경우가 나타나게 된 것이다. 교사들은 출결 상황이 대입전형의 요소로 사용될 때 이와 같은 학교마다 상이한 기준은 추후 공정성 문제를 야기시킬 수 있음을 우려하였다.

또한, 교육부는 쌍방향 원격수업의 경우 원격수업 중 수행평가도 가능하도록 허용했다. 그러나 교사들은 실질적으로는 어려운 이야기라는 입장이었다. 등교 개학을 하지 않는 한 공정한 시험을 치르는 것도 사실상 불가능한 상황이라는 말도 전했다. 온라인 개학 이후 등교 개학이 정해질 때까지 교사들은 원격수업 준비로 인한 시간 부족과 교육부의 불확실한 지침으로 인하여 평가 부분을 확정하지 못했으며, 등교 개학을 하고 나서야 고사 계획을 확정하였다.

계속 선생님들이랑 의논했어요. 계속. 몇 번이나. 처음에 만들었던 평가 기준 다 바꿨고. 일단 수행평가를 어떻게 해야될지가 제일 큰 문제니까. 우리 학교는 애들이 다 잘 따라오는 데지마는 평가 문제는 또 다른 문제예요. 오히려 더 민감할 수 있는. 온라인으로 수행평가를 한다는 건 참... 뭐 방법이 있기야 하겠지마는 그게 대면으로 하는 거랑 공정성 같은 부분에서 힘들지 않겠어요? (바 교사)

중간고사일도 계속 바뀌었고, 처음에 온라인 개학할 때는 시험 어떻게 볼지 정하지도 못한 상태였고. 선생님들끼리도 '시험 어떡하지?' 얘기만 하고 대책이 없었어요. 우리 학교도 마찬가지야. 교육부에서는 공정하게 하겠다라는 말뿐이고, 당장 우리는 시험 어떻게 치러야 할지 모르겠는데. (아 교사)

원격수업에 대한 준비가 잘되지 않은 상황에서 교사들은 자신들의 교육적 자질에 대한 평가를 받는 것에 대해 두려움을 느끼고 있었다. 교육부가 많은 지원을 해주는 것처럼 알려지고, 언론에서도 마땅히 교사들이 원격수업을 질 높게 수행할 수 있어야 한다고 하는데 준비되지 않은 모습으로 수업을 하게 될 것이기 때문이었다. 온라인 개학 이후 수 주일이 지나면서 교사들은 원격수업에 대해 서서히 적응하게 되었지만, 그 과정에 겪은 혼란은 교사들에게 상처와 스트레스를 주었다.

다른 학교 선생님들 이야기, 중학교 이야기도 들어 보면... 학부모들의 평가? 요구도 다양한 것 같아요. 그래도 어떤 학교는 일부 쌍방향 수업을 하는 학교도 있고, EBS 연동해서 하는 학교도 대부분 있는데, 또 학부모들이 학교에 전화해서 우리 학교는 왜 이렇게 하느냐, 저쪽 학교는 이렇게 하는데, 약간 이런 거를 평가해서... 요구하시고 그랬다는 이야기를 들었어요. (사 교사)

사실 제일 힘든 건... 다들... 뭐 장비나 방법의 문제보다도, 원격수업에 준비되지 못한 채 수업에 던져지면서 느끼는 자괴감이죠. 원격수업을 잘 못한다고 해서 그 선생님이 못 가르치는 선생님인 건 아니잖아요? 그런데 적응되지 않은 상태에서 갑자기 원격수업하라고 하니까 선생님들도 너무 어색하고. 그럴 거면 인강 틀어달라는 애들이나 학부모 이야기 나올까봐 두렵죠. 언론에서도 사교육이랑 학교 비교하면서 또 교사들 비난하고 그런 상황이 벌어질까봐 걱정되는. 우리가 그렇다고 교육적 자질이 없는 게 아닌데. (마 교사)

2) 코로나19 확산을 막기 위한 노력: '안전한 학교 vs. 위험한 학교'

등교 개학과 관련하여 교육부는 등교수업 전까지 모든 학교에 교실 책상 거리 유지, 체온계 비치, 열화상 카메라 설치 등의 방역 준비를 완료하도록 하였으며 마스크는 유사시 사용할 보건용 마스크 1486만 장(학생 1인당 2매)과 예비용 면마스크 1829만 장을 비치했다고 밝혔다. 또한, 학생 간 접촉을 최소화하는 예방조치를 한 상태에서 급식이 이루어질 것이며, 학년별, 학급별로 급식 시간을 분산하거나 식당 간격을 넓히고 칸막이를 설치할 것이라고 밝혔다. 언론에서는 이와 같은 교육부의 발표를 기사로 내보내는 동시에, 장관이 직접 여러 차례 현장 학교를 방문하여 방역 상태를 점검하는 사진과 기사를 보도함으로써 교육부가 학교의 방역 상태를 열심히 준비하고 있다는 취지를 알렸다.

그러나 이를 접한 현장 학교 교사들의 반응은 전혀 달랐다. 교사인 자신조차 학교의 방역 상태를 믿을 수가 없는데 언론에서는 학교의 방역이 철저하게 시행되고 있다고 보도되는 것이 불안하고 당혹스럽다는 반응이었다. 방역 업무를 전혀 담당해 보지 않은 교사들이 갑자기 방역 업무에 투입되는 것을 스스로 경험하면서 교사들은 학교 방역에 대하여 불신하였고, 학생들의 학교생활을 너무나도 잘 알기에 학교생활 속에서 안전과 관련하여 벌어지게 될 일을 예측하며 두려워하였다. 안전한 학교를 표방하는 교육부의 코로나19 대응정책에 대해 교사들은 이를 합리적인 설득이 아닌 의식화된 설득으로 받아들일 수밖에 없었으며 정책과 현장 간의 괴리를 체험하게 되었다.

> 이게 애들이 2/3만 온다고 하는 자체가 천 명이 한 학교에 드글드글하게 모여있는 건데 그것도 이 좁은 공간에 진짜 다닥다닥 모여 앉아가지고 비현실적인 거죠. 수도권의 대부분의 학교는 이 정도 학급 수는 가지고 있을 텐데. 책상 간격 이 정도 뭐 띄워 가지고 한 사람 눕지도 못하는데. 선생님이 여기서 말하고 있으면 바로 앞에 아이는 다 맞고 있는데, 그런 간격인데. 나는 그게 제일 무서웠어요. 애들이 다 마스크를 끼고 다녀도 쉬는 시간만 되면 다 나오는 게. 이게 천 명이라는게... 외부에서는 애들이 이렇게 날뛰는 거 모르잖아요. (나 교사)

> 우리 학교 급식실에 가림막 없는데요. 한 자리씩 떨어져 앉으라고는 하는데, 백 프로 다 지켜지지는 않아요. 밥 먹으면 당연히 마스크 벗어야 되고, 애들이 밥만 먹나요? 급식 시간에 수다 떨고 그런 거는 애들 코로나라고 안 하지 않아요. …(중략)… 그런데 가림막 설치하고 밥 먹고 있는 학교 사진보면 제 입장에서는 좀... 딴 나라 얘기같죠. (가 교사)

교사들은 교육부가 학교 방역과 관련하여 대책을 마련하고 있다는 자리 착석 문제나 마스크 문제, 급식 문제에 대해 회의적인 반응을 보였다. 준비하고 있는 것은 맞지만, 제대로 되고 있지는 않다는 것이었다. 학교생활의 특성상 가능하지 않은 일들을 가능하게 만들라는 지시에 대하여 일부 교사는 분노하기도 하였다. 교사들은 교육부에서 지시하는 방역 대책을 수행은 하면서도 이러다 혹여 교내에서 집단감염이 발생하게 되면 어떻게 하나 걱정하고 불안해하고 있었다. 즉, 모든 책임이 교사들에게 올 것을 우려하고 있었다.

3) 업무의 우선순위 설정: '방역 우선 vs. 교육 우선'

5월 20일 고등학교 3학년을 시작으로 순차적으로 학생들의 등교 개학이 이루어지면서, 방역의 최전선인 학교 현장의 방역 업무도 더욱 중요성이 커졌다. 학교의 방역은 학교시설에 소독약을 배포하는 시설 방역이나 사회적 거리두기에 기준한 교실 재배치와 같은 물리적인 방역 이외에도, 학생들의 건강관리와 위생 수칙 준수 지도, 이동 제한 등보다 큰 범위에서 계획되었다. 이에 따라 학생을 지도하고 관리해야 할 책임이 있는 교사들이 방역 업무를 맡게 되었는데, 이는 교사들이 본래 수행하던 교육과 행정 업무에 추가된 것이었다.

개학이 시작된 후 교사들은 학생들이 등교하기 전 건강상태 자가진단 설문을 하도록 지도하는 것에서부터, 등교 시와 점심 급식 전, 하루 두 차례 체온 검사를 실시하는 것, 기저질환 학생을 별도 처리하는 것 등 보건 관련 업무를 맡게 되었다. 또한, 학생들이 올바른 방법으로 마스크를 잘 쓰고 있는지, 학생들 간에 거리 두기를 제대로 하고 있는지를 수업 시간과 쉬는 시간, 급식 시간 등 모든 시간에 걸쳐 관리하도록 지시받았다. 여기에 학교 교육 활동과 관련하여 학교에 출입하는 외부인이나, 정부에서 지원하는 방역 지원인력의 건강상태까지 체크하는 업무를 수행하면서 방역 업무에 대한 피로감을 호소하는 교사들이 많았다.

> 방역을 할 수는 있어요. 할 수는 있는데 방역을 학급 담임 이런 식으로 찍어주면 안 되는 거고 그거는 시간적 여유가... 온라인 수업도 등교 수업도 해야 하고 오히려 시간이 부족한 거잖아요. 우리가 교육자라고 해서 방역을 절대 할 수 없다 그건 아닌 거 같아요. 그런데 방역을 처음 하는 우리에게 당연한 것으로 책임을 넘기는 것은 안 되는 거죠. 아니 내가 방역을 하는 사람이 아니잖아요. 나는 우선 수업이 잘 굴러가게 하고 아이들 교육적인 지원을 충분하게 해주는 게 맞는 거지, 방역을 도와줄 수는 있지만, 책임을 지게끔 하는 것은 아닌 것 같아요. (라 교사)

교사들은 실효성에 의문을 느끼면서도 학생들을 지도해야 한다는 생각에 지속적으로 학생들에게 위생 관련 수칙을 지키도록 안내하고 있었다. 그러나 이에 대한 에너지를 많이 소모함으로써, 등교수업과 원격수업의 병행으로 부담감이 가중된 수업 준비에 피해를 받는다고 이야기하였다. 그동안 교사의 업무가 방역에 너무 초점이 맞춰지다 보니 본연의 업무인 교육을 하는 사람으로서의 자신의 정체성에 대하여 고민하는 교사도 있었다.

> 보건교사들 다 너무 힘들죠. 처음이고 그렇다 보니까 너무 힘들어서 우시는 분도 많고. 혼자서 피말리고 정말. 체온계만 해도 학급당 하나씩은 있어야 될 거 아니에요. 그것만 있으면 되나요? 예비도 있어야 되는데. 두 배 세 배 폭리. 엄청 비싸졌는데 미리 선점은 해야 되고. 예산이 없다 그래서 행정실장님 교감선생님 교장선생님한테 얘기해서 겨우 끌어오고, 그걸 다 혼자서... 평상시에 해야 되는 기본적인 업무도 있잖아요. 그런데 제가 할 일이 너무 많고 힘이 드니까... 그러다 확진자라도 나오게 되면 그 책임 다 여기서 지는 거죠. 뭐 안 했냐고 뭐 준비 안 했냐고. (자 교사)

특히 보건교사의 경우에는 코로나19 관련 업무 이외에도 항상 해야 하는 학교 보건 업무가 있는데, 코로나19로 인하여 업무가 폭증함으로써 심한 스트레스에 시달리고 있었다. 보건교사는 수백 명이 모이는 밀집 시설인 학교에서의 방역 업무를 최전선에서 담당하고, 그에 대한 책임을 져야 한다는 사실에 커다란 압박감과 긴장감을 느끼고 있었다. 또한, 방역 업무와 관련한 지원이 부족한 것에 대한 아쉬움을 나타내기도 하였다.

나. 학교조직과 교육정책에 대한 시선

1) 휴식이 어려운 학교 조직문화: ‘유연한 휴가 vs. 엄격한 복무’

코로나19 확진 판정을 받은 교사가 근육통과 몸살 등 증상이 있었음에도 일주일간이나 출근을 했다는 논란이 일자, 교육부는 교사가 아프면 연가, 공가를 유연하게 사용할 수 있다는 복무지침을 재차 강조하였다. 언론의 보도 이후 증상이 있었음에도 출근하였던 해당 교사를 비난하는 여론이 있었으나, 이에 대한 교사들의 생각은 달랐다. 교사들은 ‘출근하지 않을 수 없어서 출근했을 것’이라고 지적하며 증상이 있어도 출근해야만 했던 교사의 입장에 대해 이해할 수 있다고 답하였다. 또한, 현재 학교의 과중한 업무와 스트레스에 노출된 교사들의 건강에 대하여 우려하였다.

정해진 일수를 시기에 관계 없이 필요시에 연가로 사용할 수 있는 일반 직장과는 달리, 학교의 교사들은 학기 중에는 연가를 사용하지 않는 것이 일반적이다. 또한, 각자 맡고 있는 수업이 있기 때문에, 출근하지 않으면 자신의 수업을 다른 교사가 대신 해야 하는 상황에 처하게 된다. 특히 원격 수업과 대면 수업을 병행하며 진행하고 있는 지금은 다른 교사가 보강을 하게 되는 것이 더욱 큰 부담으로 다가오기에 그런 상황을 만들지 않으려 최대한 노력하고 있으며, 관리자들 또한 교직원의 복무가 해이해질 것과 그에 대한 비판 여론을 우려하여 평소보다 더욱 휴가에 대해 민감하게 반응하고 있었다. 교육부에서 교사들이 아프면 유연하게 휴가를 사용하라고 권고하는 것과 달리 실제 현장에서는 관리자의 반대로 휴가를 사용하지 못하는 상황이 많았다.

> 아... 불가능. 솔직히 말해서 몸에 열이라든지 컨디션이 안 좋으면 정말 걱정이죠. 학교를 못 나가는데 근데 학교를 못 나가면 애들 수업도 사실, 인터넷으로 한다 하면 그것도 제대로 안 되고 열이 나는데 왜 미련하게 나와서 일을 했냐고 비난하는 게 그 자체가 잘못된 게. 그게, 내가 해야 할 일, 의무나 책임? 내가 빠지면 그걸 어떤 사람이 그 부담을 가져야 되는지. 거기에 대한 지원이 전무하죠. (아 교사)

> 교사 카페에 그런 글이 올라온대요. 내가 몸이 좀 열이 나는 것 같고 기침이 자꾸 나오는데 걱정된다고 이제 교감 선생님께 말씀드리니까 그래서 조퇴하시게요? 했다구요. 또 자기 엄마가 확진자 접촉자가 돼가지고 코로나 검사를 받았는데 내일 결과 나오니까 그때까지만 연가 쓰겠다고 학교에 얘기하니까 선생님이 검사 받은 거 아니지 않냐고 그냥 나오라고 했다는 얘기도 있었고... 선생님들 아프면 쉬라고 한 거 저도 뉴스에서 봤는데... 근데 웬만하면 못 쉬죠. 위에서 허락을 해 줘야 쉬죠. (바 교사)

교육부에서 휴가에 대한 지침을 내려보내는 것과 실제 학교에서 교사들이 휴가를 사용하는 것 사이에는 커다란 괴리가 있었다. 교사들은 교육부에서 아프면 쉬라고 권고하는 현재의 지침 수준으로는 학교 현장이 움직이기 어렵다는 점을 지적하면서, 의심 증상이 있거나 의심할 만한 정황이 있다면 보다 강력하게 휴가를 사용할 것을 명하는 수준으로 지침이 실시되어야 실제로 지침의 효력이 있을 것이라고 하였다. 또한, 밀집 시설에서 하루를 보내야 하는 교사들의 복무 환경에도 관심을 가져야 한다고 말했다.

선생님 한 분이 돌아가신 안타까운 사례가 있었잖아요... 계속 마스크 끼고 수업하셨다고. 수업이라는 게 50분 내내 떠들어야 하는 일인데. 마스크 쓰고 아무 말도 안 해도 답답한데, 마스크를 쓰고 몇 교시씩 계속 수업을 한다 하면 숨이 너무 차죠. 이제 더워지면 더 심해질건데... 학생들 건강 챙기라고 선생님들한테 자꾸 내려오잖아요. 근데 선생님들 건강은 어떻게 챙겨요? 우리도 어떻게 보면 진짜 밀집 시설에서 외부인들을 계속 밀접 접촉해야 하는 고위험군이에요. (차 교사)

이처럼 교사들은 학생들의 건강을 책임지라는 교육부의 요구에 부담감을 느끼면서, 정작 자신들의 건강을 돌볼 수 없는 상황에 우려를 표하였다. 학생들에게는 서로 밀접하게 접촉하지 말고 거리를 둘 것을 지도하면서도 자신들은 학업 상담이나 수업 관련 전달을 위하여 여러 학생들과 밀접 접촉을 해야만 하는 것에 대해 불안함을 느낀다는 교사도 있었다. 아프거나 의심 증상이 있을 시에는 바로 휴가 조치에 들어가 자신과 학교 구성원 모두의 건강을 돌볼 수 있는 환경이 제공되었으면 좋겠다는 의견이었다. '아프면 쉬어라'라는 교육부의 지침에 교사들은 반대로 '아프면 쉬고 싶다'라고 대응하는 패러독스 현상이 나타났으며, 이 과정에서 학교의 조직문화를 고려하지 못한 교육부의 코로나19 대응정책을 교사들은 세뇌에 의한 설득으로 받아들이게 되었다.

2) 정책 수립과 시행의 과정: 'Top-down vs. Bottom-up'

코로나19 대응과 관련된 모든 결정은 교육부로부터 이루어졌다. 교육부 수장의 기자회견을 통해 정책이 발표되었고 그 발표를 기반으로 학교 현장의 교사들은 움직여야 했다. 교육부가 주도하고 결정하여 시행하는 Top-down 방식의 정책 발표는 혼란스러운 코로나19 상황에서 교육현장의 이정표가 될 수도 있었다. 하지만, 교육부의 코로나19 대응정책 발표는 현장에 적용하기에 어려움이 많았다는 점에서 교사들을 난감하게 하였다.

원격수업의 경우 교사들은 교육부가 시설과 역량 면에서 현재 학교의 수준이 어느 정도 수준인지에 대해 파악하고 원격수업을 시행하기보다 수업일수 확보라는 목표에 중점을 두고 정책을 시행하는 바람에 학교 현장에서 많은 혼란을 겪었다고 생각하였다. 등교수업의 경우 또한 전교생 숫자의 1/3, 2/3의 등교와 같은 수치적인 계산을 제시한 것이 학교현장을 이론적으로 생각한 결과라고 비판하였다.

탁상공론이라는 얘기가 그런 데서 나오는 거죠. 애들 반씩 나오게 해서 수업을 한다, 교실을 나눠 쓴다 하는 게 너무 이론적인 거죠. 애들 떨어뜨린다고 되는 게 아니고, 그래서 수업이 되겠냐고요. 정책의 방향은 잘못된 것이라고는 느껴지지는 않는데 위에서... 거리 띄우려면 애들 반씩 한 반에 반 씩만 넣으면 되는 거 아니겠어? 이런 식은 잘못된 거죠. 그런 걸 따지려면 시도교육청 교육감들이 교육부와 계속 컨택해서 이야기를 했었어야 했는데 너무 교육부만 쳐다보고 있던 것은 아니었나 생각도 들어요. (라 교사)

비상시국에는 탑다운이 맞는 거 같아요. 한시가 급하고 위급할 때는 위에서 딱 정해서 명령을 해 주는 게 좋죠. 근데 명령이 내려올 때 현장에 맞게 내려와야죠. 탑다운 방식이 나쁜 건 아닌데 이게 일하는 사람들이 할 수 있는 내용으로 내려와야죠. 처음부터 현장에 맞게 명령이 내려오면 제일 좋고, 그게 안 되더라도 문제가 발견되면 밑에서 위로 피드백이 가서 그게 적용이 되면 좋겠는데. 유동적인, 유연성을 가질 필요가 있어요. (마 교사)

교사들 또한 정책집행 방식으로서의 Top-down 방식의 장점에 대해 동의하였고, 특히 코로나19 사태와 같은 위급 상황에서 Top-down 방식으로 교육부의 정책이 시행되는 것에 대해 수긍하였다. 그러나 현장과의 소통이 부족했다는 것을 아쉬운 점으로 꼽았으며, 그것이 정책의 효과를 결정하는 데 큰 영향을 끼쳤다고 인식하였다. 교육부가 학교현장의 상황을 분명하게 파악하고 있어야 함은 물론, 정책이 이론적으로 흐르지 않도록 현장 상황이 시의성 있게 교육부에 전달되는 시스템이 필요하다는 의견을 제시하기도 하였다.

3) 언론을 통한 정책 발표: '신속한 발표 vs. 철저한 준비'

교육부는 1차(3.2-3.6, 5일), 2차(3.9-3.20, 10일), 3차(3.23-.30, 10일), 4차(4,6-4.8, 3일)에 걸쳐 휴업 명령을 통한 개학 연기를 발표했다. 그리고 교육부 장관은 언론 브리핑을 통해 4월 9일부터 중·고 3학년부터 단계적 온라인 개학을 발표했고, 5월 20일부터 순차적 등교 시작을 발표했다. 이 과정에서 학교 현장의 교사들은 이와 관련된 질문을 학부모와 학생들로부터 받았지만, 아무런 답변을 할 수가 없었다. 왜냐하면, 교사 또한 일반 학생 및 학부모와 동일하게 언론 보도를 통해 이와 같은 사실을 접할 수밖에 없었기 때문이었다. 이후에 '수도권 등교 인원 1/3 제한 1학기 말까지 연장' 또한 교사들은 기사를 통해 먼저 접하고, 그동안 수립하였던 학사일정 및 평가계획을 변경하였다. 선발표 후공문 시스템이 고착화되면서 교사들은 교육의 주체로서의 사기가 저하되었다.

그런 거잖아요. 뉴스보고 다 뉴스로... 학교에서는 연락이 없고 뉴스에 봐서 어떻게 해야될 것인지에 대한 지침들이 내려오는 거잖아요. 뉴스를 보고 지침은 내려오는데 또 학교에는 절차라는 게 있고 뭐 교육청을 거쳐서 오는 시차가 생긴단 말이에요. 그 하루 이틀을 일반교사가 할 수 있는 일이 별로 없고 아이들은 아이들대로 되게 궁금해 하고 어떻게 해요라고 물어보는데 교사들이 대답을 할 수 있는 게 없다는 거죠. 우리도 똑같이 언론을 통해 접하기 때문에 그래서 교육청에서 빨리 대응을 해서 지침을 빨리 알려주거나 아니면 그렇게 교육부에서도 그런 지침을 방송을 하기 전에 적어도 조금 각 시·도 교육청에다가는 좀 알려서 대책을 빨리 할 수 있게끔 해서 그 불안함에 대한 갭 시간을 줄이는 것이 중요하지 않을까 생각합니다. (라 교사)

방송으로 알잖아요, 다. 지금도 뭐 갑자기 온라인 하라고 발표가 됐는데 그러면 온라인으로 하게 되면 앞으로 아이들 출결이라든지 이러한 기본적인 교육과정하고 관련된 거 지금까지도 뭐 보내는 게 없어요. 그러면 그냥 상황상황 케이스마다 교감 선생님하고 의논하고, 만약 그게 교육과정에서 해결해야 되는거다 하면 교육과정부장님이랑, 교무부면 교무부장님, 해가지고 우리 학교에서 자체적으로 다 하는 거죠. (자 교사)

또한, 공문을 통해서 교육부는 코로나19 대응방안을 내렸지만, 이것을 받아들이는 교사들은 다르게 받아들였다. 교사들은 코로나19에 대한 대책 및 지원방안에 관한 실질적인 정보를 얻지 못하고, 오히려 교육부가 책임을 회피하고 있다는 느낌을 많이 받았다고 밝혔다. 간략한 지침만을 내려보내고 학교의 자율성이라는 미명 하에 책임을 넘기려는 것이 아니냐는 교육부에 대한 불신으로 이어지게 되었다.

> '공문을 읽어봅시다' 이거 보셨어요? 요새 유행인데… 원칙=선생님의 일, 지침=선생님의 일, 조치=선생님의 일, 권장=선생님의 일, 명시=선생님의 일, 대책=선생님의 일, 자율적=우리가 정하기 어려운 선생님의 일, 불가피=정말 어렵지만 선생님의 일, 최소화=지키기 어렵지만 선생님의 일, 종합적으로=전부 다 선생님의 일, 지양=대놓고 금지라고 말은 못하지만 금지, 해당 학교=모든 학교., 웃기죠? 교사라면 모두 다 공감하는 내용일껄요. (가 교사)

언론 발표 이후, 교사들은 교육부로부터 코로나19 대응에 대한 방침을 공문으로 전달받기는 하였으나, 그 내용이 구체적이지 않아 시행에 어려움을 겪었다고 하였다. 원론적인 내용을 지시하거나, 세부 방법이 없는 방침을 하달하여 공문의 내용 파악을 두고 교사 간에 이견이 있는 경우도 있었다. 교사들은 교육부가 공문을 통해 체계적인 지침을 시행하기보다는, 준비해야 할 것이 많은 정책을 언론을 통해 먼저 발표해 버린 후 구체적인 시행 방법은 일선 교사들에게 맡겨버리는 듯한 느낌을 받았다고 하며 아쉬움을 드러냈다. 이는 교육부가 학사일정의 시작과 학교 방역의 안전성에 대해 언론을 통해 합리적으로 설득하려는 시도를 하였으나, 갑작스러운 발표로 인해 정돈되지 않은 현장을 정리해야 하는 학교 현장에서는 설득의 의식화로 받아들인 것으로 분석할 수 있다.

5 정책적 시사점

본 장에서는 정책수단인 '사실'이 제공되는 과정에서 나타나는 설득의 양면성을 패러독스 현상으로 바라보고, 코로나19에 대응하는 교육부의 정책이 집행되는 과정에서 교육부와 교사 간에 발생하는 패러독스 현상을 심층적으로 탐색하는 것을 목적으로 하였다. 이를 위해 주로 심층면담을 기반으로 한 질적사례연구를 실시하였다. 연구결과, ① 행위자로서의 교사의 고민 측면에서 '교육부 지원 vs. 교사 혼자', '안전한 학교 vs. 위험한 학교', '방역 우선 vs. 교육 우선', ② 학교조직과 교육정책에 대한 시선 측면에서 '유연한 휴가 vs. 엄격한 복무', 'Top-down vs. Bottom-up', '신속한 발표 vs. 철저한 준비'의 패러독스 현상을 도출하였다.

이와 같은 연구결과를 토대로 코로나19를 중심으로 교육부와 교사 간에 나타나는 정책 패러독스 현상에 대한 결론을 제시하면 다음과 같다. 첫째, 교육부는 정책수단인 '사실' 제공을 통해 설득하려고 하지만, 교사들은 이를 '세뇌에 의한 사실'로 받아들이게 되는 정책 패러독스 현상이 나타났다. 준비가 되어 있지 않은 학교현장의 교사들과 이미 철저한 준비가 되어 있다는 교육부의 코로나19 대응정책은 상충적인 성격을 지니고 있었으며, 일방적인 교육부의 발표를 받아들이는 교사의 입장에서는 이를 합리적인 설득이 아닌 세뇌에 의한 의식화된 설득으로 받아들이는 경향이 나타났다. 즉, Stone(2002)이 언급했듯이, 교육부에서 제공하는 사실은 객관적, 중립적인 것이 아니라, 재구성되고 재해석되어 정책의 산물로 나타나게 된 것이다.

둘째, 교육부가 정책을 집행하는 과정에서 학교현장에서 받아들이는 교사들에 의해 '예기하지 못한, 의도하지 않은 결과'들이 나타나게 되면서 정책 패러독스 현상이 나타났다. 교육부는 철저한 방역 지원, 온라인 수업 지원 등 코로나19 대응 지원 정책을 내세웠지만, 학교 현장에서 실질적으로 집행되는 과정에서 이와 모순되는 현상이 발생하였다. 예측 불가능한 코로나19 상황에서 이에 효과적으로 대응하기 위한 일괄적인 교육부의 정책 및 방침은 학교현장의 복잡성을 고려하지 못하고, 오히려 정책의 역효과를 발생하는 기제가 되기도 하였다.

셋째, 교육부가 교사들에게 정책 수행에 대해 부여하는 권한과 의무 사이에서 정책 패러독스 현상이 나타났다. 교육부는 원격수업 방식이나 학사일정 등에서 일반적인 원칙을 제시했지만, 구체적인 방법은 제시하지 않음으로써 세부적인 사항을 학교 현장에서 결정하도록 하였다. 이는 정책을 각 학교 현장에 적합하게 적용할 수 있도록 교사들에게 재량권을 부여한 것으로도 볼 수 있지만, 정보가 부족한 상태에서 재량권을 행사해야 하는 교사들에게는 교육부가 결과에 대한 책임을 회피하는 모습으로 보여졌다. 권한의 부여가 오히려 의무의 부여로 변질되는 패러독스가 발생한 것이다.

이러한 결론을 토대로 정책적 시사점을 도출하면 다음과 같다. 첫째, 현장과 괴리된 Top-down 방식보다는 교육현장의 특수성을 고려한 Bottom-up 방식으로 정책집행이 이루어져야 하며, 무엇보다도 현장 밀착형 정책이 추진되어야 한다. 교사들은 코로나19 대응과 관련된 정책들이 어떻게 집행될 것인지를 교육부의 언론 보도를 통해 접할 수밖에 없었고, 정책과 현장에서의 실행 간의 괴리를 지속적으로 경험하였다. 교육부 보도자료들은 현장을 전혀 반영하지 못한 일종의 선전, 표어 같다는 교사들의 직언을 통해 알 수 있듯이, 정책추진을 함에 있어 현장의 목소리에 귀 기울이는 것이 전제되어야 하며, 교육 주체의 참여를 통해 필요 지원 정책을 발굴하고 현장 주도 정책 수립 체계를 구축하는 것이 무엇보다 중요하다.

둘째, 정책 집행자와 정책 실행자 간 신뢰를 구축할 수 있는 방안을 마련할 필요가 있다. 코로나19 대응 정책과 관련하여 교사와 교육부 간의 패러독스 현상이 발생하게 된 근본적인 원인은 교육부에 대한 믿음과 신뢰가 점차 낮아지게 된 것이다. 이는 학교현장에서 추진되고 있는 정책집행의 원동력을 상실하게 하는 요소로 지목될 정도였다. 교육부와 교사 간의 신뢰 구축은 교육정책을 집행하고 현장에서 실행하는 데 있어 필수적이며, 교사를 정책집행의 수단이 아닌 정책집행의 주체로 바라보는 인식의 전환이 필요한 시점이다.

셋째, 정책을 집행하는 과정에서 정책이 의도한 대로의 결과가 도출되지 않을 수 있으며, 상호 모순적, 배타적인 요소들이 공존하는 패러독스 상황이 발생할 수 있음을 염두해두고 교육정책을 추진해야 한다. 무엇보다도 교육현장 내의 복합적이고, 다차원적이고, 역동적이며, 예측하기 어려운 다양한 현상을 세밀하게 검토하고 고려할 필요가 있다.

본 장의 연구는 코로나19에 대응하는 교육부와 교사 간에 나타난 패러독스 현상을 분석함으로써 특정 사례에 대한 관점을 심층적으로 드러냈다는 점에서는 의의를 지니고 있지만, 연구대상자의 한계로 인하여 일반화하기에는 다소 어려운 점이 있다. 따라서 후속 연구를 위하여 다양한 지역별, 학교급별 교사들을 대상으로 정책 패러독스 현상을 담는 과정을 수행하고 이에 대한 심도 있는 고찰을 할 필요가 있다. 또한, 연구참여자를 교사뿐 아니라, 학생, 학부모 등으로 범위를 넓혀 코로나19 정책집행에 따른 패러독스 현상들이 이론으로 축적되어야 할 것이다. 이러한 심층적인 연구가 앞으로 지속적으로 이루어진다면 패러독스 상황을 염두에 둔 교육정책 집행에 대한 주요한 시사점을 제공할 수 있을 것이다.

CHAPTER 15

권리: 학생인권강화 정책의 패러독스

제15장에서는 학생인권조례 제정을 통한 학생인권강화 정책과정에서 발생하는 정책 패러독스 현상과 그 원인 및 결과를 Deborah A. Stone의 정책 패러독스 관점을 중심으로 분석하고자 하였다. 이를 위하여 학생인권강화 정책과정에서 발생하는 정책 패러독스의 중심 현상을 발견하고, 문헌연구를 통해 그에 대한 원인과 결과를 고찰하였다. 분석결과, 학생인권강화 정책의 패러독스는 학생인권과 교권이 공존하는 상황에서, 학생인권신장과 교권침해를 동일시하는 현상으로 나타났다. 이러한 정책 패러독스 현상은 첫째, 학생인권강화 정책의 지나친 정치화, 둘째, 보장과 침해의 요소를 동시에 내포하는 권리의 속성, 셋째, 하향식(top-down) 정책집행으로 인한 정책집행과 인권친화적 환경조성 간 괴리로 인해 발생하는 것으로 분석되었다. 이에 학생인권과 교권 간 갈등 구도가 형성되었고, 학생인권조례의 적극적 실질 권리에 대한 논의의 부재가 정책 패러독스의 부정적 결과로 도출되었다. 분석결과를 바탕으로 ① 권리가 내포하는 속성은 정책의 집행과정에서 언제든지 정책 패러독스를 유발할 수 있다는 가능성의 고려, ② 하향식(top-down) 정책 결정 구조의 보완의 필요성, ③ 교육정책에 대한 지나친 정치화 지양을 정책적 시사점으로 제시하였다.

주제어 학생인권강화 정책, 학생인권조례, 정책 패러독스, 권리, Deborah A. Stone.

1 학생인권강화 정책의 새로운 이해

학생인권조례가 처음 제정된 지 10년이 지난 지금, 학생인권조례를 둘러싼 갈등은 여전히 현재진행형이다. 교육환경은 빠르게 변화하고 사회의 인권의식, 인권 감수성은 전보다 높아졌음에도 불구하고 학생들의 인권보장을 위해 보다 발전된 방향의 주장이 오가기보다는 과거와 동일 수준의 논쟁이 계속되고 있다(신강숙, 2020). 예컨대, 2017년 울산시교육청은 재학생이 SNS를 통해 학생인권침해 사례를 고발한 것을 계기로 학생인권조례가 제정되는 듯했으나, 조례의 제정이 '학생인권 보장으로 인한 교권침해'라는 주장의 반대 집회 등으로 인하여 무산된 바 있다. 이에 2021년 울산시교육청은 지난 2017년 교육계의 반대로 무산된 학생인권조례발의안의 핵심 내용 중 하나인 "학생은 어떠한 이유로도 차별받지 않을 권리를 가진다"의 조항을 학교규칙 제·개정 공문으로 내려보냈다. 그러나 울산교총은 '차별받지 않을 권리' 속에 학생의 흡연, 음주, 문신, 피어싱, 휴대폰 소지, 성관계, 임신과 출산의 권리 등이 포함될 수 있는 만큼 이는 학교 운영의 자율성을 심히 침해하는 행위이자, 교사의 교육적 지도 행위를 위축시키는 부적절한 '학교규칙 강제화'로 보고 이를 비판하였다(한국교육신문, 2021.04.01.).

이처럼 학생인권조례를 중심으로 한 논쟁은 대부분 '권리'의 측면에서 학생인권과 교권을 골자로 하며 진보와 보수진영의 대결구도 현상으로 나타난다. 실정법상 권리의 성격에 따라 우선되는 권리가 있을 수는 있지만, 교권을 가장 넓게 인정하는 개념, 즉 교권이 교사의 인권에서 출발한다는 견해에 따른다면 인권에 우열이라는 것은 있을 수 없다. 학생 인권의 신장은 곧바로 교권침해로 이어지지 않는다. 그러나 학생인권조례가 제정되면서 이것이 교권을 침해한다는 목소리가 대두되었다. 이는 학생 인권의 신장을 마치 학생이 학교에서 교사의 지도에 응하지 않아도 될 권리의 신장으로 여기는 논리와 같은데, 당연히 학생인권조례는 이러한 내용을 포함하지 않는다. 교권의 침해는 학생의 비뚤어진 인성이나 갈등 관계에서 이루어지며, 이는 학생의 인성교육이나 교사와 학생 간의 관계 개선으로 해결할 문제이다. 그러나 이를 정책적 차원에서 문제를 해결하고자 할 때는 정책적 근거 및 기준을 마련해야하기 때문에 이해당사자의 권리를 법적으로 재규정하거나 권리가 보장하는 범위를 확대 및 축소하는 방식을 띠게 된다.

현재까지 학생인권조례안을 통한 학생인권강화 정책과 관련된 연구들은 주로 학생인권조례안의 제정과정(강명숙, 2012; 이용교, 이중섭, 2012; 한태식 외, 2012), 법적 논의 및 해석을 통한 쟁점 분석(오동석, 2010; 정순원, 2011; 박광현, 2012; 송기춘, 2012; 조재현, 2012; 민정욱, 안가윤, 2013; 이덕난, 2014)에 관심을 두거나, 정치적 갈등에 초점에 맞추고 학생인권조례안을 둘러싼 이해집단 간 의견충돌의 과정으로 분석하기도 하였다(송기춘, 2012; 김현진, 김영재, 2017). 학생인권조례가 제정된 지 일정 시간이 지나면서 최근에는 실제 학생 및 학교에 미치는 영향을 실증적으로 분석하는 연구들이 더해지고 있다(정설미, 정동욱, 2020; 박환보, 2021).

이에 본 장은 기존 연구와 초점을 달리하여, '권리'를 법적으로 규정하고, 이를 정책 문제의 해결책으로 활용하는 과정에서 나타나는 패러독스적 현상을 고찰하고자 한다. 예컨대, 학생인권강화 정책의 부차적 결과로 학생인권과 교권 간의 갈등구도가 형성된다거나, '체벌', '성(性) 자기 결정성' 등의 자극적인 요소만이 부각됨에 따라 학생인권조례의 적극적 실질 권리에 대한 논의가 부재하는 상황이 포함될 수 있다. 2010년대 초반 학생인권의 법적 보장이라는 사회적 이슈가 불거진 당시와 현재 학생인권조례안을 둘러싼 갈등과 쟁점이 크게 다르지 않다는 점은 인권의 법적 제정 및 정책 수단화 측면의 본질적인 속성을 고찰해볼 필요성을 제기한다. 즉, 권리가 법률 혹은 정책의 모습으로 현장에 적용될 때, 어떠한 갈등상황을 유발하게 되는지를 이해할 필요가 있다.

정책 패러독스(policy paradox), 혹은 패러독스 정치(paradox politics)의 개념은 교육뿐 아니라 사회 전반에 적용되는 정책의 예기치 못한 결과, 합리성의 실패 등을 설명하는 데 주로 활용되는 개념이다(사득환, 박상진, 2013; 신현석, 이예슬, 2021; 신현석 외, 2020; 윤견수, 2014; 이인수, 2017). 대표적으로 정책 패러독스 현상을 연구한 학자인 Stone(2012)은 저서 『Policy Paradox : The Art of Political Decision Making』의 권리(rights) 절을 통해 이해당사자 간의 권리가 대립하거나 상충하는 갈등상황을 학생인권조례와 같이 권리를 법으로 제정하여 정책목표를 달성하고자 할 때 발생하는 패러독스 현상에 대해 의미 있는 분석적 시각을 제공하고 있는데, 본 장의 주제인 학생인권강화 정책에 관한 쟁점을 분석하기에 적합하다.

이에 본 장에서는 Stone(2012)의 관점을 중심으로 학생인권조례의 제정이 학교 현장에 적용되는 과정에서 발생하는 정책 패러독스 현상에 주목한다. 패러독스는 긍정적·부정적인 측면이 공존하기 때문에 유발요인뿐 아니라 패러독스로 인해 나타나는 결과를 함께 살펴볼 필요가 있다. 이에 정책 패러독스의 발생 원인을 탐색하고, 그로 인한 정책 패러독스 발생 결과를 분석하여 이를 바탕으로 학생인권조례의 제정 및 개정 방향 등 향후 학생인권강화 정책의 시사점을 탐색하는 데 목적을 둔다.

2 학생인권조례와 패러독스적 관점

가. 학생인권조례의 제정 및 제도화

학생인권조례란 학교교육 과정에서 학생인권을 보장하여 학생의 존엄과 가치, 자유를 강화하기 위하여 각 시·도 교육청에서 제정한 것으로, 현재 학생인권조례가 제정된 지역은 전국 16개 시·도 교육청 가운데 경기, 광주, 서울, 전남, 충남, 제주로 총 여섯 곳이다. 가장 먼저 학생인권조례가 제정된 지역은 경기도(2010년 제정, 2011년 시행)였으며, 뒤이어 광주광역시(2011년), 서울특별시(2012년), 전라북도(2013년)가 학생인권조례를 제정하였다. 이후 학생인권조례가 제정된 지 10년만인 2020년 충청남도와 제주특별자치도에서 학생인권조례가 제정되었다. 이들 6개 시·도 교육청을 제외한 지역에서는 학생인권조례 제정 운동이 이루어지고 있거나, 해당 조례안이 계류 중이며(한겨레, 2017.08.07.), 유사한 조례를 제정하여 운영 중인 교육청도 있다(박현정, 김한나, 홍유정, 2017).

가장 먼저 학생인권조례를 제정 및 공포한 경기도의 조례는 「대한민국헌법」 제31조, 「유엔 아동의 권리에 관한 협약」, 「교육기본법」 제12조 및 제13조, 「초·중등교육법」 제18조의4에 근거하고 있으며, 다른 시·도 교육청 역시 해당 법령 및 유사 법령에 근거하여 인간으로서의 존엄과 가치의 실현을 목적으로 함을 밝히고 있다. 이러한 학생인권조례안이 포함하고 있는 학생의 권리는 지역에 따라 차이가 있지만, 보통 '차별받지 않을 권리', '폭력으로부터 자유로울 권리', '복장·두발 등 용모에 있어 개성을 실현할 권리', '사생활과 개인정보를 보호받을 권리', '양심·종교의 자유 및 표현의 자유', '학생자치 및 참여의 권리', '소수 학생의 권리 보장', '인권교육 및 연수' 등이 있다(경기도교육청, 2021; 광주광역시교육청, 2020; 서울특별시교육청, 2021; 전라북도교육청, 2014; 제주특별자치도교육청, 2021; 충청남도교육청, 2020). 이외에도 서울시는 '집회의 자유'를 처음으로 명시하기도 하였다.

한편, 학생인권조례의 제정은 1990년대에 들어서면서부터 학생인권에 대한 관심이 확대되기 시작하면서 제기된 다양한 사회적 이슈와 관련이 있다. 대표적으로 야간강제자율학습에 대한 소송, 학생 두발자유화에 대한 학생인권 보장 서명운동, 교육행정정보시스템(NEIS)의 학생인권 침해 가능성 제기, 학생생활규정(안)에 대한 국가인권위원회의 권고, 사립학교에서의 종교의 자유 문제 제기 등이 있었다(박현정, 김한나, 홍유정, 2017; 조금주, 2016).

그러나 무엇보다 명확하게 학생인권조례가 사회적 이슈가 되기 시작한 것은 2010년 지방선거를 통해 교육감을 지역주민이 직접 선출하게 되면서부터이다. 교육감 직접선거를 통해 진보 성향의 교육감이 당선되자 그들이 선거 과정에서부터 공약으로 주장해온 학생인권조례는 교육계와 정치권의 뜨거운 감자가 되었다. 당시 언론은 학생인권조례의 법제화 과정을 보혁갈등으로 바라보기도 하였는데(문화일보, 2010. 07.01.), 이는 학생인권조례 문제가 교육계 전반에 양분된 의견대립과 갈등을 불러일으켰기 때문이다.

대표적으로 전국교직원노동조합(전교조)을 비롯한 일부 학부모단체들은 진보 성향 교육감과 뜻을 같이하며 학생인권조례 법제화를 위해 적극적으로 행동하였으나, 한국교원단체총연합회(한국교총)와 정부는 반대의 입장을 내보였다. 뿐만 아니라 교과부와 진보성향 교육감의 대립 이슈는 학생인권조례 외에 교원평가 및 학업성취도 평가 부분에서도 갈등을 빚고 있었기 때문에 이러한 모습들은 곧 보수-진보 진영 간의 정책갈등, 이념대립으로 보도되기 시작했다(동아일보, 2010.07.07.; 머니투데이, 2010.07.06.).

학생인권조례를 둘러싼 시·도 교육청과 교과부의 갈등은 2012년에 극에 달했다. 2012년 서울시가 학생인권조례를 제정하고, 이러한 움직임이 전국적으로 확산될 기세를 보이자 이를 우려한 교과부는 조례의 내용이 학교 현장에서 실효성을 갖지 못하도록 학생인권조례의 효력을 정지시키는 등 적극적으로 제재를 가하였다. 당시 교과부 주장의 주요 논지는 학생인권조례가 상위법인 초·중등교육법에 위배되므로 무효 확인 소송 및 집행 정지 결정을 진행한다는 것이었다(강명숙, 2012).

한창 학생인권조례가 제정되던 시기에는 비단 교육청과 교과부의 갈등뿐만 아니라 교육계 전반의 갈등이 심화되었다. 전술하였던 학생인권에 대한 관심을 증대시킨 다양한 사건들을 비롯하여, 2001년 국가인권위원회의 설립 및 2007년 개정 교육과정에서 처음으로 인권교육 내용이 등장하는 등(이정연,

2020) 사회문화적 분위기가 변화하고 있었다. 이에 발맞추어 학생을 하나의 개인으로서, 인격체로 받아들이고 그들의 가장 기본적 권리를 보장하도록 노력해야 하며, 이러한 차원에서 학생인권조례를 제정해야 한다는 것이 찬성하는 측의 기본적인 입장이었다.

반면, 반대 입장 측인 한국교총은 "오히려 교사인권조례안이 필요할 정도로 교권이 추락한 시점에서, 교사의 생활지도를 인권침해로 간주하는 조례가 교사들의 사기를 저하시킬 것"이라며 학생인권조례 도입은 '갈등을 조장하는 포퓰리즘'이며, '학칙과 교칙을 통한 자율적 해결이 바람직한 방법'이라고 주장하였다(연합뉴스, 2010.07.06.).

학생인권조례를 둘러싼 찬반 진영에 교육계만 포함되어 있는 것은 아니다. 정치계는 물론이고, 때때로 사안에 따라 종교문제, 인권문제, 젠더문제 등 다양한 주제가 주요 쟁점 사항으로 등장했다. 물론 이와 같은 갈등과 의견의 대립은 지금도 여전히 존재한다. 최근 학생인권조례를 제정한 충남과 제주 역시 비슷한 진통을 겪었다(국제뉴스, 2020.06.23.; 2020.12.26.). 여전히 조례를 둘러싼 이해관계자들의 의견이 합의에 이르지 못하고 지속적으로 갈등을 빚어내고 있다. 특히, 학생의 권리와 교사의 권리를 중심으로 논쟁이 진행되는 양상인데, 학생과 교사의 권리 모두 정당성을 지녔으나 하나의 정책 장면에서 동시에 충족되기 어려운 맥락에서, 패러독스 현상이 발생할 가능성이 매우 높은 상황적 특성을 지녔다고 할 수 있다(윤견수, 2014).

한편, 학생인권조례를 둘러싼 패러독스 현상은 교내의 학생-교사 관계를 벗어나 예기치 못한 곳에서 발생하기도 하는데, 학생인권조례에 대한 학부모의 태도와 반응이 그것이다. 지난해 청와대 국민청원 게시판에는 두 자녀를 둔 학부모라고 밝힌 청원인이 '충남학생인권조례'의 제정에 문제를 제기하는 청원을 제기하였다. 청원인은 학생인권조례가 교사의 인권을 묵살하고 있으며, 엄격한 교칙을 중시하는 학부모들의 선호를 무시하는 사회주의적 발상에 가깝고, 결과적으로 학생의 권리만 보장할 뿐 의무는 다루지 않는다는 점을 문제 삼아 학생인권조례의 제정을 반대하였다(청와대 국민청원, 2020.06.18.). 이러한 내용의 청원에는 약 한 달간 학부모 및 일반시민 5,577명의 동의 서명이 이루어졌다.

이처럼 학생인권조례는 조례의 제정과 제도화의 과정에서 다양한 갈등상황을 초래하였으며, 조례가 적용되고 있는 교육현장에서는 현재에도 여전히 패러독스 현상이 발생하고 있는 것으로 나타났다. 학생인권조례는 집단을 구성하는 주요 구성원들의 주장하는 권리가 충돌한다는 점에서 정책 패러독스의 발생 가능성을 내포하고 있는 것이다.

나. 패러독스 관점

1) 정책 패러독스

패러독스는 흔히 '역설(逆說)'로 번역되며, 상호 모순적, 배타적, 혹은 대립적 요소들이 동시에 존재하거나 활동하는 현상으로 정의된다(Cameron & Quinn, 1988). 패러독스적 현상은 객관적으로 실존하는 현상이라기보다는, 인지되는 정신적 산물이라 보는 것이 비교적 명확한데(Cameron & Quinn, 1988), 이러한 점에서 패러독스는 상호배타적인 대립적 요소가 서로 타당한 가정이나 결론들을 가진 채 동시에 존재하거나 인식되는 모순으로 볼 수 있다(Van de Ven & Poole, 1988). 이러한 관점에서 정책패러독스란 동일한 수준과 범위의 정당성 혹은 강도를 지닌 상호 모순되거나 상충하는 요구 또는 정책 전제가 동시에 존재하거나 작용하는 현상으로 정의되며, 정책의 형성, 결정, 집행, 평가의 전 단계에 걸쳐 발생한다(김종길, 2001; 사득환, 박보식, 2013).

특히 정책결정 단계에서의 정책 패러독스 현상은 두 개의 정당한 정책요구 또는 정책논리가 동시에 존재하면서도 각각의 요구가 상충성을 보이는 경우에 발생하며(사득환, 박상진, 2013), 정책집행 단계에서는 상반되고 충돌하는 정책 목표를 두고 정책 설계자와 정책 집행자 간 정책에 대한 해석의 차이가 존재하거나 전달체계가 제대로 작동하지 않는 경우 정책 패러독스가 나타나게 된다(이예슬, 2020). 이에 Stone(2002)은 논리적으로 볼 때, 두 개의 정책요구 또는 논리가 동시에 진리라고 하는 것은 불가능해 보이지만, 정치적 논리에서 보면 오히려 당연한 귀결이라고 주장한다. 따라서 정책결정을 일정한 단계를 거쳐 해결되는 일련의 과정으로 파악하기보다는, 사람의 행동 양태를 규율하는 이념들로 정의하고, 분류의 범위를 정하고, 기준을 마련하기 위한 끊임없는 갈등의 산물로 이해해야 한다는 것이다(염재호, 1993).

[표 15.1] **정책 패러독스의 네 가지 표현 방식(Stone, 2002)**

유형	주요 내용
Ⅰ. 한 개념과 그것의 반대 개념이 공존	• 평등한 상황과 불평등한 상황, 평등한 대우와 불평등한 대우의 공존 • 개인의 자유와 자유의 제한의 공존
Ⅱ. 한 개념과 다른 개념 간의 충돌	• 효율성과 평등(equality)의 딜레마 • 효율성과 안전(secutiry)의 딜레마 • 안전과 자유(liberty)의 딜레마 • 자유와 평등의 딜레마 • 상징(symbol) (스토리, 비유 등)의 충돌
Ⅲ. 한 개념을 구성하고 있는 하위요소 간의 충돌	• 효율성을 구성하는 개념인 투입과 산출, 혹은 비용과 편익의 해석에 대한 상충적인 해석 • 좋은 규칙을 만들기 위한 조건인 정확한 규칙과 신축적 규칙 간의 딜레마 • 설득의 두 가지 이념형인 합리적 설득 (사실과 논리에 기반)과 의식화 설득(세뇌와 조작에 기반) 간의 상충적인 해석 • 연방주의 달성의 조건인 집권과 분권의 프레임 충돌
Ⅳ. 한 개념을 둘러싸고 있는 맥락(조건)들 간의 충돌	• 효율성이 작동되기 위한 추상적 맥락(조건)과 현실적 맥락(조건) 간의 충돌 • 측정과 평가를 둘러싼 측정자와 측정대상, 평가자와 피평가자라는 입장의 충돌 • 정책효과를 정의할 때 (혹은 이익을 해석할 때) 지지하는 상황과 반대하는 상황 간의 해석의 충돌 • 유인을 제공하는 맥락과 수용하는 맥락 간의 유인의 내용과 효과에 대한 해석의 충돌 • 법적 권리의 해석을 둘러싼 시장과 정치의 딜레마

출처: 윤견수(2014: 515).

해석의 충돌 관점에서 정책 패러독스를 바라본 Stone(2002)의 설명을 네 가지 유형으로 재구성한 윤견수(2014)의 표를 살펴보면 다음과 같다.

[표 15.1]에서 패러독스의 I 유형은 '한 가지 개념과 그것의 반대 개념이 공존하는 방식'이다. 예컨대, 어느 누군가의 평등한 상황을 보장하기 위해서는 또 다른 누군가는 차별받는 불평등한 상황이 존재하게 된다. Ⅱ 유형은 '하나의 개념에 대한 해석이 다른 개념에 대한 해석과 충돌하는 방식'이다. 평등과 효율성의 상충이 해당 방식에 해당될 수 있는데, 합리적 분석가들은 (비효율적인)대규모 관료제가 평등을 보장하기 때문에, 평등이라는 개념은 효율성과 양립할 수 없다고 간주하는 경우이다. Ⅲ 유형은 경우는 '한 개념을 구성하고 있는 하위요소들이 충돌하는 방식'이다. 예컨대 사회에서 좋은 규칙이란 그 내용이 정확해야함과 동시에 상황에 따라 유연하기도 해야 한다. 규칙성과 신축성은 논리적으로만 보면 동시에 존재할 수 없지만, 현실에서는 늘 두 가지 상황이 맞물려 돌아가고 있다(Stone, 2002; 윤견수, 2014에서 재인용).

본 장에서는 전술한 세 가지 방식을 모두 포함하는 최상위 조건인 Ⅳ 유형, '한 개념이 적용되는 맥락(조건)들이 서로 충돌하는 방식'에 주목한다. 본 장의 주제인 학생인권강화 정책을 예로 들면 다음과 같다. '학생인권 강화'라는 추상적 개념은 실제 학생인권이 강화되는 공간인 학교라는 현실적 맥락에서 그대로 발현되지 않는다. 예기치 못하게 '교권'과 충돌하기도 하고, 학교에서의 '규범', 또는 '규율'과 충돌하기도 한다. 이는 마치, 판사는 논리와 사실에 바탕을 두고 합리적인 법적 판결을 내린다고 가정하지만, 실제 판사는 개인적 경험과 소신, 정치적 성향, 사회적 규범과 신념, 종교 등에 의해 판결을 내리게 된다는 것과 유사하다(Stone, 2012).

2) 정책 문제 해결책으로서의 '권리'

Stone(2012)은 정책의 목표란 형평성(equity), 효율성(efficiency), 복지(welfare), 안전(security), 자유(liberty)를 기준으로 하며, 정책에서는 주로 상징(symbols), 숫자(numbers), 원인(causes), 이해관계(interests), 의사결정(decisions)의 문제를 다루게 되며, 마지막으로 정책 문제의 해결은 인센티브(incentives), 규칙(rules), 사실(facts), 권리(rights), 권력(powers)을 활용한다고 구분하였다. 본 연구에서 주목하는 학생인권강화 정책패러독스는 Stone(2012)이 설명한 정책 문제 해결책으로써의 권리(rights)측면에서 발생하는 현상으로 해석할 수 있다. 즉, 학생인권을 둘러싼 사회적 문제를 해결하기 위해 이해당사자의 권리를 법률로 세정하여 보상하는 정책적 방식을 취함으로써 발생하는 패러독스적 상황이다.

우선, 권리에 대한 합리성 모델과 정치공동체 모델의 차이를 살펴보면 [표 15.2]와 같다. 두 모델의 비교가 정책 패러독스 논의에 중요한 이유는 권리, 혹은 그 권리를 보장하고 있는 '법률', '규정'에 대한 인식과 그것이 실제 작동하는 현실 사이의 간극(gap)이 패러독스적 요인으로 작용하기 때문이다. 흔히 우리는 권리의 개념적 근거, 법률 및 규정과 같은 공식성명서에 대한 관점, 판결의 객관성, 법적 접근성, 판결 수용을 위한 노력 등은 합리성과 객관성에 기반을 둘 것이라 기대한다. 그러나 현실에서는

[표 15.2] 권리에 대한 합리성 모델과 정치공동체 모델의 해석 차이

구분	합리성 모델	정치공동체 모델
개념 근거	헌법, 법령, 행정 규칙 또는 법원의 판결에 의한 공식성명서에 근거함	공식성명서뿐 아니라 도덕적 철학, 언론, 타인에 근거함
공식성명서에 대한 관점	명확하며, 판사들은 오로지 논리와 이성을 이용하여 사건의 사실에 형식적인 규칙들을 적용함	결코 명확하지 않으며, 판사들은 공식적인 법규들을 해석해야 하고 논리와 이성뿐만 아니라 개인적 규범과 신념을 활용함
판결의 객관성	판결은 이성과 사실에 의거하며 이해관계자의 권력에 영향 받지 않음	판결은 판사 자신의 경험, 정의에 대한 신념, 사회에 대한 이해에 영향을 받음
법적 접근성	모든 시민들은 동등한 법적 접근성을 갖고 있으며, 개인의 신분과 자원은 판결에 영향을 미치지 않음	• 시민마다 법적 접근성의 정도는 다르며, 접근성이 높은 사람이 더 많은 권력을 가지게 됨(자본의 영향이 존재함) • 이익단체나 조직들은 의도적으로 분쟁을 구조화·통제하여 승소의 가능성을 높임
판결 수용을 위한 노력	법정은 대개 자발적 준수에 기반하며, 특별한 경우에만 입법부와 행정부의 도움을 받음	판결에 대한 자발적 준수를 높이기 위해 수사학을 적극 사용하며, 입법부와 행정부는 판결을 집행하거나 뒤엎기 위해 적극적으로 개입함

출처: Stone(2012: 345)을 재구성함.

[표 15.2]의 정치공동체 모델에 더 가깝다. 권리는 주관적인 개개인의 도덕적 철학, 정치적 속성을 가진 언론, 그리고 다른 사람의 의견 등이 한데 점철된 결과로서 존재한다. 또한, 판사는 자신의 경험, 정의에 대한 신념, 사회에 대한 이해를 기반으로 권리를 해석하고 사건을 판결하게 되며, 법적 집행에 따른 권리의 행사 또한 여러 이해집단들의 영향을 받게 된다. 따라서 '권리'에는 비합리적이고 다양한 사회적 맥락과 요소들이 불규칙적으로 공존하는 속성을 갖고 있으며, 이것을 정책 문제의 해결책으로 사용하려 할 때, 권리에 내재되어 있는 패러독스적인 속성이 증폭되어 나타날 수밖에 없음을 시사한다.

한편, Stone(2012:334-335)은 권리를 크게 절차적 권리와 실질적 권리로 나누고, 실질적 권리를 두 가지 유형으로 나누어 설명하고 있다. 첫째, 절차적 권리(procedural right)는 개인이 특정 행동을 함에 있어 그 절차상 권리를 침해받지 않거나, 적절한 보상을 제공받을 수 있을 권리를 의미한다. 예컨대, 학생의 교육권에 대한 절차적 권리는, 학생 자신이 원하는 학교에 지원할 수 있거나 원하는 수업을 선택할 권리가 있음을 의미한다. 다만, 학교는 해당 학생이 자신이 원하는 학교에 지원한다고 해서 무조건적으로 입학을 허가할 법적 의무는 없기 때문에, 특정 결과에 대한 권리는 포함하지 않는다.

반면, 실질적 권리(substantive right)는 절차적 권리를 넘어서 결과로써 드러나는 구체적인 행동의 보장 또는 자격부여를 의미한다. 이중 소극적 실질 권리(negative substantive right)는 일종의 '구속받지 않을 권리'를 말한다. 학생인권조례의 항목들 중 대표적으로 차별받지 않을 권리, 폭력으로부터 자

유로울 권리, 사생활의 자유 보장, 양심·종교의 자유 보장, 집회 등 학생 표현의 자유 보장 등이 이에 해당한다. 이러한 권리의 특징은 권리를 보장받는 집단, 즉 학생의 권리만이 보장되면 되기 때문에, 권리를 보장받는 집단의 상대집단에 있다고 볼 수 있는 교사집단의 권리나 행동은 해당 권리에서 논의되지 않는다. 다만 실제 교육현장에서 교사와 학생의 관계는 유기적이며 특히 학생의 생활지도 측면에서 교사는 제재를 가하는 위치에 있다는 점에서, 상대집단인 교사가 학생 집단의 실질적 권리 보장을 방해할 수 있는 위치에 있다고 볼 수 있다.

한편, 적극적 실질 권리(positive substantive rights)란 직업, 교육, 의료서비스, 혹은 물질적 지원 등을 '갖거나 받을 수 있는 자격'으로서 권리를 말한다. 따라서 소극적 실질 권리와는 달리 적극적 실질 권리의 보장은 권리를 보장받는 집단의 상대집단에서의 적극적인 행동이 요구된다. 예컨대, 학생인권조례의 적극적 실질 권리에는 소수 학생의 권리 보장과 학생인권옹호관, 학생인권교육센터의 설치 등을 통한 학생인권 침해 구제의 내용이 해당될 수 있다. 이는 국가, 학교, 관리자 및 교사가 이러한 권리를 보장하기 위해 인권 친화적 환경을 조성하는 등 적극적인 노력이 요구되며, 이것이 담보되었을 때 보장될 수 있는 권리이다.

학생인권조례의 제정을 통한 학생인권강화 정책의 결과를 해석함에 있어, 권리가 실제 정치공동체에서 작동하는 메커니즘을 이해하고, 권리의 유형을 절차적 권리, 실질적 권리 등으로 구분하여 이해할 필요가 있다. 이를 통해 학생인권에 내재되어 있는 패러독스적인 속성과 정책 패러독스를 유발하는 원인을 유추하고, 학생인권조례가 일종의 학생인권강화 정책으로 사회에 적용되었을 때, 어떠한 패러독스 현상의 결과로 발현되었는가를 분석해볼 수 있다는 점에서 의의가 있다.

다. 분석 틀

본 장에서는 Stone(2002)의 정책 패러독스 관점을 중심으로 학생인권조례의 패러독스 현상의 원인과 결과를 분석하고자 하였다. 이를 위하여 문헌연구를 통해 학생인권조례 제정 및 적용과정에서 정책 패러독스 현상이 어떻게 나타나고 있는지 고찰하였다. Stone(2002)은 정책 패러독스 현상에 대해 한 개념과 그것의 반대 개념이 공존할 때 정책 패러독스가 발생할 수 있다고 주장하였다. 개인의 자유와 자유의 제한이 공존하는 상황을 예로 들 수 있는데, 권리 역시 개인의 권리가 보장될 때 다른 개인의 권리가 제한될 수 있다는 점에서 이러한 특성을 지닌다고 볼 수 있다. 학생인권조례에 반대하는 집단은 학생인권의 강화가 교사인권의 약화를 초래한다고 보고 있기 때문에 정책 패러독스가 나타나게 된다. 또한 Stone(2002)은 한 개념을 둘러싸고 있는 맥락들이 충돌할 때 정책 패러독스가 나타날 수 있다고 보았다. 학생인권강화 정책과정에서도 '학생인권'이라는 권리의 해석을 둘러싸고 교사와 학생의 권리를 대변하는 집단 간의 해석이 상충됨에 따라 정책 패러독스가 발생할 수 있다.

이에 본 장에서는 정책 패러독스가 권리 쟁점의 지나친 정치화, 보장과 침해의 요소를 동시에 내포하는 권리의 속성, 하향식 접근과정으로 인해 발생할 수 있다고 보고 조례의 시행과정에서 '학생인권

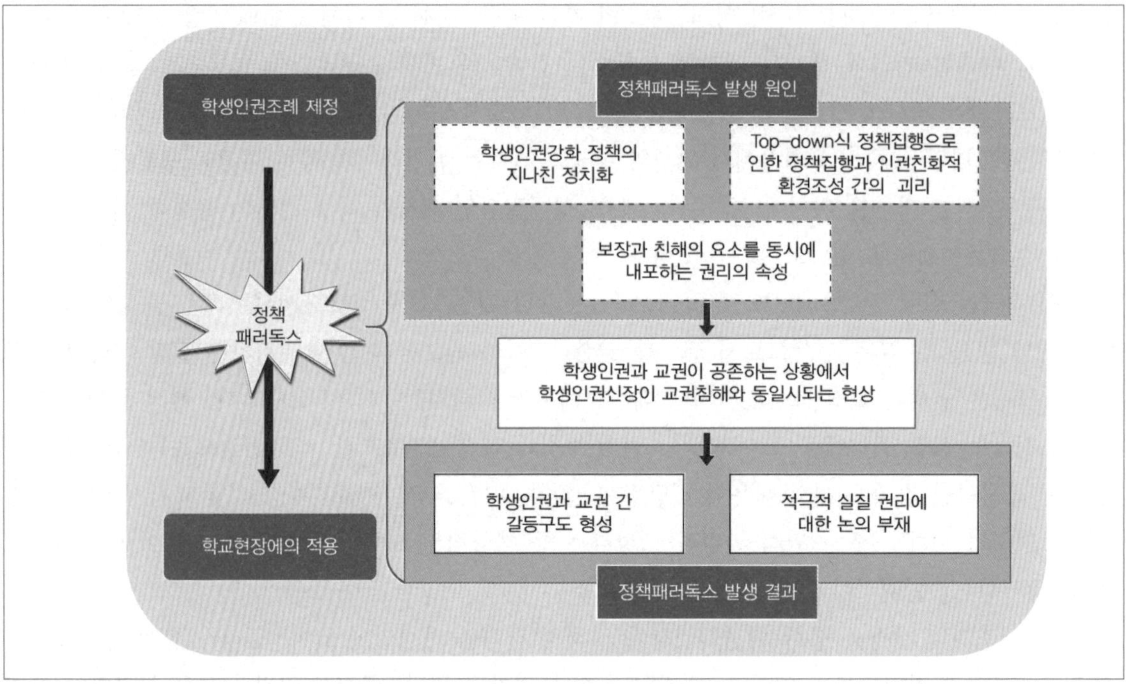

[그림 15.1] **분석 틀**

과 교권이 공존하는 상황에서 학생인권신장이 교권침해와 동일시'되는 현상과 그에 따른 결과를 살펴보았다. 이를 위하여 학생인권조례의 제정 및 시행과정에서 정책 패러독스 현상이 어떻게 나타나는지 신문기사 및 각 시·도 교육청의 학생인권조례, 학술자료 등 다양한 문헌을 활용하여 분석결과를 정리하였다. 분석 틀은 [그림 15.1]과 같다.

3 학생인권강화 정책의 패러독스 현상 발생 원인

가. 학생인권강화 정책의 지나친 정치화

학생인권강화를 위한 정책에는 다양한 정책적 수단과 방법들이 있겠으나 본 장에서 다루고 있는 학생인권조례안의 경우 특히나 논의가 시작되는 순간부터 다분히 정치적 목적에 의해 이슈화되었다. 때문에 학생의 인권을 보장하고 강화한다는 것 자체가 정치적 이슈로 소비되어버리는 결과를 낳게 되었다. 학생인권조례에 대한 찬반 의견은 정치적으로 진보진영과 보수진영의 갈등으로 표출되었고, 정치인들은 본인들의 입지를 다지기 위하여 진보와 보수, 학생과 교사의 대립 및 갈등으로써 이 문제에 접근하였다.

이는 학생인권조례가 대두되기 시작한 당시의 사회적 배경과 관련이 있는데 이를 살펴보면 교육문제에 정치적 논리의 개입이 심화되는 과정과 이유가 잘 드러난다. 학생인권조례가 매스컴에 보도되기 시작한 2010년은 6월 지방선거 및 교육감 선거를 앞두고 학생인권조례 외에도 교원평가 및 학업성취도 평가, 무상급 등이 교육계와 정치계의 이슈였다. 더불어, 학생을 폭행한 초등교사가 해임된 일명 '오장풍 교사' 사건은 일회성 체벌문제로 교사에게 최고 수위의 징계를 내린 다소 이례적인 경우로, 체벌금지 정책을 포함한 학생인권조례가 세간의 주목을 받기도 하였다(한국경제, 2010.09.23.).

학생인권조례에는 학생인권 신장을 위한 여러 내용들이 포함되어 있으나, 체벌허용 유무, 학내 집회시위의 자유 보장 등 자극적인 소재만이 부각되어 언론에서 다뤄진 점 등은(문화일보, 2010.07.08.; 세계일보, 2010.07.30.) 학생인권강화 정책을 다루는 언론의 한계를 보여준다. 흔치 않게 발생하는 학생의 교사 폭행사건이 학생인권조례에 대한 반대의 근거로 사용되기 위해 확대 보도되는(송기춘, 2011) 등의 행태는 학생인권조례 문제를 더욱 자극적인 이슈로, 극단적인 대립으로 몰아세웠다.

당시 경기도 교육감 후보였던 김상곤 교육감은 '정치이념으로 교육정책을 재단해서는 안된다'고 이야기한 바 있다(연합뉴스, 2010.02.03.). 그러나 학생인권조례 이슈 자체가 지방선거와 함께 시행되는 직접선거 방식의 교육감 선거를 앞두고 화제가 된 이상 또한 실제 진보 성향 교육감이 당선된 지역에서 순차적으로 조례가 제정되었다는 점에서 완전히 정치로부터 독립적일 수 없는 상황이었다.

결국 학생인권 강화 이슈는 논의의 시작부터 정치논쟁의 제물로 전락하였고, 학생인권조례의 제정 목적을 비롯하여 현 시점에서 이러한 내용의 조례가 필요한 이유 등에 대한 심도 깊은 교육적 논의는 이루어지지 못한 채, 매우 정치적인 진통 끝에 정치적 과정을 거쳐 제정되었다고 할 수 있다. 구정화(2014) 역시 학생인권조례 도입의 교육적 필요성과 실제 효과 등에 대한 교육적 논의가 부족하였음을 지적하고 있다.

정책의 목적과 효용, 방법에 대한 본질적 논의 없이 정쟁으로 소비되는 경우에는 차후에 정책의 적용과정에서 문제가 발생하거나 정책이 제대로 된 효과를 나타내더라도 역시나 정치적인 이유로 이에 대한 올바른 진단 및 평가가 이루어지지 않을 가능성이 높다. 덮어 놓고 바람직하다는 찬사나 잘못되었다는 비판은 정책에 대한 중간 점검을 하고 올바른 방향으로 나아갈 수 있는 정책 수정 및 보완의 기회를 빼앗는다는 점에서 매우 경계해야 하는 태도이다. 그럼에도 불구하고 지나치게 정치적인 이슈가 되어버린 학생인권강화 정책은 본래의 의도와 방향성을 잃고 허울뿐인 정책이 될 높은 위험성을 안게 되었다.

나. 보장과 침해의 요소를 동시에 내포하는 권리의 속성

Stone(2012)은 정책 문제를 해결하기 위한 방법으로써 권리를 이야기하였는데, 그에 따르면 권리는 그 특성상 보장과 침해의 요소를 동시에 내포한다. 합리모형에서 권리의 규정 및 법률의 제정은 한 집단의 권리를 보장하게 되면 상대적으로 발생하는 다른 집단의 권리에 대해서 별도의 관심을 갖지 않는다. 그러나 Stone(2012)의 주장에 따르면 실제적으로 정치공동체 모형에서는 이러한 합리모형의 가정이 적용되지 않는다. 한 집단의 권리를 보장하게 되면 다른 집단의 권리는 상대적으로 침해되는 속성이 있다는 것이다. 이를 학교 및 학생인권강화정책에 적용하여 생각해본다면, 학교를 구성하는 집단을 학생과 교사라는 두 집단으로 크게 나누어 생각하였을 때 학생의 인권신장이 상대편인 교사 인권의 하락으로 여겨지는 것이다. 결국, 학생인권과 교권이 대립 혹은 갈등 구도로 표면화될 수밖에 없는 이유가 '권리' 자체의 내적 속성에 기인하는 것이다.

특히 실질적 권리 측면에서 한 집단의 권리를 보장하기 위해서는 상대집단의 동의와 적극적인 인식 및 행동 개선이 요구되는데, 학생인권조례와 관련하여 살펴보면 학생들의 권리를 보장하기 위해서 상대집단인 교사들의 적극적인 인식 변화 및 행동이 필요한 지점이다. 학교 내에서 학생집단의 권리를 보장하기 위해서는 동일 영역의 상대집단인 교사들에게 학생인권조례의 목적과 내용에 대한 충분한 사전 논의 및 이해의 과정이 동반되어야만 조례가 규정하고 있는 사항들이 어려움이나 시행착오 없이 실현될 것이라는 것은 너무나 당연한 이야기이다. 또한, 이를 위해서는 교사집단 및 교사인권에 대한 사전 논의와 합의도 충분히 진행되어야 할 것이다. 그러나 교사들이 학생인권에 대해 충분히 이해하고 받아들이지 못한 상황에서는 상대집단인 학생의 권리를 보장해준다는 학생인권조례를 교사 자신들의 권리에 대한 '침해'로 인식할 수밖에 없는 정책 패러독스적 상황이 연출될 수밖에 없게 되는 것이다.

학생인권조례의 경우 학생집단을 제외하고도 상대집단이라 할 수 있는 교사집단이 교총과 전교조로 대표되는 두 성향의 집단으로 나뉘어 학생인권조례 제정의 찬반 입장에서 대립하였다는 점에서 독특한 사례라고 볼 수 있을 것이다. 그러나 핵심은 학생의 인권강화를 교권의 하락으로 인식하는 상대집단이 존재하였고, 이것이 정책을 반대하는 갈등 사유가 되었다는 것이다. 이러한 상황들은 권리 보장 과정에서 상대집단의 행동으로써 완성될 수 있는 적극적 실질 권리의 보장을 어렵게 만든다. 이 경우 상대집단의 방해 속에서 소극적 실질 권리를 보장하는 수준에 그치게 되며, 상대집단과의 갈등이 지속될 경우 정책이 본래의 취지를 달성하기 보다는 예기치 못한 문제 상황들을 마주할 가능성이 더 높아진다.

다. 하향식(Top-down) 정책집행으로 인한 정책집행과 인권친화적 환경조성 간 괴리

한편, 단순히 제도의 도입을 통한 Top-down 방식의 학생인권강화 정책은 정책 패러독스 현상을 더욱 가중시킬 수 있다. 인권친화적 환경을 조성하기 위한 정책임에도 불구하고, 이것이 하향식 의사결정 과정을 통해 일방적으로 진행될 때에는 그에 따른 예기치 못한 결과, 즉 패러독스가 발생하게 된다. 교육개혁에 있어 각각의 방식에는 모두 장단점이 존재하나, 보다 근본적으로 교육을 변화하는 힘은 매우 다면적이어서 본질적으로 예측할 수 없으며, 그 변화 또한 비선형적이고 복잡계적인 성격을 지닌다. 더욱이 Top-down식 교육개혁은 초기단계부터 개혁의 절차를 복잡하고 정교하게 만들 수 없다는 한계를 내포하기 때문에 효과적인 정책집행을 더욱 어렵게 한다(Fullan, 1994).

학생인권조례를 가장 먼저 도입한 경기도의 학생인권 실태조사 결과에 따르면, 조례 시행 9년이 경과한 시점에서 학생인권조례에 대한 이해는 교사들이 가장 높았으며, 오히려 학생들의 학생인권조례

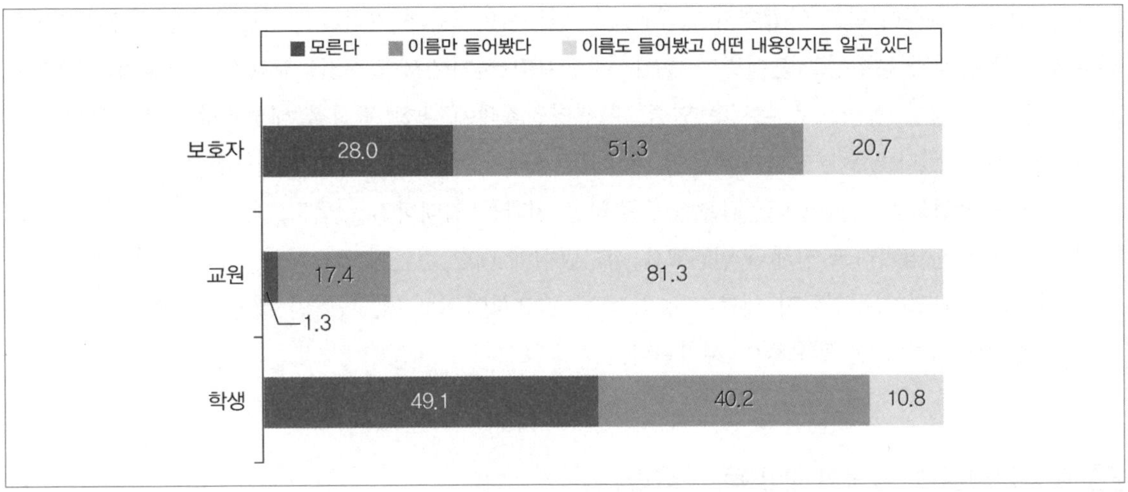

[그림 15.2] **대상별 학생인권조례 인지 응답 비교(%)**

출처: 이정연(2020:207).

에 대한 인지 수준이 매우 낮은 것으로 나타났다([그림 15.2] 참고). 조사 참여자 대부분이 학생인권조례 제정 이후의 학교생활을 경험했다는 점을 생각했을 때 쉽게 납득하기 어려운 결과인데, 결과적으로 학생들이 입학한 이후에 학생인권 및 학생인권조례에 대한 교육이 제대로 이루어지지 않았음을 의미한다고 할 수 있다. 또한, 이정연(2020)의 지적과 마찬가지로 조례제정 당시 체계적인 교육과 안내보다는 언론 위주의 홍보가 가져온 한계로 바라볼 수도 있을 것이다.

한편, 2019년 기준, 차별받지 않을 권리와 관련된 문항에서 초등학생 10.7%, 중학생 19.5%, 30.7%가 성적에 의한 차별이 있다고 응답하였으나, 동일문항에 대해 교사들은 97% 이상이 학생들을 성적에 따라 차별하지 않는다고 응답하여 학생들이 체감하는 것과 교사들의 인식 사이에 괴리가 있는 것으로 나타났다(이정연, 2020). 언제나 그렇듯이 인식개선의 속도를 비롯한 정책환경의 변화는 정책시행 속도를 따라가기 어렵다(Shove, 2010). 조례제정 10년이 지난 지금, 학생인권 보장을 위한 법적 기반은 마련되었으나 이에 따른 인식의 변화, 현장의 수용도는 그만큼 따라오지 못하고 있음을 보여주는 사례라고 할 수 있을 것이다.

학생인권조례의 궁극적 목표이기도 한 인권친화적 환경의 조성은 한편으로 조례안이 원활하게 작동하기 위한 조건이 되기도 한다. 박환보(2021)의 연구결과에 따르면 인권교육 경험은 인권친화적인 학교 환경의 조성과 인권침해 환경의 개선에 통계적으로 유의한 영향을 미쳤으며, 지역사회 구성원들이 사회적 약자에 대해 배려하고 포용적인 태도를 가질수록 인권친화적인 학교 환경의 조성과 인권침해 환경의 개선에 긍정적인 영향을 미칠 수 있다. 그러나 환경이 조성되지 않은 채 인권강화의 제도적인 측면만 강조되면서 현실과 이상 간에 괴리가 생기고, 학교 현장에서 학생인권조례가 잘 작동되지 않고 있는 것이다.

10년 전과 비교하여 학교 안팎에서 인권교육과 민주시민교육의 기회가 증가했고, 한국 사회 전반의 인권에 관한 관심과 감수성도 높아졌다. 2014년 교육감 선거에서 민주진보교육감 후보들이 '인권친화적 학교문화 조성'을 공약으로 내세운 만큼, 학생인권조례에 대한 단선적 해석에서 탈피하려는 시도 또한 발견할 수 있다(최형찬, 2014). 더불어 학생인권조례 제정이라는 정책적 접근만으로는 더 이상 학교 현장이나 학생들의 높아진 인권감수성에 걸맞은 변화를 기대하기 어렵고, 학생들의 공감을 얻기도 쉽지 않다는 점을 상기하고 현재의 인권교육 접근방식에 대한 전환이 필요하다. 따라서 제도가 추구하는 인권친화적 환경이 무엇인지 새롭게 정의가 될 필요성이 있으며, 나아가 해당 내용이 정책, 즉 조례 내용에 반영되어야 할 필요성이 제기된다.

4 학생인권강화 정책의 패러독스 결과

가. 학생인권과 교권 간 갈등구도 형성

학생인권조례를 둘러싼 대립은 여러 형태로 드러나나 학교 현장에서 가장 두드러지는 패러독스적 현상은 학생인권과 교권의 갈등구도 형성이다. 학생인권강화 정책의 목적이 교권약화가 아님에도 불구하고 학생인권을 강화하는 과정에서 상대적으로 교권이 약화되거나 침해받는 양상이 표면상으로 드러나는 것이다. 이때 '권리'를 법적으로 제정하고, 그 법률을 해석함에 있어 개인마다 자신의 가치관, 외부와의 상호작용에 의해 차이가 발생하기 때문에 이해집단 간 갈등은 불가피하다. 또한, 한 집단의 권리를 위해서는 상대 집단에서의 노력이 필요함과 동시에 때로는 상대 집단의 권리가 침해되는 상황도 발생할 수 있다(Stone, 2012).

실제 한국교총과 보수 시민단체들은 교권침해의 주요 원인 중 하나로 학생인권조례 제정 등과 같은 학생인권 신장 문제를 꼽고 있으며 학생인권과 교권은 양립하기 어렵다는 주장을 하기도 한다. 일선 교사들 중에서도 학생인권조례에 대한 부담감을 호소하는 목소리가 있다. 경기지역의 한 교사는 "교권을 세우려면 학생들에 대한 교내 생활지도가 필수적인데, 학생인권이 강조되다보니 갈수록 지도가 어렵게 되어가고 있다"고 밝혔다. 교사의 말을 안 듣고 '대드는' 학생들이 갈수록 늘어난다는 뜻이다(경향신문, 2019.05.15.).

하지만 교권이 침해받는 사례가 늘어나는 것이 학생인권 신장에 따른 직접적 결과인지는 불분명하다. 이에 객관적인 수치들을 통해 현황을 파악해보고자 한다. 전체적으로 최근 5년 동안 연간 교권침해 사례 수를 살펴보면 2014년에는 가장 많은 4,009건이었지만 이후 지속적으로 감소했으며 최근 3년 동안은 그 수의 절반인 2,000건대를 유지하고 있다. 반면 교총에 접수된 교권침해 상담 건수는 2016년까지 꾸준히 증가해 572건의 최고치를 기록했으며, 이후부터 교육청 신고 건수와 마찬가지로 완만한 감소세를 보이면서 3년 연속 500건대를 유지하고 있다. 즉, 교권침해 사례 수는 감소하는 추세이며, 상담 건수는 다소 늘어나는 추세에 있다(한국교육개발원, 2019).

이중 학생에 의해 발생한 교권침해를 별도로 살펴볼 수 있는데, [그림 15.3]과 같이 중학교와 고등학교의 경우, 최근 들어 발생 건수가 감소하고 있음을 알 수 있다. 다만, 중학교의 경우 2016년 이후 다소 반등하는 추세를 보이며, 초등학교의 경우 교권침해에 차지하는 비율이 타 학교급에 비해 미미하지만, 증가하고 있는 것으로 나타난다. 한편 학부모 등에 의해 발생하는 교권침해와 관련해서는 교육부가 시도교육청으로부터 받은 자료와 교총의 상담건수 자료에서 상당히 일관된 경향이 나타나는데, 교총의 2018년도 교권회복 및 교직상담 활동실적 보고서에 따르면, 지난해 교총에 접수된 교권침해 관련 상담 중에서 학부모와 관련된 사례는 243건으로 전체의 절반(48.5%)에 육박한다. 또한, 시·도교육청 제출 자료에 의하면, 학부모 등에 의한 교권침해가 전체 교권침해에서 차지하는 비율은 최근 들어 꾸준히 증가하고 있다.[1]

이를 종합해서 살펴보면, 현 시점에서 교권침해의 주체가 되는 행위자는 학생뿐 아니라 학부모도 포함되는 상황이다. 앞서 언급한 교총의 교권침해 상담 결과를 보면 자녀 문제를 놓고 악성 민원이나 고소·고발을 남발하는 '학부모에 의한 피해(48.50%)'에 비하면, '학생에 의한 피해'는 13.97% 수준에 그

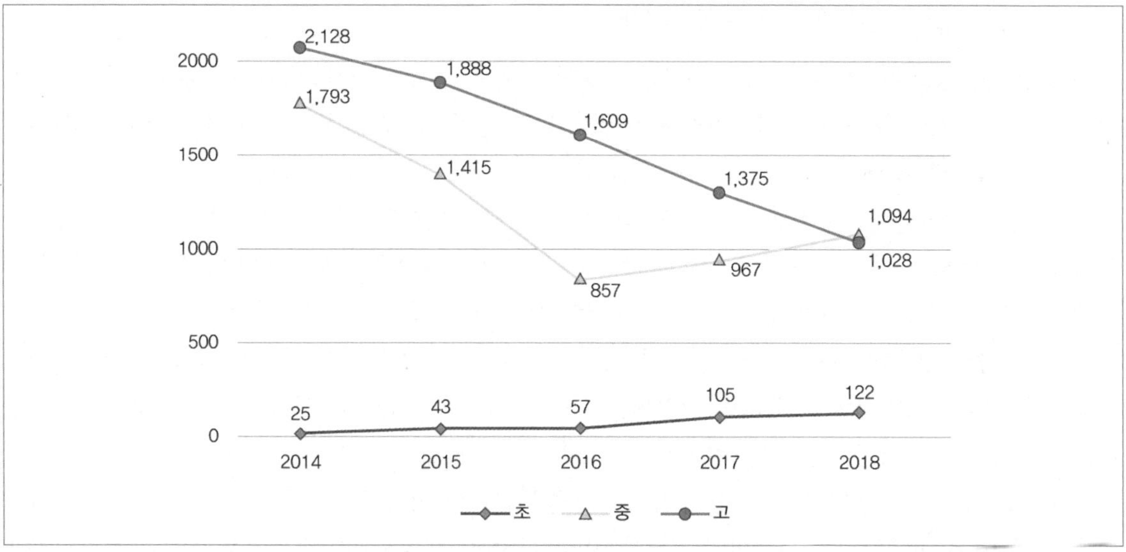

[그림 15.3] 학교급별 학생에 의한 교권침해 건수(2014~2018)

출처: 한국교육개발원(2019).

---

1 2014년에서 2018년 사이 전체 교권침해 건수에서 학부모 등에 의한 교권침해 수가 차지하는 비율은 1.57%→3.24%→3.56%→4.64%→8.56%로 증가하고 있다(각년도 시·도교육청 제출 자료; 한국교육개발원, 2019에서 재인용).

친다는 점이 단적인 예이다. 교권침해가 학생인권신장 정책에 따른 부정적 결과라기보다는, 과거 수직적이었던 교사와 학생 간의 관계가 점차 수평적인 관계로 이동하면서 사제관계에 대한 통념들이 변화하고 학생－학부모－교사 간의 새로운 관계 정립이 필요한 시점에서 예기치 못하게 발생하는 학교 현장의 갈등으로 보는 것이 비교적 정확하다. 교권침해의 원인이 학생과 학부모가 전부는 아니나, 학생 이외의 주체들을 포함한 복합적인 양상으로 드러난다는 점이며, 교사와 학생 간 단순 대결구도로 인식하는 것은 부정적 패러독스의 단면이라는 점이다.

학생인권과 교권을 대립 혹은 갈등 구도로 인식하는 것은 교육이라는 행위 자체를 훈육이나 군대식 훈련과 같은 것으로 규정함을 가정한다. 교육은 학생과 교사 간의 상호존중과 신뢰를 전제로 할 때 가능한 일이다. 역설적이게도 자신의 권리를 존중받는 학생들이 교권을 인정할 확률이 높고, 역으로 권리를 존중받지 못하는 아이들이 교권을 침해하는 행동을 할 가능성이 높다. 따라서 학생인권과 교권은 서로 대립하는 것이 아니라 오히려 보완적인 관계라는 점을 알 수 있다. 다만, 권리를 법률로 규정할 때 발생하는 현상, 언론 혹은 이해집단에서 권리를 갈등 구도로 인식하는 등의 원인으로 학생인권강화 정책은 이러한 패러독스적 결과로 발현되고 있다.

나. 적극적 실질 권리에 대한 논의 부재

여성, 아동, 성소수자와 같이 과거 주목받지 못한 사회구성원들의 권리에 대한 공론화는 특정 사건의 발발로 인한 이슈화, 사회구성원들의 관심 및 민감도 증가, 문제에 대한 사건 발생 건수의 통계 수치화 등 여러 가지 프레이밍 방식을 통해 수면 위로 올라오게 된다(Stone, 2012). 그 전까지는 음지(陰地)에 있던 문제들이 비로소 정책적으로 해결해야 할 '문제'로 인식된다는 것이다. 명확히 말하자면, 인식하게 된 문제의 발생량은 크게 달라지지 않았으나, 어떠한 현상을 문제로 인식하기 시작하면, 해당 문제를 둘러싼 정치적 담론이 형성되고, 그 문제의 이해관계자들의 권리가 부각된다는 것이다.

학생인권강화 정책도 유사한 맥락에서 이해될 수 있다. 학교 현장에서 학생에 관한 이슈들은 항상 존재해 왔으나, 학생인권조례의 제정 이전에는 학생의 인권에 대한 인식과 민감도가 그리 높지 않았다. 학생인권조례는 유엔아동권리위원회(UN Committee on the Rights of the Child)에서 아동인권을 주목한 계기로 우리나라 또한 이 권고를 수용하여 초중등교육법 시행령 개정을 비롯한 지방교육청 차원의 학생인권조례가 제정되는 과정이 있어왔다. 이와 더불어, 서울시교육청의 경우 초등학생에게 가혹하게 체벌을 가한 일이 사회적으로 큰 물의를 일으키자, 2010년 7월 곽노현 전 교육감이 체벌금지를 지시하였고, 이는 학생인권조례의 제정의 계기가 되었다(조국, 2013).

문제는 학생인권조례에는 '체벌금지' 또는 '성적 지향 등의 이유로 차별받지 않을 권리' 이외에도 학생인권 신장을 목적으로 하는 여러 조항들이 있으나, 조례안의 법적 권리의 의미에 대한 고찰이나 학생인권 강화의 본질적 목적에 대한 논의는 부재한 채, 학생인권조례가 마치 체벌금지법, 또는 성적 지향성의 자유법과 동일시되어 인식된다는 점이다. 예컨대, 학생인권조례에 대해 학생은 '체벌에서 자유다'라고 단순화하여 인식한다거나, 교사는 '학생지도 시 체벌을 못 하는구나'라는 방법론적인 접근에 그치는 오류가 발생하는 것이다. 이는 학생인권 강화가 마치 구시대적인 것을 제거하는 측면에만 지나치게 초점이 맞춰진 것에 원인이 있다.

학생인권강화 정책에 따른 학생인권조례에 대한 논의는 무엇을 허용할 것인가, 허용하지 않을 것인가의 양분된 선택의 과정으로 해석되는 경향이 있으며, 정치적 논란과 결부되어 체벌, 성소수자 문제 등 자극적인 주제가 부각되어 언론에 보도되는 경우가 많았다(박현정, 김한나, 홍유정, 2017). 그러나 인권의 적극적 실질 권리의 차원에서 보면, 사회 전반적으로 인권에 대한 공론화를 촉진하고 학생과 교사, 학부모 등 관련 주체들의 참여를 이끌어낼 수 있어야 하며, 학생인권을 강화할 수 있는 교육적 환경을 조성하는 것으로 논의의 초점을 이동시킬 필요가 있다. 예컨대, 학생–교사의 상호존중이 가능한 학생지도의 환경을 구성하기 위해서는 학생의 인권 중 어떠한 요소를 보완해야 한다든지, 성(性) 자기 결정권이 보장되기 위해서는 자신의 성적 지향성을 분명히 표현하고 이를 교육현장에서 자연스럽게 토론할 수 있는 환경을 마련하는 것일 터인데, 이러한 교육환경의 준비가 갖춰져 있는지에 대한 논의 및 점검이 해당될 수 있을 것이다.

5 정책적 시사점

본 장에서는 학생인권강화 정책과정에서 나타나는 패러독스 현상과 그 원인이 무엇인지 설명하고자 하였다. 분석결과를 바탕으로 정리한 결론은 다음과 같다.

첫째, 학생인권 강화의 지나친 정치화는 학생의 인권을 보장하고 강화하기 위한 목적, 효용, 방법에 대한 논의가 부족한 채 정치적 이슈로 소비되어 버리는 결과를 야기하였다. 학생인권조례의 근본적인 목적은 학생인권의 신장을 통한 인권친화적 환경 조성에 있음에도 불구하고, 체벌허용 유무 등 정치적으로 자극적인 소재만이 부각되면서 진보진영과 보수진영의 갈등으로 표출되었고, 교육감 후보를 포함한 정치인들은 본인들의 입지를 다지기 위하여 학생과 교사의 대립 및 갈등으로써 이 문제에 접근하였다. 그 결과, 학생인권조례의 내용을 구성할 개념과 지향성에 대한 심도 깊은 교육적 논의는 이루어지지 못했으며, 실제 조례가 학교 현장에 적용됐을 때 발생할 패러독스적 상황들을 예측하지 못하였다.

둘째, 보장과 침해의 요소를 동시에 내포하는 권리의 속성에 주목할 필요가 있다. 정치공동체에서 한 집단의 권리를 보장하는 것은 다른 집단의 권리를 상대적으로 저해하게 되는 속성이 있으며, 특히 실질적 권리의 보장에 있어서는 상대 집단의 적극적인 인식 및 행동의 변화가 요구된다. 따라서 학생집단의 권리를 보장하기 위해서는 학생인권조례의 목적과 취지에 대한 동일한 학교 현장에서의 상대집단인 교사들의 충분한 이해과정이 선행되어야 한다. 그러나 논의과정이 충분치 않은 상태에서 학생인권조례가 제정되어 학교 현장에 여러 지침들이 내려져왔고, 그 과정에서 교사집단은 다시 교총과 전교조로 대표되는 두 성향의 집단으로 양분되어 학생인권조례를 '교권침해'로 인식할 수밖에 없는 정책 패러독스적 상황이 연출되었다.

셋째, 하향식(top-down) 정책집행으로 인한 정책집행과 인권친화적 환경조성 간 괴리의 발생은 정책패러독스 현상을 더욱 가중시켰다. 하향식 의사결정은 학생인권 강화 정책의 당사자인 학생들의 의사를 정책에 반영시키지도 못했을 뿐더러 학생의 인식개선에 영향을 미치지 못한 한계를 보였다. 그 결과 학생인권조례가 제정된 지 10년이 지난 시점에서 조례에 대한 학교 현장의 수용도는 높지 않은 것으로 나타난다(이정연, 2020). 또한, 인권친화적 환경조성이 학생인권조례 등과 같은 법적 기반의 마련과 동반되어야 함에도 불구하고 그러한 환경이 조성되지 않은 채 인권강화의 법적 혹은 제도적 측면만이 강조되면서 현실과 이상 간 괴리가 생기고 이는 패러독스의 부정적 결과로 이어졌다.

정책 패러독스 결과로는 학생인권과 교권 간 갈등구도 형성이 대표적이다. 학생인권강화 정책의 목적이 교권약화가 아님에도 불구하고 학생인권을 강화하는 과정에서 상대적으로 교권이 약화되거나 침해받는 양상이 표면상으로 드러나는 것이다. 그러나 학생인권강화 정책이 실제 교권침해로 이어지는 것은 아니며, 학생인권과 교권은 오히려 서로 보완적인 관계라는 점을 알 수 있다. 또한, 전술한 학생인권강화 정책의 지나친 정치화는 학생인권조례의 적극적 실질 권리에 대한 논의의 부재로 이어졌다. 학생인권조례에는 인권신장을 목적으로 하는 여러 내용들이 종합되어 있으나, 드러나는 논의의 수준은 무엇을 허용할 것인가, 허용하지 않을 것인가의 양분된 선택의 과정으로 해석되고, 자극적인 주제만이 언론에 부각되어 보도된 바 있다.

결론을 바탕으로 학생인권강화 정책에 대한 시사점을 도출하면 다음과 같다. 첫째, 권리는 보장과 침해의 요소를 동시에 내포하는 속성을 지니고 있으므로 권리에 관한 규정을 제정 및 집행하는 기관, 즉 학생인권조례를 제정하는 각 시·도교육청은 정책의 집행과정에서 언제든지 패러독스적 상황이 발생할 수 있다는 점을 염두에 둘 필요가 있다. 하나의 권리보장 및 규정으로 인하여 발생하는 다른 권리의 침해 등을 고려하지 못할 경우에 문제가 발생할 수 있다. 따라서 권리를 통한 정책을 마련할 때에는 새로운 권리의 보장으로 인해서 발생하는 상대집단 권리의 변동, 상대집단의 속성 및 입장 역시 고려하고 충분한 숙의과정을 거쳐 정책을 수립하여야 할 것이다.

둘째, 이를 위하여 하향식(top-down) 정책 결정 구조의 보완이 필요하다. 학생인권조례안의 규정이 실제로 교권을 침해하는 것이든 그렇지 않든 학교라는 공동체 내에는 학생인권과 교권이라는 두 가지 권리가 양립하고 있다. 이러한 상황에서 기본적으로 상대집단에서 본인의 권리 침해라고 여기고 있는 정책을 강행한다면 애초에 정책이 의도한 목표를 달성하는 것은 매우 어려울 것이다. 조례안이 제정되면 그에 속한 구성원들은 이를 무조건 따를 수밖에 없는 상황에서, 조례의 내용에 충분히 동의하거나 공감하지 못한 교사들에게 조례가 제정되었다는 이유만으로 학생들의 적극적 실질 권리 보장을 위한 자발적이고 적극적인 행동을 기대하기는 어렵다. 따라서 일방적인 결정 및 통보를 지양하고, 사전에 구성원들 간에 충분한 합의 및 이해가 이루어진 이후에 정책을 추진해야 할 필요성은 여러 차례 강조하여도 지나치지 않다고 할 수 있다.

마지막으로, 교육정책에 대한 지나친 정치화를 지양할 필요가 있다. 이는 교육정책 전반에 필요한 사항이기도 하다. 특히 본 연구에서 다룬 학생인권강화 정책의 경우 논의의 시작부터 조례의 제정까지 해당 조례를 제정하게 된 본질적 필요와 조례 내용의 실효성 등에 대해 충분히 고민하기보다 정치적 이슈로 소비되고 정치 진영 싸움에 이용된 측면이 크다고 할 수 있다. 이러한 정치화는 사회구성원들로 하여금 정책 자체에 대한 판단을 흐리게 하고, 개인의 정치성향에 따라 정책의 필요성을 판단하게 만드는 경향이 있기 때문에 경계해야 할 것이다.

이러한 시사점들을 종합하여 볼 때, 앞으로의 학생인권강화 정책은 조례의 제정과 시행이 보장하는 학생인권의 절차적 권리와 소극적 실질 권리를 넘어, 학생들이 타인의 권리와 인권에 대해서 자연스럽게 체득하는 인권친화적인 교육환경의 조성이라는 목적 앞에서 더 의미 있는 논의가 필요하다. 학교에서의 교육을 통하여 인권친화적 분위기가 형성된다면 조례 제정과 관련하여 소모적인 갈등을 줄일 수 있으며, 교사와 학생 간 상대의 권리를 상호존중하고 배려하는 문화가 자리 잡을 것이다. 이는 학생인권 강화에 대한 교육적 목적을 명확히 수립하고, 이를 달성할 수 있는 방안을 학생, 학부모, 교사, 정책 집행자, 진보 및 보수단체 등 이해관계자들이 함께 고민할 때 학생의 적극적 실질 권리의 보장과 연결될 것으로 기대한다.

CHAPTER 16

권력: 대입제도 개편과정에서의 패러독스

1. 대입제도 개편과정의 새로운 검토
2. 민주주의와 대입제도 개편과정의 패러독스
3. 대입제도 개편을 둘러싼 권력작용
4. 대입제도 개편 논의과정에서 나타난 패러독스
5. 정책적 함의

제16장에서는 대입제도 개편을 위한 공론화 제도의 도입이 대의민주주의의 보완으로서의 숙의민주주의와 그 제도적 실현이라는 점에 주목하며 의사결정 구조를 정치 엘리트 중심에서 시민으로 전환함으로써 대의민주주의가 중시하는 '효율성'보다 시민의 참여와 숙의를 바탕으로 '민주주의 강화'를 중시하는 관점으로의 전환을 시도한 것으로 보았다. 그러나 당초 의도와는 다른 결과가 나타나는 패러독스 현상이 나타났다고 보고, 이를 분석하고자 하였다. 분석결과, 대입제도는 오래된 갈등영역으로써 다양하고 상충적인 기능과 요구, 가치와 이념을 내포하고 있다. 따라서 정부가 '효율성'에 중점을 두고 결정을 내려야 할 지점에서까지 '민주주의 강화'를 최우선적인 가치로 삼아 시민참여에 의한 정책결정으로 전환함으로써 패러독스가 발생하였다. 또한, 이 과정에서 대통령 탄핵의 여파로 인하여 당파적 양극화가 정서적 양극화로 심화하면서 숙의민주주의의 기본 전제라고 할 수 있는 공중(The Public)도 충분히 형성되지 못하였다. 결국 '민주주의 강화'라는 공론화 제도의 당초 도입 목적 달성에 실패하고, 사회적 갈등과 혼란을 심화시키고 말았으며, 이는 향후 대입제도 개편을 위한 사회적 논의과정에 있어서 패러독스의 존재와 발생 가능성을 충분히 인식하고 단순 참여 확대가 아닌 전문가와의 충분한 사전 협의와 사회적 공감대 형성을 기반으로 숙의성을 확보하기 위한 노력이 필요하다는 점을 시사한다.

주제어 대입제도, 공론화, 숙의민주주의, 패러독스

1 대입제도 개편과정의 새로운 검토

2016년 '촛불혁명'의 경험은 시민들의 직접적인 참여에 대한 열망을 불러일으켰고, 이를 제도적으로 보장해야 한다는 사회적 요구가 높아졌다. 이에 따라 정치와 시민의 상호성에 대한 성찰을 바탕으로 정치적 시민권이 투표권의 행사와 함께 종결되는 대의민주주의 제도의 근원적인 한계에 대한 반성과 그 대안 마련의 필요성이 강력하게 대두되었다. 민주주의의 기반이 되어야 할 시민이 단순한 투표권의 행사자로 주변화되는 민주주의의 형해화 현상에 대한 문제의식이 커지면서 시민의 정치참여를 통한 실질적 민주주의 달성의 필요성에 공감대가 형성된 것이다.

이처럼 대의민주주의의 한계를 극복하고 시민의 정치참여를 확대한다는 '촛불혁명'의 정신을 계승한다는 명분을 가지고 출범한 문재인 정부에서 학계와 시민사회에서 대의민주주의의 대안으로 논의되어 왔던 숙의민주주의 사상과 이를 현실적 제도로 구현하기 위한 공론화 제도를 적극적으로 도입하고자 시도한 것은 자연스러운 흐름이라 할 수 있다. 이처럼 숙의민주주의의 제도적 실현이라고 할 수 있는 공론화위원회의 도입은 개인이나 집단의 이해관계와 가치관이 다원화된 시대에 다양한 갈등당사자들의 자발적이고 포괄적인 참여와 민주적이고 이성적인 토론을 통해 합의를 도출하고, 소모적 갈등을 사전에 예방하여 의사결정의 정당성을 제고하는 데 기여할 수 있다(문태현, 2010)는 기대를 받았다.

대의민주주의의 보완으로서의 숙의민주주의와 그 제도적 실현으로서의 공론화 제도는 대의민주주의가 갖는 정치 엘리트의 권력독점 및 이를 유지하기 위한 효율성의 강조, 그리고 그 결과로 나타나는 시민 배제에 비판을 제기하고, 그 대안으로서 시민의 참여와 숙의라는 민주적 참여를 강조한다. 그동안 절대적인 권력을 가지고 있던 대의민주주의는 현실 정치를 엘리트 정치인들의 '권력 투쟁의 장'으로 만들었다는 비판을 받았다. 대의제하에서 엘리트들 간에 권력을 나눠 갖는 모습을 찾기는 쉬워도, 헌법 제1조 제2항에서 규정한 "모든 권력은 주권자인 국민으로부터 나온다"는 의미를 새기는 모습을 찾기 어렵게 되었다는 것이다. 대의민주주의에서 '대표가 되는 국민'에게는 너무 많은 권력이 주어지지만, '대표되는 자인 국민'에게는 너무 적은 권력만이 남게 된다(이장희, 2020). 권력을 '의사결정 구조에 대한 정책'으로 정의하는 Stone(2012)의 입장에서 보면, 이러한 숙의민주주의로의 전환은 의사결정 구조를 정치 엘리트 중심에서 시민으로 전환함으로서 대의민주주의가 중시하는 '효율성'보다 시민의 참여와 숙의를 바탕으로 '민주주의 강화'를 중시하는 관점의 전환을 시도한 것으로 볼 수 있다.

한편, '효율성'을 강조하는 대의민주주의와 '민주주의 강화'를 강조하는 숙의민주주의를 서로 상호대립적인 관계로 파악하기보다는 오히려 상호보완적인 관계로 보고자 하는 시각도 존재한다. 이러한 입장에서는 양자 모두 정치시스템이 '민주적'으로 기능하는 데 필요불가결하며, 의사결정 과정에 있어서 두 메커니즘이 단지 차별적인 기능을 수행하는 것으로 파악한다. 숙의민주주의는 집합적 결정 수단으로 이용되기에는 취약하지만, 집합적 의사를 형성하는 데 도움이 된다. 대의민주주의 방식으로 대표되는 투표는 동등한 참여를 보장하는 데 탁월하며 강력한 의사결정의 전거 내지는 규칙으로서 작동하지만, 집합적 의사를 형성하고 표현하고자 할 때는 효과적이지 않기 때문이다(민희, 민태은, 2019). 이상의 논의를 정리하면 정책 의사결정 구조의 변동과 그로 인해 권력의 방향성이 달라지는 현실 민주주의 정치에서 숙의민주주의적 요소를 강하게 포함하고 있는 공론화 제도의 도입은 대의민주주의가 추구하는 '효율성'과 숙의민주주의가 추구하는 집합적 의사 형성 기능으로서의 '민주주의 강화'라는 서로 배타적이고 대립적인 두 요소가 동시에 존재하게 되는 하나의 패러독스적 현상이라고 볼 수 있다.

지난 2018년 대입제도 개편을 위한 공론화위원회와 그 활동 역시 이러한 배경에서 이해할 수 있다. 문재인 대통령은 후보였던 2017년 3월 22일, 대학입시를 학생부교과전형, 학생부종합전형, 수능전형 세 가지로 단순화하고 수시 비중을 축소하며, 모든 대학이 기회균등전형을 의무화하는 내용의 교육공약을 발표하였다. 그리고 공교육 정상화와 사교육 유발 요소 최소화를 위한 보다 더 직접적인 방법에 대해서는 많은 이해관계가 얽혀 있는 문제이기 때문에, 국가교육회의에서 논의하자는 견해를 표명하였다(머니투데이, 2017.3.22.). 이는 교육이라는 첨예한 대립이 있는 정책에 대한 의사결정의 주체를 선출된 정치권력 및 행정 권력으로부터 일반 시민에게로 옮길 것을 시사한다는 점에서 의의가 있다. 결국, 문재인 정부 출범이 갖는 의미는 국민 개개인이 스스로 참여하여 만들고 결정하는 공론과 합의를 통해 일관된 교육제도를 수립 및 집행해야 한다는 데에 있다고 말할 수 있다(신현석 외, 2018).

이러한 관점에서 볼 때, 대입제도 개편을 위한 '공론화위원회'의 출범은 의사결정의 주체가 선출 권력 및 행정 권력에서 시민 권력으로 변동되는 과정에서 '효율성'과 '민주주의 강화'라는 두 가지 가치가 충돌하는 상황을 극적인 방식으로 보여주었다. '공론화위원회' 당시 민주적 정당성을 가지는 행정부 스스로가 충분히 결정을 내릴 수 있는 사안임에도 불구하고, 책임의 소재를 떠넘기는 것은 바람직하지 않다는 비판(조선일보, 2018.08.04.)은 결국 '민주주의 강화'라는 목적을 추구하는 과정에서 발생한 '효율성'이라는 가치에 대한 문제 제기의 연장선상에서 이해할 수 있기 때문이다.

궁극적으로 본 장에서는 대입제도 개편 '공론화위원회'를 둘러싼 패러독스 발생 상황에서 숙의민주주의 도입을 통해 기존 대의민주주의가 추구하던 '효율성'보다는 '민주주의 강화'를 추구한다는 본래의 목적이 충실하게 달성되었는지를 비판적으로 검토하고자 한다. 이러한 목적을 달성하기 위하여 대입제도 개편을 위해 입학사정관제를 도입했던 이명박 정부부터 문재인 정부의 공론화위원회 도입까지 정책의 의사결정 구조의 변화 및 작동 방식을 중점적으로 살펴보고자 한다. 권력을 '의사결정 구조에 대한 정책'으로 정의하는 Stone의 관점에 따라 각 정부의 의사결정 구조가 어떻게 변화하였고 어떤 방식으로 기능하였는지 그 권력작용의 양상을 분석하고, 이 과정에서 '효율성'과 '민주주의 강화'라는 두 가지 가치가 충돌하는 패러독스 현상을 분석하여, 이러한 현상이 숙의민주주의로의 의사결정 구조 변화가 의도하는 목적 달성 여부에 미친 영향을 진단한다.

2 민주주의와 대입제도 개편과정의 패러독스

가. 대의민주주의와 숙의민주주의, 참여민주주의

숙의민주주의(deliberative democracy)를 비롯해 이른바 '민주적 혁신(democratic innovation)'의 주창자들이 제기하는 핵심적인 문제의식은 현대 민주주의의 위기, 보다 구체적으로 현대 민주주의의 지배적 구조인 대의제에 대한 비판이다(권형구, 오원탁, 2020). 대의민주주의는 대표자 선출 과정, 그리고 특히 결과에 초점을 맞추어 누가 더 많은 득표를 기록했는가가 민주적 정당성을 획득하는 핵심 기제로 작동하도록 하는 결과를 만든다. 이러한 특성은 권력을 획득한 집단이 그 권력을 유지·강화하기 위한 결과 중심의 정치를 펼치게 되고 민주주의를 '효율성 중심의 행정과 이익집단 정치'(유홍림, 2014)로 대의제를 변질시키는 결과를 가져온다. 즉, 민주주의의 실질적 적용 범위를 제도권 정치 내 행위자들 간의 행위로 축소하고, 주권자로서의 투표권자인 일반 시민들의 참여를 원천적으로 배제하거나 약화시키는 것이다.

이처럼 주권자인 시민이자 피 대표자에 대한 정치적 관심도가 약화되는 것은 민주주의 제도 자체에 대한 회의를 불러온다. '대표자가 피 대표자들의 요구를 적실히 반영하는지'의 여부 등이 간과된다면 실상 대의민주주의는 '민주주의'라는 그 명칭과 달리 소수 대표자들 간 역학 정도에 불과하다(Mansbridge, 2010)는 비판을 받을 수 있다. 따라서 대의제를 비판적으로 바라보며 그 대안으로서 숙의민주주의를 주장하는 관점에서 보면 민주주의에서 요청되는 것은 무엇보다도 시민들의 주체성 회복이며, 이는 필연적으로 정치적·정책적 의사결정 과정에서 권력 주체의 변화에 대한 요구로 연결된다.

이러한 숙의민주주의는 Rawls의 자유주의 철학에 이론적 기반을 두고 있다(장동진, 2012). Rawls는 인간 자유의 행사와 관련하여 이성에 근거한 개인의 주체적 결정을 강조하는 자유주의의 전통을 따르면서도, '공적 이성'의 개념을 독립적으로 부각하여 숙의민주주의의 이론적 근간을 제시했다. Rawls에게 있어 공적 이성의 행사 주체는 기본적으로 자유롭고 평등한 시민들이며, 공적 이성의 성립은 특별한 경우 자기 자신의 이익에 반하더라도 가장 공정하다고 간주하는 합당한 정치적 정의관에 따라 협동의 조건을 상호 간에 제시할 준비가 되어 있어야 한다는 '상호성의 조건(the criterion of reciprocity)'을 기반으로 한다(장동진, 2012).

한편, Habermas는 Rawls의 공적 이성과 구분되는 비 공적 이성이 작동하는 시민사회의 개념을 바탕으로 생활세계와 정치 세계를 잇는 공론장(public sphere) 개념을 제시한다. Habermas는 공론장을 통한 합리적인 집단적 의사의 형성이 공적 이익의 쟁점들에 관한 비공식적 토론에 개입하고 있는 자발적으로 형성된 다양하고 다층적인 공중들에 의해 이루어질 수 있다고 간주한다. 이것이 바로 민주적 공론장의 핵심이다(McCarthy, 1992). 중요한 것은 두 사람의 개념과 이러한 사상을 계승하여 공적 토론을 민주적 의사결정 과정에 어떻게 제도적으로 정착시킬 것인가에 관심을 가진 대표적인 숙의민주주의자인 Ackerman & Fishikin(2004)이 자율적이고 적극적인 '주체적인' 시민의 개념을 강조하고 있다는 것이다.

숙의민주주의는 포럼과 같은 공적 숙의의 장을 마련하고 그 안에서 시민들이 적극적으로 숙의 과정에 참여함으로써 민주적 혁신의 이상을 달성할 수 있다고 본다(권형구, 오형탁, 2020). 특히 우리나라의 현실에서 교육 문제와 같이 첨예한 대립이 상존하는 정치적 의사결정 과정에서는 각자의 신념과 이해관계에 따른 다양한 입장들이 충돌하기 마련이다. 대의민주주의에서는 개개인의 선호 집합의 결과물인 선거를 활용해 이를 해결한다. 그러나 다수의 의견이라는 이유만으로 의사결정이 이루어져 의견에 동의하지 않는 구성원들의 정치적 의사가 배제되는 문제가 있다. 이러한 담론경쟁의 형태나 정책결정 과정은 타협의 공간을 막아 버리고, 이것을 택할 것이냐 아니냐 하는 제로섬 형태의 대립적인 갈등으로 표현된다(장동진, 2012).

정치적인 의사결정이 최대한 많은 구성원들의 동의를 이끌어내기 위해서는 그 전에 수반되는 과정으로서 서로 다른 선호 간의 숙의가 요구된다. 정치의 영역에 있어 '본래부터 옳은' 선호나 의견이란 존재하지 않기 때문이다. 이러한 신념을 바탕으로 숙의민주주의는 숙의를 통해 선호 간의 적대적인 갈등을 경쟁적이되 이성적 합리성에 기반을 둔 갈등으로 전환하고자 시도한다. 이들은 의견 간 대립을 숙의의 과정을 통해 부드럽게 다듬고 사회 내부의 공적 선호 형성 및 시민들 간 유대감 형성에 초점을 맞춘다(Gutmann & Thompson, 2004).

공론화는 숙의민주주의의 제도적인 표현이다. 공론화는 통계적인 원칙에 의해 선정된 정책공동체가 해당 문제에 대한 본질적인 이해, 자유로운 의견 개진, 상대방 견해에 대한 경청, 객관적이고 공정한 판단 등을 전제로 한다(김정완, 2020). 숙의민주주의의 의의는 대의제에서의 국민 소외를 극복하기 위한 '국민 참여의 확대'이며, 그 헌법적 의미는 '민주적 정당성의 강화'에서 찾을 수 있다(이장희, 2018).

대의민주주의는 기본적으로 절차적 민주주의(procedural democracy)를 통해 민주주의 가치를 실현할 수 있다는 전제에서 출발한다. 대의제는 민주주의에서 '민주성'을 양보하면서 의사결정의 가능성과 효율성을 도모한 것으로, 자유 위임을 바탕으로 민주적 의사결정을 주도하고 정치적 책임을 져야 하는 대표의 지위를 가진 권력자는 국민의 정치참여에 소극적일 가능성이 크다. 반면에 국민은 주권자로서 민주적 참여 기회를 더 많이 갖기 바라면서 대표의 권력을 제어하고자 한다는 점에서 대의제 대표의 입장과 서로 상충한다고 볼 수 있다(이장희, 2020). 사회가 다원화되면서 시민사회는 정책과정에 더 많은 대중의 참여를 촉구했고 공공갈등을 해결하기 위해 행정과정에서 더 많은 공적 숙의와 협력적 의사결정이 요구된다고 주장해왔다. 전통적인 대의제적 정치이론이 선출직 대표에 대한 투표를 강조하는 것과 달리 참여민주주의(participatory democracy)와 숙의민주주의 이론은 모두 민주적 결과를 도출하기 위해 시민들이 공공정책에 관한 계획수립과 입법과정에 참여를 확대해야 한다고 주장한다.

한편, 대의제에서 의사결정의 권력을 가지고 있는 대표의 실패에서 제기되기 시작한 문제를 공유하면서 시민참여와 대표성의 포괄적인 접근을 강화하고 정치인과 시민 사이의 간극을 줄일 수 있는 바람직한 제도를 구축하는 대안적 개념으로서의 숙의민주주의를 참여민주주의로 등치시켜 이해하는 경향이 커졌다(김주성, 2008). 그러나 양자는 분명한 차이를 가지고 있다. 숙의민주주의에서 핵심적인 질문은 공익(common good)의 개념에 대한 것이다. 그것을 이미 주어진 개별 선호들의 집합으로 볼 것인지, 아니면 그 이상으로 볼 것인가에 대한 것이다. 반면 참여민주주의는 여전히 선호 집합적 민주주의(aggregative democracy)를 전제하고 있기에 숙의민주주의 입장에서는 참여민주주의가 가정하는 것은 단순한 참여의 확대, 개별 선호들의 수적 증가에 불과하기에 민주주의의 발전이 아니라는 전제를 두고 있다(Held, 2010). 특히 Held는 참여민주주의와 직접민주주의가 참여의 확대에만 초점을 맞춰 숙의적 요소를 경시한다고 비판하며 양자를 대치시키는 관점을 취한다. 숙의는 참여를 전제로 이루어지지만, 참여가 항상 숙의로 이어지는 것은 아니다. 즉, 더 많은 사람의 적극적 참여가 대의제의 민주성을 높일 수 있다는 시각이 참여민주주의라면, 진지한 숙고와 토의를 통해 의사결정의 질을 제고하려는 것이 숙의민주주의라 볼 수 있기 때문이다(이장희, 2018). 참여민주주의가 민주성의 '양'을 확대시키는 것에 집중한다면, 숙의민주주의는 숙의를 통한 민주성의 '질'을 확보하는 것에 집중한다.

나. Stone의 정책 패러독스와 '권력'

1) Stone의 정책 패러독스

Deborah A. Stone은 1980년대 후반부터 정책 현장에서 발생하는 패러독스에 관심을 가져왔으며, 이를 바탕으로 '정책 패러독스' 개념을 제시하였다. Stone(2012)은 정책은 합리성보다 오히려 정치적 논리에 의해 형성되는 것임을 강조하면서 정책과정을 '정책 목표', '정책 문제', '정책 문제의 해결' 세 가지 측면으로 구분하여 정책 패러독스의 관점에서 정책을 바라보아야 하는 이유를 제시하고 있다.

먼저 정책 목표와 관련하여 일반적으로 합리적 접근에서는 정책 목표를 주어진 것으로 이해하지만, Stone은 불명확한 기준 때문에 정책 목표가 정책과정에서 끊임없이 재해석되고 재구성되는 개념으로 이해할 필요가 있다고 보았다(염재호, 2006). 공평(equity), 효율(efficiency), 안전(security), 자유(liberty)와 같은 정책 목표는 모호하고, 서로 상충되며, 복합적이기 때문에 객관적이고 합리적인 기준으로 이해하기보다는 정치적 과정의 산물로 이해할 필요가 있다. 둘째, '정책 문제'는 외부에서 주어지는 것이 아니라, 정책과정에서 정책 문제를 규정하는 요소들인 상징(symbols), 숫자(numbers), 원인(causes), 이해(interests), 결정(decisions) 등에 의해 해석되는 것이라 볼 수 있다. 정책 현상은 모호한 경우가 많기에 정책 담당자는 자신의 이해에 근거하여 현상을 파악할 수밖에 없으며, 이 과정에서 정책 현상에 대한 '상징적 해석'이 주요한 정책수단으로 사용될 수 있다. 결과적으로 정책 대상자의 이해와 무관하게 정책 담당자의 해석에 의해 정책 문제가 결정되는 패러독스 현상이 나타나게 된다. 마지막으로 '정책 문제 해결'은 정책 문제를 해소하기 위한 수단이라기보다는 정책수단을 선택하고 집행하는 끊임없는 정치적 과정의 산물로, 하나의 의식적 행위에 불과한 것으로 이해될 수 있다. 특히 정책 문제를 해결하기 위한 수단인 '유인(inducements)', '법칙(rules)', '사실(facts)의 제공', '권리(rights)', '권력(powers)'은 합리성을 전제로 객관적으로 적용되는 것이라기보다는 오히려 정치적 게임의 과정에서 재해석되고 재구성되어 적용되고 있다.

이러한 관점에서 볼 때 특정 정책의 목표, 문제, 그 문제의 해결에 관하여 두 개의 관점이 존재하고 그것들이 서로 모순된다면 두 개가 동시에 진리라고 하는 것이 논리적으로는 불가능하지만, 우리가 사는 현실 세계에서는 이러한 현상이 보편적일 수 있으며, 정책 패러독스는 사람들의 인식을 통해 발견된 상호 모순적, 배타적인 요소들의 공존이라고 정의할 수 있다(신현석 외, 2020). 이러한 정책 패러독스는 기존 합리적 시각에서의 접근으로 설명할 수 없는 비합리적 현상에 대한 정치적 해석적 관점에 근거하기에 맥락에 따라 다양한 유형을 보이나, 해석의 충돌 양상과 발생 원인, 정책과정의 층위에 따라 다음과 같이 구분해볼 수 있다(Stone, 2012; 윤견수, 2014; 신현석, 이예슬, 2021).

첫째, 해석의 충돌 양상과 관련한 문제로서 한 가지 개념과 그것의 반대 개념이 공존하는 방식이다. 예를 들어 '공평'한 상황이 보장되기 위해서는 누군가는 차별을 받는 '공평하지 못한' 상황이 발생하기 마련이다(Stone, 2012). 둘째, 하나의 개념에 대한 해석이 다른 개념에 대한 해석과 충돌하는 경우이다. 예를 들어, '안전'이라는 개념에 대한 해석은 경우에 따라 '자유'라는 개념에 대한 해석과 서로 충돌하기 마련이다. 현실 세계에서 어느 정도 '안전'이 보장된 상태가 되어야 개인이 '자유'를 발휘할 수 있다는 점에서 현실 세계에서 이 두 개념이 역설적으로 공존해야 함을 알 수 있다. 셋째, 한 개념을 구성하는 하위요소들이 서로 충돌하는 경우이다. 현실 세계에서 '좋은 규칙'이 되기 위해서 '정확성'과 '유연성'이라는 두 가지 상충되는 하위요소들이 동시에 요구되고 있다(Stone, 2012). 넷째, 한 개념이 적용되는 맥락(조건)들이 충돌하는 경우이다. 이는 앞선 세 가지를 모두 포괄하는 최상위 조건으로, 개인의 '자유'와 이에 대한 '규제'가 공존한다고 할 때 개인의 '자유'를 허용하는 맥락과 '규제'를 통해 이를 금지하는 맥락은 현실에서 분리되어 있지 않다(윤견수, 2014). 또한, 정책의 효과를 정의할 때에도 이를 지지하는 상황과 반대하는 상황은 근본적으로 분리된 별개의 상황이 아니라, 하나의 개념이 적용되는 맥락(조건)이 서로 충돌하면서 발생하는 현상이라 볼 수 있다.

패러독스 '발생 원인'을 중심으로 보면 정책에 본질적으로 내재되어 있는 모순에 의해 필연적으로 나타나게 되는 '내장된 패러독스(built-in-paradox)'와 정치적 타협 등에 의해 제도가 잘못 설계되어 발생하는 '정치적 패러독스(political paradox)', 정책 집행과정에서 나타나는 문제로 인한 '운용의 패러독스(operational paradox)'로 구분해 볼 수 있다(사득환, 박보식, 2013; 사득환, 박상진, 2013).

정책 패러독스는 정책 형성, 결정, 집행 및 평가 등 정책의 모든 단계에서 발생할 수 있다(사득환, 박보식, 2013). 이러한 점에서 정책과정에 따라 정책 패러독스의 유형을 '정책 결정과정에서의 패러독스', '정책 집행과정에서의 패러독스'로 구분할 수 있다. '정책 결정과정에서의 패러독스'는 '둘 이상의 대립하는 요구가 각각 정당성을 갖고 동시에 존재하여 상충되는 상황으로, 겉보기에는 모순적이지만 그 속에 정당한 가치가 함축되어 있는 현상'으로 정의할 수 있다(신현석, 이예슬, 2021).

한편 복잡한 현대사회에서 이해관계가 복잡하게 얽혀 있는 경우, 정책 결정 과정에서 다수의 지지를 얻기 위해 정책 목표는 모호해질 수밖에 없다. 이에 하나의 정책 안에 '상호 모순되고 배타적인 요소'

[표 16.1] **정책 패러독스 유형**

기준	해석의 충돌 양상	패러독스 발생 원인	정책과정
유형	1) 한 개념과 반대 개념의 공존 2) 한 개념과 다른 개념 간의 충돌 3) 한 개념을 구성하고 있는 하위요소 간의 충돌 4) 한 개념을 둘러싸고 있는 맥락(조건)들 간의 충돌	1) 내장된 패러독스 2) 정치적 패러독스 3) 운용의 패러독스	1) 정책 결정과정에서의 패러독스 2) 정책 집행과정에서의 패러독스

출처: 신현석, 이예슬(2021).

들이 동시에 공존하는 현상 또한 더욱 증가하게 되었다. 이로 인해 정책 집행과정에서 정책의 의도와 다른 미처 예상치 못한 결과 등이 초래됨에 따라, 최근 '정책 집행과정'에서 발생하는 패러독스 현상에 관한 관심이 증대되고 있다. '정책 집행과정에서의 패러독스'는 '정책이 의도한 효과뿐만 아니라 의도하지 않은 결과까지 초래되는 현상으로, 이로 인해 정책의 본래 취지를 훼손하거나 오히려 정책을 통해 해결하고자 했던 문제 상황을 악화시킬 수도 있는 현상'으로 정의할 수 있다. 정리하자면, 정책 패러독스는 '해석의 충돌 양상'(윤견수, 2014), '패러독스 발생 원인'(사득환, 박보식, 2013), 그리고, '정책과정'에 따라 그 유형을 [표 16.1]과 같이 구분할 수 있다(신현석, 이예슬, 2021).

이처럼 정책 패러독스가 발생하는 경우 정책결정권자의 대응은 아래와 같이 나타난다(김종길, 2001).[1] 첫째, 동원 가능한 자원의 부족으로 인한 패러독스의 발생 문제를 해결하기 위한 자원의 추가적 투입이다. 둘째, 실질적 정책결정을 피하고 상징조작, 희생양 등의 방법을 동원하여 제약영역 내에 머무르는 것에 대한 반발을 경감시킨다. 셋째, 문제의 성격이나 요구 간의 관계를 재정의하여 패러독스의 원인이 되는 요소 간 상충성을 해소하는 것이다. 넷째, 상황을 그대로 놔두고 결정권을 이양하는 것이다. 다섯째, 일단 어느 일방의 요구에 따른 합리적 선택 이후 반대 진영의 대응이 있을 경우 그 요구로 바꾸는 전략적 모호성을 취하는 것이다.

2) 정책 문제 해결 수단으로서의 권력(power)

Stone(2012)은 권력을 '의사결정의 구조에 대한 정책'으로 정의한다. 정부가 정책을 만들기 위해서는 행동할 수 있는 권한과 능력이 필요하기 때문이다. 따라서 권력은 "상위의(meta)" 정책 도구이며, 이러한 의사결정 과정과 구조를 개혁하는 정책이 정치 전략의 핵심이 된다. 어떠한 방식으로든 의사결정 과정과 구조를 개혁하려는 주장에는 특정한 집단의 이해관계와 그에 따른 전략이 수반된다. 그리고 Stone(2012)에 따르면 그러한 주장의 정당성을 평가하는 기준은 의사결정의 과정과 구조가 얼마나 효

1 특히 정책 패러독스를 상충되는 두 요소 중 어느 일방을 선택해야만 하는 딜레마 상황으로 파악할 경우 제약을 회피하려는 경향이 강하게 나타난다.

과적인지(효율성) 혹은 민주주의 강화(민주성)를 추구했는지에 따라 나누어진다. Stone(2012)은 이 두 가지의 기준을 여러 핵심적인 문제에 적용하여 패러독스가 나타나는 현상을 설명한다.

먼저 투표권과 시민권을 둘러싼 멤버십(membership)과 관련된 문제이다. 모든 시민이 동일하게 정책 수립의 중요성을 인식한다고 전제하는 민주주의 이론은 현실과 부합하지 않는다. 실제로는 의사결정 기구의 구성원 자격을 변경함으로써 정책 결정의 질이 향상된다는 믿음이 현실을 지배해왔다. 투표권과 시민권은 '참여'를 강조하지만 실은 '배제'를 통해 내부인과 외부인을 구분하고, 이는 곧 권리로부터의 배제로 연결된다. 즉 정부가 나름의 기준을 설정하여 내부인과 외부인을 선택할 수 있으며, 내부인이 가질 수 있는 정책적 선호를 고려해 행해진 그 선택을 통하여 효율성에 적극적일수록 민주성에 소극적이게 되는 패러독스가 발생한다.

이어 Stone(2012)은 권력의 집중과 분산의 문제를 제기한다. 미국의 연방주의를 사례로 들면서 극명하게 제기되는 이 문제의 핵심은 효율성을 위해 다양성과 자유를 강조할 것인지(권력의 분산), 균질성과 평등을 강조할 것인지(권력의 집중)와 직결된다. 집중과 분산이라는 양극단 중 어느 지점을 선택할지에 대한 문제와 관련하여 양쪽의 입장 모두 효율성, 정의, 공익을 내세우지만, 그 이면에는 이해관계를 고려한 권력 배분의 문제를 내포하고 있다는 점에서 패러독스 현상이 나타난다.

민주주의와 관련된 또 하나의 패러독스는 민주주의와 관련한 책임성의 문제에서 발생한다. Stone(2012)은 다양한 각도에서 민주주의와 책임성의 문제를 제기하고 있는데, 가장 먼저 민주주의 이론에서 권력을 부여한다고 가정하는 일반 국민과 권력을 위임받아 행사하는 통치자와의 관계에서 발생하는 패러독스의 문제가 있다. 민주주의 이론에서 권력을 위임하는 국민의 의사에 통치자가 반하거나 그 의사를 충분히 반영하지 못한다고 판단될 경우 선거 등의 방법을 통해 제재를 가할 권리가 인정된다. 그러나 실제로는 권력자에 의해 그 힘은 제한되거나 압도당한다. 책임성과 관련된 또 다른 중요한 문제는 책임성의 '방향'이다. Stone(2012)이 제시한 개발원조의 사례에서 보듯이 책임성의 방향이 올바르게 설정된 개발원조는 경제발전과 시민의식을 증진시켜 결과적으로 민주주의를 강화한다. 그러나 방향이 올바르게 설정되지 않는 경우 오히려 민주주의를 침해하는 결과로 이어질 수도 있다.

이처럼 Stone은 다양한 이해관계자들이 의사결정 구조의 변화를 통해 효율성과 민주성이라는 권력의 목적을 달성하고자 할 때 발생할 수 있는 다양한 패러독스의 원인과 그 결과를 규명하고자 하였다. 이러한 Stone의 문제의식에는 권력이 가져오는 패러독스의 근본적인 원인은 권력이 일방에 의해 다른 일방에게 행사되는 억압적인 것이 아닌 끊임없는 상호작용 속에서 형성되는 생산적인 '놀이'라는 전제가 깔려있다. Stone이 설명하듯이 본인 또는 본인이 속한 이해집단의 이해관계에 따라 의사결정 구조를 변화시키고자 하는 작용을 통해 권력의 형태가 변화하고 그 과정과 결과에서 패러독스가 발생한다면, 자연스럽게 그 이해집단과 이해관계가 어떻게 형성되는지를 이해하는 것이 중요하다.

Stone이 강조하는 것처럼 권력은 의사결정의 구조 변화를 추동하는 힘을 의미하며, 숙의민주주의적 의사결정 시스템을 도입하고자 하는 목적을 지닌 공론화 정책의 도입 역시 바로 이러한 의사결정의 구조 변화를 의미하는 것으로 파악해 볼 수 있다. 의사결정의 구조 변화는 결국 권력의 중심에서 "누가 권력의 주체가 되는가"를 규정하는 변화이며, 선출된 권력의 신속한 의사결정을 통한 효율성과 시민참여 확대 및 숙의를 바탕으로 한 민주성이 충돌하고 있는 대입제도 개편과정의 경우에도 패러독스의 성격을 강하게 지니고 있다.

다. 분석 틀

앞서 살펴본 바와 같이 '대입제도 공론화' 정책 도입은 의사결정 구조 변화의 문제, 즉 권력의 문제와 긴밀하게 연관되어 있다. 이를 정책 패러독스의 유형에 대입해보면 다음과 같이 이해해볼 수 있다. 먼저 해석의 충돌 양상과 관련하여 의사결정 구조를 둘러싸고 효율성과 민주성이라는 대립적인 가치를 추구하는 '한 개념을 구성하고 있는 하위요소 간의 충돌'로 볼 수 있다. 또한, 의사결정 구조의 변동이라는 정책 문제 해결 수단으로서의 권력의 특성상 정치적 패러독스에 기인하며, 공론화라는 정책 집행과정에서 나타나는 정책 패러독스가 존재한다는 것을 알 수 있다.[2] 이렇게 대입제도 개편을 둘러싸고 나타나는 패러독스는 교육정책의 정치 해석적 속성상 불가피하게 나타나는 일반적인 현상이다.

앞서 살펴본 바와 같이 대의민주주의와 숙의민주주의가 내포하고 있는 권력작용과 관련하여 발생한 효율성과 민주성의 패러독스는 결국 '참여'와 '숙의'를 두 축으로 하고 있다.[3]

1) 참여

대입제도 개편과 관련하여 공론화 도입 이전 박근혜 정부 시기에서 문재인 정부로 넘어가면서 일반 시민의 참여 확대를 추구하게 된다. 이 과정에서 문재인 정부는 [표 16.2]에서 보는 바와 같이 과거의 효율성 중심의 대의제가 상정하고 있던 기술관료적 참여모델에서 숙의적 참여모델로 전환을 시도하였다(윤종설, 2013).

기술관료적 참여모델(technocratic model)은 현대사회의 많은 정책 문제들이 단순히 직관이나 경험보

---

2 만일 정책 결정 과정을 통해 미래의 대입제도로 집행되어야 하는 상황이라면, 이때 단순히 효율성과 민주주의 강화라는 두 가치 간의 충돌 혹은 공존을 넘어서 하나의 안을 '선택'해야 하는 딜레마 국면에 놓이게 된다. 의사결정의 지연이나 비결정(non-decision), 대안 간 절충 등이 가능한 패러독스 상황과는 달리 딜레마는 어떤 형태로든지 선택을 강요하게 된다. 따라서 이러한 패러독스 상황에서 정책결정권자가 취할 수 있는 최선의 전략은 패러독스가 딜레마로 전환되지 않도록 조율하는 것이다.

3 이와 관련하여 정정화(2018)는 숙의민주주의의 작동조건으로 참여, 숙의에 더해 '합의'를 제시하고 있다. 참여자들 간의 이성적인 논증(reasoned argument)을 통해 합의를 도출함으로써 갈등 해결에 기여할 수 있다는 측면에서 보면 숙의민주주의의 중요한 구성요소라는 것이다. 그러나 본 연구는 의사결정 구조의 변화라는 권력작용의 측면에서 대의민주주의의 '효율성'을 숙의민주주의의 '민주성'으로 전환하는 과정을 연구 초점으로 삼고 있기에 숙의의 결과에 대한 평가 측면이 강한 합의는 본 분석 틀에서는 포함하지 않기로 한다. 다만, 포함 여부와 별개로 그 중요성에 대해서는 이견이 없다.

다는 복잡한 인과관계에 대한 체계적인 지식과 정보를 통해서 분석되고 해결될 수 있다는 데서 필요성이 부각되었다(조현석, 2005). 정부는 공익을 추구하고 개인이나 NGO는 사익을 추구한다고 전제하며, 정부의 주된 행위자로서 기술 관료가 분석을 통한 최적의 대안 선택을 위한 합리성에 근거하여 계획을 수립하고 집행한다. 따라서 기술관료적 접근에서는 다양한 분야의 기술적 전문가에게 정책 결정의 많은 부분을 의존하고 있으며, 전문가가 아닌 일반 시민의 참여는 이미 결정된 정책을 홍보하고 교육하는 제한된 의미만을 가진다(김두환, 2008). 대표적인 참여 방식으로는 공청회나 여론조사, 자문위원회 등을 들 수 있다. 이러한 방식은 의사결정의 효율성을 담보할 수 있지만, 정보 및 소통 방식이 일방적인 경우가 많으며 상호교류가 매우 부분적으로만 이루어진다. 또한, 참여의 대표성과 포괄성이 모두 낮으며, 결정 권한을 공유하거나 분배하는 정도도 매우 낮다(김환석, 2005). 기술관료적 접근은 대의민주주의 하에서의 대표적인 참여모델이라고 할 수 있다.

다원주의적 참여모델은 다양한 이해집단들이 예산, 사회적 네트워크, 조직력 등의 우위를 바탕으로 사회적·정치적으로 더 많은 영향력을 행사하고 있다는 것을 전제로 다양한 이해집단들의 협상에 의해 민주적 의사결정을 제도화한 것이다. 다원적 민주주의 모델에 입각하고 있는 이 모델은 의사결정을 선호의 표출과 집합(aggregation)의 과정으로 이해한다(김환석, 2005). 즉, 의사결정에서 사람들의 선호는 고정되어 있고 결정 과정은 그것을 양적으로 집합하는 것으로 이해하는 것이다. 바로 이 부분에서 참여민주주의와의 접합성이 만들어진다. 다원주의적 참여모델에서 강조하는 협상과 타협은 이해관계 집단들 간 이익의 상호작용 과정이라는 것이다. 따라서 참여의 대표성은 높고 정보 및 의사소통 과정에서의 상호작용은 활발하다.

그러나 이에 대해서는 현실적으로 보면 선출된 정부가 이익단체들에 의사결정 구조와 관련된 권력을 개방함으로써 '결정구조(beltway) 내부에서 이익단체들의 영향력 폭발과 결정구조 저편의 침묵' 간의 결탁이라는 지적이 제기된다(Crenson & Ginsberg, 2004). 따라서 진정한 합의와 공익 형성이 어렵다는 문제가 제기되고 있다(조현석, 2005). 이는 참여민주주의에 제기되는 공통적인 문제점이다. 이론적으로 구성원 모두의 자발적 참여가 가능하지만, 현실에서는 일부의 정치적인 관심이나 세련도가 높은 집단의 참여가 다른 집단에 비해 훨씬 활발하게 되고, 참여집단 가운데서도 기존의 사회질서에서 기득권을 갖는 특정 집단이 더 많은 정치자원을 이용하여 영향력을 높일 수 있기 때문이다(이현우, 2012).

마지막으로, 숙의적 참여모델은 정책결정에 의해서 영향을 받는 시민들의 참여를 통해 이루어지는 집단적 정책결정을 추구하며 포괄성이 높다. 숙의적 시민참여 방법들이 기존 접근과 다른 특징은 ① 정책으로부터 직·간접적으로 영향을 받는 일반 시민들이 의제설정 과정, 결정과정의 초기부터 중심적으로 참가하고, ② 그 과정이 상대적으로 장기간에 걸쳐 지속되며, ③ 토론과 학습을 통해 문제설정과 해결 방안을 협력적으로 모색해 나간다는 점에 있다(김두환, 2008). 이 모델은 앞선 두 가지 모델과는 달리 이미 개인적으로 형성된 선호를 그저 산술적으로 취합하기만 하는 방식이 아니라 시민들이 공적인 사안에 충분히 고려할 시간과 환경을 가짐으로써 결과의 질, 정당성 등의 측면에서 상대적으로 장점이 높다. 충분한 정보를 바탕으로 숙의에 기반한 의견 교환을 통해 시민들이 공적 문제에 대해 균형 잡히고 숙고한 견해를 형성하고, 그 결과 질적으로 향상된 정치적 판단이 가능해진다(Fishkin, 2009). 설령 특정 사안에 대한 의견 일치(consensus)에 이르지 못하더라도, 적어도 상호 수용할 수 있고 더욱 합당한 결론이 도출될 가능성이 커질 것이라는 기대가 있는 것이다(김주형, 2018).

아래의 [표 16.2]에서 확인할 수 있듯이 참여적인 측면에서 대의제가 상정하는 기술관료적 참여모델과 다원주의적 참여모델, 그리고 숙의적 참여모델의 대표적인 차이는 참여자의 대표성과 포괄성에 있다고 할 수 있다. 본 연구에서는 이러한 시각을 따라 다원주의적, 숙의적 참여모델의 대표성과 포괄성에 대한 평가를 각각 참여민주주의와 숙의민주주의의 속성과 연관지어 일종의 대립관계로 상정하고 있다.

이는 본 장의 문제의식에서 상당히 중요한 의미를 갖는다. 정정화(2018) 역시 공론화 과정 참여자의 대표성과 포괄성을 분석하면서 공공토론과 의사결정 과정에 참여하는 대표자의 선정이 공정하고 합리적인 절차를 통해 선정되었는지, 특정 단체나 집단이 과대 또는 과소 대표되지 않았는지 평가하지만, 대표성과 포괄성을 대립 관계로 상정하고 있지는 않다. 정정화(2018)가 언급한 대표성은 숙의민주주의를 전제로 공론화 과정에서 시민참여단의 표본 대표성을 의미하기 때문이다. 그러나 권력의 관점에서

[표 16.2] **참여요인에 따른 참여모델 특성 비교**

	기술관료적 참여모델	다원주의적 참여모델	숙의적 참여모델
구성 (참여자)	정부, 전문가, 이해관계자, 시민	정부, 이해집단, 공익집단, 시민(전문가)	시민 (정부·전문가·이해관계자)
구성 (대표성/포괄성)	모두 낮음	대표성 높음	포괄성 높음
과정 (정보 및 의사소통 구조)	일방적, 쌍방교류, 부분적 상호교류	상호작용 활발	상호작용, 숙의과정
과정 (empowerment 정도)	낮음	높음	잠재적으로 높음
참여 시점	늦음	빠름	잠재적으로 빠름
참여결과 (결정권한의 공유)	낮음	높음	잠재적으로 높음
관리방식과 방법론 (공정성, 투명성·적절성)	낮음	중간	높음
대표적 시민참여 방법	공청회, 여론조사, 자문위원회	규제 협상, 조정, 라운드테이블	시민배심원, 시나리오워크숍
효율성	높음	낮음	잠재적으로 낮음
민주성	낮음	잠재적으로 높음	높음

출처: 조현석(2005)을 바탕으로 재구성.

[표 16.3] 권한 책임의 불일치 및 부담과 보상의 귀착문제

		책임	
		짊	안 짊
권한	있음	Ⅰ: 책임 정치, 책임 행정 부담(비용) ⇨ 정치인, 관료 보상(편익) ⇨ 국민	Ⅱ: 대리인(정치인), 관료 부담(비용) ⇨ 국민(주인) 보상(편익) ⇨ 정치인(대리인)
	없음	Ⅲ: 전문가, 공론화위원회 부담(비용) ⇨ 전문가 집단 보상(편익) ⇨ 국민	Ⅳ: 선동가, 여론, 시민단체 부담(비용) ⇨ 국민 보상(편익) ⇨ 시민단체

출처: 송병주(2018).

보면 이익집단이 과대 대표되어도 참여 자체가 확대되었다면 참여민주주의적 시각에서는 긍정적으로 평가할 여지가 있다.

참여민주주의와 숙의민주주의를 구분하고자 하는 관점에 따른 본 연구에서 대표성과 포괄성의 구분은 중요하다. 충분한 숙의가 보장되지 않는 상황에서 '참여 확대' 그 자체를 목적으로 의사결정 구조를 변화시킬 경우 [표 16.3]에서 보듯이 무책임한 권한 양도로 권한과 책임의 불일치 문제 및 이에 따른 부담과 보상의 귀착문제가 발생할 여지가 있기 때문이다. 민주적인 절차에 충실히 따랐을지라도 권한과 책임을 전제로 진행하는 논의와 권한과 책임성이 전제되지 않는 논의는 사회적 왜곡과 부담의 전가 현상을 야기할 수 있다(송병주, 2018). 본 연구에서 대표성은 이해집단들의 목소리를 대변하는 대표성의 의미를 갖는다.

2) 숙의

공론화의 제도적 도입을 통해 추구하고자 했던 민주성의 강화라는 목적이 효과적으로 달성되었는지를 평가할 때, 중요하게 다루어야 할 논점 중의 하나는 선출된 정치권력과 행정권력을 대신해 의사결정의 주체로 등장한 '시민'이 과연 대중(Mass)이 아닌 공중(The Public)으로서 올바르게 기능했는지의 여부이다. 불특정 다수로서 권력 엘리트에 의해 지배되고, 동원되고, 조작될 수 있는 수동적 집단인 '대중'과 합리적 이성 및 의사소통을 통해 사적 이해가 아닌 공적 이해를 추구할 수 있는 능동적 집단인 '공중'의 구분은 Habermas의 공론장 이론에 토대를 두고 있는 숙의민주주의에서 핵심적인 쟁점이다(이승협, 2020).

대중과 공중에 관한 판단 기준은 숙의성이 얼마나 보장되었는지에 달려있다. 숙의 과정에 참여한 개인이 스스로 가치체계와 선호를 변화시키는 전환적 힘(transformation power)이 형성되었을 때 숙의가 이루어졌다고 볼 수 있다(Dryzek, 2000). 또한, 집단적 숙의의 과정이 '왜곡된 숙의(deliberative distortions)'의 문제를 가져오지 않는지 살펴볼 필요가 있다. 왜곡된 숙의는 집단적 숙의의 과정이 '사려 깊음

(thoughtfulness)'을 극대화하지도 않고, 도출되는 결과의 측면에서도 숙의민주주의자들이 기대하는 것과 같은 긍정적인 효과를 가져오지도 못한다(김주형, 2018). 김주형(2018)은 왜곡된 숙의의 발생 원인을 크게 숙의 공간 외부와의 관계에 대한 외적 동학과 집합적 숙의에 관한 내적 동학으로 나누고 있다.

먼저 외적 동학은 참여와 숙의의 갈등과 관련한 문제이다. 참여의 극대화가 이성적인 토론과 균형 잡힌 판단을 방해하여 숙의의 결핍으로 연결될 수 있고, 반대로 숙의의 질과 사려 깊은 결정에만 너무 초점을 맞출 경우, 시민참여단이 일반 대중들과는 다른 엘리트 집단처럼 기능할 위험성이 있다. 숙의의 가치가 확보될 수 있을지 모르지만, 대표성과 정당성의 문제가 발생하면서 참여의 가치가 훼손되는 것이다(김주형, 2018). 숙의는 참여를 전제로 이루어지지만, 참여가 항상 숙의로 이어지는 것은 아니기에 참여의 확대가 이루어졌다고 하더라도 숙의가 제대로 이루어지지 않는다면 참여민주주의 수준에 머무를 수 있다. 이러한 점에서 숙의성의 외적 동학인 민주적 정당성의 경우 참여의 문제와 긴밀한 연관성을 지니고 있다.

내적 동학과 관련해서는 인지적 왜곡의 문제와 배제의 문제가 제기된다. 인지적 왜곡은 '집단극화(group polarization)'의 문제로 대표된다. 이는 집합적 숙의 과정을 거치면서 견해가 합리적·논리적 판단에 따라 다양성을 존중하여 합의를 형성하는 것이 아니라 다수의 주장, 특히 그중에서도 극단적 입장을 수용하게 될 가능성이 크다는 것이다(Sunstein, 2002). 배제의 문제는 사회경제적·구조적 불평등을 반영하여 감지하기 어려운 '비공식적 배제'의 형태로 나타난다(Young, 2001). 이는 곧 숙의의 조건과 내용의 제약으로 연결되고 사회적으로 불평등하게 배분된 의제설정의 역량이 만들어 낸 헤게모니적 담론이 숙의에 참여한 시민들의 선호나 가치관에 영향을 주어 왜곡되었을 가능성을 배제할 수 없다는 것이다(김주형, 2018). 이는 결국 숙의의 절차와 내용이 권력관계에 의해 주도되는 부분을 포착하지 못하는 '반정치적 편견'에 빠져있다는 비판(Walzer, 1999)으로 연결된다.

이처럼 선출된 대표의 권력을 존중하며 의사결정의 효율성을 중시하는 대의민주주의에 대한 문제제기를 바탕으로 효율성을 희생시키고 민주성을 강조하며 시민을 직접적인 권력의 주체로 변경하는 민주성 강화를 위한 숙의민주주의로의 전환을 이루는 두 축은 참여와 숙의라고 할 수 있을 것이다. 그리고 이 과정과 결과가 적절했는지를 평가하는 기준은 그 전환과정에서의 참여와 숙의가 각기 어떤 방식으로 작용했는지, 그 과정은 적절했는지, 그 방식이 어떤 결과를 가져왔는지로 나누어 볼 수 있다. 이에 대한 구분은 의사결정 구조 변동의 문제, 즉 권력의 문제와 연관되어 중요한 의의를 가진다. 만약 그 과정과 결과가 적절하지 못했다면 의사결정 구조에 대한 변화를 통해 대의민주주의가 가진 효율성을 희생시키면서 숙의민주주의로 전환하여 민주성을 확대하려 했던 시도가 결국 실패로 귀착되어 당초 의도와 달리 효율성과 민주성을 모두 확보하지 못하는 패러독스 현상이 나타날 것이기 때문이다.

3) 종합

문재인 정부가 대입제도 개편을 위한 공론화위원회를 출범시키며 의도했던 바와 같이 대의민주주의에서 숙의민주주의로의 전환이 효과적으로 이루어졌는지를 평가하기 위해서는 참여의 문제를 포함하여 숙의성을 평가하는 내적 동학과 외적 동학에 대한 평가가 종합적으로 이루어져야 한다. 먼저 외적 동학과 관련하여 다원주의적 참여모델을 기반으로 하는 참여민주주의에 그치게 됨으로써 이해집단들의 목소리가 과대 대표되지 않았는지(대표성), 그리고 지역·연령·성별·의제 등 다양한 의견을 가진 구성원이 참여할 수 있도록 설계되었는지(포괄성) 여부를 살펴보아야 한다(정정화, 2018).

[표 16.4] **민주주의 유형에 따른 대표성 및 포괄성 수준**

	대의민주주의	참여민주주의	숙의민주주의
(이해집단의) 대표성	낮음	높음	낮음
포괄성	낮음	낮음	높음

한편 내적 동학과 관련해서는 [표 16.5]에서 제시되는 바와 같이 숙의가 충분하고 적절하게 이루어질 경우 왜곡된 숙의 문제가 발생하지 않고, 숙의의 '전환적 힘'이 발현되나 그렇지 않을 경우 집단극화와 배제가 나타남에 따라 왜곡된 숙의가 이루어짐으로써 단순 참여민주주의 수준에 그칠 수밖에 없기 때문이다. 따라서 숙의성 확보 여부를 살펴보는 것이 중요하다.

[표 16.5] **'숙의'에 대한 내적 동학**

		참여민주주의	숙의민주주의
숙의성	집단극화	발생 가능성 높음	발생 가능성 낮음
	배제	발생 가능성 높음	발생 가능성 낮음

이상의 논의를 종합하여 정리해보면 [그림 16.1]과 같다.

위 분석 틀에 따라 먼저 대입제도 개편과 관련된 이명박 정부부터 문재인 정부에 이르기까지 의사결정 구조가 어떻게 변동해왔는지 그 권력작용의 양태를 살펴볼 것이다. 이를 통하여 각 정부가 추구했던 민주주의의 형태가 어떤 형태였는지 그 모습이 드러날 수 있다. 이어 숙의성의 외적 동학과 관련된 참여의 문제를 평가하는 기준으로써 대표성과 포괄성을 평가하고, 내적 동학과 관련된 숙의의 문제로서 집단극화 및 배제가 발생하였는지 여부를 평가해 볼 것이다.

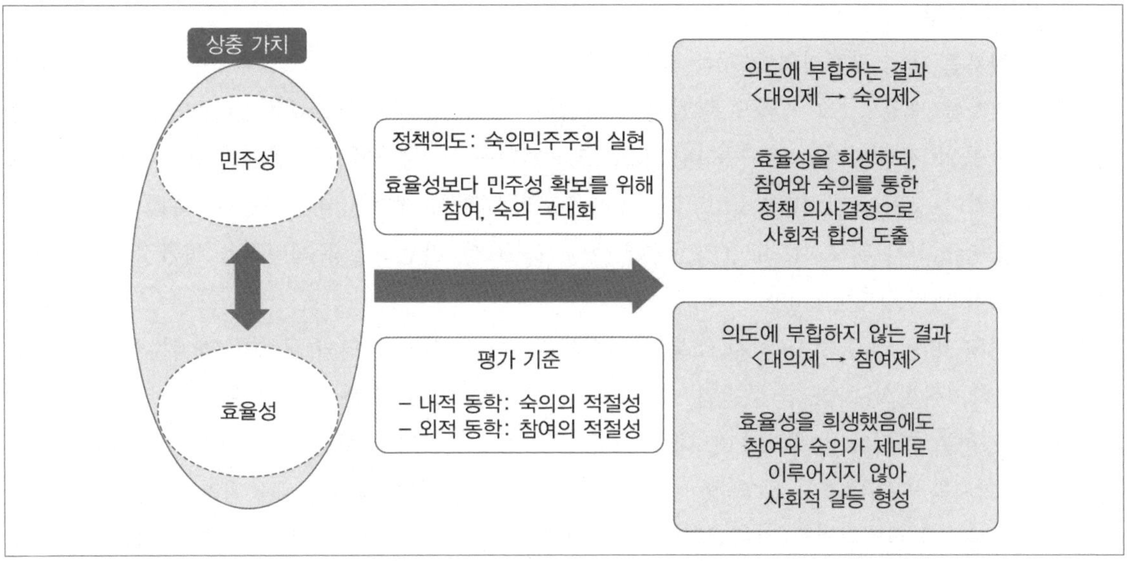

[그림 16.1] **문재인 정부 대입제도 개편과정의 패러독스 분석 모형**

3 대입제도 개편을 둘러싼 권력작용

가. 문재인 정부 이전: 효율성의 추구

우리나라 교육의 지배(통치)구조는 전형적인 국가 중심주의하에서 중앙정부가 주도권을 잡고 하향식 관료행정에 의해 정책이 수직적으로 유통되는 방식으로 대변되어 왔다(신현석, 2010). 정부는 다양한 정책행위자와의 관계를 설정하는 권력을 지니고 있으며, 시장과 시민사회의 역할이 증대하는 상황에서도 정부는 여전히 교육정책 결정과 집행의 최고 결정자로서 막대한 영향력을 행사하고 있다. 특히 대학입시 체제 개편 논의의 경우에는 대학별 단독시험제가 폐지된 이래 대학보다는 정부가 주도하는 형국이 되었다. 이는 입시 문제가 주요한 사회문제로 대두되면서 정부의 역할이 확대되었고, 관련 공급자(특히 교과) 측면에서 이익집단이나 특정 이해관계가 명확하게 드러나지 않아서 오히려 정부의 주도적인 의사결정이 강화된 측면이 있었기 때문이다(오현철, 강대현, 2013).

대입제도 공론화 도입 전까지 권력작용이 이떻게 이루어졌는지를 살펴보기 위해서는 공론화가 본격적으로 논의되기 전의 대입제도, 특히 공론화 과정에서 핵심적인 쟁점이 되었던 수시-정시 비율 문제에 대한 관점 및 인식 형성과 밀접하게 관련된 이명박 정부의 입학사정관제 및 박근혜 정부의 학생부종합전형에 대한 의사결정 구조를 살펴볼 필요가 있다.

1) 이명박 정부

이명박 정부는 대입 자율화와 공교육 정상화라는 두 가지 교육정책 비전을 제시하며 대입제도를 개선하려는 의지를 보였고, 그 일환으로 임기 내내 입학사정관제 지원을 확대하였다(이석열, 2012). 시장지향적인 '자율과 경쟁'이라는 가치를 바탕으로 교육개혁을 추진한 이명박 정부였지만 결과적으로 소수의 교육권력이 강력한 거버넌스를 토대로 정부주도의 하향식 개혁을 추진하였다. 특히 정권이 지향하는 정책을 추진하기 위해 시도교육청, 대학, 학교 등에 직·간접적인 통제방식을 적극적으로 도입하였다는 특징이 있다(반상진, 2013).

정부의 정책 비전 제시 방식 역시 소통과 협의보다는 일방적인 설명의 구조를 가지는 경우가 많았다. 전국 입학처장협회 회의, 국무회의, 시도교육감 간담회, 일선 고등학교 방문 등 정부의 교육정책에 관해 설명하는 자리가 마련되었고, 대통령 혹은 장관이 전면에 나서 정책의 비전을 제시하며 강한 정책 실현 의지를 드러내기도 하였다(이일화, 조영하, 2020). 이명박 정부는 효율적인 정책추진을 위해 정책 추진과정에서 정책결정과 정책집행 사이의 간극을 철저하게 배제시키는 정책추진 전략을 사용했다(이석열, 2012).

이처럼 대학입시 정책은 대학의 자율성에 맡겨져 있다가, 입시 문제와 병폐를 해소하기 위해 정부가 주도해서 대학입시 정책을 바꾸는 상황으로 변화해 왔고, 이후 수능이나 수시 및 입학사정관제하에서 대학 등 공급자 측면에서 관련 이익집단의 경쟁이 일부 나타나는 양상으로 나타났다(오현철, 강대현, 2013). 정책 추진의 권한이 중앙에 집중되었던 이명박 정부의 특성상 교육정책 수립 이전에 정책 자체에 대한 교육적·사회적 공론의 기회가 많지 않았다(반상진, 2013). 그렇기에 대입제도 개선 정책의 정책결정 과정에서 나타나는 '갈등 정도'는 노무현 정부와 비교하면 상대적으로 감소하였다. 물론 2007년 초기에는 대학과의 논의조차도 제대로 거치지 않은 채 시행되었기에 도입을 강요한다는 비판이 나오기도 하였으나(서울신문, 2007.06.11.), 이명박 정부의 '대입 3단계 자율화 정책'은 대학의 자율권과 재량권을 대폭 확대했기에 대학이 원하는 정책 방향에 부합하였고 입학사정관제가 지향하는 학생부 중심의 대입전형은 고등학교 교원들의 수업권과 평가권을 강화하는 방향이었기에 전교조, 사교육걱정없는 세상, 좋은교사운동 등도 근본적인 정책 방향은 동의하는 입장이었다(안선회, 2018a).

반면, 학생과 학부모는 주로 언론 보도나 대학의 발표, 입시설명회 등 간접적인 방식으로 정부 정책을 접하는 행태가 나타났다. 심지어 다양한 교육 주체들의 힘을 모으자는 의미에서 추진된 '입학사정관제 정착을 통한 공교육 살리기 공동 선언' 과정에서조차 학생과 학부모 등의 교육수요자들이 배제되었다는 비판이 제기되었다(한국경제, 2009.3.1.). 이처럼 정책과정에 참여할 기회가 제한적이었으므로 정책에 대한 이들의 의견과 요구는 충실히 반영되기 어려웠으며, 정책적 상호신뢰를 형성할 수 없었다(이일화, 조영하, 2020). 따라서 입학사정관제 도입 초기에는 학생·학부모의 반응 행태는 소극적인 반대와 비판 수준에 그치고 강하게 드러나지 않았다(안선회, 2018a). 그러나 입학사정관 전형 확대가 어느 정도 이루어진 2010년 이후에는 사교육 확대와 전문성과 공정성을 둘러싼 사회적 불신, 대입전형의 사회적 통합 기능 약화 문제가 대두되고 여기에 더해 대입전형의 복잡성 증가, 대입 공정성 문제가 본격적으로 제기되면서, 학생·학부모의 불만이 증가하게 된다.

이명박 정부의 입학사정관제 도입과정에서의 권력작용을 살펴보면, 선출된 정부의 교육 비전을 관철하기 위한 효율적이고 강력한 의사결정 구조를 고수하였고, 이 과정에서 대다수의 교육 관련 정책 대상자들의 의견 수렴과정과 합의 과정은 제대로 이루어지지 않았다. 물론 대학 등 일부 이해집단들이 의사결정 과정 및 정책집행 과정에 참여하기는 했지만 이마저도 정부가 강력한 의지로 결정한 정책에 대한 수동적인 수용의 입장에서 이루어진 경우가 대부분이었다. 따라서 이와 같은 점을 종합해서 고려해 볼 때, 의사결정 구조라는 권력의 측면에서 평가할 때 선출된 권력의 강력한 의지가 중심이 되는 기술관료적 참여모델의 전형으로 이해집단에 대한 대표성과 포괄성이 낮은 대의민주주의적 특성을 강하게 보였다고 평가할 수 있다.

2) 박근혜 정부

이명박 정부 대입정책의 특징은 대학의 자율성 강화를 기반으로 한 입학사정관제 확대, 그에 따른 대입전형의 복잡성이었다(안선회, 2018a). 따라서 뒤이은 박근혜 정부의 대입정책이 취해야 할 목표는 입학사정관제 개선과 대입전형의 복잡성 해소였으며 이는 학생부종합전형의 도입과 대입전형 간소화 노력으로 나타났다. 이러한 문제의식으로 발표된 것이 2013년 10월에 발표된 '학생·학부모 부담 완화와 학교교육 정상화를 위한 대입전형 간소화 및 대입제도 발전방안(이하 대입전형 간소화 방안)'이었다. 대입전형 간소화 방안에서는 학교생활기록부 반영 비중의 증가를 강조하면서 수능 최저학력 기준의 완화 여부와 논술 시행 여부 및 교과 중심의 문제풀이식 구술형 면접과 적성고사 실시 여부 등을 재정지원 사업과 연계하고, 논술과 면접의 내용이 고등학교 교육과정의 범위와 수준을 벗어나지 못하도록 선행학습 영향평가를 통해 규제하여 수능과 대학별 고사의 평가 도구 변별력을 약화시켰다(교육부, 2013).

박근혜 정부는 입학사정관제에 대해 전 정부만큼 명확하고 강한 정책 비전과 의지를 드러내지 않았다. 학생부종합전형의 정책 비전에 관한 박근혜 정부의 언급이나 공식 보도는 전 정부에 비해 현저히 줄었으며, 박근혜 대통령은 이명박 대통령만큼 정책 비전 제시를 위해 직접 연설하거나 교육현장을 방문하는 등의 모습을 보이지 않았다(이일화, 조영하, 2020). 이는 대입제도의 개선 그 자체보다는 자유학기제 도입, 학생부 등 학교 현장의 변화에 더 큰 관심을 두었던 결과이다. 이에 따라 공청회나 정책 간담회도 학생부종합전형 그 자체보다는 정부의 관심사였던 대입전형 간소화, 자유학기제를 중심으로 이루어졌다.

이처럼 입학사정관제에 대한 사회적 비판의 목소리가 높아지고 정부의 강력한 의지마저 수반되지 않았던 상황이었기에 학생부종합전형을 중심으로 한 대입제도 관련 의사결정 구조는 이명박 정부에 비해 상대적으로 개방적이었다. 대입제도 간소화 방안 정책결정 과정에는 교육부 외에도 고교 교사와 교장, 학부모, 대학입학처장 등 관계 전문가 등으로 구성된 '대입제도 발전방안 연구위원회'를 발족시켜 주도적인 역할을 하도록 하였으며, 사교육걱정없는세상 등의 시민단체도 참여하였다. 2013년 8월 27일 대입전형 간소화 방안(시안) 발표 후에는 전국 5개 도시를 순회하며 공청회를 개최하고 온라인을 통한 국민 의견수렴 및 설문조사를 실시하며 학부모단체와 시민단체, 전문가 등 다양한 이해당사자들이 정책참여자로써 정책대안을 개발하고 논의할 기회를 제공하기도 하였다(윤혜원, 2018). 그러나 교육부가 여전히 정책결정 과정 전반을 주도하면서 기술관료적 참여모델 형태를 벗어나지 못했다.

이 시기 주목해야 할 것은 바로 입학사정관제를 거치면서 형성된 이해집단들이 결집하기 시작하면서 다원주의적 참여모델을 바탕으로 한 참여민주주의의 초기 형태가 본격적으로 나타나기 시작했다는 점이다. 먼저 대학과 정부의 학생부 중심 대입제도를 둘러싼 관계의 변화가 나타났다. 이명박 정부를 거치면서 완화된 정부-대학의 갈등이 박근혜 정부에 이르러서는 오히려 정부의 학생부종합전형 중심의 수시전형 확대를 지지·옹호하는 반응 행태를 보였으며, 대입제도와 관련된 정부의 재정지원사업을 계기로 학생부종합전형을 옹호하는 교육자 중심의 거대한 이익집단으로 형성되어 갔다(안선회, 2018a).

반면, 학생과 학부모의 학생부종합전형에 대한 불만은 점차 심화되었다. 특히 현직 교사가 학부모에게 금품을 수수하여 학생부를 조작했다는 것이 적발되고 고액의 컨설팅비를 받고 학생의 스펙을 관리해주는 컨설팅 업체의 존재가 드러나는 등 학종을 악용한 대입부정 사례가 나타나면서 학생과 학부모의 불신은 극에 달했다. 이 과정에서 교원과 학부모의 잠재된 갈등이 표면화되기 시작했다. 특히 진보교육감과 일부 교원집단들이 학생부종합전형을 적극 옹호하면서 그동안 잠재되어 있었던 정책갈등이 수면 위로 드러나기 시작하였다(안선회, 2021). 박근혜 정부 들어 정부주도 교육정책의 의사결정 구조의 일부 전환으로 형성된 교육 관련 이익집단 등(학회, 교사단체 등) 공급자 중심의 이해관계자들이 참여하여 영향력을 행사하는 이익집단 중심의 의사결정 방식(오현철, 강대현, 2013)의 큰 틀은 유지되고 있었으나, 입학사정관제와 학생부종합전형의 불공정성에 불만을 가지고 있던 학생·학부모들의 조직화를 위한 기반이 다져지고 있었다. 그리고 이는 19대 대선을 기점으로 본격적인 움직임으로 나타나게 된다.

이와 같은 박근혜 정부의 의사결정 구조에서의 권력작용을 정리하면 여전히 정부 중심의 효율성을 강조하는 의사결정 구조를 중심으로 하고 있으나, 대입제도를 둘러싼 이해집단들 간의 조직화가 각자의 이해관계에 따라 빠르게 이루어지면서 다원주의적 참여모델의 초기 형태가 나타났다고 볼 수 있다. 즉, 대학, 교원, 학생·학부모 등 각각의 이해관계를 대표하는 집단들의 대표성이 높아지고 있으나 여전히 참여의 포괄성은 낮은 참여민주주의의 형태가 나타나기 시작한 것이다.

나. 문재인 정부: 참여 확대 및 숙의민주주의 도입 시도

2021학년도 수능 개편안이 쟁점화된 상황 속에서 수능 개편안이 발표될 예정이던 2017년, 박근혜 대통령이 헌정 사상 초유의 이른바 '촛불 혁명'에 의한 탄핵이라는 역사적 사건이 벌어진다. 이후 대선에서 대입 단순화와 수시 확대 혹은 축소의 문제, 수능 절대평가 등이 선거 쟁점으로 떠오르게 되었다. 특히 학종과 관련해서는 '현대판 음서제' 논란이 격화되었다.

문재인 대통령은 후보 시절 주요 공약으로 '대학입시 단순화'와 '2015 개정 교육과정'에 따라 시행되는 2021학년도 수능부터 절대평가 전환, 수시에서 수능 최저학력 기준 폐지 검토를 내 건 바 있다. 이는 기존 이른바 '진보' 교원단체 및 교육시민단체들의 주장과 거의 유사한 것으로, 처음부터 논란은 명약관화한 것이었다. 이러한 논란은 지속적으로 수능 전과목 9등급 절대평가 전환이 필요하다고 주장해 온 김상곤 전 경기도 교육감이 2017년 6월 사회부총리로 임명되면서 극에 달하게 된다. 이를 계기로 '공정사회를 위한 국민모임'을 중심으로 한 학부모들의 조직적인 움직임이 본격화되기 시작하였다(안선회, 2021). 그러나 이때까지는 박근혜 정부 시절의 다원주의적 참여모델에서 크게 벗어나지 않았다. 교육부는 2017년 7월 '대입 단순화 및 수능개편 추진 T/F'를 신설하고 "대입 단순화와 수능 개편 등 새 정부의 국정과제 이행을 위해 8월 31일까지 전담팀을 운영, 학생·학부모·고교·대학 등 관계자의 의견을 폭넓게 수렴하고 합리적인 개편안을 마련할 계획"이라고 밝혔다(교육부 보도자료, 2017.08.31.).

2017년 8월 10일, 교육부는 일부 과목(영어, 한국사에 통합사회·통합과학, 제2외국어/한문 4과목) 절대평가와 전 과목 절대평가라는 두 가지 안으로 구성된 2021학년도 대학수학능력시험 개편 시안 공개하고 8월 31일 2021학년도 수능 개편안 확정·최종 발표 전까지 네 차례 권역별 공청회를 열어 두 가지 안에 대한 의견을 수렴할 것이며, 31일 최종 발표할 개편안은 1안, 2안 중 하나에서 정한다고 공언했다(교육부, 2017.8.10.). 그러나 의견수렴을 위해 8월 11일, 16일 두 차례 개최된 공청회에서는 오히려 분열과 갈등 양상이 심화되었다. 전국 초중고교생 학부모 2,346명을 대상으로 시행한 설문조사 결과 응답자의 80.5%는 교육부가 제시한 1, 2안보다 '현행 유지'가 바람직하다고 응답하기도 하였다(동아일보, 2017.08.19.). 결국, 이와 같은 수능 절대평가 도입 시도가 '수능 무력화'에 이은 정시 축소로 받아들여지며 이에 반대하는 국민의 반발을 불러오게 된다(박대권, 최상훈, 2019). 특히 대입제도와 가장 직접적인 이해관계가 있는 학생·학부모 집단에서 반대 여론이 컸다. 그 주요 이유로 '수능 절대평가는 변별력을 상실해 학생부종합전형 전형의 확대로 이어지고 이는 공정성 문제를 초래할 것'이라는 점이 제기되었다(이수정, 2019).

이처럼 악화된 여론에 밀려 8월 31일, 교육부는 수능개편 유예를 결정하고 공론화를 통해 2018년 8월까지 2022학년도 수능 개편안을 마련하겠다고 발표했다(교육부 보도자료, 2017.08.31.). 이후 2017년 12월부터 개최된 대입정책포럼에서는 교육부의 '수능 비중 축소 및 학생부종합전형 전형 확대'에 대하여 학생·학부모를 중심으로 하는 시민단체는 대체로 '수능 전형이 가장 객관적이고 공정하다'고 판단하고 '정시 비율(수능 전형)의 확대'와 '수능의 상대평가 필요'를 주장하였으며, 교사로 구성된 시민단체의 경우 '수능 절대 평가안'을 지지한 교원단체와 동일한 의견을 표명하였다(이수정, 2019). 그런데 대입정책포럼이 뚜렷한 결론 없이 마무리된 2018년 3월, 교육부 차관이 수능 확대를 일부 사립대에 요청한 것이 드러나면서 대입제도 개편을 둘러싼 대립이 격화한다. 이는 수능 절대평가와 학생부 중심 대입제도 확대에 대한 문재인 정부의 교육정책 방향과 배치되는 것으로 여겨졌기에 진보 교육 시민단체들과 교육감의 거센 반발을 가져왔다. 결국, 교육부의 오락가락 행보와 무책임성에 대한 비판여론이 비등하면서, 교육부는 사실상 정책결정의 동력을 잃게 된다(조홍순, 2019). 정책결정에 대한 책임을 교육부와 국가교육회의로 이원화함으로써 최종결정 책임의 소재지를 모호하게 만들었다는 비판(서복경, 2018)이 제기된 것도 이러한 사정에 연유한 것이라고 볼 수 있다.

이처럼 대입정책포럼 과정에서조차 의견을 수렴하여 결론을 내리지 못하자 본격적으로 시민참여를 확대한다는 명목하에 공론화 제도를 통해 의사결정의 권한, 권력을 '시민'에게 이양하는 과정이 진행된다. 이러한 과정을 정리해보면 기본적으로 문재인 정부 초반의 의사결정 구조는 대의민주주의에 기초한 정부주도의 기술관료적 참여모델을 추구하였으나 이명박, 박근혜 정부와 대선 정국을 거치면서 형성된 이해집단들의 거센 반발에 의해 일종의 회피 수단으로서 숙의민주주의로의 전환을 시도한 것으로 평가할 수 있다. 따라서 오히려 이해집단들의 영향력이 지속적으로 강화되었으며 당초 의도하였던 숙의민주주의로의 전환은 충분히 이루어지지 않았고, 오히려 다원주의적 참여모델을 바탕으로 한 참여민주주의 형태가 강하게 나타나게 되었다.

이러한 흐름은 이후 공론화위원회 작동 과정에서도 그대로 유지되었다. 대입제도개편특위가 공론화의 범위를 결정하고, 공론화위원회는 그 범위에 따라 공론화 의제를 선정하기 위해 시나리오워크숍을 진행하여, 학생부 위주 전형과 수능 위주 전형 간 적정비율, 수능 절대평가 전환 여부, 수능 최저학력기준 활용 여부에 대한 쟁점별 의견을 조합해 네 가지 의제를 구성했다. 이어 네 가지 공론화 의제 중에서 최종안 선정을 위해 550여 명의 시민참여단을 구성하고 이들을 대상으로 온·오프라인의 공론화와 2차례 숙의 토론을 진행하였다(공론화위원회, 2018). 그리고 공론화위원회에 의한 공론화와 숙의 과정을 통해서 표출된 시민참여단의 의견을 수렴한 결과, 네 가지 의제 중에서 의제 1과 2의 지지도가 각각 1, 2위를 차지했으나 통계적으로 유의미한 차이가 없어 대입개편을 위한 정책적 함의를 이끌어낼 수 없었다(김정완, 2020). 숙의민주주의적 의사결정은 전통적인 의사결정 구조가 가지는 결함을 보완하여 결정의 정당성을 모색하는 것이다. 하지만 그것이 평등한 참여, 논증에 의한 숙의를 통해 정당한 결정에 도달하지 못하고 같은 견해를 가진 집단 만에 의해 숙의가 이루어지거나 소수의 집단이 소외된 채 결정에 도달하거나 화술이 좋은 일부 참여자들에 이끌려 논의가 편중되는 등의 경우에는 진정한 숙의가 이루어질 수 없다(김은주, 2020). 그런 의미에서 공론화 과정을 시작하기도 전에 나타난 두 연합 간의 격렬한 대립 속에서 공론화가 의도했던 결과를 가져오기는 어려운 일이었다.

4 대입제도 개편 논의과정에서 나타난 패러독스

가. 참여 확대를 위한 의사결정 구조 전환과정에서 나타난 패러독스

교육개혁 실패의 원인은 교육계와 비교육계 상호 간 이해의 부족과 그로 인한 대립에 기인하는 경우가 많다. 교육계는 교육개혁안을 입안하는 데 있어서 전문적이고도 기술적인 합리성(professional and technical rationality)에 근거해서 구상하고 그것을 정책적으로 실천해야 한다는 교육개혁의 원칙을 가진 데 반해, 정치권에서는 현실 세계를 구성하고 있는 교육개혁 관련 이해당사자들(stakeholders)의 요구와 지지를 바탕으로 하는 정치적 행위와 과정(political behavior and process)을 통해 교육개혁안이 수립되고 정책화되어야 한다고 주장한다(신현석, 1996). 공론화의 목적은 대입제도 개편이라는 교육개혁안과 관련하여 교육계와 비교육계, 교육권과 정치권의 교육개혁에 대한 상이한 두 가지 관점을 가진 집단들의 합의와 절충을 이끌어내는 것에 있어야 한다(박대권, 최상훈, 2019).

국가교육회의에 넘겨진 이송 안은 학종과 수능의 적정비율 산정 문제, 수시－정시 통합 문제, 수능 절대평가 전환 문제 등 전문적이고 기술적인 비중이 큰 문제들이 주를 이루고 있다. 그러나 한편으로는 2015년 개정 교육과정을 도입한 박근혜 정부 교육부의 기조와 2017년 대선 문재인 후보의 교육공약이 엇갈리면서, 정치적으로도 누구도 충족시킬 수 없는 상황 속에 빠져버렸다. 이런 상황에서 전문적이고 합리적인 결정을 내려야 할 교육부는 국가교육회의로 '이송 안'을 이관하면서 교육부는 '열린 안'이며 "정부가 구체적인 시안을 제시하고 찬성과 반대 의견을 듣는 것이 아니라 자유롭게 논의할 수 있는 주제를 구체화하고 국민께서 참여하여 숙의 공론화할 수 있도록 하는 문재인 정부의 새로운 정책결정 방식"이라고 하며 실질적으로 아무런 결정을 하지 않았다. 이러한 의사결정권의 이양은 조직체제의 성격과 업무분장의 원리에도 맞지 않는 조치였다. 교육부는 대학입시의 주무 부서인 반면, 국가교육회의는 문재인 정부에서 출범한 자문기구 성격의 위원회이다. 그리고 교육부는 지난 수십 년 동안 대입문제를 다루어 온 주무 기관인데, 국가교육회의는 출범한 지 얼마 되지 않아서 집행력과 전문성면에서 대학입시와 같은 중차대한 국가적인 과제를 담당하기에는 태생적으로 한계가 있었다. 따라서 대학입시 개편안의 경우 교육부가 충분히 여론을 청취하여 실효성 있는 대안을 마련한 후에 언론을 통해 국민적인 공감대를 형성하는데 주된 역할을 해야 했다(김정완, 2020).

문재인 정부는 의사결정 구조에 대한 참여 확대 과정에서 발생한 전문성과 정치적 판단 간의 패러독스 현상을 딜레마로 파악한 것으로 평가할 수 있다. 패러독스는 가능한 한 피해야 하겠지만 많은 경우 정책은 정책 자체 내지 정책환경의 변화로 인하여 불확실하고 혼돈의 상황에 놓일 수 있고, 또한 목표가 복수일 경우 일단 선택된 가설의 대안을 꾸준히 관리해 나가는 것이 효과적일 때가 있다(사득환, 2013). 반면 이를 딜레마 상황으로 파악할 경우, 정책결정권자의 선택은 통상 '제약에 의한 선택', 즉 '제약조건 속에서 제약을 회피하려는 선택'으로 나타난다(소영진, 1994). 이러한 상황에서 이루어지는 정책결정권자의 대응과 관련하여 김종길(2001)은 상황은 그대로 두고 결정권을 이양하는 방법과 전략적 대응을 제시한다. 전자는 딜레마로 인해 결정하지 못하고 상황이 악화되는 경우에 정책결정자의 결정권한을 다른 결정권자로 이양해버리는 것이다. 후자는 전략적으로 대응하거나 왔다갔다 하는 방법으로 한쪽의 요구가 부각되면 그 요구를 들어주고, 그로 인해 다른 쪽의 반발이 있을 경우 다시 그쪽의 요구를 들어주는 식으로 정책 균형의 축이 변화하는 것이다. 따라서 정치적 책임의 관점에서 볼 때, 이처럼 국민의 요구가 정치과정을 통해 표출되는 상황에서 결과에는 책임지지 않으면서 문제점만 공개하려는 정치인들이나 공무원들 또는 시민단체에 보상이 돌아가게 된다면 이들의 한건주의나 인기주의를 부추겨 현실성 없는 정부 활동을 확대함으로써 사회적 부담과 비용을 국민에게 전가하는 경향이 발생한다(송병주, 2018).

공론화 도입으로 인한 권력작용을 송병주(2018)가 제시한 권한 책임의 불일치 및 부담과 보상의 귀착 문제를 설명하고 있는 [표 16.3]과 연결지어 살펴보면 당초 Ⅲ(권한 없음, 책임 짊)을 의도하고 도입하였을 공론화위원회의 작용이 실제로는 Ⅳ(권한 없음, 책임 안짊)의 결과로 귀결될 수밖에 없는 상황이 된 것이다. 정부는 전문적이고 기술적인 영역인 대학입시 문제는 반대가 있더라도 여론을 충분히 수렴하되 그 분야의 전문가와 함께 장기적 전망과 계획, 사회·경제적 고려 등을 치밀하게 준비하여 특정 방향의 결론을 내고 그에 따른 정치적 책임을 지었어야 했다. 대입제도는 다양하고 상충적인 기능과 요구, 가치와 이념을 내포하고 있고, 경로의존성, 장기성, 수단의 제약, 정책평가의 한계 등의 속성을 지닌다. 국민적 숙의와 공론을 통해 하나의 대안으로 수렴될 가능성이 크지 않고, 그렇게 된다 해도 그것이 바람직한 결과라고 보기도 어렵기 때문이다(조흥순, 2019).

이를 정리해보면 권력작용에 대한 분석에서 살펴보았듯이 대의민주주의에서 참여민주주의로의 이행과정에서 의사결정 과정에서의 이해집단이 가진 대표성이 높아지는 현상이 나타났으나, 이를 숙의민주주의로 전환하기 위해서는 공론화 과정에서 이해집단이 가진 대표성을 낮추고 포괄성을 높였어야 했음에도 그 시도가 충분히 결과를 냈다고 보기 어렵다. 따라서 참여민주주의에서 숙의민주주의로의 전환이 효과적으로 이루어지지 않았으며 공론화를 도입했던 의도와 달리 효율성과 민주성을 모두 달성하지 못하는 패러독스 현상이 나타났다.

나. 숙의 확대를 위한 의사결정 구조 전환과정에서 나타난 패러독스

탄핵과 촛불혁명의 경험은 우리나라 국민의 시민의식에도 지대한 영향을 미쳤다. Dalton(2008)은 의무적 시민의식 규범과 참여적 시민의식 개념을 사용하여 시민의 참여의식을 개념화하고 있다. 의무적 시민의식 규범을 가진 시민이 제도적 범위 안에서 주어진 대안에 대한 의사를 표현하는 정도의 활동을 한다면, 참여적 시민의식 규범을 가진 시민은 문제를 제기하고 대안을 제시하며 정책의 창을 열기 위해 직접적이고 다양한 활동을 한다.

이혜림, 이영라(2020)는 사회통합실태조사 자료를 바탕으로 시민참여 잠재집단을 조사한 연구에서 2015년에 비해 2017년 탄핵 이후 한국인의 시민의식 규범에 변화가 일어났음을 보여준다. 가장 주목할 만한 것은 참여적 시민의식 규범이 성장한 것이다. 2015년 자료의 분석 결과에 따르면, 한국인의 시민의식 규범은 의무적 시민의식 규범이 참여적 시민의식 규범보다 현격하게 높은 것으로 나타났다. 이는 탄핵이라는 역사적인 사건이 시민들의 정치 참여의식을 높이는 것에 긍정적인 요인으로 작용하였다고 볼 수 있다.

그러나 위 연구는 동시에 또 다른 중요한 시사점을 우리에게 제공하고 있다. 위 연구에서는 탄핵 이전 2015년 한국의 시민참여 잠재집단 모형을 순응형, 도구형, 방관형 세 가지로 구분하고 있다(이혜림, 이영라, 2020). 순응형은 높은 시민의식 규범이 내재화된 집단이다. 이 집단은 다른 집단에 비해 투표 참여 의지가 높고, 사회·정치 단체에서 적극적으로 활동하는 것을 아주 중요하다고 인식한다. 2017년 탄핵 이후 2015년에 비해 2017년도에는 해당 유형의 시민들은 참여적 시민의식 역량이 다른 집단에 비해 가장 큰 폭으로 성장하였으나, 해당 유형의 비중 자체는 2015년 39.74%에서 2017년 20.96%로 대폭 감소하고 '이탈형'이 새롭게 등장하였다. '이탈형'은 투표 참여 등 의무적 시민의식 규범의식은 높으나, 사회·정치단체에 적극적으로 참여하는 등 참여적 시민의식 규범은 낮은 집단이다.

2015년에는 유사성을 가진 집단이 없었음에도 2017년 탄핵 이후 19.70%라는 높은 비중을 차지하게 된 것으로 볼 때 대부분 순응형에서 이탈한 집단으로 볼 수 있다는 것이 연구의 해석이다. 대부분 순응형에 포함된 '좋은 시민'이었던 이들이 정부에게 주었던 신뢰를 철회하고 정치사회를 외면하기 시작한 것이다. 이는 이후 다가올 공론화위원회 정국에 중요한 시사점을 제공한다. 만약 연구의 해석처럼 탄핵 이후 '순응형'에서 '이탈형'으로 시민 유형이 큰 폭으로 변화되었다면, 이는 공론화의 핵심적인 전제라고 할 수 있는 '주체적 시민'의 전체적인 규모가 줄어들어 숙의의 효과를 반감시킬 수 있다는 논리적인 결론을 내릴 수 있기 때문이다.

탄핵이 가져다준 또 다른 효과는 탄핵 이후 진보와 보수 양 진영 간의 대립이 격화되면서 이른바 '당파적 양극화의 비정치적 효과'가 교육 영역에도 본격적으로 발현되기 시작했다는 점이다. 최근의 연구들에 따르면, 유권자들이 인식하는 정당 간 갈등 수준이 심화되면서 자신들의 지지 정당에 따라 동질적이고 일관된 정치적 태도를 가지려는 경향뿐 아니라 지지하는 정당을 다른 정당에 비해 감정적으로 선호하는 경향이 유권자들 사이에서 나타나고 있으며, 이런 정서적 양극화가 유권자들의 투표 선택에도 상당한 영향을 끼치고 있다(길정아, 2019).

장승진, 장한일(2020)은 당파적 양극화가 정서적 양극화를 양산하고, 당파적 양극화가 심화함에 따라 단순히 정치적 쟁점을 둘러싼 논쟁에만 영향력을 행사하는 것이 아니라, 우리가 영위하는 삶의 곳곳에 침투해 있음을 실증적으로 보여주고 있다. 정서적 양극화가 강할수록 비정치적 영역에서 차별적 태도를 보일 확률이 높으며, 이러한 태도는 정치적 지식이 높을수록 오히려 강화된다는 것이다. 실제로 교원단체별로 대입제도에 대한 의견이 단체의 일반적인 정치성향과 일관되게 나타나고 있다. '교사노동조합연맹' 등 진보 성향으로 뷴류되는 단체는 '절대평가, 학생부종합전형 진형 확내, 수시·정시 통합'을 지지하는 입장을 더 강하게 표명하고, 보수성향으로 분류되는 한국교총, 혹은 정치적 성향을 드러내지 않는 단체에서는 '학생부종합전형 전형의 확대'와 '수능 절대평가 전환'에 신중한 입장을 보이고 있다(이수정, 2019).

전술한 바와 같이 대선 정국과 수능 절대평가 논란은 입학사정관제와 학생부종합전형의 확대를 지켜보던 시민들, 특히 학부모들의 결집을 가져오게 되었다. 여기에 탄핵으로 인한 진보-보수 간 당파적 양극화가 비정치적 영역인 정서적 양극화에까지 영향을 주기 시작하면서 이때부터 본격적으로 이해관계자들 간의 연합이 대척점을 형성하기 시작한 것이다. 그리고 이 연합들이 다원주의적 경쟁 구도에서처럼 언론, 시위 등을 활용하는 추세가 나타났다. 이처럼 이해집단들이 각자의 입장을 구축하고 공고화하는 단계에 있었기 때문에, 공론화위원회가 대입제도개편 공론화 의제 4개에 대한 국민 의견 수렴을 위해 개설한 '모두의 대입 발언대'의 경우 과도한 감정싸움으로 치달아 교육단체들이 자신들이 원하는 의제가 유리한 고지를 점하기 위하여 댓글 전쟁을 부추긴다는 의심까지 받으며 힘겨루기 양상으로 흘러가기도 하였다(한국일보, 2018.07.04.). 이는 집합적 숙의 과정을 통해 다양성에 기반하여 합리적·논리적 판단에 따라 합의를 형성하는 것이 아니라는 것을 의미한다. 이러한 과정에서 다수의 주장, 그중에서도 극단적 입장을 수용하게 될 가능성이 크다는 집단극화의 문제와 함께 헤게모니적 담론이 숙의에 참여한 시민들의 선호나 가치관에 영향을 주어 왜곡되었을 가능성이 있다는 문제가 제기될 수 있다. 이런 관점에서 보면 숙의 과정에 참여한 개인이 스스로 가치체계와 선호를 변화시키는 전환적 힘을 제대로 발현하기도 전에 이미 공론화 전에 형성된 이해관계에 포섭당할 수밖에 없었으며, 이로 인해 집단적 숙의의 과정이 오히려 '왜곡된 숙의(deliberative distortions)'의 문제를 가져오는 패러독스 현상으로 귀결되었다고 할 것이다.

5 정책적 함의

본 장에서는 권력을 '의사결정의 구조에 대한 정책'으로 정의하는 Stone의 입장을 따르면서, 숙의민주주의의 실천적 기제인 공론화가 대의민주주의의 '효율성 확보'와 숙의민주주의를 통해 정책 의사결정의 권력을 소수의 대표자로부터 다수의 시민에게로 확장하는 '민주주의 강화'라는 가치를 달성하고자 하는 입장이 서로 충돌하고 있는 패러독스 상황을 분석하고자 하였다. 분석결과를 토대로 결론을 제시하면 다음과 같다.

첫째, 각 정부의 대학입시 정책 의사결정 구조와 관련하여 권력작용의 변화 양상을 분석한 결과 종래 대의민주주의적 의사결정 구조에서 문재인 정부 들어 참여민주주의로의 변화가 이루어졌다. 이명박 정부는 효율적인 정책추진을 위해 정책의 의사결정 구조와 관련하여 기술관료적 참여모델의 전형으로 대표성과 포괄성이 모두 낮은 대의민주주의적 특성을 강하게 보였다. 반면, 학교 현장 변화에 정책 초점을 맞췄던 박근혜 정부의 경우 의사결정 구조가 상대적으로 개방적으로 운영되어 이해집단이 결집하며 다원주의적 참여모델 형태가 본격적으로 등장했다. 이는 문재인 정부 초기까지 이어지나 탄핵으로 인해 갑작스럽게 권력을 이양받게 된 문재인 정부는 실질적 민주주의의 달성에 대한 강박관념을 가지고 있었고, 곧 숙의민주주의 도입을 위한 적극적인 움직임으로 나타났다.

둘째, 대의민주주의에서 숙의민주주의로의 전환을 위한 두 가지 조건인 참여와 숙의가 충분히 이루어질 수 있는 토대가 충분히 마련되지 못한 상태에서 전환이 이루어졌다. 탄핵이라는 역사적 사건이

정권교체의 계기가 되었지만, 그와 동시에 시민의 참여유형도 바꿔놓았다. 기존의 참여적 시민의식 규범을 가졌던 시민 중 많은 수가 정치 현실에 실망, 이탈하게 되고 남은 시민의 경우 참여에 대한 열망이 더욱 커져 적극적 의견을 표명하는 이해집단으로써 학생과 학부모가 급부상하게 되었다. 그리고 탄핵 이후 당파적 양극화가 비정치 영역에까지 영향력을 행사하면서 정치적 거리감이 정서적 거리감으로 연결되어 기존의 진보-보수 진영 대립이 대입제도 개편을 둘러싼 교원단체, 시민단체 등 시민사회 영역으로까지 확대되어 숙의민주주의적 토대가 되는 합리적 의사소통이 가능한 '공중'의 기능이 약화되고 있었다.

셋째, 대입제도 개편과정에서 '의사결정의 구조에 대한 정책'으로서 권력의 작용이 대의민주주의에서 참여민주주의로 그리고 숙의민주주의로 이행되는 제도적 과정에서 각각의 주의가 처한 맥락적 조건이 충분히 고려되지 못하여 상호 간의 충돌로 인해 나타난 패러독스는 정책 변화의 실패를 야기한다. 대의민주주의에서 참여민주주의로의 이행과정에서 이해집단의 대표성이 높아지기는 했지만, 이를 숙의민주주의로 전환하려면 공론화 과정에서 이해집단이 가진 대표성을 낮추고 포괄성을 높였어야 했음에도 그러지 못한 결과 참여민주주의에서 숙의민주주의로의 전환은 실패에 그쳤다. 또한, 민주적으로 선출된 정부가 대의민주주의의 효율성이 발휘되어야 할 지점에서까지 참여민주주의에 의한 정책결정으로 전환하게 됨으로써 효율성과 민주성을 모두 상실해버리는 결과로 귀결되었다.

넷째, 대입제도를 둘러싸고 효율성과 민주성이 충돌하면서 정책 패러독스가 나타날 경우, 이 패러독스가 어느 한쪽의 선택을 강요받는 딜레마로 전환되지 않도록 신중하게 접근하는 것이 필요하다. 문재인 정부는 대통령 후보 시절의 공약으로 내걸었던 '수능 절대평가'가 여론의 반발에 밀리면서 맞이하게 된 패러독스 상황을 그만 일종의 딜레마로 인식하게 된다. 이제 공론화라는 기제는 숙의민주주의의 실현을 위한 것이 아닌 딜레마 상황에서의 회피 기제로 활용된 것이다. 책임 있는 당사자가 '시민적 숙의에 모든 것을 맡기는 것'은 정책결정 과정을 왜곡하고 사회갈등을 증폭시키는 결과를 낳는다(서복경, 2018). 그 과정에서 상충적 가치와 이해관계가 더욱 부각되며, 대안의 상징성과 옹호연합의 응집력이 강화됨으로써 딜레마 상황이 심화될 수도 있다(안문석, 김태은, 2011).

이러한 패러독스 상황에서 딜레마로 인해 결정하지 못하고 상황이 악화되는 경우에 정책결정자의 결정 권한을 다른 결정권자로 이양해버리는 방식으로 공론화를 도입하게 된 것이다. 이처럼 정책 패러독스 현상의 정확한 이해를 바탕으로 발생 원인에 관한 체계적인 탐구와 이로 인해 초래되는 결과에 대한 신중한 탐색 없이 이루어진 의사결정 구조와 과정의 권력작용 변동은 당초 공론화 도입이 의도했던 효율성 대신 민주성의 가치를 바탕으로 의사결정 구조를 숙의민주주의적으로 전환하려던 정책 의도마저 무위에 그치는 결과를 가져왔다. 결국, 대의민주주의의 문제를 해결하기 위한 숙의민주주의의 도입이라는 공론화 제도 도입 의도가 충분히 실현되지 못하고 참여민주주의 수준에 그치면서 효율성과 민주성 모두를 놓치는 결과를 야기하였다.

이는 앞서 정의한 바와 같이 정책 패러독스는 '상호 모순적이고 배타적인 요소들이 공존'하기에 이를 단순히 부정적으로만 바라보거나 회피해야 할 대상으로만 바라본 결과라고 할 수 있다. 그러나 사회가 복잡해지고 다변화됨에 따라 정책과 관련된 패러독스는 더욱 증가할 수밖에 없고, 그만큼 신중한 접근이 요구된다. 특히 대입정책과 같이 정책 수요자가 민감하게 반응할 수밖에 없는 정책의 경우 더욱 그러하다. 향후 대입제도 개편을 위한 사회적 논의과정에 있어서 이러한 패러독스의 존재와 발생 가능성을 충분히 인식하고 단순 참여 확대가 아닌 전문가와의 충분한 사전 협의와 사회적 공감대 형성을 기반으로 집단극화와 배제 등 왜곡된 숙의 발생가능성을 사전에 차단하여 숙의성을 확보하기 위한 노력이 필요하다고 할 수 있을 것이다.

결장: 교육정책 패러독스의 탐구 가능성과 과제

1. 교육정책 패러독스의 이론 정립
2. 교육정책 패러독스의 연구방법 확장
3. 교육정책 패러독스의 실천적 기여

결장에서는 그간의 교육정책 패러독스에 관한 개별 연구들을 고찰·분석한 결과를 토대로 교육정책 패러독스가 교육정책 현상을 설명하는 하나의 '관점'에서 더 나아가 정합성 높은 실천이론으로 거듭나기 위한 탐구 가능성과 과제를 '이론 정립', '연구방법의 확장', '실천적 기여'의 측면에서 제시하였다. 먼저, '이론 정립'의 측면에서, 과학적 탐구를 통해 현상을 적실하게 설명하고 '실용성'을 담보할 수 있는 이론을 생성하려는 노력이 필요하다. 또한, 교육정책 패러독스에 관한 연구 결과를 집적하여 이론화, 지식화할 필요가 있다. '연구방법의 확장'의 측면에는 실용적인 질적사례연구 방법과 근거이론적 방법 등을 활용한 질적연구, 더욱 치밀하고 논리적인 틀을 개발·적용한 문헌연구, 고급통계 등 양적연구방법을 활용하여 정책에 내재된 역설적 면모를 드러내는 연구가 수행될 필요가 있음을 제시하였다. 마지막으로, '실천적 기여'의 측면에서 교육정책 패러독스는 정책의 '현장 적합성'을 제고할 수 있으므로, '연구'가 '실제' 정책 개선으로 이어질 수 있도록 선순환 구도를 형성할 필요가 있음을 제안하였다.

주제어 교육정책 패러독스, 실천이론, 이론 정립, 연구방법의 확장, 실천적 기여 그간 교육정책 형성 및 결정과정에서 상호 배타적인 요소들이 서로 공존하는 패러독스 현상이 나타날 뿐만 아니라, 정책 집행과정에서도 정책의 의도한 효과와 더불어 정책의 의도와 상반된 결과까지 나타나는 패러독스 현상이 빈번하게 발생하고 있음에도 불구하고, 이에 대해 충분한 관심을 기울이지 못해왔다. 이에 본서에서는 서장에서 교육정책 패러독스의 의미, 발생 원인과 결과, 그리고 탐구 모형을 유형화하여 살펴보았으며, 교육정책 분야 패러독스 연구 동향을 분석해보았다. 뒤이어 총 16개 장에 걸쳐서 Stone이 제시한 정책 패러독스의 목표, 문제, 해결책의 틀에 따라 우리나라 교육정책의 구체적인 사례들에서 나타난 패러독스 현상을 분석하고 진단하였다. 이러한 집적된 연구결과들을 바탕으로 결장에서는 교육정책 과정에서 나타나는 패러독스의 탐구 가능성을 높일 수 있는 방안을 '이론 정립', '연구방법의 확장', '실천적 기여'의 측면에서 탐색해봄으로써 교육정책 패러독스가 현상을 이해하는 하나의 관점에서 더 나아가 정합성 높은 실용적인 실천이론으로 발돋움할 수 있는 계기를 마련해 보고자 한다.

1 교육정책 패러독스의 이론 정립

앞서 동향분석에서 살펴본 바와 같이, 현재 교육정책 패러독스 연구는 Stone(2012)이 제시한 관점과 아이디어를 실제 정책 사례에 적용하여 패러독스 현상을 탐색하는 연구들(신현석 외, 2020a, 2020b, 2021a, 2021b; 이예슬 외, 2021; 이인수, 2017)이 주를 이룬다. 최근 교육정책 패러독스에 관한 관심이 고조됨에 따라 관련 연구물들이 증가하고 있지만(박대권 외, 2018; 신현석 외, 2020a, 2020b, 2021a, 2021b; 이예슬, 2020; 이예슬 외, 2021; 이인수, 2017, 2019), 여전히 대부분의 연구가 패러독스적 관점을 개념적으로 소개하고, 개념 확립을 위한 독자적 현상과 접근방법의 확보, 그리고 다양한 사례 발굴을 통한 관점의 적용을 통해 실제 정책 장면을 이해·해석하는 수준에 머물고 있다(신현석 외, 2020a, 2021b; 이예슬 외, 2021). 이에 아직은 교육정책 패러독스가 하나의 관점을 넘어 교육행정 현상을 설명, 기술, 예측할 수 있는 하나의 '이론'으로 정립되기에는 어려움이 있어 보인다.

정책 패러독스 관점은 기존의 선형적, 기계론적인 접근에서 벗어나, 정치해석적 논리에 의거하여 총체적으로 정책 과정을 이해하고자 하는 접근이다. 그럼에도 불구하고 현재 대부분의 정책 패러독스 연구들(이인수, 2017; 신현석 외, 2020a; 이예슬 외, 2021)은 정책의 현상을 전체적으로 이해하고 분석하기보다는 분절적으로 접근하여 단지 패러독스 '현상'을 탐색하는 수준에 그치는 경향이 있다. 그리고 교육정책의 해석적 접근을 개별 모형의 수준에서 적용하여 맥락에 따라 분석하거나 이론의 요체인 패러독스 현상의 발생 '원인', '과정', '결과'를 영향 혹은 인과관계적으로 입증하려는 연구가 미흡하다.

이러한 한계는 정책 패러독스의 정합성 있는 견고한 이론화(coherent and robust theorizing)를 통해 극복될 수 있다. 이론은 일반화 가능성을 위한 검증을 통해 실제 현상을 보편타당하게 기술(describe),

설명(explain), 예측(predict)하는 역할을 수행한다. 구체적으로, 이론은 보다 다양한 상황에서 적용가능한 변수들 간의 관계에 대한 일반적인 설명을 의미한다(Eichelberger, 1989). 또한, 이론은 '개념', '법칙'들의 논리적 구조로 구성되어 있으며, 연구의 핵심적인 변수들 간의 영향 및 인과관계를 기술·설명·예측한다. 이러한 이론은 교육행정 현상을 과학적으로 탐구하는 과정에서 연구를 통해 얻은 결론의 지속적 확인과 검증을 통해 형성된다(신현석, 2017). 잘 구성된 '이론'은 연구자와 실무행정가로 하여금 특정 현상을 바라보는 방식 또는 '준거의 틀'을 제공하며, 행정가에게 실제적이고 합리적인 의사결정을 내리는데 필요한 지식과 기술을 제공할 수 있다(Hoy & Miskel, 2006: 6-8). 따라서 교육정책 패러독스의 이론화는 연구를 통해 향후 교육정책 패러독스의 탐구가능성을 높이고 현장 문제개선을 위한 실천적 기여에 매우 중요하다.

이러한 이론의 구성요건들을 토대로, '정책 패러독스'가 정합성있는 견고한 실천이론(action theory)으로 발전하기 위해 교육정책 패러독스 연구가 지향해야 할 방향과 과제를 제시하면 다음과 같다.

첫째, 다양한 연구방법을 활용하여 이론의 요체인 교육정책 패러독스 현상의 '원인'과 '결과' 간의 영향 및 인과관계 등을 입증하려는 연구가 활발히 수행되어야 한다. 현재 교육정책 패러독스에 관한 연구들은 질적 또는 문헌연구를 통해 패러독스 현상을 유발한 것으로 추정되는 요소들을 해석학적 논리로 제시하기는 하지만, 이러한 요인들 간의 관계를 경험과학적으로 입증하는 연구는 거의 없다. 특별히 교육정책의 패러독스 현상의 요인들 간 영향 및 인과관계를 실증적으로 연구할 때 다양한 현상의 다층 혹은 구조방정식 모델링을 설정하고 이에 부합하는 통계 방법의 적용을 통해 모델의 적합성과 유효성을 분석하는 작업이 요구된다. 따라서 향후 교육정책 패러독스가 하나의 이론으로 정립되기 위해서는 다양한 연구방법을 활용하여 실제로부터 도출·확인된 개념들 간의 영향 및 인과관계를 맥락을 가미하여 과학적으로 탐구하고 입증해내려는 노력이 동반되어야 할 것이다.

둘째, 교육정책 패러독스 연구는 과학적인 탐구를 통해 교육행정 현상을 정확하게 설명할 수 있는 논리의 확보와 함께 '실용성'을 담보할 수 있는 이론 생성에 주안점을 둘 필요가 있다. 체계적으로 견고하고 잘 구성된 이론은 실제 현상을 기술, 설명하고 예측하는 데 효과적이다(Hoy & Miskel, 2006: 6-8). 교육정책 패러독스 연구는 현장에 대한 세밀한 관찰과 과학적 탐구를 바탕으로 '실제'를 적확하게 기술 및 설명할 수 있어야 한다. Dewey가 "좋은 이론만큼 실용적인 것은 없다"고 한 말은 연구의 현장성 제고를 통해 이론이 실제에 대한 설명력을 높여야 한다는 의미와 일맥상통한다. 즉, 교육정책 패러독스 연구가 '연구'에서 그칠 것이 아니라, 현상에 대한 심도 있는 이해를 바탕으로 실용적 관점에서 '실제' 정책 개선 등에 활용될 수 있어야 한다는 의미이다. 그래야 교육정책의 패러독스적 관점은 하나의 이론으로 실제 현상을 적확하게 설명하고, 기술하며, 예측할 수 있는 정합성 높은 실천 이론으로 자리 잡을 수 있을 것이다.

셋째, 교육정책 패러독스에 관한 연구물들이 누적되고, 연구결과의 집적을 통해 이론화, 지식화하려는 노력이 필요하다. 앞서 언급한 바와 같이, 오늘날 정책 패러독스에 관한 연구가 수행되고 있으나,

개별 정책 사례를 대상으로 할 뿐 패러독스에 대한 통합적 이해와 확산적 적용을 위한 법칙과 이론의 생성을 견인하는 연구가 수행되지 못하고 있다. 향후 보다 많은 정책 사례를 대상으로 교육정책 패러독스의 '원인', '과정', '결과' 등 개념 간의 관계를 탐색하는 연구가 지속적으로 수행되고, 이를 집적하여 이론화, 지식화하려는 노력이 필요하다. 이러한 노력이 지속될 때, 교육정책 패러독스는 '정치적 논리'에 의해 현상을 이해하는 하나의 관점에 머무르지 않고 교육정책 현상을 적실하게 설명할 수 있는 정합적 이론으로 거듭날 수 있을 것이다.

2 교육정책 패러독스의 연구방법 확장

현장의 실제성에 기반을 둔 실천 가능한 지식화를 위해서는 교육정책 패러독스 현상을 다양한 방법론의 적용을 통해 탐구하고 이론으로 발전시킬 필요가 있다. 교육정책의 패러독스 현상을 연구할 때 질적연구방법, 문헌고찰, 양적연구방법 및 시스템 다이내믹스 등 다양한 연구방법을 활용할 수 있다. 구체적으로 교육정책 패러독스 현상을 탐구할 때 활용될 수 있는 방법론을 살펴보고, 탐구가능성과 과제를 탐색해보면 다음과 같다.

첫째, 질적연구방법으로 분류되는 면담을 바탕으로 한 실증적인 사례연구 방법과 근거이론적 방법 등을 활용하여 정책 장면에서 발생하는 숨겨진 교육정책 패러독스 현상과 인과관계를 연구할 수 있다. 신현석 외(2020a), 이예슬 외(2021), 이인수(2017)는 면담을 중심으로 한 질적연구를 바탕으로, 정책이 집행되는 장면에서 발생하는 패러독스 현상을 연구한 바 있다. '정책 패러독스'는 구체적인 현장의 맥락 속에서 현상에 대한 세밀한 관찰과 심도있는 이해가 전제되어야 그 양상과 원인 및 결과를 발견할 수 있다. 따라서 정책이 집행되는 구체적인 현장의 맥락에서 연구참여자의 경험과 인식 속에 직·간접적으로 드러나는 '패러독스'를 이해하고 해석하기 위해서는 참여관찰과 심층면담 등을 통한 질적연구방법이 적합하다고 볼 수 있다.

질적연구방법은 '인간의 행동과 지각에 대한 이해 및 해석'을 목적으로 하며(Stainback & Stainback, 1988), 연구자와 연구참여자 간의 상호작용을 강조한다는 점에서 표면적으로 드러나지 않는 이면의 '패러독스'를 발견하고 연구하기에 적합한 연구방법이다. 앞으로도 면담과 참여관찰 등을 바탕으로 한 '질적연구' 방법을 활용한 교육정책 패러독스 연구가 활발하게 수행되어, 양적인 수치 등으로 드러나기 어려운 현상 이면에 내재되어 있는 패러독스 현상들을 탐색하여 밝혀낼 필요가 있다. 한편, 최근 질적 면담자료를 통해서 중요 현상 간의 관계를 실증적으로 입증해내려는 사례연구와 근거이론적 방법의 확장이 활발하게 모색되고 있다. 특히, 근거이론은 패러독스 현상을 이해하는 차원을 넘어 패러독스 요소들 간 인과관계 모형의 정립을 통해 교육정책 패러독스의 이론화를 진전시키는 데 도움이 될 수 있는 질적연구방법의 하나로 기대된다.

둘째, 문헌고찰방법은 문헌자료에 대한 정밀한 분석과 논리적인 해석을 통해 교육정책 패러독스 현상을 포착할 수 있다. 박대권 외(2018)는 서울시교육청과 교육부 간의 자립형 사립고를 둘러싼 갈등 양상을 신문기사 등을 활용하여 분석하였다. 신현석 외(2020b)는 교원성과급에 관한 여러 정책 자료(공무원보수규정 등) 및 보도자료들을 분석하면서, 교원성과급 정책의 간극이 드러나는 패러독스 현상을 밝혀낸 바 있다. 또한, 이인수(2019)는 관련 문헌들을 분석하여 교육의 정치적 중립성과 교육감의 선거제에 내재되어 있는 패러독스를 밝혀낸 바 있다. 일부 선행연구들(사득환, 박상진, 2013; 사득환, 2018; 신현석 외, 2020b)에서는 연구주제와 관련된 자료 및 문헌에 제시된 양적인 데이터를 정밀하게 분석 및 재해석하여, 정책에 내재되어 있는 패러독스를 입증하여 밝혀낸 바 있다.

교육정책 패러독스 현상을 분석한 연구의 상당수가 문헌고찰방법에 의해 이루어지고 있다. 패러독스 현상은 방법론적으로 겉으로 드러난 행동의 관찰과 경험적 분석으로부터 질적·양적인 접근에 의해 발견될 수 있다. 하지만, 문헌고찰방법은 패러독스가 정책참여자 혹은 이해당사자들의 정책에 대한 의미의 심리사회적 구성 및 정치해석적 관점에 따라 다르게 나타나는 가변성과 다양성 때문에 사고의 유연성과 융통성이 필요하다는 점에서 유용하다. 더욱이 이 방법은 구술이나 숫자와 같은 증거기반이 아닌 현상의 정치적 속성에 부합하는 논리적 해석과 추론을 발휘하는 고도의 사고작용을 주로 하는 정신과학적 탐구라는 점에서 패러독스에 대해 사회과학적 관심 이전에 일찍이 논리학에서 왜 관심이 있었는지를 짐작할 수 있게 한다. 향후 문헌고찰방법을 활용하여 정책 패러독스 현상을 연구할 때 더욱 치밀하고 정교한 논리적 틀을 개발·적용할 수 있어야 하겠고, 단순한 문헌고찰이 아니라 문헌연구방법의 다양한 접근법을 창안하여 문헌연구의 다각화를 추구해야 할 것이다.

셋째, 양적연구방법을 활용하여 교육정책 패러독스의 경향성과 패러독스의 원인 및 결과 간의 상관 혹은 인과관계를 밝혀낼 수 있다. 기초 통계를 활용하여 정책에 대한 인식을 조사하거나 패러독스 현상의 실태와 양상을 설문을 통해 밝혀낼 수 있다. 그러나 이러한 실태조사를 통한 패러독스 현상의 파악은 표면적인 것일 가능성이 많고, 적용되는 기술통계의 한계로 인해 모형이 상정하는 현상의 관계적 실체를 파악하는 데 한계가 있다. 따라서 구조방정식 혹은 다층모형과 같은 고급 통계를 사용하여 양적인 수치의 검증을 통해 정책에 내재되어 있는 역설적인 면모와 모형의 인과관계를 입증하는 고도의 양적연구방법을 활용하는 것이 요구된다. 이와 함께 혼합연구방법의 일환으로 질적 및 양적연구와의 결합 혹은 연계를 통해 교육정책 패러독스 현상을 이해하는 다양한 모형개발 연구들 또한 시도될 필요가 있다.

현재 교육정책 패러독스에 대한 선행연구를 고찰해보면 양적연구방법을 활용한 사례를 찾기 어렵다. 신현석 외(2021b)는 대학등록금에 관한 신문기사 분석 시 언론사 성향에 따른 키워드 분석에 있어서 부분적으로 텍스트 네트워크 분석(TNA)을 활용한 바 있다. 그러나 양적연구의 다양한 적용가능성을 보여주었지만 정책 패러독스 현상의 관계적 구조를 양적으로 입증하지는 못하였다. 향후 고수준의 양적 통계방법의 활용은 물론 누적된 데이터를 바탕으로 패러독스의 지속적인 발생과 결과의 양상을 실증적으로 보여주는 빅데이터 연구방법 등을 활용하여 교육정책 결정 및 집행과정에서 발생하는 패러독스를 입증해내는 연구가 수행될 필요가 있다.

넷째, 시스템 다이내믹스를 활용하여 정책 패러독스가 나타나는 환경과 핵심 요인들 간의 관계를 역동적으로 파악할 수 있다. 앞에서 김종길(2001)은 일찍이 정책 패러독스 현상 탐구에 시스템적 사고가 유용함을 밝힌 바 있다. 시스템 다이내믹스는 복잡계 연구방법의 일환으로, 동태적이고 순환적인 인과관계를 중심으로 현상을 이해하거나 설명하고자 하며, 이를 기반으로 모델을 구축하여 현상이 어떻게 동태적으로 변화해 가는지를 살펴보고자 하는 연구방법이다(문태훈, 2002). 특히, 시스템 다이내믹스에서는 시스템의 작동 메커니즘과 피드백 구조를 인과순환지도(casual loop diagram)를 통해 표시할 수 있다는 점에서, '인과순환지도'를 활용하면 패러독스가 발생하는 장면을 보다 입체적으로 표현하여, 현상에 대한 독자의 이해를 제고할 수 있다(김도훈 외, 2001).

「시스템 다이내믹스」는 단선적인 인과관계가 아닌 '순환적인 인과관계'를 전제로 한다는 점에서 다른 방법들에 비해 패러독스적 사고와 밀접한 관계가 있다. 김도훈 등(2001: 70-71)은 일찍이 에피메니데스(epimenides)의 패러독스라고 불리는 '자기부정적 패러독스(거짓말쟁이 패러독스)[1]'를 인과지도로 제시한 바 있다. 또한, 정창권(2018)에서 제시된 시스템 다이내믹스의 아키타입 중 '의도치 않은 결과 아키타입', '짐 떠 넘기기 아키타입(폭탄돌리기)', '빈익빈 부익부 아키타입' 등은 정책 패러독스를 표현하는데 유용하게 활용될 수 있다. 구체적으로, 이예슬(2020)은 [그림 1], [그림 2]와 같이 혁신학교 정책 집행과정에서 발생하는 '의도치 않은 결과' 등 패러독스 현상을 시스템 다이내믹스의 인과순환지도를 이용하여 제시한 바 있다.

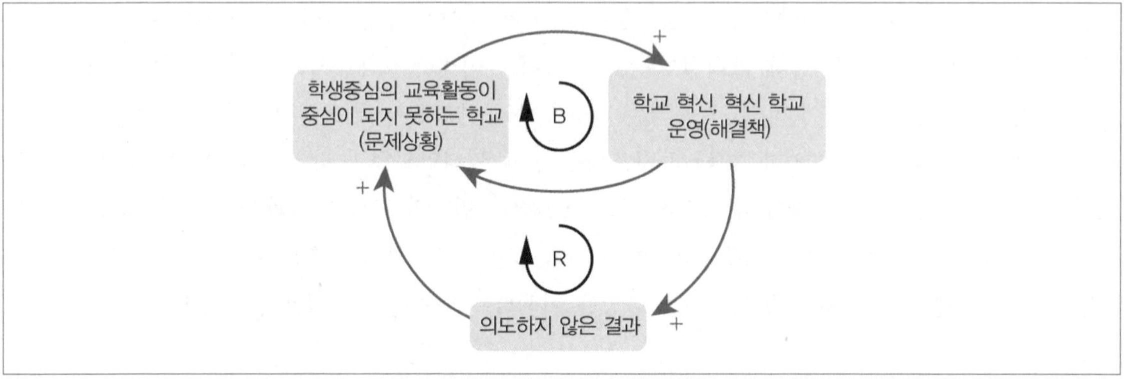

[그림 1] **혁신학교 정책의 패러독스**

1 에피메니데스는 "모든 크레타 사람들은 거짓말쟁이이다"라고 말했으며, 이는 논리적 패러독스의 대표적인 사례로 제시된다.

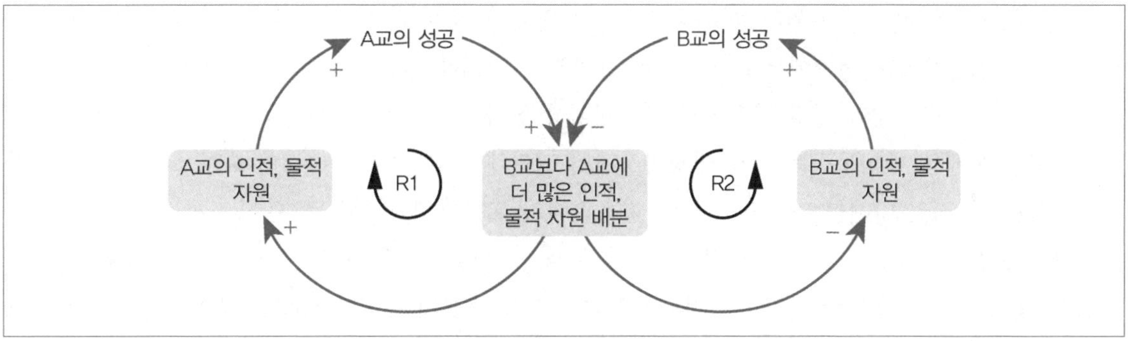

[그림 2] **혁신학교 간 빈익빈 부익부 현상**

출처: 이예슬(2020).

시스템 다이내믹스의 인과순환지도를 활용할 경우, 어떠한 요소들에 의해 패러독스 현상이 유발되는지 과정 변인들을 보다 명확하게 제시할 수 있다. 이러한 점에서 시스템 다이내믹스를 활용할 경우, 패러독스 발생 '원인'과 이에 따른 '해결 방안'을 모색하는 데 도움을 얻을 수 있다. 실제 시스템 다이내믹스는 순수 학문으로 남아있기보다는 현실의 정책 문제, 기업 문제를 해결하는 응용학문으로 많은 기여를 해오고 있다(김도훈 외, 2001). 실용적 관점에서 향후 시스템 다이내믹스를 활용한 연구가 활발하게 수행되어, 교육정책 집행과정에서 발생하는 패러독스를 입체적으로 제시하고 패러독스 현상에 대한 보다 깊은 이해를 도모하며, 패러독스를 해소하는데 유의미한 정책적 시사점을 도출해낼 필요가 있다.

3 교육정책 패러독스의 실천적 기여

교육정책 패러독스가 정합성 있는 실천이론으로 거듭나기 위해서는 교육정책 패러독스에 관한 연구는 정책 패러독스 현상을 이해하는 데에서 더 나아가 교육정책 실제를 개선하는데 기여할 수 있는 실용성을 확보할 수 있어야 한다. 선행연구들(이인수, 2017; 이예슬, 2020; 신현석 외, 2020b)을 바탕으로, 교육정책 패러독스 연구가 교육정책 실제에 어떠한 기여를 할 수 있는지 살펴보고, 이를 위해 연구자와 교육행정가가 어떠한 노력을 기울여야 하는지 살펴보면 다음과 같다.

첫째, 교육정책 패러독스 연구는 정책 결정 과정에서 고려해야 할 상호 배타적인 요소들을 현상적으로 드러내어, 보다 합목적적이고 타당한 교육정책을 수립하는데 기여할 수 있다. 교육정책에서 수월성과 형평성은 언뜻 상충되어 보이지만, 정책 결정 과정에서 반드시 고려되어야 하는 가치들이다. 예를 들어, 헌법 제31조에 따라 모든 국민은 능력에 따라 균등하게 교육받을 권리를 갖는다. 이에 따라 국가는 능력에 따른 형평성을 고려하여 모든 국민에게 교육받을 권리를 공평하게 보장해야 한다. 능력에 따라 교육받을 권리를 보장한다는 것은 능력이 부족한 학생들에게는 '보충지도'를, 뛰어난 학생들에게는 '수월성' 교육을 제공하여 권리 충족의 균형을 사정에 맞게 이루도록 한다는 것을 의미한다. 따라서 형평성과 수월성은 교육정책에서 기본적으로 불가분의 관계에 있으며, 언뜻 상호 배타적으로 보이는 두 가치 모두 교육정책의 결정 과정에서 고려되어야 한다.

이처럼 교육정책 패러독스는 정책 결정과정에서 고려해야 할 상호 배타적인 요소들을 드러내어 현상에 대한 종합적인 이해를 바탕으로 보다 합목적적인 교육정책이 수립될 수 있도록 하고, 상충되는 가치가 공존함에 따라 더욱 정교한 정책추진의 설계가 필요함을 말해준다. 이에 따라, 정책결정자는 정책 형성 및 결정 과정에서 다양한 이해관계자의 의견을 폭넓게 수렴함으로써, 정책 집행과정에서 발생할 수 있는 문제점 등을 사전에 예견할 필요가 있다. 구체적인 정책 장면에서 충돌할 수 있는 요소들(가치들)과 문제점 등을 종합적으로 고려하여 교육정책을 설계한다면, 정책의 결과나 성과에 대한 예측 가능성을 높일 수 있을 것이며, 정책 집행과정에서 발생할 수 있는 패러독스에도 적절하게 대응할 수 있을 것이다.

둘째, 정책 개선을 통해 정책의 현장적합성을 제고하고, 연구와 실제의 간극을 좁히는데 기여할 수 있다. 정책 당국자들은 정책이 실제에서 의도한 대로 집행될 것이라 기대하지만, 정책은 현실의 맥락에서 제한되고 실행 조건이 제약되어 집행되기 때문에, 경우에 따라 정책이 본래 의도한 대로 실행 결과가 나타나지 않거나 상반된 결과가 초래되기도 한다(신현석 외, 2020b; 이예슬, 2020). 교육정책 집행과정에서 패러독스는 '양날의 검'과 같아서 교육정책이 의도한 본래 효과를 훼손하여 부정적인 영향을 미칠 수도 있지만, 다른 한편으로는 정책 개선을 통해 오히려 정책의 현장적합성을 높일 수 있다는 긍정적인 측면도 있다.

이와 함께 교육행정가들은 정책이 집행되는 장면을 지속적으로 모니터링하여, 정책이 의도한 효과들을 거두고 있는지 확인하고, 정책을 수정·보완하여 현장적합성이 높은 교육정책을 만들어갈 필요가 있다. 연구자들의 교육정책 패러독스 현상에 관한 관심과 교육행정가들의 지속적 모니터링을 바탕으로 정책 개선이 병행될 때, 교육정책 패러독스는 교육정책 연구의 현장성을 제고하고, 교육행정학의 실천적 지식 기반을 강화하는 데 기여할 수 있을 것이다.

셋째, 실제에서 발생하는 패러독스 현상의 원인과 결과에 대한 이해를 바탕으로, '하향식(top-down)'에서 '현장 중심'의 교육정책 추진을 모색하는 계기를 마련해줄 수 있다. 신현석 외(2020b)에서 하향식 접근의 정책 과정이 교원성과급 정책 추진과정에서 패러독스를 야기하는 원인 중 하나임이 밝혀진 바 있다. 이인수(2017)의 연구에서도 '하향식 의사결정'은 정책 집행자의 공감을 불러오지 못해, 진로진학상담교사제가 과원 교사를 해소하는 차원에서 운영되는 등 정책의 본래 의도에서 멀어진 결과가 초래되었음이 드러났다. 또한, 이예슬(2020)의 연구에서도 학교 현장의 준비도를 고려하지 않은 채 정치적인 목적에 의한 혁신학교 정책 확산이 학교 현장에 혼란을 초래할 수 있음이 밝혀졌다.

교육정책 패러독스의 선행 연구결과들은 정책 추진과정에서 '의도하지 않은 결과'로 초래되는 패러독스를 최소화하기 위해서는 일방향적 '하향식(top-down)'이 아닌 현장이 변화를 주도하는 자기조직화에 따른 쌍방향 소통을 통한 '상향식(bottom-up)' 정책추진방식의 검토가 필요함을 시사한다. 정책 당국은 정책 설계 시 모든 내용을 계획하여 일방향적으로 추진하기보다는, 현장에 분권과 자치에 기반한 '자율권'을 부여하여 각자가 처한 현실 맥락에 따라 현장이 자기주도적으로 변화를 꾀하는 자율적 혁신의 자기조직화 역량 제고에 초점을 맞추는 것이 바람직하다는 의미이다. 이런 점에서 패러독스 관점은 복잡하고 정치적 변동이 심한 교육정책 장면에서 경로의존적인 정책추진 방식의 답습과 국가주의적 고수의 당위성에 의문을 제기한다. 또한, 교육정책 추진의 현장적합성 제고를 현장 친화적인 방식으로의 전환을 통해 현장과 정부 모두에 정책과정에의 참여방법과 관여 방식에 대한 근본적인 관계 개선을 도모한다는 점에서 공진화로의 이행 가능성도 엿볼 수 있게 한다.

참고문헌

[머리말]

김태우·안선회(2015). 수능-EBS연계정책의 영향 및 정책인과가설 평가: 학생과 교사의 인식 조사를 근거로. 한국교육학연구, 21(3), 197-232.

염재호(2006). Deborah A. Stone의 정책모순과 정치논리. 오석홍, 김영평(편). 정책학의 주요이론. 제2판. 서울: 법문사.

윤견수(2014). 비합리적 행동의 합리적 기원: Deborah H. Stone의 정책 역설과 딜레마를 중심으로. 한국정책학회보, 23(4), 503-525.

임소연 외(2020). 한국교육개발원 교육여론조사(KEDI POLL 2020). 진천: 한국교육개발원.

Kahneman, D., Slovic, P., & Tversky, A. (eds.) (1982). *Judgment under uncertainty: Heuristics and biases.* UK: Cambridge University Press.

March, J. (1978). Bounded rationality, ambiguity, and the engineering of choice. *The Bell Journal of Economics, 9*(2), 587-608.

Simon, H. (1959). Theories of decision-making in economics and behavioral science. *The American Economic Review, 49*(3), 253-283.

Stone, D. (2012). *Policy paradox: The art of political decision making (3rd ed.).* New York: W. W. Norton & Company Ltd.

[서장]

곽경련, 이쌍철(2014). 교원성과상여금 평가 특성 분석. 한국교원교육연구, 31(1), 267-292.

교육부(2019.03.11.). 2019년 초중고 사교육비조사 결과 발표.

김병찬(2017). 한국 교육행정에서 '양가성(ambivalence)' 현상의 탐색과 의미. 교육행정학연구, 35(1), 1-33.

김석(2010). 정념과 그 대상: 정신분석 개념을 중심으로. 기호학연구, 28, 51-76.

김정래(2019). 패러독스와 그 해소의 교육적 의의. 교육문화연구, 25(5), 415-438.

김종길(2001). 패러독스의 도전과 정책과정에서의 패러독스 활용 전략: 동강댐 건설을 둘러싼 논의를 중심으로. 한국사회학, 35(3), 83-108.

김종기, 김상희(2015). 행동경제학 관점에서 프라이버시 역설에 관한 연구. 한국지능정보시스템학회 학술대회 논문집, 178-195.

박대권, 이인수, 이예슬(2018). 교육부와 시·도교육청 간의 정책 갈등에 대한 패러독스 분석: 자율형 사립고등학교 정책을 중심으로, 교육정치학연구, 25(3), 237-265.

백기복(2019). 리더십 현장의 패러독스. 리더십연구, 10(3), 179-201.
사득환(2018). 이민정책의 패러독스. 한국공공관리학보, 32(2), 295-318.
사득환, 박보식(2013). 물관리정책과 패러독스(Paradox)의 정치 4대강 사업을 중심으로, 지방정부연구, 17(3), 365-381.
사득환, 박상진(2013). 정책패러독스(Policy Paradox)와 합리적 선택의 실패 - 국민기초생활보장제도를 중심으로. 한국행정과 정책연구, 11(1), 1-26.
소영진(1994). 딜레마와 패러독스. 이종범, 안문석, 염재호, 박통희 외. 딜레마 이론: 조직과 정책의 새로운 이해. 45-75. 서울: 나남출판.
신현석, 김한솔, 안희진(2020a). 코로나19 대응정책의 패러독스 현상 분석: Stone의 사실 관점에 대한 교사들의 반응을 중심으로. 교육행정학연구, 38(5), 1-28.
신현석, 정수영, 이영선, 이재선(2020b). 교원성과급 정책의 패러독스 분석: Deborah A. Stone의 정책 패러독스 관점을 중심으로. 한국교육학연구, 26(4), 55-88.
신현석, 윤혜원, 이현주, 임소정(2021a). 대학 구조개혁 정책의 패러독스 현상 분석: D. Stone의 '자유(Liberty)' 패러독스 개념을 중심으로. 교육문제연구, 34(1), 113-148.
신현석, 권경만, 홍바울(2021b). 대학등록금 정책변동 과정에서 나타난 패러독스 현상: 코로나19로 인한 등록금 반환 갈등을 중심으로. 교육정치학연구, 28(1), 63-96.
안상식, 이선희, 김성묵, 차현희(2012). 소셜 미디어 콘텐츠와 빅데이터에 대한 비판적 검토: 공유와 권력의 양가성 측면. 상품문화디자인학연구, 30, 1-11.
엄정식(1984). 에피메니데스의 역설. 철학연구, 19, 167-179.
염재호(2006). Deborah A. Stone의 정책모순과 정치논리. 오석홍, 김영평(편). 정책학의 주요이론. 제2판. 서울: 법문사.
오영재(2009). 한국의 중등학교 문화와 교육정책. 서울: 문음사.
윤견수(2006). 정부의 결정을 딜레마 상황으로 가게 하는 요인과 그에 대한 대응책에 관한 연구. 한국행정연구, 15(1), 71-100.
윤견수(2014). 비합리적 행동의 합리적 기원 - Deborah H. Stone의 정책역설과 딜레마를 중심으로. 한국정책학회보, 23(4), 503-525.
이광모(2003). 행정상의 개념적 패러독스에 대한 변증법적 접근 연구. 한국사회와 행정연구, 14(2), 23-45.
이광석, 함영진(2013). 국가복지정책의 설계와 집행에서의 복지모순에 관한 연구. 국가정책연구, 27(2), 1-30.
이경옥(2015). 「교육정상화 촉진 및 선행교육 규제에 관한 특별법안」의 정책의제 형성 과정 분석. 교육행정학연구, 33(3), 189-213.
이덕난(2020). 「선행교육규제법」상 선행교육 및 선행학습 유발행위 금지 등의 입법영향 분석. 국회입법조사처.
이예슬(2020). 혁신학교 정책의 패러독스: 정책 확산 과정에서 나타난 교원들의 경험을 중심으로. 고려대학교 박사학위논문.
이예슬, 정양순, 신범철(2021). 코로나19에 따른 학교교육에서의 패러독스 현상. 교육학연구, 59(1), 131-165.

이인수(2017). 일반고 진로진학정책 집행 과정의 패러독스(Paradox) 현상에 대한 질적 연구. 고려대학교 박사학위논문.

이인수(2019). 패러독스 관점에서 본 교육의 정치적 중립성과 교육감 선거제. 한국교육, 46(1), 73-110.

이종범(1994). 딜레마와 상징적 행동: 딜레마 상황에 대한 정책 대응을 중심으로. 이종범, 안문석, 염재호, 박통희 외. 딜레마 이론: 조직과 정책의 새로운 이해. 45-75. 서울: 나남출판.

이혁우(2009). 정책사례연구대상으로서의 예기치 못한 결과. 서울행정학회 학술대회 발표논문집, 229-252.

임종헌(2016). 자유학기제 운영 과정에 대한 질적 사례 연구: 양가성 현상의 발견과 의미. 경희대학교 박사학위논문.

정명호(1997). 패러독스와 경영: 합리성의 위기와 경영의 새로운 패러다임. 서울: 삼성경제연구소.

Arcarazo, Acosta D., & Freier, L. Feline (2015). Turning the immigration policy paradox upside down? Populist liberalism and discursive gaps in south America.*International Migration Review, 49*(3), 659-696.

Cameron, K.(1983). Organizational life cycles and shifting criteria of effectiveness: some preliminary evidence. *Management Science, 29*(1), 33-51.

Cameron, K., & Quinn, R. (1988). Organizational paradox and transformation. In R. Quinn & K. Cameron (Eds.), *Paradox and transformation: toward a theory of change in organization and management* (pp. 1-18). Cambridge, MA: Ballinger.

Elmore, R. F., & McLaughlin, M. (1984). *Steady work: policy, practice, and the reform of american education.* Santa Monica, CA: Rand Corporation.

Ford, J. D., & Backoff, R. H. (1988). Organizational change in and out of dualities and paradox. In R. Quinn & K. Cameron (Eds.), *Paradox and transformation: Toward a theory of change in organization and management* (pp. 81-121). Cambridge, MA: Ballinger.

Kuna, S. (2017). Paradoxical processes impeding public management reform implementation perspectives of management consultants. *Public Personnel Management, 46*(2), 188-207.

Lewis, M. W. (2000). Exploring paradox: Toward a more comprehensive guide. *Academy of Management Review, 25*(4), 760-776.

Lindqvist, K. (2019). Dilemmas and paradoxes of regional cultural policy implementation governance modes, discretion, and policy outcome. *Administration & Society, 51*(1), 63-90.

Nudzor, H. P. (2013). Exploring the policy implementation paradox: using the Free Compulsory Universal Basic Education(FCUBE) policy in Ghana as exemplar. *International Journal of Qualitative Studies in Education, 26*(8), 933-952.

Sabatier, P. & Mazmanian, D. (1979). The conditions of effective implementation: A guide to accomplishing policy objectives. *Policy Analysis, 5*(4), 481-504.

Sitkin, S., & Bies, R. J. (1993). The legalistic organization definitions, dimensions, and dilemmas. *Organization Science, 4*(3), 345－315.

Smith, W. K., & Lewis, M. W. (2011). Toward a theory of paradox: A dynamic equilibrium model of organizing. *The Academy of Management Review, 36*(2), 381－403.

Smith, W. K., & Lewis, M. W. (2012). Leadership skills for managing paradoxes. *Industrial and Organizational Psychology, 5*(2), 227－231.

Stone, D. (2012). *Policy paradox: The art of political decision making* (3rd Ed.). New York: W. W. Norton & Company Ltd.

Thomas, J. L. (1989). Book review: Policy paradox and political reason by Deborah A. Stone. *Public Administrations Review, 49*(6), 566－567.

Van de Ven, A. H. & Poole, M. S. (1988). Paradoxical requirement for a theory of organizational change. In R. Quinn & K. Cameron (Eds.), *Paradox and transformation: Toward a theory of change in organization and management*(pp. 19－63). Cambridge: Ballinger Publishing Company.

뉴데일리(2021.01.25.). 사교육 잡겠다더니... '선행교육규제법' 이후 사교육비 더 늘었다.

뉴시스(2021.01.29.). 국민 44.5% "코로나 대응 교육정책 적절"…94.3% "자녀 사교육 부담"

에듀인뉴스(2019.04.15.). 수업연구 집중하니 'B'급 교사…엉터리 교원성과급제.

조선일보(2020.07.24.). 전교조, 교사들 성과급 걷어 똑같이 나눠먹기…교육감들은 팔짱.

한기붕(2020.06.30.). 코로나 시대의 패러독스. 대한민국 정책 프리핑 기고/칼럼.

[1장]

교육개혁위원회(1995). 세계화·정보화 시대를 주도하는 신교육체제 수립을 위한 교육개혁 방안. 대통령자문 교육개혁위원회.

고길섭(2000). 사회운동의 새로운 가로지르기 공공영역과 공공성의 정치, 문화과학, 23, 32－60.

김성열(2007). 교육민주화의 재음미:교육제도의 민주적 통제를 중심으로. 교육사상연구, 21(3), 41－63.

김소영(2011). 신자유주의적 개혁에서의 공교육 체제와 정치적 불평등. 현대정치연구, 4(2), 139－162.

김용일(2006), 5.31 교육개혁의 현황과 전망. 교육문제연구, 24, 127－145.

김재웅(2015), 김영삼 정부의 교육정책 결정 구조와 과정: 5.31 교육개혁안을 중심으로. 교육정치학연구, 22(2), 55－80.

김종길(2001). 패러독스의 도전과 정책과정에서의 패러독스 활용 전략 동강댐 건설을 둘러싼 논의를 중심으로. 한국사회학, 35(3), 83－108.

김종엽(2009). 교육에서의 87년 체제 민주화와 신자유주의 사이에서. 경제와사회, 84, 40－69.

김천기(2012). 한국교육의 신자유주의화 과정과 그 성격: 학교의 입시학원화와 '자율적 통치성' 강화. 교육종합연구, 10(1), 119－149.

박대권(2014). 교육정치학 연구의 특징. 한국교육정치학회 2014년 20주년 기념 학술대회 자료집, 57-74.
박세일(2010). 창조적 세계화론. 서울대학교 출판문화원.
박종배, 조상식, 임광국(2014). 교육 공공성의 측면에서 본 독일의 교육정책. 교육의 이론과 실천, 19(2), 53-74.
박청미(2007). 교육 공공성 개념과 교육제도의 변화. 교육사상연구, 21(3), 159-180.
사득환, 박상진(2013). 정책패러독스(Policy Paradox)와 합리적 선택의 실패: 국민기초생활보장제도를 중심으로. 한국행정과 정책연구, 11(1), 1-26.
성열관, 심연미(2008). 신자유주의의 교육정치학적 해석과 전망, 한국교육정치학회 학술대회논문집, 2-26.
소영진(2004). 딜레마와 패러독스, 이종범, 안문석, 염재호, 박통희 외. 딜레마 이론: 조직과 정책의 새로운 이해, 46-75. 서울: 나남출판.
손준종(1996). 90년대 교육개혁의 사회적 성격에 대한 논의. 교육학연구, 34(1), 149-167.
신현석(1996). 현 정부의 교육개혁의 정치학: 5.31 교육개혁안의 형성과정을 중심으로. 교육정치학연구, 3(1), 92-122.
신현석(2013). 제도화된 국가주의와 교육에서 국가의 역할. 교육문제연구, 26(3), 53-79.
신현석(2015). 교육현장의 관점에서 바라본 5.31 교육개혁. 한국교원교육학회 2015년 제1차 교원정책포럼 자료집, 3-23.
안병영, 하연섭(2015). 5·31 교육개혁 그리고 20년. 서울: 다산출판사.
안선회(2015). 5.31 교육개혁이 학교교육 혁신에 미친 영향. 한국교원교육학회 2015년 제3차 교원정책포럼 자료집, 31-56.
양희준(2015). 한국 교육개혁의 이념 지향 분석: 1990년대 교육개혁 문서의 재음미. 교육정치학연구, 22(2), 81-100.
윤견수(2014). 비합리적 행동의 합리적 기원: Deborah H. Stone의 정책역설과 딜레마를 중심으로. 한국정책학회보, 23(4), 503-525.
윤상우(2009). "외환위기이후 한국의 발전주의적 신자유주의화." 경제와사회, 83, 40-68.
이돈희(2004). 서장. 서울대교육연구소 편. 한국교육사(pp.1-21). 교육과학사.
이문수(2020). 신자유주의적 통치성의 계보학과 공공성의 문제. 한국조직학회보, 17(1), 1-34.
이병환(2002). 신자유주의 개혁의 성격과 평가. 한국교육, 29(2), 33-55.
이성호(2013). 한국의 정부주도형 교육체제의 비판과 새로운 지향점에 관한 철학적 논의. 한국교육, 40(4), 91-120.
이윤미(2014). 콩도르세의 자유주의적 공교육 개혁론의 시사점. 한국교육사학, 36(3), 153-182.
이종범, 안문석, 염재호, 박통희 외(1994). 딜레마이론: 조직과 정책의 새로운 이해. 서울: 나남출판사.
정기오(2015). 5·31 교육개혁과 단위학교 자율경영: 성과와 쟁점. 2015년 한국교육행정학회 제173차 춘계학술대회 자료집.
정명호(1997). 패러독스와 경영: 합리성의 위기와 경영의 새로운 패러다임. 서울: 삼성경제연구소.

Cameron, K., & Quinn, R. (1988). Organizational paradox and transformation. In R. Quinn & K. Cameron (Eds.), *Paradox and transformation: Toward a theory of change in organization and management* (pp. 1-18). Cambridge, MA: Ballinger.

Kooiman(2003). *Governing as governance*. London: Sage.

Stone, D. (2012). *Policy paradox: the art of political decision making*. New York: W. W. Norton & Company Ltd.

연합뉴스(1995.06.16.). "초·중등교사 63%가 교육개혁안 긍정적".

[2장]

강원택(2005). 한국의 이념 갈등과 진보보수의 경계. 한국정당학회보, 4(2), 193-217.

강일국(2004). 1950년대 중학교 입시제도 개혁의 전개과정. 아시아교육연구, 5(4), 195-217.

강태중, 강충서(2013). 사교육 담론에 담긴 학교 교육의 의미역사적 고찰. 교육사회학연구, 23(4), 1-28.

고은미(2011). 1999~2008년 한국에서 대졸자 간 임금격차의 변화. 노동경제논집, 34(1), 103-138.

고형일(2002). 사교육비 경감을 위한 학교교육의 재구조화 방안. 교육사회학연구, 12(1), 1-42.

교육과정평가원 보도자료(2021.07.05.). 2022학년도 대학수학능력시험 시행세부계획 공고

교육부 보도자료(2013.08.27.). 학생학부모 부담 완화와 학교교육 정상화를 위한 대입전형 간소화 및 대입제도 발전방안 (시안).

권기헌(2010). 정책분석론. 서울. 박영사.

권진수(2016). 우리나라 사교육의 경로진화 연구. 단국대학교 박사학위논문.

김경미(2001). 보통교육정책의 전개와 그 평가. 한국교육사학, 23(2), 37-64.

김도훈, 문태훈, 김동환(2001). 시스템 다이내믹스. 서울: 대영문화사(1판 2쇄).

김동훈, 윤찬웅, 임태균(2020). 한국교육정책의 정치적 기반: 공교육 투자확대에 대한 세대효과. 대한정치학회보, 28(2), 197-232.

김동환(2011). 시스템 사고 시스템으로 생각하기(초판 4쇄). 경기도: 선학사.

김시진, 엄기형(2017). 대통령 선거 교육공약에 나타난 정당 경쟁: 이슈와 포지셔닝. 교육정치학연구, 24(4), 107-129.

김시진, 엄기형. (2020). 주요 정당의 공교육정책 경쟁: 18대 국회 교육위원회 활동을 중심으로. 교육정치학연구, 27(2), 145-168.

김순남, 이병환(2006). 사교육 발생구조 탐색. 열린교육연구, 14(2), 41-63.

김영수(2013). 국가와 정당 간 권력 카르텔과 진보정당. 마르크스주의 연구, 10(1), 161-185.

김영태(2009). 당원의 이념정책적 태도와 정당경쟁구도. 한국정당학회보, 8(1), 197-224.

김영화(2004). 사교육 선호 경향 및 선호 요인 분석 연구. 교육학연구, 42(2), 335-365.

김우영(2002). 중학교 무상의무교육의 도입이 사교육비 지출에 미치는 효과. 노동정책연구, 2(1), 81-109.

김우영(2008). 고용구조의 변화와 학력별 임금격차. 서울: 한국은행 금융경제연구원.

김종길(2001). 패러독스의 도전과 정책과정에서의 패러독스 활용 전략. 한국사회학, 35(3), 83-108.
김정근(2019). 사교육비경감 정책문제 정의의 타당성 분석: 노무현· 이명박· 박근혜 정부 중심으로. 한국정책분석평가학회 학술대회발표논문집, 2019(7), 341-368.
김정근(2020). 사교육비 경감대책으로서 공교육 정상화 정책 논증 분석. 정책분석평가학회보, 30(3), 139-179.
김정래(2019). 패러독스와 그 해소의 교육적 의의. 교육문화연구, 25(5), 415-438.
김현철(2020). 학교 급별 소득효과 제거 사교육비 시계열의 변동양상. 한국교육, 47(1), 63-98.
김혜자, 김혜진, 박성호, 백승주, 유경훈, 한효정, 서은경, 유민상(2020). 사교육 모니터링 체계 구축 방안 연구(RR 2020-32). 교육개발원 연구보고서.
노화준(2012). 정책학원론(제3 전정판). 서울: 박영사.
류재성(2013). 정치이념의 방향, 강도 및 층위. 한국정당학회보, 12(1), 61-86.
미우라 히로키(2010). 교육정책을 둘러싼 이념 갈등과 공적 정당화. 한국정치학회보, 44(4), 159-187.
박균열(2006). 공교육 정상화를 위한 교육정책 결정체제 참여자들의 역할 조명:한·미 교육정책 결정체제 참여자 비교를 중심으로. 교육문제연구, 26, 167-197.
박대권, 이인수, 이예슬(2018). 교육부와 시· 도 교육청 간의 정책갈등에 대한 패러독스 분석. 교육정치학연구, 25(3), 237-265.
박성호, 문성빈, 황정원, 김성식, 황지원(2015). 2014년 사교육비 및 사교육 의식조사결과 분석 연구(수탁연구과제 CR2015-17). 한국교육개발원.
박소영(2008). 방과후 학교와 EBS 수능강의의 사교육비 경감 효과. 한국교육행정학회, 26(1), 391-411.
박영도(2016). 신자유주의적 자유의 역설과 민주적인 사회적 공공성. 사회와 철학, 31, 131-158.
박채형(2018). 사교육 동향과 정책의 일관성 및 현실성 분석 -부산광역시 초등학교를 중심으로-. 학습자중심교과교육연구, 18(21), 505-527.
박헌준, 김상준(2005). 시스템다이내믹스 학문적 매출성적: 시스템다이내믹스 연구방법론의 확산과 발전. 한국시스템다이내믹스학회 학술발표논문집, 2005, 1-36.
백기복(2019). 리더십현장의 패러독스. 리더십연구, 10(3), 179-201.
백우정, 최종덕(2011). 시스템사고를 통한 사교육비경감정책 평가 노무현 정부와 이명박 정부를 중심으로. 한국시스템다이내믹스연구, 12(4), 5-34.
사득환, 박보식(2013). 물관리정책과 패러독스(Paradox)의 정치. 지방정부연구, 17(3), 365-381.
사득환, 박상진(2013). 정책 패러독스(Policy Paradox)와 합리적 선택의 실패: 국민기초생활보장제도를 중심으로. 한국행정과 정책연구, 11(1), 1-26.
신수현, 고정민(2011). 학군과 부모의 교육적 태도가 자녀의 사교육과 영어 학업성취도에 미치는 영향. 영어교과교육, 10(2), 115-133.
신승환(2004). 포스트모더니즘에 대한 성찰. 파주: 살림.
신현석(2005). 교육개혁의 이념과 철학: 교육개혁 10년의 반성과 과제. 교육정치학연구, 12(1), 19-50.

신현석(2010). 교육거버넌스 갈등의 쟁점과 과제. 교육행정학연구, 28(4), 351-380.
신현석, 가신현, 김병모, 김재덕, 박종필, 박준형, 변수연, 엄준용, 오순문, 이정원, 이준희, 임수진, 정우진, 정주영, 주영효(2014). 학교중심의 교육행정 및 교육 경영. 서울: 박영사.
신현석, 윤지희(2020). 시스템 사고에 의한 사교육비 증가 현상 분석: 박근혜정부와 문재인정부를 중심으로. 교육정치학연구, 27(4), 87-123.
신현석, 이예슬(2021). 교육정책 패러독스: 탐구 가능성과 과제 탐색. 교육행정학연구, 39(2), 205-246.
신현석, 정수영, 이영선, 이재선(2020). 교원성과급 정책의 패러독스 분석: Deborah A. Stone의 정책 패러독스 관점을 중심으로. 한국교육학연구, 26(4), 55-88.
심상택, 김숙진, 유기종, 안경섭. (2018). 정책의 목표·수단 및 성과 간 관계에 대한 탐색적 분석. 한국정책연구, 18(4), 1-28.
심승환(2016). 키에르케고어의 역설 개념에 담긴 교육적 함의 고찰. 한국교육학연구, 22(4), 257-278.
심은석, 박균달, 김현진(2013). 서울시 초,중,고등학교 학생의 방과후학교 참여가 사교육비 경감에 미치는 효과. 중등교육연구, 61(2), 361-388.
안선회(2010). 참여정부 사교육비 경감정책 인과가설 분석연구. 교육정치학연구, 17(3), 81-113.
안선회, 정일환, 주동범(2009). 입학사정관제의 합리적 정착을 위한 사교육비 경감방안 연구. 교육정치학연구, 16(2), 7-33.
염재호(1993). Deborah A. Stone 의 정책모순과 정치논리. 오석홍 (편), 정책학의 주요이론. 서울: 경세원.
오혁진, 허준(2011). 1950년대 '전국문맹퇴치교육'의 사회교육사적 의미. 평생교육학연구, 17(4), 265-291.
윤견수(2014). 비합리적 행동의 합리적 기원: Deborah A. Stone의 정책역설과 딜레마를 중심으로. 한국정책학회보, 23(4), 503-526.
이광모(2003). 행정상 개념적 패러독스의 변증법적 접근 연구. 한국사회와 행정연구, 14(2), 23-45.
이광현(2013). 사교육 경감정책 효과 분석 -EBS 교육방송과 방과후학교를 중심으로-. 교육사회학연구, 23(3), 111-138.
이동수(2013). 자유민주주의에서 '자유'와 '민주'의 관계. 평화연구, 21(2), 69-102.
이원준(2018). 아동 사교육 시장 및 사교육비 지출 결정요인에 관한 연구. 예술인문사회융합멀티미디어논문지, 8(12), 159-167.
이예슬(2020). 혁신학교 정책의 패러독스: 정책 확산 과정에서 나타난 교원들의 경험을 중심으로. 고려대학교 박사학위논문.
이예슬, 정양순, 신범철(2021). 코로나19에 따른 학교교육에서의 패러독스 현상. 교육학연구, 59(1), 131-165.
이인수(2017). 일반고 진로진학정책 집행 과정의 패러독스(Paradox) 현상에 대한 질적 연구. 고려대학교 박사학위논문.
이재정(2011). 사교육과 민주주의, 그 관계의 역설적 이중성. 대한정치학회보, 18(3), 207-231.
이정인, 유재봉(2018). 사교육의 개념 및 전제에 대한 철학적 검토. 교육철학연구, 40(2), 101-120.

이종재, 장효민(2008). 사교육 대책의 유형에 관한 분석적 연구. 아시아교육연구, 9(4), 173-200.
이종재, 이차영, 김용, 송경오(2015). 교육정책론. 학지사.
이치형(2019). 괴델 불완전성 정리의 교육학적 함의. 통합교육과정연구, 13(4), 77-97.
이해영(2010). 정책철학 연구의 필요성과 배경논의에 관한 소고. 한국정책학회보, 19(1), 11-35.
임종헌, 김병찬(2014). EBS 수능연계정책의 '의도하지 않은 효과'에 대한 질적 사례연구. 교육학연구, 52(3), 175-203.
임진택, 김은혜(2012). 대학 입학사정관전형의 유형분석: 평등성과 수월성, 일원성과 다원성을 중심으로. 입학전형연구, 1, 165-191.
장귀덕(2021). 자율형 사립고등학교 재지정 취소의 공익 정당성 검토: Rawls의 정의론적 관점에서. 교육법학연구, 33(1), 37-61.
장지윤, 박인우, 장재홍(2017). EBS 방송 시청이 인문계 고등학생의 사교육비 지출에 미치는 영향. 한국교육문제연구, 35(3), 129-150.
정명호(1997). 패러독스와 경영: 합리성의 위기와 경영의 새로운 패러다임. 서울: 삼성경제연구소.
정일환(2000). 교육정책론: 이론과 적용. 서울: 원미사.
정정길, 최종원, 이시원, 정준금, 정광호(2014). 정책학원론. 서울: 대명출판사.
정진화(2018). 롤즈의 정치적 자유주의 관점에서 바라본 동학사상의 '자유' 개념. 동학학보, 48, 421-455.
조규판, 오성배, 주희진(2012). 효율적인 입학사정관제 운영을 통한 사교육비 경감방안. 인격교육, 6(2), 101-132,
조한상(2014). 자유민주주의의 역설적 성격에 관한 고찰. 한국융합인문학, 2(2), 7-23,
조혜진(2018). 대학입학정책의 정책가치 분석 연구: 노무현·이명박·박근혜 정부 사례를 중심으로. 교육학연구, 56(2), 59-89.
주동범, 이원석, 이현철, 김광석(2018). 사교육비 경감정책 효과 분석: 부산광역시 중·고등학생을 중심으로. 한국자치행정학보, 32(1), 69-90.
채장수(2009). 공공성의 한국적 현재성. 21세기정치학회보, 19(1), 47-69.
최준렬(2010). 방과후학교를 통한 사교육비 경감대책. 교육연구, 24, 37-49.
통계청(2019). 2019년 기준 서비스업조사보고서.
통계청(2020). 2019년 초중고 사교육비조사 결과.
하정윤, 나민주(2014). 시스템 사고에 기반한「지역교육청 기능 및 조직개편」정책의 문제 및 원인 분석. 한국시스템다이내믹스연구, 15(2), 75-96
한신일, 박진은, 김현철(2011). 사교육 과열지역 학부모들의 '3·20 사교육 의존도 완화 방안' 에 대한 반응 분석. 교육종합연구, 9(2), 67-93.
헌법재판소(1998.5.28). 96헌가4 등, 판례집 10-1, 522 [전원재판부]
헌법재판소(2000.4.27.). 98헌가16 등, 판례집 12-1, 427 [전원재판부]
헌법재판소(2018.2.22.). 2017헌마691, 판례집 30-1상, 362 [전원재판부]

황규성(2013). 한국 사교육 정책의 작동 메커니즘에 대한 정치적 분석. 한국사회정책, 20(2), 233-260.
황윤원, 신중호, 박희봉(2012). 누가 어떤 정부정책을 선호하는가? 보수와 진보의 이념가치인가?. 한국정책학회보, 21(1), 1-28.
홍성걸(2012). 이념 양극화가 정책과정에 미치는 영향. 사회과학연구, 28(2), 321-347.

Boswell, T., & Chase-Dunn, C. K. (2000). *The spiral of capitalism and socialism: toward global democracy.* Dulles, VA: Lynne Rienner Publishers.
Hofstadter, D. R. (1979). *Gödel, escher, bach: An eternal golden braid(Vol. 13).* New York: Basic Books.
Hofstadter, D. R. (2007). *I am a strange loops.* New York: Basic Books.
Kraft, M. E., and Furlong, S. R. (2018). *Public policy: politics, analysis, and alternatives* (6th ed.). Thousand Oaks, CA: CQ Press.
Lewis, M. W. (2000). Exploring paradox: toward a more comprehensive guide. *Academy of Management Review, 25*(4), 760-776.
Rein, M. (1997). 사회정책을 위한 사회과학(이태영 역). 서울: 대학출판사. (원전은 1976년에 출간)
Schumpeter, J. (2011). 자본주의·사회주의·민주주의(변상진 역). 서울: 한길사. (원전은 1942년에 출간)
Stone, D. (2012). *Policy Paradox: The art of political decision making* (3rd ed.). New York: W. W. Norton & Company Ltd.
Quinn, R. E., and Rohrbaugh, J. (1983). A spatial model of effectiveness criteria: Towards a competing values approach to organizational analysis. *Management Science, 29*(3), 363-377.
Quinn, R. E., and Cameron, K. S. (1988). *Paradox and transformation: Toward a theory of change in organization and management.* Cambridge, MS: Ballinger Publishing Co.

[3장]

강민수, 최지혜, 신창호(2020). 인성교육의 정책 실천에서 드러난 교육적 역설. 교육연구논총, 41(4), 37-62.
강은주(2014). 학교 적정규모 관련 법제의 타당성 및 실효성 분석. 탐라문화, 47, 81-109.
교육부 보도자료(2012.06.19.). '작은 학교 통폐합 비판' 보고서 숨겼다.
교육부 보도자료(2016.07.05.). 적정규모 학교 육성 강화 및 폐교 활용 활성화.
교육부(2016.06.). 적정규모 학교 육성 추진 계획.
교육부 보도자료(2017.03.08). 경제·사회양극화에 대응한 교육복지정책의 방향과 과제.
김봉석(2017). 대구지역의 소규모학교 통폐합 문제점과 작은 학교 살리기 운동: 유가초 통폐합 사례를 중심으로. 레프트대구, 12, 196-205.
김은효, 이용환(2013). 농산어촌 소규모학교 통폐합의 대안 탐색. 교육연구, 36, 63-89.

김익현(1998). 초등학교 통폐합의 지역적 전개과정. 지리학논구, 18, 115-134.
마상진, 최경환(2009). 농촌학교의 활성화 실태와 시사점. 나주: 한국농촌경제연구원.
마상진(2012). 농어촌 학교 교육 현황과 관련 지원 제도. 농식품부 전문가 회의.
박대권, 이인수, 이예슬(2018). 교육부와 시도교육청 간의 정책 갈등에 대한 패러독스 분석. 교육정치학연구, 25(3), 237-265.
박대권, 최상훈(2021). 5·31 교육개혁의 정책 패러독스: 국가, 폴리스, 시장 모델을 중심으로. 교육정치학연구, 28(2), 55-79.
박삼철(2012). 극소규모 학교 통폐합 정책의 대안 탐색: 호주의 사례가 주는 시사점을 중심으로. 교육행정학연구, 30(4), 103-122.
박삼철(2014). 학교 통폐합 정책의 주요 쟁점과 과제. 교육행정학연구, 32(4), 1-21.
박세훈, 이승일(2015). 소규모학교 운영 현황 조사·분석. 서울: 한국교육개발원.
배영임(2014). 중소기업 R&D지원사업의 효율성과 효과성 분석. 기술혁신연구, 22(2), 77-104.
사득환, 박상진(2013). 정책 패러독스(Policy Paradox)와 합리적 선택의 실패: 국민기초생활보장 제도를 중심으로. 한국행정과 정책연구, 11(1), 1-26.
성열관, 강에스더, 이형빈, 박민정, 장지훈(2019.12.). 저출산 시대 도래에 따른 통합운영학교 교육과정 효율적 편성 운영 방안 연구. 세종: 교육부.
신현석, 김한솔, 안희진(2020a). 코로나19 대응정책의 패러독스 현상 분석. 교육행정학연구, 38(5), 1-28.
신현석, 정수영, 이영선, 이재선(2020b). 교원성과급 정책의 패러독스 분석. 한국교육학연구, 26(4), 55-88.
신현석, 권경만, 홍바울(2021a). 대학등록금 정책변동 과정에서 나타난 패러독스(Paradox) 현상 분석: 코로나19로 인한 등록금 반환 갈등을 중심으로. 교육정치학연구, 28(1), 63-96.
신현석, 선애경(2021). 미래교육정책의 패러독스: Stone의 '상징' 패러독스를 중심으로. 한국교육학연구, 27(2), 95-133.
신현석, 윤혜원, 이현주, 임소정(2021b). 대학구조개혁 정책의 패러독스 현상 분석: D. Stone의 '자유(Liberty)' 패러독스 개념을 중심으로. 교육문제연구, 34(1), 113-148.
양병찬, 마상진, 유정규, 이진철, 전광수, 최종성(2012). 농어촌마을 활성화를 위한 교육 관련 제도 개선방안 연구. 세종: 농림수산식품부.
양희준, 최원석, 김진희, 박근영, 박상옥, 허준, 이재준, 이안나, 김다솜(2018). 학생수 감소에 따른 농촌교육 실태 및 대응방안. 진천: 한국교육개발원.
엄문영, 오범호, 윤홍주(2013). 비용함수 모형에 의한 국·공립 중학교 적정교육비 산출 연구. 교육재정경제연구, 22(1), 113-138.
엄문영(2017). 적정규모 학교 육성 정책분석 및 향후 과제. 교육재정경제연구, 26(2), 1-34.
오세희, 김대영(2017). 소규모 학교 통폐합에 따른 교육과정 만족도 비교: 울산 A초등학교를 대상으로. 한국교육학연구, 23(2), 55-76.
유미년, 탁현우, 박순애(2008). 민간위탁에 의한 공공서비스 공급의 효율성 및 효과성 분석: 서울시 생활폐기물 수거운반 서비스를 중심으로. 한국정책과학학회보, 12(3), 219-244.

윤견수(2014). 비합리적 행동의 합리적 기원 −Deborah A. Stone의 정책역설과 딜레마를 중심으로−. 한국정책학회보, 23(4), 503−525.
이병환(2008). 농산어촌 교육 활성화를 위한 학교체제 재구조화 방안 탐색. 교원교육, 24(4), 55−73.
이승일(2007). 소규모학교 통폐합의 효과·비용 분석과 대안 모색: 전라북도 농산어촌 초등학교 중심으로. 한국교원대학교 석사학위논문.
이예슬(2020). 혁신학교 정책의 패러독스: 정책 확산 과정에서 나타난 교원들의 경험을 중심으로. 고려대학교 박사학위논문.
이예슬, 신범철, 정양순(2021). 코로나19에 따른 학교 교육에서의 패러독스 현상. 교육학연구, 59(1), 131−165.
이인수(2017). 일반고 진로진학정책 집행 과정의 패러독스 현상에 대한 질적 연구: D. Stone의 정책 패러독스 이론을 중심으로. 교육행정학연구, 35(5), 51−84.
이혁우(2009). 정책사례연구대상으로서의 예기치 못한 결과. 행정논총, 47(1), 367−394.
이혜영, 김지하, 마상진, 문혜림(2010). 농산어촌 소규모 학교 통폐합 효과 분석. 서울: 한국교육개발원.
임연기(2008). 농산어촌 소규모 사립학교 통폐합 방안(현안보고 OR2008−5−21). 서울: 한국교육개발원.
장재은(2018). 소규모학교 통폐합 정책에 관한 연구 −농산촌 지역과 구도심 지역 학교시설 연계를 중심으로−. 한국교원대학교 석사학위논문.
전광수(2016). 농산어촌교육법(안)의 구조와 특성 분석. 순천향 인문과학논총, 35(1), 129−163.
전제상, 김훈호, 김수환, 원덕재, 김성욱, 손성호(2020). 인구지형변화에 따른 다양한 학교체제 설립·운영 지원방안 연구. 세종: 교육부.
정민석(2012). 농어촌교육발전특별법의 방향과 과제. 농어촌교육발전특별법제정 토론회 자료집. 전남교육청, 1−62.
정정길, 최종원, 이시원, 정준금, 정광호(2010). 정책학원론. 서울: 대명출판사.
조금주(2019). 지역사회 소규모학교 살리기 정책 방향과 해결 과제. 한국콘텐츠학회논문지, 19(2), 99−111.
조창희, 이화룡(2015). 농어촌 소규모학교의 통합 전후 교육여건 비교 분석 연구. 한국교육시설 학회논문집, 22(6), 3−11.
최준렬, 강대중(2007). 농어촌 소규모 학교 통폐합 실태 분석과 개선 방안. 서울: 교육인적자원부.
최준렬(2008). 농산어촌 소규모 학교 정책 분석. 지방교육경영, 13, 44−65.
홍은광(2018). 인구절벽 시대의 농산어촌과 지방교육 정책. 교육비평, 42, 8−31.
황혜신(2005). 공공의료서비스 민간위탁의 성과에 관한 연구. 한국행정학보, 13(1), 65−88.

Cameron, K., & Quinn, R. (1988). Organizational paradox and transformation. In R. Quinn & K. Cameron (Eds.), *Paradox and transformation: Toward a theory of change in organization and management* (pp. 1−18). Cambridge, MS: Ballinger.
Conant, James. (1959). *The American high school today: A first report to interested citizens.* New York: McGraw Hill.
Deborah, Stone. (2012). *Policy paradox: The art of political decision making* (3rd ed.). New

York: W, W, Norton & Company.
Hill, Michael. (2013). *The public policy process* (6th ed.). Pearson Education Limited.
Lewis, M. W. (2000). Exploring paradox toward a more comprehensive guide. *Academy of Management Review, 25*(4), 760−776.
O'Toole, Jr. L., & Meier, K. J. (2004). Parkinson's law and the new public management? Contracting determinants and service−quality consequences in public education. *Public Administration Review, 64*(3), 342−352.
Simon, Herbert A. (1957). *Administrative behavior* (2nd ed.). New York: Macmillan.
Stone, D. (2012). *Policy paradox: The art of political decision making* (3rd ed.). New York: W.W. Norton & Co.
Van de Ven, A. H. & Poole, M. S. (1988). Paradoxical requirement for a theory of organizational change. In R. Quinn & K. Cameron (Eds.), *Paradox and transformation: Toward a theory of change in organization and management* (pp. 19−63). Cambridge, MS: Ballinger Publishing Company.
Wheelwright, S.C., and Clark, K.B. (1992). *Revolutionizing product development−quantum leaps in speed, efficiency, and quality*. New York: The Free Press.

[4장]

강명원(2021). 비대면(Untact) 교육환경의 대응에 관한 연구−교육복지를 중심으로. 헌법학연구, 27(2), 309−332.
경기지역 초등돌봄교실 사례(2014). 같은 돌봄전담사 일을 해도 제각각 임금 지급−확대된 돌봄교실 초단시간 근무자 배치로 기존 전담사 업무폭탄. 돌봄교실 실태 증언대회 토론회 자료집, 19−21.
교육부(2014). 안심하고 양육할 수 있는 여건 조성을 위한 초등 방과후 돌봄 확대·연계 운영 계획 발표.
교육부(2015). 2015 초등돌봄교실 운영 길라잡이.
교육부(2020). 범정부 온종일돌봄 수요조사 결과.
교육부(2021). 초등돌봄교실 운영 개선 방안.
교육인적자원부(2004). 공교육 정상화를 위한 사교육 경감대책.
김민, 이영란(2020). 프랑스 우선교육정책이 한국 교육복지정책에 주는 시사점, 미래청소년학회지, 17(2), 115−140.
김선숙, 임세희(2020). 아동 방과후 경험을 통해 본 돌봄의 장기적 성과−지난 10년간 계층별 차이를 중심으로−. 한국사회복지학, 72(1), 201−226.
김수홍(2017). 교육복지의 실현을 위한 법적 검토, 법학연구, 52, 57−82.
김인희(2006). 교육복지의 개념에 관한 고찰. 교육행정학연구, 24(3), 289−314.
김종길(2001). 패러독스의 도전과 정책과정에서의 패러독스 활용 전략. 한국사회학, 35(3), 83−108.
김종호, 심영미(2015). 방과 후 돌봄서비스 실태 및 만족도 비교 연구 의정부시, 고양시, 연천군의 초등돌봄교실을 중심으로. 정책분석평가학회보, 25(1), 399－419.
김창복, 양애경, 양윤이(2020). 초등돌봄교실 전담사와 관리자의 인식 비교 _운영효과 및 개선점을 중심으로. 교육문화연구, 26(2), 725－243.
김창복, 양애경, 양윤이, 김선례, 김정은(2018). 초등돌봄교실의 효율적 운영방안 연구. 서울특별시교육청.
김창의, 양윤이(2017). 초등돌봄교실 운영 사례 분석을 통한 질제고 방안. 방과후학교연구, 4(2), 67－86.
문아람, 이윤환(2018). 저소득층 아동·청소년 교육복지정책 발전방안. 디지털융복합연구, 16(3), 333－344.
백순근, 이솔비, 장지현, 양현경(2019). 맞벌이 가정 자녀의 초등돌봄교실 참여에 따른 사교육 시간과 비용 및 일－양육 양립에 대한 인식 차이. 육아정책연구, 13(1), 55－74.
사득환, 박보식(2013). 물관리정책과 패러독스(Paradox)의 정치. 지방정부연구, 17(3), 365－381.
사득환, 박상진(2013). 정채패러독스(Policy Paradox)와 합리적 선택의 실패－국민기초생활보장제도를 중심으로. 한국행정과 정책연구, 11(1), 1－26.
서영숙, 서혜전, 박진옥, 노성향(2012). 돌봄강사의 자격표준화 및 신분보장 방안 용역연구(CR 2012－21). 한국교육개발원.
신동인(2022). 아동 돌봄 법제도에서 나타난 아동의 주변화 현상 분석_초등돌봄정책을 중심으로. 서울여자대학교 박사학위논문.
심정미, 채현탁(2015). 지역아동센터와 초등돌봄교실의 협력에 관한 쟁점고찰. 한국자치행정학보, 29(2), 313－328.
양윤이, 이태연(2016). 초등돌봄교실의 운영 영역별 지향 분석을 통한 활성화 방안 연구. 아동교육, 25(3), 211－228.
오성재, 주병기(2017). 한국의 소득기회 불평등에 대한 연구. 재정학연구, 10(3), 1－30.
오시영, 전주성(2018). 초등돌봄교실 전담사의 직무분석연구. 한국교육문제연구, 36(2), 69－89.
윤견수(2014). 비합리적 행동의 합리적 기원－Debora H. Stone의 정책역설과 딜레마를 중심으로. 한국정책학보, 23(4). 503－526.
이광현(2018). 미래교육환경과 교육복지센터로서의 학교 역할 강화, 지방교육경영, 21(3), 20－43.
이광현(2021). 교육복지우선지원사업의 제도와 이념 분석에 따른 발전방향: Two I's 프레임에 근거하여, 교육연구논총, 42(3), 57－83.
이돈희(1992). 교육정의론. 서울: 교육과학사.
이상오(2000). 평생학습사회론(교육복지의 차원). 서울: 교육과학사.
이수지, 김새론, 전주현, 하지예, 황정훈, 엄문영(2021). 한국 교육복지정책의 진개 및 향후 과제에 대한 고찰: 이돈희의 「교육정의론」을 중심으로. 교육행정학연구, 39(1), 305－332.
이희현, 황준성, 유경훈, 정동철, 이주하, 김성기(2019). 교육복지정책 평가 및 개선과제(RP 2019－12). 충북: 한국교육개발원.
장지은, 이성희(2021). 학부모 요구의 관점에서 본 초등돌봄교실의 운영 방향. 학부모연구, 8(2), 25－44.
한만길, 윤종혁, 윤여각, 김정래(2000). 21세기 교육복지 발전방안연구. 충북: 한국교육개발원.
황인규(2021). 학년 진급에 따른 초등돌봄교실 이탈 경험에 대한 학부모 사례연구. 서울교육대학교 석사학위논문.

Berg, B. L. & Lune, H. (2012). *Qualitative research methods for the social sciences* (8th edition), Boston: Pearson.
Cameron, K. & Quinn, R. (1988). Organizational paradox and transformation. In R. Quinn & K. Cameron (eds.), *Paradox and transformation: Toward a theory of change in organization and management* (pp. 1-18). Cambridge, MS: Ballinger Publishing Company.
Clark, M. C., Nguyen, H. T., Bray, C., & Levine, R. E. (2008). Team-based earning in an undergraduate nursing course. *Journal of Nursing Education, 47*(3), 111-117.
Stone, D. A. (2002). Policy paradox: *The art of political decision making.* (2nd ed.). New York: W.W. Norton & Company.
Stone, D. A. (2012). *Policy paradox: The art of political decision making* (3rd ed.). New York: W. W. Norton & Company Ltd.
Trilling, B. & Fadel, C. (2009). *21st century skills: Learning for life in our time.* San Francisco, CA: Jossey-Bass.
Van de Ven, A. H. & Poole, M. S. (1988). Paradoxical requirement for a theory of organizational change. In R. Quinn & K. Cameron (Eds.), *Paradox and transformation: Toward a theory of change in organization and management* (pp. 19-63). Cambridge, MS: Ballinger Publishing Company.

경향신문(2020.09.17.). 돌봄교실 지자체 이관 법안…돌봄전담사 “반대” 교사 “찬성”.
교육희망(2021.09.02.). 방과후·돌봄 업무...초등교사들이 꼽은 최우선 배제 업무.
뉴시스(2022.02.22.). “초등 돌봄에 왜 교사 투입하나”…경북 교육단체 반발.

표준국어대사전(2022). https://stdict.korean.go.kr/main/main.do. 2022.04.10. 검색

[5장]

강창동(2015). 정부의 「대학구조개혁」 정책에 관한 비판적 연구. 한국교육학연구, 21(4), 275-306.
교육부(2014). 대학 구조개혁 추진계획.
교육부 보도자료(2014.01.29). 대학 교육의 질 제고 및 학령인구 급감대비를 위한 대학 구조개혁 추진계획 발표.
교육부 보도자료(2015.08.31.). 대학 구조개혁 평가결과 발표.
교육부(2017). 2018년 대학 기본역량 진단 추진계획(시안).
교육부, 한국교육개발원(2017). 2018년 대학 기본역량 진단 편람 설명회 자료집(연구자료 CRM 2017-177-02). 진천: 한국교육개발원.
교육부 보도자료(2018.09.03.). 「2018년 대학 기본역량 진단」 최종 결과 안내.
교육부(2019a). 대학혁신 지원 방안.
교육부(2019b). 2021년 대학 기본역량 진단 기본계획(시안).

김동건(2020). 공공기관 지방이전에 따른 지역인재채용 확대 방안 연구. 동아대학교 국제전문대학원 석사학위 논문.
김성곤(2019). 대학구조개혁 평가에 대한 전문대학 교원의 인식 연구. 고려대학교 교육대학원 석사학위 논문.
김종길(2001). 패러독스의 도전과 정책과정에서의 패러독스 활용 전략 동강댐 건설을 둘러싼 논의를 중심으로. 한국사회학, 35(3), 83-108.
김종성(2018). 대학 구조개혁 평가에 대한 비판적 검토. 사회과학연구, 29(2), 227-248.
김형란, 김석우(2019). 대학기본역량진단 평가지표 분석 연구: 고등교육의 질 개념을 중심으로. 학습자중심교과교육연구, 19(6), 1143-1164.
박대권, 이인수, 이예슬(2018). 교육부와 시도교육청 간의 정책 갈등에 대한 패러독스 분석. 교육정치학연구, 25(3), 237-265.
반상진(2015). 대학구조개혁정책의 쟁점과 대응 과제에 관한 연구: 학령인구 감소에 대한 새로운 대학구조개혁 패러다임 탐색. 공학교육연구, 18(2), 14-26.
반상진(2016). 대학구조개혁 평가의 정치학. 교육정치학연구, 23(1), 59-89.
배상훈, 김병주, 우명숙, 이교종(2013). 대학구조개혁 추진방안 연구(정책연구 20131055392-00). 서울: 교육부
변기용(2009). 대학 자율화 정책의 쟁점과 대안: 5.31 교육개혁 이후의 '시장적' 대학자율화 논의를 중심으로. 교육정치학연구, 16(1), 135-164.
사득환, 박상진(2013). 정책패러독스(Policy Paradox)와 합리적 선택의 실패: 국민기초생활보장제도를 중심으로. 한국행정과 정책연구, 11(1), 1-26.
송기창(2010). 대학 자율성을 보장하는 재정지원체제 탐색. 교육행정학연구, 28(2), 331-352.
신현석(2012). 대학 구조개혁정책의 쟁점 분석과 과제. 교육문제연구, 42, 1-40.
신현석(2016). 박근혜 정부 대학구조개혁 정책의 쟁점과 과제. 교육행정학연구, 34(5), 125-162.
신현석, 김상철, 장아름(2020). 한국의 대학평가. 서울: 학지사.
신현석, 김한솔, 안희진(2020). 코로나19 대응정책의 패러독스 현상 분석: Stone의 사실 관점에 대한 교사들의 반응을 중심으로. 교육행정학연구, 38(5), 1-28.
신현석, 정수영, 이영선, 이재선(2020). 교원성과급 정책의 패러독스 분석: Deborah A. Stone의 정책패러독스 관점을 중심으로. 한국교육학연구, 26(4), 55-88.
유경훈(2014). 혁신 고등학교 운영과정의 특징에 관한 문화기술적 사례연구: 양가성을 중심으로. 교육행정학연구, 32(4), 229-261.
유은혜(2016). 교육부 1주기 대학정원감축정책 평가와 진단. 2016년 국정감사 정책자료집①.
윤견수(2014). 비합리적 행동의 합리적 기원: Deborah H. Stone의 정책역설과 딜레마를 중심으로. 한국정책학회보, 23(4), 503-525.
윤지관(2014). 대학구조조정과 평가: 대학의 폐허화, 이대로 방치할 것인가, 대학구조조정의 정치학. 안과밖, 36(1), 143-162.
윤지관(2018). 지배구조 재생산하는 대학, 희망은 있는가. 대학: 담론과 쟁점, 1, 2-7.

윤지관(2019). 제3주기 대학구조조정 평가방식 개편 제안: '일률적' 평가에서 '구별적' 평가로 전환해야 한다. 대학: 담론과 쟁점, 2, 57-71.

이기종(2015). 대학 구조개혁 평가의 배경, 쟁점 및 대안. 교육평가연구, 28(3), 933-954.

이수연(2015). 대학구조조정 현황과 전망. 대학교육연구소 보고서, 4, 1-39.

이예슬(2020). 혁신학교 정책의 패러독스: 정책 확산 과정에서 나타난 교원들의 경험을 중심으로. 고려대학교 박사학위논문.

이용균(2018). 대학구조개혁평가 주요 쟁점에 대한 논리구조 분석. 한남대학교 교육대학원 석사학위논문.

이인수(2017). 일반고 진로진학정책 집행 과정의 패러독스 현상에 대한 질적 연구 D. Stone의 정책 패러독스 이론을 중심으로. 교육행정학연구, 35(5), 51-84.

이정미 외 17인(2015). 대학 체제 개편을 위한 맞춤형 컨설팅 전략 수립 연구(RR 2015-40). 서울: 한국교육개발원.

이창희(2017). 적극적 자유: 밀과 롤스. 도덕윤리과교육연구, 57, 207-230.

임은희(2019). 1, 2주기 대학구조개혁 정책 평가 및 개선 방향. 대학: 담론과 쟁점, 2, 45-56.

임재홍(2016). 대학구조조정에 대한 공교육적 접근. 참교육을 위한 전국학부모회 세미나 자료집. 1-26.

정명호(1997). 패러독스와 경영: 합리성의 위기와 경영의 새로운 패러다임. 서울: 삼성경제연구소.

정정길, 성규탁, 이장, 이윤식(2004). 정책평가: 이론과 적용 (신판). 서울: 법영사.

조경호, 김형성(2017). 지방이전 공공기관의 이전지역 인재채용 확대 정책의 효과성 제고 방안 연구. 한국인사행정학회보, 16(4), 237-260.

Berlin, I. (1969). *Four essays on liberty*. Oxford: Oxford University Press.

Berlin, I. (1969). Two concepts of liberty. In Berlin, I. (Eds.), *Four essays on liberty* (pp. 118-172). Oxford: Oxford University Press.

Cameron, K., & Quinn, R. (1988). Organizational paradox and transformation. In Quinn, R. & Cameron, K. (Eds.), *Paradox and transformation: Toward a theory of change in organization and management* (pp. 1-18). Cambridge, MA: Ballinger Pub. Co.

Darling, A. L., England, M. D., Lang, D. W., & Lopers-Sweetman, R. (1989). Autonomy and control: A university funding formula as an instrument of public policy. *Higher Education 18*, 559-583.

Laski, H. J. (1948). *Liberty in the modern state*(3rd ed.). London: George Allen & Unwin Ltd.

Mill, J. S. (1982). *On liberty* (Orig. Ed, 1985). New York: Penguin Books.

Quinn, R. & Cameron, K. (1988). *Paradox and transformation: Toward a theory of change in organization and management*. Cambridge, MA: Ballinger Pub. Co.

Sabine, G. H. (1952). The two democratic traditions. *The Philosophical Review, 61*(4), 451-474.

Stone, D. (1988). *Policy paradox: The art of political decision making*. New York: W. W. Norton & Company Ltd.
Stone, D. (2002). *Policy paradox: The art of political decision making* (Revised Edition). New York: W, W, Norton & Co.
Stone, D. (2012). *Policy paradox: The art of political decision making*. (3rd ed.). New York: W, W, Norton & Co.
Thaler, R. H., & Sunstein, C. R. (2003). Libertarian paternalism. *American Economic Review, 93*(2), 175-179.
Van de Ven, A. H. & Poole, M. S. (1988). Paradoxical requirement for a theory of organizational change. In Quinn, R. & Cameron, K. (Eds.), *Paradox and transformation: Toward a theory of change in organization and management* (pp. 19-63). Cambridge, MA: Ballinger Pub. Co.
Volkwein, J. F., & Malik, S. M. (1997). State regulation and administrative flexibility at public universities. *Research in Higher Education 38*(1), 17-42.
강원일보(2015.08.28.). 강원대 "정부 대학구조개혁평가 결과 수용 못한다".
교수신문(2015.03.23a). 구조개혁평가 앞둔 선택? 줄인 정원 56.5%가 인문사회.
교수신문(2015.03.23b). 광주지역 가장 많이 줄어 … 91%가 특성화 사업 영향.
교수신문(2017.09.11.). 한국대학교육협의회, 2주기 대학평가 움직임에 우려 표명.
머니투데이(2019.09.23.).'자율' 강조한 3차 대학기본역량진단, 지방대학만 '숨통 죽이기'.
세계일보(2015.09.12.). 대경대 교육부 구조개혁 평가에 반발.
연합뉴스(2014.03.21.). "대학구조개혁 수도권-지방간 잣대 달라야".
전자신문(2019.08.15.). 대학 자율성 높인 '2021년 대학기본 역량진단'... 대학 "자율성 글쎄?".
조선에듀(2017.11.30.). 대학 '족쇄' 구조개혁평가 개선된다... 자율성 최대한 보장.
KTV 국민방송(2018.09.03.). 116개 대학 정원감축···대학 20곳 재정지원 제한.

국립국어원표준국어대사전(2008.10.09.). https://www.korean.go.kr/front/main.do 2021.01.12. 열람.

[6장]

계보경, 김혜숙, 이용상, 김상운, 손정은, 백송이(2020). 코로나19에 따른 초·중등학교 원격교육 경험 및 인식 분석(연구자료 GM 2020-11). 대구: 한국교육학술정보원.
교육부 보도자료(2020.03.31.). 처음으로 초·중·고·특 신학기 온라인 개학 실시.
교육부 보도자료(2020.05.11.). 이태원 관련 감염확산에 따른 등교수업 일정 조정.
교육부 보도자료(2020.05.29.). 수도권 지역 대상, 강화된 학교 밀집도 최소화 조치 시행.
교육부 보도자료(2020.08.11.). 모든 학생들을 위한 교육안전망 강화방안 마련.

박대권, 이인수, 이예슬(2018). 교육부와 시·도 교육청 간의 정책 갈등에 대한 패러독스 분석: 자율형 사립고등학교 정책을 중심으로. 교육정치학연구, 25(3), 237-265.
박미희, 정용주(2020). 코로나19와 교육: 학교자치에 주는 시사점. 수원: 경기도교육연구원.
사득환, 박보식(2013). 물관리정책과 패러독스(Paradox)의 정치 4대강 사업을 중심으로. 지방정부연구, 17(3), 365-381.
사득환, 박상진(2013). 정책패러독스(Policy Paradox)와 합리적 선택의 실패 - 국민기초생활보장제도를 중심으로. 한국행정과 정책연구, 11(1), 1-26.
소영진(1994). 딜레마와 패러독스. 이종범, 안문석, 염재호, 박통희 외. 딜레마 이론: 조직과 정책의 새로운 이해, 45-75. 서울: 나남출판.
신현석, 김한솔, 안희진(2020). 코로나19 대응정책의 패러독스 현상 분석: Stone의 사실 관점에 대한 교사들의 반응을 중심으로. 교육행정학연구, 38(5), 1-28.
엄정식(1984). 에피메니데스의 역설. 철학연구, 19, 167-179.
염재호(2006). Deborah A. Stone의 정책모순과 정치논리. 정책학의 주요이론. 제3판. 오석홍, 김영평(편), 58-67. 서울: 법문사.
유경훈(2014). 혁신 고등학교 운영과정의 특징에 관한 문화기술적 사례연구. 교육행정학연구, 32(4), 229-261.
윤견수(2014). 비합리적 행동의 합리적 기원 -Deborah H. Stone의 정책역설과 딜레마를 중심으로. 한국정책학회보, 23(4), 503-525.
윤정, 김병찬(2016). '학교혁신'에 참여하게 된 교사들의 갈등 경험에 관한 연구. 교육행정학연구. 34(2), 221-252.
이예슬(2020). 혁신학교 정책의 패러독스: 정책 확산 과정에서 나타난 교원들의 경험을 중심으로. 고려대학교 박사학위논문.
이인수(2017). 일반고 진로진학정책 집행 과정의 패러독스 현상에 대한 질적 연구: D. Stone의 정책 패러독스 이론을 중심으로. 교육행정학연구, 35(5), 51-84.
이정연, 박미희, 소미영, 안수현(2020). 코로나19와 교육: 학교구성원의 생활과 인식을 중심으로. 수원: 경기도교육연구원.
임종헌(2016). 자유학기제 운영 과정에 대한 질적 사례 연구: 양가성 현상의 발견과 의미. 교육행정학연구, 34(4), 99-128.
정명호(1997). 패러독스와 경영: 합리성의 위기와 경영의 새로운 패러다임. 서울: 삼성경제연구소.
한상윤, 전제상(2012). 교원능력개발평가 정책에 대한 정부의 딜레마 상황 대응방식 분석. 교육행정학연구, 30(4), 25-51.

Cameron, K., & Quinn, R. (1988). Organizational paradox and transformation. In R. Quinn & K. Cameron (Eds.), *Paradox and transformation: Toward a theory of change in organization and management* (pp. 1-18). Cambridge, MA: Ballinger.

Ford, J. D., & Backoff, R. H. (1988). Organizational change in and out of dualities and paradox. In R. Quinn & K. Cameron (Eds.), *Paradox and transformation: Toward a theory of change in organization and management* (pp. 81−121). Cambridge, MA: Ballinger.

Lewis, M. W. (2000). Exploring paradox Toward a more comprehensive guide. *Academy of Management Review, 25*(4), 760−776.

Smith, W. K., & Lewis, M. W. (2011). Toward a theory of paradox: A dynamic equilibrium model of organizing. *Academy of Management Review, 36*(2), 381−403.

Strauss, J. M.., & Corbin, J. M. (1998). *Basics of qualitative research: Techniques and procedures for developing grounded theory* (2nd Ed.). Thousand Oaks, CA: Sage.

Stone, D. (2002). *Policy paradox: The art of political decision making* (Revised Edition). New York: W. W. Norton & Company Ltd.

Thomas, J. L. (1989). Book Review: Policy paradox and political reason by Deborah A. Stone. *Public Administrations Review, 49*(6), 566−567.

Van de Ven, A. H. & Poole, M. S. (1988). Paradoxical requirement for a theory of organizational change. In R. Quinn & K. Cameron (Eds.), *Paradox and transformation: Toward a theory of change in organization and management* (pp. 19−63). Cambridge: Ballinger Publishing Company.

경향신문(2020.07.02.). [코로나 시대, 학교의 재발견](상) 가르치는 곳? 사회적 돌봄도 분담하는 곳.

뉴시스(2020.10.06.). 코로나 확산에 '온라인그루밍' 판친다... 아동·청소년 성착취.

뉴스1(2020.09.15.). 실시간 쌍방향 확대에 교원단체 '반발'… "수업방식 강요 안돼".

뉴스1(2020.10.28.). 코로나의 역설… 감기·독감 환자 절반 줄고, 식중독은 1/3 감소.

머니투데이(2020.10.22.). '코로나 역설' 집콕 덕 본 LGD, 7분기만의 적자 탈출.

매일경제(2020.10.09.). 원격수업엔 유튜브 링크만 잔뜩…학부모 87% "애들 방치수준".

브릿지경제(2020.10.29.). 경남교육청, 교육공동체 3만7897명 대상 설문조사 결과 발표.

서울경제(2020.10.10.). 코로나의 역설…"대기질 개선으로 중국 내 호흡기 환자 6만명↓".

연합뉴스TV(2020.04.06.). 코로나19의 역설… 세계 공기가 깨끗해지고 있다.

연합뉴스(2020.09.15.). 코로나19 장기화로 자녀 돌봄 공백…맞벌이 부부 절반 퇴사 고려.

연합뉴스(2020.11.13.). '집단감염' 가평 보습학원 관련 6명 추가 확진…누적 19명.

이데일리(2020.11.10.). 교사 열에 아홉 "원격수업, 사회성 함양 어렵고 학력격차 심화".

조선비즈(2020.10.13.). 코로나의 역설... 활활 불타는 중고차 경매장.

중앙일보(2020.04.09.). 번갯불에 콩볶은 온라인 개학, 접속장애·디지털 격차 '첩첩산중'.

한겨레(2020.10.26.). 코로나 역설… 유럽이 세입자 집 구하기 숨통.

한국일보(2020.11.21.). "코로나 때문에"… 교원명퇴 마저 주춤했다 .

KBS(2020.04.20.). “엄마, 옆에 있어주세요”…온라인 개학은 부모 개학?.
SBS(2020.10.09.). 거리두기의 역설…“길어지면 코로나 감염에 더 취약”.
YTN(2020.11.30.). “엄마, 언제까지 집에 있어야 해요?”… 아이들도 ‘코로나블루’.

[7장]

교육부(2016.12). 지능정보사회에 대응한 중장기 교육정책의 방향과 전략(시안).
교육부 보도자료(2019.02.08). 현장 전문가 36인, 미래교육을 그리다.
교육부(2020). 코로나 이후 미래교육 전환을 위한 10대 정책과제(안).
교육부(2021). 함께 성장하는 포용사회, 내일을 열어가는 미래교육. 교육부 2021 업무계획.
구본권(2016). 인공지능시대 미래교육의 과제. 2016 서울미래교육포럼 “인공지능시대의 이해와 서울미래교육” 자료집. 서울특별시교육연구정보원 교육정책연구소.
구현우(2017). 정책결정의 선택 논리 합리성, 제약, 그리고 상징. 행정논총, 55(4), 273-306.
국가평생교육진흥원(2016). 4차 산업혁명의 시대에서 묻는 교육의 미래. 2016 글로벌평생교육동향 2호.
국정기획자문위원회(2017.7). 문재인 정부 국정운영 5개년 계획.
권준, 엄준용(2012). 복잡계이론을 적용한 교원능력개발평가 정책결정 과정 분석. 교육정치학연구, 19(4), 177-210.
김기형(2009). 정책연구에서 복잡성 이론의 유용성 및 적용가능성에 관한 연구. 행정논총, 47(2), 281-312.
김봄이, 박선규, 이종수(2017). 4차 산업혁명시대의 스마트 비즈니스 분야 핵심역량 분석 및 인재육성 방안 연구. 세종: 한국직업능력개발원.
김성식 외(2019). 미래교육체제 탐색을 위한 실태분석 연구. 국가교육회의 연구보고서.
김은영(2018). OECD 교육 2030: 미래 교육과 역량. 서울교육, 통권 231호.
김정현, 변문경(2017). 4차 산업혁명 시대 메이커 교육 방향성 탐색. 열린교육학회 추계학술대회 자료집, 96-112.
김진숙, 김황, 배창호(2017). KERIS 종합교육현수원 초등교원 직무연수_4차 산업혁명시대의 미래교육 준비하기. 대구: 종합교육연수원.
김혜영, 홍후조(2018). 미국 고교학점제의 특징과 한국 고교학점제 시행을 위한 정책적 시사점: 노스캐롤라이나 주의 운용 사례를 중심으로. 교육학연구, 56(1), 245-277.
류방란, 김경애, 이상은, 한효정, 이윤미, 이종태, 최항섭, 이지미(2018). 제4차 산업혁명 시대의 교육: 학교의 미래. 충북: 한국교육개발원.
마쓰오 유타카(2015). 인공지능과 딥러닝(박기원 역). 서울: 동아엠앤비. (원전은 2015년에 출간)
박대권, 이인수, 이예슬(2018). 교육부와 시·도 교육청 간의 정책 갈등에 대한 패러독스 분석. 교육정치학연구, 25(3), 237-265.
박윤배, 김경식(2002). 학교교육 주체들이 지각하는 교실붕괴 현상의 원인. 교육사회학연구, 12(3), 101-120.
사득환, 박보식(2013). 물관리정책과 패러독스(Paradox)의 정치 4대강 사업을 중심으로. 지방정부연구, 17(3), 365-381.

서봉언(2020). 고교학점제 도입과 학교의 변화. 교육사회학연구, 30(3), 55-79.

서울특별시교육청(2020). 2021 서울교육 주요업무.

서현수, 허준, 김영삼, 신재철(2019). 미래교육체제수립을 위한 교육개혁의 사회적 합의 절차와 방법. 대통령 직속 국가교육위원회.

송시현, 김성길, 원종숙(2020). 한국미래교육학의 연구동향-미래교육연구 발행 논문을 중심으로. 미래교육연구, 10(4), 77-95.

신현석, 이준희, 정용주(2013). 제도화된 국가주의와 교육에서 국가의 역할. 교육문제연구, 26(3), 53-79.

신현석, 정용주, 장아름(2019a). 한국 교육의 변화와 미래의 교육: 역사적 접근을 통한 미래 교육의 전망 탐색. 한국교육학연구, 25(3), 47-86.

신현석, 홍지오, 윤혜원(2019b). 복잡계 이론과 교육행정학. 교육행정학연구, 37(4), 201-238.

신현석, 김한솔, 안희진(2020a). 코로나19 대응정책의 패러독스 현상 분석. 교육행정학연구, 38(5), 1-28.

신현석, 정수영, 이영선, 이재선(2020b). 교원성과급 정책의 패러독스 분석. 한국교육학연구, 26(4), 55-88.

윤견수(2014). 비합리적 행동의 합리적 기원-Deborah H. Stome의 정책역설과 딜레마를 중심으로-. 한국정책학회보, 23(4), 503-525.

윤종혁, 양성관, 박승재, 조옥경, 황은희, 김규식, 최영철(2017). 제4차 산업혁명과 미래교육 실천방안. 교육부·한국교육개발원. 2017 교육부 정책 연구보고서.

이광모(2003). 행정상 개념적 패러독스의 변증법적 접근 연구. 한국사회와 행정연구, 14(2), 23-45.

이광석, 함영진(2013). 국가복지정책의 설계와 집행에서의 복지모순에 관한 연구. 국가정책연구, 27(2), 1-30.

이경호(2019). 4차 산업혁명시대 인재상 분석을 통한 교육과제 탐색. 한국교육학연구, 25(2), 143-166.

이승호, 신철균(2018). 미래교육 연구 동향 및 과제. 한국교육학회 2018 연차학술대회 자료집, 1-14.

이영희, 윤지현, 홍섭근, 임재일, 백병부(2018). 미래교육 관련 연구 메타분석을 통한 미래교육의 방향. 교육문화연구, 24(5), 127-153.

이영희, 윤지현(2020). 교육주체 및 국내·외 교육전문가의 FGI를 통한 미래교육 방향 탐색. 교육문화연구, 26(3), 143-162.

이예슬(2020). 혁신학교 정책의 패러독스: 정책 확산 과정에서 나타난 교원들의 경험을 중심으로. 고려대학교 박사학위논문.

인천광역시교육청(2019). 인천광역시 미래교육위원회 모집 안내 공고문 및 지원서.

임종헌, 유경훈, 김병찬(2017) 4차 산업혁명사회에서 교육의 방향과 교원의 역량에 관한 탐색적 연구. 한국교육, 44(2), 5-32

임철일, 김현진, 송해덕, 이선희, 김현영, 김랑, 신행수(2018). 4차 산업혁명시대에 적합한 미래교육 프레임워크와 미래학교 연구. 대통령직속 4차 산업혁명위원회.

전미양, 최현임(2020). 사회적 구성주의 관점을 통한 초등돌봄서비스 탐색: 서울시 온마을돌봄정책의 보편성과 공공성을 중심으로. 정부학연구, 26(3), 181-204.

정정길, 최종원, 이시원, 정준금, 정광호(2010). 정책학원론. 서울: 대명출판사.

정제영(2016). 지능정보사회에 대비한 미래 교육정책 방향과 과제. 교육정책포럼자료집, 한국교육학회.

최운실, 맹은경, 정구영(2019). 4차 산업혁명 시대 미래 교육 패러다임 전환 담론 분석. 인문사회, 21, 1709-1720.

최상덕, 서영인, 이상은, 김기헌, 이옥화, 최영섭(2014). 미래 인재 양성을 위한 핵심역량 교육 및 혁신적 학습 생태계 구축(II). 한국교육개발원 연구보고서.

충청북도교육청(2020). 사람중심 미래교육.

하민철, 윤견수(2010). 메타프레임으로서 녹색성장(Green Growth) 정책 -딜레마 대응 방안으로서 메타프레임 구성. 한국정책학회보, 19(1), 101-126.

Almond, Gabriel A. & G. Bingham Powell Jr. (1983). *Comparative politics.* 3rd Edition. Boston: Little Brown and Company.

Bertalanffy, L. V.(1976). *General system theory: Foundations, development, applications*, Rev. ed. New York: George Braziller.

Cameron, K. & Quinn, R. (1988). Organizational paradox and transformation. In R. Quinn & K. Cameron (Eds.), *Paradox and transformation: Toward a theory of change in organization and management* (pp. 1-18). Cambridge, MA: Ballinger.

Dator. J. A. (2008). 다가오는 미래(우태정 역). 서울: 예문. (원전은 2002년에 출간)

Hill, Michael. (2013). *The public policy process.* 6th Edition. Pearson Education Limited.

Howard, C. (1997). *The hidden welfare state: Tax expenditures and social policy in the United States.* Princeton, NJ: Princeton University Press.

Guardino, M. & Mettler, S.(2020). Revealing the "Hidden welfare state": How policy information influences public attitudes about tax expenditures. *Journal of Behavioral Public Administration, 3*(1), 1-15.

OECD(2019). *Trends shaping education.* OECD Publishing.

Paul J. LeBlanc(2018). Higher education in a VUCA world. *Change, 50*(3), 23-26.

Schwab, Klaus(2018), *The fourth industrial revolution*, New York: Crown Publishing Group.

Simon, Herbert A. (1957). *Administrative behaviour.* 2nd Edition. New York: Macmillan.

Soss, Joe. & Sanford F. Schram. (2007). A public reformed? Welfare reform as policy feedback. *American Political Science Review. 101*(1): 111-127.

Stone, D. (2012). *Policy paradox: The art of political decision making* (3rd ed). New York: W.W. Norton & Co.

Weimer, David L. & Aidan R. Vining. (2011). *Policy analysis: Concepts and practice.* 5th Edition. New York: Longman Publisher.

경향신문(2021.02.04.). [학교의 안과 밖] 코로나19가 바꾼 교육의 지형. 장희숙 기자.

내일신문(2021.02.01.). 미래교육, 땜질말고 지속 가능하게. 전호성 기자.

뉴시스(2019.11.28.). 정시확대, 자유학기제·고교학점제와 엇박자... 교실붕괴 우려. 이연희 기자.
대전일보(2021.04.28.). '미래형 교육' 도입에 교원들 부담 가중. 강정의 기자,
서울신문(2021.02.25.). 100여년 전 고교학점제 시행한 뉴욕 "한국은 교실붕괴 대책 있나요". 윤창수 기자.
전자신문(2021.04.05.). 유은혜, "미래교육추진단 만들겠다". 문보경 기자.
한국교육신문(2020.06.05.). 포스트 코로나 시대, 교사의 역할은?. 한민철 제주 도련초 교사.

대구광역시교육청 공식 블로그. https://blog.naver.com/dgeduon.

[8장]

감사원(2015a). 지방교육재정 운용실태 감사보고서.
감사원(2015b). 지방교육청 재정운용실태 감사보고서.
감사원(2019). 2018회계연도 결산검사보고.
감사원(2020a). 2019회계연도 결산검사보고.
감사원(2020b). 지방 교육재정 효율성 및 건전성 제고 실태 감사보고서.
강원도교육청(2020). 지방교육재정의 안정화를 위한 정책 방안.
공은배(2016). 지방교육재정 분석·평가의 의미와 방향. 한국교육재정경제학회 춘계학술대회 자료집.
관계부처합동(2013). 박근혜정부 국정과제 이행을 위한 재정지원 실천계획.
교육부 보도자료(2019.04.09.). 당·정 "고등학교 무상교육 실현 방안 확정".
교육부(2016.02.29.). 지방교육재정교부금 규모 논란 관련 설명(뉴시스. 2016. 2. 28.)
교육부(2019). 고등학교 무상교육 실현방안 보고.
교육부(2019.06.11.). "시도교육청, 관계부처, 전문가 등과 함께 지방교육재정의 효과적 활용방안을 논의하겠습니다". 교육부 설명자료.
교육부(2021.10.14.). "교육부가 시도교육청에 예산을 더 주기 위해 교부금·교부율을 조정한다는 것은 사실이 아닙니다", 교육부 설명자료.
국회예산정책처(2019). 2020년도 예산안 분석 종합.
권혁주(2009). 정책수단의 정치적 성격. 한국행정논집, 21(4), 1301-1319.
기획재정부 보도자료(2019.08.08.). 2019~2023년 국가재정운용계획 수립을 위한 공개토론회 개최.
기획재정부(2020). 2020년 나라살림 예산개요.
심영평(2008). 정책이론에서 합리성의 한계와 모순의 관리. 행정논총, 46(3), 1-33.
김종길(2001). 패러독스의 도전과 정책과정에서의 패러독스 활용 전략: 동강댐 건설을 둘러싼 논의를 중심으로. 한국사회학, 35(3), 83-108.
김태은(2008). 정책수단 선택과 변화의 결정요인으로서 (탈)딜레마. 한국행정학보, 42(4), 179-210.
김현국, 반상진, 진성영(2016). 시도교육청 교육재정 진단. 교육문화관광위원회 정책연구개발과제 2016-01.
반상진(2015). 학령인구 감소와 지방교육재정 압박, 정책적 쟁점과 과제. 교육정치학연구, 22(3), 109-133.

반상진, 김민희, 김병주, 나민주, 송기창, 우명숙, 주철안, 천세영, 최준렬, 하봉운, 한유경(2014). 교육재정학. 서울: 학지사.
백완기(2007). 행정학. 서울: 전영사.
사득환, 박상진(2013). 정책패러독스(Policy Paradox)와 합리적 선택의 실패: 국민기초생활보장제도를 중심으로. 한국행정과 정책연구, 11(1), 1-26.
소영진(1994). 딜레마와 패러독스. 이종범, 안문석, 염재호, 박통희 외. 딜레마 이론: 조직과 정책의 새로운 이해. 45-75. 서울: 나남출판.
송기창(2015). 5·31 교육개혁방안 중 '교육재정 GNP 5% 확보'의 성과와 과제. 교육재정경제연구, 24(4), 1-23.
송기창(2019). 고등학교 무상교육 실현 방안. 제3회 교육복지 정책포럼: 고등학교 무상교육 실현을 위한 토론회 자료집(2019. 2. 19.), 3-45.
신현석, 김한솔, 안희진(2020). 코로나19 대응정책의 패러독스 현상 분석: Stone의 사실 관점에 대한 교사들의 반응을 중심으로. 교육행정학연구, 38(5), 1-28.
안종석, 김민희(2019). 지방교육재정 운용실적 분석 및 향후 전망, 정책시사점. 한국조세재정연구원 연구보고서.
양승일(2006). 정책변동론. 경기도: 양서원.
윤견수(2014). 비합리적 행동의 합리적 기원: Deborah H. Stone의 정책역설과 딜레마를 중심으로. 한국정책학회보, 23(4), 503-525.
윤기현, 엄준용(2018). 지방교육재정의 재정건전성 확보에 관한 쟁점과 과제. 한국교육, 45(4), 139-171.
윤정일(2004). 교육재정학원론. 서울: 세영사.
이인수(2017). 일반고 진로진학정책 집행 과정의 패러독스(Paradox) 현상에 대한 질적 연구. 고려대학교 박사학위논문.
이인수(2018). 교육부와 시·도교육청 간의 정책 갈등에 대한 패러독스 분석: 자율형 사립고등학교 정책을 중심으로. 교육정치학연구, 25(3), 237-265.
정정길, 최종원, 이시원, 정준금, 정광호(2016). 정책학원론. 서울: 대명출판사.
통계청(2019). 장래인구특별추계: 2017 인구주택총조사 기준.
통계청(2020). 2020년 3월 인구동향.
한국교원단체총연합회(2019.08.09.). 기재부의 학생수 감소에 따른 교육재정 감축 추진 관련입장 보도자료.

Carnoy, M. (1983). Educational adequacy: Alternative perspectives, and their implications for education future. *Journal of Education Finance, 8*(3), 286-299.
Howlett. M. & Ramesh, M. (2003). *Studying public policy*. New York: Oxford University Press.
Stone, Deborah A. (2002). *Policy paradox: The art of political decision making* (revised ed.). New York: W. W. Norton and Company.
Stone, Deborah A. (2012). *Policy paradox: The art of political decision making* (3rd ed.). New York: W. W. Norton and Company.

Thomas, J. L. (1989). Book review: Policy paradox and political reason by Deborah A. Stone. *Public Administrations Review, 49*(6), 566-567.
Vaizey, J. (1973). *The economics of education.* London: Macmillan.

교육희망(2016.09.28.) 박근혜 정부, '고교 무상교육' 공약 공식 폐기.
뉴시스(2016.02.28.) 與, 더민주 '누리과정 예산' 현수막 법적 대응 검토.
에듀인뉴스(2019.02.18.). 교육감協, "고교무상교육 대비 지방교육재정 교부율 21.33%로 확대해야.".
파이낸셜뉴스(2017.04.19.). 한국조세재정硏 "韓'재정 칸막이'비효율성 심각..지방재정 법제도 개편해야.".
파이낸셜뉴스(2021.01.26.) 교육부 "코로나19 후속조치 및 미래학교 전환 준비.".
한국경제(2019.06.11.). "학생 26%↓, 예산지원은 81%↑…교육교부금은 '비효율 끝판왕.'.
한국경제(2021.10.14.). "교부금 수조원 남아도는데... 지방교육청에 예산 더 주자는 교육부".

국가통계포털(http://kosis.go.kr)
지방교육재정알리미(http://eduinfo.go.kr)

[9장]

교육부(2013). 중학교 자유학기제 시범 운영계획안.
교육부(2014). 중학교 자유학기제 바로알기.
교육부(2017). 2017 교육부 업무 계획.
교육부 보도자료(2020.08.27.). 소통과 배려의 새로운 디지털 공동체 실현.
교육부 보도자료(2020.11.03.). 자유학기 수업 나눔으로의 초대: 「2020 자유학기제 온라인 수업 콘서트」개최.
교육부(2021). 2022 개정 교육과정 총론 주요사항(시안).
교총보도자료(2015). 자유학기제 법제화 및 모든 중학교 확대계획에 대한 교총 입장.
국정감사 보도자료(2013). 윤관석의원, 자유학기제 급히 추진하다가 체할 공산 커.
권기헌(2019). 정책분석론(제2전정판). 서울: 박영사.
김나라, 최지원(2014). 해외사례 분석을 통한 자유학기제 운영 방향과 과제: 아일랜드, 덴마크, 스웨덴, 영국 사례를 중심으로. 진로교육연구, 27(3), 199-223.
김달효(2015). 사례연구를 통해 본 자유학기제의 가능성과 한계. 교육문화연구, 21(5), 179-202.
김병찬(2017). 한국 교육행정에서 '양가성(ambivalence)' 현상의 탐색과 의미. 교육행정학연구, 35(1), 1-33.
김석우, 구경호, 문영주, 유희정, 이승배, 장재혁(2022). 교육과 사회과학 연구방법론. 서울: 학지사.
김아람, 김아미(2018). 혁신학교인 K중학교를 통해 본 자유학년제 운영 특징에 대한 사례 연구, 교육문화연구, 24(5), 499-523.
김양분, 남궁지영, 박경호(2019). 자유학기제 참여와 가정의 사회· 경제적 지위에 따른 중학생의 학업성취 변화 분석. 한국교육, 46(1), 1-38.
김영우, 김종두(2016). 자유학기제 시행에 따른 중학생 진로교육의 효과와 문제점. 한국엔터테인먼트산업학회

논문지, 10(6), 313-321.

김위정(2017). 경기도 자유학기제 성과 분석. (재)경기도교육연구원.

김윤서(2022). 중학교 자유학기를 위한 혼합학습 기반 주제선택 프로그램 개발, Brain, Digital, & Learning, 12(3), 441-460.

김태은(2015). 역사적 제도주의 연구 경향과 비판적 논의. 한국행정학보, 49(4), 57-96.

김희규, 주영효(2022). 중학교 자유학기제 운영 현황 분석 및 개선 방안. 한국교원교육연구, 39(2), 117-142.

남궁근(2017). 행정조사방법론 제5판. 파주: 법문사.

남재걸(2012). 지방행정체제 개편의 경로진화 연구 역사적 제도주의 관점에서: 우리나라 시 설치 정책을 중심으로. 지방행정연구, 26(2), 55-88.

노명순(2006). 대학입학정책 변화요인의 역사적 신제도주의적 분석. 교육행정학연구, 24(3), 241-264.

노화준(2007). 정책개혁과정에 있어서 정책평가의 쟁점과 정책학습. 행정논총, 35(2), 31-55.

문찬주, 정설미, 이영선, 정동욱(2020). 중학교 자유학기제 시행과 학교 수준 학업성취도 간 관계 분석. 교육행정학연구, 38(4), 157-184.

박균열, 주영효, 고영종(2014). 공교육 내실화를 위한 자유학기제 정책의 방향과 과제. 교육행정학연구, 32(1), 25-51.

박균열, 홍지오, 엄준용, 김대영, 김보영, 박상현, 강구섭(2019), 자유학기(학년)제 발전 방향 탐색(CR 2019-22). 충북: 한국교육개발원.

박균열, 홍지오(2021). 자유학기(학년)제 발전방향에 관한 전문가 인식 분석. 교육정치학연구, 28(1), 183-205.

박대권, 신범철, 이승호(2019). 자유학기제 운영 과정에 관한 질적 메타분석. 교육정치학연구, 26(1), 133-159.

박상민, 정성수(2021). 원격수업 운영의 실제에 관한 교사의 인식 연구. 교육행정학연구, 39(4), 1-25.

박용성, 박춘섭(2011). 민간투자 사업 최소수입보장(MRG) 제도의 경로변화 연구: 경로의존모델에 따른 경로 시작과 점진적 경로진화. 한국정책학회보, 20(1), 243-268.

박윤수(2017). 자유학기제 효과성 연구. 정책연구시리즈 2017-13. 한국개발연구원.

박휴용, 송진웅(2018). 교육정책이 적용되는 현장의 갈등요인 분석: 자유학기제를 중심으로 한 질적 연구. 교육문화연구, 24(2), 7-32.

사득환, 박보식(2013). 물관리정책과 패러독스(Paradox)의 정치: 4대강 사업을 중심으로. 지방정부연구, 17(3), 365-381.

사득환, 박상진(2013). 정책패러독스(Policy Paradox)와 합리적 선택의 실패: 국민기초생활보장제도를 중심으로. 한국행정과 정책연구, 11(1), 1-26.

성열관(2018). 자유학기제의 정책 특징에 따른 교사들의 제도 인식: 정책 정당성, 교사 정체성 및 전문성을 중심으로. 교육문제연구, 31(1), 27-58.

성태제, 시기자(2017). 연구방법론. 서울: 학지사.

신철균, 황은희, 김은영(2015). 자유학기제 운영 실태 분석 연구. 아시아교육연구, 16(3), 27-55.

신철균, 김은영, 황은희, 송경오, 박민정(2014). 중학교 자유학기제 정착 방안 연구(RR 2014-17). 한국교육개발원.

신현석(2017). 한국 교육행정학의 정체성: 이론 탐색의 의의와 지향성. 교육행정학연구, 35(1), 195－232.
신현석, 선애경(2021). 미래교육정책의 패러독스: Stone의 '상징' 패러독스를 중심으로. 한국교육학연구, 27(2), 95－133.
신현석, 이예슬(2021). 교육정책 패러독스: 탐구 가능성과 과제 탐색. 교육행정학연구, 39(2), 205－246.
신현석, 이주영, 강지영(2019). 학교생활기록부 제도의 복잡화 과정 분석: 복잡계이론의 적용. 교육행정학연구, 37(5), 35－68.
안희진, 김병찬(2016). 자유학기제를 경험한 학생들의 일반학기 학교생활 모습에 관한 질적 사례 연구. 교육행정학연구, 34(3), 129－154.
양희준(2020). 자유학기제 정책의 구체화 과정 분석: 정책목표를 중심으로. 한국콘텐츠학회 논문지, 20(12), 441－453.
여지영, 채선미(2016). 중학생의 자유학기제 경험. 한국콘텐츠학회논문지, 16(5), 698－709.
윤견수(2001). 선택상황의 구성방식과 의사결정자의 딜레마. 한국정책학회보, 10(1), 5－30.
윤견수(2014). 비합리적 행동의 합리적 기원: Deborah H. Stone의 정책역설과 딜레마를 중심으로. 한국정책학회보, 23(4), 503－526.
이광석, 함영진(2013). 국가복지정책의 설계와 집행에서의 복지모순에 관한 연구. 국가정책연구, 27(2), 1－30.
이승미(2022). 중학교 자유학기의 지향점과 편성·운영·평가의 개선 방향 탐색, 한국교육학연구, 28(1), 139－166.
이승범, 진지형(2016). 자유학기제 적용에 따른 자기주도적 학습능력 및 행복도, 인성, 진로에 관한 인식 분석. 관광레저연구, 28(2), 347－359.
이은화, 신상명(2016). 자유학기제 집행과정에서 나타난 교사의 직무행태 분석. 교육행정학연구, 34(3), 1－24.
이재선(2022). 초·중등 교원 보수정책 변동과정 분석: 행태발생론적 접근과 역사적 제도주의의 통합적 접근을 중심으로. 고려대학교 박사학위논문.
이주영(2020). 통일교육정책의 변동과정 분석: 역사적 제도주의의 경로변화 이론을 중심으로. 고려대학교 석사학위논문.
임종헌(2016). 자유학기제 운영 과정에 대한 질적 사례 연구: 양가성 현상의 발견과 의미. 교육행정학연구. 34(4), 99－128.
장선미(2021). 자유학기(년)제 참여 중학생의 그릿이 몰입과 만족도에 미치는 영향. 코칭능력개발지, 23(4), 173－179.
정양순, 이예슬, 박대권 (2018). Kingdon의 정책흐름모형을 통한 자유학기제 정책형성 및 자유학년제로의 정책변동분석. 교육정치하연구, 25(1), 143－172.
정영근, 민용성, 변희현, 김용명, 설현수, 임지연, 장현진(2015), 중학교의 자유학기 교육과정 실행 방안 연구(RRC 2015－7－1). 충북: 한국교육과정평가원.
정영희, 이준기, 신세인(2016). 자유학기를 겪어 본 교육주체들의 경험에 대한 현상학적 연구: 전라북도 지역 사례를 중심으로, 중등교육연구, 64(3), 777－808.
정유리, 송경오(2016). 자유학기제 정책집행과정에서 나타난 교사의 반응양상 분석. 교육정치학연구, 24(3), 73－97.

정윤경(2016). “자유학기제”의 개혁적 의미와 과제. 교육철학연구, 38(4), 105-129.
정재현, 현은령(2021). 색채감각 향상을 위한 자유학년제 예술교육프로그램 개발: 무대 분장 메이크업 관련 색채디자인 활동을 중심으로. 한국디자인문화학회지, 27(4), 489-501.
정정철(2020). ‘과정 중심 평가’의 교육적 의미와 난점 분석을 통해 본 교육평가의 지향점 탐구. 교육철학연구, 42(4), 217-238.
조성경, 김민제, 박근아, 서정은, 이보미, 정동욱(2018). 자유학기제 운영 학교의 특성에 따른 정책의 효과 분석. 교육행정학연구, 36(4), 41-68.
주휘정, 김민석(2018). 자유학기제 참여 학생의 발달 궤적과 영향 요인 분석: 진로체험의 참여 횟수와 만족도를 중심으로. 교육행정학연구, 36(2), 91-113.
최원석, 백선희, 황은희, 한은정(2022). 자유학기제 연계학기 운영 및 참여 경험 분석: 경기도 연계 자유학년을 중심으로. 교육문화연구, 28(2), 467-491.
하연섭(2011). 제도분석: 이론과 쟁점. 서울: 다산출판사.
하정희, 김명희, 조영아, 김성희(2018). 중학생들의 자유학기제 경험에 대한 질적연구. 학교사회복지, 42, 139-162.
한국고용정보원(2008). (청소년을 위한)한국 직업전망. 서울: 노동부.

American Psychological Association(2010). *Publication manual of the American Psychological Association.* Washington, DC: Author.
Baumeister, R. F., & Leary, M. R. (1997). Writing narrative literature reviews. *Review of General Psychology, 1*, 311-320.
Glass, Gene V. (1976). Primary, secondary, and meta-analysis of research. *Educational Researcher, 5*(10), 3-8.
Hart, C. (1998). *Doing a literature review: Releasing the social science research imagination.* Thousand Oaks, CA: Sage.
Lukenchuk, A. (2013). *Paradigms of research for the 21st century: Perspectives and examples from practice.* New York: Peter Lang.
Hall, P. A.(1993). *Policy paradigms, social learning and the states, a presented to the international political association.* Washington D.C.
Snyder, H. (2019). Literature review as a research methodology: An overview and guidelines. *Journal of Business Research, 104*, 333-339.
Stone, D. A. (2012). *Policy paradox: The art of political decision making(3rd ed.).* New York: W.W. Norton & Company.
Torraco, R. J. (2005). Writing integrative literature reviews: Guidelines and examples. *Human Resource Development Review, 4*, 356-367.
Tranfield, D., Denyer, D., & Smart, P. (2003). Towards a methodology for developing

evidence-informed management knowledge by means of systematic review. *British Journal of Management, 14*, 207-222.

Vom Brocke, J., Simons, A., Riemer, K., Niehaves, B., Plattfaut, R., and Cleven, A. (2015). Standing on the shoulders of giants: Challenges and recommendations of literature search in information systems research. *Communications of the Association for Information Systems, 37*, 205-224.

금강일보(2017.11.08.). 학생 [독자투고] 교육부의 '자유학기제확대'에 반대합니다.

금강일보(2020.07.06.). 다시 원격수업…학생 평가 난항.

내일신문(2020.10.26.). "고교학점제 안착위해 자유학기제 재구성".

뉴시스(2012.12.09.). [대선 D-10]정책분석 ⑤교육·사회.

뉴스웍스(2022.04.26.). 임태희 경기도교육감 예비후보 "자유학년제, 자유방치제 됐다".

동아일보(2020.08.10.). 코로나-자유학기제 겹쳐 中1 수학성적 '곤두박질'.

머니투데이(2017.04.12.). '자유학기제' 겪어보니... "학원 안 가면 폭망".

베리타스알파(2021.11.24.). '대입개편 없이' 고교학점제 강행.. 교육계 '본말전도된 대못 박기'.

서울경제(2021.05.06.). "적성 못 찾고 학력 격차만 커졌다"…자유학기제 실효성 논란.

서울경제(2021.10.22.). 중학교 '자유학기제' 축소되고 고교 일반선택과목에 '경제' 빠지나.

서울신문(2022.11.11.). 최유희 교육위원, 자유학기제? 자유학년제? 조희연 교육감 오락가락 정책의 피해자는 학생들.

시사상식사전. 자유학기제(2022.09.02.검색).

에듀프레스(2022.07.29.). 초중 학교자율시간 신설-자유학년제 폐지.. 창체 최대 20% 증감.

연합뉴스(2013.03.29.). 대전전교조 "공교육 개편없는 자유학기제는 부작용뿐".

연합뉴스(2022.12.05.). 경기교육청, 일괄 자유학년제 폐지…대신 학교가 자율 선택.

오마이뉴스(2012.11.22.). 진보도 '공감할' 박근혜의 공약은 없을까?.

한겨레(2021.11.24.). 중1 자유학년제→한 학기만 자유학기제로…초6·중3 2학기 '진로 교육'.

한국일보(2021.06.03.) "코로나 학습결손, 등교만 늘릴 게 아니라 '계절학기'라도 도입하라".

KBS(2022.09.08.). 부산교육청, 내년 자유학년제·학기제 자율 운영.

[10장]

강민수, 최지혜, 신창호(2020). 인성교육의 정책 실천에서 드러난 교육적 역설. 교육연구논총, 41(4), 37-62.

교육부 보도자료(2017.11.02.). 「초·중등교육법 시행령」일부개정령안 입법예고.

교육부 보도자료(2017.12.08.). 사학위원회 출범 및 제1차 회의 개최.

교육부 보도자료(2019.01.15.). 교육부, 전담조직 구성·운영 등 교육신뢰회복에 본격 시동.

교육부 보도자료(2019.06.20.). 자사고 운영성과·평가결과 관련 교육부 후속일정 안내.

교육부 보도자료(2019.07.04.). 사학혁신위원회 사학혁신 활동 결과 발표.

교육부 보도자료(2019.10.25.). 당정 유치원 공공성 강화방안 확정.

교육부 보도자료(2019.11.21.). 제1차 고교 교육 혁신 추진단 회의개최.

교육부 보도자료(2019.12.18.). 교육신뢰회복을 위한 사학혁신 추진방안.

교육부 보도자료(2021.08.31.). 교육부 소관 11개 법안, 국회 본회의 통과.

교육부 보도자료(2022.01.27.). 서울, 부산교육청 자사고 소송 중단 관련 입장.

김민조, 박소영(2012). 자율형 사립고 정책과정에서 옹호연합의 형성과 작동. 교육행정학연구, 30(1), 337-361.

김보엽(2008). 한국 사학정책의 변동 요인 및 과정 분석-국민의 정부 및 참여정부의 사립학교법 개정 사례를 중심으로. 교육행정학연구, 26(3), 1-23.

김상철, 엄준용(2016). 정책담화모형(Narrative Policy Framework)을 적용한 서울시 무상급식정책 분석. 교육정치학연구, 23(3), 127-150.

김종길(2001). 패러독스의 도전과 정책과정에서의 패러독스 활용 전략: 동강댐 건설을 둘러싼 논의를 중심으로. 한국사회학, 35(3), 83-108.

김종서(2013). 사립학교법의 개정으로 본 사학정책의 변화. 교육비평, 31, 86-109.

김행수(2006). 사학법 개정의 사회정치적 의미, 그리고 한계와 과제. 진보평론, 27, 134-149.

김현진(2019). 안건신속처리제도(국회법 제 85 조의 2)의 도입과 쟁점사항. 의정연구, 25(2), 179-188.

김희정(2020). 유치원 3법 이후 유치원교육의 변화 방향. 교육비평, 45, 82-100.

나병현(2002). 공교육의 의미와 교육의 공공성 문제. 한국교육, 29(2), 549-571.

박민, 이시우(2011). 사립학교의 공공성과 자율성에 관한 연구: 사립학교법의 변천과정과 현행 법제의 구조적 분석을 중심으로. 공법연구, 39(3), 143-168.

박부권(2008). 사립학교의 자주성과 공공성에 대한 소고. 교육사회학연구, 18, 21-38.

박상진(2020). 21대 국회 사학법 개정에 대한 한국교회의 대응방안: 한국교회의 2005 년 사학법 개정 대응에 관한 평가에 근거하여. 선교와 신학, 52, 271-305.

박재윤(2012). '일본의 사학지원법제와 시사점 분석', 〈사학의무교육 법제 및 재정 현황〉, 대한교육법학회 제71차 연차학술대회 자료집, 31-49.

박찬주, 황준성, 박재윤(2014). SWOT 분석을 통한 사학지원관계법 발전전략탐색. 교육정치학연구, 21(1), 1-26.

박해경, 유은지, 강민수, 홍세영, 변기용(2016). 자율형 사립고에 대한 보수/진보언론간 정책 내러티브의 차이점 분석: 내러티브 정책모형(Narrative Policy Framework)의 적용. 교육문제연구, 29(1), 139-170.

변기용. (2009). 옹호연합모형을 통한 법학전문대학원제도 도입과정 분석. 교육행정학연구, 27(1), 223-251.

변수연, 이희영, 박해경(2011). 3不정책 논쟁에 나타난 옹호연합간의 상호적대화(devil shift) 현상 분석. 교육행정학연구, 29(4), 47-73.

사득환, 박보식(2013). 물관리정책과 패러독스(Paradox)의 정치. 지방정부연구, 17(3), 365-38.

서울행정법원(2021). 2021. 2. 18. 선고 2019구합75808 자율형사립고등학교지정취소처분 취소. 서울: 서울행정법원.

신현석(1997). 한국사학정책의 쟁점과 대안, 그리고 선택 (I). 교육행정학연구, 15(3), 185-216.

신현석, 이예슬(2021). 교육정책 패러독스: 탐구 가능성과 과제 탐색. 교육행정학연구, 39(2), 205-246.
양림(2021). 자사고 재지정과정에서 정책지지 연합의 신념체계 분석. 한국과 국제사회, 5(6), 59-79.
양승일(2016). 수정된 Wilson의 규제정치이론을 활용한 규제정치 비교 분석: 한국과 일본의 수도권규제정책을 중심으로. 지방행정연구, 30(1), 251-279.
유정호, 양윤주, 최지혜, 이승택, 조민효(2020). 유치원 3 법의 정책변동과정 연구: 신속처리안건 제도와 상호적대화를 중심으로. 한국정책학회보, 29(3), 135-171.
윤견수(2014). 비합리적 행동의 합리적 기원: Deborah H. Stone의 정책역설과 딜레마를 중심으로. 한국정책학회보, 23(4), 503-525.
이시우(2009). 사립학교법에 대한 입법개선 방향과 사학육성특별법 제정 방안에 관한 연구. 교육법학연구, 21(2), 243-274.
이예슬(2020). 혁신학교 정책의 패러독스: 정책 확산 과정에서 나타난 교원들의 경험을 중심으로. 고려대학교 박사학위논문.
이우영(2020). 입법과정에서의 숙의 기능의 실질적 제고를 위한 안건신속처리제도 개선 논의. 입법학연구, 17(1), 5-41.
이청민, 정제영, 이미진(2021). Mucciaroni 의 이익집단 위상변동 모형을 활용한 자율형사립고의 정책 변동 분석. 교육혁신연구, 31(1), 157-186.
임순미(2011). 무상급식논쟁을 통해본 보수의 담론·진보의 담론: 신문 미디어의 프레이밍 분석을 중심으로. 한국정치학회보, 45(2), 251-279.
정성수, 이현수(2021). Kingdon의 다중흐름모형을 적용한 '유치원 3법' 정책형성과정 분석. 학습자중심교과교육연구, 21(3), 497-521.
조영숙(2021). 사립유치원의 공공성 강화를 위한 정책의 현황 및 개선 방향: 유치원 3 법을 중심으로. 법학연구, 21(4), 353-372.
조한상, 이주희(2020). 사립대학 감사체제의 구조와 문제점에 대한 개선방안. 한국부패학회보, 25(3), 57-82.
조흥순(2011). 사립고자율화 정책 변동의 특성과 정치적 요인 분석. 교육정치학연구, 18(3), 145-170.
주영달(2018). 사립학교법상 임시이사 선임 학교법인의 정상화 제도 분석과 개선방안. 고려대학교 박사학위논문.
최병선(2000). 정부규제론. 서울: 법문사.
허성욱, 황태연(2020). 정책내러티브 영향력과 전략에 대한 탐색. 한국비교정부학보, 24(3), 193-222.
허재욱(1985). 한국사립학교법에 관한 연구: 자주성과 공공성을 중심으로. 중앙대학교 박사학위논문.
허종렬(2020). 21대 국회 초반기 사학법 개정 법률안의 쟁점과 사학입법정책. 교육법학연구, 32(3), 165-189.
허종렬(2021). 최근 사립학교법 개정과 사학의 자주성 및 공공성. 교육법학연구, 33, 213-242.
헌법재판소(1991). 1991.7.22. 선고 89헌가106 사립학교법제55조제58조제1항제4호에관한 위헌심판. 서울: 헌법재판소.
헌법재판소(2001). 2001. 1. 18. 선고 99헌바63 사립학교법제28조제1항본문위헌소원. 서울: 헌법재판소.
헌법재판소(2018). 2018.04.11. 선고 2018헌마221 초·중등교육법시행령제80조제1항등위헌확인. 서울: 헌법재판소.

황동연(2019). 사학의 자주성과 공공성에 대한 사립학교법의 주요 개정내용 분석. 교육법연구, 31(3), 243-274.
황성욱, 이병혜(2010). 저출산 이슈에 대한 언론의 현실 구성: 보수 대 진보신문의 프레임 비교 연구. 커뮤니케이션학연구, 18(2), 27-58.

Cameron, K., & Quinn, R. (1988). Organizational paradox and transformation. In R. Quinn & K. Cameron (Eds.), *Paradox and transformation: Toward a theory of change in organization and management* (pp. 1 18). Cambridge, MA: Ballinger.
Heikkila, T., Weible, C. M., & Pierce, J. J. (2014). Exploring the policy narratives and politics of hydraulic fracturing in New York. In M. Jones, E. Shanahan, & M. McBeth, *The science of stories* (pp. 185-205). New York: Palgrave Macmillan.
Jones, M. D., & McBeth, M. K. (2010). A narrative policy framework: Clear enough to be wrong?. *Policy Studies Journal, 38*(2), 329-353.
Jones, M. D., & Song, G. (2014). Making sense of climate change: How story frames shape cognition. *Political Psychology, 35*(4), 447-476.
Lewis, M. W. (2000). Exploring paradox toward a more comprehensive guide. *Academy of Management Review, 25*(4), 760-776.
McBeth, M. K., Jones, M. D., & Shanahan, E. A. (2014). The narrative policy framework. *Theories of the policy process, 3,* 225-266.
McBeth, M. K., Shanahan, E. A., Arnell, R. J., & Hathaway, P. L. (2007). The intersection of narrative policy analysis and policy change theory. *Policy Studies Journal, 35*(1), 87-108.
Shanahan, E. A., Jones, M. D., & McBeth, M. K. (2018). How to conduct a narrative policy framework study. *The Social Science Journal, 55*(3), 332-345.
Shanahan, E. A., Jones, M. D., McBeth, M. K., & Lane, R. R. (2013). An angel on the wind: How heroic policy narratives shape policy realities. *Policy Studies Journal, 41*(3), 453-483.
Shanahan, E. A., McBeth, M. K., Hathaway, P. L., & Arnell, R. J. (2008). Conduit or contributor? The role of media in policy change theory. *Policy Sciences, 41*(2), 115-138.
Stone, D. (2002). *Policy paradox: The art of political decision making* (Revised Edition). New York, NY: W.W. Norton.
Stone, D. (2012). *Policy paradox: The art of political decision making* (3rd ed). New York: W.W. Norton & Company Ltd.
Van de Ven, A. H. & Poole, M. S. (1988). Paradoxical requirement for a theory of organizational change. In R. Quinn & K. Cameron (Eds.), *Paradox and transformation: toward a theory of change in organization and management* (pp. 19-63). Cambridge, MA: Ballinger Publishing Company.
Wilson, J. Q. (1980). *The politics of regulation.* New York: Basic Books.

경향신문(2019.12.26.). 박용진 "올해 사립유치원 비리 4419건… 유치원3법 통과돼야".
경향신문(2019.03.03.). 총리 경고도 안 통하자 정부 '초강수'…보육대란 초기 진화 뜻.
경향신문(2019.07.08.). 자사고 지정 취소 '그 후'가 없다…"일반고 발전 대책 병행해야".
동아일보(2019.06.21.). "상산고 죽이기" 비판의 목소리에…침묵하는 김승환 전북교육감.
매일노동뉴스(2019.10.17.). 전교조 "정부 자사고·외고·국제고 일괄 일반고로 전환해야".
머니투데이(2022.01.29.). '자사고 소송' 나홀로 강행 경기교육청.."이념 집착·稅낭비" 비판.
서울신문(2019.04.11.). 헌재 "자사고·일반고 '이중지원 금지' 위헌"…고교입시 작년처럼.
조선일보(2018.10.30.). "유치원 하고 싶겠나" 격앙은 했지만, '휴폐업 결의'는 없었다.
조선일보(2021.07.09.) 교육정책 무리수, 자사고 취소 재판 10전 10패.
중앙일보(2021.12.08.). 자사고 폐지는 지역균형발전에 역행.
충청투데이(2015.04.30.). 사학비리 수사를 꼼꼼하게 지켜보는 까닭.
한겨레(2018.12.03.). "학부모 부담금으로 명품백 사면 처벌해야 " "사립유치원 자율에 맡겨야".
한겨레(2019.05.09.). "교육부 고려대 감사 솜방망이 처벌…사립대 감사 정례화해야".
한겨레(2022.03.23.). 자사고·일제고사 부활 예고…"사교육·불평등 더 키울 것".
KBS(2021.12.17.) 부산 특목·자사고 내년 신입생 모집 미달 속출.
MBC(2019.09.23.). 패스트트랙 '유치원 3법' 논의 한번 없이 내일 본회의 자동 상정.
YTN(2019.01.22.). 한유총, 시행령 입법예고에 또 반발…"재산권 침해".

국회의안정보시스템 홈페이지. https://likms.assembly.go.kr/bill/BillSearchResult.do

[11장]

강남훈(2014). 반값등록금과 결합된 대학구조개혁 및 대학체제개편 제안. 경제와사회, 103, 11-32.
강영실(2012). 사회복지정책. 서울: 신정.
고장완(2016). 미국 대학의 등록금 정책과 학자금 정책 분석. 비교교육연구, 26(3), 133-160.
교육부 보도자료(2016.01.20.). 2016년 국가장학금 지원 확대로 소득연계형 반값등록금 체감도 높인다.
권형준(1988). 대학의 자치와 그 한계. 월간고시.
김가람, 이일용(2014). 다중흐름모형을 적용한 반값등록금 정책 변동과정 분석. 교육정치학연구, 21(1), 27-49.
김기평(2003). 대학등록금정책의 기본 철학과 책정과정의 연구. 산업경제연구, 16(4), 151-167.
김민귄(2004). 불평등의 패러독스. 서울: 개마고원.
김수경(2016). 대학등록금 정책에 따른 사립대학 재정의 변화 추이 및 대학유형별 차이 분석. 교육재정경제연구, 25(2), 151-176.
김시진, 김재웅(2012). Kingdon의 정책흐름모형에 의한 대학등록금 부담완화정책 분석. 교육행정학연구, 30(3), 181-203.
김영재(2015). 대학 등록금 정책 변천에 관한 소고: 해석학적 접근을 중심으로. 한국행정사학지, 36, 19-50.

김윤상(2010). 공유지의 비극과 사유화의 비극. 국가정책연구, 24(3), 89-105.
김종길(2001). 패러독스의 도전과 정책과정에서의 패러독스 활용 전략: 동강댐 건설을 둘러싼 논의를 중심으로. 한국사회학, 35(3), 83-108.
남수경(2012). 대학 등록금 및 장학금 지원의 방향과 과제. 교육재정경제연구, 21(1), 57-90.
남수경(2015). 고등교육기관의 특성별·전공계열별 등록금의 차등화 실태 분석. 교육재정경제연구, 24(2), 1-39.
문보은(2013). 대학의 질적 수준 대비 적정등록금 책정 방향 탐색. 교육재정경제연구, 22(3), 165-196.
박성태(2012). 반값등록금 정책의제설정에 미치는 언론보도 내용 분석: 조선일보, 중앙일보, 한겨레신문 보도 내용을 중심으로. 한국공공관리학보, 26(3), 235-260.
박정원(2014). 대학등록금정책 비교연구: 반값등록금 논쟁과 관련한 해법의 모색. 민주사회와 정책연구, 25, 111-141.
반상진(2012). 대학등록금의 쟁점 분석과 합리적 대안 모색. 교육재정경제연구, 21(3), 97-115.
변광화(2013). '대학의 자율성' 관점에서의 사립대학 감사에 관한 고찰. 교육법학연구, 25(3), 75-101.
사득환(2013). 정책패러독스(Policy Paradox)와 합리적 선택의 실패: 국민기초생활 보장제도를 중심으로. 한국정책학회 하계국제학술대회 논문집, 2, 33-53.
사득환, 박보식(2013). 물관리정책과 패러독스(Paradox)의 정치 4대강 사업을 중심으로. 지방정부연구, 17(3), 365-381.
사득환, 박상진(2013). 정책패러독스(Policy Paradox)와 합리적 선택의 실패: 국민기초생활보장제도를 중심으로. 한국행정과 정책연구, 11(1), 1-26.
소영진(1994). 딜레마와 패러독스. 이종범, 안문석, 염재호, 박통희 외. 딜레마 이론: 조직과 정책의 새로운 이해. 45-75. 서울: 나남출판.
손준종(2013). 반값 등록금의 정치학: 그 성격과 교육적 의미 탐색. 교육정치학연구, 20(3), 189-215.
송기창(2006). 정당별 대학등록금 대책에 대한 분석. 교육재정경제연구, 15(1), 161-185.
송기창, 윤홍주(2011). 대학등록금 결정요인 분석 및 정책방향 탐색. 교육행정학연구, 29(4), 487-512.
신정철(2012). 반값등록금과 장학금: 등록금 논쟁의 학술적 조명. 대학교육, 176, 20-27.
신정철, 박환보(2007). 대학에 대한 정부의 다양한 간섭형태에 관한 연구. 교육행정학연구, 25(4), 315-339.
신현석, 주휘정(2014). 외국의 대학등록금 결정 영향요인 비교·분석. 교육문제연구, 27(4), 99-126.
윤관호, 채지윤, 김동관(2012). 한국의 대학 등록금 수준과 미국 및 OECD 국가와의 비교. 경영교육저널, 23(3), 45-54.
소영진(1994). 딜레마와 패러독스. 이종범, 안문석, 염재호, 박통희 외. 딜레마 이론: 조직과 정책의 새로운 이해, 45-75. 서울: 나남출판.
이길재, 이정미(2013). 지속적인 등록금 인상 요인 분석: 미국의 경험에 기초한 등록금 정책 대안 탐색. 교육재정경제연구, 22(3), 197-222.
이진희(2014). 독일 대학 등록금 제도와 사회복지 정책에 관한 연구: 우리나라의 반값 등록금 논쟁과 관련하여. 독일어문학, 64, 267-289.
이형석(2017). 헌법학적 관점에서 본 대학의 자치와 한계. 교육법학연구, 29(2), 133-159.

유진성(2014). 반값등록금의 영향과 정치경제학. 한국경제연구원 정책연구 보고서.
윤견수(2014). 비합리적 행동의 합리적 기원: Deborah H. Stone의 정책역설과 딜레마를 중심으로. 한국정책학회보, 23(4), 503-526.
이시우(2008). 대학의 자율성과 고등교육 관련 법 개정의 기본원칙 및 방향. 공법연구, 37(1-2), 124-154.
이인수(2017). 일반고 진로진학정책 집행과정의 패러독스 현상에 대한 질적 연구: D. Stone의 정책 패러독스 이론을 중심으로. 교육행정학연구, 35(5), 51-84.
임연기(2013). TNA를 활용한 '교육복지'에 대한 언론보도의 비교분석. 교육학연구, 51(2), 199-224.
임연기(2016). 반값등록금에 대한 언론보도의 특성 분석. 교육행정학연구, 34(5), 1-23.
정극원(2018). 민주주의와 대학의 자치. 공법학연구, 19(1), 83-107.
정명호(1997). 패러독스와 경영: 합리성의 위기와 경영의 새로운 패러다임. 서울: 삼성경제연구소.
조태훈(2013). '자유롭게 교육을 받을 권리'로서의 학습권의 범위와 한계 연구. 법과인권교육연구, 6(2), 109-131.
허종렬(2004). 헌법상 사학법인의 자주성과 사립대학의 자율성 법리 연구: 사립학교법 개정 탐색을 위한 헌법원리적 접근. 교육법학연구, 16(2), 313-338.

Brennan, J.(2007). Rawls' paradox. *Constitutional Political Economy, 18*(4), 287-299.
Cameron, K., & Quinn, R.(1988). Organizational paradox and transformation. In R. Quinn & K. Cameron (Eds.), *Paradox and transformation: Toward a theory of change in organization and management* (pp. 1-18). Cambridge, MA: Ballinger Publishing Co.
Fairhurst, G. T., Smith, W. K., Banghart, S. G., Lewis, M. W., Putnam, L. L., Raisch, S., & Schad, J.(2016). Diverging and converging: Integrative insights on a paradox meta-perspective. *Academy of Management Annals, 10*(1), 173-182.
Ford, J. D., & Backoff, R. W.(1988). *Organizational change in and out of dualities and paradox*. Cambridge, MA: Ballinger Publishing Co.
Hardin, G.(1968). The tragedy of the commons. *Science, 162*, 1243-1248.
Laswell, H.(1936). *Politics: Who gets what, when and how*. New York: Mcgraw-Hill.
Lewis, M. W.(2000). Exploring paradox: Toward a more comprehensive guide. *Academy of Management review, 25*(4), 760-776.
Mouffe, C.(2000). *The democratic paradox*. New York: Verso.
Pascale, R. T.(1990). *Managing on the edge*. New York: Simon and Schuster.
Rawls, J.(2009). *A theory of justice*. Cambridge, MS: Harvard University Press.
Stone, D.(2002). *Policy paradox: The art of political decision making* (Revised Edition). New York: W. W. Norton & Company.
Stone, D.(2012). *Policy paradox: The art of political decision making* (3rd ed.). New York: W. W. Norton & Company.

Van de Ven, A. H. & Poole, M. S.(1988). Paradoxical requirement for a theory of organizational change. In R. Quinn & K. Cameron (Eds.), *Paradox and transformation: Toward a theory of change in organization and management*(pp. 19－63). Cambridge, MA: Ballinger Publishing Co.

경향신문(2020.06.01.). "등록금 돌려달라" 대학생들 230km 행진.
교수신문(2020.06.08.). 대학생들 "등교 못하는데 등록금은 그대로…환불 등 보상 필요".
대전일보(2020.06.16.). 지역대학 등록금 환불 딜레마에 빠지다.
대학교육연구소(2013.11.25.). 대교연 통계. 전국 대학 등록금 현황.
조선일보(2020.06.16.). 다음 학기 등록금 일부 감면… 건국대 첫 환불 결정.
조선일보(2020.06.18.). 김종인 "대학등록금 돌려줘야"… 여당도 정부 압박.
조선일보(2020.06.19.). 등록금 환불 갈등… 급기야 혈서까지 등장.
조선일보(2020.06.23.). "등록금 돌려주세요"… 기말고사 기간, 책 대신 피켓 든 대학생들.
조선일보(2021.02.01.). 4차 재난지원금, 자영업자 등에 3차때보다 금액 늘리는 방안 검토.
중앙일보(2020.06.17.). "혈서 필요하다고?"···'등록금 반환' 직접 찍어 올린 학생들.
중앙일보(2020.06.22.). 행진→소송→혈서→천막 농성…등록금 환불 두고 대학가 갈등.
중앙일보(2020.06.23.). '대면시험 논란' 기말고사 끝났지만…성적·등록금 놓고 대학가 갈등.
한겨레(2020.06.21.). 여당, 등록금 반환 간접 지원 가닥…학생들 "정부가 환불 적극 압박을".
한국경제(2020.06.22.). 與, 2학기 등록금 감면 대학 지원 검토.
한국경제(2020.09.24.). '대학 등록금 환불,法으로 확정'.
한국대학신문(2020.06.11.). 등록금 환불 요구에 온라인 시험 부정행위까지…대책 마련 시급.
한국대학신문(2020.07.06.). 교육부 "등록금 반환 대학에 1000억 원 지원…혁신지원사업 4유형 신설해 재정투입".

[12장]

강성철, 김판석, 이종수, 진재구, 최근열(2019). 새 인사행정론(제9판). 서울: 대영문화사.
곽경련, 이쌍철(2014). 교원 성과상여금 평가 특징 분석. 한국교원교육연구, 31(1), 267－292.
교육과학기술부(2009a). 교원 성과상여금: 오해에서 이해까지.
교육과학기술부(2009b). 2009년 교육공무원 성과상여금 지급지침.
교육과학기술부(2010). 2010년 교육공무원 성과상여금 지급지침.
교육과학기술부(2011). 2011년 교육공무원 성과상여금 지급지침.
교육과학기술부(2012). 2012년 교육공무원 성과상여금 지급지침.
교육과학기술부(2013). 2013년 교육공무원 성과상여금 지급지침.
교육부 보도자료(2015.11.18.). 교육부－한국교원단체총연합회 2013·15년도 교섭·협의 합의서 전문.
교육부(2014). 2020년도 교육공무원 성과상여금 지급지침.
교육부(2015). 2020년도 교육공무원 성과상여금 지급지침.

교육부(2016). 2020년도 교육공무원 성과상여금 지급지침.
교육부(2017). 2020년도 교육공무원 성과상여금 지급지침.
교육부(2018). 2020년도 교육공무원 성과상여금 지급지침.
교육부(2019). 2020년도 교육공무원 성과상여금 지급지침.
교육부(2020). 2020년도 교육공무원 성과상여금 지급지침.
교육위원회(2019.03). 2018년도 국정감사 결과보고서. 국회 교육위원회.
교육인적자원부 보도자료(2001.02.16.). 교육공무원 성과상여금제 시행계획 발표.
권장원(2004). 한국 언론사의 관계 권력 구조에 대한 연구. 한국언론학보, 48(2), 164-188.
김경근(2002). 교원보수체계 합리적 조정방안. 교육정책연구 2002-9. 교육인적자원부.
김재기, 고숙희, 김병규, 김성준, 송건섭, 정우열, 이상철, 정재명(2013). 한국인사행정론. 서울: 형설출판사.
김정아(2018). 교사의 인정투쟁: 교원성과급정책에 대한 교원노조의 저항을 중심으로. 교육사회학연구, 28(3), 31-56.
김종길(2001). 패러독스의 도전과 정책과정에서의 패러독스 활용 전략: 동강댐 건설을 둘러싼 논의를 중심으로. 한국사회학, 35(3), 83-108.
김중양(2008). 한국인사행정론(제6판). 파주: 법문사.
김태일, 김성준, 문명제(2005). 성과평가와 보상 연계방안 연구. 한국정책학회.
김혜숙, 이강근(2003). 교원 성과상여금의 정치학적 분석. 교육재정경제연구, 12(1), 279-308.
대한민국정책브리핑(2010.02.09.). 2010 교육공무원 성과상여금 지급 방안 확정 발표.
박천오, 강제상, 권경득, 조경호, 조성한, 배귀희, 박홍엽(2014). 현대인사행정론(제3판). 파주: 법문사.
변기용, 정양순, 신범철, 윤지희, 이예슬(2018). 교원성과급 제도의 이론적·실천적 문제점과 발전 방향 탐색: 3개 초등초등학교 사례 분석. 교육정치학연구, 25(2), 111-140.
사득환, 박보식(2013). 물관리정책과 패러독스(Paradox)의 정치 4대강 사업을 중심으로. 지방정부연구, 17(3), 365-381.
사득환, 박상진(2013). 정책패러독스(Policy Paradox)와 합리적 선택의 실패: 국민기초생활보장제도를 중심으로. 한국행정과 정책연구, 11(1), 1-26.
서경혜(2011). 온라인 교사공동체의 협력적 전문성 개발: 인디스쿨 사례연구. 한국교원교육연구, 28(1), 133-161.
서광열, 고장완(2011). 단위학교 교원성과급제 운영 방안 탐색: 사립 중고등학교를 중심으로. 교육정치학연구, 18(3), 73-92.
서정화, 김명수, 전제상(2005). 교원 우대를 위한 보수체계의 개편 방향과 과제. 교육재정경제연구, 14(1), 215-243.
서정화, 김명수, 전제상, 류호두, 홍생표(2004). 교원 보수체계 개편방안 연구. 정책연구 2004-05. 한국교육정책연구소
소영진(1994). 딜레마와 패러독스. 이종범, 안문석, 염재호, 박통희 외. 딜레마 이론: 조직과 정책의 새로운 이해, 45-75. 서울: 나남출판.

신상명(2002). 한국교육평론 2001: 교원성과급의 쟁점과 과제. 한국교육개발원.
신현석, 안선회 외 14인(2015). 학습사회의 교육행정 및 교육경영(2판). 서울: 학지사.
신현석, 이경호(2008). 합리적 보수체계 수립을 위한 교원보수 정책의 쟁점과 과제 탐색. 교육정치학연구, 15(2), 101-125.
여영국 의원실(2019.07.01.). 여영국, "교원성과급, 현장에서 외면받는다.". 정의당 원내브리핑 여영국 보도자료.
염재호(2006). Deborah A. Stone의 정책모순과 정치논리. 오석홍, 김영평(편). 정책학의 주요이론(제2판). 서울: 법문사.
오석홍(2009). 인사행정론(제6판). 서울: 박영사.
유영설(2019). 교원성과급 제도에 대한 고등학교 교사의 주관성 연구. 한국융합학회논문지, 10(3), 265-274.
윤견수(2014). 비합리적 행동의 합리적 기원: Deborah A. Stone의 정책 역설과 딜레마를 중심으로. 한국정책학회보, 23(4), 503-525.
이광수(2013). 교원성과급이 직무동기를 매개로 직무수행노력과 직무성과에 미치는 영향. 교육행정학연구, 31(2), 325-346.
이명수(2007). IMF외환위기 전후의 국가역할 변화에 관한 연구: 문민정부와 국민의 정부시기를 중심으로. 한국동북아논총, 12(44), 225-250.
이쌍철, 홍창남(2008). 교원성과급 정책집행의 순응 및 불응 요인 분석. 교육행정학연구, 26(4), 217-240.
이예슬(2020). 혁신학교 정책의 패러독스: 정책 확산 과정에서 나타난 교원들의 경험을 중심으로. 고려대학교 박사학위논문.
이인수(2017). 일반고 진로진학정책 집행 과정의 패러독스 현상에 대한 질적 연구: D. Stone의 정책패러독스 이론을 중심으로. 교육행정학연구, 35(5), 51-84.
이재선(2020). 교원 성과상여금 제도의 경로의존성에 관한 연구. 교육논총, 40(3), 67-91.
이지영(2008). 초·중등 교원의 보수체제 변천 분석. 부산대학교 박사학위논문.
임도빈(2010). 관료제 개혁에 적용한 신공공관리론, 무엇이 문제인가. 한국사회와 행정연구, 21(1), 1-27.
전국교직원노동조합 보도자료(2016.09.21.). 성과급 폐지 교사 균등분배 참여인원 공개 및 교원평가 거부투쟁 선포 기자회견.
전국교직원노동조합 보도자료(2017.07.17.). 성과급 폐지 서명 전달, 균등분배 현황 발표, 성과급 폐지 촉구 기자회견.
전국교직원노동조합 보도자료(2018.07.12.). 2018 성과급 균등분배 참여 교사 명단 공개.
전국교직원노동조합 보도자료(2019.07.05.). 2019 교원 차등 성과급 폐지를 위한 균등분배 투쟁 기자회견 안내.
전제상(2010). 교원성과상여금제도의 운영실태 평가. 한국교원교육연구, 27(3), 69-92.
정명호(1997). 패러독스와 경영: 합리성의 위기와 경영의 새로운 패러다임. 서울: 삼성경제연구소.
정정길, 이시원, 최종원, 정준금, 권혁주, 김성수, 문명재, 정광호(2020). 정책학원론. 서울: 대명출판사.
제15대 대통령직인수위원회(1998). 제15대 대통령직인수위원회 백서. 서울: 제15대 대통령직인수위원회.
조혜진(2007). 교원평가제와 교원성과급제 정책 결정 딜레마 연구. 교육행정학연구, 25(1), 185-208.

지주형(2011). 한국 신자유주의의 기원과 형성. 서울: 책세상.
진재구(2003). 공공부문 보수정책에 대한 노동조합의 영향력: 교원노동조합을 중심으로. 한국사회와 행정연구, 14(1), 97-119.
최유진(2017). 우리나라 공무원 성과급제도의 현황과 개선방안 연구. 한국인사행정학회보, 16(1), 75-102.
하봉운(2005). 교사성과급 지급을 위한 교사평가에 대한 교사들의 반응 분석 연구. 교육행정학연구, 23(1), 239-259.
한국교원단체총연합회 보도자료(2019.03.29.). 교총, 교원 차등 성과급제 조속히 폐지하라.
황성원, 심석보(2004). 공무원 인센티브에 관한 연구. KIPA 연구보고서.

Adnett, N. (2003). Reforming teachers' pay: Incentive payments, collegiate ethos and UK policy. *Cambridge Journal of Economics, 27*(1), 145-157.
Cameron, K., & Quinn, R. (1988). Organizational paradox and transformation. In R. Quinn & K. Cameron (Eds.), *Paradox and transformation: Toward a theory of change in organization and management* (pp. 1-18). Cambridge, MA: Ballinger.
Dunn, W. N. (2008). *Public policy analysis: An introduction* (4th ed). Upper Saddle River, NJ: Pearson Prentice Hall.
French, W. (1974). *The personnel management process: Human resources administration (3rd ed).* Boston, MA: Houghton Mifflin Company.
Holt, M. (2001). Performance pay for teachers: The standards movement's last stand?. *The Phi Delta Kappan, 83*(4), 321-328.
Holmstrom, B., & Milgrom, P. (1991). Multitask principal agent analyses: Incentive contracts, assert ownership, and job design. *Journal of Law, Economics, and Organizations, 7*(1), 24-52.
Kellough, J. E., & Nigro, L. G. (2002). Pay-for-performance in Georgia state government: Employee perspectives on Georgia gain after 5 years. *Review of Public Personnel Administration, 22*(2), 146-166.
Lawler, E. E. (1994). Competencies: A poor foundation for the new pay. *Compensation & Benefits Review, 28*(6). 20-25.
Louis, K. S., & Marks, H. M. (1998). Does professional community affect the classroom? Teachers' work and student experiences in restructuring schools. *American Journal of Education, 106*(4), 532-575.
March, J. G. (1978). Bounded rationality, ambiguity, and the engineering of choice. *Bell Journal of Economics, 9*(2), 587-608.
March, J. G. (1994). *A Primer on decision making: How decisions happen*. New York: The Free Press.

McLaughlin, M. W., & Talbert, J. E. (2006). *Building school-based teacher learning communities: Professional strategies to improve student achievement.* New York: Teachers College Press.
Murnane, R. J., & Cohen, D. (1986). Merit pay and the evaluation problem: Why most merit pay plans fail and few survive. *Harvard Education Review, 56*(1), 1-17.
Mohrman, A., Mohrman. S., & Odden, A. (1996). Aligning teacher compensation with systemic school reform: Skill-based pay and group-based performance awards. *Educational Evaluation and Policy Analysis, 18*(1), 51-71.
Nudzor, H. P. (2009). Reconceptualising the paradox in policy implementation: A post modernist conceptual approach. *Discourse: Studies in the Cultural Politics of Education, 30*(4), 501-513.
Podgusky, M., & Springer, M. G. (2007). Teacher performance pay: A review. *Journal of Policy Analysis and Management, 26*(4), 909-904.
Sabatier, P., & Mazmanian, D. (1979). The conditions of effective implementation: A guide to accomplishing policy objectives. *Policy Analysis, 5*(4), 481-504.
Simon, H. A. (1959). Theories of decision-making in economics and behavioral science. *American Economic Review, 49*(3), 253-283.
Stone, D. (2012). *Policy paradox: The art of political decision making* (3rd ed). New York: W.W. Norton & Co.
Van de Ven, A. H. & Poole, M. S. (1988). Paradoxical requirement for a theory of organizational change. In R. Quinn & K. Cameron (Eds.), *Paradox and transformation: Toward a theory of change in organization and management* (pp. 19-63). Cambridge, MA: Ballinger Publishing Company.
Vescio, V., Ross, D., & Adams, A. (2008). A review of research on the impact of professional learning communities on teaching practice and student learning. *Teaching and Teacher Education, 24*(1), 80-91.

교육희망(2016.06.13.). 전액반납→사회적반납→균등분배 16년째 차등성과급에 저항한 교사들의 역사.
뉴시스(2019.04.30.). 교사 성과급 갈등 다시 불붙나... 교사 96.2% "반대".
대전일보(2011.06.20.). 학교별 성과급제 도입 반발 확산.
매일경제(2008.10.01.). 전교조, 고참순 성과급 나눠먹기 시도 파문.
에듀인뉴스(2019.04.15.). 수업연구 집중하니 'B'급 교사... 엉터리 교원성과급제.
에듀프레스(2019.04.27.). 교원 성과급, "나는 S등급이고 싶지 않다.".
연합뉴스(2009.03.20.). 교원성과급 내달 지급, 최대 98만 원차.

연합뉴스(2019.07.08.). '교사 성과급 균등분배' 올해 9만 5천명 참여... 전교조, 폐지 촉구.
조선일보(2020.07.24.). 전교조, 교사들 성과급 걷어 똑같이 나눠먹기… 교육감들은 팔짱.
중앙일보(2017.08.21.). "이젠 없애야" "그래도 필요" 교원성과급제 어찌하오리까?.
한겨레(2017.06.13.). 전국 교사 10만 명 "우리도 성과급 폐지를".
한경닷컴(2002.02.13.). 반납 성과급 교사들에 분배. 반환.
KBS 뉴스(2017.06.23.). 'S등급 선생님'은 500만 원... 성과급 폐지 논란.
KBS 뉴스(2006.07.13.). 교원성과급 '차등 지급 확대' 찬반 대립.

국가법령정보센터 홈페이지. http://www.law.go.kr/
인사혁신처 홈페이지. http://www.mpm.go.kr

[13장]

강민정(2014). 교육정상화를 위한 학교업무 조직 개편론. 교육비평, 34, 171-195.
교육부(2015). 교육부 업무계획.
교육부(2020). 2020년 교육부 적극행정 중점과제: 교원 업무 부담 경감 추진. 교원정책과.
권기욱, 이정훈, 정현숙(2006). 교육행정 및 교육경영. 보현사.
김엄지(2018). 초등학교 교사의 소진 경험에 대한 질적 연구. 서울교대 교육전문대학원 석사학위논문.
김유진(2013). 교무행정지원사 제도 시행에 따른 초등학교 교사의 교무행정업무 경감에 대한 인식연구. 고려대학교 교육대학원 석사학위논문.
김이경, 한만길, 박영숙, 홍영란, 백선희(2005). 교원의 직무수행실태 분석 및 기준 개발 연구. 한국교육개발원.
김재연(2017). 중학교 또래상담자 활동 경험에 대한 질적 사례연구. 충북대학교 석사학위논문.
김정미, 조홍순(2020). 고등학교 학교생활기록부 운영 실제 연구: 일반고 교사들의 인식을 중심으로. 한국교육학연구, 26(4), 1-28.
김정래(2019). 패러독스와 그 해소의 교육적 의의. 교육문화연구, 25(5), 415-438.
김정희(2013). 교사업무지원인력의 역할과 교원업무경감: 부산광역시교육청을 중심으로. 한국교원대학교 교육정책전문대학원 석사학위논문.
김정희(2015). 저경력 교사가 경험하는 교직생활 어려움에 대한 현상학적 연구. 광주교육대학교 교육대학원 석사학위논문.
김지혜(2021). 초등교사의 고학년 생활지도 경험에 관한 근거이론 연구. 아주대학교 박사학위논문.
김치수(2012). 교원의 행정업무 인식과 경감 대책 분석. 한국교원대학교 석사학위논문.
노효정(2015). 학교조직문화, 심리적 소진, 직무만족도의 관계. 고려대학교 교육대학원 석사학위논문.
민석홍(2011). 교장의 관리적 리더십, 교육적 리더십 및 변혁적 리더십과 학교조직효과성 간의 관계. 동아대학교 박사학위논문.
박대권, 이인수, 이예슬(2018). 교육부와 시도교육청 간의 정책 갈등에 대한 패러독스 분석. 교육정치학연구, 25(3), 237-265.

박수정, 박상완, 박용한, 이길재, 이인회(2016). 교사의 인성, 실무능력, 중학생 지도능력 강화를 위한 교사양성교육에 대한 인식 조사 연구. 한국교원교육연구, 33(3), 111-138.
박윤기(2012). 학교폭력 정책애 관한 연구. 한국민간경비학회보, 11(4), 179-202.
박진하(2013). 교원 행정업무 경감 방안으로서 학교 교무행정 전담인력의 제도화 방안 모색: 강원도교육청 소속 학교를 중심으로. 한국교원대학교 교육정책전문대학원 석사학위논문.
배문영(2015). 교무행정업무경감 대책에 대한 초등교원의 인식 조사: 서울특별시교육청의 교원업무정상화추진계획을 중심으로. 연세대학교 석사학위논문.
배문영, 홍원표(2016). 교무행정업무경감 대책에 대한 초등교원의 인식 조사. 미래교육학연구, 29(1), 1-25.
배정현, 박미희(2020). 교사학습공동체 효과 분석: 경기도 '학교 안 전문적 학습공동체'를 중심으로. 한국교원교육연구, 37(1), 309-338.
서울특별시교육청(2015). 학교업무정상화 종합 계획.
서울특별시교육청(2016). 학교업무정상화 운영 매뉴얼.
서울특별시교육청(2018). 학교업무정상화. 토론이 있는 교직원 회의 운영 지원 자료(우수사례모음집).
소영진(1994). 딜레마와 패러독스. 이종범, 안문석, 염재호, 박통희 외. 딜레마 이론: 조직과 정책의 새로운 이해. 45-75. 서울: 나남출판.
송제인(2018). 단위학교 자율경영체제 구축을 위한 법적 연구. 한국방송통신대학교 석사학위논문.
신상명(2007). 교원의 잡무 경감 방안 연구. 한국교원단체총연합회.
신현석(2017). 새 정부 출범에 따른 교원정책의 방향과 과제. 2017년 한국교원교육학회 학술대회자료집, 3-55.
신현석, 권용수, 박종렬, 황영남(2006). 학교 교무행정 지원인력 배치에 관한 연구. 교육부.
신현석, 황영남, 이경호, 가신현, 황호진(2011). 교무실 업무분석을 통한 교원업무 조정방안 탐색. 敎育問題研究, 41, 215-245.
신현석, 박종렬, 권현정, 이경호, 이정원, 오찬숙, 김지영, 차무진, 김누리, 음원선(2012). 교무행정 지원인력의 업무실태 분석을 통한 업무조정 및 인력 운용 방안 탐색. 한국교원교육연구, 29(1), 1-31.
신현석, 이준희, 정용주(2013). 제도화된 국가주의와 교육에서 국가의 역할. 교육문제연구, 26(3), 53-79.
신현석, 정용주(2017). 제4차 산업혁명과 교육행정의 미래. 敎育問題研究 30(2), 103-147.
신현석, 정수영, 이영선, 이재선(2020). 교원성과급 정책의 패러독스 분석: Deborah A. Stone의 정책 패러독스 관점을 중심으로. 한국교육학연구, 26(4), 55-88.
신현석, 이예슬(2021). 교육정책 패러독스: 탐구가능성과 과제. 교육행정학연구, 39(2), 205-246.
안암교육행정학연구회(2018). 학교중심의 교육행정 및 교육경영. 박영Story.
염재호(2006). Deborah A. Stone의 정책모순과 정치논리. 법문사.
오동주, 황홍섭(2020). 코로나19가 교육에 미친 인식, 행동, 가치 및 태도의 변화 양상. 사회과교육, 59(3), 223-250.
윤견수(2014). 비합리적 행동의 합리적 기원: Deborah A. Stone의 정책 역설과 딜레마를 중심으로. 행정학회보, 23(4), 503-525.

이기정(2007). 학교 개조론. 미래M&B.
이길환(2018). 교무보조 인력 배치사업 효과 및 운영실태에 관한 연구. 한국교원대학교 교육정책전문대학원 석사학위논문.
이낙종(2004). 수업지도성 행동의 미시정치적 분석. 고려대학교 박사학위논문.
이동성, 김영천(2014). 질적 자료 분석을 위한 포괄적 분석절차 탐구. 교육종합연구, 12(1), 159-184.
이병진(2014). 공립 일반고 교사가 지각하는 교무업무분장의 공정성과 교직생활 만족도와의 관계. 인천대학교 교육대학원 석사학위논문.
이상철(2018). 전국 시·도교육청 교원업무정상화정책 현황 분석 및 방향 탐색. 예술인문사회융합멀티미디어논문지, 8(3), 23-32.
이슬아, 정제영(2020). 교원 행정업무 경감 정책 과정 분석: Kingdon의 정책흐름모형을 중심으로. 교원교육, 36(4), 307-332.
이인회, 정영수, 박영숙, 노재전, 이지혜, 안병준, 이규열(2010). 교원업무경감을 위한 교무행정업무처리 모형 개발 연구. 한국지방교육연구센터.
정근민(2013). 교무행정업무전담팀 제도의 운영실태 및 성과 분석. 서울교육대학교 교육대학원 석사학위논문.
정미경, 주영효, 정바울(2013). 교사 업무경감 정책의 단위학교 추진 실태 분석. 한국교원교육연구, 30(3), 377-404.
정순도(2012). 업무분장의 문제점과 개선방안에 대한 연구. 전북대학교 교육대학원 석사학위논문.
정영수, 박선형, 김병찬, 박수정, 박소영, 한유경(2011). 교육행정연구법. 교육과학사.
최준하(2014). 교무업무전담팀 운영에 대한 초등학교 교원의 인식 분석연구. 고려대학교 교육대학원 석사학위논문.
한숙경(2003). 교내 자율장학 운영에 대한 중등교사의 인식. 이화여자대학교 교육대학원 석사학위논문.
황수아(2018). 국가교육과정 적정화 정책에 대한 역사적 신제도주의적 분석. 고려대학교 박사학위논문.
홍성철(2017). 교장의 변혁적 리더십, 교감의 변혁적 리더십이 교사리더십을 매개로 교사 헌신에 미치는 영향. 인천대학교 대학원 박사학위논문.

Ball, S. J. (1987). *The micro-politics of the school: Towards a theory of school organization.* Methuen.
Blase, J. (1991). *The microplictical perspective. The politics of life in schools: Power, conflict and cooperation.* Sage Publicatioons Ltd.
Boehm, C. (2019). 도덕의 탄생: 인간 양심의 기원과 진화(김아림 역). 서울: 리얼부커스. (원전은 2012년에 출간)
Hoy, W. K. & Miskel, C. G. (2013). *Educational administration: Theory, research, and practice.* McGraw-Hill.
Hoyle, E. (1986). *The politics of school management.* Hodder and Stoughton.
Klassen, R. M., & Chiu, M. M. (2010). Effects on teachers' self-efficacy and job satisfaction:

Teacher gender, years of experience, and job stress. *Journal of Educational Psychology, 102*(3), 741−756.
Rose, T. (2018), 평균의 종말(정미나 역). 파주: 21세기북스. (원전은 2016년에 출간)
Sergiovanni, T. S. & Green, R. L. (2015). *The principalship: A reflective practice perspective (7th ed.).* Pearson.
Stone, D. (2012). *Policy paradox: The art of political decision making (3rd ed.).* W, W, Norton & Company.

[14장]

교육부(2020). 보도자료. (2020.01.27 − 2020.08.28)
김종길(2001). 패러독스의 도전과 정책과정에서의 패러독스 활용 전략: 동강댐 건설을 둘러싼 논의를 중심으로. 한국사회학, 35(3), 83−108.
김태은(2008). 정책수단 선택과 변화의 결정요인으로서 (탈)딜레마. 한국행정학보, 42(4), 179−210.
문명재(2010). 정보제공의 정책수단적 특성과 향후 연구 방향. 행정논총, 48(1), 51−70.
박대권, 이인수, 이예슬. (2018). 교육부와 시도교육청 간의 정책 갈등에 대한 패러독스 분석. 교육정치학연구, 25(3), 237−265.
사득환(2018). 이민정책의 패러독스. 한국공공관리학보, 32(2), 295−318.
사득환, 박보식(2013). 물관리정책과 패러독스(Paradox)의 정치 4대강 사업을 중심으로. 지방정부연구, 17(3), 365−381.
사득환, 박상진(2013). 정책 패러독스(Policy Paradox)와 합리적 선택의 실패: 국민기초 생활보장제도를 중심으로. 한국행정과 정책연구, 11(1), 1−26.
소영진(1994). 딜레마와 패러독스. 이종범, 안문석, 염재호, 박통희 외. 딜레마 이론: 조직과 정책의 새로운 이해. 나남출판, 45−75.
염재호(2006). Deborah A. Stone의 정책모순과 정치논리. 오석홍, 김영평(편). 정책학의 주요이론. 제2판. 서울: 법문사.
유기웅, 정종원, 김영석, 김한별(2012). 질적 연구방법의 이해. 서울: 박영사.
윤견수. (2014). 비합리적 행동의 합리적 기원: Deborah H. Stone의 정책역설과 딜레마를 중심으로. 한국정책학회보, 23(4), 503−525.
이예슬(2020). 혁신학교 정책의 패러독스: 정책 확산 과정에서 나타난 교원들의 경험을 중심으로. 고려대학교 박사학위논문.
이인수(2017). 일반고 진로진학정책 집행 과정의 패러독스(Paradox) 현상에 대한 질적 연구. 고려대학교 박사학위논문.
이인수(2017). 일반고 진로진학정책 집행 과정의 패러독스 현상에 대한 질적 연구. 교육행정학연구, 35(5), 51−84.

임종헌(2016). 자유학기제 운영 과정에 대한 질적 사례 연구: 양가성 현상의 발견과 의미. 교육행정학연구, 34(4), 99-128.

전영한(2007). 정책도구의 다양성: 도구유형분류의 쟁점과 평가. 정부학연구, 13(4), 259-295.

Cameron, K., & Quinn, R. (1988). Organizational paradox and transformation. In R. Quinn & K. Cameron (Eds.), *Paradox and transformation: Toward a theory of change in organization and management* (pp. 1-18). Cambridge, MA: Ballinger.

Creswell, J. (2010). 질적연구방법론 -다섯 가지 접근-(조홍식 역). 서울: 학지사. (원전은 2007년에 출간)

Ford, J. D., & Backoff, R. H. (1988). Organizational change in and out of dualities and paradox. In R. Quinn & K. Cameron (Eds.), *Paradox and transformation: Toward a theory of change in organization and management* (pp. 81-121). Cambridge, MA: Ballinger.

Howlett, M. (1991). Policy instruments, policy styles, and policy implementation, *Policy Studies Journal, 22*(4), 631-651.

Howlett, M. & Ramesh, M. (1993). Patterns of policy instrument choice: Policy styles, policy leaning and the privatization experience. *Policy Studies Review, 12,* 1-24.

Lascoumes, P., & Gales, P. L. (2007). Introduction: Understanding public policy through its instrument-from the nature of instrument to the sociology of public policy instrumentation. *Governance: An International Journal of Policy, Administration, and Institutions, 20*(1), 1-21.

Lindquivst, K. (2019). Dilemmas and paradoxes of regional cultural policy implementation governance modes, discretion, and policy outcome. *Administration & Society, 51*(1), 63-90.

Merriam, S. B., & Tisdell, E. (2015). *Qualitative research: A guide to design and implementation* (4th ed.). San Francisco, CA: Jossey-Bass.

Nudzor, H. P. (2009). Re-conceptualising the paradox in policy implementation: A post-modernist conceptual approach. *Discourse: Studies in the Cultural Politics of Education, 30*(4), 501-513.

Salamon, Lester M. (ed). (2002). *The tools of government: A guide to the new governance.* Oxford University Press.

Stone, D. (1988). *Policy paradox: The art of political decision making.* New York: W. W. Norton & Company Ltd.

Stone, D. (2002). *Policy paradox: The art of political decision making* (Revised Edition). New York: W. W. Norton & Company Ltd.

Vedung, E. (1998). Policy instrument: Typologies and theories. In M. L. Bemelmans-Videc, R. C. Rist & E. Vedung (Eds.), *Carrots, sticks and sermons: Policy instruments and their evaluation* (pp. 21-58). New Brunswick(U.S.A) and London(U.K): Transaction Publishers.

Yin, R. K. (1994). *Case study research: Design and methods.* Thousand Oaks, CA:Sage
Yin, R. K. (2003). *Case study research: Design and methods* (3rd ed.). Thousand Oaks, CA: Sage.

스카이데일리(2020.12.16.). 전 세계 코로나 확진자 7380만명□사망자 164만명 돌파
아시아경제(2020.12.19.). 코로나 신규 확진자 1053명…나흘째 1000명 넘어
연합뉴스(2020.02.23.). '코로나19'에 전국 유초중고 개학 1주일 연기…3월 9일로.
연합뉴스(2020.03.31.). 사상 첫 '온라인 개학'고3·중3 4월 9일부터…수능은 12월 3일.

[15장]

강명숙(2012). 학생인권조례 제정의 교육적 의미. 법과인권교육연구, 5(2), 1-15.
경기도교육청(2021). 경기도 학생인권 조례. 경기도조례 제6852호, 2021. 1. 4., 타법개정.
광주광역시교육청(2020). 광주광역시 학생인권 조례. 광주광역시조례 제5404호, 2020. 4. 1., 일부개정.
구정화(2014). 학생인권조례 시행 후 학교 인권 상황에 대한 학생의 인식: 광주광역시를 중심으로. 시민교육연구, 46(1), 1-26.
김종길(2001). 패러독스의 도전과 정책과정에서의 패러독스 활용 전략: 동강댐 건설을 둘러싼 논의를 중심으로. 한국사회학, 35(3), 83-108.
김현진, 김영재(2017). 중앙과 지방교육행정기관 간 교육정책 갈등 과정 분석. 교육정치학연구, 24(1), 1-27.
민정욱, 안가윤(2013). 학생인권조례의 체벌금지 조항에 관한 교육법 및 형법상 쟁점. 법과인권 교육연구, 6(2), 43-63.
박광현(2012). 학생체벌의 정당성에 대한 법률적 고찰. 법학논총, 25(1), 37-76.
박현정, 김한나, 홍유정(2017). 토픽모델링을 활용한 학생인원조례의 사회적 이슈 분석. 아시아교육연구, 18(4), 683-711.
박환보(2021). 학생인권조례 시행이 학교의 인권환경 조성에 미치는 영향 분석. 교육사회학연구, 31(1), 31-57.
사득환, 박보식(2013). 물관리정책과 패러독스(Paradox)의 정치. 지방정부연구, 17(3), 365-381.
사득환, 박상진(2013). 정책패러독스(Policy Paradox)와 합리적 선택의 실패: 국민기초생활보장제도를 중심으로. 한국행정과 정책연구, 11(1), 1-26.
서울특별시교육청(2021). 서울특별시 학생인권 조례. 서울특별시조례 제7888호, 2021. 3. 25., 일부개정.
송기춘(2011). 학생인권조례의 제정과 시행에 관한 법적 논의. 교육법학연구, 23(2), 51-80.
송기춘(2012). 학교생활과 학생의 인권보장 -교육과학기술부의 학생인권조례 무력화 시도 비판. 아주법학, 6(1), 9-37.
신강숙(2020). 학교폭력예방법 개정과 행정심판 청구의 문제점. 교육법학연구, 32(3), 49-75.
신현석, 이예슬(2021). 교육정책 패러독스: 탐구 가능성과 과제 탐색. 교육행정학연구, 39(2), 205-246.

신현석, 정수영, 이영선, 이재선(2020). 교원성과급 정책의 패러독스 분석: Deborah A. Stone의 정책패러독스 관점을 중심으로. 한국교육학연구, 26(4), 55-88.
염재호(1993). Deborah A. Stone의 정책모순과 정치논리. 오석홍 (편), 정책학의 주요이론. 파주: 경세원.
오동석(2010). 학생인권조례에 관한 몇 가지 법적 쟁점. 교육법학연구, 22(2), 125-144.
윤견수(2014). 비합리적 행동의 합리적 기원: Deborah H. Stone의 정책역설과 딜레마를 중심으로. 한국정책학회보, 23(4), 503-525.
이덕난(2014). 교권조례 및 학생인권조례를 통해 본 교권의 의미 분석. 교육철학, 52, 29-53.
이예슬(2020). 혁신학교 정책의 패러독스: 정책 확산 과정에서 나타난 교원들의 경험을 중심으로. 고려대학교 박사학위논문.
이용교, 이중섭(2012). 광주 학생 인권 조례의 제정과정에 관한 연구. 시민청소년학연구, 3(1), 65-98.
이인수(2017). 일반고 진로진학정책 집행 과정의 패러독스 현상에 대한 질적 연구: D. Stone의 정책 패러독스 이론을 중심으로. 교육행정학연구, 35(5), 51-84.
이정연(2020). 학생인권조례 실태 분석-경기도를 중심으로. 교육비평, 45, 202-214.
전라북도교육청(2014). 전라북도 학생인권 조례. 전라북도조례 제3883호, 2014. 8. 8., 타법개정.
정설미, 정동욱(2020). 학생인권조례 시행과 중학교 학교폭력의 관계 분석. 교육행정학연구, 38(2), 89-112.
정순원(2011). 학생인권조례의 현황과 공법적 쟁점. 교육법학연구, 23(2), 193-212.
제주특별자치도교육청(2021). 제주특별자치도교육청 학생인권 조례. 제주특별자치도조례 제2755호, 2021. 1. 8., 제정.
조국(2013). 학생인권조례 이후 학교체벌의 허용 여부와 범위. 서울대학교법학, 54(1), 111-134.
조금주(2016). 학생인권조례 분석 및 학생인권 조사 개발 방향. 청소년학연구, 23(2), 299-320.
조재현(2012). 자치입법권의 한계와 학생인권조례. 법과 정책, 18(2), 575-605.
최형찬(2014). 학생인권의 담론 분석 -학생인권조례를 중심으로-. 교육법학연구, 26(2), 237-253.
충청남도교육청(2020). 충청남도 학생인권 조례. 충청남도조례 제4780호, 2020. 7. 10., 제정.
한국교육개발원(2019). [2019년 5월] 교권침해 현황과 특성. 교육통계서비스.
한태식, 이현청, 강진령, 김명희, 노기호, 안석모, 유병열, 임연욱, 전영주, 최돈민, 황홍규(2012). 인권 친화적 학교문화 조성을 위한 정책 연구 자료집. 국가인권위원회.

Cameron, K., & Quinn, R. (1988). Organizational paradox and transformation. In R. Quinn & K. Cameron (Eds.), *Paradox and transformation: Toward a theory of change in organization and management* (pp. 1-18). Cambridge, MA: Ballinger.
Fullan, M. (1994). Coordinating top-down and bottom-up strategies for educational reform. In R. J. Anson (Eds.), *Systemic reform: Perspectives on personalizing education* (pp. 7-24). University of Michigan Library.
Shove, E. (2010). Beyond the ABC: Climate change policy and theories of social change. *Environment and planning A, 42*(6), 1273-1285.

Stone, D. (2002). *Policy paradox: The art of political decision making(Revised Edition)*. New York: W. W. Norton & Company Ltd.

Stone, D. (2012). *Policy paradox: The art of political decision making(3rd Ed.)*. New York: W. W. Norton & Company Ltd.

Van de Ven, A. H. & Poole, M. S. (1988). Paradoxical requirement for a theory of organizational change. In R. Quinn & K. Cameron (Eds.), *Paradox and transformation: Toward a theory of change in organization and management* (pp. 19-63). Cambridge: Ballinger Publishing Company.

경향신문(2019.05.15.). 땅에 떨어진 교권, 떠오르는 학생 인권... 같이 갈 길은 없나요.

국제뉴스(2020.06.23.). 충남 '학생인권조례' 반대 단식 투쟁! .

국제뉴스(2020.12.26.). 제주학생인권조례, 앙꼬 없는 찐빵…누더기 조례 전략.

동아일보(2010.07.07.). 교과부-진보교육감 정책 갈등 불붙었다.

머니투데이(2010.07.06.). '올 것이 왔다' 교육계 이념대립 격화.

문화일보(2010.07.01.). '학생인권조례 법제화' 싸고 벌써 보혁갈등 조짐.

문화일보(2020.07.08.). 反교육 정치투쟁으로 학생 誤導 말라.

세계일보(2010.07.30.). 이번엔 학생 집회자유 허용 논란.

연합뉴스(2010.02.03.). 경기교육감 "교육은 정치적으로 접근하면 안돼".

연합뉴스(2010.07.06.). 교육계 학생인권조례 논쟁 불붙나.

청와대 국민청원(2020.06.18.). 학생인권조례 반대합니다.

한겨레(2017.08.07.). 내 앞머리 싹둑 가위질, 법으로 금지하라.

한국경제(2010.09.23.). '오장풍' 교사 해임 결정...첫 체벌 퇴출.

한국교육신문(2021.04.01.). 울산교육청, 무산된 조례 내용 '학칙 만영'.

[16장]

교육부(2013). 학생·학부모 부담 완화와 학교교육 정상화를 위한 대입 전형 간소화 및 대입제도 발전방안.

교육부 보도자료(2017.08.31). 수능개편 1년 유예하기로.

권형구, 오원탁(2020). 공론화위원회 모델의 방향성: 대입제도개편 공론화위원회를 중심으로. 오토피아, 35(1), 39-89.

길정아(2019). 정부 신뢰, 회고적 투표, 그리고 당파적 편향: 2014년과 2018년 지방선거를 중심으로. 한국정당학회보, 18(3), 31-69.

김두환(2008). 사회갈등 해결에서 숙의적 시민참여와 대안적 분쟁해결 접근 비교. 시민사회와 NGO, 3(1), 143-171.

김은주(2020). 숙의 민주주의와 공공갈등의 해결. 분쟁해결연구, 18(3), 5-32.

김정완(2020). 대입정책 결정 공론화에 대한 체제론적 평가: 「2022 대입개편 방안」을 중심으로. 교육정치학연구, 27(1), 121-148.

김종길(2001). 패러독스의 도전과 정책과정에서의 패러독스 활용 전략. 한국사회학, 35(3), 83-108.
김주형(2018). 숙의와 민주주의. 현대정치연구, 11(3), 69-104.
대입제도개편공론화위원회(2018). 시민의 지혜! 숙의하고 대안을 찾다: 대입제도개편공론화 백서.
대한민국 정책브리핑(2018.08.03.). 대입제도 개편 공론화 결과 발표 보도자료.
문태현(2010). 심의민주주의적 정책결정의 논리와 한계. 한국행정논집, 22(3), 629-650.
민희, 민태은(2020). 대의 민주주의에서 숙의 그리고 공론: 의미와 적용. 비교민주주의연구, 16(1), 5-30.
박대권, 최상훈(2019). 정책 결정방식으로서의 '공론화'에 대한 성찰적 검토: '대입제도 개편을 위한 공론화위원회' 사례를 중심으로. 교육행정학연구, 37(3), 141-166.
반상진(2013). 교육정책 추진에서 나타난 중앙정부의 리더십과 거버넌스 분석: 이명박 정부의 교육정책 갈등 사례를 중심으로. 교육정치학연구, 20(4), 263-287.
사득환(2013). 정책패러독스(Policy Paradox)와 합리적 선택의 실패: 국민기초생활 보장제도를 중심으로. 한국정책학회 하계국제학술대회 논문집, 33-54.
서복경(2018). 한국정치는 숙의형 조사를 어떻게 변형시켰나. 시민과세계, 33, 1-44.
소영진(1994). 딜레마와 패러독스. 이종범, 안문석, 염재호, 박통희 외. 딜레마 이론: 조직과 정책의 새로운 이해, 45-75. 서울: 나남출판.
송병주(2018). 정책결정: 정치적 결정과 행정적 결정. 한국사회와 행정연구, 28(4), 1-29.
신현석(1996). 현 정부의 교육개혁의 정치학: 5.31 교육개혁안의 형성과정을 중심으로. 교육정치학연구, 3(1), 92-122.
신현석(2010). 교육거버넌스 갈등의 쟁점과 과제. 교육행정학연구, 28(4), 351-380.
신현석, 이예슬(2021). 교육정책 패러독스: 탐구가능성과 과제 탐색. 교육행정학연구, 38(2), 205-246.
신현석, 정용주, 윤지희(2018). 문재인 정부 교육개혁의 쟁점과 과제: 교육개혁의 방향과 내용, 추진방식을 중심으로. 한국교육학연구, 24(2), 81-114.
안문석, 김태은(2011). 만족모형과 코즈정리의 딜레마 이론적 재해석: 탈딜레마 전략으로서 만족모형적 접근, 소영진, 이영철, 윤견수, 하민철 외. 딜레마와 제도의 설계, 61-81. 경기: 나남출판.
안선회(2018a). 대입제도 정책결정과 정책집행 연계성 분석. 한국교육학연구, 21(1), 57-92.
안선회(2018b). 학생부 중심 대입제도의 추진과정과 정책문제 분석. 교육문화연구, 24(6), 87-116.
안선회(2021). 대입제도 관련 교원과 학부모 간 정책갈등 분석. 학부모연구, 8(1), 27-56.
오현철, 강대현(2013). 교육정책 결정에 적합한 의사결정 모형 탐색: 정부주도 및 이익집단 경쟁에서 시민의회 모형으로. 시민교육연구, 45(4), 139-166.
유홍림(2014). 지속가능한 민주주의의 조건: '토의정치'의 제도화, 조흥식, 유홍림, 이지순, 송호근, 김명언 편. 한국의 지속가능한 발전전략과 정책 대안. 서울: 서울대학교출판문화원, 2-50.
윤견수(2014). 비합리적 행동의 합리적 기원 Deborah H. Stone의 정책역설과 딜레마를 중심으로. 한국정책학회보, 23(4), 503-525.
윤종설(2013). 민주적 갈등관리를 위한 주민의 참여와 대표성 확보방안. 한국행정연구원 정책연구보고서.
윤혜원(2018). 2008학년도 이후 대입제도의 정책형성과정 비교분석: 민주성과 정당성 평가를 중심으로. 교육

정치학연구, 25(4), 269-298.

은재호, 김성근, 김춘석, 이동은, 김태연, 신현영(2016). 갈등해결을 위한 참여적 의사결정 절차 매뉴얼 개발 연구. 서울: 한국행정연구원.

이석열(2012). 이명박 정부의 고등교육정책과 자율화에 대한 논의. 교육종합연구, 10(3), 165-186.

이수정(2019). 대입제도 공론화' 과정에서 드러난 교육부 정책결정방식의 특징 분석: 「대입제도개편 공론화 백서」 분석을 중심으로. 교육행정학연구, 37(4), 1-22.

이승협(2020). 공중의 참여인가? 대중의 동원인가? 대구 신청사 공론화 과정을 중심으로. 한국정치커뮤니케이션학회 2020 하반기 온라인 정기학술대회 자료집, 83-96.

이일화, 조영하(2020). 학생부종합전형의 정책과정에서 나타난 중앙정부의 교육 거버넌스와 공공리더십 분석. 교육정치학연구, 27(3), 97-128.

이장희(2018). 민주주의의 의미와 본질에 대한 고찰: 대의민주주의와 참여민주주의-심의민주주의의 관계를 중심으로. 헌법논총, 29, 447-492.

이장희(2020). 대의민주주의와 국민참여에 관한 소고. 공법학연구, 21(4), 33-59.

이현우(2012). 참여민주주의 모델의 대안적 구상: 선택대표자의 개념을 중심으로. 한국정당학회보, 11(3), 69-92.

이혜림, 이영라(2020). 시민참여 유형과 특성의 변화 분석. 행정논총, 58(1), 245-269.

장동진(2012). 심의민주주의: 공적 이성과 공동선. 서울: 박영사.

정광희, 김미란, 박병영, 서남수, 김경범, 민일홍(2011). '고교-대학 연계'를 위한 대입전형연구(Ⅷ)_고교-대학 연계형 대입제도 중장기 종합방안. 충북: 한국교육개발원.

정정화(2018). 공론화를 통한 사회적 합의형성의 성공조건. 한국정책과학학회보, 22(1), 101-124.

조현석(2005). 사회갈등 예방을 위한 시민참여, 왜 필요한가?: 시민참여의 필요성 및 전통적 참여모델과 심의적 참여모델 비교.

조홍순(2019). 2022 대입정책 결정과정의 딜레마 분석. 한국교육학연구, 25(3), 161-185.

주영효, 김상철(2017). 학생부종합전형 정책 분석 및 개선 방안. 교육행정학연구, 35(1), 141-168.

Ackerman, Bruce and Fishkin, James S. (2004). *Deliberation day*. New Haven, CT: Yale University press.

Dalton, R. J. (2008). Citizenship norms and the expansion of political participation. *Political Studies, 56*(1), 76-98.

Dryzek, John S. (2000). *Deliberative democracy and beyond: Liberals, critics, contestations*. Oxford, UK: Oxford University Press.

Dryzek, John S., & Patrick Dunleavy(2009). *Theories of the democratic state*. Basingstoke, UK: Palgrave Macmillan.

Fishkin, J. S. (2009). *When the people speak: Deliberation democracy and public consultation*. Oxford, UK: Oxford University Press.

Goodin, Robert, (2018). If deliberation is everything, maybe it's nothing, *The Oxford Handbook of Deliberative Democracy*. UK: Oxford University Press.

Gutmann, Amy., & Dennis Thompson. (2004). *Why deliberative democracy?*. Princeton, NJ: Princeton University Press.

Habermas, J.(1989). *The structural transformation of the public sphere*. Cambridge, MS: MIT Press.

Held, D. (2010). 민주주의의 모델들(박찬표 역). 서울: 후마니타스. (원전은 2006년에 출간)

Lafont, Cristina. (2015). Deliberation, participation, and democratic legitimacy: Should deliberative mini-publics shape public policy?. *The Journal of Political Philosophy, 23*(1), 40-63.

Mansbridge, Bohman, and Chambers et al. (2010). The place of self-interest and the role of power in deliberative democracy. *The Journal of Political Philosophy, 18*(1), 64-100.

Rawls, John. (1997). The idea of public reason revisited. *The University of Chicago Law Review 64*(3), 765-807.

Stone, D. (2002). *Policy paradox: The art of political decision making* (Revised Edition). New York: W. W. Norton & Company Ltd.

Stone, D. (2012). *Policy paradox: The art of political decision making* (3rd ed.). New York: W. W. Norton & Company Ltd.

Sunstein, Cass. (2002). The law of group polarization. *The Journal of Political Philosophy, 10*(2), 175-195.

Walzer, Michael. (1999). Deliberation and what else?, In Stephen Macedo (Eds.). *Deliberative politics: Essays on democracy and disagreement* (pp. 58-69). Oxford, UK: Oxford University Press.

Young, Iris Marion. (2001). Activist challenges to deliberative democracy. *Political Theory, 29*(5), 670-690.

경향신문(2015.09.22.). 수능안 빠진 '반쪽 개정'…현장선 "원천무효 소송". 12면.

동아일보(2016.08.08.). 학생 학부모-교사 모두 "학생부종합전형 공정성 의심".

동아일보(2017.08.19.). 학부모 80% "현행 수능 유지 바람직".

머니투데이(2017.03.22.). [일문일답]문재인 "뒤처진 아이들 이끄는 교육이 돼야".

서울신문(2007.06.11.). "입학사정관제, 출발부터 삐걱".

조선일보(2018.08.04.). 대입案 떠넘기기 1년… '답 없는 혼란'만 키웠다. 1면.

한국일보(2018.07.04.). 대입개편 공론화 국민의견 발언대, 댓글 여론전으로 비화.

[결장]
김도훈, 문태훈, 김동환(2001). 시스템 다이내믹스. 서울: 대영문화사(1판 2쇄).
김종길(2001). 패러독스의 도전과 정책과정에서의 패러독스 활용 전략 동강댐 건설을 둘러싼 논의를 중심으로. 한국사회학, 35(3), 83-108.
문태훈(2002). 시스템다이내믹스의 발전과 방법론적 위상. 한국시스템다이내믹스 연구, 3(1), 61-77.
박대권, 이인수, 이예슬(2018). 교육부와 시·도교육청 간의 정책 갈등에 대한 패러독스 분석: 자율형 사립고등학교 정책을 중심으로, 교육정치학연구, 25(3), 237-265.
사득환(2018). 이민정책의 패러독스. 한국공공관리학보, 32(2), 295-318.
사득환, 박상진(2013). 정책패러독스(Policy Paradox)와 합리적 선택의 실패: 국민기초생활보장제도를 중심으로. 한국행정과 정책연구, 11(1), 1-26.
신현석(2017). 한국 교육행정학의 정체성: 이론 탐색의 의의와 지향성. 교육행정학연구, 35(1), 195-232.
신현석, 김한솔, 안희진(2020a). 코로나19 대응정책의 패러독스 현상 분석: Stone의 사실 관점에 대한 교사들의 반응을 중심으로. 교육행정학연구, 38(5), 1-28.
신현석, 정수영, 이영선, 이재선(2020b). 교원성과급 정책의 패러독스 분석: Deborah A. Stone의 정책 패러독스 관점을 중심으로. 한국교육학연구, 26(4), 55-88.
신현석, 윤혜원, 이현주, 임소정(2021a). 대학 구조개혁 정책의 패러독스 현상 분석: D. Stone의 '자유(Liberty)' 패러독스 개념을 중심으로. 교육문제연구, 34(1), 113-148.
신현석, 권경만, 홍바울(2021b). 대학등록금 정책변동 과정에서 나타난 패러독스 현상: 코로나19로 인한 등록금 반환 갈등을 중심으로. 교육정치학연구, 28(1), 63-96.
이예슬(2020). 혁신학교 정책의 패러독스: 정책 확산 과정에서 나타난 교원들의 경험을 중심으로. 고려대학교 박사학위논문.
이예슬, 정양순, 신범철(2021). 코로나19에 따른 학교교육에서의 패러독스 현상. 교육학연구, 59(1), 131-165.
이인수(2017). 일반고 진로진학정책 집행 과정의 패러독스(Paradox) 현상에 대한 질적 연구. 고려대학교 박사학위논문.
이인수(2019). 패러독스 관점에서 본 교육의 정치적 중립성과 교육감 선거제. 한국교육, 46(1), 73-110.
정창권(2018). 시스템 다이내믹스 입문. 고려대학교 강의자료.

Eichelberger, R.T.(1989). *Disciplined inquiry: Understanding and doing educational research.* White Plains, NY: Longman Inc.
Hoy, W. K. & Miskel, C. G.(2005). *Educational administration: Theory, research, and practice*, 7th ed., Boston, MS: McGraw-Hill.
Stainback, S., & Stainback, W. (1988). *Understanding and conducting qualitative research.* Reston, VA: Council for Exceptional Children.

Stone, D. (2012). *Policy paradox: The art of political decision making* (3rd Ed.). New York: W. W. Norton & Company Ltd.

[출처]

서장: 신현석, 이예슬(2021). 교육정책 패러독스: 탐구 가능성과 과제 탐색. 교육행정학연구, 39(2), 205–246.

제1장: 박대권, 최상훈(2021). 5·31 교육개혁의 정책패러독스: 국가, 폴리스, 시장 모델을 중심으로. 교육정치학연구, 28(2), 55–79.

제2장: 신현석, 강재혁, 양성훈(2021). 사교육비 경감정책의 패러독스 분석 –Stone의 '자유와 평등' 패러독스와 시스템 사고를 중심으로–. 교육행정학연구, 39(4), 405–442.

제3장: 이인수(2021). 농산어촌 소규모학교 통폐합 정책의 패러독스: Stone의 '효율성' 개념을 중심으로. 한국교육학연구(구 안암교육학연구), 27(3), 149–178.

제4장: 신현석, 이주영, 윤혜원, 양윤정(2022). 초등돌봄교실정책의 패러독스 현상 분석: Stone의 복지 패러독스 관점을 중심으로. 교육문화연구, 28(2), 419–445.

제5장: 신현석, 윤혜원, 이현주, 임소정(2021). 대학 구조개혁 정책의 패러독스 현상 분석. 교육문제연구, 34(1), 113–148.

제6장: 이예슬, 신범철, 정양순(2021). 코로나19에 따른 학교 교육에서의 패러독스 현상. 교육학연구, 59(1), 131–165.

제7장: 신현석, 선애경(2021). 미래교육정책의 패러독스: Stone의 '상징' 패러독스를 중심으로. 한국교육학연구, 27(2), 95–133.

제8장: 신현석, 윤기현(2021). 지방교육재정 확보 및 운용과정에서의 정책 패러독스 분석. 교육정치학연구, 28(4), 59–92.

제9장: 신현석, 안희진, 선애경, 신범철, 양윤정(2022). 중학교 자유학년(기)제의 패러독스 현상 분석 : Stone의 '인과관계'를 중심으로. 교육정치학연구, 29(4), 139–174.

제10장: 신현석, 안희진, 강민수(2022). 문재인 정부 사학정책에서의 패러독스 현상 분석: Stone의 이해관계 패러독스를 중심으로. 교육행정학연구, 40(1), 277–315.

제11장: 신현석, 권경만, 홍바울(2021b). 대학등록금 정책변동 과정에서 나타난 패러독스 현상: 코로나19로 인한 등록금 반환 갈등을 중심으로. 교육정치학연구, 28(1), 63–96.

제12장: 신현석, 정수영, 이영선, 이재선(2020). 교원성과급 정책의 패러독스 분석: Deborah A. Stone의 정책패러독스 관점을 중심으로. 한국교육학연구(구 안암교육학연구), 26(4), 55–88.

제13장: 신현석, 전종찬(2021). 학교업무정상화정책 시행 과정에서 나타난 패러독스 현상 : D. Stone의 '규칙' 패러독스를 중심으로. 한국교원교육연구, 38(4), 123–151.

제14장: 신현석, 김한솔, 안희진(2020). 코로나19 대응정책의 패러독스 현상 분석 : Stone의 사실 관점에 대한 교사들의 반응을 중심으로. 교육행정학연구, 38(5), 1–28.

제15장: 신현석, 강민수, 최지혜(2021). 학생인권조례 제정을 통한 학생인권강화 정책의 패러독스 현상 분석. 교육문제연구, 34(3), 1-27.
제16장: 신현석, 최상훈(2021). 문재인 정부 대입제도 개편 과정에서의 패러독스 분석. 교육정치학연구, 28(3), 29-63.
결장: 신현석, 이예슬(2021). 교육정책 패러독스: 탐구 가능성과 과제 탐색. 교육행정학연구, 39(2), 205-246.

인명색인

사항색인

ㅇ

저자약력

신현석
- 위스콘신대학교 교육행정학전공 철학박사
- 현 고려대학교 교육학과 교수

강민수
- 고려대학교 교육행정학 및 고등교육학 전공 교육학박사
- 현 태재대학교 조교수

강재혁
- 고려대학교 교육행정학 및 고등교육학 전공 박사수료
- 현 서울 신사초등학교 교사

권경만
- 고려대학교 교육행정학 및 고등교육학 전공 교육학박사
- 현 한국성서대학교 전략기획실장

김한솔
- 고려대학교 교육행정학 및 고등교육학 전공 교육학박사
- 현 경기도 산본고등학교 교사

박대권
- 컬럼비아대학교 교육정치학전공 교육학박사
- 현 한국학중앙연구원 대학원 교수

선애경
- 고려대학교 교육행정학 및 고등교육학 전공 박사수료

신범철
- 고려대학교 교육행정학 및 고등교육학 전공 교육학박사
- 현 인천 논현초등학교 교사

안희진
- 고려대학교 교육행정학 및 고등교육학 전공 박사수료
- 현 서울 광남고등학교 교사

양성훈
- 고려대학교 교육행정학 및 고등교육학 전공 박사과정

양윤정
- 고려대학교 교육행정학 및 고등교육학 전공 교육학박사
- 현 초등학교 교사, 고려대학교 겸임교수

윤기현
- 고려대학교 교육행정학 및 고등교육학 전공 교육학박사
- 현 감사원 부감사관

윤지희
- 고려대학교 교육행정학 및 고등교육학 전공 교육학박사
- 현 인천 숭의초등학교 교사

윤혜원
- 고려대학교 교육행정학 및 고등교육학 전공 박사수료
- 현 서울 상천초등학교 교사

이영선
- 고려대학교 교육행정학 및 고등교육학 전공 박사수료
- 현 경기도 백운중학교 교사

이예슬
- 고려대학교 교육행정학 및 고등교육학 전공 교육학박사
- 현 교육부 교육연구사

이인수
- 고려대학교 교육행정학 및 고등교육학 전공 교육학박사
- 현 서울 용화여자고등학교 교사, 고려대학교 겸임교수

이재선
- 고려대학교 교육행정학 및 고등교육학 전공 교육학박사
- 현 연은초등학교 교사

이주영
- 고려대학교 교육행정학 및 고등교육학 전공 교육학박사
- 현 서울 일신초등학교 교사

이현주
- 고려대학교 교육행정학 및 고등교육학 전공 박사과정
- 현 서울대학교 교직원

임소정
- 고려대학교 교육행정학 및 고등교육학 전공 박사과정
- 현 인하대학교 교수학습개발센터 전문연구원

전종찬
- 고려대학교 교육행정학 및 고등교육학 전공 박사수료
- 현 서울 화곡중학교 교사

정수영
- 고려대학교 교육행정학 및 고등교육학 전공 석사
- 현 서울 석호초등학교 교사

정양순
- 고려대학교 교육행정학 및 고등교육학 전공 교육학박사
- 현 경기도 발산중학교 교장

최상훈
- 고려대학교 교육행정학 및 고등교육학 전공 교육학박사
- 현 위대한 상상 팀장

최지혜
- 고려대학교 교육행정학 및 고등교육학 전공 박사수료
- 현 교육과정평가원 전문연구원

홍바울
- 고려대학교 교육행정학 및 고등교육학 전공 석사 졸업
- 현 공군 장교

교육정책 패러독스 총서 1
한국 교육정책의 패러독스: 연구와 실제

초판발행 2023년 5월 8일

지은이 신현석 외
펴낸이 노 현

기 획 조정빈
편 집 배근하
표지디자인 BEN STORY
제 작 고철민·조영환

펴낸곳 ㈜ 피와이메이트
서울특별시 금천구 가산디지털2로 53 한라시그마밸리 210호(가산동)
등록 2014. 2. 12. 제2018-000080호
전 화 02)733-6771
f a x 02)736-4818
e-mail pys@pybook.co.kr
homepage www.pybook.co.kr
ISBN 979-11-6519-389-8 93370

정 가 35,000원